中华传世藏书

【图文珍藏版】

春秋左传

[春秋] 左丘明 ⊙ 原著

王艳军 ⊙ 主编

第五册

线装书局

成公十四年

【经】

十有四年春，王正月，莒子朱卒①。

夏，卫孙林父自晋归于卫②。

秋，叔孙侨如如齐逆女③。

郑公子喜帅师伐许。

九月，侨如以夫人妇姜氏至自齐。

冬十月庚寅，卫侯臧卒④。

秦伯卒⑤。

①无传。九年盟于蒲。②晋纳之，故曰归。③成公逆夫人最为得礼，而经无纳币者，文阙绝也。④五同盟。⑤无传。二年大夫盟于蜀，而不赴以名，例在隐七年。

【传】

十四年春，卫侯如晋，晋侯强见孙林父焉①，定公不可。夏，卫侯既归，晋侯使郤犫送孙林父而见之。卫侯欲辞，定姜曰："不可②。是先君宗卿之嗣也③，大国又以为请，不许，将亡。虽恶之，不犹愈于亡乎？君其忍之④！安民而宥宗卿，不亦可乎？"卫侯见而复之⑤。

①林父以七年奔晋。强见，欲归之。【释文】强，其丈切，注同。见，贤遍切，注及下"而见之"同。②定姜，定公夫人。③同姓之卿。④违大国必见伐，故亡。【释文】为，如字，或于伪切。恶，乌路切。⑤复林父位。【释文】宥，音又。

卫侯飨苦成叔①，宁惠子相②。苦成叔傲。宁子曰："苦成家其亡乎！古之为享食也。以观威仪、省祸福也。故《诗》曰：'兕觥其觩，旨酒思柔③，彼交匪傲，万福来求④。'今夫子傲，取祸之道也⑤。"

①成叔，郤犫。②相，佐礼。惠子，宁殖。【释文】相，息亮切，注同。③《诗·小雅》，言君子好礼，饮酒皆思柔德，虽设兕觥，觩然不用。以兕角为觥，所以罚不敬。觩，陈设之貌。【释文】傲，五报切，本又作"敖"，注及下同。食，音嗣。兕，徐辞姊切。觥，古横切。

献，徐音划，又巨彪切，一音巨秋切。好，呼报切。④彼之交于事而不惰傲，乃万福之所求。⑤为十七年邻氏亡[传]。

秋，宣伯如齐逆女。称族，尊君命也。

八月，郑子罕伐许，败焉①。戊戌，郑伯复伐许。庚子，入其郛②。许人平以叔申之封③。

①为许所败。【释文】败，必迈切，下同。②郛，郭也。【释文】复，扶又切。③四年，郑公孙申疆许田，许人败之，不得定其封疆。今许以是所封田，求和于郑。【释文】疆，居良切，下同。

九月，侨如以夫人妇姜氏至自齐。舍族，尊夫人也①。故君子曰："《春秋》之称，微而显②，志而晦③，婉而成章④，尽而不汙⑤。惩恶而劝善⑥。非圣人谁能修之⑦？"

①舍族，谓不称叔孙。【释文】舍，音捨，注同。②辞微而义显。【释文】称，尺证切。③志，记也。晦，亦微也。谓约言以记事，事叙而文微。【释文】晦，呼内切。④婉，曲也。谓曲屈其辞，有所辟讳，以示大顺，而成篇章。【释文】婉，怨晚切，注同。⑤谓直言其事，尽其事实，无所汙曲。【释文】汙，忧于切，注同。⑥善名必书，恶名不灭，所以为惩劝。【释文】惩，直升切。⑦修史策成此五者。

卫侯有疾，使孔成子、宁惠子立敬姒之子衎以为大子①。

①成子，孔达子孙。敬姒，定公妾。衎，献公。【释文】衎，徐苦旦切。

冬十月，卫定公卒。夫人姜氏既哭而息，见大子之不哀也，不内酳饮，叹曰："是夫也，将不唯卫国之败，其必始于未亡人①！乌呼！天祸卫国也夫！吾不获鱄也使主社稷②。"大夫闻之，无不耸惧。孙文子自是不敢舍其重器于卫③，尽寘诸戚④，而甚善晋大夫⑤。

①定姜言献公行无礼必从己始，下言暴妾使余是也。【释文】内，如字，徐音纳。酳，市略切，又章略切。②鱄，衎之母弟。【释文】夫，音扶。鱄，徐市恋切，一音专。③宝器。【释文】耸，息勇切。舍，音赦，或音捨。④寘，置也。戚，孙氏邑。【释文】寘，之豉切。⑤备乱起，欲以为援。为襄十四年卫侯出奔传。

成公十五年

【经】

十有五年春，王二月，葬卫定公①。

三月乙巳，仲婴齐卒②。

癸丑，公会晋侯、卫侯、郑伯、曹伯、宋世子成③、齐国佐、邾人，同盟于戚。

晋侯执曹伯，归于京师④。

公至自会⑤。

夏六月，宋公固卒⑥。

楚子伐郑。

秋八月庚辰，葬宋共公⑦。

宋华元出奔晋。

宋华元自晋归于宋⑧。

宋杀其大夫山⑨。

宋鱼石出奔楚⑩。

冬十有一月，叔孙侨如会晋士燮、齐高无咎、宋华元、卫孙林父、郑公子鳅、邾人会吴于钟离⑪。

许迁于叶⑫。

①无传。②无传。襄仲子，公孙归父弟。宣十八年逐东门氏，既而又使婴齐绍其后，曰仲氏。③【释文】成，音城。④不称人以执者，曹伯罪不及民。归之京师，礼也。⑤无传。⑥四同盟。⑦三月而葬，速。【释文】共，音恭。⑧华元欲挟晋以自重，故以外纳告。【释文】挟，音协。⑨不书氏，明背其族。⑩公子目夷之曾孙。⑪吴夷未尝与中国会，今始来通，晋帅诸侯大夫而会之，故殊会，明本非同好。钟离，楚邑，淮南县。【释文】燮，息协切。咎，其九切。鳅，音秋。好，呼报切。⑫许畏郑南依楚，故以自迁为文。叶，今南阳叶县也。【释文】叶，舒涉切。

【传】

十五年春，会于戚，讨曹成公也①。执而归诸京师。书曰："晋侯执曹伯。"不及其民也②。凡君不道于其民，诸侯讨而执之，则曰某人执某侯③。不然，则否④。

诸侯将见子臧于王而立之，子臧辞曰："前志有之，曰：'圣达节⑤，次守节⑥，下失节⑦。'为君，非吾节也。虽不能圣，敢失守乎？"遂逃，奔宋。

①讨其杀大子而自立，事在十三年。②恶不及民。③称人，示众所欲执。④谓身犯不义者。⑤圣人应天命，不拘常礼。【释文】见，贤遍切。应，应对之应。拘，九于切。

⑥谓贤者。⑦愚者妄动。

夏六月，宋共公卒①。

①为下宋乱起。

楚将北师①。子囊曰："新与晋盟而背之，无乃不可乎？"子反曰："敌利败进，何盟之有②？"申叔时老矣，在申③，闻之，曰："子反必不免。信以守礼，礼以庇身，信礼之亡，欲免得乎④？"楚子侵郑，及暴隧，遂侵卫，及首止。郑子罕侵楚，取新石⑤。栾武子欲报楚，韩献子曰："无庸⑥。使重其罪，民将叛之⑦。无民，孰战⑧？"

①侵郑、卫。②晋、楚盟在十二年。子囊，庄王子公子贞。【释文】囊，乃郎切。③老归本邑。④言不得免。【释文】庇，必利切，又音秘。⑤新石，楚邑。【释文】隧，音遂。⑥庸，用也。⑦背盟数战，罪也。【释文】数，所角切。⑧为明年晋败楚于鄢陵传。

秋八月，葬宋共公。于是华元为右师，鱼石为左师，荡泽为司马①，华喜为司徒②，公孙师为司城③，向为人为大司寇，鳞朱为少司寇，向带为大宰，鱼府为少宰。荡泽弱公室，杀公子肥④。华元曰："我为右师，君臣之训，师所司也。今公室卑而不能正⑤，吾罪大矣。不能治官，敢赖宠乎？"乃出奔晋。二华，戴族也⑥。司城，庄族也。六官者，皆桓族也⑦。

①荡泽，公孙寿之孙。②华父，督之玄孙。③庄公孙。④轻公室以为弱，故杀其枝党。肥，文公子。【释文】带，音带，本又作"带"。大，音泰。⑤不能讨荡泽。⑥华元、华喜。⑦鱼石、荡泽、向为人、鳞朱、向带、鱼府，皆出桓公。

鱼石将止华元，鱼府曰："右师反，必讨，是无桓氏也①。"鱼石曰："右师苟获反，虽许之讨，必不敢②。且多大功，国人与之，不反，惧桓氏之无祀于宋也③。右师讨，犹有戌在④，桓氏虽亡，必偏⑤。"鱼石自止华元于河上。请讨，许之，乃反。使华喜、公孙师帅国人攻荡氏，杀子山⑥。书曰："宋杀其大夫山。"言背其族也⑦。

①恐华元还讨荡泽，并及六族。②言畏桓族强。③华元大功，克合晋、楚之成，劫子反以免宋围。④向戌，桓公曾孙。言其贤，华元必不讨。【释文】戌，音恤。⑤偏，不尽。⑥喜、师非桓族，故使攻之。⑦荡氏，宋公族。还害公室，故去族以不其罪。【释文】去，起吕切。

鱼石、向为人、鳞朱、向带、鱼府出舍于睢上①。华元使止之，不可。冬十月，华元自止之，不可，乃反②。鱼府曰："今不从，不得入矣③。右师视速而言疾，有异志焉。若不我纳，今将驰矣。"登丘而望之，则驰。骋而从之④，则决睢澨⑤，闭门登陴矣。左师、二司寇、二宰遂出奔楚⑥。

华元使向戌为左师,老佐为司马,乐裔为司寇,以靖国人⑦。

①睢,水名。五大夫畏同族罪及,将出奔。【释文】睢,音虽,徐许惟切,又音绥。②五子不止,华元还。③不得复入宋。【释文】复,扶又切。④五子亦驰逐之。【释文】陆云:登丘而望之则驰,绝句。骋,敕景切。⑤滣,水涯。决,坏也。【释文】滣,市制切。涯,本又作"崖",鱼佳切,一音宜。坏,音怪。⑥四大夫不书,独鱼石告。【释文】陴,毗支切。⑦老佐,戴公五世孙。【释文】裔,以制切。

晋三郤害伯宗,谮而杀之,及栾弗忌①。伯州犁奔楚②。韩献子曰:"郤氏其不免乎!善人,天地之纪也,而骤绝之,不亡何待③?"

初,伯宗每朝,其妻必戒之曰:"'盗憎主人,民恶其上。'子好直言,必及于难④。"

①栾弗忌,晋贤大夫。②伯宗子。【释文】犁,力兮切。③既杀伯宗,又及弗忌,故曰骤也。为十七年晋杀三郤传。【释文】骤,仕救切。④传见虽妇人之言不可废。【释文】恶,乌路切。好,呼报切。难,乃旦切。见,贤遍切。

十一月,会吴于钟离,始通吴也①。

①始与中国接。

许灵公畏逼于郑,请迁于楚。辛丑,楚公子申迁许于叶。

成公十六年

【经】

十有六年春,王正月,雨,木冰①。

夏四月辛未,滕子卒②。

郑公子喜帅师侵宋③。

六月丙寅朔,日有食之④。

晋侯使栾黡来乞师⑤。

甲午晦,晋侯及楚子、郑伯战于鄢陵,楚子、郑师败绩⑥。

楚杀其大夫公子侧⑦。

秋,公会晋侯、齐侯、卫侯、宋华元、邾人于沙随⑧,不见公⑨。

公至自会⑩。

公会尹子、晋侯、齐国佐、邾人伐郑⑪。

曹伯归自京师⑫。

九月,晋人执季孙行父,舍之于苕丘⑬。

冬十月乙亥,叔孙侨如出奔齐⑭。

十有二月乙丑,季孙行父及晋郤犨盟于扈⑮。

公至自会⑯。

乙酉,刺公子偃。

①无传。记寒过节,冰封著树。【释文】雨,木冰,如字,《公羊传》云:雨而木冰也。旧于付切。著,直略切。②不书名,未同盟。③喜,穆公子子罕也。④无传。⑤将伐郑。黡,栾书子。【释文】黡,於斩切,徐于玷切。⑥楚师未大崩,楚子伤目而退,故曰楚子败绩。鄢陵,郑地,今属颍川郡。【释文】鄢,谒晚切,又於建切。⑦侧,子反。背盟无礼,卒以败师,故书名。⑧沙随,宋地,梁国宁陵县北有沙随亭。⑨不及鄢陵战故。不讳者,耻轻于执止。⑩无传。⑪尹子,王卿士。子,爵。⑫为晋侯所赦,故书归。诸侯归国,或书名,或不书名,或言归自某,或言自某归,传无义例,从告辞。⑬苕丘,晋地。舍之苕丘,明不以归。不称行人,非使人。【释文】苕,音条。使,所吏切。⑭公未归,命国人逐之。⑮晋许鲁平,故盟。⑯无传。伐而以会致,史异文。

【传】

十六年春,楚子自武城使公子成以汝阴之田求成于郑①。郑叛晋,子驷从楚子盟于武城②。

①汝水之南,近郑地。【释文】近,附近之近。②为晋伐郑起。

夏四月,滕文公卒。

郑子罕伐宋①,宋将鉏、乐惧败诸汋陂②。退,舍于夫渠,不儆③,郑人覆之,败诸汋陵,获将鉏、乐惧。宋恃胜也④。

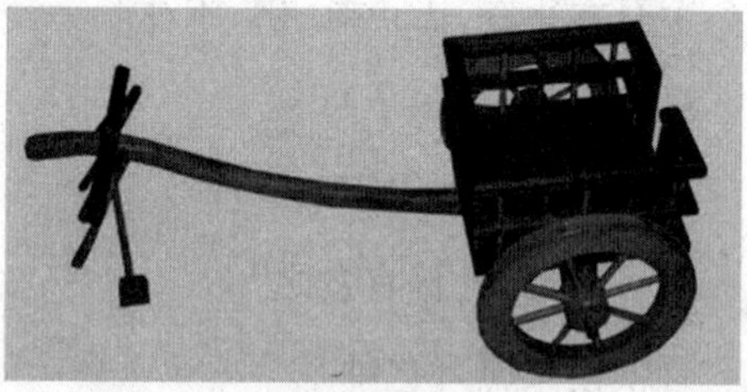

春秋时期的战车

①滕,宋之与国。郑因滕有丧而伐宋,故传举滕侯卒。侵、伐,经传异文,经从告,传言实,他皆放此。②败郑师也。乐惧,戴公六世孙。将钮,乐氏族。【释文】鉏,仕鱼切,徐音在鱼切。汋,七药切,徐又音酌,一音市药切。陂,彼宜切。③宋师不儆备。【释文】夫,

音扶。微,京领切。④汋陂、夫渠、沟陵,皆宋地。【释文】覆,徐音敷目切,一音扶又切,又音芳又切。

卫侯伐郑,至于鸣雁,为晋故也①。

晋侯将伐郑,范文子曰:"若逞吾愿,诸侯皆叛,晋可以逞②。若唯郑叛,晋国之忧,可立俟也。"栾武子曰:"不可以当吾世而失诸侯,必伐郑。"乃兴师。栾书将中军,士燮佐之③。郤锜将上军④,荀偃佐之⑤。韩厥将下军,郤至佐新军。荀罃居守⑥。郤犨如卫,遂如齐,皆乞师焉。栾黡来乞师,孟献子曰:"有胜矣⑦。"戊寅,晋师起。

①鸣雁,在陈留雍丘县西北。【释文】为,于伪切。②逞,快也。晋厉公无道,三郤骄,故欲使诸侯叛,冀其惧而思德。③代荀庚。④代士燮。⑤代郤锜。偃,荀庚子。⑥荀罃,下军佐。于是郤犨代赵旃将新军,新上下军罢矣。【释文】守,手又切。⑦卑让有礼,故知其将胜楚。

郑人闻有晋师,使告于楚,姚句耳与往①。楚子救郑,司马将中军②,令尹将左③,右尹子辛将右④。过申,子反入见申叔时⑤,曰:"师其何如?"对曰:"德、刑、详、义、礼、信,战之器也⑥。德以施惠,刑以正邪,详以事神,义以建利,礼以顺时,信以守物。民生厚而德正⑦,用利而事节⑧,时顺而物成⑨。上下和睦,周旋不逆⑩,求无不具⑪,各知其极⑫。故《诗》曰:'立我烝民,莫匪尔极⑬。'是以神降之福,时无灾害,民生敦庞,和同以听⑭,莫不尽力以从上命,致死以补其阙⑮。此战之所由克也。今楚内弃其民⑯,而外绝其好⑰,渎齐盟⑱,而食话言⑲,奸时以动⑳,而疲(氏)[民]以逞㉑。民不知信,进退罪也。人恤所厎,其谁致死㉒?子其勉之!吾不复见子矣㉓。"姚句耳先归,子驷问焉,对曰:"其行速,过险而不整。速则失志㉔,不整丧列。志失列丧,将何以战?楚惧不可用也。"

①句耳,郑大夫。与往,非使也,为先归张本。【释文】句,古侯切。与,音预。使,所吏切。②子反。③子重。④公子壬夫。⑤叔时老,在申。【释文】过,古禾切。⑥器,犹用也。⑦财足则思无邪。【释文】邪,似嗟切,注皆同。⑧动不失利,则事得其节。⑨群生得所。⑩动顺理。⑪下应上。【释文】应,应对之应。⑫无二心。⑬烝,众也。极,中也。《诗·颂》,言先王立其众民,无不得中正。【释文】烝,之承切,注同。⑭敦,厚也。庞,大也。【释文】庞,莫邦切。⑮阙,战死者。⑯不施惠。⑰义不建利。【释文】好,呼报切。⑱不详事神。【释文】渎,徒木切。⑲信不守物。【释文】话,户快切。⑳礼不顺时。周四月,今二月,妨农业。【释文】奸,音干,本或作"干"。㉑刑不正邪而苟快意。【释文】疲,本亦作"罴",音皮,下注同。㉒厎,至也。【释文】厎,徐音旨,又之履切。㉓言其必败不

反。【释文】复见，一本无"复"字。复，扶又切。㉔不思虑也。

五月，晋师济河。闻楚师将至，范文子欲反，曰："我伪逃楚，可以纾忧①。夫合诸侯，非吾所能也，以遗能者。我若群臣辑睦以事君，多矣。"武子曰："不可。"六月，晋、楚遇于鄢陵。范文子不欲战，郤至曰："韩之战，惠公不振旅②。箕之役，先轸不反命③。邲之师，荀伯不复从④。皆晋之耻也。子亦见先君之事矣⑤。今我辟楚，又益耻也。"文子曰："吾先君之亟战也，有故⑥。秦、狄、齐、楚皆强，不尽力，子孙将弱。今三强服矣⑦，敌楚而已。唯圣人能外内无患，自非圣人，外宁必有内忧⑧，盍释楚以为外惧乎？"

①纾，缓也。【释文】丧，息浪切，下同。纾，音舒。②众散败也。在僖十五年。【释文】遗，唯季切，下注"问遗也"同。辑，又作"集"，音同，亦七入切。③死于狄也。在僖三十三年。④荀林父奔走，不复故道。在宣十二年。【释文】从，徐子容切，音或如字。⑤见先君成败之事。⑥亟，数也。【释文】亟，去吏切。数，所角切。⑦齐、秦、狄。⑧骄亢则忧患生也。【释文】亢，苦浪切。

甲午晦，楚晨压晋军而陈①。军吏患之。范匄趋进②，曰："塞井夷灶，陈于军中，而疏行首③。晋、楚唯天所授，何患焉？"文子执戈逐之，曰："国之存亡，天也，童子何知焉？"栾书曰："楚师轻窕，固垒而待之，三日必退。退而击之，必获胜焉。"郤至曰："楚有六间，不可失也。其二卿相恶④，王卒以旧⑤，郑陈而不整⑥，蛮军而不陈⑦，陈不违晦⑧，在陈而嚣⑨，合而加嚣⑩。各顾其后，莫有斗心⑪，旧不必良，以犯天忌，我必克之。"

①压，笮其未备。【释文】盍，户腊切。压，於甲切，徐於辄切。陈，直觐切，下及注皆同。笮，侧百切。②匄，士燮子。【释文】匄，本又作"丐"，古害切。③疏行首者，当陈前决开营垒为战道。【释文】行，户郎切，一音如字，注同。垒，力轨切。④子重、子反。【释文】窕，赖雕切，又敕吊切。恶，如字，又乌路切。⑤罢老不代。【释文】卒，子忽切，下皆同。⑥不整列。⑦蛮夷从楚者不结陈。⑧晦，月终，阴之尽，故兵家以为忌。⑨嚣，喧哗也。【释文】嚣，许骄切，徐读曰嗷，五高切，注及后同。喧，本又作"諠"，况元切。哗，本又作"譁"，音华。⑩陈合宜静，而益有声。⑪人恤其所底。

楚子登巢车以望晋军①，子重使大宰伯州犁待于王后②。王曰："骋而左右，何也③？"曰："召军吏也。""皆聚于中军矣。"曰："合谋也。""张幕矣。"曰："虔卜于先君也④。""彻幕矣。"曰："将发命也。""甚嚣，且尘上矣。"曰："将塞井夷灶而为行也⑤。""皆乘矣，左右执兵而下矣。"曰："听誓也⑥。""战乎？"曰："未可知也。""乘而左右皆下矣。"曰："战祷也⑦。"伯州犁以公卒告王⑧。苗贲皇在晋侯之侧，亦以王卒告⑨。皆曰："国士在，且厚，不可当也⑩。"苗贲皇言于晋侯曰："楚之良，在其中军王族而已。请分良以击其左右，而三军萃于王卒⑪，必大败之。"公筮之，史曰："吉。其卦遇《复》䷗⑫，曰：'南国蹙，射其元王，中厥目⑩。'国蹙王伤，不败何待？"公从之⑭。有淖于前⑮，乃皆左右相违于淖⑯。步毅御晋厉公，栾鍼为右⑰。彭名御楚共王，潘党为右。石首御郑成公，唐苟为右。栾、范以其族夹公行⑱，陷于淖。栾书将载晋侯，鍼曰："书退！国有大任，焉得专之⑲？且侵官，冒也⑳；失官，慢也㉑；离局，奸也㉒。有三罪焉，不可犯也。"乃掀公以出于淖㉓。

①巢车，车上为橹。【释文】巢，《说文》作"轈"，云：兵车高如巢，以望敌也。《字林》同。橹，音鲁。②州犁，晋伯宗子，前年奔楚。【释文】大，音泰。③骋，走也。④虔，敬也。【释文】幕，音莫。⑤夷，平也。【释文】上，时掌切。行，户郎切，下"公行"同。⑥左，将帅。右，车右。【释文】乘，绳证切，下同。将，子匠切，下"去将"同。帅，所类切，下"元帅"同。⑦祷，请于鬼神。【释文】祷，丁老切，或丁报切。⑧公，晋侯。⑨贲皇，楚鬬椒子，宣四年奔晋。【释文】贲，扶云切。⑩晋侯左右皆以伯州犁在楚，知晋之情，且谓楚众多，故惮合战，与苗贲皇意异。【释文】惮，徒旦切。⑪萃，集也。【释文】萃，似醉切。⑫《震》下《坤》上，《复》，无变。⑬此卜者辞也。《复》，阳长之卦，阳气起子，南行推阴，故曰南国蹙也。南国势蹙，则《离》受其咎。《离》为诸侯，又为目。阳气激南，飞矢之象，故曰射其元王中厥目。【释文】蹙，子六切。射，食亦切，注及下"射之"同。中，丁仲切，注同。长，丁丈切。激，古狄切。⑭从其言而战。⑮淖，泥也。【释文】淖，乃孝切，徐徒较切。⑯违，辟也。⑰步毅，即郤毅。⑱二族强，故在公左右。【释文】共，音恭。夹，古洽切。⑲在君前，故子名其父。大任，谓元帅之职。【释文】焉，於虔切。⑳载公为侵官。【释文】冒，莫报切，徐莫北切。㉑去将而御，失官也。㉒远其部曲为离局。【释文】离，力志切，注同。远，于万切。㉓掀，举也。【释文】掀，徐许言切，云：捧毂举之，则公轩起也。一曰掀，引也，胡根切，一音虚斤切。《字林》云：举出也，火气也。又丘近切。

癸巳，潘尪之党与养由基蹲甲而射之，彻七札焉①。以示王，曰："君有二臣如此，何忧于战②？"王怒曰："大辱国③。诘朝，尔射，死艺④。"吕锜梦射月，中之，退入于泥⑤。占之，曰："姬姓，日也⑥。异姓，月也⑦。必楚王也。射而中之，退入于泥，亦必死矣⑧。"及战，射共王，中目。王召养由基，与之两矢，使射吕锜，中项，伏弢⑨。以一矢复命⑩。

①党，潘尪之子。蹲，聚也。一发达七札，言其能陷坚。【释文】尪，乌黄切。之党，一本作"潘尪之子党"。案，注云：党，潘尪之子也，则传文不得有"子"字。古本此及襄二十三年申鲜虞之傅挚，皆无"子"字。蹲，在尊切，徐又在损切，一音才官切。札，侧八切，徐

侧乙切。②二子以射夸王。【释文】夸，苦瓜切。③贱其不尚知谋。【释文】知，音智。④言女以射自多，必当以艺死也。诘朝，犹明朝，是战日。【释文】朝，如字，注同。女，音汝。⑤吕锜，魏锜。【释文】射，食亦切，下至"使射"同。中，丁仲切，下及注同。⑥周世姬姓尊。⑦异姓卑。⑧锜自入泥，亦死象。⑨殳，弓衣。【释文】项，户讲切。殳，他刀切。⑩言一发而中。

郤至三遇楚子之卒，见楚子，必下，免胄而趋风①。楚子使工尹襄问之以弓②，曰："方事之殷也③，有韎韦之跗注，君子也④。识见不穀而趋，无乃伤乎⑤？"郤至见客，免胄承命，曰："君之外臣至，从寡君之戎事，以君之灵，间蒙甲胄⑥，不敢拜命⑦。敢告不宁，君命之辱⑧。为事之故，敢肃使者⑨。"三肃使者而退。

①疾如风。②问，遗也。③殷，盛也。④韎，赤色。跗注，戎服，若袴而属于跗，与袴连。【释文】韎，莫拜切，又音妹，徐莫盖切。跗，方午切。注，之树切。袴，苦故切。属，章玉切。⑤恐其伤。⑥间，犹近也。【释文】近，如字，一本或作"与"，音预。⑦介者不拜。【释文】介，音界。⑧以君辱赐命，故不敢自安。⑨言君辱命来问，以有军事不得答，故肃使者。肃，手至地，若今擅。【释文】为，于伪切。使，所吏切，注及下同。擅，伊志切，揖也，《字林》云：举首下手也。

晋韩厥从郑伯①，其御杜溷罗曰："速从之！其御屡顾，不在马，可及也。"韩厥曰："不可以再辱国君。"乃止②。郤至从郑伯，其右茀翰胡曰："谍辂之，余从之乘而俘以下③。"郤至曰："伤国君有刑。"亦止。石首曰："卫懿公唯不去其旗，是以败于荧。"乃内旌于弢中④。唐苟谓石首曰："子在君侧，败者壹大。我不如子，子以君免，我请止。"乃死⑤。

①从，逐也。②二年鞌战，韩厥已辱齐侯。【释文】溷，户昏切，又户本切。③欲遣轻兵军进以距郑伯车前，而自后登其车以执之。【释文】茀，府勿切。翰，徐音韩。谍，音牒。辂，五嫁切。乘，绳证切。轻，遣政切，又如字。④荧战在闵二年。【释文】去，起吕切。荧，户扃切。旌，音精。⑤败者壹大，谓军大崩也。言石首亦君之亲臣而执御，与车右不同，故首当御君以退，己当死战。

楚师薄于险①，叔山冉谓养由基曰："虽君有命，为国故，子必射②！"乃射，再发，尽殪。叔山冉搏人以投，中车，折轼。晋师乃止③。囚楚公子茷④。

①薄，迫也。②王有死艺命。【释文】冉，如琰切。为，于伪切。射，食亦切。③言二子皆有过人之能。【释文】发，如字，徐音废。殪，於计切。搏，音博。中，丁仲切。折，之设切，又市列切。轼，音式。④为郤至见谮张本。【释文】茷，扶废切。

栾鍼见子重之旌，请曰："楚人（请）[谓]夫旌，子重之麾也。彼其子重也。日臣之使于楚也，子重问晋国之勇。臣对曰：'好以众整。'曰：'又何如①？'臣对曰：'好以暇②。'今两国治戎，行人不使，不可谓整。临事而食言，不可谓暇③。请摄饮焉④。"公许之。使行人执榼承饮，造于子重⑤，曰："寡君乏使，使鍼御持矛⑥，是以不得犒从者，使某摄饮。"子重曰："夫子尝与吾言于楚，必是故也，不亦识乎⑦！"受而饮之，免使者而复鼓⑧。

①又问其余。【释文】夫，音扶。麾，许危切。日，人实切。使，所吏切，下"免使者"同。好，呼报切，下及注皆同。②暇，闲暇。【释文】闲，音闲。③食好整之言。【释文】使，所吏切，又如字。④摄，持也。持饮往饮子重。【释文】饮，於鸩切。⑤承，奉也。【释文】榼，苦腊切。造，七报切。⑥御，侍也。⑦知其以往言好暇，故致饮。【释文】犒，苦报切。从，才用切。⑧免，脱也。【释文】复，扶又切，注及下同。

旦而战，见星未已。子反命军吏察夷伤①，补卒乘②，缮甲兵③，展车马④，鸡鸣而食，唯命是听⑤。晋人患之。苗贲皇徇曰："蒐乘补卒⑥，秣马利兵⑦，修陈固列⑧，蓐食申祷⑨，明日复战。"乃逸楚囚⑩。王闻之，召子反谋。榖阳竖献饮于子反，子反醉而不能见⑪。王曰："天败楚也夫！余不可以待。"乃宵遁。晋入楚军，三日谷⑫。范文子立于戎马之前，曰："君幼，诸臣不佞⑬，何以及此？君其戒之⑭！《周书》曰'惟命不于常，，有德之谓⑮'。"

①夷亦伤也。②补死亡。【释文】乘，绳证切，下同。③缮，治也。④展，陈也。【释文】陈，如字。⑤复欲战。⑥蒐，阅也。【释文】徇，似俊切。蒐，所留切。⑦秣，谷马也。【释文】秣，音末。⑧固，坚也。【释文】陈，直觐切，又如字。⑨申，重也。【释文】蓐，音辱。重，直用切。⑩逸，纵也。【释文】纵，子用切。⑪榖阳，子反内竖。【释文】见，贤遍切。⑫食楚粟三日也。【释文】夫，音扶。三日谷，本或作"三日馆谷"，误也。⑬佞，才也。【释文】君幼，本或作"君幼弱"。⑭戒勿骄。⑮《周书·康诰》，言胜无常命，惟德是与。

楚师还，及瑕①，王使谓子反曰："先大夫之覆师徒者，君不在②。子无以为过，不榖之罪也。"子反再拜稽首曰："君赐臣死，死且不朽③。臣之卒实奔，臣之罪也。"子重使谓子反曰："初陨师徒者，而亦闻之矣。盍图之④？"对曰："虽微先大夫有之，大夫命侧，侧敢不义⑤？侧亡君师，敢忘其死？"王使止之，弗及而卒。

①瑕，楚地。②谓子玉败城濮时王不在军。【释文】覆，芳服切。③王引过，亦所以责子反。④闻子玉自杀。终二卿相恶。【释文】卒，从此已前皆子忽切。陨，于敏切。盍，户腊切。⑤言以义命己，不敢不受。

中华传世藏书

春秋左传

（晋）杜预集解《春秋左传》

战之日，齐国佐、高无咎至于师①。卫侯出于卫，公出于坏隤②。宣伯通于穆姜③，欲去季、孟，而取其室④。将行，穆姜送公，而使逐二子。公以晋难告⑤，曰："请反而听命。"姜怒，公子偃、公子鉏趋过⑥，指之曰："女不可，是皆君也⑦。"公待于坏隤，申宫儆备⑧，设守而后行，是以后⑨。使孟献子守于公宫。

①无咎，高固子。②坏隤，鲁邑。齐、卫皆后，非独鲁，明晋以侨如故不见公。【释文】坏，户怪切，徐音怀。隤，徒回切。③穆姜，成公母。④季文子、孟献子。【释文】去，起吕切。⑤会晋伐郑。【释文】难，乃旦切。⑥二子，公庶弟。【释文】鉏，仕居切。⑦言欲废公更立君。【释文】女，音汝。⑧申敕宫备。【释文】儆，京领切。⑨后晋、楚战期。【释文】守，乎又切。

秋，会于沙随，谋伐郑也①。

①郑犹未服。

宣伯使告郤犨曰："鲁侯待于坏隤以待胜者①。"郤犨将新军，且为公族大夫，以主东诸侯②。取货于宣伯而诉公于晋侯③，晋侯不见公。

①观晋、楚之胜负。②主齐、鲁之属。③诉，谮也。

曹人请于晋曰："自我先君宣公即世①，国人曰：'若之何忧犹未弭②？'而又讨我寡君③，以亡曹国社稷之镇公子④，是大泯曹也⑤。先君无乃有罪乎⑥？若有罪，则君列诸会矣⑦。君唯不遗德刑⑧，以伯诸侯，岂独遗敝邑？敢私布之⑨。"

①在十三年。②弭，息也。既葬，国人皆将从子臧，所谓忧未息。【释文】弭，亡氏切。③前年晋侯执曹伯。④谓子臧逃奔宋。⑤泯，灭也。⑥言今君无罪而见讨，得无以先君故。⑦诸侯虽有篡弑之罪，侯伯已与之会，则不复讨。前年会于戚，曹伯在列，盟毕乃执之，故曹人以为无罪。【释文】篡，初患切。弑，音试。复，扶又切，下及下文"复请"同。⑧遗，失也。⑨为曹伯归不以名告传。【释文】伯，如字，又音霸。

七月，公会尹武公及诸侯伐郑。将行，姜又命公如初①。公又申守而行。诸侯之师次于郑西，我师次于督扬，不敢过郑②。子叔声伯使叔孙豹请逆于晋师③，为食于郑郊。师逆以至④，声伯四日不食以待之，食使者⑤而后食⑥。

①复欲使公逐季、孟。②督扬，郑东地。【释文】守，手又切，下注同。过，古卧切，又古禾切。③豹，叔孙侨如弟也。侨如于是遂作乱，豹因奔齐。④声伯戒叔孙以必须所逆晋师至乃食。⑤使者，豹之介。【释文】食，音嗣。使，所吏切。介，音界，下文"敢介"同。⑥言其忠也。【释文】而后食，一本作"声伯而后食"。

诸侯迁于制田①。知武子佐下军②，以诸侯之师侵陈，至于鸣鹿③。遂侵蔡。未反④，诸侯迁于颍上。戊午，郑子罕宵军之，宋、齐、卫皆失军⑤。

①荥阳宛陵县东有制泽。②武子，荀罃。③陈国武平县西南有鹿邑。④侵陈、蔡不书，公不与。【释文】与，音预。⑤将主与军相失。宋、卫不书，后也。【释文】将，子匠切。

曹人复请于晋，晋侯谓子臧："反，吾归而君①。"子臧反，曹伯归②。子臧尽致其邑与卿而不出③。

①以曹人(童)[重]子臧故。②子臧自宋还。③不出仕。

宣伯使告郤犨曰："鲁之有季、孟，犹晋之有栾、范也，政令于是乎成。今其谋曰：'晋政多门，不可从也①。宁事齐、楚，有亡而已，蔑从晋矣②。'若欲得志于鲁，请止行父而杀之③，我毙蔑也而事晋④，蔑有贰矣。鲁不贰，小国必睦。不然，归必叛矣。"

①政不由君。②蔑，无也。③行父，季文子也。④蔑，孟献子，时留守公官。【释文】毙，婢世切。

九月，晋人执季文子于苕丘。公还，待于郓①，使子叔声伯请季孙于晋。郤犨曰："苟去仲孙蔑而止季孙行父，吾与子国，亲于公室②。"对曰："侨如之情，子必闻之矣③。若去蔑与行父，是大弃鲁国而罪寡君也。若犹不弃，而惠徼周公之福，使寡君得事晋君，则夫二人者，鲁国社稷之臣也。若朝亡之，鲁必夕亡。以鲁之密迩仇雠④，亡而为仇，治之何及⑤？"郤犨曰："吾为子请邑。"对曰："婴齐，鲁之常隶也⑥，敢介大国以求厚焉⑦？承寡君之命以请⑧，若得所请，吾子之赐多矣，又何求？"

①郓，鲁西邑，东郡廪丘县东有郓城。【释文】廪，力甚切。②亲鲁甚于晋公室。【释文】去，起吕切，下同。③闻其淫慝情。【释文】慝，吐得切，下同。④仇雠，谓齐、楚。【释文】夫，音扶。朝，如字。⑤言鲁属齐、楚则还为晋雠。⑥隶，贱官。【释文】为，于伪切。⑦介，因也。⑧承，奉也。

范文子谓栾武子曰："季孙于鲁，相二君矣①。妾不衣帛，马不食粟，可不谓忠乎？信谗慝而弃忠良，若诸侯何？子叔婴齐奉君命无私②，谋国家不贰③，图其身不忘其君④。若虚其请，是弃善人也。子其图之！"乃许鲁平，赦季孙。冬十月，出叔孙侨如而盟之，侨如奔齐⑤。

①二君：宣、成。【释文】相，息亮切。②不受郤犨请邑。【释文】衣，於既切。食，旧如字，对上句应作嗣音。③谓四日不食以坚事晋。④辞邑、不食，皆先君而后身。⑤诸大夫共盟，以侨如为戒。

十二月，季孙及郤犨盟于扈。归，刺公子偃①，召叔孙豹于齐而立之②。

①偃与鉏俱为姜所指，而独杀偃，偃与谋。【释文】与，音预。②近此七月，声伯使豹请逆于晋，闻鲁人将讨侨如，豹乃辟其难，先奔齐，生二子，而鲁乃召之，故襄二年豹始见经，传于此因言其终。【释文】难，乃旦切。见，贤遍切。

齐声孟子通侨如①，使立于高、国之间②。侨如曰："不可以再罪。"奔卫，亦间于卿③。

①声孟子，齐灵公母，宋女。②位（此）[比]二卿。③传亦终言侨如之佞。【释文】间，徐音间厕之间，读者或如字。

晋侯使郤至献楚捷于周，与单襄公语，骤称其伐①。单子语诸大夫曰："温季其亡乎②！位于七人之下③，而求掩其上④。怨之所聚，乱之本也。多怨而阶乱，何以在位⑤？《夏书》曰：'怨岂在明？不见是图⑥。'将慎其细也。今而明之，其可乎⑦？"

①伐，功也。②温季，郤至。【释文】语，鱼据切。③佐新军，位在八。④称己之伐掩上功。⑤怨为乱阶。⑥逸《书》也。不见，细微也。【释文】见，贤遍切，又如字。⑦言郤至显称已功，所以明怨咎。

成公十七年

【经】

十有七年春，卫北宫括帅师侵郑①。

夏，公会尹子、单子、晋侯、齐侯、宋公、卫侯、曹伯、邾人伐郑②。

六月乙酉，同盟于柯陵③。

秋，公至自会④。

齐高无咎出奔莒。

九月辛丑，用郊⑤。

晋侯使荀罃来乞师⑥。

冬，公会单子、晋侯、宋公、卫侯、曹伯、齐人、邾人伐郑⑦。

十有一月，公至自伐郑⑧。

壬申，公孙婴齐卒于貍脤⑨。

十有二月丁巳朔，日有食之⑩。

邾子貜且卒⑪。

晋杀其大夫郤锜、郤犨、郤至。

楚人灭舒庸。

①括，成公曾孙。【释文】括，古活切。②晋未能服郑，故假天子(威)［威］，周使二卿会之。晋为兵主而犹先尹、单，尊王命也。单伯称子，盖降爵。③柯陵，郑西地。【释文】柯，古河切。④无传。⑤无传。九月郊祭，非礼明矣。书用郊，从史文。⑥无传。将伐郑。⑦郑犹未服故。⑧无传。⑨十一月无壬申，日误也。貍脤，阙。【释文】貍，力之切。脤，市轸切。⑩无传。⑪无传。五同盟。【释文】貜，俱缚切，徐居碧切。且，子余切。

【传】

十七年春，王正月，郑子骃侵晋虚、滑①。卫北宫括救晋，侵郑，至于高氏②。

①虚、滑，晋二邑。滑，故滑国，为秦所灭，时属晋，后属周。【释文】虚，起居切。②不书救，以侵告。高氏，在阳翟县西南。

夏五月，郑大子髡顽、侯獳为质于楚①，楚公子成、公子寅戍郑。公会尹武公、单襄公及诸侯伐郑，自戏童至于曲洧②。

①侯獳，郑大夫。【释文】髡，苦门切。獳，乃侯切。质，音致。②今新汲县治曲洧城，临洧水。【释文】戏，许宜切。洧，于轨切。治，直吏切。

晋范文子反自鄢陵①，使其祝宗祈死②，曰："君骄侈而克敌，是天益其疾也，难将作矣！爱我者惟祝我，使我速死，无及于难，范氏之福也。"六月戊辰，士燮卒③。

①前年鄢陵战还。②祝宗，主祭祀祈祷者。③传言厉公无遭，故贤臣忧惧，因祷自裁。【释文】侈，尺氏切，又尸氏切。难，乃旦切。祝，之又切。

乙酉，同盟于柯陵，寻戚之盟也①。

①戚盟在十五年。

楚子重救郑，师于首止。诸侯还①。

①畏楚强。

齐庆克通于声孟子，与妇人蒙衣乘辇而入于闳①。鲍牵见之，以告国武子②，武子召庆克而谓之。庆克久不出③，而告夫人曰："国子谪我④！"夫人怒。

①庆克，庆封父。蒙衣亦为妇人服，与妇人相冒。闳，巷门。【释文】与，如字，徐音预。闳，音宏。冒，亡报切。②鲍牵，鲍叔牙曾孙。③惭卧于家，夫人所以怪之。④谪，谴

国子相灵公以会①,高、鲍处守②。及还,将至,闭门而索客③。孟子诉之曰:"高、鲍将不纳君,而立公子角。国子知之④。"秋七月壬寅,刖鲍牵而逐高无咎。无咎奔莒,高弱以卢叛⑤。齐人来召鲍国而立之⑥。

①会伐郑。【释文】相,息亮切,下"相施氏"同。②高无咎、鲍牵。【释文】守,手又切。③蒐索,备奸人。【释文】索,所白切。④角,顷公子。【释文】顷,音倾。⑤弱,无咎子。卢,高氏邑。【释文】刖,音月,又五刮切。⑥国,牵之弟文子。

初,鲍国去鲍氏而来为施孝叔臣。施氏卜宰,匡句须吉①。施氏之宰,有百室之邑。与匡句须邑,使为宰,以让鲍国,而致邑焉。施孝叔曰:"子实吉。"对曰:"能与忠良,吉孰大焉!"鲍国相施氏忠,故齐人取以为鲍氏后。仲尼曰:"鲍庄子之知不如葵,葵犹能卫其足②。"

①卜立(冢)[家]宰。【释文】句,其俱切。②葵倾叶向日,以蔽其根,言鲍牵居乱不能危行言孙。【释文】知,音智。向,许亮切,本又作"嚮"。行,下孟切。

冬,诸侯伐郑①。十月庚午,围郑。楚公子申救郑。师于汝上。十一月,诸侯还②。

①前夏未得志故。②不书围,畏楚救,不成围而还。

初,声伯梦涉洹①,或与己琼瑰,食之②,泣而为琼瑰,盈其怀③。从而歌之曰:"济洹之水,赠我以琼瑰。归乎!归乎!琼瑰盈吾怀乎④!"惧不敢占也。还自郑,壬申,至于貍脤而占之,曰:"余恐死,故不敢占也。今众繁而从余三年矣,无伤也。"言之,之莫而卒⑤。

①洹水出汲郡林虑县,东北至魏郡长乐县入清水。【释文】洹,音桓,一音恒,今土俗音袁。虑,力於切。乐,音洛,下"乐平"同。②琼,玉;瑰,珠也。食珠玉,含象。【释文】琼,求营切。瑰,古回切。含,户暗切,本亦作"唅"。③泪下化为珠玉,满其怀。④从,就也。梦中为此歌。⑤繁,犹多也。传戒数占梦。【释文】莫,音暮。数,所角切。

齐侯使崔杼为大夫,使庆克佐之,帅师围卢①。国佐从诸侯围郑,以难请而归②。遂如卢师,杀庆克,以穀叛③。齐侯与之盟于徐关而复之。十二月,卢降,使国胜告难于晋,待命于清④。

①讨高弱。【释文】杼,直吕切。②请于诸侯。【释文】难,乃旦切,下同。③疾克淫乱,故杀之。④胜,国佐子,使以高氏难告晋。齐欲讨国佐,故留其子于外。清,阳平乐县是。为明年杀国佐传。【释文】降,下江切。

晋厉公侈,多外嬖①。反自鄢陵,欲尽去群大夫,而立其左右②。胥童以胥克之废也,怨郤氏③，而嬖于厉公。郤锜夺夷阳五田，五亦嬖于厉公。郤犨与长鱼矫争田，执而梏之④，与其父母妻子同一辕⑤。既，矫亦嬖于厉公。栾书怨郤至，以其不从己而败楚师也，欲废之⑥。使楚公子茷告公曰："此战也，郤至实召寡君⑦。以东师之未至也⑧，与军帅之不具也，曰：'此必败⑨！吾因奉孙周以事君⑩。'"公告栾书，书曰："其有焉！不然，岂其死之不恤，而受敌使乎⑪？君盍尝使诸周而察之⑫？"郤至聘于周，栾书使孙周见之。公使觇之，信⑬。遂怨郤至。

①外嬖，爱幸大（去）[夫]。【释文】嬖，必计切。②终如士燮言。【释文】反自鄢，一本作"自鄢陵"。去，起吕切。③童，胥克之子。宣八年，郤缺废胥克。④梏，械也。【释文】矫，居表切。梏，古毒切。械，户戒切。⑤系之车辕。⑥鄢陵战，栾书欲固垒，郤至言楚有六间以取胜也。⑦鄢陵战，晋囚公子茷以归。⑧齐、鲁、卫之师。⑨荀䓨佐下军居守，郤犨将新军乞师，故言不具。【释文】帅，所类切。守，手又切。⑩孙周，晋襄公曾孙悼公。君，楚王也。⑪谓鄢陵战时，楚子问郤至以弓。【释文】使，所吏切。⑫尝，试也。【释文】盍，户腊切。使，所吏切，又如字。⑬觇，伺也。【释文】觇，敕廉切。伺，音司，又丝嗣切。

厉公田，与妇人先杀而饮酒，后使大夫杀①。郤至奉豕②，寺人孟张夺之③，郤至射而杀之。公曰："季子欺余④。"

厉公将作难，胥童曰："必先三郤，族大，多怨。去大族，不偪⑤；敌多怨，有庸⑥。"公曰："然。"郤氏闻之，郤锜欲攻公，曰："虽死，君必危。"郤至曰："人所以立，信、知、勇也。信不叛君，知不害民，勇不作乱。失兹三者，其谁与我？死而多怨，将安用之⑦？君实有臣而杀之，其谓君何？我之有罪，吾死后矣！若杀不辜，将失其民，欲安，得乎⑧？待命而已！受君之禄，是以聚党。有党而争命⑨，罪孰大焉⑩！"

①传言厉公无道，先妇人而后卿佐。②进之于公。③寺人，奄士。④季子，郤至。公反以为郤至夺孟张豕。【释文】射，食亦切。⑤不偪公室。【释文】偪，彼力切。⑥讨多怨者易有功。【释文】易，以豉切。⑦言俱死无用，多其怨咎。【释文】知，音智。⑧言不得安君位。⑨争死命。⑩传言郤至无反心。

壬午，胥童、夷羊五帅甲八百，将攻郤氏①。长鱼矫请无用众，公使清沸魋助之②，抽戈结衽③，而伪讼者④。三郤将谋于榭⑤，矫以戈杀驹伯、苦成叔于其位⑥。温季曰："逃威也！"遂趋⑦。矫及诸其车，以戈杀之，皆尸诸朝⑧。

①八百人。②沸魋，亦嬖人。【释文】沸，甫味切。魋，徒回切。③衽，裳际。【释文】

衽,而甚切,徐音而鸠切。④伪与清沸魋讼。⑤榭,讲武堂。⑥位,所坐处也。驹伯,郤锜。苦成叔,郤犨。【释文】处,昌虑切。⑦郤至本意欲禀君命而死,今矫等不以君命而来,故欲逃凶贼为害,故曰威,言可畏也。或曰威当为藏。⑧陈其尸于朝。

胥童以甲劫栾书、中行偃于朝。矫曰:"不杀二子,忧必及君。"公曰:"一朝而尸三卿,余不忍益也。"对曰:"人将忍君①。臣闻乱在外为奸,在内为轨。御奸以德②,御轨以刑③。不施而杀,不可谓德。臣偪而不讨,不可谓刑。德刑不立,奸轨并至。臣请行。"遂出奔狄④。公使辞于二子⑤,曰:"寡人有讨于郤氏,郤氏既伏其辜矣。大夫无辱,其复职位⑥。"皆再拜稽首曰:"君讨有罪,而免臣于死,君之惠也。二臣虽死,敢忘君德?"乃皆归。公使胥童为卿。

①人,谓书与偃。【释文】一朝,如字。②德绥远。【释文】轨,本又作"宄",音同。御,鱼吕切,下同。③刑治近。④行,去也。【释文】施,如字,式豉切。⑤辞谢书与偃。⑥胥童劫而执之,故云辱。

公游于匠丽氏①,栾书、中行偃遂执公焉。召士匄,士匄辞②。召韩厥,韩厥辞,曰:"昔吾畜于赵氏,孟姬之谗,吾能违兵③。古人有言曰'杀老牛莫之敢尸',而况君乎?二三子不能事君,焉用厥也④!"

①匠丽,嬖大夫家。②辞不往。③畜,养也。违,去也。韩厥少为赵盾所待养,及孟姬之乱,晋将讨赵氏而厥去其兵,示不与党。言此者,明己无所偏助。孟姬乱在八年。【释文】去,起吕切。少,诗照切。④尸,主也。【释文】焉,於虔切。

舒庸人以楚师之败也①,道吴人围巢,伐驾,围厘、虺②,遂恃吴而不设备。楚公子囊师袭舒庸,灭之。

①败于鄢陵。舒庸,东夷国。②巢、驾、厘、虺,楚四邑。【释文】道,音导,下及注同。驾,如字,一音加。厘,力之切。虺,许鬼切。

闰月乙卯晦,栾书、中行偃杀胥童①。民不与郤氏,胥童道君为乱,故皆书曰:"晋杀其大夫②。"

①以其劫己故。【释文】囊,他洛切。②厉公以私欲杀三郤,而三郤死不以无罪书。书、偃以家怨害胥童,而胥童受国讨。文明郤氏失民,胥童道乱,宜其为国戮。

成公十八年

【经】

十有八年春,王正月,晋杀其大夫胥童①。

庚申,晋杀其君州蒲②。

齐杀其大夫国佐③。

公如晋。

夏,楚子、郑伯伐宋。

宋鱼石复入于彭城④。

公至自晋。

晋侯使士匄来聘。

秋,杞伯来朝。

八月,邾子来朝。

筑鹿囿⑤。

己丑,公薨于路寝。

冬,楚人、郑人侵宋⑥。

晋侯使士鲂来乞师⑦。

十有二月,仲孙蔑会晋侯、宋公、卫侯、邾子、齐崔杼同盟于虚朾⑧。

丁未,葬我君成公。

①传在前年,经在今春,从告。②不称臣,君无道。③国武子。④传例曰:以恶入也。彭城,宋邑,今彭城县。【释文】复,扶又切。⑤筑墙为鹿苑。【释文】囿,音又。⑥子重先遣轻军侵宋,故称人而不言伐。【释文】轻,遣政切。⑦【释文】鲂,音房。⑧虚朾,地阙。【释文】虚,起居切。朾,他丁切。

【传】

十八年春,王正月庚申,晋栾书、中行偃使程滑弑厉公①,葬之于翼东门之外,以车一乘②。使荀罃、士鲂逆周子于京师而立之③,生十四年矣。大夫逆于清原,周子曰:"孤始愿

不及此。虽及此,岂非天乎④?抑人之求君,使出命也,立而不从,将安用君?二三子用我今日,否亦今日,共而从君,神之所福也⑤。"对曰:"群臣之愿也,敢不唯命是听?"庚午,盟而入⑥,馆于伯子同氏⑦。辛巳,朝于武宫⑧,逐不臣者七人⑨。周子有兄而无慧,不能辨菽麦,故不可立⑩。

①程滑,晋大夫。②言不以君礼葬。诸侯葬车七乘。【释文】乘,绳证切。③悼公周。④言有命。⑤传言其少有才,所以能自固。【释文】少,诗照切。⑥与诸大夫盟。⑦晋大夫家。馆,舍也。⑧武公,曲沃始命君。⑨夷羊五之属。⑩菽,大豆也。豆麦殊形易别,故以为痴者之候。不慧,盖世所谓白痴。【释文】菽,音叔。易,以豉切。别,彼列切。痴,敕疑切。

齐为庆氏之难①故,甲申晦,齐侯使士华免以戈杀国佐于内宫之朝②。师逃于夫人之宫③。书曰:"齐杀其大夫国佐。"弃命,专杀,以縠叛故也④。使清人杀国胜⑤。国弱来奔⑥,王湫奔莱⑦。庆封为大夫,庆佐为司寇⑧。既,齐侯反国弱,使嗣国氏,礼也⑨。

①前年国佐杀庆克。【释文】为,于伪切。难,乃旦切。②华免,齐大夫。内宫,夫人宫。③伏兵内宫,恐不胜。④国佐本疾淫乱,杀庆克,齐以是讨之,嫌其罪不及死,故传明言其三罪。⑤胜,国佐子,前年待命于清者。⑥弱,胜之弟。⑦湫,国佐党。【释文】湫,子小切,徐子鸟切。莱,音来。⑧封、佐皆厌克子。⑨佐之罪不及不祀。

二月乙酉朔,晋悼公即位于朝①。始命百官②,施舍、已责③,逮鳏寡④,振废滞⑤,匡乏困,救灾患⑥,禁淫慝,薄赋敛,宥罪戾⑦,节器用⑧,时用民⑨,欲无犯时⑩。使魏相、士鲂、魏颉、赵武为卿⑪。荀家、荀会、栾黡、韩无忌为公族大夫,使训卿之子弟共俭孝弟⑫。使士渥浊为大傅,使修范武子之法⑬。右行辛为司空,使修士蒍之法⑭。弁纠御戎,校正属焉⑮,使训诸御知义⑯。荀宾为右,司士属焉⑰,使训勇力之士时使⑱。卿无共御,立军尉以摄之⑲。祁奚为中军尉,羊舌职佐之。魏绛为司马⑳。张老为候奄。铎遏寇为上军尉。籍偃为之司马㉑,使训卒乘亲以听命㉒。程郑为乘马御,六驺属焉,使训群驺知礼㉓。凡六官之长,皆民誉也㉔。举不失职,官不易方㉕,爵不逾德㉖,师不陵正,旅不逼师㉗,民无谤言,所以复霸也㉘。

①朝庙五日而即位也。厉公杀绝,故悼公不以嗣子居丧。【释文】杀,音试。②始为政。③施恩惠,舍劳役,止逋责。【释文】施,如字,一音始豉切。逋,布吴切。④惠及微。【释文】鳏,古顽切。⑤起旧德。⑥匡,亦救也。⑦宥,宽也。【释文】慝,他得切。敛,力验切。宥,音又。戾,力计切。⑧节,省也。【释文】省,所景切,下同。⑨使民以时。⑩不

纵私欲。【释文】纵,本亦作"从",子用切。⑪相,魏锜子。鲂,士会子。颉,魏颗子。武,赵朔子。此四人其父祖皆有劳于晋国。【释文】相,息亮切。颉,户结切。颗,苦果切。⑫无忌,韩厥子。【释文】弟,音悌,本亦作"悌"。⑬渥浊,士贞子。武子为景公大傅。【释文】渥,於角切。⑭辛将右行,因以为氏。士芳,献公司空也。【释文】行,户郎切。芳,于委切。将,子匠切。⑮弁纠,栾纠也。校正,主马官。【释文】弁,皮彦切,本又作"卞",同。纠,居黝切。校,户孝切。⑯戎士尚节义。⑰司士,车右之官。⑱勇力,皆车右也。勇力多不顺命,故训之以共时之使。【释文】共音恭,本亦作"供",下文同。⑲省卿戎御,令军尉摄御而已。【释文】省,所景切。令,力呈切。⑳魏犨子也。㉑偃,籍谈父,为卜军司马。【释文】铎,待洛切。偃,於葛切,徐音谒。㉒相亲以听上命。【释文】卒,子忽切。乘,绳证切,下及注同。㉓程郑,荀氏别族。乘马御,乘车之仆也。六骖,六闲之骖。《周礼》:诸侯有六闲马。乘车尚礼容,故训群骖使知礼。【释文】骖,侧留切。㉔大国三卿,晋时置六卿为军帅,故总举六官,则知群官无非其人。【释文】长,丁丈切。帅,所类切。㉕官守其业,无相逾易。㉖量德授爵。㉗正,军将命卿也。师,二千五百人之帅也。旅,五百人之帅也。言上下有礼,不相陵偪。㉘此以上通言悼公所行,未必皆在即位之年。【释文】复,扶又切,下及注"复入"皆同。上,时掌切。

公如晋,朝嗣君也。

夏六月,郑伯侵宋,及曹门外①。遂会楚子伐宋,取朝郏。楚子辛、郑皇辰侵城郜,取幽丘,同伐彭城②,纳宋鱼石、向为人、鳞朱、向带、鱼府焉③。以三百乘戍之而还。书曰:"复入④。"凡去其国,国逆而立之曰入⑤。复其位曰复归⑥。诸侯纳之曰归⑦。以恶曰复入⑧。宋人患之。西鉏吾曰:"何也⑨?若楚人与吾同恶,以德于我,吾固事之也,不敢贰矣⑩。大国无厌,鄙我犹憾⑪。不然,而收吾憎,使赞其政⑫,以间吾衅,亦吾患也。今将崇诸侯之奸,而披其地⑬,以塞夷庚⑭。逞奸而携服,毒诸侯而惧吴、晋⑮,吾庸多矣,非吾忧也。且事晋何为?晋必恤之⑯。"

①曹门,宋城门。②朝郏、城郜、幽丘,皆宋邑。【释文】取朝,如字。郏,古洽切。郜,古报切。③五子以十五年出奔楚,独书鱼石,为帅告。④恶其(衣)[依]阻大国,以兵威还.故书复入。【释文】乘,绳证切。恶,乌路切。⑤谓本无位,绍继而立。⑥亦国逆。【释文】复,音服,又扶又切。⑦谓诸侯以言语告请而纳之。有位无位皆曰归。⑧谓身为戎首,称兵入伐,害国殄民者也。此四条,所以明外内之援,辩逆顺之辞,通君臣取国有家之大例。【释文】以恶曰复入,或作"以恶入曰复入"。⑨西鉏吾,宋大夫。【释文】鉏,仕居

切，徐在居切。吾，音鱼。⑩恶，谓鱼石。⑪言己事之则以我为鄙邑，犹恨不足，此吾患也。【释文】厌，於盐切。憾，户暗切。⑫谓不同恶鱼石，而用之使佐政。⑬崇，长也。谓楚今取彭城以封鱼石。披，犹分也。【释文】间，如字，又间厕之间。衅，许靳切。披，晋彼切。长，丁丈切。⑭夷庚，吴、营往来之要道。楚封鱼石于彭城，欲以绝吴、晋之道，⑮隔吴、晋之道故惧。携，离也。⑯言宋常事晋何为，顾有此患难。【释文】难，乃旦切。

公至自晋。晋范宣子来聘，且拜朝也①。君子谓："晋于是乎有礼②。"

①拜谢公朝。②有卑让之礼。

秋，杞桓公来朝，劳公，且问晋故。公以晋君语之①。杞伯于是骤朝于晋而请为昏②。

①语其德政。【释文】劳，力报切。语，鱼据切。②为平公不彻乐张本。

七月，宋老佐、华喜围彭城，老佐卒焉①。

①言所以不克彭城。

八月，邾宣公来朝，即位而来见也①。

①【释文】见，贤遍切。

筑鹿囿，书，不时也①。

①非土功时。

己丑，公薨于路寝，言道也①。

①在路寝，得君薨之道。

冬十一月，楚子重救彭城，伐宋①，宋华元如晋告急。韩献子为政②，曰："欲求得人，必先勤之③，成霸安疆，自宋始矣。"晋侯师于台谷以救宋④，遇楚师于靡角之穀，楚师还⑤。

①使偏师与郑人侵宋，子重为后镇。②于是栾书卒，韩厥代将中军。③勤，恤其急。④台谷，地阙。【释文】台，敕才切，一音臺。⑤畏晋强也。（龙）[靡]角，宋地。

晋士鲂来乞师①。季文子问师数于臧武仲②，对曰："伐郑之役，知伯实来，下军之佐也③。今彘季亦佐下军④，如伐郑可也⑤。事大国，无失班爵而加敬焉，礼也。"从之⑥。

①将救宋。②武仲，宣叔之子。③知伯，荀罃。④彘季，士鲂。【释文】彘，直例切。⑤伐郑在十七年。⑥从武仲言。

十二月，孟献子会于虚杜，谋救宋也。宋人辞诸侯而请师以围彭城①。孟献子请于诸侯，而先归会葬。

丁未，葬我君成公，书，顺也②。

①不敢烦诸侯，故但请其师。为襄元年围彭城传。②薨于路寝，五月而葬，国家安

静,世適承嗣,故曰书顺也。【释文】適,丁历切。

襄公第九

【释文】陆云:襄公名午,成公子,母定姒。《谥法》:因事有功曰襄,辟土有德曰襄。

襄公元年

【经】

元年春,王正月,公即位①。

仲孙蔑会齐晋栾黡、宋华元、卫宁殖、曹人、莒人、邾人、滕人、薛人围宋彭城②。

夏,晋韩厥帅师伐郑。

仲孙蔑会齐崔杼、曹人、邾人、杞人次于鄫③。

秋,楚公子壬夫帅师侵宋。

九月辛酉,天王崩④。

邾子来朝。

冬,卫侯使公孙剽来聘⑤。

晋侯使荀罃来聘⑥。

①无传。于是公年四岁。②鲁与谋于虚朾,而书会者,禀命霸主,非匹敌故。【释文】与,音预。③鄫,郑地,在陈留襄邑县东南。书次,兵不加郑,次鄫以待晋师。【释文】鄫,才陵切。④无传。辛酉,九月十五日。⑤剽,子叔黑背子。【释文】剽,匹妙切,《字林》匹召切。⑥冬者,十月初也。王崩,赴未至,皆未闻丧,故各得行朝聘之礼,而传善之。

【传】

元年春己亥,围宋彭城①。非宋地,追书也②。于是为宋讨鱼石,故称宋,且不登叛人也③,谓之宋志④。彭城降晋,晋人以宋五大夫在彭城者归,寘诸瓠丘⑤。齐人不会彭城,晋人以为讨。二月,齐大子光为质于晋⑥。

①下有二月,则此己亥为正月。正月无己亥,日误。②成十八年,楚取彭城以封鱼

石，故曰非宋地。夫子治《春秋》，追书系之宋。③登，成也。不与其专邑叛君，故使彭城还系宋。【释文】为，于伪切。④称宋，亦以成宋志。⑤彭城降不书，贱，略之。瓠丘，晋地，河东东垣县东南有壶丘。五大夫：鱼石、向为人、鳞朱、向带、鱼府。【释文】降，户江切。寔，之豉切。瓠，徐侯吴切，一音户故切。垣，音袁。⑥光，齐灵公大子。【释文】质，音致。

夏五月，晋韩厥、荀偃帅诸侯之师伐郑，入其郛①，败其徒兵于洧上②。于是东诸侯之师次于鄫，以待晋师③。晋师自郑以鄫之师侵楚焦、夷及陈④，晋侯、卫侯次于戚，以为之援⑤。

①荀偃不书，非元帅。【释文】郛，芳夫切。帅，所类切。②徒兵，步兵。洧水出密县，东南至长平入颍。【释文】洧，于轨切。③齐、鲁、曹、邾、杞。④于是孟献子自鄫先归，不与侵陈、楚，故不书。【释文】焦，如字，徐在尧切。与，音预。⑤为韩厥援。

秋，楚子辛救郑，侵宋吕、留①。郑子然侵宋，取犬丘②。

①吕、留二县今属彭城郡。②谯国酂县东北有犬丘城。迁回，疑。【释文】酂，才河切，又子旦切。迁，音于。

九月，邾子来朝，礼也①。

①邾宣公。

冬，卫子叔、晋知武子来聘，礼也。凡诸侯即位，小国朝之①，大国聘焉②，以继好结信，谋事补阙，礼之大者也③。

①小事大。②大字小。③阙，犹过也。礼以安国家利民人为大。【释文】好，呼报切。

襄公二年

【经】

二年春，王正月，葬简王①。

郑师伐宋②。

夏五月庚寅，夫人姜氏薨。

六月庚辰，郑伯睔卒③。

晋师、宋师、卫宁殖侵郑④。

秋七月,仲孙蔑会晋荀罃、宋华元、卫孙林父、曹人、邾人于戚。

己丑,葬我小君齐姜⑤。

叔孙豹如宋⑥。

冬,仲孙蔑会晋荀罃、齐崔杼、宋华元、卫孙林父、曹人、邾人、滕人、薛人、小邾人于戚,遂城虎牢⑦。

楚杀其大夫公子申。

①无传。五月而葬,速。②书伐,从告。③未与襄同盟而赴以名。庚辰,七月九日,书六月,经误。【释文】盰,古困切,徐又胡忖切。④宋虽非卿,师重,故叙卫上。【释文】殖,市力切。⑤齐,谥也。三月而葬,速。【释文】齐,如字,或音侧皆切,非。⑥豹于此始自齐还为卿。⑦以偪郑。

【传】

二年春,郑师侵宋,楚令也①。

①以彭城故。

齐侯伐莱,莱人使正舆子赂夙沙卫以索马牛,皆百匹①,齐师乃还。君子是以知齐灵公之为"灵"也②。

①夙沙卫,齐寺人。索,简择好者。【释文】莱,音来。舆,音余,本亦作"与"。索,所白切。②《谥法》:乱而不损曰灵。言谥应其行。【释文】应,应对之应。行,下孟切。

夏,齐姜薨。初,穆姜使择美槚①,以自为榇与颂琴②,季文子取以葬。君子曰:"非礼也。礼无所逆,妇,养姑者也,亏姑以成妇,逆莫大焉③。《诗》曰:'其惟哲人,告之话言,顺德之行④。'季孙于是为不哲矣⑤。且姜氏,君之姒也⑥。《诗》曰:'为酒为醴,烝畀祖妣,以洽百礼,降福孔偕⑦。'"

①槚,梓之属。【释文】槚,古雅切,木名。②榇,棺也。颂琴,琴名,犹言雅琴。皆欲以送终。【释文】榇,初觐切。③穆姜,成公母。齐姜,成公妇。【释文】养,余亮切。④《诗·大雅》。哲,知也。话,善也。言知者行事无不顺。【释文】话,户快切。知,音智,下同。⑤言逆德。【释文】陆云:一本作"不为哲矣"。⑥襄公适母,故曰君之姒。【释文】姒,必履切。适,丁历切,本又作"嫡"。⑦《诗·周颂》。烝,进也。畀,与也。偕,徧也。言敬事祖妣,则鬼神降福。季孙葬姜氏不以礼,是不敬祖妣。【释文】烝,之承切。畀,必利切。洽,户夹切。偕,音皆。徧,音遍。

齐侯使诸姜、宗妇来送葬①。召莱子,莱子不会,故晏弱城东阳以偪之②。

①宗妇,同姓大夫之妇。妇人越疆送葬,非礼。【释文】疆,居良切。②为六年灭莱传。东阳,齐竟上邑。【释文】竟,音境。

郑成公疾,子驷请息肩于晋①。公曰:"楚君以郑故,亲集矢于其目②,非异人任,寡人也③。若背之,是弃力与言,其谁暱我④?免寡人,唯二三子!"

秋七月庚辰,郑伯睔卒。于是子罕当国⑤,子驷为政⑥,子国为司马。晋师侵郑⑦,诸大夫欲从晋,子驷曰:"官命未改⑧。"

①欲辟楚役,以负担喻。【释文】担,都暂切。②谓鄢陵战,晋射楚王目。【释文】射,食亦切。③言楚子任(比)[此]患,不为他人,盖在己。【释文】陆云:非异人任,绝句。任,音壬。一读至"人"字绝句。为,于伪切。④言,盟誓之言。【释文】背,音佩。弃力,服本作"弃功"。暱,本作"昵",女乙切,徐乃吉切。⑤摄君事。⑥为政卿。⑦晋伐丧,非礼。⑧成公未葬,嗣君未免丧,故言未改。不欲违先君意。

会于戚,谋郑故也①。孟献子曰:"请城虎牢以偪郑②。"知武子曰:"善。鄬之会,吾子闻崔子之言,今不来矣③。滕、薛、小邾之不至,皆齐故也④。寡君之忧不唯郑⑤。嚭将复于寡君,而请于齐⑥。得请而告,吾子之功也⑦。若不得请,事将在齐⑧。吾子之请,诸侯之福也⑨,岂唯寡君赖之⑩?"

①郑久叛晋,谋讨之。②虎牢,旧郑邑,今属晋。③元年,孟献子与齐崔杼次于鄬,崔杼有不服晋之言,献子以告武子。④三国,齐之属。⑤言复忧齐叛。【释文】复,扶又切,下同。⑥以城事白晋君而请齐会之,欲以观齐志。⑦得请,谓齐人应命,告诸侯会筑虎牢。⑧将伐齐。⑨城虎牢足以服郑,息征伐。⑩传言荀罃能用善谋。

穆叔聘于宋,通嗣君也。

冬,复会于戚,齐崔武子及滕、薛、小邾之大夫皆会,知武子之言故也①。遂城虎牢,郑人乃成②。

①武子言事将在齐,齐人惧,帅小国而会之。②如孟献子之谋。

楚公子申为右司马,多受小国之赂,以偪子重、子辛①,楚人杀之。故书曰:"楚杀其大夫公子申②。"

①偪,夺其权势。②言所以致国讨之(子)[文]。

襄公三年

【经】

三年春,楚公子婴齐帅师伐吴。

公如晋。

夏四月壬戌,公及诸侯盟于长樗①。

公至自晋②。

六月,公会单子、晋侯、宋公、卫侯、郑伯、莒子、邾子、齐世子光。己未,同盟于鸡泽③。

陈侯使袁侨如会④。

戊寅,叔孙豹及诸侯之大夫及陈袁侨盟⑤。

秋,公至自会⑥。

冬,晋荀䓨帅师伐许。

①晋侯出其国都,与公盟于外。【释文】樗,敕居切。②无传。不以长樗至,本非会。③鸡泽,在广平曲梁县西南。周灵王新即位,使王官伯出与诸侯盟,以安王室,故无讥。【释文】单,音善。④陈疾楚政而来属晋,本非召会而自来,故言如会。【释文】侨,其骄切。⑤诸侯既盟,袁侨乃至,故使大夫别与之盟。言诸侯之大夫,则在鸡泽之诸侯也。殊袁侨者,明诸侯大夫所以盟,盟袁侨也。据传,盟在秋,《长历》推戊寅七月十三日,经误。⑥无传。

【传】

三年春,楚子重伐吴,为简之师①,克鸠兹,至于衡山②。使邓廖帅组甲三百、被练三千③以侵吴。吴人要而击之,获邓廖。其能免者,组甲八十、被练三百而已。子重归,既饮至,三日,吴人伐楚,取驾。驾,良邑也。邓廖,亦楚之良也。君子谓:"子重于是役也,所获不如所亡④。"楚人以是咎子重。子重病之,遂遇心疾而卒⑤。

①简,选练。②鸠兹,吴邑,在丹阳无湖县东,今皋夷也。衡山,在吴兴乌程县南。③组甲、被练,皆战备也。组甲,漆甲成组文。被练,练袍。【释文】廖,力雕切。组,音祖。被,皮义切,徐扶伪切。④当时君子。【释文】要,於遥切。⑤忧恚故成心疾。【释文】咎,

公如晋，始朝也①。

①公即位向朝。

夏，盟于长樗。孟献子相，公稽首①。知武子曰："天子在，而君辱稽首，寡君惧矣②。"孟献子曰："以敝邑介在东表，密迩仇雠③，寡君将君是望，敢不稽首④？"

①相仪也。稽首，首至地。【释文】相，息亮切。②稽首，事天子之礼。③仇雠，谓齐、楚与晋争。【释文】介，音界。争，争斗之争。④传言献子能固事盟主。

晋为郑服故，且欲修吴好①，将合诸侯。使士匄告于齐曰："寡君使匄，以岁之不易，不虞之不戒，寡君愿与一二兄弟相见②，以谋不协，请君临之，使匄乞盟。"齐侯欲勿许，而难为不协，乃盟于耏外③。

①郑服在前年。【释文】为，于伪切。好，呼报切。②不易，多难也。虞，度也。戒，备也。列国之君相谓兄弟。【释文】易，以豉切。难，乃旦切。度，待洛切。③与士匄盟。耏，水名。【释文】耏，音而。

祁奚请老①，晋侯问嗣焉②。称解狐，其仇也，将立之而卒③。又问焉，对曰："午也可④"于是羊舌职死矣，晋侯曰："孰可以代之？"对曰："赤也可⑤。"于是使祁午为中军尉，羊舌赤佐之⑥。君子谓："祁奚于是能举善矣。称其仇，不为谄。立其子，不为比。举其偏，不为党⑦。《商书》曰'无偏无党，王道荡荡⑧'，其祁奚之谓矣！解狐得举⑨，祁午得位，伯华得官，建一官而三物成⑩，能举善也夫！唯善，故能举其类。《诗》云：'惟其有之，是以似之。'祁奚有焉⑪。"

①老，致仕。②嗣，续其职者。③解狐卒。【释文】解，音蟹。④午，祁奚子。⑤赤，职之子伯华。⑥各代其父。⑦谄，媚也。偏，属也。【释文】谄，他检切。比，毗志切。⑧《商书·洪范》也。荡荡，平正无私。⑨未得位，故曰得举。⑩一官，军尉。物，事也。⑪《诗·小雅》，言唯有德之人能举似己者也。【释文】夫，音扶，绝句，一读以"夫"为下句首。

六月，公会单顷公及诸侯。己未，同盟于鸡泽①。

晋侯使荀会逆吴子于淮上，吴子不至②。

①单顷公，王卿士。【释文】顷，音倾。②道远多难。

楚子辛为令尹，侵欲于小国。陈成公使袁侨如会求成①，晋侯使和组父告于诸侯②。秋，叔孙豹及诸侯之大夫及陈袁侨盟，陈请服也③。

①患楚侵欲。袁侨，涛涂四世孙。②告陈服。③其君不来，使大夫盟之，匹敌之宜。

晋侯之弟扬干乱行于曲梁①，魏绛戮其仆②。晋侯怒，谓羊舌赤曰："合诸侯以为荣也，扬干为戮，何辱如之？必杀魏绛，无失也！"对曰："绛无贰志，事君不辟难，有罪不逃刑，其将来辞，何辱命焉？"言终，魏绛至，授仆人书③，将伏剑。士鲂、张老止之。公读其书曰："日君乏使，使臣斯司马④。臣闻师众以顺为武⑤，军事有死无犯为敬⑥。君合诸侯，臣敢不敬？君师不武，执事不敬，罪莫大焉。臣惧其死，以及扬干，无所逃罪⑦。不能致训，至于用钺⑧，臣之罪重，敢有不从，以怒君心⑨？请归死于司寇⑩。"公跣而出，曰："寡人之言，亲爱也。吾子之讨，军礼也。寡人有弟，弗能教训，使干大命，寡人之过也。子无重寡人之过⑪，敢以为请⑫。"

晋侯以魏绛为能为刑佐民矣，反役，与之礼食，使佐新军⑬。张老为中军司马⑭，士富为候奄⑮。

①行，陈次。【释文】行，户郎切。陈，直觐切。②仆，御也。③仆人，晋侯御仆。④斯，此也。⑤顺，莫敢违。⑥守官行法，虽死不敢有违。⑦惧自犯不武不敬之罪。⑧用钺斩扬干之仆。【释文】钺，音越。⑨言不敢不从戮。⑩致尸于司寇，使戮之。⑪听绛死，为重过。【释文】跣，先典切。重，直用切，注同。⑫请使无死。⑬群臣旅会，今欲显绛，故特为设礼食。【释文】食，音嗣，又如字。为，于伪切。⑭代魏绛。⑮代张老。士富，士会别族。

楚司马公子何忌侵陈，陈叛故也。

许灵公事楚，不会于鸡泽。冬，晋知武子帅师伐许。

襄公四年

【经】

四年春，王三月己酉，陈侯午卒①。

夏，叔孙豹如晋。

秋七月戊子，夫人姒氏薨②。

葬陈成公③。

八月辛亥，葬我小君定姒④。

冬，公如晋。

陈人围顿。

①前年大夫盟鸡泽。三月无己酉，日误。②成公妾，襄公母。姒，杞姓。③无传。④无传。定，谥也。赴同祔姑，反哭成丧，皆以正夫人礼，母以子贵。逾月而葬，速。

【传】

四年春，楚师为陈叛故，犹在繁阳①。韩献子患之，言于朝曰："文王帅殷之叛国以事纣，唯知时也②。今我易之，难哉③！"三月，陈成公卒。楚人将伐陈，闻丧乃止④。陈人不听命⑤。臧武仲闻之，曰："陈不服于楚，必亡。大国行礼焉而不服，在大犹有咎，而况小乎？"夏，楚彭名侵陈，陈无礼故也⑥。

①前年何忌之师侵陈，今犹未还。繁阳，楚地，在汝南鲖阳县南。【释文】为，于伪切。鲖，孟康音纣，直久切，一音重，或音直勇切，非。②知时未可争。③晋力未能服楚，受陈为非时。④军礼不伐丧。⑤不听楚命。⑥为下陈围顿传。【释文】咎，其九切。

穆叔如晋，报知武子之聘也①，晋侯享之。金奏《肆夏》之三，不拜②。工歌《文王》之三，又不拜③。歌《鹿鸣》之三，三拜④。韩献子使行人子员问之⑤，曰："子以君命，辱于敝邑。先君之礼，藉之以乐，以辱吾子⑥。吾子舍其大，而重拜其细，敢问何礼也？"对曰："三《夏》，天子所以享元侯也，使臣弗敢与闻⑦。《文王》，两君相见之乐也，臣不敢及⑧。《鹿鸣》，君所以嘉寡君也，敢不拜嘉⑨？《四牡》，君所以劳使臣也，敢不重拜⑩？《皇皇者华》，君教使臣曰：'必咨于周⑪。'臣闻之：'访问于善为咨⑫，咨亲为询⑬，咨礼为度⑭，咨事为诹⑮，咨难为谋⑯。'臣获五善，敢不重拜⑰？"

①武子聘在元年。②《肆夏》，乐曲名。《周礼》：以钟鼓奏九《夏》。其二曰《肆夏》，一名《樊》；三曰《韶夏》，一名《遏》；四曰《纳夏》，一名《渠》。盖击钟而奏此三《夏》曲。【释文】夏，户雅切，注及下皆同。九《夏》：一曰《王夏》，二曰《肆夏》，三曰《韶夏》，四曰《纳夏》，五曰《章夏》，六曰《齐夏》，七曰《族夏》，八曰《陔夏》，九曰《骜夏》。《肆夏》一名《樊》。《国语》云："金奏《肆夏》，《樊》《遏》《渠》。"杜遂分为三《夏》之别名。吕叔玉云："《肆夏》，《时迈》也；《樊遏》，《执竞》也；《渠》，《思文》也。"韶，上招切。遏，於葛切。纳夏，本或为"夏纳"，误。渠，其居切。③工，乐人也。《文王》之三，《大雅》之首，《文王》《大明》《绵》。④《小雅》之首，《鹿鸣》《四牡》《皇皇者华》。⑤行人，通使之官。【释文】员，音云，徐于贫切。使，所吏切，下同。⑥藉，荐也。【释文】藉，在夜切。⑦元侯，牧伯。

【释文】舍，音捨。重，直用切，下皆同。与，音预，下"及与"同。牧，徐音目。⑧及，与也。《文王》之三，皆称文王之德，受命作周，故诸侯会同以相乐。【释文】乐，音洛。⑨晋以叔孙为嘉宾，故歌《（周）[鹿]鸣》之诗，取其"我有嘉宾"。叔孙奉君命而来，嘉叔孙，乃所以嘉鲁君。⑩《诗》言使臣乘四牡，骈骈然行不止，勤劳也。晋以叔孙来聘，故以此劳之。【释文】劳，力报切，注"劳之"同。骈，芳非切。⑪《皇皇者华》，君遣使臣之诗，言忠臣奉使能光辉君命，如华之皇皇然，又当谘于忠信，以补己不及。忠信为周。其诗曰"周爰谘诹"，"周爰谘谋"，"周爰谘度"，"周爰谘询"，言必于忠信之人谘此四事。【释文】诹，子须切。度，待洛切。询，音荀。⑫问善道。⑬问亲戚之义。⑭问礼宜。⑮问政事。⑯问患难。【释文】难，乃旦切。⑰五善，为咨、词、度、诹、谋。

秋，定姒薨。不殡于庙，无椟，不虞①。匠庆谓季文子曰②："子为正卿，而小君之丧不成③，不终君也④。君长，谁受其咎⑤？"

初，季孙为己树六槚于蒲圃东门之外⑥。匠庆请木⑦，季孙曰："略⑧。"匠庆用蒲圃之槚，季孙不御⑨。君子曰：《志》所谓'多行无礼，必自及也'，其是之谓乎！"

①椟，亲身棺。季孙以定姒本贱，既无器备，议其丧制，欲殡不过庙，又不反哭。【释文】过，古禾切。②匠庆，鲁大匠。③谓如季孙所议，则为夫人礼不成。④慢其母，是不终事君之道。⑤言襄公长，将责季孙。【释文】长，丁丈切。⑥蒲圃，场圃名。季文子树槚，欲自为椟。【释文】为，于伪切，下注"为定姒""为执事"同。圃，布古切。场，直良切。⑦为定姒作椟。⑧不以道取为略。⑨御，止也。传言遂得成礼，故经无异文。【释文】御，鱼吕切。

冬，公如晋听政①，晋侯享公。公请属鄫②，晋侯不许。孟献子曰："以寡君之密迩于仇雠，而愿固事君，无失官命③。鄫无赋于司马④，为执事朝夕之命敝邑，敝邑褊小，阙而为罪⑤，寡君是以愿借助焉⑥。"晋侯许之⑦。

①受贡赋多少之政。②鄫，小国也。欲得使属鲁，如须句、颛臾之比，使助鲁出贡赋。公时年七岁，盖相者为之言。鄫，今琅邪鄫县。【释文】句，其俱切。颛，音专。臾，羊朱切。比，必二切。相，息亮切。③晋官征发之命。④晋司马又掌诸侯之赋。⑤阙，不共也。【释文】朝夕，如字。褊，必浅切。共，音恭。⑥借鄫以自助。【释文】借，子亦切，注同。⑦为明年叔孙豹、鄫世子巫如晋传。

楚人使顿间陈而侵伐之，故陈人围顿①。

①间，伺问缺。【释文】间，间厕之间。伺，音司。下"间"，音闲，又间厕之间，又如字。

　　无终子嘉父使孟乐如晋①，因魏庄子纳虎豹之皮，以请和诸戎②。晋侯曰："戎狄无亲而贪，不如伐之。"魏绛曰："诸侯新服，陈新来和，将观于我，我德则睦，否则携贰。劳师于戎，而楚伐陈，必弗能救，是弃陈也，诸华必叛③。戎，禽兽也，获戎失华，无乃不可乎？《夏训》有之曰：'有穷后羿……④'"公曰："后羿何如⑤？"对曰："昔有夏之方衰也，后羿自鉏迁于穷石，因夏民以代夏政⑥。恃其射也⑦，不修民事，而淫于原兽⑧。弃武罗、伯因、熊髡、龙圉⑨，而用寒浞。寒浞，伯明氏之谗子弟也⑩。伯明后寒弃之，夷羿收之⑪，信而使之，以为己相。浞行媚于内⑫而施赂于外，愚弄其民⑬而虞羿于田⑭，树之诈慝以取其国家⑮，外内咸服⑯。羿犹不悛⑰，将归自田⑱，家众杀而亨之，以食其子⑲。其子不忍食诸，死于穷门⑳。靡奔有鬲氏㉑。浞因羿室㉒，生浇及豷，恃其谗慝诈伪而不德于民。使浇用师，灭斟灌及斟寻氏㉓，处浇于过，处豷于戈㉔。靡自有鬲氏，收二国之烬㉕，以灭浞而立少康㉖。少康灭浇于过，后杼灭豷于戈㉗。有穷由是遂亡，失人故也㉘。昔周辛甲之为大史也，命百官，官箴王阙㉙。于《虞人之箴》曰㉚：'芒芒禹迹，画为九州㉛，经启九道㉜。民有寝庙，兽有茂草，各有攸处，德用不扰㉝。在帝夷羿，冒于原兽㉞，忘其国恤，而思其麀牡㉟。武不可重㊱，用不恢于夏家㊲。兽臣司原，敢告仆夫㊳。'《虞箴》如是，可不惩乎？"于是晋侯好田，故魏绛及之㊴。

　　①无终，山戎国名。孟乐，其使臣。【释文】使，所吏切。②欲戎与晋和。庄子，魏绛。③诸华，中国。④《夏训》，《夏书》。有穷，国名。后，君也。羿，有穷君之号。【释文】夏，户雅切。羿，音诣。⑤怪其言不次，故问之。⑥禹孙大康，淫放失国，夏人立其弟仲康。仲康亦微弱，仲康卒，子相立，羿遂代相，号曰有穷。鉏、羿，本国名。【释文】鉏，仕居切。大，音泰。相，息亮切。⑦羿善射。⑧淫放原野。⑨四子皆羿之贤臣。【释文】髡，苦门切。龙，莫邦切。圉，鱼吕切。⑩寒，国，北海平寿县东有寒亭。伯明，其君名。【释文】浞，仕角切，徐在角切。⑪夷，氏。⑫内，宫人。⑬期罔之。⑭乐之以游田。【释文】乐，音洛，下"乐安"同。⑮树，立也。【释文】慝，他得切，后同。⑯信浞诈。⑰悛，改也。【释文】悛，七全切。⑱羿猎还。⑲食羿子。【释文】亨，普彭切，煮也。食，音嗣。⑳杀之于国门。㉑靡，夏遗臣事羿者。有鬲，国名，今平原鬲县。【释文】鬲，音革。㉒就其妃妾。㉓二国，夏同姓诸侯，仲康之子后相所依。乐安寿光县东南有灌亭，北海平寿县东南有斟亭。【释文】浇，五吊切。豷，许器切。斟，之林切。灌，古乱切。㉔过、戈，皆国名。东莱掖县北有过乡。戈在宋、郑之间。【释文】过，古禾切，注及下同。戈，古禾切。掖，音亦。《汉书》作"夜"，孟康音掖。㉕烬，遗民。【释文】烬，才刃切。㉖少康，夏后相子。【释文】

少,诗照切。㉗后杼,少康子。【释文】杼,直吕切。㉘浞因羿室,故不改有穷之号。㉙辛甲,周武王大史。阙,过也。使百官各为箴辞,戒王过。【释文】箴,之林切。㉚虞人掌田猎。㉛芒芒,远貌。画,分也。【释文】芒,莫郎切。画,乎麦切。㉜启开九州之道。㉝人神各有所归,故德不乱。【释文】攸处,如字,本或作"攸家"。扰,如小切。㉞冒,贪也。【释文】冒,莫报切。又亡北切。㉟言但念猎。【释文】麀,音忧,鹿牡也。牡,茂后切。㊱重,犹数也。【释文】重,直用切。数,所角切。㊲羿以好武,虽有夏家而不能恢大之,【释文】恢,苦回切。㊳兽臣,虞人。告仆夫,不敢斥尊。㊴及后羿事。【释文】好,呼报切。惩,直升切。

公曰:"然则莫如和戎乎?"对曰:"和戎有五利焉:戎狄荐居,贵货易土①,土可贾焉,一也。边鄙不耸,民狎其野,稼人成功,二也②。戎狄事晋,四邻振动,诸侯威怀,三也。以德绥戎,师徒不勤,甲兵不顿,四也③。鉴于后羿,而用德度④,远至迩安,五也。君其图之!"公说,使魏绛盟诸戎,修民事,田以时⑤。

①荐,聚也。易,犹轻也。【释文】荐,於荐切,又才逊切,或云草也。易,以豉切,徐神豉切。②耸,惧。狎,习也。【释文】贾,音古。耸,息勇切。③顿,坏也。④以后羿为鉴戒。⑤传言晋侯能用善谋。【释文】说,音悦。

冬十月,邾人、莒人伐鄫。臧纥救鄫,侵邾,败于狐骀①。国人逆丧者皆髽,鲁于是乎始髽②。国人诵之曰:"臧之狐裘,败我于狐骀③。我君小子,朱儒是使。朱儒!朱儒!使我败于邾④。"

①臧纥,武仲也。鄫属鲁,故救之。狐骀,邾地,鲁国番县东南有目台亭。【释文】纥,恨发切。骀,徒来切,徐敕才切。番,本又作"蕃",应劭音皮,一音方袁切。白褒《鲁国记》云:陈子游为鲁相,番子也,国人为讳,改曰皮也。台,吐才切。②髽,麻发合结也。遭丧者多,故不能备凶服,髽而已。【释文】髽,侧瓜切。结,音计,本又作"髻",又作"纷",音同。③臧纥时服狐裘。④襄公幼弱,故曰小子。臧纥短小,故曰朱儒。败不书,鲁人讳之。【释文】朱,本或作"侏",亦音朱。

襄公五年

【经】

五年春,公至自晋。

夏，郑伯使公子发来聘①。

叔孙豹、鄫世子巫如晋②。

仲孙蔑、卫孙林父会吴于善道③。

秋，大雩。

楚杀其大夫公子壬夫④。

公会晋侯、宋公、陈侯、卫侯、郑伯、曹伯、莒子、邾子、滕子、薛伯、齐世子光、吴人、鄫人于戚⑤。

公至自会⑥。

冬，戍陈⑦。

楚公子贞帅师伐陈。

公会晋侯、宋公、卫侯、郑伯、曹伯、齐世子光救陈。

十有二月，公至自救陈⑧。

辛未，季孙行父卒。

①发，子产父。②比鲁大夫，故书巫如晋。【释文】巫，亡扶切。③鲁、卫俱受命于晋，故不言及。吴先在善道，二大夫往会之，故曰会吴。善道，地阙。④书名，罪其贪。⑤穆叔使鄫人听命于会，故鄫见经。不复殊吴者，吴来会于戚。【释文】见，贤遍切。复，扶又切。⑥无传。⑦诸侯在戚会，皆受命戍陈，各还国遣戍，不复有告命，故独书鲁戍。⑧无传。

【传】

五年春，公至自晋①。

①公在晋，既听属鄫，闻其见伐，遥命臧纥出救，故传称经"公至"以明之。

王使王叔陈生诉戎于晋①，晋人执之。士鲂如京师，言王叔之贰于戎也②。

①王叔，周卿士也。戎陵虣周室，故告愬盟主。【释文】愬，悉路切。虣，白报切。②王叔反有二心于戎，失奉使之义，故晋执之。【释文】使，所吏切。

夏，郑子国来聘，通嗣君也①。

①郑僖公初即位。

穆叔觌鄫大子于晋，以成属鄫①。书曰："叔孙豹、鄫大子巫如晋。"言比诸鲁大夫也②。

①觌,见也。前年请属鄫,故将鄫大子巫如晋以成之。【释文】觌,直历切。见,贤遍切。②豹与巫俱受命于鲁,故经不书及,比之鲁大夫。

吴子使寿越如晋①,辞不会于鸡泽之故②,且请听诸侯之好③。晋人将为之合诸侯,使鲁、卫先会吴,且告会期④。故孟献子、孙文子会吴于善道⑤。

①寿越,吴大夫。②三年会鸡泽,吴不至,今来谢之。③更请会。【释文】好,呼报切。④以其道远,故使鲁、卫先告期。【释文】为,于伪切。⑤二子皆受晋命而行。

秋,大雩,旱也①。

①雩,夏祭,所以祈甘雨,若旱则又修其礼,故虽秋雩,非书过也。然经与过雩同文,是以传每释之曰旱也。雩而获雨,故书雩而不书旱。

楚人讨陈叛故①,曰:“由令尹子辛实侵欲焉。”乃杀之。书曰:“楚杀其大夫公子壬夫。”贪也。君子谓:“楚共王于是不刑②。《诗》曰:‘周道挺挺,我心扃扃,讲事不令,集人来定③。’已则无信,而杀人以逞,不亦难乎④?《夏书》曰:‘成允成功⑤。’”

①讨,治也。②陈之叛楚,罪在子辛,共王既不能素明法教,陈叛之日,又不能严断威刑,以谢小国,而拥其罪人,兴兵致讨,加礼于陈,而陈恨弥笃,乃怨而归罪子辛。子辛之贪,虽足以取死,然共王用刑为失其节,故言不刑。【释文】共,音恭。断,丁乱切。③逸《诗》也。挺挺,正直也。扃扃,明察也。讲,谋也。言谋事不善,当聚致贤人以定之。【释文】挺,他顶切。扃,工迥切,徐孔颖切。④共王伐宋,封鱼石。背盟,败于鄢陵。杀子反、公子申及壬夫。八年之中戮杀三卿,欲以属诸侯,故君子以为不可。【释文】背,音佩。⑤亦逸《书》也。允,信也。言信成然后有成功。

九月丙午,盟于戚,会吴,且命戍陈也①。穆叔以属鄫为不利,使鄫大夫听命于会②。

①公及其会而不书盟,非公后会,盖不以盟告庙。②鄫近鲁竟,故欲以为属国。既而与莒有怨,鲁不能救,恐致谴责,故复乞还之。传言鄫人所以见于戚会。【释文】近,附近之近,下“陈近”同。竟,音境。谴,弃战切。复,扶又切。见,贤遍切。

楚子囊为令尹①。范宣子曰:“我丧陈矣!楚人讨贰而立子囊,必改行②而疾讨陈③。陈近于楚,民朝夕急,能无往乎?有陈,非吾事也,无之而后可④。”冬,诸侯戍陈⑤。子囊伐陈。十一月甲午,会于城棣以救之⑥。

①公子贞。【释文】囊,乃郎切。②改子辛所行。【释文】丧,息浪切。行,如字,徐下孟切。③疾,急也。④言晋力不能及陈,故七年陈侯逃归。【释文】朝夕,如字。⑤备楚。⑥公及救陈而不及会,故不书城棣。城棣,郑地,陈留酸枣县西南有棣城。【释文】棣,力

计切，又徒妹切。

季文子卒。大夫入敛，公在位①。宰庀家器为葬备②。无衣帛之妾，无食粟之马，无藏金玉，无重器备③。君子是以知季文子之忠于公室也。相三君矣，而无私积，可不谓忠乎④？

①在阼阶西乡。【释文】敛，力艳切。乡，许亮切。②庀，具也。【释文】庀，匹婢切。③器备，谓珍宝甲兵之物。【释文】衣，於既切。食，如字，又音嗣。重，如字，又直龙切。④【释文】相，息亮切。积，子赐切。

襄公六年

【经】

六年春，王三月壬午，杞伯姑容卒。

夏，宋华弱来奔①。

秋，葬杞桓公②。

滕子来朝。

莒人灭鄫。

冬，叔孙豹如邾。

季孙宿如晋③。

十有二月，齐侯灭莱④。

①华椒孙。②无传。③行父之子。④书十二月，从告。

春秋时期青铜鼎

【传】

六年春，杞桓公卒，始赴以名，同盟故也①。

①杞入《春秋》，未尝书名，桓公三与成同盟，故赴以名。

宋华弱与乐辔少相狎，长相优，又相谤也①。子荡怒，以弓梏华弱于朝②。平公见之，曰："司武而栉于朝,难以胜矣③!"遂逐之。夏,宋华弱来奔。司城子罕曰："同罪异罚,非刑也。专戮于朝,罪孰大焉!"亦逐子荡。子荡射子罕之门,曰："几日而不我从④?"子罕善之如初⑤。

①狎,亲习也。优,调戏也。【释文】少,诗照切。狎,尸甲切。长,丁丈切。调,徒吊切。②子荡,乐辔也。张弓以贯其颈,若械之在手,故曰栉。【释文】栉,古毒切。贯,古乱切。③司武,司马。言其懦弱,不足以胜敌。【释文】懦,乃乱切,又乃卧切。④言我射女门,女亦当以不胜任见逐。【释文】射,食亦切。几,居岂切。女,音汝。胜,音升。⑤言子罕虽见辱,不迫怨,所以得安。

秋,滕成公来朝,始朝公也。

莒人灭鄫,鄫恃赂也①。

①鄫有贡赋之赂在鲁,恃之而慢莒,故灭之。

冬,穆叔如郑,聘,且修平①。

①平四年狐骀战。

晋人以鄫故来讨,曰："何故亡鄫①?"季武子如晋见,且听命②。

①鄫属鲁,恃赂而慢莒,鲁不致力辅助,无何以还晋,寻便见灭,故晋责鲁。②始代父为卿,见大国,且谢亡鄫,听命,受罪。【释文】见,贤遍切。

十一月,齐侯灭莱,莱恃谋也①。于郑子国之来聘也,四月,晏弱城东阳,而遂围莱②。甲寅,堙之环城,傅于堞③。及杞桓公卒之月④,乙未,王湫帅师及正舆子、棠人军齐师⑤,齐师大败之⑥。丁未,入莱。莱共公浮柔奔棠。正舆子、王湫奔莒,莒人杀之。

四月,陈无宇献莱宗器于襄宫⑦。晏弱围棠,十一月丙辰,而灭之。迁莱于郳⑧。高厚、崔杼定其田⑨。

①赂夙沙卫之谋也。事在二年。②子国聘在五年。二年晏弱城东阳,至五年四月,复托治城,因遂围莱。【释文】复,扶又切。③堞,女墙也。堙,土山也。周城为土山,及女墙。【释文】堙,音因。环,户关切,又音患。傅,音附。堞,音牒,一名陴,亦谓之俾倪,徐养涉切。④此年三月。⑤王湫,故齐人,成十八年奔莱。正舆子,莱大夫。棠,莱邑也,北海即墨县有棠乡。三人帅别邑兵来解围。【释文】湫,子小切,徐子鸟切。⑥败湫等。⑦无宇,桓子,陈完玄孙。襄宫,齐襄公庙。【释文】共,音恭。⑧迁莱子于郳国。【释文】郳,五兮切,本或作"迁于郳","莱"衍字。⑨定其疆界。高厚,高固子。【释文】疆,居良切。

襄公七年

【经】

七年春，郯子来朝。

夏四月，三卜郊，不从，乃免牲①。

小邾子来朝。

城费②。

秋，季孙宿如卫。

八月，螽③。

冬十月，卫侯使孙林父来聘。

壬戌，及孙林父盟。

楚公子贞帅师围陈。

十有二月，公会晋侯、宋公、陈侯、卫侯、曹伯、莒子、邾子于鄬④。

郑伯髡顽如会，未见诸侯。丙戌，卒于鄵⑤。

陈侯逃归⑥。

①称牲，既卜日也。卜郊，又非礼也。【释文】郯，音谈。②南遗假事难而城之。【释文】费，音秘。难，乃旦切。③无传。为灾，故书。④谋救陈，陈侯逃归，不成救，故不书救也。鄬，郑地。【释文】鄬，于轨切，《字林》几吹切。⑤实为子驷所弑，以疟疾赴，故不书弑。称名，为书卒，同盟故也。如会，会于鄬也。未见诸侯，未至会所而死。鄵，郑地。不欲再称郑伯，故约文上其名于会上。【释文】鄵，七报切，又采南切，《字林》千消切。弑，音试。为，于伪切。上，时掌切。⑥畏楚，逃晋而归。

【传】

七年春，郯子来朝，始朝公也。

夏四月，三卜郊，不从，乃免牲。孟献子曰：“吾乃今而后知有卜筮。夫郊，祀后稷以祈农事也①。是故启蛰而郊，郊而后耕。今既耕而卜郊，宜其不从也②。”

①郊，祀后稷以配天。后稷，周始祖，能播殖者。②启蛰，夏正建寅之月。耕，谓春

分。【释文】蛰，直立切。夏，户雅切。

南遗为费宰①。叔仲昭伯为隧正②，欲善季氏而求媚于南遗，谓遗："请城费③，吾多与而役。"故季氏城费④。

①费，季氏邑。②隧正，主役徒。昭伯，叔仲惠伯之孙。【释文】隧，音遂。③使遗请城。④传言禄去公室，季氏所以强。

小邾穆公来朝，亦始朝公也①。

①亦郑子也。

秋，季武子如卫，报子叔之聘，且辞缓报，非贰也①。

①子叔聘在元年。言国家多难，故不时报。【释文】难，乃旦切。

冬十月，晋韩献子告老。公族穆子有废疾①，将立之②。辞曰："《诗》曰：'岂不夙夜，谓行多露③。'又曰：'弗躬弗亲，庶民弗信④。'无忌不才，让，其可乎？请立起也⑤！与田苏游，而曰好仁⑥。《诗》曰：'靖共尔位，好是正直。神之听之，介尔景福⑦。'恤民为德⑧，正直为正⑨，正曲为直⑩，参和为仁⑪。如是，则神听之，介福降之。立之，不亦可乎⑫？"庚戌，使宣子朝，遂老⑬。晋侯谓韩无忌仁，使掌公族大夫⑭。

①穆子，韩厥长子，成十八年为公族大夫。【释文】长，丁丈切，下"师长"同。②代厥为卿。③《诗》言虽欲早夜而行，惧多露之濡己。义取非礼，不可妄行。④《诗·小雅》，言讯在位者不躬亲政事，则庶民不奉信其命。言己有疾，不能躬亲政事。⑤无忌，穆子名。起，无忌弟宣子也。⑥田苏，晋贤人。苏言起好仁。【释文】好，呼报切。⑦靖，安也。介，助也。景，大也。《诗·小雅》，言君子当思不出其位，求正直之人与之并立，如是则神明顺之，致大福也。【释文】共，音恭。介，音界。⑧靖共其位，所以恤民。⑨正己心。⑩正人曲。⑪德、正、直三者备，乃为仁。【释文】参，七南切，或音三。⑫言起有此三德，故可立。⑬韩厥致仕。⑭为之师长。

卫孙文子来聘，且拜武子之言①，而寻孙桓子之盟②。公登亦登③。叔孙穆子相，趋进曰："诸侯之会，寡君未尝后卫君④。今吾子不后寡君，寡君未知所过。吾子其少安⑤！"孙子无辞，亦无悛容⑥。穆叔曰："孙子必亡。为臣而君，过而不悛，亡之本也。《诗》曰：'退食自公，委蛇委蛇⑦。'谓从者也⑧。衡而委蛇必折⑨。"

①缓报非贰之言。②盟在成三年。③礼：登阶，臣后君一等。【释文】后，胡豆切。④敌体并登。【释文】相，息亮切，下"驷相"同。后，如字，徐胡豆切。⑤安，徐也。⑥悛，改也。【释文】悛，七全切。⑦委蛇，顺貌。《诗·召南》，言人臣自公门入私门，无不顺

礼。【释文】委，於危切。蛇，以支切。召，上照切。⑧从，顺行。⑨衡，横也。横不顺道，必毁折。为十四年林父逐君起本。

楚子囊围陈，会于郯以救之①。

①晋会诸侯。

郑僖公之为大子也，于成之十六年①，与子罕适晋，不礼焉。又与子丰适楚，亦不礼焉②。及其元年，朝于晋③。子丰欲诉诸晋而废之，子罕止之。及将会于郯，子驷相，又不礼焉。侍者谏，不听，又谏，杀之。及鄵，子驷使贼夜弑僖公，而以疟疾赴于诸侯④。简公生五年，奉而立之⑤。

①鲁成公。②子丰，穆公子。③郑僖元年，鲁襄三年。④传言经所以不书弑。⑤僖公子。

陈人患楚①。庆虎、庆寅谓楚人曰："吾使公子黄往而执之②。"楚人从之③。二庆使告陈侯于会④，曰："楚人执公子黄矣！君若不来，群臣不忍社稷宗庙，惧有二图⑤。"陈侯逃归⑥。

①楚围陈故。②二庆，陈执政大夫。公子黄，哀公弟。③为执黄。【释文】为，于伪切。④郯之会。⑤背君属楚。【释文】背，音佩。⑥郯会所以不书救。

襄公八年

【经】

八年春，王正月，公如晋。

夏，葬郑僖公①。

郑人侵蔡，获蔡公子燮②。

季孙宿会晋侯、郑伯、齐人、宋人、卫人、邾人于邢丘③。

公至自晋④。

莒人伐我东鄙。

秋九月，大雩。

冬，楚公子贞帅师伐郑。

晋侯使士匄来聘。

①无传。②郑子国称人,刺其无故侵蔡以生国患。燮,蔡庄公子。【释文】燮,悉协切。③时公在晋。晋悼难劳诸侯,唯使大夫听命,故季孙在会而公先归。【释文】邢,音刑。难,乃旦切。④无传。

【传】

八年春,公如晋朝,且听朝聘之数①。

①晋悼复修霸业,故朝而禀其多少。【释文】复,扶又切。霸,本亦作"伯",音霸,又如字。

郑群公子以僖公之死也,谋子驷。子驷先之。夏四月庚辰,[辟]杀子狐、子熙、子侯、子丁①。孙击、孙恶出奔卫②。

①辟,罪也。加罪以戮之。【释文】先,悉荐切,又如字。辟,婢亦切。熙,许其切,徐音怡。②二孙,子狐之子。

庚寅,郑子国、子耳侵蔡,获蔡司马公子燮①。郑人皆喜,唯子产不顺②,曰:"小国无文德,而有武功,祸莫大焉。楚人来讨,能勿从乎?从之,晋师必至。晋、楚伐郑,自今郑国,不四五年弗得宁矣。"子国怒之曰:"尔何知?国有大命,而有正卿。童子言焉,将为戮矣③。"

①郑侵蔡,欲以求媚于晋。子耳,子良之子。不言败,唯以获告。②子产,子国子。不顺众而喜。③大命,起师行军之命。

五月甲辰,会于邢丘,以命朝聘之数,使诸侯之大夫听命。季孙宿、齐高厚、宋向戌、卫宁殖、邾大夫会之①。郑伯献捷于会,故亲听命②。大夫不书,尊晋侯也③。

①晋难重烦诸侯,故使大夫听命。②献蔡捷也。③晋悼复文、襄之业,制朝聘之节,俭而有礼,德义可尊,故退诸侯大夫以崇之。

莒人伐我东鄙,以疆鄫田①。

①莒既灭鄫,鲁侵其西界,故伐鲁东鄙,以正其封疆。【释文】疆,居良切。

秋九月,大雩,旱也。

冬,楚子囊伐郑,讨其侵蔡也。

子驷、子国、子耳欲从楚,子孔、子蟜、子展欲待晋①。子驷曰:"《周诗》有之曰:'俟河之清,人寿几何②?兆云询多,职竞作罗③。'谋之多族,民之多违④,事滋无成⑤。民急矣,姑从楚以纾吾民。晋师至,吾又从之。敬共币帛,以待来者,小国之道也。牺牲玉帛,待于二竟⑥,以待强者而庇民焉。寇不为害,民不罢病,不亦可乎?"子展曰:"小所以事大,信也。小国无信,兵乱日至,亡无日矣。五会之信⑦,今将背之,虽楚救我,将安用之⑧?亲我无成⑨,鄙我是欲⑩,不可从也⑪。不如待晋。晋君方明,四军无阙,八卿和睦,必不弃郑⑫。楚师辽远,粮食将尽,必将速归,何患焉?舍之闻之⑬:'杕莫如信。'完守以老楚,杕信以待晋,不亦可乎?"子驷曰:"《诗》云:'谋夫孔多,是用不集⑭。发言盈庭,谁敢执其咎⑮?如匪行迈谋,是用不得于道⑯。'请从楚,騑也受其咎⑰。"乃及楚平。

①待晋来救。子孔,穆公子。子蟜,子游子。子展,子罕子。【释文】蟜,居表切。②逸《诗》也。言人寿促而河清迟,喻晋之不可待。【释文】寿,音授,或如字。几,居岂切。③兆,卜。询,谋也。职,主也。言既卜且谋多,则竟作罗网之难,无成功。【释文】难,乃旦切。④族,家也。⑤滋,益也。⑥二竟,晋、楚界上。【释文】纾,音舒。共,音恭。竟,音境,注同。⑦谓三年会鸡泽,五年会戚,又会城棣,七年会邿,八年会邢丘。【释文】庇,必利切,又音秘。罢,音皮。⑧言失信得楚,不足贵。【释文】背,音佩。⑨晋亲郑。⑩楚欲以郑为鄙邑,而反欲与成。⑪言子驷不可从。⑫四军,谓上、中、下、新军也。军有二卿。⑬舍之,子展名。⑭《诗·小雅》。孔,甚也。集,就也。言人欲为政,是非相乱而不成。【释文】杕,直亮切。守,手又切,或如字,下"守官"同。⑮言谋者多,若有不善,无适受其咎。【释文】咎,其九切。适,丁历切。⑯匪,彼也。行迈谋,谋于路人也。不得于道,众无适从。⑰騑,子驷名。【释文】騑,芳非切。

使王子伯(騑)[骈]告于晋①,曰:"君命敝邑:'修而车赋,儆而师徒,以讨乱略。'蔡人不从,敝邑之人,不敢宁处,悉索敝赋②,以讨于蔡,获司马燮,献于邢丘。今楚来讨曰:'女何故称兵于蔡③?'焚我郊保④,冯陵我城郭⑤。敝邑之众,夫妇男女,不皇启处,以相救也⑥。翦焉倾覆,无所控告⑦。民死亡者,非其父兄,即其子弟,夫人愁痛⑧,不知所庇。民知穷困,而受盟于楚,孤也与其二三臣不能禁止⑨。不敢不告。"知武子使行人子员对之曰:"君有楚命⑩,亦不使一个行李告于寡君⑪,而即安于楚。君之所欲也,谁敢违君?寡君将帅诸侯以见于城下,唯君图之⑫!"

①伯(騑)[骈],(晋)[郑]大夫。【释文】骈,扶贤切,又扶经切。②索,尽也。【释文】儆,居领切。索,悉各切,又所百切。③称,举也。【释文】女,音汝。④郭外曰郊。保,守也。⑤冯,迫也。【释文】冯,皮冰切。⑥皇,暇也。启,跪也。【释文】跪,其委切。⑦翦,尽也。控,引也。【释文】覆,芳服切。控,苦贡切。⑧夫人,犹人人也。【释文】夫,音扶。⑨孤,郑伯。⑩见讨之命。⑪一个,独使也。行李,行人也。【释文】个,古贺切。

使,所吏切。⑫为明年晋伐郑传。【释文】见,贤遍切,或如字。

晋范宣子来聘,且拜公之辱①,告将用师于郑。公享之,宣子赋《摽有梅》②。季武子曰:"谁敢哉③!今譬于草木,寡君在君,君之臭味也④。欢以承命,何时之有⑤?"武子赋《角弓》⑥。宾将出,武子赋《彤弓》⑦。宣子曰:"城濮之役⑧,我先君文公献功于衡雍,受彤弓于襄王,以为子孙藏⑨。匄也,先君守官之嗣也,敢不承命⑩?"君子以为知礼⑪。

①谢公此春朝。②《摽有梅》,《诗·召南》。摽,落也。梅盛极则落,诗人以兴女色盛则有衰,众士求之,宜及其时。宣子欲鲁及时共讨郑,取其汲汲相赴。【释文】摽,徐扶妙切,又扶表切。兴,许膺切。③言谁敢不从命。④言同类。【释文】譬,本亦作"辟",音譬,后放此。⑤迟速无时。⑥《角弓》,《诗·小雅》,取其"兄弟婚姻,无相远矣"。⑦《彤弓》,天子赐有功诸侯之诗。欲使晋君继文之业,复受彤弓于王。【释文】彤,徒冬切。复,扶又切。⑧在僖二十八年。【释文】濮,音卜。⑨藏之以示子孙。【释文】雍,於用切。藏,如字,徐中浪切。⑩言己嗣其父祖,为先君守官,不敢废命,欲匡晋君。⑪《彤弓》之义,义在晋君,故范匄受之,所谓知礼。

襄公九年

【经】

九年春,宋灾①。

夏,季孙宿如晋。

五月辛酉,夫人姜氏薨②。

秋八月癸未,葬我小君穆姜③。

冬,公会晋侯、宋公、卫侯、曹伯、莒子、邾子、滕子、薛伯、杞伯,小邾子、齐世子光伐郑。

十有二月己亥,同盟于戏④。

楚子伐郑。

①天火曰灾。来告,故书。②成公母。③无传。四月而葬,速。④伐郑而书同盟,则郑受盟可知。传言十一月己亥,以《长历》推之,十二月无己亥,经误。戏,郑地。【释文】戏,许宜切。

【传】

九年春，宋灾。乐喜为司城以为政①，使伯氏司里②。火所未至，彻小屋，涂大屋③；陈畚挶，具绠缶④，备水器；量轻重⑤，蓄水潦，积土涂；巡丈城，缮守备⑥，表火道⑦。使华臣具正徒⑧，令隧正纳郊保，奔火所⑨。使华阅讨右官，官庀其司⑩。向戌讨左，亦如之⑪。使乐遄庀刑器，亦如之⑫。使皇郧命校正出马，工正出车，备甲兵，庀武守⑬。使西鉏吾庀府守⑭，令司宫、巷伯儆宫⑮。二师令四乡正敬享⑯，祝宗用马于四墉，祀盘庚于西门之外⑰。

①乐喜，子罕也，为政卿。知将有火灾，素戒为备火之政。②伯氏，宋大夫。司里，司宰。③大屋难彻，就涂之。④畚，篝笼。挶，土轝。绠，汲索。缶，汲器。【释文】畚，音本，草器也。挶，九录切。绠，古杏切。缶，方九切。篝，其位切。笼，力东切。轝，音预。汲，音急。索，悉各切。⑤计人力所任。【释文】任，音壬。⑥巡，行也。丈，度也。缮，治也。行度守备之处，恐因灾作乱。【释文】蓄，本又作"畜"，敕六切。潦，音老。守，手又切。行，下孟切。度，待洛切。处，昌虑切。⑦火起则从其所趣摽表之。【释文】摽，必遥切。⑧华臣，华元子，为司徒。正徒，役徒也，司徒之所主也。⑨隧正，官名也。五县为隧。纳聚郊野保守之民，使随火所起往救之。【释文】隧，音遂。⑩亦华元子，代元为右师。讨，治也。庀，具也。使具其官属。【释文】阅，音悦。庀，芳婢切。⑪向戌，左师。⑫乐遄，司寇。刑器，刑书。【释文】遄，市专切。⑬皇郧，皇父充石之后。校正主马，工正主车，使各备其官。【释文】郧，音云，本亦作"员"，音同。校，户教切。出，如字，徐尺遂切。守，手又切。⑭鉏吾，大宰也。府，六官之典。【释文】吾，音鱼。⑮司宫，奄臣。巷伯，寺人。皆掌官内之事。【释文】儆，音景。⑯二师，左右师也。乡正，乡大夫。享，祀也。⑰祝，大祝。宗，宗人。墉，城也。用马祭于四城以禳火。盘庚，殷王，宋之远祖。城积阴之气，故祀之。凡天灾有币无牲，用马，祀盘庚，皆非礼。【释文】墉，本又作"庸"，音同。盘，字亦作"般"，步干切。禳，如羊切。

晋侯问于士弱曰①："吾闻之，宋灾，于是乎知有天道。何故②？"对曰："古之火正，或食于心，或食于咮，以出内火。是故咮为鹑火，心为大火③。陶唐氏之火正阏伯居商丘④，祀大火，而火纪时焉⑤。相土因之，故商主大火⑥。商人阅其祸败之衅，必始于火，是以日知其有天道也⑦。"公曰："可必乎？"对曰："在道。国乱无象，不可知也⑧。"

①弱，士渥浊之子庄子。【释文】渥，於角切。②问宋何故自知天道将灾。③谓火正之官配食于火星。建辰之月，鹑火星昏，在南方，则令民放火。建（戍）[戌]之月，大火星

伏在日下,夜不得见,则令民内火,禁放火。【释文】昧,竹又切,徐丁遘切。出,如字,徐尺遂切。内,如字,徐音纳。鹑,音纯。见,如字,又贤遍切。④陶唐,尧有天下号。阏伯,高辛氏之子。传曰:迁阏伯于商丘,主辰。辰,大火也。今为宋星。然则商丘在宋地。【释文】阏,於葛切。⑤谓出内火时。⑥相土,契孙,商之祖也。始代(阅)[阏]伯之后居商丘,祀大火。【释文】相,息亮切。契,息列切。⑦阅,犹数也。商人数所更历,恒多火灾。宋是殷商之后,故知天道之灾必火。【释文】衅,许斩切。数,所主切。更,音庚。⑧言国无道则灾变亦殊,故不可必知。

夏,季武子如晋,报宣子之聘也①。

①宣子聘在八年。

穆姜薨于东宫①。始往而筮之,遇《艮》之八䷳②。史曰:“是谓《艮》之《随》䷐③。《随》,其出也④。君必速也。”姜曰:“亡⑤。是于《周易》曰:‘《随》,元亨利贞,无咎⑥。’元,体之长也。亨,嘉之会也。利,义之和也。贞,事之干也。体仁足以长人,嘉德足以合礼,利物足以和义,贞固足以干事,然,故不可诬也,是以虽《随》无咎④。今我妇人而与于乱。固在下位⑧,而有不仁,不可谓元。不靖国家,不可谓亨。作而害身,不可谓利。弃位而姣⑨,不可谓贞。有四德者,《随》而无咎。我皆无之,岂《随》也哉?我则取恶,能无咎乎?必死于此,弗得出矣⑩。”

①太子宫也。穆姜淫侨如,欲废成公,故徙居东宫。事在成十六年。②《艮》下《艮》上,[《艮》]。《周礼》:大卜掌三《易》。然则杂用《连山》《归藏》《周易》。二《易》皆以七、八为占,故言遇《艮》之八。【释文】艮,古恨切。③《震》下《兑》上,《随》。史疑古《易》遇八为不利,故更以《周易》占,变爻得《随》卦而论之。④史谓《随》非闭固之卦。⑤亡,犹无也。【释文】亡,如字,读者或音无。⑥《易》筮皆以变者占,遇一爻变,义异则论象,故姜亦以象为占也。史据《周易》,故指言《周易》以折之。【释文】亨,许庚切。象,吐乱切。折,之设切。⑦言不诬四德,乃遇《随》,无咎。明无四德者则为淫而相随,非吉事。【释文】长,丁丈切。嘉德,《易》作“嘉会”。⑧妇人卑于(大)[丈]夫。【释文】与,音预。⑨姣,淫之别名。【释文】姣,户交切,徐音如字,服氏同,嵇叔夜音效。⑩传言穆姜辩而不德。

秦景公使士雅乞师于楚,将以伐晋,楚子许之。子囊曰:“不可。当今吾不能与晋争。晋君类能而使之①,举不失选②,官不易方③。其卿让于善④,其大夫不失守⑤,其士竞于教⑥,其庶人力于农穑⑦。商工皂隶,不知迁业⑧。韩厥老矣,知罃禀焉以为政⑨。范匄少于中行偃而上之，使佐中军⑩。韩起少于栾黡，而栾黡、士鲂上之，使佐上军⑪。魏绛多功，以赵武为贤而为之佐⑫。君明臣忠，上让下竞⑬。当是时也，晋不可敌，事之而后可。君其图之！"王曰："吾既许之矣。虽不及晋，必将出师。"秋，楚子师于武城以为秦援。秦人侵晋，晋饥，弗能报也⑭。

①随所能。【释文】雅，苦田切。②得所选。【释文】选，息恋切。③方，犹宜也。④让胜己者。⑤各任其职。⑥奉上命。⑦种曰农，收曰穑。⑧四民不杂。⑨代将中军。⑩使匄佐中军，偃将上军。【释文】少，诗照切。行，户郎切。⑪黡，鲂让起，起佐上军，黡将下军，鲂佐之。【释文】黡，於斩切。⑫武，新军将。【释文】将，子匠切。⑬尊官相让，劳职力竞。⑭为十年晋伐秦传。【释文】饥，音饥，又音机。

冬十月，诸侯伐郑①。庚午，季武子、齐崔杼、宋皇郧从荀罃、士匄门于鲔门②。卫北宫括、曹人、邾人从荀偃、韩起门于师之梁③。滕人、薛人从栾黡、士鲂门于北门④。杞人、郳人从赵武、魏绛斩行栗⑤。甲戌，师于氾⑥，令于诸侯曰："修器备⑦，盛馔粮⑧，归老幼⑨，居疾于虎牢⑩，肆眚⑪，围郑⑪。"郑人恐，乃行成⑫。中行献子曰："遂围之，以待楚人之救也而与之战。不然，无成⑬。"知武子曰："许之盟而还师，以敝楚人⑭。吾三分四军⑮，与诸侯之锐以逆来者⑯，于我未病，楚不能矣⑰，犹愈于战⑱。暴骨以逞，不可以争⑲。大劳未艾，君子劳心，小人劳力，先王之制也⑳。"诸侯皆不欲战，乃许郑成。

①郑从楚也。②郑城门也。三国从中军。【释文】鲔，音专，本亦作"专"。③师之梁，亦郑城门。三国从上军。④二国从下军。⑤二国从新军。行栗，表道树。【释文】行栗，如字。⑥众军还聚氾。氾，郑地，东氾。【释文】氾，音凡。⑦兵器、战备。⑧馔，干食。【释文】盛，音成。馔，音侯。⑨示将久师。⑩诸侯已取郑虎牢，故使诸军疾病息其中。⑪肆，缓也。眚，过也。不书围郑，逆服不成围。【释文】眚，生领切，徐所幸切。⑫与晋成也。【释文】恐，丘勇切。⑬献子，荀偃也。恐楚救郑，郑复属之。【释文】复，扶又切。⑭敝，罢也。【释文】罢，音皮。⑮分四军为三部。⑯来者，楚也。⑰晋各一动而楚三来，故曰不能。⑱胜聚战。⑲言争当以谋，不可以暴骨。【释文】暴，蒲卜切，徐扶沃切。争，争斗之争，又如字。⑳艾，息也。言当从劳心之劳。【释文】艾，鱼废切，又五盖切。

十一月己亥，同盟于戏，郑服也①。将盟，郑六卿公子騑②、公子发③、公子嘉④、公孙辄⑤、公孙虿⑥、公孙舍之⑦及其大夫、门子皆从郑伯⑧。晋士庄子为载书⑨，曰："自今日既盟之后，郑国而不唯晋命是听，而或有异志者，有如此盟⑩。"公子騑趋进曰："天祸郑国，使介居二大国之间⑪。大国不加德音而乱以要之⑫，使其鬼神不获歆其禋祀，其民人不获享其土利，夫妇辛苦垫隘，无所厎告⑬。自今日既盟之后，郑国而不唯有礼与强可以庇民者是从，而敢有异志者，亦如之⑭。"荀偃曰："改载书⑮。"公孙舍之曰："昭大神要言焉⑯。若可改也，大国亦可叛也。"知武子谓献子曰："我实不德，而要人以盟，岂礼也哉！非礼，何以主盟？姑盟而退，修德息师而来，终必获郑，何必今日？我之不德，民将弃我，岂唯郑？若能休和，远人将至，何恃于郑？"乃盟而还⑰。

①郑服，故言同盟。②子驷。③子国。④子孔。⑤子耳。⑥子蟜。【释文】蟜，敕迈切。⑦子展。⑧门子，卿之适子。【释文】从，才用切。适，丁历切。⑨庄子，士弱。载书，盟书。⑩如违盟之罚。⑪介，犹间也。【释文】介，音界。间，间厕之间，又如字。⑫谓以兵乱之力强要郑。【释文】要，一遥切。强，其丈切。⑬垫隘，犹委顿。厎，至也。【释文】歆，许今切。垫，丁念切。隘，於懈切。厎，音旨。⑭亦如此盟。【释文】庇，必利切。⑮子驷亦以所言载于策，故欲改之。⑯要誓以告神。⑰遂两用载书。【释文】休，许虬切。

晋人不得志于郑，以诸侯复伐之。十二月癸亥，门其三门①。闰月戊寅，济于阴阪，侵郑②。次于阴口而还③。子孔曰："晋师可击也，师老而劳，且有归志，必大克之。"子展曰："不可④。"

①三门，鲔门、师之梁、北门也。癸亥，月五日。晋果三分其军，各攻一门。【释文】复，扶又切。②以《长历》参校上下，此年不得有闰月戊寅，戊寅是十二月二十日。疑闰月当为"门五日"，"五"字上与"门"合为"闰"，则后学者自然转日为月。晋人三番四军更攻郑门，门各五日。晋各一攻，郑三受敌，欲以苦之。癸亥去戊寅十六日，以癸亥始攻，攻辄五日，凡十五日，郑故不服而去。明日戊寅，济于阴阪，复侵郑外邑。阴阪，(有)[洧]津。【释文】闰月，依注读为"门五日"。阪，音反，又扶板切。番，芳元切。更，音庚。复，扶又切。洧，于轨切。③阴口，郑地名。④传言子展能守信。

公送晋侯。晋侯以公宴于河上，问公年，季武子对曰："会于沙随之岁，寡君以生①。"晋侯曰："十二年矣！是谓一终，一星终也②。国君十五而生子。冠而生子，礼也③，君可以冠矣！大夫盍为冠具？"武子曰："君冠，必以裸享之礼行之④，以金石之乐节之⑤，以先君之祧处之⑥。今寡君在行，未可具也。请及兄弟之国而假备焉。"晋侯曰："诺。"公还，及卫，冠于成公之庙⑦，假钟磬焉，礼也。

①沙随在成十六年。②岁星十二岁而一周天。③冠，成人之服，故必冠而后生子。【释文】冠，古乱切，注下皆同。④裸，谓灌鬯酒也。享，祭先君也。【释文】盍，户腊切。裸，古乱切。灌，古乱切。鬯，敕亮切。⑤以钟磬为举动之节。⑥诸侯以始祖之庙为祧。

楚子伐郑①,子驷将及楚平。子孔、子蟜曰:"与大国盟,口血未干而背之,可乎?"子驷、子展曰:"吾盟固云:'唯强是从。'今楚师至,晋不我救,则楚强矣。盟誓之言,岂敢背之?且要盟无质,神弗临也②,所临唯信。信者,言之瑞也③,善之主也,是故临之④。明神不蠲要盟⑤,背之可也。"乃及楚平。公子罢戎入盟,同盟于中分⑥。

楚庄夫人卒⑦,王未能定郑而归。

①与晋成故。②质,主也。③瑞,符也。④神临之。⑤蠲,洁也。⑥中分,郑城中里名。罢戎,楚大夫。【释文】罢,音皮,徐音彼。中分,并如字,徐丁仲切。⑦共王母。

晋侯归,谋所以息民。魏绛请施舍①,输积聚以贷②。自公以下,苟有积者,尽出之。国无滞积③,亦无困人④。公无禁利⑤,亦无贪民⑥。(所)[祈]以币更⑦,宾以特牲⑧,器用不作⑨,车服从给⑩。行之期年,国乃有节。三驾而楚不能与争⑪。

①施恩惠,舍劳役。②输,尽也。【释文】积,子赐切,下同。聚,才住切。贷,他代切。③散在民。④不匮乏。⑤与民共。⑥礼让行。⑦不用牲。⑧务崇省。【释文】省,所景切。⑨因仍旧。⑩足给事也。⑪三驾,三兴师。谓十年师于牛首,十一年师于向,其秋观兵于郑东门。自是郑遂服。【释文】期,音基,本亦作"朞"。向,舒亮切。

襄公十年

【经】

十年春,公会晋侯、宋公、卫侯、曹伯、莒子、邾子、滕子、薛伯、杞伯、小邾子、齐世子光会吴于柤①。

夏五月甲午,遂灭偪阳②。

公自至会③。

楚公子贞、郑公孙辄帅师伐宋。

晋师伐秦④。

秋,莒人伐我东鄙。

公会晋侯、宋公、卫侯、曹伯、莒子、邾子、齐世子光、滕子、薛伯、杞伯、小邾子伐郑⑤。

冬,盗杀郑公骓、公子发、公孙辄⑥。

戍郑虎牢⑦。

楚公子贞帅师救郑。

公至自伐郑⑧。

①吴子在柤,晋以诸侯往会之,故曰会吴。吴不称子,从所称也。柤,楚地。【释文】柤,庄加切。②偪阳,妘姓国,今彭城傅阳县也。因柤会而火之,故曰遂。【释文】偪,徐甫目切,又彼力切,本或作“逼”。妘,音云。③无传。④荀罃不书,不亲兵也。⑤齐世子光先至于师,为盟主所尊,故在滕上。⑥非国讨,当两称名氏。杀者非卿,故称盗。以盗为文,故不得言其大夫。⑦伐郑诸侯各受晋命戍虎牢,不复为告命,故独书鲁戍,而不叙诸侯。【释文】复,扶又切。⑧无传。

【传】

十年春,会于柤,会吴子寿梦也①。三月癸丑,齐高厚相大子光以先会诸侯于钟离,不敬②。士庄子曰:“高子相大子以会诸侯,将社稷是卫,而皆不敬③,弃社稷也,其将不免乎④!”夏四月戊午,会于柤⑤。

①寿梦,吴子乘。【释文】梦,莫公切。②吴子未至,光从东道与东诸侯会遇,非本期地,故不书会。高厚,高固子也。癸丑,月二十六日。【释文】相,息亮切。③厚与光俱不敬。④为十九年齐杀高厚、二十五年弑其君光传。⑤经书春,书始行也。戊午,月一日。

晋荀偃、士匄请伐偪阳,而封宋向戌焉①。荀罃曰:“城小而固,胜之不武,弗胜为笑。”固请。丙寅,围之,弗克②。孟氏之臣秦堇父辇重如役③。偪阳人启门,诸侯之士门焉④。县门发,郰人纥抉之以出门者⑤。狄虒弥建大车之轮而蒙之以甲以为橹⑥,左执之,右拔戟,以成一队⑦。孟献子曰:“《诗》所谓‘有力如虎’者也⑧。”主人县布,堇父登之,及堞而绝之⑨。队则又县之,苏而复上者三。主人辞焉,乃退⑩,带其断以徇于军三日⑪。

①以宋常事晋而向戌有贤行,故欲封之为附庸。【释文】行,下孟切。②丙寅,四月九日。③堇父,孟献子家臣。步挽重车以从师。【释文】堇,徐音谨。挽,音晚。④见门开,故攻之。⑤门者,诸侯之士在门内者也。纥,郰邑大夫,仲尼父叔梁纥也。郰邑,鲁县东南莝城是也。言纥多力,抉举县门,出在内者。【释文】县,音玄。郰,侧留切。纥,恨发

切。抉，乌穴切，徐又古穴切。出，如字，一音尺遂切。⑥狄虒弥，鲁人也。蒙，覆也。橹，大楯。【释文】弥，音斯。弥，徐音弥，一音武脾切。橹，音鲁。楯，常尹切，又音尹。⑦百人为队。【释文】队，徒对切，徐徒猥切。⑧《诗·邶风》也。【释文】邶，音佩。⑨偪阳人县布以试外勇者。【释文】蝶，音牒，徐养涉切。⑩主人嘉其勇，故辞谢不复县布。【释文】队，直类切。复，扶又切。上，时掌切。三，息暂切，又如字。⑪带其断布以示勇。【释文】断，徒乱切。徇，似俊切。

诸侯之师久于偪阳，荀偃、士匄请于荀罃曰："水潦将降，惧不能归①，请班师②！"知伯怒③，投之以机，出于其间④，曰："女成二事而后告余⑤。余恐乱命，以不女违⑥。女既勤君而兴诸侯，牵帅老夫以至于此，既无武守⑦，而又欲易余罪，曰：'是实班师，不然克矣⑧。'余羸老也，可重任乎⑨？七日不克，必尔乎取之⑩！"

①向夏恐有久雨。从丙寅至庚寅二十五日，故曰久。【释文】潦，音老。②班，还也。③知伯，荀罃。【释文】知，音智。④出偃、匄之间。【释文】机，本又作"几"，同。⑤二事：伐偪阳、封向戌。【释文】女，音汝，下同。⑥既成改之为乱命。⑦无武功可执守。⑧谓偃、匄将言尔⑨不任受女此责。【释文】羸，劣危切。重，直用切。任，音壬。⑩言当取女以谢不克之罪。

五月庚寅①，荀偃、士匄帅卒攻偪阳，亲受矢石②。甲午，灭之③。书曰"遂灭偪阳"，言自会也④。以与向戌，向戌辞曰："君若犹辱镇抚宋国，而以偪阳光启寡君，群臣安矣，其何贶如之⑤？若专赐臣，是臣兴诸侯以自封也，其何罪大焉？敢以死请。"乃予宋公。

①月四日。②躬在矢石间。【释文】卒，子忽切。③月八日。④言其因会以灭国，非之也。⑤言见赐之厚无过也。【释文】贶，音况，赐也。

宋公享晋侯于楚丘，请以《桑林》①。荀罃辞②。荀偃、士匄曰："诸侯，宋、鲁于是观礼③。鲁有禘乐，宾祭用之④。宋以《桑林》享君，不亦可乎⑤？"舞，师题以旌夏⑥，晋侯惧而退入于房④。去旌，卒享而还。及著雍，疾⑧。卜，桑林见⑨。荀偃、士匄欲奔请祷焉⑩。荀罃不可，曰："我辞礼矣，彼则以之⑪。犹有鬼神，于彼加之⑫。"晋侯有间⑬，以偪阳子归，献于武宫，谓之夷俘⑭。偪阳，妘姓也。使周内史选其族嗣，纳诸霍人，礼也⑮。

师归，孟献子以秦堇父为右⑯。生秦丕兹，事仲尼⑰。

①《桑林》，殷天子之乐名。②辞，让之。③宋，王者后；鲁以周公故，皆用天子礼乐，故可观。④禘，三年大祭，则作四代之乐。别祭群公，则用诸侯乐。【释文】禘，大计切。⑤言俱天子乐也。⑥师，乐师也。旌夏，大旌也。题，识也。以大旌表识其行列。【释文】

题,大令切。夏,户雅切。识,申志切,又如字。行,户郎切。⑦旌夏非常,卒见之,人心偶有所畏。【释文】卒,寸忽切。⑧晋侯疾也。著雍,晋地。【释文】去,起吕切。著,徐都虑切,又除虑切。雍,於用切。⑨祟见于卜兆。【释文】见,贤遍切。祟,息遂切。⑩奔走还宋祷谢。【释文】祷,丁老切。⑪以,用也。⑫言自当加罪于宋。⑬间,疾差也。【释文】差,初卖切。⑭讳俘中国,故谓之夷。【释文】俘,芳夫切。⑮霍,晋邑。内史,掌爵禄废置者。使选偪阳宗族贤者,令居霍,奉妘姓之祀。善不灭姓,故曰礼也。使周史者,示有王命。【释文】令,力呈切,下"令在""劝令"同。⑯嘉其勇力。⑰(高)[言](二)[其]父以力相尚,子事仲尼,以德相高。【释文】秦丕兹,一本作"秦不兹"。

六月,楚子囊、郑子耳伐宋,师于訾毋①。庚午,围宋,门于桐门②。

①宋地。【释文】訾,子斯切。毋,音无。②不成围而攻其城门。

晋荀罃伐秦,报其侵也①。

①侵在九年。

卫侯救宋,师于襄牛。郑子展曰:"必伐卫,不然,是不与楚也。得罪于晋,又得罪于楚,国将若之何?"子驷曰:"国病矣①!"子展曰:"得罪于二大国,必亡。病不犹愈于亡乎?"诸大夫皆以为然。故郑皇耳帅师侵卫,楚令也②。孙文子卜追之,献兆于定姜。姜氏问繇③。曰:"兆如山陵,有夫出征,而丧其雄。"姜氏曰:"征者丧雄,御寇之利也。大夫图之!"卫人追之,孙蒯获郑皇耳于(大)[犬]丘④。

①师数出,疲病也。【释文】数,所角切。疲,音皮。②亦兼受楚之敕命也。皇耳,皇戌子。③繇,兆辞。【释文】繇,直救切。④蒯,孙林父子。【释文】丧,息浪切。御,鱼吕切。蒯,苦怪切。

秋七月,楚子囊、郑子耳伐我西鄙①。还,围萧,八月丙寅,克之②。九月,子耳侵宋北鄙。孟献子曰:"郑其有灾乎! 师竞已甚③。周犹不堪竞,况郑乎④?有灾,其执政之三士乎⑤!"

①于鲁无所耻,讳而不书,其义未闻。②萧,宋邑。③竞,争竞也。【释文】争,争斗之争,下"有之争"同。④周,谓天王。⑤郑简公幼少,子驷、子国、子耳秉政,故知三士任其祸也。为下盗杀三大夫传。【释文】少,诗照切。任,音壬。

莒人间诸侯之有事也,故伐我东鄙①。

①诸侯有讨郑之事。【释文】间,间厕之间。

诸侯伐郑。齐崔杼使大子光先至于师,故长于滕①。己酉,师于牛首②。

初,子驷与尉止有争,将御诸侯之师而黜其车①。尉止获,又与之争②,子驷抑尉止曰:"尔车,非礼也③。"遂弗使献④。初,子驷为田洫,司氏、堵氏、侯氏、子师氏皆丧田焉⑤,故五族聚群不逞之人,因公子之徒以作乱。于是子驷当国⑥,子国为司马,子耳为司空,子孔为司徒。冬十月戊辰,尉止、司臣、侯晋、堵女父、子师仆帅贼以入,晨攻执政于西宫之朝⑦,杀子驷、子国、子耳,劫郑伯以如北宫。子孔知之,故不死⑧。书曰"盗",言无大夫焉⑨。

①御牛首师也。黜,减损。②获囚俘。③言女车犹多,过制。④不使献所获。⑤洫,田畔沟也。子驷为田洫以正封疆,而侵四族田。【释文】洫,况域切。堵,晋者,或丁古切。丧,息浪切。疆,居良切。⑥摄君事也。⑦公宫。⑧子孔,公子嘉也。知难不告,利得其处也。为十九年杀公子嘉传。【释文】难,乃旦切。处,昌虑切。⑨尉止等五人皆士也。大夫,谓卿。

子西闻盗,不儆而出①,尸而追盗②,盗入于北宫,乃归授甲。臣妾多逃,器用多丧。子产闻盗③,为门者④,庀群司⑤,闭府库,慎闭藏,完守备,成列而后出,兵车十七乘⑥,尸而攻盗于北宫,子蟜帅国人助之,杀尉止、子师仆,盗众尽死。侯晋奔晋,堵女父、司臣、尉翩、司齐奔宋⑦。

①子西,公孙夏,子驷子。【释文】儆,音景。夏,户雅切。②先临尸而逐贼。③子国子。④置守门。⑤具众官。【释文】庀,匹婢切。⑥千三百七十五人。【释文】藏,才浪切,又如字。守,手又切。乘,绳证切。⑦尉翩,尉止子。司齐,司臣子。【释文】翩,音篇。

子孔当国①,为载书,以位序,听政辟②。大夫、诸司、门子弗顺,将诛之③。子产止之,请为之焚书④。子孔不可,曰:"为书以定国,众怒而焚之,是众为政也,国不亦难乎⑤?"子产曰:"众怒难犯,专欲难成,合二难以安国,危之道也。不如焚书以安众,子得所欲⑥,众亦得安,不亦可乎?专欲无成,犯众兴祸,子必从之。"乃焚书于仓门之外,众而后定⑦。

①代子驷。②自群卿诸司各守其职位,以受执政之法,不得与朝政。【释文】辟,婢亦切。与,音预,下"鲁不与"同。③子孔欲诛不顺者。④既止子孔,又劝令烧除载书。【释文】为,于伪切。⑤难以至治。【释文】治,直吏切。⑥欲为政也。⑦不于朝内烧,欲使远近见所烧。

诸侯之师城虎牢而戍之。晋师城梧及制①,士鲂、魏绛戍之。书曰"戍郑虎牢",非郑地也,言将归焉②。

①欲以偪郑也。不书城,鲁不与也。梧、制,皆郑旧地。【释文】梧,音吾。②二年晋城虎牢而居之,今郑复叛,故修其城而置戍,郑服则欲以还郑,故夫子追书,系之于郑,以见晋志。【释文】复,扶又切。见,贤遍切。

郑及晋平。楚子囊救郑。十一月,诸侯之师还郑而南,至于阳陵①,楚师不退。知武子欲退,曰:"今我逃楚,楚必骄,骄则可与战矣②。"栾黡曰:"逃楚,晋之耻也。合诸侯以益耻,不如死!我将独进。"师遂进。己亥,与楚师夹颍而军③。子蟜曰:"诸侯既有成行,必不战矣④。从之将退,不从亦退⑤。退,楚必围我。犹将退也,不如从楚,亦以退之⑥。"宵涉颍,与楚人盟⑦。栾黡欲伐郑师⑧,荀罃不可,曰:"我实不能御楚,又不能庇郑,郑何罪?不如致怨焉而还⑨。今伐其师,楚必救之,战而不克,为诸侯笑。克不可命⑩,不如还也!"丁未,诸侯之师还,侵郑北鄙而归⑪。楚人亦还⑫。

①还,绕也。阳陵,郑地。【释文】还,本又作"环",户关切,徐一音患。②武子,荀罃。③颍水出城阳,至下蔡入淮。【释文】颍,音颖。④言有成去之志。⑤从,犹服也。⑥以退楚。⑦夜渡,畏晋知之。⑧伐涉颍者。⑨致怨,为后伐之资。【释文】御,鱼吕切。庇,必利切。⑩胜负难要,不可命以必克。【释文】要,一遥切。⑪欲以致怨。⑫郑服故也。

王叔陈生与伯舆争政①。王右伯舆②,王叔陈生怒而出奔。及河,王复之③,杀史狡以说焉④。不入,遂处之⑤。晋侯使士匄平王室,王叔与伯舆讼焉⑥。王叔之宰⑦与伯舆之大夫瑕禽⑧坐狱于王庭⑨,士匄听之。王叔之宰曰:"筚门闺窦之人而皆陵其上,其难为上矣⑩!"瑕禽曰:"昔平王东迁,吾七姓从王,牲用备具,王赖之,而赐之骍旄之盟⑪,曰:'世世无失职。'若筚门闺窦,其能来东底乎?且王何赖焉⑫?今自王叔之相也,政以贿成⑬,而刑放于宠⑭。官之师旅,不胜其富⑮,吾能无筚门闺窦乎⑯?唯大国图之⑰!下而无直,则何谓正矣⑱?"范宣子曰:"天子所右,寡君亦右之。所左,亦左之⑲。"使王叔氏与伯舆合要⑳,王叔氏不能举其契㉑。王叔奔晋。不书,不告也。单靖公为卿士,以相王室㉒。

①二子,王卿士。【释文】舆,本又作"与",音同。②右,助也。③欲奔凿。④说王叔也。【释文】狡,古卯切。说,音悦,又如字。⑤处叔河上。⑥争曲直。⑦宰,家臣。⑧瑕禽,伯舆属大夫。⑨狱,讼也。《周礼》:命夫、命妇不躬坐狱讼。故使宰与属大夫对争曲直。⑩筚门,柴门。闺窦,小户,穿壁为户,上(说)[锐]下方,状如圭也。言伯舆微贱之家。【释文】筚,音必。闺,音圭,本亦作"圭"。窦,音豆。⑪平王徙时,大臣从者有七姓,伯舆之祖皆在其中,主为王备牺牲,共祭祀。王(待)[特]其用,故与之盟,使世守其职。

骍旄，赤牛也。举骍旄者，言得重盟，不以犬鸡。【释文】从，才用切，又如字。骍，息营切，《字林》许营切。旄，音毛。为，于为切。共，音恭。⑫言我若贫贱，何能来东，使王恃其用而与之盟邪？厎，至也。【释文】厎，音旨。⑬随财制政。【释文】相，息亮切。贿，呼罪切。⑭宠臣专刑，不任法。⑮师旅之长皆受赂。【释文】胜，音升。长，丁丈切。⑯言王叔之属富，故使吾贫。⑰图，犹议也。⑱正者，不失下之直。【释文】何，或作"可"，误也。⑲宣子知伯舆直，不欲自专，故推之于王。【释文】右，音又。左，音佐。左、右，并如字。⑳合要辞。㉑要契之辞。【释文】契，苦计切。㉒代王叔。

襄公十一年

【经】

十有一年春，王正月，作三军①。

夏四月，四卜郊不从，乃不郊②。

郑公孙舍之帅师侵宋。

公会晋侯、宋公、卫侯、曹伯、齐世子光、莒子、邾子、滕子、薛伯、杞伯、小邾子伐郑③。

秋七月己未，同盟于亳城北④。

公至自伐郑⑤。

楚子、郑伯伐宋。

公会晋侯、宋公、卫侯、曹伯、齐世子光、莒子、邾子、滕子、薛伯、杞伯、小邾子伐郑⑥。

会于萧鱼⑦。

公至自会⑧。

楚人执郑行人良霄⑨。

冬，秦人伐晋。

①增立中军。万二千五百人为军。②无传。③世子光至，复在莒子之先，故晋悼亦进之。【释文】复，扶又切。④亳城，郑地。伐郑而书同盟，郑与盟可知。【释文】亳，蒲洛切，徐扶各切。与，音预。⑤无传。⑥晋遂尊光。⑦郑服而诸侯会。萧鱼，郑地。⑧无传。以会至者，观兵而不果侵伐。⑨良霄，公孙辄子伯有也。【释文】霄，徐音消。

十一年春,季武子将作三军①,告叔孙穆子曰:"请为三军,各征其军②。"穆子曰:"政将及子,子必不能③。"武子固请之,穆子曰:"然则盟诸④?"乃盟诸僖闳⑤,诅诸五父之衢⑥。正月,作三军,三分公室而各有其一⑦。三子各毁其乘⑧。李氏使其乘之人,以其役邑人者,无征⑨;不入者,倍征⑩。孟氏使半为臣,若子若弟⑪。叔孙氏使尽为臣⑫,不然,不舍⑬。

①鲁本无中军,唯上、下二军,皆属于公;有事,二三卿更帅以征伐。季氏欲专其民人,故假立中军,因以改作。【释文】更,音庚。②征,赋税也。三家各征其军之家属。【释文】税,舒锐切。③政者,霸国之政令。礼:大国三军。鲁次国而为大国之制,贡赋必重,故忧不能堪。④穆子知季氏将复变易,故盟之。【释文】复,扶又切。⑤僖宫之门。【释文】闳,音宏。⑥五父衢,道名,在鲁国东南。诅,以祸福之言相要。【释文】诅,侧虑切。父,音甫。衢,其俱切。要,一遥切。⑦三分国民众。⑧坏其军乘,分以足成三军。【释文】乘,绳证切。坏,音怪。足,将住切,亦如字。⑨使军乘之人率其邑役入季氏者,无公征。⑩不入季氏者,则使公家倍征之。设利病,欲驱使入己,故昭五年传曰季氏尽征之。民辟倍征,故尽属季氏。⑪取其子弟之半也。四分其乘之人,以三归公而取其一。⑫尽取子弟,以其父兄归公。⑬制军分民,不如是则三家不舍其故而改作也。此盖三家盟诅之本言。【释文】舍,音捨。

郑人患晋、楚之故,诸大夫曰:"不从晋,国几亡①。楚弱于晋,晋不吾疾也②。晋疾,楚将辟之。何为而使晋师致死于我③,楚弗敢敌,而后可固与也④。"子展曰:"与宋为恶,诸侯必至,吾从之盟。楚师至,吾又从之,则晋怒甚矣。晋能骤来,楚将不能,吾乃固与晋。"大夫说之,使疆埸之司恶于宋⑤。宋向戌侵郑,大获。子展曰:"师而伐宋可矣。若我伐宋,诸侯之伐我必疾,吾乃听命焉,且告于楚。楚师至,吾又与之盟,而重赂晋师,乃免矣⑥。"夏,郑子展侵宋⑦。

①几,近也。【释文】几,音机,徐音畿。②疾,急也。③言当作何计。④固与晋也。⑤使守疆埸之吏侵犯宋。【释文】说,音悦。疆,居良切。埸,音亦。⑥言如此乃免于晋、楚之难。【释文】难,乃旦切。⑦欲以致诸侯。

四月,诸侯伐郑。己亥,齐大子光、宋向戌先至于郑,门于东门①。其莫,晋荀罃至于西郊,东侵旧许②。卫孙林父侵其北鄙。六月,诸侯会于北林,师于向③,右还,次于琐④,

围郑。观兵于南门⑤，西济于济隧⑥。郑人惧，乃行成。

①传释齐大子光所以序莒上也。向戌不书，宋公在会故。②许之旧国，郑新邑。【释文】莫，音暮。③向地在颍川长社县东北。【释文】向，舒亮切。④北行而西为右还。荥阳宛陵县西有琐候亭。【释文】琐，素果切。宛，於阮切，又於元切。⑤观，示也。⑥济隧，水名。【释文】济，子礼切。隧，音遂。

秋七月，同盟于亳。范宣子曰："不慎，必失诸侯①。诸侯道敝而无成，能无贰乎③？"乃盟，载书曰："凡我同盟，毋蕴年③，毋壅利④，毋保奸⑤，毋留慝⑥，救灾患，恤祸乱，同好恶，奖王室⑦。或间兹命，司慎司盟，名山名川⑧，群神群祀⑨，先王先公⑩，七姓十二国之祖⑪，明神殛之⑫，俾失其民，队命亡氏，踣其国家⑬。"

①慎，敬威仪，谨辞令。⑦数伐郑，皆罢于道路。【释文】数，所角切。罢，晋皮。③蕴积年谷而不分灾。【释文】毋，音无。蕴，纡粉切。④专山川之利。【释文】壅，於勇切。⑤藏罪人。⑥速去恶。【释文】慝，他得切，下同。去，起吕切。⑦奖，助也。【释文】好，呼报切。恶，乌路切。奖，将丈切。⑧二司，天神。【释文】间，间厕之间。兹命，本或作"兹盟"，误。⑨群祀，在祀典者。⑩先王，诸侯之大祖，宋祖帝乙，郑祖厉王之比也。先公，始封君。【释文】大，音泰。凡"大祖""大庙""大宫"皆同。比，必利切。⑪七姓：晋、鲁、卫、郑、曹、滕，姬姓。邾、小邾，曹姓。宋，子姓。齐，姜姓。莒，己姓。杞，姒姓。薛，任姓。实十三国，言十二，误也。【释文】己，音纪，或音杞。任，音壬。⑫殛，诛也。【释文】殛，纪力切。⑬踣，毙也。【释文】俾，本又作"卑"，必尔切。队，直类切。踣，蒲北切，徐又敷豆切。毙，婢世切。

楚子囊乞旅于秦①，秦右大夫詹师师从楚子，将以伐郑。郑伯逆之。丙子，伐宋②。

①乞师旅于秦。②郑逆服，故更伐宋也。秦师不书，不与伐宋而还。【释文】詹，之廉切。与，音预。

九月，诸侯悉师以复伐郑①。郑人使良霄、大宰石㒰如楚，告将服于晋，曰："孤以社稷之故，不能怀君。君若能以玉帛绥晋，不然则武震以摄威之，孤之愿也。"楚人执之，书曰"行人"，言使人也②。诸侯之师观兵于郑东门，郑人使王子伯骈行成。甲戌，晋赵武入盟郑伯。冬十月丁亥，郑子展出盟晋侯③。十二月戊寅，会于萧鱼④。庚辰，赦郑囚，皆礼而归之。纳斥候⑤，禁侵掠。晋侯使叔肸告于诸侯⑥。公使臧孙纥对曰："凡我同盟，小国有罪，大国致讨，苟有以藉手，鲜不赦宥。寡君闻命矣⑦。"郑人赂晋侯以师悝、师触、师蠲⑧，广车、軘车淳十五乘，甲兵备⑨，凡兵车百乘⑩，歌钟二肆⑪，及其镈磬⑫，女乐二八⑬。

①此夏诸侯皆复来,故曰悉师。【释文】复,扶又切。②书行人,言非使人之罪。古者兵交,使在其间,所以通命示整,或执杀之,皆以为讥也。既成而后告,故书在萧鱼下。石㒼为介,故不书。【释文】㒼,敕略切。摄,如字,又之涉切。使,所吏切。介,音界。③二盟不书,不告。④经书秋,史失之。⑤不相备也。【释文】斥,徐音尺,又昌夜切。⑥叔肸,叔向也。告诸侯,亦使赦郑囚。【释文】掠,音亮。肸,许乙切。向,许丈切。⑦言晋讨小国,有藉手之功,则赦其罪人,德义如是,不敢不承命。【释文】藉,在夜切。鲜,息浅切。宥,音又。⑧悝、觖、蠲,皆乐师名。【释文】悝,苦回切。蠲,古玄切,又音圭。⑨广车、轩车,皆兵车名。淳,耦也。【释文】广,古旷切。轩,徒温切。淳,述伦切,徐又之伦切。乘,绳证切。⑩他兵车及广、轩共百乘。⑪肆,列也。县钟十六为一肆,二肆,三十二枚。【释文】肆,音四。县,音玄。⑫镈、磬,皆乐器。【释文】镈,音博。⑬十六人。

晋侯以乐之半赐魏绛,曰:"子教寡人和诸戎狄,以正诸华①。八年之中,九合诸侯,如乐之和,无所不谐②。请与子乐之③。"辞曰:"夫和戎狄,国之福也。八年之中,九合诸侯,诸侯无慝,君之灵也,二三子之劳也,臣何力之有焉?抑臣愿君安其乐而思其终也!《诗》曰:'乐只君子,殿天子之邦④。乐只君子,福禄攸同⑤,便蕃左右,亦是帅从⑥。'夫乐以安德⑦,义以处之⑧,礼以行之⑨,信以守之⑩,仁以厉之⑪,而后可以殿邦国,同福禄,来远人,所谓乐也⑫。《书》曰:'居安思危⑬。'思则有备,有备无患,敢以此规⑭。"公曰:"子之教,敢不承命?抑微子,寡人无以待戎⑮,不能济河⑯。夫赏,国之典也,藏在盟府⑰,不可废也,子其受之!"魏绛于是乎始有金石之乐,礼也⑱。

①在四年。②谐亦和也。【释文】九合诸侯,谓五年会戚,又会城棣救陈;七年会郯;八年会邢丘;九年盟于戏;十年盟于柤,又伐郑戍虎牢;十一年同盟亳城北,又会萧鱼。③共此乐。【释文】乐,音洛,又音岳。④《诗·小雅》也。谓诸侯有乐美之德,可以镇抚天子之邦。殿,镇也。【释文】殿,都遍切。⑤攸,所也。⑥便蕃,数也。言远人相帅来服从,便蕃然在左右。【释文】蕃,音烦。数,所角切。⑦和其心也。⑧处位以义。⑨行教令。⑩守所行。⑪厉风俗。⑫言五德皆备乃为乐,非但金石。⑬逸《书》。⑭规正公。⑮待遇接纳。⑯渡河,南服郑。⑰司盟之府,有赏功之制。⑱礼:大夫有功则赐乐。

秦庶长鲍、庶长武帅师伐晋以救郑①。鲍先入晋地,士鲂御之,少秦师而弗设备。壬午,武济自辅氏②,与鲍交伐晋师。己丑,秦、晋战于栎,晋师败绩,易秦故也③。

①庶长,秦爵也。不书救郑,已属晋,无所救。【释文】长,丁丈切。鲍,步卯切。②从辅氏渡河。【释文】御,鱼吕切,后放此。③不书败绩,晋耻易秦而败,故不告也。栎,晋

襄公十二年

【经】

十有二年春，王二月，莒人伐我东鄙，围台①。

季孙宿帅师救台，遂入郓②。

夏，晋侯使士鲂来聘。

秋九月，吴子乘卒③。

冬，楚公子贞帅师侵宋。

公如晋。

①琅邪费县南有台亭。【释文】台，敕才切，又音臺，又翼之切。②郓，莒邑。【释文】郓，音运。③五年会于戚，公不与盟，而赴以名。【释文】与，音预。

【传】

十二年春，莒人伐我东鄙，围台。季武子救台，遂入郓①，取其钟以为公盘。

①乘胜入郓，报见伐。

夏，晋士鲂来聘，且拜师①。

①谢前年伐郑师。

秋，吴子寿梦卒①。临于周庙，礼也②。凡诸侯之丧，异姓临于外③，同姓于宗庙④，同宗于祖庙⑤，同族于祢庙⑥。是故鲁为诸姬，临于周庙⑦。为邢、凡、蒋、茅、胙、祭，临于周公之庙⑧。

①寿梦，吴子之号。②周庙，文王庙也。周公出文王，故鲁立其庙。吴始通，故曰礼。【释文】临，力荫切，下同。③于城外，向其国。【释文】向，或作“嚮”，许亮切。④所出王之庙。⑤始封君之庙。⑥父庙也。同族，谓高祖以下。【释文】祢，乃礼切。⑦诸姬，同姓国。【释文】为，于伪切，下同。⑧即祖庙也。六国皆周公之支子，别封为国，共祖周公。【释文】邢，音刑。蒋，将丈切。案：富辰所称，邢在蒋下，今传在凡上，未知何者为是。茅，亡交切。胙，才故切。祭，侧界切，徐如字。

冬,楚子囊、秦庶长无地伐宋,师于扬梁,以报晋之取郑也①。

①取郑在前年。梁国睢阳县东有地名扬梁。【释文】长,丁丈切。

灵王求后于齐。齐侯问对于晏桓子,桓子对曰:"先王之礼辞有之,天子求后于诸侯,诸侯对曰:'夫妇所生若而人①。妾妇之子若而人②。'无女而有姊妹及姑姊妹,则曰:'先守某公之遗女若而人。'"齐侯许昏,王使阴里结之③。

①不敢誉亦不敢毁,故曰若如人。【释文】誉,音余,又如字。②言非適也。【释文】適,丁历切。③阴里,周大夫。结,成也。为十五年刘夏逆王后传。【释文】守,手又切。夏,户雅切。

公如晋,朝,且拜士鲂之辱,礼也①。

①士鲂聘在此年夏,嫌君臣不敌,故曰礼(之)[也]。

秦嬴归于楚①。楚司马子庚聘于秦,为夫人宁,礼也②。

①秦景公妹,为楚共王夫人。【释文】嬴,音盈。②子庚,庄王子午也。诸侯夫人父母既没,归宁使卿,故曰礼。

襄公十三年

【经】

十有三年春,公至自晋。

夏,取邿①。

秋九月庚辰,楚子审卒②。

冬,城防。

①邿,小国也,任城亢父县有邿亭。传例曰:书取,言易也。【释文】邿,音诗。任,音壬。亢,苦浪切,又音刚。父,音甫。易,以豉切。②共王成。成二年,大夫盟于蜀。

【传】

十三年春,公至自晋,孟献子书劳于庙,礼也①。

①书勋劳(故)[于]策也。桓二年传曰:公至自唐,告于庙也。凡公行,告于宗庙。反行、饮至、舍爵,策勋焉,礼也。桓十六年传又曰:公至自伐郑,以饮至之礼也。然则还

告庙及饮至及书劳三事，偏行一礼，则亦书至，悉阙乃不书至。传因献子之事以发明凡例，《释例》详之。【释文】舍，音捨。

夏，邾乱，分为三①。师救邾，遂取之②。凡书"取"，言易也③。用大师焉曰"灭"④。弗地曰"入"⑤。

①国分为三部，志力各异。②鲁师也。经不称师，不满二千五百人，传通言之。③不用师徒及用师徒而不劳，虽国亦曰取。④敌人距战，斩获俘馘，用力难重，虽邑亦曰灭。【释文】馘，古获切。⑤谓胜其国邑，不有其地。

荀罃、士鲂卒。晋侯蒐于绵上以治兵①，使士匄将中军，辞曰："伯游长②。昔臣习于知伯，是以佐之，非能贤也③。请从伯游。"荀偃将中军④，士匄佐之⑤。使韩起将上军，辞以赵武。又使栾黡⑥，辞曰："臣不如韩起。韩起愿上赵武，君其听之！"使赵武将上军⑦，韩起佐之⑧。栾黡将下军，魏绛佐之⑨。新军无帅⑩，晋侯难其人，使其什吏，率其卒乘官属，以从于下军，礼也⑪。晋国之民，是以大和，诸侯遂睦。

①为将命军（师）[帅]也，必蒐而命之，所以与众共。【释文】为，于伪切。帅，所类切，下"为帅"同。②伯游，荀偃。【释文】长，丁丈切。③七年，韩厥老，知罃代将中军，士匄佐之。匄今将让，故谓尔时之举不以己贤。事见九年。【释文】见，贤遍切。④代荀罃。⑤位如故。⑥以武位卑，故不听，更命黡。⑦武自新军超四等代荀偃。⑧位如故。⑨黡亦如故。绛自新军佐超一等代士鲂。⑩将佐皆迁。【释文】将，子匠切。⑪得慎举之礼。【释文】难，乃旦切，或如字。什，音十。卒，子忽切。乘，绳证切。

君子曰："让，礼之主也。范宣子让，其下皆让。栾黡为汰，弗敢违也。晋国以平，数世赖之，刑善也夫①！一人刑善，百姓休和，可不务乎？《书》曰：'一人有庆，兆民赖之，其宁惟永。'其是之谓乎②？周之兴也，其《诗》曰：'仪刑文王，万邦作孚③。'言刑善也。及其衰也，其《诗》曰：'大夫不均，我从事独贤④。'言不让也。世之治也，君子尚能而让其下⑤，小人农力以事其上，是以上下有礼，而谗慝黜远，由不争也，谓之懿德。及其乱也，君子称其功以加小人⑥，小人伐其技以冯君子⑦，是以上下无礼，乱虐并生，由争善也⑧，谓之昏德。国家之敝，恒必由之⑨。"

①刑，法也。【释文】汰，音泰。数，所主切。夫，音扶。②《周书》，《吕刑》也。一人，天子也。宁，安也。永，长也。义取上有好善之庆，则下赖其福。【释文】休，许虯切。好，呼报切。③《诗·大雅》。言文王善用法，故能为万国所信。孚，信也。④《诗·小雅》。刺幽王役使不均，故从事者怨恨，称己之劳以为独贤，无让心。⑤能者在下位，则贵尚而

让之。【释文】治,直吏切。⑥加,陵也。君子,在位者。【释文】慝,他得切。远,于万切,又如字。争,争斗之争。⑦冯,亦陵也。自称其能为伐。【释文】技,其绮切。冯,皮冰切。⑧争自善也。⑨传言晋之所以兴。

楚子疾,告大夫曰:"不榖不德,少主社稷,生十年而丧先君,未及习师保之教训,而应受多福①。是以不德,而亡师于鄢②,以辱社稷,为大夫忧,其弘多矣③。若以大夫之灵,获保首领以殁于地,唯是春秋窀穸之事④,所以从先君于祢庙者⑤,请为'灵'若'厉'⑥。大夫择焉!"莫对。及五命乃许。秋,楚共王卒。子囊谋谥。大夫曰:"君有命矣。"子囊曰:"君命以共,若之何毁之?赫赫楚国,而君临之,抚有蛮夷,奄征南海,以属诸夏,而知其过,可不谓共乎?请谥之'共'。"大夫从之⑦。

①多福,谓为君。【释文】少,诗照切。丧,息浪切。②鄢在成十六年。【释文】鄢,音偃。③弘,大也。④窀,厚也。穸,夜也。厚夜,犹长夜。春秋,谓祭祀。长夜,谓葬埋。【释文】殁,音没。窀,张伦切,又徒门切。穸,音夕。⑤从先君代为祢庙。⑥欲受恶谥,以归先君也。乱而不损曰灵,戮杀不辜曰厉。⑦传言子囊之善。【释文】共,音恭。夏,户雅切。

吴侵楚,养由基奔命,子庚以师继之①。养叔曰:"吴乘我丧,谓我不能师也②,必易我而不戒③。子为三覆以待我④,我请诱之。"子庚从之。战于庸浦⑤,大败吴师,获公子党。君子以吴为不吊⑥。《诗》曰:"不吊昊天,乱靡有定⑦。"

①子庚,楚司马。②养叔,养由基也。③成,备也。【释文】易,以豉切。④覆,伏兵。【释文】覆,扶又切。⑤庸浦,楚地。【释文】浦,判五切。⑥不用天道相吊恤。⑦言不为昊天所恤,则致罪也。为明年会向传。【释文】昊,户老切。

冬,城防,书事,时也①。于是将早城,臧武仲请俟毕农事,礼也。

①土功虽有常节,通以事闲为时。【释文】闲,音闲。

郑良霄、大宰石㚟犹在楚①。石㚟言于子囊曰:"先王卜征五年②,而岁习其祥,祥习则行③,不习则增,修德而改卜④。今楚实不竞,行人何罪⑤?止郑一卿,以除其偪⑥,使睦而疾楚,以固于晋,焉用之⑦?使归而废其使⑧,怨其君以疾其大夫,而相牵引也,不犹愈乎?"楚人归之。

①十一年楚人执之至今。②先征五年而卜吉凶也。征谓巡守征行。【释文】先,悉荐切。守,手又切,本又作"狩"。③五年五卜,皆同吉,乃巡守。④不习,谓卜不吉。【释文】不习则增,绝句,一本无"增"字,则连下总为句。⑤不能修德与晋竞。⑥一卿,谓良

霄。⑦位不偪则大臣睦，怨疾楚则事晋固。【释文】焉用之，本或作"将焉用之"。焉，於虔切。⑧行而见执于楚，郑又遂坚事晋，是郑废本见使之意。【释文】使，所吏切。

襄公十四年

【经】

十有四年春，王正月，季孙宿、叔老会晋士匄、齐人、宋人、卫人、郑公孙虿、曹人、莒人、邾人、滕人、薛人、杞人、小邾人会吴于向①。

二月乙未朔，日有食之②。

夏四月，叔孙豹会晋荀偃、齐人、宋人、卫北宫括、郑公孙虿、曹人、莒人、邾人、滕人、薛人、杞人、小邾人伐秦③。

己未，卫侯出奔齐④。

莒人侵我东鄙⑤。

秋，楚公子贞帅师伐吴。

冬，季孙宿会晋士匄、宋华阅、卫孙林父、郑公孙虿、莒人、邾人于戚。

①叔老，声伯子也。鲁使二卿会晋，敬事霸国，晋自是轻鲁币而益敬其使，故叔老虽介，亦列于会也。齐崔杼、宋华阅、卫北宫括在会惰慢不摄，故贬称人，盖欲以督率诸侯，奖成霸功也。吴来在向，诸侯会之，故曰会吴。向，郑地。【释文】使，所吏切。介，音界。惰，徒卧切。②无传。③齐、宋大夫不书，义与向同。④诸侯之策书孙宁逐卫侯，《春秋》以其自取奔亡之祸，故诸侯失国者皆小书迩君之贼也。不书名，从告。⑤无传。报入郓。

【传】

十四年春，吴告败于晋①。会于向，为吴谋楚故也②。范宣子数吴之不德也，以退吴人③。执莒公子务娄④，以其通楚使也⑤。

①前年为楚所败。②谋为吴伐楚。【释文】为，于伪切，注"为吴""卒不为"同。③吴伐楚丧，故以为不德，数而遣之，卒不为伐楚。④在会不书，非卿。【释文】务，徐莫侯切，又音如字。娄，力侯切，或力俱切。⑤莒贰于楚，故比年伐鲁。【释文】使，所吏切。

将执戎子驹支①。范宣子亲数诸朝②，曰："来！姜戎氏！昔秦人迫逐乃祖吾离于瓜州③，乃祖吾离被苫盖④，蒙荆棘，以来归我先君⑤。我先君惠公有不腆之田⑥，与女剖分而食之⑦。今诸侯之事我寡君不如昔者，盖言语漏泄，则职女之由⑧。诘朝之事，尔无与焉⑨！与将执女！"对曰："昔秦人负恃其众，贪于土地，逐我诸戎。惠公蠲其大德⑩，谓我诸戎是四岳之裔胄也⑪，毋是翦弃⑫。赐我南鄙之田，狐狸所居，豺狼所嗥。我诸戎除剪其荆棘，驱其狐狸豺狼，以为先君不侵不叛之臣，至于今不贰⑬。昔文公与秦伐郑，秦人窃与郑盟而舍戍焉⑭，于是乎有殽之师⑮。晋御其上，戎亢其下⑯，秦师不复，我诸戎实然。譬如捕鹿，晋人角之，诸戎掎之⑰，与晋踣之⑱，戎何以不免？自是以来，晋之百役，与我诸戎相继于时⑲，以从执政，犹殽志也⑳，岂敢离逖？今官之师旅，无乃实有所阙，以携诸侯，而罪我诸戎！我诸戎饮食衣服，不与华同，贽币不通，言语不达，何恶之能为？不与于会，亦无瞢焉㉑！"赋《青蝇》而退㉒。宣子辞焉㉓，使即事于会，成恺悌也㉔。于是，子叔齐子为季武子介以会，自是晋人轻鲁币，而益敬其使㉕。

①驹支，戎子名。②行之所在，亦设朝位。③四岳之后皆姜姓，又别为允姓。瓜州地在今燉煌。【释文】迫，音百。瓜，古华切。燉，徒门切。煌，音皇。④苫，苦之别名。【释文】被，普皮切。苫，式占切。盖，户腊切，《尔雅》曰：白盖谓之苫。⑤蒙，冒也。【释文】冒，莫报切。⑥腆，厚也。【释文】腆，他典切。⑦中分为剖。【释文】女，音汝，下同。剖，普口切。中，丁仲切，又如字。⑧职，主也。【释文】泄，息列切，徐以世切。⑨诘朝，明旦。不使复得与会事。【释文】诘，起吉切。朝，如字。与，音预，下同。复，扶又切。⑩蠲，明也。⑪四岳，尧时方伯，姜姓也。裔，远也。胄，后也。【释文】裔，以制切。胄，直又切。⑫翦，削也。【释文】毋，音无。⑬不内侵，亦不外叛。【释文】狸，力之切。豺，仕皆切。嗥，户羔切。⑭在僖三十年。⑮在僖三十三年。【释文】郤，户交切。⑯亢，犹当也。【释文】亢，苦浪切。⑰掎其足也。【释文】捕，音步，徐又音赋。掎，居绮切。⑱踣，僵也。【释文】踣，蒲北切，又敷豆切。僵，居良切。⑲言给晋役不旷时。⑳意常如殽，无中二也。㉑瞢，闷也。【释文】逖，他历切。贽，音至。与，音预。瞢，莫赠切，徐武登切，又武忠切。㉒《青蝇》，《诗·小雅》，取其"恺悌君子，无信谗言"。【释文】蝇，以仍切。恺，开在切。悌，徒礼切。㉓辞，谢。㉔成恺悌，不信谗也。不书者，戎为晋属，不得特达。㉕齐子，叔老字也。言晋敬鲁使，经所以并书二卿。【释文】介，音界。使，所吏切。

吴子诸樊既除丧①，将立季札②。季札辞曰："曹宣公之卒也，诸侯与曹人不义曹君③，将立子臧。子臧去之，遂弗为也，以成曹君。君子曰：'能守节。'君，义嗣也④，谁敢奸君？有国，非吾节也。札虽不才，愿附于子臧，以无失节。"固立之。弃其室而耕。乃舍之⑤。

①诸樊，吴子乘之长子也。乘卒至此春十七月，既葬而除丧。【释文】长，丁丈切。②札，诸樊少弟。【释文】札，侧八切。少，诗照切。③曹君，公子负刍也，杀大子而自立。事在成十三年。④诸樊，適子，故曰义嗣。【释文】適，丁历切。⑤传言季札之让，且明吴兄弟相传。【释文】奸，音干。传，直专切。

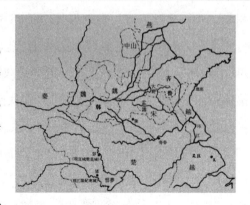

春秋战国时期的中国地图

夏，诸侯之大夫从晋侯伐秦，以报栎之役也①。晋侯待于竟，使六卿帅诸侯之师以进②。及泾，不济③。叔向见叔孙穆子，穆子赋《匏有苦叶》④。叔向退而具舟。鲁人、莒人先济。郑子蟜见卫北宫懿子曰："与人而不固，取恶莫甚焉！若社稷何？"懿子说。二子见诸侯之师而劝之济，济泾而次⑤。秦人毒泾上流，师人多死⑥。郑司马子蟜帅郑师以进，师皆从之，至于棫林⑦，不获成焉⑧。荀偃令曰："鸡鸣而驾，塞井夷灶⑨，唯余马首是瞻⑩！"栾黡曰："晋国之命，未是有也。余马首欲东。"乃归⑪。下军从之。左史谓魏庄子曰："不待中行伯乎⑫？"庄子曰："夫子命从帅⑬。栾伯，吾帅也，吾将从之。从帅，所以待夫子也⑭。"伯游曰："吾令实过，悔之何及？多遗秦禽⑮。"乃命大还。晋人谓之迁延之役⑯。

①栎役在十一年。②言经所以不称晋侯。【释文】竟，音境。③诸侯之师不肯渡也。泾水出安定朝那县，至京兆高陆县入渭。【释文】朝，如字，如淳音株。那，乃多切。④《诗·邶风》也。义取于"深则厉，浅则揭"，言己志在于必济。【释文】匏，白交切。揭，起例切。⑤传言北宫括所以书于伐秦。【释文】说，音悦。⑥饮毒水故。⑦棫林，秦地。【释文】棫，位逼切，徐于曰切，又於鞠切。⑧秦不服。⑨示不反。⑩言进退从己。⑪黡恶偃自专，故弃之归。【释文】恶，乌路切。⑫中行伯，荀偃也。庄子，魏绛也。左史，晋大夫。⑬夫子，谓荀偃。【释文】帅，所类切。⑭以从命为待也。栾黡，下军帅，庄子为佐，故曰吾帅。⑮军帅不和，恐多为秦所禽获。【释文】遗，唯季切。⑯迁延，却退。

栾鍼曰："此役也，报栎之败也。役又无功，晋之耻也。吾有二位于戎路①，敢不耻乎？"与士鞅驰秦师，死焉。士鞅反②，栾黡谓士匄曰："余弟不欲往，而子召之。余弟死，而子来，是而子杀余之弟也。弗逐，余亦将杀之。"士鞅奔秦③。

于是，齐崔杼、宋华阅、仲江会伐秦，不书，惰也④。向之会亦如之。卫北宫括不书于向⑤，书于伐秦，摄也⑥。

①栾鍼，栾黡弟也。二位，谓黡将下军，鍼为戎右。②鞅，士匄子。③栾黡汰侈，诬逐士鞅也。而，女也。【释文】侈，昌氏切，或作"多"，又尺氏切。女，音汝。④临事惰慢不修也。仲江，宋公孙师之子。⑤亦惰。⑥能自摄整，从郑子蟜俱济泾。

秦伯问于士鞅曰："晋大夫其谁先亡？"对曰："其栾氏乎！"秦伯曰："以其汰乎？"对曰："然。栾黡汰虐已甚，犹可以免。其在盈乎①！"秦伯曰："何故？"对曰："武子之德在民，如周人之思召公焉，爱其甘棠，况其子乎②？栾黡死，盈之善未能及人，武子所施没矣，而黡之怨实章，将于是乎在。"秦伯以为知言，为之请于晋而复之③。

①盈，黡之子。②武子，栾书，黡之父也。召公奭听讼于甘棠之下，周人思之，不害其树而作勿伐之诗，在《召南》。【释文】召，上照切。奭，诗亦切。③为传二十一年晋灭栾氏张本。【释文】施，如字，又始豉切。为，于伪切。

卫献公戒孙文子、宁惠子食①，皆服而朝②。日旰不召③，而射鸿于囿。二子从之④，不释皮冠而与之言⑤。二子怒。孙文子如戚⑥，孙蒯入使⑦。公饮之酒，使大师歌《巧言》之卒章⑧。大师辞，师曹请为之⑨。初，公有嬖妾，使师曹诲之琴⑩，师曹鞭之。公怒，鞭师曹三百。故师曹欲歌之，以怒孙子以报公。公使歌之，遂诵之⑪。

①敕戒二子，欲共宴食。②服朝服，待命于朝。③旰，晏也。【释文】旰，古旦切。④从公于囿。【释文】射，食亦切。囿，音又。⑤皮冠，田猎之冠也。既不释冠，又不与食。⑥戚，孙文子邑。⑦孙蒯，孙文子之子。【释文】使，所吏切，又如字。⑧《巧言》，《诗·小雅》。其卒章曰："彼何人斯，居河之麋，无拳无勇，职为乱阶。"戚，卫河上邑。公欲以喻文子居河上而为乱。大师，掌乐大夫。【释文】饮，於鸩切。麋，亡悲切，本又作"湄"。拳，音权。⑨辞以为不可。师曹，乐人。⑩诲，教也。【释文】嬖，必计切。⑪恐孙蒯不解故。【释文】解，音蟹。

蒯惧，告文子。文子曰："君忌我矣，弗先，必死①。"并帑于戚而入②，见蘧伯玉曰："君之暴虐，子所知也。大惧社稷之倾覆，将若之何③？"对曰："君制其国，臣敢奸之④？虽奸之，庸如愈乎⑤？"遂行，从近关出⑥。公使子蟜、子伯、子皮与孙子盟于丘宫，孙子皆杀之⑦。

①欲先公作乱。【释文】先，悉荐切。②帑，子也。【释文】并，必政切。帑，音奴。③伯玉，蘧瑗。【释文】蘧，其居切。覆，芳服切。瑗，于眷切。④奸，犹犯也。⑤言逐君更立，未知当差否。【释文】愈，羊主切。差，初卖切。⑥惧难作，欲速出竟。【释文】难，乃旦切。竟，音境。⑦三子，卫群公子。疑孙子，故盟之。丘宫，近戚地。【释文】侨，居表

切。近，附近之近。

四月己未，子展奔齐①。公如鄞②，使子行请于孙子，孙子又杀之③。公出奔齐，孙氏追之，败公徒于阿泽④，鄞人执之⑤。初，尹公佗学射于庾公差，庾公差学射于公孙丁。二子追公⑥，公孙丁御公⑦。子鱼曰："射为背师，不射为戮，射为礼乎⑧？"射两鞠而还⑨。尹公佗曰："子为师，我则远矣。"乃反之⑩。公孙丁授公辔而射之，贯臂⑪。

①子展，卫献公弟。②鄞，卫地。【释文】鄞，音绢。③使往请和也。子行，群公子。④济北东阿县西南有大泽。⑤公徒因败散还，故为公执之。【释文】为，于伪切，下注"为孙"同。⑥二子，佗与差。为孙氏逐公。【释文】佗，徒何切。差，初佳切，徐初宜切。⑦为公御也。⑧子鱼，庾公差。礼，射不求中。【释文】射，食亦切，下及注除"礼射"一字皆同，或一读"射而礼乎"，音食夜切。背，音佩。中，丁仲切。⑨鞠，车軛卷者。【释文】鞠，其俱切，徐古豆切，《说文》同，云：軛下曲者，服云：车軛两边叉马颈者。軛，於革切。卷，音权，又起权切。⑩佗不从丁学，故言远。始与公差俱退，悔而独还射丁。【释文】为，于伪切。⑪贯佗臂。【释文】贯，古乱切，一音官。

子鲜从公①。及竟，公使祝宗告亡，且告无罪②。定姜曰："无神何告？若有，不可诬也③。有罪，若何告无？舍大臣而与小臣谋，一罪也。先君有冢卿以为师保，而蔑之，二罪也④。余以巾栉事先君，而暴妾使余，三罪也。告亡而已，无告无罪⑤。"

①子鲜，公母弟。【释文】鲜，音仙。②告宗庙也。③诬，欺也。定姜，公适母。【释文】适，丁历切。④谓不释皮冠之比。【释文】舍，音捨。比，必二切。⑤时姜在国，故不使得告无罪。【释文】栉，侧乙切。

公使厚成叔吊于卫，曰："寡君使瘠，闻君不抚社稷，而越在他竟①，若之何不吊？以同盟之故，使瘠敢私于执事曰②：'有君不吊③，有臣不敏④，君不赦宥，臣亦不帅职，增淫发泄，其若之何？'"卫人使大叔仪对曰⑤："群臣不佞，得罪于寡君。寡君不以即刑而悼弃之，以为君忧。君不忘先君之好，辱吊群臣，又重恤之⑥。敢拜君命之辱，重拜大贶⑦。"厚孙归，复命，语藏武仲曰："卫君其必归乎！有大叔仪以守⑧，有母弟鲜以出，或抚其内，或营其外，能无归乎？"

①越，远也。瘠，厚成叔名。【释文】厚，本或作"郈"，音同。吊于卫，本或作"吊于卫侯"，"侯"衍字也。瘠，在亦切。②执事，卫诸大夫。③吊，恤也。④敏，达也。⑤大叔仪，卫大夫。【释文】泄，息列切。大，音泰。⑥重恤，谓愍其不达也。【释文】好，呼报切。重，直用切，下同。⑦谢重恤之赐。⑧守于国。【释文】语，鱼据切。守，手又切。

　　齐人以郏寄卫侯①。及其复也,以郏粮归②。右宰穀从而逃归,卫人将杀之③。辞曰:"余不说初矣④,余狐裘而羔袖⑤。"乃赦之。卫人立公孙剽⑥,孙林父、宁殖相之,以听命于诸侯⑦。

　　①郏,齐所灭郏国。【释文】鲆,徐市甾切,又音专。郏,音来。②言其贪。③穀,卫大夫也。以其从君,故欲杀之。【释文】从,才用切,又如字。④言初从君,非说之,不获已耳。【释文】说,音悦。⑤言一身尽善,唯少有恶。喻己虽从君出,其罪不多。【释文】袖,本又作"褏",在又切。⑥剽,穆公孙。【释文】剽,匹妙切,一音甫遥切,《字林》父召切。⑦听盟会之命。【释文】相,息亮切。

　　卫侯在郏。臧纥如齐,唁卫侯。卫侯与之言,虐。退而告其人曰:"卫侯其不得入矣!其言粪土也,亡而不变,何以复国①?"子展、子鲜闻之,见臧纥,与之言,道②。臧孙说,谓其人曰:"卫君必入。夫二子者,或輓之,或推之,欲无入,得乎③?"

　　①武仲不书,未为卿。【释文】唁,鱼变切,徐作"歹言",音言,吊失国曰唁。粪,方问切。②顺道理。③为二十六年卫侯归传。【释文】輓,音晚。推,如字,又他回切。

　　师归自伐秦,晋侯舍新军,礼也。成国不过半天子之军①,周为六军,诸侯之大者,三军可也。于是知朔生盈而死②,盈生六年而武子卒,嬴裘亦幼,皆未可立也。新军无帅,故舍之③。

　　①成国,大国。【释文】舍,音捨。②朔,知罃之长子;盈,朔弟也。盈生而朔死。【释文】知,音智。长,丁丈切。③裘,士鲂子也。十三年,荀罃、士鲂卒,其子皆幼,未任为卿,故新军无帅,遂舍之。【释文】嬴,直例切。帅,所类切。任,音壬。

　　师旷侍于晋侯①。晋侯曰:"卫人出其君,不亦甚乎?"对曰:"或者其君实甚。良君将赏善而刑淫,养民如子,盖之如天,容之如地。民奉其君,爱之如父母,仰之如日月,敬之如神明,畏之如雷霆,其可出乎?夫君,神之主而民之望也。若困民之主,匮神乏祀,百姓绝望,社稷无主,将安用之?弗去何为?天生民而立之君,使司牧之,勿使失性。有君而为之贰②,使师保之,勿使过度。是故天子有公,诸侯有卿,卿置侧室③,大夫有贰宗④,士有朋友,庶人、工、商、皂、隶、牧、圉皆有亲昵,以相辅佐也。善则赏之⑤,过则匡之⑥,患则救之⑦,失则革之⑧。自王以下,各有父兄子弟,以补察其政⑨。史为书⑩,瞽为诗⑪,工诵箴谏⑫,大夫规诲⑬,士传言⑭,庶人谤⑮,商旅于市⑯,百工献艺⑰。故《夏书》曰:'遒人以木铎徇于路⑱,官师相规⑲,工执艺事以谏⑳。'正月孟春,于是乎有之,谏失常也㉑。天之爱民甚矣。岂其使一人肆于民上㉒,以从其淫,而弃天地之性?必不然矣㉓。"

①师旷，晋乐大师子野。②贰，卿佐。【释文】出，如字，徐音黜。仰，本亦作"卬"，音仰。霆，徒丁切，又音挺，本又作"电"。匦，其位切。乏祝，本或作"之祝"，误也。去，起吕切。③侧室，支子之官。④贰宗，宗子之副贰者。⑤赏，谓宣扬。【释文】昵，女乙切。⑥匡正也。⑦救其难也。【释文】难，乃旦切。⑧革，更也。⑨补其愆过，察其得失。⑩谓大史，君举则书。⑪瞽，盲者，为诗以风刺。【释文】瞽，音古。盲，莫庚切。风，芳凤切。⑫工，乐人也，诵箴谏之辞。【释文】箴，之林切。⑬规正谏诲其君。⑭士卑不得径达，闻君过失，传告大夫。【释文】传，直专切，注同。⑮庶人不与政，闻君过则诽谤。【释文】与，音预。诽，如字，本或作"非"，音亦同，又甫味切。⑯旅，陈也。陈其货物，以示时所贵尚。⑰献其技艺，以喻政事。【释文】技，其绮切。⑱逸《书》。道人，行令之官也。木铎，木舌金铃。徇于路，求歌谣之言。【释文】道，在由切，徐又在幽切，又子由切。铎，待洛切。徇，似俊切。铃，力丁切。⑲官师，大夫。自相规正。⑳所谓献艺。㉑有道人徇路之事。㉒肆，放也。㉓传言师旷能因问尽言。【释文】从，子用切，本或作"纵"。

秋，楚子为庸浦之役故①，子囊师于棠以伐吴，吴不出而还。子囊殿②，以吴为不能而弗儆。吴人自皋舟之隘要而击之③，楚人不能相救。吴人败之，获楚公子宜穀④。

①在前年。【释文】为，于伪切。②殿军后。【释文】殿，多练切。③皋舟，吴险陋之道。【释文】儆，音景。隘，於懈切。要，一遥切。陋，於革切。④传言不备不可以师。

王使刘定公赐齐侯命①，曰："昔伯舅大公，右我先王，股肱周室，师保万民，世胙大师，以表东海②。王室之不坏，繄伯舅是赖③。今余命女环④！兹率舅氏之典，纂乃祖考，无忝乃旧。敬之哉，无废朕命⑤！"

①将昏于齐故也。定公，刘夏，位贱，以能而使之。传称谥，举其终。②胙，报也。表，显也。谓显封东海，以报大师之功。【释文】右，音又。胙，才故切。③繄，发声。【释文】坏，如字，服本作"怀"。繄，乌兮切。④环，齐灵公名。【释文】女，音汝。环，户关切。⑤纂，继出。因昏而加褒显。传言王室不能命有功。

晋侯问卫故于中行献子①，对曰："不如因而定之。卫有君矣②，伐之，未可以得志而勤诸侯。史佚有言曰：'因重而抚之③。'仲虺有言曰：'亡者侮之，乱者取之，推亡固存，国之道也④。'君其定卫以待时乎⑤！"冬，会于戚，谋定卫也⑥。

①问卫逐君当讨否。献子，荀偃。②谓剽已立。③重不可移，就抚安之。【释文】佚，音逸。④仲虺，汤左相。【释文】虺，许鬼切。侮，亡甫切。相，息亮切。⑤待其昏乱之时乃伐之。⑥定立剽。

范宣子假羽毛于齐而弗归，齐人始贰①。

①析羽为旌，王者游车之所建，齐私有之，因谓之羽毛，宣子闻而借观之。【释文】析，星历切。

楚子囊还自伐吴，卒。将死，遗言谓子庚："必城郢①。"君子谓："子囊忠。君薨不忘增其名②，将死不忘卫社稷，可不谓忠乎？忠，民之望也。《诗》曰：'行归于周，万民所望。'忠也③。"

①楚徙都郢，未有城郭。公子燮、公子仪因筑城为乱，事未得讫，子囊欲讫而未暇，故遗言见意。【释文】见，贤遍切。②谓前年谥君为共。③《诗·小雅》。忠信为周。言德行归于忠信，即为万民所瞻望。【释文】行，下孟切。

襄公十五年

【经】

十有五年春，宋公使向戌来聘。

二月己亥，及向戌盟于刘。

刘夏逆王后于齐①。

夏，齐侯伐我北鄙，围成。

公救成，至遇②。

季孙宿、叔孙豹帅师城成郛③。

秋八月丁巳，日有食之④。

邾人伐我南鄙。

冬十有一月癸亥，晋侯周卒⑤。

①刘，采地。夏，名也。天子卿书字，刘夏非卿，故书名。天子无外，所命则成，故不言逆女。②无传。遇，鲁地。书至遇，公畏齐，不敢至成。③备齐，故夏城，非例所讥。④无传。八月无丁巳，丁巳，七月一日也。日月必有误。⑤四同盟。

【传】

十五年春，宋向戌来聘，且寻盟①。见孟献子，尤其室②，曰："子有令闻，而美其室，非所望也！”对曰："我在晋，吾兄为之，毁之重劳，且不敢间③。"

①报二年豹之聘，寻十一年亳之盟。②尤，责过也。③传言献子友于兄，且不隐其实。【释文】闻，音问。重，直用切。间，间厕之间。

官师从单靖公逆王后于齐。卿不行，非礼也①。

①官师，刘夏也。天子官师非卿也。刘夏独过鲁告昏，故不书单靖公。天子不亲昏，使上卿逆而公监之，故曰卿不行，非礼。【释文】过，古禾切。监，古衔切。

楚公子午为令尹①，公子罢戎为右尹，芳子冯为大司马②，公子橐师为右司马，公子成为左司马，屈到为莫敖③，公子追舒为箴尹④，屈荡为连尹，养由基为宫厩尹，以靖国人。君子谓："楚于是乎能官人。官人，国之急也。能官人，则民无觊心⑤。《诗》云：'嗟我怀人，真彼周行。'能官人也⑥。王及公、侯、伯、子、男、甸、采、卫大夫，各居其列，所谓周行也⑦。"

①代子囊。②子冯，叔敖从子。【释文】罢，音皮，又皮买切。芳，于委切。冯，皮冰切。从，才用切。③屈到，屈荡子。【释文】橐，音托。成，音城。屈，居勿切。④追舒，庄王子子南。【释文】箴，之林切。⑤无觊觎以求幸。【释文】厩，徐音救。觎，羊朱切，徐音喻。觊，音冀。⑥《诗·周南》也。真，置也。行，列也。周，徧也。诗人嗟叹，言我思得贤人，置之徧于列位。是后妃之志以官人为急。【释文】真，之豉切。行，户郎切，下同。徧，音遍。⑦言自王以下诸侯大夫各任其职，则是诗人周行之志也。甸、采、卫，五服之名也。天子所居千里曰圻，其外曰侯服，次曰甸服，次曰男服，次曰采服，次曰卫服。五百里为一服。不言侯、男，略举也。【释文】任，音壬。圻，音祈。

郑尉氏、司氏之乱，其余盗在宋①。郑人以子西、伯有、子产之故，纳赂于宋②，以马四十乘③与师茷、师慧④。三月，公孙黑为质焉⑤。司城子罕以堵女父、尉翩、司齐与之，良司臣而逸之⑥，托诸季武子，武子寘诸卞⑦。郑人醢之三人也⑧。

①乱在十年。②三子之父皆为尉氏所杀故。③百六十匹。【释文】乘，绳证切。④乐师也。茷、慧，其名。【释文】茷，扶废切，徐音伐。⑤公孙黑，子皙。【释文】质，音致。皙，星历切。⑥贤而放之。【释文】女，音汝。⑦子罕以司臣托季氏。【释文】卞，皮彦切。⑧三人：堵女父、尉翩、司齐。

师慧过宋朝，将私焉①。其相曰："朝也②。"慧曰："无人焉。"相曰："朝也，何故无人？"慧曰："必无人焉。若犹有人，岂其以千乘之相易淫乐之矇？必无人焉故也③。"子罕闻之，固请而归之④。

①私，小便。②相师者。【释文】相，息亮切。③千乘相，谓子产等也。言不为子产杀三盗，得赂而归之，是重淫乐而轻相国。【释文】易，以豉切，轻也。瞢，音蒙。为，于伪切，下"为之"同。④言子罕能改过。

夏，齐侯围成，贰于晋故也①。于是乎城成郕②。

①不畏霸主，故敢伐鲁。②郕，郭也。

秋，邾人伐我南鄙①。使告于晋，晋将为会以讨邾、莒②。晋侯有疾，乃止。冬，晋悼公卒，遂不克会③。

①亦贰于晋故。②十二年、十四年莒人伐鲁，未之讨也。③为明年会湨梁传。【释文】湨，古历切。

郑公孙夏如晋奔丧，子蟜送葬①。

①夏，子西也。言诸侯畏晋，故卿共葬。【释文】共，音恭。

宋人或得玉，献诸子罕。子罕弗受。献玉者曰："以示玉人①，玉人以为宝也，故敢献之。"子罕曰："我以不贪为宝，尔以玉为宝，若以与我，皆丧宝也。不若人有其宝。"稽首而告曰："小人怀璧，不可以越乡②。纳此以请死也③。"子罕寘诸其里，使玉人为之攻之④，富而后使复其所⑤。

①玉人，能治玉者。②言必为盗所害。【释文】丧，息浪切。③请免死。④攻，治也。⑤卖玉得富。

十二月，郑人夺堵狗之妻，而归诸范氏①。

①堵狗，堵女父之族。狗娶于晋范氏，郑人既诛女父，畏狗因范氏而作乱，故夺其妻归范氏，先绝之。传言郑之有谋。【释文】堵，音者。狗，本或作"苟"。娶，七注切。

襄公十六年

【经】

十有六年春，王正月，葬晋悼公①。

三月，公会晋侯、宋公、卫侯、郑伯、曹伯、莒子、邾子、薛伯、杞伯、小邾子于湨梁②。

戊寅，大夫盟③。

晋人执莒子、邾子以归④。

齐侯伐我北鄙⑤。

夏，公至自会⑥。

五月甲子，地震⑦。

叔老会郑伯、晋荀偃、卫宁殖、宋人伐许⑧。

秋，齐侯伐我北鄙，围成⑨。

大雩⑩。

冬，叔孙豹如晋。

①逾月而葬，速也。②不书高厚，逃归故也。溴水出河内轵县，东南至温入河。【释文】溴，古阒切，徐公壁切。轵，之氏切，韦昭音枳。③诸大夫本欲盟高厚，高厚逃归，故遂自共盟。鸡泽会重序诸侯，今此间无异事，即上诸侯大夫可知。【释文】重，直用切。④邾、莒二国数侵鲁，又无道于其民，故称人以执。不以归京师，非礼也。【释文】数，所角切。⑤无传。齐贰晋故。⑥无传。⑦无传。⑧荀偃主兵，当序郑上。方示叔老可以会郑伯，故荀偃在下。⑨【释文】成，音郕。⑩无传。书过。

【传】

十六年春，葬晋悼公。平公即位①，羊舌肸为傅②，张君臣为中军司马③，祁奚、韩襄、栾盈、士鞅为公族大夫④，虞丘书为乘马御⑤。改服修官，烝于曲沃⑥。警守而下，会于溴梁⑦。命归侵田⑧。以我故，执邾宣公、莒犁比公⑨，且曰："通齐、楚之使⑩。"

①平公，悼公子彪。【释文】彪，彼虬切。②肸，叔向也，代士渥浊。【释文】肸，许乙切。向，许丈切。③张老子，代其父。④祁奚去中军尉为公族大夫，去剧职就闲官。韩襄，无忌子。【释文】闲，音闲。⑤代程郑。【释文】乘，绳证切。⑥既葬，改丧服。修官，选贤能。曲沃，晋祖庙。烝，冬祭也。诸侯五月而葬，既葬，卒哭，作主，然后烝尝于庙。今晋逾月葬，作主而烝祭。传言晋将有溴梁之会，故速葬。【释文】烝，之承切。⑦顺河东行，故曰下。【释文】警，居领切。守，手又切。⑧诸侯相侵取之田。⑨梨比，莒子号也。十二年、十四年莒人侵鲁，前年邾人伐鲁，晋将为鲁讨之，悼公卒，不克会，故平公终其事。【释文】犁，徐力私切，又力兮切。比，音毗。为，于伪切，下文"为夷"同。⑩邾、莒在齐、楚往来道中，故并以此责之。经书执在大夫盟下，既盟而后告。【释文】使，所吏切，下同。

晋侯与诸侯宴于温，使诸大夫舞，曰："歌诗必类①！"齐高厚之诗不类②。荀偃怒，且曰："诸侯有异志矣！"使诸大夫盟高厚，高厚逃归③。于是，叔孙豹、晋荀偃、宋向戌、卫宁殖、郑公孙虿、小邾之大夫盟曰："同讨不庭④。"

①歌古诗，当使各从义类。②齐有二心故。③齐为大国，高厚若此，知小国必当有从者。④自曹以下，大夫不书，故传举小邾以包之。【释文】向，舒亮切。戍，音恤。虿，敕迈切。

许男请迁于晋①，诸侯遂迁许。许大夫不可，晋人归诸侯②。郑子蟜闻将伐许，遂相郑伯以从诸侯之师③。穆叔从公④，齐子帅师会晋荀偃。书曰："会郑伯。"为夷故也⑤。

①许欲叛楚。②唯以其师讨许之不肯迁。③郑与许有宿怨，故其君亲行。【释文】蟜，居表切。相，息亮切。④从公归。【释文】从，才用切，又如字。⑤夷，平也。《春秋》于鲁事所记不与外事同者，客主之言，所以为文，固当异也。鲁卿每会公侯，《春秋》无讥，故于此示例。不先书主兵之荀偃，而书后至之郑伯，时皆诸侯大夫，义取皆平，得会郑伯。

夏六月，次于棫林。庚寅，伐许，次于函氏①。晋荀偃、栾黡帅师伐楚，以报宋扬梁之役②。楚公子格帅师及晋师战于湛阪③，楚师败绩。晋师遂侵方城之外④，复伐许而还⑤。

①棫林、函氏，皆许地。【释文】棫，为逼切，徐于目切。函，音咸。②晋师独进。扬梁役在十二年。【释文】黡，於斩切。③襄城昆阳县北有湛水，东入汝。【释文】格，古百切。湛，市林切，徐又丈林切，又直斩切。阪，音反，徐又扶板切。④不书，不告。⑤许未迁故。【释文】复，扶又切。

秋，齐侯围成①，孟孺子速徼之②。齐侯曰："是好勇，去之以为之名。"速遂塞海陉而还③。

①成，鲁孟氏邑。贰晋，故伐鲁。②孟献子之子庄子速也。徼，要也。【释文】孺，本又作"㜽"，如往切。速，本亦作"遬"，音同。徼，古尧切。要，一遥切。③海陉，鲁隘道。【释文】好，呼报切。陉，音刑，徐古定切。隘，於懈切。

冬，穆叔如晋聘，且言齐故①。晋人曰："以寡（人）[君]之未禘祀②，与民之未息③。不然，不敢忘。"穆叔曰："以齐人之朝夕释憾于敝邑之地，是以大请！敝邑之急，朝不及夕，引领西望曰：'庶几乎④！'比执事之间，恐无及也！"见中行献子，赋《圻父》⑤。献子曰："偃知罪矣！敢不从执事以同恤社稷，而使鲁及此⑥？"见范宣子，赋《鸿雁》之卒章⑦。宣子曰："匄在此，敢使鲁无鸠乎⑧？"

①言齐再伐鲁。②禘祀，三年丧毕之吉祭。【释文】禘，大计切。③新伐许及楚。④庶几晋来救。【释文】朝、夕，如字。憾，本又作"感"，户暗切。⑤《圻父》，《诗·小雅》。周司马掌封畿之兵甲，故谓之圻父。诗人责圻父为王爪牙，不修其职，使百姓受困苦之

⑥及此忧。⑦《鸿雁》,《诗·小雅》。卒章曰:"鸿雁于飞,哀鸣嗸嗸。唯此哲人,谓我劬劳。"言鲁忧困,嗸嗸然若鸿雁之失所。大曰鸿,小曰雁。【释文】嗸,五刀切。劬,求于切。⑧鸠,集也。【释文】勾,古害切。鸠,居牛切。

襄公十七年

【经】

十有七年春,王二月庚午,邾子轻卒①。

宋人伐陈。

夏,卫石买帅师伐曹②。

秋,齐侯伐我北鄙。围桃。高厚帅师伐我北鄙,围防③。

九月,大雩④。

宋华臣出奔陈⑤。

冬,邾人伐我南鄙。

①无传。宣公也,四同盟。【释文】轻,苦耕切,徐户耕切。②买,石稷子。③弁县东南有桃虚。【释文】虚,起居切。④无传。书过。⑤暴乱宗室,惧而出奔。实以冬出,书秋者,以始作乱时来告。【释文】华,户化切。

【传】

十七年春,宋庄朝伐陈,获司徒卬,卑宋也①。

①司徒卬,陈大夫。卑宋,不设备。【释文】朝,如字。凡人名字皆放此。卬,五郎切。

卫孙蒯田于曹隧①,饮马于重丘②,毁其瓶。重丘人闭门而詢之③,曰:"亲逐而君,尔父为厉④。是之不忧,而何以田为?"夏,卫石买、孙蒯伐曹,取重丘⑤。曹人愬于晋⑥。

①(赵)[越]竟而猎。孙蒯,林父之子。【释文】蒯,苦怪切。隧,音遂。竟,音境。②重丘,曹邑。【释文】饮,於鸠切。重,直龙切。③詢,骂也。【释文】瓶,步经切。詢,呼豆切。骂,马嫁切。④厉,恶鬼。林父逐君在十四年。⑤孙蒯不书,非卿。⑥为明年晋人执石买传。【释文】愬,悉路切。

齐人以其未得志于我故①，秋，齐侯伐我北鄙，围桃。高厚围臧纥于防②。师自阳关逆臧孙，至于旅松③。耶叔纥、臧畴、臧贾帅甲三百，宵犯齐师，送之而复④。齐师去之⑤。

①前年围成，辟孟孺子。②防，臧纥邑。【释文】纥，恨发切。③阳关在泰山巨平县东。旅松，近防地也。鲁师畏齐，不敢至防。【释文】近，附近之近，下"居近"同。④耶叔纥，叔梁纥。臧畴、臧贾，臧纥之昆弟也。三子与臧纥共在防，故夜送臧纥于旅松，而复还守防。【释文】耶，侧留切。复，扶又切，又音服。⑤失臧纥故。

齐人获臧坚①。齐侯使夙沙卫唁之，且曰："无死②！"坚稽首曰："拜命之辱！抑君赐不终，姑又使其刑臣礼于士。"以杙抉其伤而死③。

①坚，臧纥之族。②使无自杀。【释文】唁，音彦。③言使贱人来(言)[唁]己，是惠赐不终也。夙沙卫，奄人，故谓之刑臣。【释文】杙，羊职切。抉，乌穴切，徐又古穴切。伤，如字，一本作"疡"，音羊。

冬，邾人伐我南鄙，为齐故也①。

①齐未得志于鲁，故邾助之。【释文】为，于伪切。

宋华阅卒。华臣弱皋比之室①，使贼杀其宰华吴。贼六人以铍杀诸卢门合左师之后②。左师惧曰："老夫无罪。"贼曰："皋比私有讨于吴。"遂幽其妻③，曰："畀余而大璧④。"宋公闻之，曰："臣也不唯其宗室是暴，大乱宋国之政，必逐之！"左师曰："臣也，亦卿也。大臣不顺，国之耻也。不如盖之。"乃舍之。左师为己短策，苟过华臣之门，必骋⑤。十一月甲午，国人逐瘈狗，瘈狗入于华臣氏，国人从之。华臣惧，遂奔陈⑥。

①臣，阅之弟。皋比，阅之子。弱，侵易之。【释文】比，音毗。易，以豉切。②卢门，宋城门。合，向戌邑。后，屋后。【释文】铍，普皮切。③幽吴妻也。④畀，与也。【释文】畀，必利切。⑤恶之。【释文】骋，敕领切。恶，乌路切。⑥华臣心不自安，见逐狗而惊走。【释文】瘈，徐居世切，一音制，《字林》作"狾"，九世切，云：狂犬也。

宋皇国父为大宰，为平公筑台，妨于农收①。子罕请俟农功之毕，公弗许。筑者讴曰："泽门之皙，实兴我役②。邑中之黔，实慰我心③。"子罕闻之，亲执朴④，以行筑者，而抶其不勉者，曰："吾侪小人，皆有阖庐以辟燥湿寒暑⑤。今君为一台而不速成，何以为役⑥？"讴者乃止。或问其故，子罕曰："宋国区区，而且诅有祝，祸之本也⑦。"

①周十一月，今九月，收敛时。【释文】大，音泰，后放此。为，于伪切。妨，音芳。收，如字，又手又切。②泽门，宋东城南门也。皇国父白皙而居近泽门。【释文】讴，乌侯切。泽门，本或作"皋门"者误。皙，星历切，徐思益切。③子罕黑色而居邑中。【释文】黔，徐

音琴，一音其廉切。④朴，杖。【释文】朴，普卜切。⑤阖谓门户闭塞。【释文】行，下孟切。抶，耻乙切。侪，仕皆切。阖，户腊切。庐，力居切。⑥役，事也。⑦传善子罕分谤。【释文】区，丘于切，小貌。诅，庄虑切。祝，之又切。谤，补浪切。

　　齐晏桓子卒①。晏婴麤缞斩②，苴绖、带、杖，菅屦③，食鬻，居倚庐，寝苫，枕草④。其老曰："非大夫之礼也⑤。"曰："唯卿为大夫⑥。"

　　①晏婴父也。②斩，不缉之也。缞，在胸前。麤，三升布。【释文】麤，本又作"麄"。缞，本又作"衰"，七雷切，注同。缉，七入切。③苴，麻之有子者，取其麤也。杖，竹杖。菅屦，草屦。【释文】苴，七徐切。绖，直结切。以苴麻为绖及带。杖，《礼记》云：苴杖，竹也。菅，古颜切。屦，九具切。④此礼与《士丧礼》略同，其异唯枕草耳。然枕凷亦非《丧服》正文。【释文】鬻，之六切，又羊六切，谓朝一溢米，暮一溢米。倚庐，於绮切。庐，倚东墙而为之，故曰倚庐。苫，伤廉切，编草也。枕，之鸩切，注同，王俭云：夏枕凷，冬枕草。凷，音苦对切，一音苦怪切。⑤时之所行，士及大夫缞服各有不同。晏子为大夫而行士礼，其家臣不解，故讥之。【释文】解，音蟹。⑥晏子恶直己以斥时失礼，故孙辞略答家老。

襄公十八年

【经】

　　十有八年春，白狄来①。

　　夏，晋人执卫行人石买②。

　　秋，齐师伐我北鄙③。

　　冬十月，公会晋侯、宋公、卫侯、郑伯、曹伯、莒子、邾子、滕子、薛伯、杞伯、小邾子，同围齐④。

　　曹伯负刍卒于师⑤。

　　楚公子午帅师伐郑。

　　①不言朝，不能行朝礼。②石买即是伐曹者，宜即惩治本罪，而晋因其为行人之使执之，故书行人以罪晋。【释文】使，所吏切。③不书齐侯，齐侯不入竟。【释文】竟，音境。④齐数行不义，诸侯同心，俱围之。【释文】数，所角切。⑤无传。礼当与许男同。三同盟。【释文】刍，初俱切。

【传】

十八年春,白狄始来①。

①白狄,狄之别名,未尝与鲁接,故曰始。

夏,晋人执卫行人石买于长子,执孙蒯于纯留①,为曹故也②。

①长子、纯留二县今皆属上党郡。孙蒯不书,父在位,蒯非卿。【释文】长,丁丈切,或如字。纯,徒温切,或如字,《地理志》作"屯"。②前年卫伐曹。【释文】为,于伪切。

秋,齐侯伐我北鄙。中行献子将伐齐,梦与厉公讼,弗胜①;公以戈击之,首队于前,跪而戴之,奉之以走,见梗阳之巫皋②。他日,见诸道,与之言,同③。巫曰:"今兹主必死,若有事于东方,则可以逞④。"献子许诺。

①厉公,献子所弑者。【释文】弑,申志切。②梗阳,晋邑,在太原晋阳县南。皋,巫名也。梦并见之。【释文】队,直位切。跪,其委切。奉,芳勇切。梗,古杏切。皋,古刀切。③巫亦梦见献子与厉公讼。④巫知献子有死征,故劝使决意伐齐。

晋侯伐齐,将济河。献子以朱丝系玉二毂①,而祷曰:"齐环怙恃其险,负其众庶②,弃好背盟,陵虐神主③。曾臣彪将率诸侯以讨焉④,其(宦)[官]臣偃实先后之⑤。苟捷有功,无作神羞⑥,官臣偃无敢复济⑦。唯尔有神裁之!"沈玉而济。

①双玉曰毂。【释文】毂,古学切。②环,齐灵公名。负,依也。【释文】祷,丁老切,又丁报切。怙,音户。③神主,民也。谓数伐鲁,残民人。【释文】好,呼报切。背,音佩。数,所角切。④彪,晋平公名。称臣者,明上有天子,以谦告神。曾臣,犹末臣。⑤守官之臣。偃,献子名。【释文】先,悉荐切。后,户豆切。守,手又切,又如字。⑥羞,耻也。⑦偃信巫言,故以死自誓。【释文】复,扶又切,下注"复欲"同。

冬十月,会于鲁济,寻溴梁之言,同伐齐①。齐侯御诸平阴,堑防门而守之,广里②。夙沙卫曰:"不能战,莫如守险③。"弗听。诸侯之士门焉,齐人多死。范宣子告析文子曰④:"吾知子,敢匿情乎?鲁人、莒人皆请以车千乘自其乡入,既许之矣。若入,君必失国。子盍图之?"子家以告公,公恐。晏婴闻之曰:"君固无勇,而又闻是,弗能久矣⑤。"齐侯登巫山以望晋师⑥。晋人使司马斥山泽之险,虽所不至,必旆而疏陈之⑦。使乘车者左实右伪,以旆先⑧,舆曳柴而从之⑨。齐侯见之,畏其众也,乃脱归⑩。

①溴梁在十六年,盟曰同讨不庭。【释文】沈,音鸠,或如字。济,子礼切。②平阴城在济北卢县东北,其城南有防,防有门,于门外作堑,横行广一里。故经书围。【释文】御,

鱼吕切。堑,七艳切。广,古旷切。③谓防门不足为险。④析文子,齐大夫子家。【释文】析,星历切。⑤不能久敌晋。【释文】匮,女力切。乘,绳证切。盍,户腊切。恐,曲勇切。⑥巫山在卢县东北。⑦斥,候也。疏建旌旗以为陈,示众也。【释文】斥,音尺,又昌夜切。旆,步盖切。陈,直觐切。⑧伪以衣服为人形也。建旆以先驱。⑨以扬尘 ⑩脱,不张旗帜。【释文】脱,敕活切,又他外切。帜,申志切,又赤志切。

丙寅晦,齐师夜遁。师旷告晋侯曰:“鸟乌之声乐,齐师其遁①。”邢伯告中行伯曰②:“有班马之声③,齐师其遁。”叔向告晋侯曰:“城上有乌,齐师其遁。”十一月丁卯朔,入平阴,遂从齐师。

①鸟乌得空营,故乐也。【释文】遁,徒困切。乐,音洛。②邢伯,晋大夫邢侯也。中行伯,献子。③夜遁,马不相见,故鸣。班,别也。【释文】别,彼列切。

夙沙卫连大车以塞隧而殿①。殖绰、郭最曰:“子殿国师,齐之辱也②。子姑先乎!”乃代之殿。卫杀马于隘以塞道③。晋州绰及之,射殖绰,中肩,两矢夹脰④,曰:“止,将为三军获。不止,将取其衷⑤。”顾曰:“为私誓。”州绰曰:“有如日⑥!”乃弛弓而自后缚之⑦。其右具丙⑧亦舍兵而缚郭最。皆衿甲面缚⑨,坐于中军之鼓下。

①此卫所欲守险。【释文】连、大,并如字。隧,音遂,道也。殿,都练切。②奄人殿师,故以为辱。【释文】最,子会切。③恨二子,故塞其道,欲使晋得之。【释文】隘,於懈切。④脰,颈也。【释文】射,食亦切,下同。中,丁仲切。夹,古洽切,或古协切。脰,音豆。⑤不止,复欲射两矢中央。【释文】衷,音忠。⑥言必不杀女,明如日。【释文】女,音汝。⑦反缚之。【释文】弛,式氏切,本又作“施”,音同。⑧州绰之右。⑨衿甲,不解甲。【释文】舍,音捨。衿,其鸩切。

晋人欲逐归者,鲁、卫请攻险①。己卯,荀偃、士匄以中军克京兹②。乙酉,魏绛、栾盈以下军克邿③。赵武、韩起以上军围卢,弗克。十二月戊戌,及秦周,伐雍门之萩④。范鞅门于雍门,其御追喜以戈杀犬于门中⑤。孟庄子斩其橁以为公琴⑥。己亥,焚雍门及西郭、南郭。刘难、士弱率诸侯之师焚申池之竹木⑦。壬寅,焚东郭、北郭。范鞅门于扬门⑧。州绰门于东闾⑨,左骖迫,还于门中,以枚数阖⑩。

①险,固城守者。【释文】守,手又切。②在平阴城东南。③栾黡死,其子盈佐下军。平阴西有邿山。【释文】邿,音诗。④秦周,鲁大夫。赵武及之共伐萩也。雍门,齐城门。【释文】雍,於用切。萩,音秋,本又作“秋”。⑤杀犬,示闲暇。【释文】闲,音闲。⑥庄子,孺子速也。橁,木名。【释文】橁,敕伦切,又相伦切。⑦二子,晋大夫。【释文】难,乃多

切，又如字。⑧齐西门。⑨齐东门。⑩枚，马楗也。闑，门扇也。数其板，示不恐。【释文】骖，七南切。迫，音百。还，音旋，又音患。枚，每回切。数，所主切。闑，户腊切。楗，陟瓜切。恐，曲勇切。

齐侯驾，将走邮棠①。大子与郭荣扣马②，曰："师速而疾，略也③。将退矣，君何惧焉！且社稷之主，不可以轻，轻则失众。君必待之。"将犯之，大子抽剑断鞅，乃止。甲辰，东侵及潍，南及沂④。

①邮棠，齐邑。【释文】邮，音尤。②大子，光也。荣，齐大夫。【释文】扣，音口。③言欲略行其地，无久攻意。【释文】行，下孟切。④潍水在东莞东北，至北海都昌县入海。沂水出东莞盖县，至下邳入泗。【释文】轻，遣政切，下同。断，音短。潍，本又作"维"，音同。沂，鱼依切。莞，音官。盖，古害切。邳，蒲悲切。泗，音四。

郑子孔欲去诸大夫①，将叛晋而起楚师以去之。使告子庚，子庚弗许②。楚子闻之，使杨豚尹宜告子庚曰："国人谓不穀主社稷，而不出师，死不从礼③。不穀即位，于今五年，师徒不出，人其以不穀为自逸，而忘先君之业矣④。大夫图之！其若之何？"子庚叹曰："君王其谓午怀安乎！吾以利社稷也。"见使者，稽首而对曰："诸侯方睦于晋，臣请尝之⑤。若可，君而继之。不可，收师而退，可以无害，君亦无辱。"子庚帅师治兵于汾⑥。于是子蟜、伯有、子张从郑伯伐齐⑦，子孔、子展、子西守。二子知子孔之谋⑧，完守入保⑨。子孔不敢会楚师。

①欲专权。【释文】去，起吕切，下同。②子庚，楚令尹公子午。③不能承先君之业，死将不得从先君之礼。【释文】豚，徒门切。④谓己未尝统师自出。⑤尝，试其难易也。【释文】使，所吏切。易，以豉切。⑥襄城县东北有汾丘城。【释文】汾，扶云切。⑦子张，公孙黑肱。⑧二子：子展、子西。【释文】守，手又切，下"完守"同。⑨完城郭，内保守。

楚师伐郑，次于鱼陵①。右师城上棘，遂涉颍，次于旃然②。蒍子冯、公子格率锐师侵费滑、胥靡、献于、雍梁③，右回梅山④，侵郑东北，至于虫牢而反。子庚门于纯门，信于城下而还⑤，涉于鱼齿之下⑥，甚雨及之，楚师多冻，役徒几尽。

①鱼陵，鱼齿山也。在南阳犨县北，郑地。【释文】犨，尺由切。②将涉颍，故于水边权筑小城，以为进退之备。旃然水出荥阳城皋县，东入汴。【释文】旃，章延切。汴，皮彦切。③胥靡、献于、雍梁，皆郑邑。河南阳翟县东北有雍氏城。【释文】蒍，本又作"蓫"，于委切。冯，皮冰切。费，扶味切。滑，于八切。雍，于用切。④在荥阳密县东北。【释文】回，如字，徐胡猥切。⑤信，再宿也。【释文】牢，力刀切。纯，如字，又市荀切。⑥鱼齿山

之下有漹水,故言涉。【释文】漹,音雉。

晋人闻有楚师,师旷曰:"不害。吾骤歌北风,又歌南风。南风不竞①,多死声。楚必无功。"董叔曰:"天道多在西北②,南师不时,必无功③。"叔向曰:"在其君之德也④。"

①歌者吹律以咏八风,南风音微,故曰不竞也。师旷唯歌南北风者,听晋、楚之强弱。【释文】冻,丁弄切。几,音祈。骤,仕救切。②岁在豕韦,月又建亥,故曰多在西北。③不时谓触岁月。④言天时地利不如人和。

襄公十九年

【经】

十有九年春,王正月,诸侯盟于祝柯①。

晋人执邾子②。

公至自伐齐③。

取邾田,自漷水④。

季孙宿如晋。

葬曹成公⑤。

夏,卫孙林父帅师伐齐。

秋七月辛卯,齐侯环卒⑥。

晋士匄帅师侵齐,至穀,闻齐侯卒,乃还⑦。

八月丙辰,仲孙蔑卒⑧。

齐杀其大夫高厚。

郑杀其大夫公子嘉。

冬,葬齐灵公⑨。

城西郛⑩。

叔孙豹会晋士匄于柯⑪。

城武城⑫。

①前年围齐之诸侯也。祝柯县今属济南郡。【释文】柯,古多切。②称人以执,恶及民也。③无传。④取邾田以漷水为界也。漷水出东海合乡县,西南经鲁国至高平湖陆县

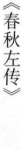

入泗。【释文】潮，好虢切，徐音郭，又虎伯切，《字林》口郭、口获二切。⑤无传。⑥世子光三与鲁同盟。⑦详录所至及还者，善得礼。⑧无传。⑨无传。⑩鲁西郭。【释文】郭，芳夫切。⑪魏郡内黄县东北有柯城。⑫泰山南武城县。

【传】

十九年春，诸侯还自沂上，盟于督扬，曰：“大毋侵小①。”执邾悼公，以其伐我故②。遂次于泗上，疆我田③。取邾田，自漷水归之于我④。晋侯先归。公享晋六卿于蒲圃⑤，赐之三命之服。军尉、司马、司空、舆尉、候奄，皆受一命之服⑥。贿荀偃束锦，加璧，乘马，先吴寿梦之鼎⑦。

①督扬即祝柯也。【释文】督，丁毒切。毋，音无。②伐鲁在十七年。③正邾、鲁之界也。泗，水名。【释文】疆，居良切。④邾田在漷水（止）[北]，今更以漷为界，故曰取邾田。⑤六卿过鲁。【释文】圃，布古切。过，古禾切。⑥如鞌战还之赐，唯无先辂。【释文】鞌，音安。⑦荀偃，中军元帅，故特贿之。五匹为束，四马为乘。寿梦，吴子乘也，献鼎于鲁，因以为名。古之献物必有以先，今以璧马为鼎之先。【释文】贿，呼罪切。乘，绳证切。先，悉荐切，又如字。梦，莫公切。帅，所类切。

荀偃瘅疽，生疡于头①。济河，及著雍，病，目出。大夫先归者皆反。士匄请见，弗内。请后，曰：“郑甥可②。”二月甲寅，卒，而视，不可含③。宣子盥而抚之，曰：“事吴，敢不如事主！”犹视④。栾怀子曰：“其为未卒事于齐故也乎⑤？”乃复抚之曰：“主苟终，所不嗣事于齐者，有如河！”乃瞑，受含⑥。宣子出，曰：“吾浅之为丈夫也⑦。”

①瘅疽，恶创。【释文】瘅，丁但切，徐音旦。疽，七徐切。疡，音羊。创，初良切。②士匄，中军佐，故问后也。郑甥，荀吴，其母郑女。【释文】著，张虑切，又直虑切。雍，於用切。见，贤遍切。③目开口噤。【释文】视，如字，徐市至切。含，户暗切，下同。噤，其荫切。④大夫称主。【释文】盥，音管。⑤怀子，栾盈。【释文】为，于伪切，下注“为怀”同。⑥嗣，续也。【释文】复，扶又切。瞑，亡丁切，一音亡平切。桓谭以为荀偃病而目出，初死，其目未合，尸冷乃合，非其有所知也，传因其异而记之耳。⑦自恨以私待人。

晋栾鲂帅师从卫孙文子伐齐①。

季武子如晋拜师②，晋侯享之。范宣子为政③，赋《黍苗》④。季武子兴，再拜稽首曰：“小国之仰大国也，如百谷之仰膏雨焉！若常膏之，其天下辑睦，岂唯敝邑？”赋《六月》⑤。

①为怀子之言故也。栾鲂，栾氏族。不书，兵并林父，不别告也。经书夏，从告。【释

文】并，如字，又必政切。②谢讨齐。③代荀偃将中军。【释文】将，子匠切，后放此。④《黍苗》，《诗·小雅》。美召伯劳来诸侯，如阴雨之长黍苗也。喻晋君忧劳鲁国犹召伯。【释文】召，上照切，下同。劳，力报切。来，力代切。长，丁丈切。⑤《六月》，尹吉甫佐天子征伐之诗。以晋侯比吉甫出征，以匡王国。【释文】仰，如字，徐五亮切，下同。常膏，古报切，又如字。辑，音集，本又作"集"。

季武子以所得于齐之兵，作林钟而铭鲁功焉①。臧武仲谓季孙曰："非礼也。夫铭，天子令德②，诸侯言时计功③，大夫称伐④。今称伐则下等也⑤，计功则借人也⑥，言时则妨民多矣，何以为铭？且夫大伐小，取其所得以作彝器⑦，铭其功烈以示子孙，昭明德而惩无礼也。今将借人之力以救其死，若之何铭之？小国幸于大国⑧，而昭所获焉以怒之，亡之道也⑨。"

①林钟，律名。铸钟，声应林钟，因以为名。【释文】铸，之树切。应，应对之应。②天子铭德不铭功。③举得时，动有功，则可铭也。④铭其功伐之劳。⑤从大夫故。⑥借晋力也。【释文】借，如字，又情亦切。⑦彝，常也。谓钟鼎为宗庙之常器。【释文】夫，音扶，彝，以之切。⑧以胜大国为幸。【释文】惩，直升切。⑨为城两郛、武城传。

齐侯娶于鲁，曰颜懿姬，无子。其侄鬷声姬，生光，以为大子①。诸子仲子、戎子，戎子嬖②。仲子生牙，属诸戎子③。戎子请以为大子，许之④。仲子曰："不可。废常，不祥⑤，间诸侯，难⑥。光之立也，列于诸侯矣⑦。今无故而废之，是专黜诸侯⑧，而以难犯不祥也。君必悔之。"公曰："在我而已。"遂东大子光⑨。使高厚傅牙以为大子，夙沙卫为少傅。

①兄子曰侄。颜、鬷皆二姬母姓，因以为号。懿、声皆谥。【释文】娶，七住切。侄，直结切。鬷，子公切。②诸子，诸妾姓子者。二子皆宋女。【释文】仲，本亦作"中"，音仲，下皆放此。嬖，必计切。③属，托之。【释文】属，之蜀切。④齐侯许之。⑤废立嫡之常。【释文】嫡，本或作"適"，丁历切。⑥事难成也。【释文】间，间厕之间。⑦列诸侯之会。⑧谓光已有诸侯之尊。⑨废而徙之东鄙。

齐侯疾，崔杼微逆光。疾病，而立之。光杀戎子①，尸诸朝，非礼也。妇人无刑②。虽有刑，不在朝市③。夏五月壬辰晦，齐灵公卒④。庄公即位⑤，执公子牙于句渎之丘。以夙沙卫易己，卫奔高唐以叛⑥。

①终言之。【释文】少，诗照切，下注"公犹少"同。杼，直吕切。②无黥刖之刑。【释文】黥，其京切。刖，音月，又五刮切。③谓犯死刑者犹不暴尸。【释文】暴，蒲卜切。④经书七月辛卯，光定位而后赴。⑤大子光也。⑥光谓卫教公易己。高唐在祝阿县西北。

【释文】句,古侯切。渎,音豆。

晋士匄侵齐及穀,闻丧而还,礼也①。

①礼之常,不必待君命。

于四月丁未①,郑公孙虿卒,赴于晋大夫。范宣子言于晋侯,以其善于伐秦也②。六月,晋侯请于王,王追赐之大路,使以行,礼也③。

①于此年四月。②十四年晋伐秦,子蟜见诸侯师而劝之济泾。③大路,天子所赐车之总名,以行葬礼。传言大夫有功,则赐服路。

秋八月,齐崔杼杀高厚于洒蓝而兼其室①。书曰:"齐杀其大夫。"从君于昏也②。

①洒蓝,齐地。【释文】洒,色买切,徐所绮切。蓝,力甘切。②传解经不言崔杼杀而为国讨文。

郑子孔之为政也专①,国人患之,乃讨西宫之难②与纯门之师③。子孔当罪,以其甲及子革、子良氏之甲守④。甲辰,子展、子西率国人伐之,杀子孔而分其室。书曰:"郑杀其大夫。"专也⑤。子然、子孔,宋子之子也⑥。士子孔,圭妫之子也⑦。圭妫之班,亚宋子而相亲也⑧,二子孔亦相亲也。僖之四年,子然卒⑨。简之元年,士子孔卒⑩。司徒孔实相子革、子良之室⑪,三室如一⑫,故及于难⑬。子革、子良出奔楚,子革为右尹⑭。郑人使子展当国,子西听政,立子产为卿⑮。

①专权。②十年,尉止等作难西宫,子孔知而不言。【释文】难,乃旦切,下同。③前年,子孔召楚师至纯门。④以自守也。【释文】守,手又切,下"守备"同。⑤亦以国讨为文。⑥子然,子革父。⑦宋子、圭妫,皆郑穆公妾。士子孔,子良父。【释文】妫,居危切。⑧亚,次也。【释文】亚,於嫁切。⑨郑僖四年,鲁襄六年。⑩鲁襄八年。⑪司徒孔与二父相亲,故相助其子。【释文】相,息亮切。⑫言同心。⑬故二子并及难。⑭子革即郑丹。⑮简公犹幼,故大夫当国。

齐庆封围高唐,弗克①。冬十一月,齐侯围之,见卫在城上,号之,乃下②。问守备焉,以无备告。揖之,乃登③。闻师将傅,食高唐人。殖绰、工偻会夜缒纳师④,醢卫于军⑤。

①夙沙卫以叛,故围之。②卫下与齐侯语。【释文】号,胡报切,召也,又户刀切。③齐侯以卫告诚,揖而礼之,欲生之也。卫志于战死,故不顺齐侯之揖,而还登城。④因其会食。二子,齐大夫。【释文】傅,音附。食,音嗣。偻,力侯切。缒,直伪切。⑤【释文】醢,音海。

城西郛,惧齐也①。

①前年与晋伐齐,又铸其器为钟,故惧。

齐及晋平,盟于大隧①。故穆叔会范宣子于柯②。穆叔见叔向,赋《载驰》之四章③。叔向曰:"肸敢不承命④?"穆叔归曰:"齐犹未也,不可以不惧。"乃城武城。

①大隧,地阙。【释文】隧,音遂。②齐、晋平,鲁惧齐,故为柯会以自固。③四章曰:"控于大邦,谁因谁极。"控,引也。取其欲引大国以自救助。【释文】控,苦贡切。④叔向度齐未肯以盟服,故许救鲁。【释文】度,待洛切。

卫石共子卒①,悼子不哀②。孔成子曰:"是谓蹷其本③,必不有其宗④。"

①石买。【释文】共,音恭。②买之子石恶。③蹷,犹拔也。【释文】蹷,其月切,又居卫切。④为二十八年石恶出奔传。

襄公二十年

【经】

二十年春,王正月辛亥,仲孙速会莒人,盟于向①。夏六月庚申,公会晋侯、齐侯、宋公、卫侯、郑伯、曹伯、莒子、邾子、滕子、薛伯、杞伯、小邾子,盟于澶渊②。

秋,公至自会③。

仲孙速帅师伐邾。

蔡杀其大夫公子燮④。

蔡公子履出奔楚⑤。

陈侯之弟黄出奔楚⑥。

叔老如齐。

冬十月丙辰朔,日有食之⑦。

季孙宿如宋。

①向,莒邑。【释文】向,舒亮切。②澶渊在顿丘县南,今名繁汙。此卫地,又近戚田。【释文】澶,市然切。汙,音纡。近,附近之近。③无传。④庄公子。【释文】燮,息协切。⑤燮母弟也。⑥称弟,明无罪也。⑦无传。

【传】

二十年春,及莒平。孟庄子会莒人,盟于向,督扬之盟故也①。

①莒数伐鲁，前年诸侯盟督扬以和解之，故二国自复共盟，结其好。【释文】数，所角切，下同。解，古买切，又户买切。复，扶又切，下"始复"同。好，呼报切，下同。

夏，盟于澶渊，齐成故也①。

①齐与晋平。

邾人骤至，以诸侯之事，弗能报也①。秋，孟庄子伐邾以报之②。

①骤，数也。谓十五年、十七年伐鲁。②既盟而又伐之，非。

蔡公子燮欲以蔡之晋①，蔡人杀之。公子履，其母弟也，故出奔楚②。

①背楚。【释文】背，音佩。②与兄同谋故。

陈庆虎、庆寅畏公子黄之偪①，诉诸楚曰："与蔡司马同谋②。"楚人以为讨③，公子黄出奔楚④。初，蔡文侯欲事晋，曰："先君与于践土之盟⑤，晋不可弃，且兄弟也。"畏楚，不能行而卒⑥。楚人使蔡无常⑦，公子燮求从先君以利蔡，不能而死。书曰"蔡杀其大夫公子燮"，言不与民同欲也⑧。"陈侯之弟黄出奔楚"，言非其罪也⑨。公子黄将出奔，呼于国曰："庆氏无道，求专陈国，暴蔑其君，而去其亲，五年不灭，是无天也⑩。"

①二庆，陈卿。恐黄偪夺其政。【释文】偪，彼力切。②同欲之晋。③讨，责陈。④奔楚自理。⑤先君，文侯父庄侯甲午也。践土盟在僖二十八年。【释文】与，音预。⑥宣十七年，文侯卒。⑦征发无准。⑧罪其违众。⑨称弟，罪陈侯及二庆。⑩为二十三年陈杀二庆传。【释文】呼，好故切。去，起吕切。

齐子初聘于齐，礼也①。

①齐、鲁有怨，朝聘礼绝，今始复通，故曰初。继好息民，故曰礼。

冬，季武子如宋，报向戌之聘也①。褚师段逆之以受享②，赋《常棣》之七章以卒③。宋人重赂之。归，复命，公享之。赋《鱼丽》之卒章④。公赋《南山有台》⑤。武子去所，曰："臣不堪也⑥。"

①向戌聘在十五年。②段，共公子子石也。逆以入国，受享礼。【释文】褚，张吕切。段，徐徒乱切。共，音恭。③武子赋也。七章以卒，尽八章。取其"妻子好合，如鼓瑟琴。宜尔室家，乐尔妻帑"，言二国好合，宜其室家，相亲如兄弟。【释文】棣，大计切。乐，音洛。帑，音奴。④《鱼丽》，《诗·小雅》，卒章曰"物其有矣，维其时矣"，喻聘宋得其时。【释文】丽，力驰切。⑤《南山有台》，《诗·小雅》，取其"乐只君子，邦家之基，邦家之光"，喻武子奉使，能为国光晖。【释文】只，之氏切，本亦作"旨"。使，所吏切。⑥去所，辟席。

卫宁惠子疾，召悼子曰①："吾得罪于君，悔而无及也。名藏在诸侯之策，曰：'孙林父、宁殖出其君。'君入则掩之②。若能掩之,则吾子也。若不能,犹有鬼神,吾有馁而已,不来食矣③。"悼子许诺,惠子遂卒④。

①悼子,宁喜。②掩恶名。【释文】策,初革切。出,如字,徐音黜。③馁,饿也。【释文】馁,奴罪切。④为二十六年卫侯归传。

襄公二十一年

【经】

二十有一年春,王正月,公如晋。

邾庶其以漆、闾丘来奔①。

夏,公至自晋②。

秋,晋栾盈出奔楚③。

九月庚戌朔,日有食之④。

冬十月庚辰朔,日有食之⑤。

曹伯来朝。

公会晋侯、齐侯、宋公、卫侯、郑伯、曹伯、莒子、邾子于商任⑥。

①二邑在高平南平阳县,东北有漆乡,西北有显闾亭。以邑出为叛。适鲁而言来奔,内外之辞。【释文】漆,本或作"涞",徐音七。闾,力於切。②无传。③盈不能防闲其母,以耶奔亡。称名,罪之。④无传。⑤无传。⑥商任,地阙。【释文】任,音壬。

【传】

二十一年春,公如晋,拜师及取邾田也①。

①谢十八年伐齐之师、潍水之田。

邾庶其以漆、闾丘来奔①。季武子以公姑姊妻之②,皆有赐于其从者。

①庶其,邾大夫。②计公年,不得有未嫁姑姊,盖寡者二人。【释文】公姑姊,杜以公之姑及姊,是二人也。或曰:《列女传》称梁有节姑妹,谓父之妹也。此云姑姊,是父之姊也,一人耳。以杜氏为误。案:成二年,楚侵及阳桥,孟孙往赂,以公衡为质,杜云:"衡,成公子也。"楚师及宋,公衡逃归,臧宣叔云:"衡父不忍数年之不宴,以弃鲁国。"则公衡之

年，下计犹十七八。成公是其父，固当三十有余。从成二年至此三十八岁，姑又成公之姊，则年近七十矣。假令公衡非成公之子，犹是成公之弟。成九年，伯姬归于宋。伯者，长称，九年始嫁，则为成公之妹，成公不得有姊矣。若成公别有庶长之姊，以成公、公衡之年推之，亦不复堪嫁，故知二人也。唯《公羊》以成公即位年幼，据《左氏》成四年传云：公如晋，晋侯见公不敬。公归，欲求成于楚，得季文子谏而止。此非年幼也。反覆推之，杜氏不误。妻，七计切，及下同。

于是，鲁多盗。季孙谓臧武仲曰："子盍诘盗①？"武仲曰："不可诘也，纥又不能。"季孙曰："我有四封，而诘其盗，何故不可？子为司寇，将盗是务去，若之何不能？"武仲曰："子召外盗而大礼焉，何以止吾盗②？子为正卿而来外盗；使纥去之，将何以能？庶其窃邑于邾以来，子以姬氏妻之，而与之邑③，其从者皆有赐焉。若大盗，礼焉以君之姑姊与其大邑，其次皂牧舆马④，其小者衣裳剑带，是赏盗也。赏而去之，其或难焉。纥也闻之，在上位者，洒濯其心，壹以待人，轨度其信，可明征也⑤，而后可以治人。夫上之所为，民之归也。上所不为而民或为之，是以加刑罚焉，而莫敢不惩。若上之所为而民亦为之，乃其所也，又可禁乎？《夏书》曰：'念兹在兹⑥，释兹在兹⑦，名言兹在兹⑧，允出兹在兹⑨，惟帝念功⑩。'将谓由己壹也。信由己壹，而后功可念也⑪。"

庶其非卿也，以地来，虽贱必书，重地也⑫。

①诘，治也。【释文】从，才用切，下同。盍，胡腊切，下"盍反"同。诘，起吉切。②吾，谓国中。【释文】去，起吕切，下皆同。③使食漆、闾丘。④给其贱役，从皂至牧，凡八等之人。【释文】皂，在早切。凡八等之人，谓皂、舆、隶、僚、仆、台、圉、牧也。⑤征，验也。【释文】洒，西礼切。濯，直角切。度，待洛切。征，直升切。⑥逸《书》也。兹，此也。谓行此事，当念使可施之于此。⑦释，除也。谓欲有所治除于人，亦当顾己得无亦有之。⑧名此事，言此事，亦皆当令可施于此。【释文】令，力呈切。⑨允，信也。信出于此，则善亦在此。⑩言帝念功则功成也。⑪言非但意念而已，当须信己诚至。⑫重地，故书其人。其人书则恶名彰，以惩不义。

齐侯使庆佐为大夫①，复讨公子牙之党，执公子买于句渎之丘。公子鉏来奔。叔孙还奔燕②。

①庆佐，崔杼党。②三子，齐公族。言庄公斥逐亲戚，以成崔、庆之势，终有弑杀之祸。【释文】复，扶又切。鉏，仕居切。还，音旋。杀，申志切，又音如字。

夏，楚子庚卒，楚子使薳子冯为令尹。访于申叔豫①，叔豫曰："国多宠而王弱②，国不可为也。"遂以疾辞。方暑，阙地，下冰而床焉。重茧衣裘，鲜食而寝③。楚子使医视之，复曰："瘠则甚矣④！而血气未动⑤。"乃使子南为令尹⑥。

①叔豫，叔时孙。②弱，政教微而贵臣强。③茧，绵衣。【释文】阙，求月切。茧，古典切，《礼记》云：纩为茧。衣，於既切。鲜，息浅切，少也。④瘠，瘦也。【释文】瘠，在亦切。瘦，所又切。⑤言无疾。⑥子南，公子追舒也。为二十二年杀追舒传。

栾桓子娶于范宣子，生怀子①。范鞅以其亡也，怨栾氏②，故与栾盈为公族大夫而不相能。桓子卒，栾祁与其老州宾通③，几亡室矣④。怀子患之。祁惧其讨也，诉诸宣子曰："盈将为乱，以范氏为死桓主而专政矣⑤，曰：'吾父逐鞅也，不怒而以宠报之⑥，又与吾同官而专之⑦，吾父死而益富。死吾父而专于国，有死而已，吾蔑从之矣⑧。'其谋如是，惧害于主，吾不敢不言。"范鞅为之征⑨。怀子好施，士多归之。宣子畏其多士也，信之。怀子为下卿⑩，宣子使城著而遂逐之⑪。

①桓子，栾黡。怀子，盈也。②十四年，栾黡强逐范鞅使奔秦。【释文】强，其丈切。③栾祁，桓子妻，范宣子女，盈之母也。范氏，尧后，祁姓。【释文】能，如字，徐乃代切。④言乱甚。【释文】几，其依切。⑤桓主，栾黡。⑥谓宣子不为黡责怒鞅，而反与鞅宠位。【释文】为，于伪切，下"吾为"同。⑦同为公族大夫，而鞅专其权势。⑧言宣子专政，盈欲以死作难。【释文】难，乃旦切。⑨证其有此。⑩下军佐。【释文】好，呼报切。施，式豉切。⑪著，晋邑。在外易逐。【释文】著，直据切，又张虑切。易，以豉切。

秋，栾盈出奔楚。宣子杀箕遗、黄渊、嘉父、司空靖、邴豫、董叔、邴师、申书、羊舌虎、叔罴①，囚伯华、叔向、籍偃②。人谓叔向曰："子离于罪，其为不知乎③？"叔向曰："与其死亡若何④？《诗》曰：'优哉游哉，聊以卒岁。'知也⑤。"乐王鲋见叔向曰："吾为子请！"叔向弗应。出，不拜⑥。其人皆咎叔向。叔向曰："必祁大夫⑦。"室老闻之，曰："乐王鲋言于君无不行⑧，求赦吾子，吾子不许⑨。祁大夫所不能也⑩，而曰'必由之'，何也？"叔向曰："乐王鲋，从君者也，何能行？祁大夫外举不弃仇，内举不失亲，其独遗我乎？《诗》曰：'有觉德行，四国顺之⑪。'夫子，觉者也⑫。"

①十子皆晋大夫，栾盈之党也。羊舌虎，叔向弟。【释文】邴，音丙。罴，彼皮切。②籍偃，上军司马。③讥其受囚而不能去。【释文】知，音智，下及注同。④言虽囚，何若于死亡。⑤《诗·小雅》，言君子优游于衰世，所以辟害，卒其寿，是亦知也。【释文】《诗·小雅》。案今《小雅》无此全语，唯《采菽》诗云"优哉游哉，亦是戾矣"。⑥乐王鲋，晋大夫乐桓子。【释文】鲋，音附。应，应对之应，下注同，一本作"不应"。⑦祁大夫，祁

奚也。食邑于祁，因以为氏。祁县，今属大原。【释文】谷，其九切。⑧其言皆得行。⑨谓不应，出不拜。⑩不能动君。⑪《诗·大雅》，言德行直则天下顺之。【释文】行，下孟切。⑫觉，较然正直。【释文】较，音角。

晋侯问叔向之罪于乐王鲋，对曰："不弃其亲，其有焉①。"于是祁奚老矣②，闻之，乘驲日而见宣子，曰："《诗》曰：'惠我无疆，子孙保之③。'《书》曰：'圣有谟勋，明征定保④。'夫谋而鲜过，惠训不倦者，叔向有焉⑤，社稷之固也。犹将十世宥之，以劝能者。今壹不免其身⑥，以弃社稷，不亦惑乎？鲧殛而禹兴⑦。伊尹放大甲而相之，卒无怨色⑧。管、蔡为戮，周公右王⑨。若之何其以虎也弃社稷？子为善，谁敢不勉？多杀何为？"宣子说，与之乘，以言诸公而免之⑩。不见叔向而归⑪。叔向亦不告免焉而朝⑫。

①言叔向笃亲亲，必与叔虎同谋。②老，去公族大夫。③《诗·周颂》也，言文武有惠训之德，加于百姓，故子孙保赖之。【释文】驲，人实切，传也。疆，居良切。④逸《书》。谟，谋也。勋，功也。言圣哲有谋功者，当（门）[明]信定安之。【释文】谟，莫胡切。勋，如字，《书》作"训"。⑤谋鲜过，有谟勋也。惠训不倦，惠我无疆也。⑥壹以弟故。【释文】宥，音又。⑦言不以父罪废其子。【释文】鲧，古本切。殛，纪力切。⑧大甲，汤孙也，荒淫失度，伊尹放之桐宫三年，改悔而复之，而无恨心。言不以一怨妨大德。【释文】大，音泰。相，息亮切。⑨言兄弟罪不相及。【释文】右，音又。⑩共载入见公。【释文】说，音悦。乘，绳证切。见，贤遍切，下"始见"并注同。⑪言为国，非私叔向也。【释文】为，于伪切，下"不为己"及"为子"皆同。⑫不告谢之，明不为己。

初，叔向之母妒叔虎之母美而不使①。其子皆谏其母。其母曰："深山大泽，实生龙蛇②。彼美，余惧其生龙蛇以祸女。女，敝族也③。国多大宠④，不仁人间之，不亦难乎？余何爱焉？"使往视寝，生叔虎。美而有勇力，栾怀子嬖之，故羊舌氏之族及于难。

①不使见叔向父。【释文】妒，丁故切。②言非常之地，多生非常之物。③敝，衰坏也。龙蛇，喻奇怪。【释文】女，音汝，下同。④六卿专权。

栾盈过于周，周西鄙掠之①。辞于行人②，曰："天子陪臣盈③，得罪于王之守臣④，将逃罪。罪重于郊甸⑤，无所伏窜，敢布其死⑥。昔陪臣书能输力于王室，王施惠焉⑦。其子黡，不能保任其父之劳。大君若不弃书之力，亡臣犹有所逃⑧。若弃书之力，而思黡之罪，臣，戮余也⑨，将归死于尉氏⑩，不敢还矣。敢布四体，唯大君命焉⑪！"王曰："尤而效之，其又甚焉⑫！"使司徒禁掠栾氏者，归所取焉。使候出诸辕辕⑬。

①劫掠财物。【释文】间，间厕之间。难，乃旦切。掠，音亮。②王行人也。③诸侯之

臣称于天子曰陪臣。④范宣子为王所命,故曰守臣。【释文】守,手又切。⑤重得罪于郊甸,谓为郊甸所侵掠也。郭外曰郊,郊外曰甸。【释文】重,直用切,注同。甸,徒练切。⑥布,陈也。【释文】宷,七乱切。⑦输力,谓辅相晋国以翼戴天子。【释文】相,息亮切。⑧大君,谓天王。【释文】任,音壬。⑨罪戮之余。⑩尉氏,讨奸之官。⑪布四体,言无所隐。⑫尤晋逐盈而自掠之,是效尤。【释文】效,或作"傚",户教切。⑬候,送迎宾客之官也。辍辕,关,在缑氏县东南。【释文】辕,音袁。

冬,曹武公来朝,始见也①。

①即位三年,始来见公。

会于商任,锢栾氏也①。齐侯、卫侯不敬。叔向曰:"二君者必不免。会朝,礼之经也。礼,政之舆也②。政,身之守也③。怠礼失政,失政不立,是以乱也④。"

①禁锢栾盈,使诸侯不得受。【释文】锢,音固。②政须礼而行。③政存则身安。④为二十五年齐弑光、二十六年卫弑剽传。【释文】弑,申志切,下同。剽,匹妙切。

知起、中行喜、州绰、邢蒯出奔齐①,皆栾氏之党也。乐王鲋谓范宣子曰:"盍反州绰、邢蒯?勇士也。"宣子曰:"彼栾氏之勇也,余何获焉②?"王鲋曰:"子为彼栾氏,乃亦子之勇也③。"

①四子,晋大夫。【释文】知,音智。行,户郎切。蒯,苦怪切。②言不为己用。③言子待之如栾氏,亦为子用也。

齐庄公朝,指殖绰、郭最曰:"是寡人之雄也。"州绰曰:"君以为雄,谁敢不雄?然臣不敏,平阴之役,先二子鸣①。"庄公为勇爵②,殖绰、郭最欲与焉③。州绰曰:"东闾之役,臣左骖迫,还于门中,识其枚数④。其可以与于此乎?"公曰:"子为晋君也。"对曰:"臣为隶新⑤。然二子者,譬于禽兽,臣食其肉而寝处其皮矣⑥。"

①十八年,晋伐齐,及平阴,州绰获殖绰、郭最,故自比于鸡,斗胜而先鸣。【释文】先,悉荐切。②设爵位以命勇士。③自以为勇。【释文】与,音预,下同。④识门版数。亦在十八年。【释文】枚,本亦作"版"。⑤言但为仆隶尚新耳。【释文】为,于伪切。⑥言尝射得之。【释文】射,食亦切。

襄公二十二年

【经】

二十有二年春，王正月，公至自会①。

夏四月。

秋七月辛酉，叔老卒②。

冬，公会晋侯、齐侯、宋公、卫侯、郑伯、曹伯、莒子、邾子、薛伯、杞伯、小邾子于沙随。

公至自会③。

楚杀其大夫公子追舒④。

①无传。②无传。子叔齐子。③无传。④书名者，宠近小人，贪而多马，为国所患。
【释文】近，附近之近。

【传】

二十二年春，臧武仲如晋①，雨，过御叔。御叔在其邑，将饮酒②，曰："焉用圣人③！我将饮酒而己雨行，何以圣为?"穆叔闻之曰："不可使也，而傲使人④，国之蠹也。"令倍其赋⑤。

①公频与晋侯外会，今各将罢还，鲁之守卿遣武仲为公谢不敏，故不书。【释文】守，手又切。为，于伪切。②御叔，鲁御邑大夫。【释文】过，古禾切。御，鱼吕切，又鱼据切。③武仲多知，时人谓之圣。【释文】焉，於虔切。知，音智，又如字。④言御叔不任使四方。【释文】傲，五报切。使，所吏切。任，音壬。⑤古者家有国邑，故以重赋为罚。传言穆叔能用教。【释文】蠹，丁故切。

夏，晋人征朝于郑①。郑人使少正公孙侨对曰②："在晋先君悼公九年，我寡君于是即位③。即位八月④，而我先大夫子驷从寡君以朝于执事。执事不礼于寡君⑤，寡君惧。因是行也，我二年六月朝于楚⑥，晋是以有戏之役⑦。楚人犹竞，而申礼于敝邑。敝邑欲从执事而惧为大尤，曰晋其谓我不共有礼，是以不敢携贰于楚。我四年三月，先大夫子娇又从寡君以观衅于楚⑧，晋于是乎有萧鱼之役⑨。谓我敝邑，迩在晋国，譬诸草木，吾臭味也⑩，而何敢差池⑪？楚亦不竞，寡君尽其土实⑫，重之以宗器⑬，以受齐盟⑭。遂帅群臣随于执事以会岁终⑮。贰于楚者，子侯、石盂，归而讨之⑯。溴梁之明年⑰，子娇老矣，公孙夏从寡君以朝于君，见于尝酎⑱，与执燔焉⑲。间二年，闻君将靖东夏⑳，四月又朝，以听事期㉑。不朝之间，无岁不聘，无役不从。以大国政令之无常，国家罢病，不虞荐至㉒，无日不惕，岂敢忘职㉓？大国若安定之，其朝夕在庭，何辱命焉㉔？若不恤其患，而以为口实㉕，其无乃不堪任命，而翦为仇雠㉖，敝邑是惧，其敢忘君命？委诸执事，执事实重图之㉗。"

①召郑使朝。②少正，郑卿官也。公孙侨，子产。【释文】少，诗照切，下"少牢"同。侨，其骄切。③鲁襄八年。④即位年之八月。⑤言朝执事，谦不敢斥晋侯。⑥因朝晋不见礼，生朝楚心。⑦在九年。【释文】戏，许宜切。⑧实朝，言观衅，饰辞也。言欲往视楚，知可去否。【释文】共，音恭，下"共祀"同。衅，许靳切。⑨在十一年。⑩晋、郑同姓故。⑪差池，不齐一。【释文】差，初宜切，又初佳切，又七河切，注同。池，徐本作"沱"，直知切，又徒河切。⑫土地所有。⑬宗庙礼乐之器，钟磬之属。【释文】重，直用切。⑭齐，同也。⑮朝正。⑯石盂，石𪘁。【释文】盂，音于。𪘁，敕略切。⑰溴梁在十六年。⑱酒之新熟，重者为酎，尝新饮酒为尝酎。【释文】夏，户雅切，下同。见，贤遍切，又如字。酎，直又切。⑲助祭。【释文】与，音预。燔。燔，本作"膰"，音烦，祭肉也。⑳谓二十年澶渊盟。【释文】间，间厕之间，又如字。㉑先澶渊二月往朝，以听会期。【释文】先，悉荐切。㉒荐，仍也。【释文】罢，音皮。荐，在荐切。㉓惕，惧也。【释文】惕，他历切。㉔言自将往，不须来召。【释文】朝夕，如字。㉕口实，但有其言而已。㉖翦，削也。谓见剥削不堪命，则成仇雠。【释文】任，音壬。㉗传言子产有辞，所以免大国之讨。

秋，栾盈自楚适齐。晏平仲言于齐侯曰："商任之会，受命于晋①。今纳栾氏，将安用之？小所以事大，信也。失信不立，君其图之。"弗听。退告陈文子曰："君人执信，臣人执共，忠信笃敬，上下同之，天之道也。君自弃也，弗能久矣②！"

①受铜栾氏之命。②为二十五年齐弑其君光传。

九月，郑公孙黑肱有疾，归邑于公①，召室老、宗人立段②，而使黜官、薄祭③。祭以特羊，殷以少牢④。足以共祀，尽归其余邑，曰："吾闻之，生于乱世，贵而能贫，民无求焉，可以后亡。敬共事君，与二三子。生在敬戒，不在富也。"己巳，伯张卒。君子曰："善戒。《诗》曰：'慎尔侯度，用戒不虞。'郑子张其有焉⑤。"

①黑肱，子张。【释文】肱，古弘切。②段，子石，黑肱子。③黜官，无多受职。④四时祀，以一羊。三年盛祭，以羊、豕。殷，盛也。⑤《诗·大雅》。侯，维也。义取慎法度，戒未然。【释文】尽，津忍切。凡此例可求，故特音之。

冬，会于沙随，复锢栾氏也①。栾盈犹在齐，晏子曰："祸将作矣！齐将伐晋，不可以不惧②。"

①晋知栾盈在齐，故复锢也。【释文】复，扶又切，下"复使"、下注"复生"、"不复行"皆同。②为明年齐伐晋传。

楚观起有宠于令尹子南，未益禄，而有马数十乘①。楚人患之，王将讨焉。子南之子弃疾为王御士②，王每见之，必泣。弃疾曰："君三泣臣矣，敢问谁之罪也？"王曰："令尹之不能，尔所知也。国将讨焉，尔其居乎③？"对曰："父戮子居，君焉用之？泄命重刑，臣亦不为④。"王遂杀子南于朝，轘观起于四竟⑤。子南之臣谓弃疾："请徙子尸于朝⑥。"曰："君臣有礼，唯二三子⑦。"三日，弃疾请尸，王许之。既葬，其徒曰："行乎⑧！"曰："吾与杀吾父，行将焉入？"曰："然则臣王乎？"曰："弃父事仇，吾弗忍也⑨。"遂缢而死⑩。

①言子南偏宠观起，令富。【释文】数，所主切。乘，绳证切。令，力呈切。②御王车者。③问能止事我否。④漏泄君命，罪之重。【释文】焉，於虔切，下"焉入"同。泄，息列切，又以制切。⑤轘，车裂以徇。【释文】轘，音患。竟，音境，下同。⑥欲犯命取殡。【释文】殡，必刃切。⑦不欲犯命移尸。⑧行，去也。⑨于事是仇，于实是君，故虽谓仇而不敢报。【释文】与，音预。杀，如字，一音试。⑩传讥康王与人子谋其父，失君臣之义。【释文】缢，一赐切。

复使蔿子冯为令尹，公子齮为司马，屈建为莫敖①。有宠于蔿子者八人，皆无禄而多马。他日朝，与申叔豫言，弗应而退。从之，入于人中②。又从之，遂归。退朝，见之③，曰："子三困我于朝，吾惧，不敢不见。吾过，子姑告我，何疾我也？"对曰："吾不免是惧，何敢告子④？"曰："何故？"对曰："昔观

刀币(春秋)

起有宠于子南，子南得罪，观起车裂，何故不惧？"自御而归，不能当道⑤。至，谓八人者曰："吾见申叔，夫子所谓生死而肉骨也⑥。知我者，如夫子则可⑦。不然，请止⑧。"辞八人者，而后王安之⑨。

①屈建，子木也。【释文】齮，五绮切。屈，居勿切。②申叔辟蔿子，不欲与语。【释文】应，应对之应。③蔿子就申叔家见之。④言恐与子并罪，故不敢与子语。【释文】见，贤遍切。⑤蔿子惶惧，意不在御。⑥已死复生，白骨更肉。⑦夫子谓申叔也。如夫子，谓以义匡己。⑧止，不相知。⑨辞，遣之。

十二月,郑游贩将归晋①,未出竟,遭逆妻者,夺之,以馆于邑②。丁巳,其夫攻子明,杀之,以其妻行③。子展废良而立大叔④,曰:"国卿,君之贰也,民之主也,不可以苟。请舍子明之类⑤。"求亡妻者,使复其所。使游氏勿怨⑥,曰:"无昭恶也⑦。"

①游贩,公孙虿子。【释文】贩,普板切。②舍止其邑,不复行。③十二月无丁巳,丁巳,十一月十四日也。④良,游贩子。大叔,贩弟。【释文】大,音泰。⑤子明有罪,而良又不贤故。【释文】舍,音捨。⑥郑国不讨专杀之人,所以抑强扶弱,临时之宜。⑦交怨,则父之不修益明也。

襄公二十三年

【经】

二十有三年春,王二月癸酉朔,日有食之①。

三月己巳,杞伯匄卒②。

夏,邾畀我来奔③。

葬杞孝公④。

陈杀其大夫庆虎及庆寅⑤。陈侯之弟黄自楚归于陈⑥。

晋栾盈复入于晋⑦,入于曲沃⑧。

秋,齐侯伐卫,遂伐晋⑨。

八月,叔孙豹帅师救晋,次于雍榆⑩。

己卯,仲孙速卒⑪。

冬十月乙亥,臧孙纥出奔邾⑫。

晋人杀栾盈。

齐侯袭莒⑬。

①无传。②五同盟。【释文】匄,古害切。③无传。畀我是庶其之党,同其窃邑叛君之罪,来奔,故书。【释文】畀,必利切。④无传。⑤书名,皆罪其专国叛君。言及,史异以辞,无义例。⑥诸侯纳之曰归。黄至楚自理得直,故为楚所纳。⑦以恶入曰复入。【释文】复,扶又切,注同。⑧兵败奔曲沃,据曲沃众,还与君争,非欲出附他国,故不言叛。【释文】还,户关切。争,争斗之争。⑨两事,故言遂。⑩豹救晋,待命于雍榆,故书次。雍

榆，晋地，汲郡朝歌县东有雍城。【释文】雍，於用切。朝，如字。⑪孟庄子也。⑫书名者，阿顺季氏，为之废长立少，以取奔亡，罪之。【释文】为，于伪切。长，丁丈切。少，诗照切。⑬轻行掩其不备曰袭。因伐晋还袭莒，不言遂者，间有事。【释文】轻，遣政切。

【传】

二十三年春，杞孝公卒，晋悼夫人丧之①。平公不彻乐，非礼也②。礼，为邻国阙③。

①悼夫人，晋平以母，杞孝公姊妹。【释文】丧，如字，徐息浪切。②彻，去也。【释文】去，起吕切。③礼：诸侯绝期。故以邻国责之。【释文】为，于伪切，下注"为召"、下"而为"同。期，居其切。

陈侯如楚①。公子黄诉二庆于楚，楚人召之②。使庆乐往，杀之③。庆氏以陈叛④。夏，屈建从陈侯围陈。陈人城⑤，板队而杀人。役人相命，各杀其长⑥，遂杀庆虎、庆寅。楚人纳公子黄。君子谓："庆氏不义，不可肆也⑦。故《书》曰：'惟命不于常⑧。'"

①朝也。②二庆，虎及寅也。二十年，二庆谮黄，黄奔楚自理。今陈侯往，楚乃信黄，为召二庆。【释文】诉，息路切。③庆乐，二庆之族。二庆畏诛，故不敢自往。【释文】使庆乐往，绝句。④因陈侯在楚而叛之。不书叛，不以告。⑤治城以距君。屈建，楚莫敖。【释文】从，才用切，又如字。⑥庆氏忿其板队，遂杀筑人，故役人怒而作乱。【释文】队，直类切，注同。长，丁丈切。⑦肆，放也。⑧《周书·康诰》，言有义则存，无义则亡。

晋将嫁女于吴，齐侯使析归父媵之，以藩载栾盈及其士①，纳诸曲沃②。栾盈夜见胥午而告之③，对曰："不可。天之所废，谁能兴之？子必不免。吾非爱死也，知不集也④。"盈曰："虽然，因子而死，吾无悔矣。我实不天，子无咎焉⑤。"许诺。伏之，而觞曲沃人⑥，乐作，午言曰："今也得栾孺子，何如⑦？"对曰："得主而为之死，犹不死也。"皆叹，有泣者。爵行，又言。皆曰："得主，何贰之有？"盈出，徧拜之⑧。

①藩，车之有障蔽者，使若媵妾在其中。【释文】析，星历切。媵，以证切，又绳证切。藩，方元切。障，之亮切，又音章。②栾盈邑也。③胥午，守曲沃大夫。④集，成也。【释文】知，音智，又如字。⑤言我虽不为天所祐，子无天咎，故可因。【释文】咎，其九切。祐，音又。⑥胥午匿盈而饮其众。【释文】觞，式羊切。匿，女力切。饮，於鸩切。⑦孺子，栾盈。⑧谢众之思己。【释文】徧，音遍。

四月，栾盈帅曲沃之甲，因魏献子，以昼入绛①。初，栾盈佐魏庄子于下军②，献子私焉，故因之③。赵氏以原、屏之难怨栾氏④，韩、赵方睦⑤。中行氏以伐秦之役怨栾氏⑥，而固与范氏和亲⑦。知悼子少，而听于中行氏⑧。程郑嬖于公⑨。唯魏氏及七舆大夫与之⑩。

①献子，魏舒。绛，晋国都。②庄子，魏绛，献子之父。③私，相亲爱。④成八年，庄姬谮之，栾、郤为征。【释文】屏，薄经切。难，乃旦切。⑤韩起让赵武，故和睦。⑥十四年，晋伐秦，栾黡违荀偃命，曰："余马首欲东。"⑦范宣子佐中行偃于中军。⑧悼子，知罃之子荀盈也。少，年十七。知氏、中行氏同祖，故相听从。【释文】知，音智。少，诗照切。⑨郑亦荀氏宗。【释文】嬖，必计切。⑩七舆，官名。【释文】舆，音余。

乐王鲋侍坐于范宣子。或告曰："栾氏至矣！"宣子惧。桓子曰："奉君以走固宫，必无害也①。且栾氏多怨，子为政，栾氏自外，子在位，其利多矣。既有利权，又执民柄②，将何惧焉？栾氏所得，其唯魏氏乎，而可强取也。夫克乱在权，子无懈矣。"公有姻丧③，王鲋使宣子墨缞冒绖④，二妇人辇以如公⑤，奉公以如固宫⑥。

①桓子，乐王鲋。【释文】鲋，音附。坐，如字，又才卧切。走，如字，又音奏。②赏罚为民柄。【释文】柄，彼命切。③夫人有杞丧。【释文】强，其丈切，下注"强取"同。懈，徒卖切。④晋自殽战还，遂常墨缞。【释文】缞，七雷切，本又作"衰"，音同。冒，莫报切。绖，直结切。冒绖，以绖冒其首也。一云缞、冒、绖三者皆墨之。⑤恐栾氏有内应距之，故为妇人服而入。【释文】应，应对之应。⑥固宫，宫之有台观备守者。【释文】观，官唤切。守，手又切。

范鞅逆魏舒①，则成列既乘，将逆栾氏矣。趋进，曰："栾氏帅贼以入，鞅之父与二三子在君所矣②，使鞅逆吾子。鞅请骖乘持带。"遂超乘④，右抚剑，左援带⑤，命驱之出。仆请⑥，鞅曰："之公。"宣子逆诸阶⑦，执其手，赂之以曲沃⑧。

①用王鲋计欲强取之。②二三子，诸大夫。【释文】乘，绳证切，下"骖乘"、"超乘"同。③骖乘必持带，备隋队。【释文】隋，待果切。队，直类切。④跳上献子车。【释文】跳，徒雕切。上，时掌切。⑤劫之。【释文】援，音袁。⑥请所至。⑦逆献子也。⑧恐不与己同心。

初，斐豹隶也，著于丹书①。栾氏之力臣曰督戎，国人惧之。斐豹谓宣子曰："苟焚丹书，我杀督戎。"宣子喜，曰："而杀之，所不请于君焚丹书者，有如日②！"乃出豹而闭之③。督戎从之，逾隐而待之④，督戎逾入，豹自后击而杀之。范氏之徒在台后⑤，栾氏乘公门⑥。宣子谓鞅曰："矢及君屋，死之！"鞅用剑以帅卒⑦，栾氏退。摄车从之⑧，遇栾氏⑨，曰："乐免之，死将讼女于天⑩。"乐射之，不中。又注⑪，则乘槐本而覆⑫。或以戟钩之，断肘而死。栾鲂伤。栾盈奔曲沃，晋人围之⑬。

①盖犯罪没为官奴，以丹书其罪。【释文】斐，音非.又芳匪切。②言不负要，明如日。

【释文】督,丁毒切。③闭著门外。【释文】著,涉略切。④隐,短墙也。⑤公台之后。⑥乘,登也。⑦用剑,短兵接敌,欲致死。【释文】卒,子忽切。⑧鞅摄宣子戎车。⑨乐,盈之族。⑩言虽死犹不舍女罪。【释文】女,音汝。⑪注,属矢于弦也。【释文】射,食亦切。中,丁仲切。属,之玉切。⑫栾乐车轹槐而覆。【释文】覆,芳服切。轹,音历。⑬魴,栾氏族。【释文】断,音短。

秋,齐侯伐卫。先驱,榖荣御王孙挥,召扬为右①。申驱,成秩御莒恒,申鲜虞之傅挚为右②。曹开御戎,晏父戎为右③。贰广,上之登御邢公,卢蒲癸为右④。启,牢成御襄罢师,狼蘧疏为右⑤。胠,商子车御侯朝,桓跳为右⑥。大殿,商子游御夏之御寇,崔如为右⑦,烛庸之越驷乘⑧。

①先驱,前锋军。【释文】召,上照切。②申驱,次前军。傅挚,申鲜虞之子。【释文】鲜,音仙。挚,音至,一本或作“申鲜虞之子傅挚”。③公御右也。【释文】父,音甫。④贰广,公副车。【释文】广,古旷切。⑤左翼曰启。【释文】牢,一作“䍧”。罢,音皮,徐音披,又皮买切。蘧,其居切。⑥右翼曰胠。【释文】胠,起居切,又音胁,或起业切。朝,如字,又直遥切。跳,徒雕切。⑦大殿,后军。【释文】殿,都练切。夏,户雅切。御,鱼吕切。⑧四人共乘殿车也。传具载此,言庄公废旧臣,任武力。

自卫将遂伐晋。晏平仲曰:“君恃勇力以伐盟主,若不济,国之福也。不德而有功,忧必及君。”崔杼谏曰:“不可。臣闻之,小国间大国之败而毁焉,必受其咎。君其图之!”弗听。陈文子见崔武子①,曰:“将如君何?”武子曰:“吾言于君,君弗听也。以为盟主,而利其难。群臣若急,君于何有②? 子姑止之。”文子退,告其人曰:“崔子将死乎! 谓君甚,而又过之③,不得其死。过君以义,犹自抑也,况以恶乎④?”

①文子,陈完之孙须无。武子,崔杼也。【释文】间,间厕之间。②言有急不能顾君,欲弑之以说晋。【释文】难,乃旦切。说,音悦,又如字。③弑君之恶,过于背盟主。【释文】背,音佩。④自抑损。

齐侯遂伐晋,取朝歌①,为二队,入孟门,登大行②,张武军于荧庭③。戍郫邵④,封少水⑤,以报平阴之役,乃还⑥。赵胜帅东阳之师以追之,获晏氂⑦。八月,叔孙豹帅师救晋,次于雍榆,礼也⑧。

①朝歌,今属汲郡。②二队,分为二部。孟门,晋隘道。大行山在河内郡北。【释文】队,徒对切,徐徒猥切。大,音泰。行,徐户郎切,又如字。隘,於解切。③张武军,谓筑垒壁。荧庭,晋地。【释文】荧,户扃切。庭,音廷,本亦作“廷”。垒,力轨切。壁,亦作

"辟"，音壁。④取晋邑而守之。【释文】郫，婢支切。⑤封晋尸于少水，以为京观。【释文】少，诗照切，下注"立少"同。⑥平阴役在十八年。⑦赵胜，赵旃之子。东阳，晋之山东，魏郡东，广平以北。晏氂，齐大夫。【释文】胜，音升，一音申证切。氂，力之切.徐音来。⑧救盟主，故曰礼。

季武子无适子，公弥长，而爱悼子，欲立之①。访于申丰，曰："弥与纥，吾皆爱之，欲择才焉而立之。"申丰趋退，归，尽室将行②。他日，又访焉，对曰："其然，将具敝车而行③。"乃止④。访于臧纥，臧纥曰："饮我酒，吾为子立之。"季氏饮大夫酒，臧纥为客⑤。既献⑥，臧孙命北面重席，新樽絜之⑦。召悼之，降，逆之。大夫皆起⑧。及旅，而召公鉏⑨，使与之齿⑩，季孙失色⑪。

①公弥，公鉏。悼子，纥也。【释文】适，丁历切。长，丁丈切，下皆同。鉏，仕居切。纥，恨发切，下同。②申丰，季氏属大夫。③其然，犹必尔。【释文】敝，婢世切，徐疾灭切。④止，不立纥。⑤为上宾。【释文】饮，於鸩切，下皆同。吾为，于伪切，下注"为定"、"为公鉏"同。⑥已献酒。⑦酒樽既新，复絜澡之。【释文】重，直恭切。樽，音尊，本亦作"尊"。复，扶又切，下"非复"、下文"复战"同。澡，音早。⑧臧孙下迎悼子。⑨献酬礼毕，通行为旅。⑩使从庶子之礼，列在悼子之下。⑪恐公鉏不从。

季氏以公鉏为马正①，愠而不出。闵子马见之②，曰："子无然！祸福无门，唯人所召。为人子者，患不孝，不患无所③。敬共父命，何常之有④？若能孝敬，富倍季氏可也⑤。奸回不轨，祸倍下民可也⑥。"公鉏然之，敬共朝夕，恪居官次⑦。季孙喜，使饮己酒，而以具往，尽舍旃⑧。故公鉏氏富，又出为公左宰⑨。

①马正，家司马。②闵子马，闵马父。【释文】愠，纡运切，怨也，怒也。③所，位处。【释文】处，冒虑切。④言废置在父，无常位也。⑤父宠之则可富。⑥祸甚于贪贱。⑦次，舍也。【释文】朝，如字。恪，苦各切。⑧具，飨燕之具。【释文】舍，音捨。⑨出季氏家，臣仕于公。

孟孙恶臧孙①，季孙爱之②。孟氏之御驺丰点好羯也③，曰："从余言，必为孟孙④。"再三云，羯从之。孟庄子疾，丰点谓公鉏："苟立羯，请仇臧氏⑤。"公鉏谓季孙曰："孺子秩，固其所也⑥。若羯立，则季氏信有力于臧氏矣⑦。"弗应。己卯，孟孙卒，公鉏奉羯立于户侧⑧。季孙至，入，哭，而出，曰："秩焉在？"公鉏曰："羯在此矣！"季孙曰："孺子长。"公鉏曰："何长之有？唯其才也⑨。且夫子之命也⑩。"遂立羯。秩奔邾。

①不相善。【释文】恶，乌路切，下"之恶子""之恶我""君所恶"皆同。②爱其成己

志。③羯，孟庄子之庶子，孺子秩之弟孝伯也。【释文】驺，侧留切。点，都簟切，又之廉切。好，呼报切。羯，居竭切。④为孟孙后。⑤使孟氏与公鉏共憎臧孙。⑥固自当立。⑦臧氏因季孙之欲而为定之，犹为有力，今若专立孟氏之少，则季氏有力过于臧氏。⑧户侧，丧主。【释文】应，应对之应。⑨季孙废鉏立纥，云欲择才，故以此答之。【释文】焉，於虔切。⑩遂诬孟孙。

臧孙入，哭甚哀，多涕。出，其御曰："孟孙之恶子也，而哀如是。季孙若死，其若之何？"臧孙曰："季孙之爱我，疾疢也①。孟孙之恶我，药石也②。美疢不如恶石。夫石犹生我③，疢之美，其毒滋多。孟孙死，吾亡无日矣。"

①常志相顺从，身之害。【释文】疢，耻刃切，下皆同。②常志相违戾，犹药石之疗疾。【释文】疗，力召切。③愈己疾也。

孟氏闭门，告于季孙曰："臧氏将为乱，不使我葬①。"季孙不信。臧孙闻之，戒②。冬十月，孟氏将辟，藉除于臧氏③。臧孙使正夫助之④，除于东门，甲从己而视之⑤。孟氏又告季孙。季孙怒，命攻臧氏⑥。乙亥，臧纥斩鹿门之关以出，奔邾⑦。

①欲为公鉏仇臧氏。②戒，为备也。③辟，穿藏也。于臧氏借人除葬道。【释文】辟，婢亦切，徐甫亦切，注同。藉，徐音借.又如字。藏，才浪切。④正夫，隧正。【释文】隧，音遂，下同。⑤畏孟氏，故从甲士视作者。【释文】从，才用切，又如字。⑥见其有甲故。⑦鲁南城东门。

初，臧宣叔娶于铸，生贾及为而死①。继室以其侄②，穆姜之姨子也③。生纥，长于公宫。姜氏爱之，故立之④。臧贾、臧为出在铸⑤。臧武仲自邾使告臧贾，且致大蔡焉⑥，曰："纥不佞，失守宗祧⑦，敢告不吊⑧。纥之罪，不及不祀⑨，子以大蔡纳请，其可⑩。"贾曰："是家之祸也，非子之过也。贾闻命矣。"再拜受龟。使为以纳请⑪，遂自为也⑫。臧孙如防⑬，使来告曰："纥非能害也，知不足也⑭。非敢私请⑮。苟守先祀，无废二勋⑯，敢不辟邑⑰？"乃立臧为。

①铸国，济北蛇丘县所治。【释文】娶，七注切。铸，之树切。蛇，音移。治，直吏切。②女子谓兄弟之子为侄。【释文】侄，大结切，又丈一切。③侄，穆姜姨母之子，与穆姜为姨昆弟。④立为宣叔嗣。⑤还舅氏也。⑥大蔡，大龟。【释文】一云龟出蔡地，因以为名。⑦远祖庙为祧。【释文】祧，他雕切。⑧不为天所吊恤。⑨言应有后。⑩请为先人立后。【释文】为，于伪切，下"为己""自卫"皆同。⑪贾使为为己请。⑫为自为请。⑬防，臧孙邑。⑭言使甲从己，但虑事浅耳。【释文】知，音智。⑮为其先人请也。⑯二勋：文仲、宣

⑰据邑请后，故孔子以为要君。【释文】要，一遥切。

臧纥致防而奔齐。其人曰："其盟我乎①？"臧孙曰："无辞②。"将盟臧氏，季孙召外史掌恶臣，而问盟首焉③，对曰："盟东门氏也，曰：'毋或如东门遂，不听公命，杀适立庶④。'盟叔孙氏也，曰：'毋或如叔孙侨如，欲废国常，荡覆公室⑤。'"季孙曰："臧孙之罪，皆不及此。"孟椒曰："盍以其犯门斩关？"季孙用之。乃盟臧氏曰："无或如臧孙纥，干国之纪，犯门斩关⑥。"臧孙闻之，曰："国有人焉！谁居？其孟椒乎⑦！"

①谓陈其罪恶，盟诸大夫以为戒。②废长立少，季孙所忌，故谓无辞以罪己。③恶臣，谓奔亡者。盟首，载书之章首。④文公命立子恶，公子遂杀之，立宣公。【释文】毋，音无。听，吐定切。适，丁历切。⑤谓谮公与季、孟于晋。【释文】覆，芳服切。⑥干，亦犯也。【释文】盍，户腊切。⑦孟椒，孟献子之孙子服惠伯。居，犹与也。【释文】居，音基。与，音余。

晋人克栾盈于曲沃，尽杀栾氏之族党。栾鲂出奔宋。书曰："晋人杀栾盈。"不言大夫，言自外也①。

①自外犯君而入，非复晋大夫。

齐侯还自晋，不入①。遂袭莒，门于且于②，伤股而退③。明日，将复战，期于寿舒④。杞殖、华还载甲，夜入且于之隧，宿于莒郊⑤。明日，先遇莒子于蒲侯氏⑥。莒子重赂之，使无死，曰："请有盟⑦。"华周对曰："贪货弃命，亦君所恶也⑧。昏而受命，日未中而弃之，何以事君？"莒子亲鼓之，从而伐之，获杞梁⑨。莒人行成⑩。齐侯归，遇杞梁之妻于郊⑪，使吊。辞曰："殖之有罪，何辱命焉⑫？若免于罪，犹有先人之敝庐在，下妾不得与郊吊⑬。"齐侯吊诸其室⑭。

①不入国。②且于，莒邑。【释文】且，子余切。③齐侯伤。④寿舒，莒地。⑤二子，齐大夫。且于隧，狭路。【释文】殖，市力切。华，胡化切。还，音旋。狭，户夹切。⑥蒲侯氏，近莒之邑。【释文】近，附近之近。⑦欲以盟要二子，无致死战。⑧华周，即华还。⑨杞梁，即杞殖。⑩胜大国益惧，故行成。⑪梁战死，妻行迎丧。⑫言若有罪，不足吊。⑬妇人无外事故。下，犹贱也。【释文】庐，力居切。与，音预。⑭传言妇人有礼。

齐侯将为臧纥田①。臧孙闻之，见齐侯。与之言伐晋②。对曰："多则多矣！抑君似鼠。夫鼠，昼伏夜动，不穴于寝庙，畏人故也。今君闻晋之乱而后作焉③，宁将事之，非鼠如何？"乃弗与田④。仲尼曰："知之难也。有臧武仲之知⑤，而不容于鲁国，抑有由也，作不顺而施不恕也。《夏书》曰：'念兹在兹⑥。'顺事、恕施也。"

①与之田邑。②齐侯自道伐晋之功。【释文】见，贤遍切。齐侯，绝句，一读以"见"字绝句，"齐侯"向下读。③作，起兵也。④臧孙知齐侯将败，不欲受其邑，故以比鼠，欲使怒而止。⑤谓能辟齐祸。【释文】知，音智。⑥逸《书》也。念此事，在此身。言行事当常念如在己身也。

襄公二十四年

【经】

二十有四年春，叔孙豹如晋①。

仲孙羯帅师侵齐。

夏，楚子伐吴。

秋七月甲子朔，日有食之，既②。

齐崔杼帅师伐莒。

大水③。

八月癸巳朔，日有食之④。

公会晋侯、宋公、卫侯、郑伯、曹伯、莒子、邾子、滕子、薛伯、杞伯、小邾子于夷仪。

冬，楚子、蔡侯、陈侯、许男伐郑。

公至自会⑤。

陈铖宜咎出奔楚⑥。

叔孙豹如京师。

大饥⑦。

①贺克栾氏。②无传。③无传。④无传。⑤无传。⑥陈铖子八世孙，庆氏之党。书名，恶之也。【释文】铖，其廉切。咎，其九切。恶，乌路切。⑦无传。【释文】饥，居疑切，又音机。

【传】

二十四年春，穆叔如晋。范宣子逆之，问焉，曰："古人有言曰'死而不朽'，何谓也？"穆叔未对。宣子曰："昔匄之祖，自虞以上，为陶唐氏①，在夏为御龙氏②，在商为豕韦氏③，在周为唐杜氏④，晋主夏盟为范氏，其是之谓乎⑤？"穆叔曰："以豹所闻，此之谓世禄，非不朽也。鲁有先大夫曰臧文仲，既没，其言立⑥。其是之谓乎！豹闻之，大上有立德⑦，其次有立功⑧，其次有立言⑨，虽久不废，此之谓不朽。若夫保姓受氏，以守宗祊⑩，世不绝祀，无国无之。禄之大者，不可谓不朽⑪。"

①陶唐，尧所治地，大原晋阳县也。终虞之世以为号，故曰自虞以上。【释文】上，时掌切。治，直吏切。②谓刘累也。事见昭二十九年。【释文】见，贤遍切。③豕韦，国名，东郡白马县东南有韦城。④唐、杜，二国名。殷末，豕韦国于唐，周成王灭唐，迁之于杜，为杜伯；杜伯之子隰叔奔晋，四世及士会，食邑于范，复为范氏。杜，今京兆杜县。【释文】隰，徐入切。复，扶又切。⑤晋为诸夏盟主，范氏夏为之佐，言己世为兴家。【释文】夏，户雅切。⑥立，谓不废绝。【释文】既没其言立，今俗本皆作"其言立于世"。检元熙以前本，则无"于世"二字。⑦黄帝、尧、舜。【释文】大，音泰。⑧禹、稷。⑨史佚、周任、臧文仲。【释文】佚，音逸。任，音壬。⑩祊，庙门。【释文】祊，布彭切。⑪传善穆叔之知言。

范宣子为政，诸侯之币重，郑人病之。二月，郑伯如晋。子产寓书于子西以告宣子①，曰："子为晋国，四邻诸侯，不闻令德，而闻重币，侨也惑之。侨闻君子长国家者，非无贿之患，而无令名之难。夫诸侯之贿聚于公室，则诸侯贰②。若吾子赖之，则晋国贰③。诸侯贰，则晋国坏。晋国贰，则子之家坏。何没没也④！将焉用贿？夫令名，德之舆也⑤。德，国家之基也。有基无坏，无亦是务乎！有德则乐，乐则能久。《诗》云：'乐只君子，邦家之基。'有令德也夫⑥！'上帝临女，无贰尔心。'有令名也夫⑦！恕思以明德，则令名载而行之，是以远至迩安。毋宁使人谓子'子实生我'⑧，而谓'子浚我以生乎⑨'？象有齿以焚其身，贿也⑩。"宣子说，乃轻币。是行也，郑伯朝晋，为重币故，且请伐陈也。郑伯稽首，宣子辞。子西相，曰："以陈国之介恃大国而陵虐于敝邑⑪，寡君是以请罪焉⑫，敢不稽首⑬？"

①寓，寄也。【释文】寓，音遇。②贰，离也。【释文】长，丁丈切。难，如字，又乃旦切。贿，呼罪切。③赖，恃用之。④没没，沈灭之言。【释文】没，如字，一音妹，沈溺也。⑤德须令名以远闻。【释文】焉，於虔切。闻，音问，又如字。⑥《诗·小雅》，言君子乐美其道，为邦家之基，所以济令德。【释文】乐，音洛。夫，音扶。⑦《诗·大雅》，言武王为天所临，不敢怀贰心，所以济令名。【释文】女，音汝。⑧（无）[毋]宁，宁也。【释文】毋，音无。⑨浚，取也。言取我财以自生。【释文】浚，思俊切。⑩焚，毙也。【释文】焚，扶云切，服云：焚读曰偾，偾，僵也。毙，婢世切。⑪介，因也。大国，楚也。【释文】说，音悦。为，于伪切。相，息亮切。介，音戒。⑫请得罪于陈也。【释文】是以请罪焉，一本作"是以

请请罪焉"。请,七井切,徐上"请"字音情。⑬为明年郑入陈传。

孟孝伯侵齐,晋故也①。

①前年齐伐晋,鲁为晋报侵。

夏,楚子为舟师以伐吴①,不为军政②,无功而还③。

①舟师,水军。②不设赏罚之差。③为下吴召舒鸠起本。

齐侯既伐晋而惧,将欲见楚子。楚子使薳启疆如齐聘,且请期①。齐社,蒐军实,使客观之②。陈文子曰:"齐将有寇。吾闻之,兵不戢,必取其族③。"

①请会期。【释文】疆,其良切,又居良切。②祭社,因阅数军器,以示薳启疆。【释文】蒐,所求切。阅,音悦。数,所主切。③戢,藏也。族,类也。取其族,还自害也。【释文】戢,侧立切。

秋,齐侯闻将有晋师①,使陈无宇从薳启疆如楚,辞,且乞师②。崔杼帅师送之,遂伐莒,侵介根③。

①夷仪之师。②辞有晋师,未得相见。③介根,莒邑,今城阳黔陬县东北计基城是也。齐既与莒平,因兵出侵之,言无信也。【释文】黔,其廉切,又其今切;如淳音耿弇切。陬,侧留切,又子侯切;韦昭音诹。基,又作"其",音基,又如字;《汉书》作"斤";如淳斤,音基。

会于夷仪,将以伐齐,水,不克①。

冬,楚子伐郑以救齐,门于东门,次于棘泽②。诸侯还救郑③。

①晋合诸侯以报前年见伐。②以齐无宇乞师故也。③夷仪诸侯。

晋侯使张骼、辅跞致楚师,求御于郑①。郑人卜宛射犬吉②。子大叔戒之曰:"大国之人,不可与也③。"对曰:"无有众寡,其上一也④。"大叔曰:"不然,部娄无松柏⑤。"二子在幄,坐射犬于外⑥,既食而后食之。使御广车而行⑦,己皆乘乘车⑧。将及楚师,而后从之乘,皆踞转而鼓琴⑨。近,不告而驰之⑩。皆取胄于橐而胄,入垒,皆下,搏人以投,收禽挟囚⑪。弗待而出⑫。皆超乘,抽弓而射。既免,复踞转而鼓琴,曰:"公孙!同乘,兄弟也⑬,胡再不谋⑭?"对曰:"曩者志入而已,今则怵也。"皆笑,曰:"公孙之亟也⑮。"

①欲得郑人自御,知其地利故也。【释文】骼,庚百切,一音古洛切。跞,力狄切,徐音洛。②射犬,郑公孙。【释文】宛,於元切。射,食亦切,徐神石切。③言不可与等也。欲使卑下之。大叔,游吉。【释文】大,音泰。④言在己上者有常分,无大小国之异。【释文】分,扶问切。⑤部娄,小阜。松柏,大木。喻小国异于大国。【释文】部,蒲口切,徐又

扶苟切。娄，本或作"偻"，路口切，徐力侯切。阜，扶有切。⑥二子：张骼、辅跞。幄，帐也。【释文】幄，於角切。⑦广车，兵车。【释文】下食，音嗣。广，古旷切。⑧乘车，安车。【释文】下乘，绳证切。⑨转，衣装。【释文】踞，居虑切。转，张恋切，又张裔切。装，侧良切，一作"囊"。⑩射犬恨，故近敌不告而驰。⑪禽，获也。【释文】胄，直救切。橐，古毛切。垒，力轨切。搏，音博，徐甫各切。挟，音协。⑫射犬又不待二子。⑬言同乘义如兄弟。【释文】复，扶又切。⑭谓不告而驰，不待而出。⑮亟，急也。言其性急，不能受屈。【释文】囊，如党切，向也。怯，去业切。亟，居力切。

楚子自棘泽还，使薳启疆帅师送陈无宇①。

①传言齐、楚固相结也。

吴人为楚舟师之役故①，召舒鸠人，舒鸠人叛楚②。楚子师于荒浦③，使沈尹寿与师祁犁让之④。舒鸠子敬逆二子，而告无之，且请受盟。二子复命，王欲伐之。薳子曰："不可⑤。彼告不叛，且请受盟，而又伐之，伐无罪也。姑归息民，以待其卒⑥。卒而不贰，吾又何求？若犹叛我，无辞有庸。"乃还⑦。

①在此年夏。【释文】为，于伪切。②舒鸠，楚属国，召欲与共伐楚。③荒浦，舒鸠地。【释文】浦，判五切。④二子，楚大夫。【释文】犁，力兮切。⑤令尹薳子冯。⑥卒，终也。⑦彼无辞，我有功。为明年楚灭舒鸠传。

陈人复讨庆氏之党，铖宜咎出奔楚①。

①言宜咎所以称名。

齐人城郏①。穆叔如周聘，且贺城。王嘉其有礼也，赐之大路②。

①郏，王城也。于是，穀、雒斗，毁王宫。齐叛晋，欲求媚于天子，故为王城之。【释文】郏，古洽切。②大路，天子所赐车之总名。为昭四年叔孙以所赐路葬张本。

晋侯嬖程郑，使佐下军①。郑行人公孙挥如晋聘②。程郑问焉，曰："敢问降阶何由③？"子羽不能对。归以语然明④，然明曰："是将死矣。不然将亡。贵而知惧，惧而思降，乃得其阶⑤，下人而已，又何问焉⑥？且夫既登而求降阶者，知人也，不在程郑。其有亡衅乎？不然，其有惑疾，将死而忧也⑦。"

①代栾盈也。②挥，子羽也。【释文】挥，许韦切。③问自降下之道。【释文】下，遐嫁切，又如字。④然明，鬷蔑。【释文】语，鱼据切。鬷，子公切。⑤阶，犹道也。⑥言易知。【释文】下，户嫁切。易，以豉切。⑦言郑本小人。为明年程郑卒张本。【释文】夫，晋扶。知，晋智。衅，许觐切。

襄公二十五年

【经】

二十有五年春,齐崔杼帅师伐我北鄙。

夏五月乙亥,齐崔杼弑其君光①。

公会晋侯、宋公、卫侯、郑伯、曹伯、莒子、邾子、滕子、薛伯、杞伯、小邾子于夷仪。。

六月壬子,郑公孙舍之帅师入陈②。

秋八月己巳,诸侯同盟于重丘③。

公至自会④。

卫侯入于夷仪⑤。

楚屈建帅师灭舒鸠⑥。

冬,郑公孙夏帅师伐陈⑦。

十有二月,吴子遏伐楚,门于巢,卒⑧。

①齐侯虽背盟主,未有无道于民,故书臣,罪崔杼也。【释文】背,音佩。②子产之言,陈以不义见入,故舍之无讥。《释例》详之。③夷仪之诸侯也。重丘,齐地。己巳,七月十二日。经误。【释文】重,直龙切。④无传。⑤夷仪本邢地,卫灭邢而为卫邑,晋愍卫衍失国,使卫分之一邑。书入者,自外而入之辞,非国逆之例。【释文】衍,苦旦切。⑥传在卫侯入夷仪上,经在下,从告。⑦陈犹未服。⑧遏,诸樊也,为巢牛臣所杀。不书灭者,楚人不获其尸。吴以卒告,未同盟而赴以名。【释文】遏,於葛切,徐音谒。

【传】

二十五年春,齐崔杼帅师伐我北鄙,以报孝伯之师也①。公患之,使告于晋。孟公绰曰:“崔子将有大志②,不在病我,必速归,何患焉! 其来也不寇③,使民不严④,异于他日。”齐师徒归⑤。

①前年鲁使孟孝伯为晋伐齐。【释文】为,于伪切。②志在弑君。孟公绰,鲁大夫。【释文】绰,昌若切;徐本作“卓”,音绰。③不为寇害。④欲得民心。⑤徒,空也。

齐棠公之妻,东郭偃之姊也①。东郭偃臣崔武子。棠公死,偃御武子以吊焉。见棠姜而美之②，使偃取之③。偃曰："男女辨姓④，今君出自丁⑤，臣出自桓，不可⑥。"武子筮之，遇《困》☷☷之《大过》☰☷。史皆曰："吉⑨。"示陈文子，文子曰："夫从风⑩，风陨妻，不可娶也⑪。且其繇曰：'困于石，据于蒺藜，入于其宫，不见其妻，凶⑫。'困于石，往不济也⑬。据于蒺藜，所恃伤也⑭。入于其宫，不见其妻，凶，无所归也⑮。"崔子曰："嫠也何害？先夫当之矣⑯。"遂取之。庄公通焉，骤如崔氏。以崔子之冠赐人，侍者曰："不可。"公曰："不为崔子，其无冠乎⑰？"崔子因是⑱，又以其间伐晋也⑲，曰："晋必将报。"欲弒公以说于晋，而不获间。公鞭侍人贾举而又近之，乃为崔子间公⑳。

①棠公，齐棠邑大夫。②美其色也。③为己取也。【释文】取，如字，又七住切。④辨，别也。【释文】别，彼列切。⑤齐丁公，崔杼之祖。⑥齐桓公小白，东郭偃之祖。同姜姓，故不可昏。⑦《坎》下《兑》上，《困》。【释文】坎，苦敢切。兑，徒外切。⑧《巽》下《兑》上，《大过》。《困》六三变为《大过》。【释文】巽，音逊。⑨阿崔子。⑩《坎》为中男，故曰夫。变而为《巽》，故曰从风。【释文】中，丁仲切。⑪风能陨落物者，变而陨落，故曰妻不可娶。【释文】陨，于敏切。娶，亦作"取"，七住切。⑫《困》六三爻辞。【释文】繇，直又切。蒺，音疾。藜，力私切。⑬《坎》为险、为水。水之险者，石不可以动。⑭《坎》为险，《兑》为泽，泽之生物而险者蒺藜，恃之则伤。⑮《易》曰：非所困而困，名必辱；非所据而据，身必危。既辱且危，死其将至，妻其可得见邪？今卜昏而遇此卦，六三失位无应，则丧其妻，失其所归也。【释文】应，应对之应。丧，息浪切。⑯寡妇曰嫠。言棠公已当此凶。【释文】嫠，本又作"釐"，力之切。⑰言虽不为崔子，犹自应有冠。【释文】骤，愁又切，徐在遘切。⑱因是怒公。⑲间晋之难而伐之。【释文】间，间厕之间。难，乃旦切。⑳伺公间隙。【释文】弒，申志切。说，音悦，又如字。为，于伪切，下"莒为"、下注"为崔"同。

夏五月，莒为且于之役故，莒子朝于齐①。甲戌，飨诸北郭。崔子称疾不视事②。乙亥，公问崔子③，遂从姜氏。姜入于室，与崔子自侧户出。公拊楹而歌④。侍人贾举止众从者，而入闭门⑤。甲兴公登台而请，弗许⑥。请盟，弗许。请自刃于庙，弗许⑦。皆曰："君之臣杼疾病，不能听命⑧。近于公宫⑨，陪臣干掫有淫者，不知二命⑩。"公逾墙，又射之，中股，反队。遂弒之。贾举、州绰、邴师、公孙敖、封具、铎父、襄伊、偻堙皆死⑪。祝佗父祭于高唐⑫，至，复命。不说弁而死于崔氏⑬。申蒯侍渔者⑭，退，谓其宰曰："尔以帑免⑮，我将死。"其宰曰："免，是反子之义也。"与之皆死⑯。崔氏杀鬷蔑于平阴⑰。

①且于役在二十三年。【释文】且，子余切。②欲使公来。③问疾。④歌以命姜。

【释文】拊,芳甫切,拍也。楹,音盈。⑤为崔子闭公也。重言侍人者,别下贾举。【释文】从,才用切。重,直用切。别,彼列切。⑥请免。⑦求还庙自杀也。⑧不能亲听公命。⑨言崔子宫近公宫,或淫者诈称公。⑩干掫,行夜。言行夜得淫人,受崔子命讨之,不知他命。【释文】干,徐云读曰犴,胡旦切;服音如字。掫,侧柳切,徐子俱切,又作侯切。《说文》云:掫,夜戒,有所击也;从手,取声。《字林》同,音子侯切。服本作"取",子须切,谋也。今传本或作"诹",犹依掫音。行,下孟切。⑪八子皆齐勇力之臣,为公所嬖者,与公共死于崔子之宫。【释文】射,食亦切。中,丁仲切。股,音古。队,直类切。具,求付切。铎,待洛切。堙,音因。⑫高唐有齐别庙也。【释文】佗,徒河切。⑬爵弁,祭服。【释文】说,音脱。弁,皮彦切。⑭侍渔,监取鱼之官。【释文】蒯,苦怪切。监,古衔切。⑮帑,宰之妻子。【释文】帑,音奴。⑯反死君之义。⑰翳莨,平阴大夫,公外嬖。传言庄公所养非国士,故其死难皆嬖宠之人。【释文】翳,子公切。难,乃旦切。

晏子立于崔氏之门外①,其人曰:"死乎?"曰:"独吾君也乎哉,吾死也②?"曰:"行乎?"曰:"吾罪也乎哉,吾亡也③?"曰:"归乎?"曰:"君死,安归④? 君民者,岂以陵民? 社稷是主。臣君者,岂为其口实? 社稷是养⑤。故君为社稷死,则死之;为社稷亡,则亡之⑥。若为己死而为己亡,非其私昵,谁敢任之⑦? 且人有君而弑之,吾焉得死之,而焉得亡之⑧? 将庸何归⑨?"门启而入,枕尸股而哭⑩,兴,三踊而出。人谓崔子:"必杀之!"崔子曰:"民之望也! 舍之,得民⑪。"卢蒲癸奔晋,王何奔莒⑫。

①闻难而来。②言己与众臣元异。③自谓无罪。④言安可以归。⑤言君不徒居民上,臣不徒求禄,皆为社稷。【释文】为,于伪切,下同。⑥谓以公义死亡。⑦私昵,所亲爱也。非所亲爱,无为当其祸。【释文】昵,女乙切。任,音壬。⑧言己非正卿,见待无异于众臣,故不得死其难也。【释文】弑,申志切。焉,於虔切。⑨将用死亡之义,何所归趣。⑩以公尸枕己股。【释文】枕,之鸠切。⑪舍,置也。【释文】踊,羊宠切。⑫二子,庄公党。为二十八年杀庆舍张本。

叔孙宣伯之在齐也①,叔孙还纳其女于灵公。嬖,生景公②。丁丑,崔杼立而相之。庆封为左相。盟国人于大宫③,曰:"所不与崔、庆者……"晏子仰天叹曰:"婴所不唯忠于君利社稷者是与,有如上帝!"乃歃④。辛巳,公与大夫及莒子盟⑤。大史书曰:"崔杼弑其君。"崔子杀之。其弟嗣书而死者,二人⑥。其弟又书,乃舍之。南史氏闻大史尽死,执简以往。闻既书矣,乃还⑦。

①宣伯,鲁叔孙侨如。成十六年奔齐。②还,齐群公子。纳宣伯女于灵公。【释文】

还,音旋。③大宫,大公庙。【释文】相,息亮切,下同。大,音泰。④盟书云:所不与崔、庆者,有如上帝。读书未终,晏子抄答易其辞,因自歃。【释文】曰所不与崔、庆者,本或此下有"有如此盟"四字,后人妄加。歃,所洽切,又所甲切。⑤莒子朝齐,遇崔杼作乱未去,故复与景公盟。【释文】复,扶又切。⑥嗣,续也。并前有三人死。⑦传言齐有直史,崔杼之罪所以闻。

　　闾丘婴以帷缚其妻而载之,与申鲜虞乘而出①。鲜虞推而下之②,曰:"君昏不能匡,危不能救,死不能死,而知匿其昵③,其谁纳之?"行及弇中,将舍④。婴曰:"崔、庆其追我!"鲜虞曰:"一与一,谁能惧我⑤?"遂舍,枕辔而寝⑥,食马而食,驾而行。出弇中,谓婴曰:"速驱之! 崔、庆之众,不可当也。"遂来奔⑦。

　　①二子,庄公近臣。【释文】帷,位悲切。缚,直转切。乘,绳证切。②下婴妻也。【释文】推,如字,又他回切。③匿,藏也。昵,亲也。【释文】匿,女力切。昵,女乙切,注同。④弇中,狭道。【释文】弇,於检切,又於廉切,下同。狭,音洽。⑤言道狭,虽众无所用。⑥恐失马也。【释文】枕,之鸩切。⑦道广,众得用,故不可当。【释文】食,音嗣。

　　崔氏侧庄公于北郭①。丁亥,葬诸士孙之里②,四翣③,不跸④,下车七乘,不以兵甲⑤。

　　①侧,瘗埋之,不殡于庙。【释文】瘗,於滞切。埋,无皆切。②士孙,人姓,因名里。死十三日便葬,不待五月。③丧车之饰,诸侯六翣。【释文】翣,所甲切。④跸,止行人。【释文】跸,音必。⑤下车,送葬之车。齐旧依上公礼九乘,又有甲兵,今皆降损。【释文】乘,绳证切。

　　晋侯济自泮①,会于夷仪,伐齐,以报朝歌之役②。齐人以庄公说③,使隰鉏请成。庆封如师④,男女以班。赂晋侯以宗器、乐器⑤。自六正⑥、五吏、三十帅⑦、三军之大夫、百官之正长、师旅⑧及处守者,皆有赂⑨。晋侯许之⑩。使叔向告于诸侯⑪。公使子服惠伯对曰:"君舍有罪,以靖小国,君之惠也。寡君闻命矣!"

　　①泮,阙。【释文】泮,普半切。②朝歌役在二十三年。不书伐齐,齐人逆服,兵不加。③以弑庄公说晋也。【释文】说,如字,又音悦。④庆封独使于晋,不通诸侯,故不书。鉏,隰朋之曾孙。【释文】鉏,仕居切。使,所吏切。⑤宗器,祭祀之器。乐器,钟磬之属。⑥三军之六卿。⑦五吏,文职;三十帅,武职,皆军卿之属官。【释文】帅,所类切,下同。⑧百官正长,群有司也。师旅,小将帅。【释文】长,丁丈切。⑨皆以男女为赂。处守,守国者。【释文】守,手又切,又如字。⑩晋侯受赂还,不讥者,齐有丧,师自宜退。⑪告齐服。

晋侯使魏舒、宛没逆卫侯^①，将使卫与之夷仪。崔子止其帑，以求五鹿^②。

①卫献公以十四年奔齐。【释文】宛，於元切。②崔杼欲得卫之五鹿，故留卫侯妻子于齐以质之。

初，陈侯会楚子伐郑^①，当陈隧者，井堙木刊^②。郑人怨之。六月，郑子展、子产帅车七百乘伐陈，宵突陈城^③，遂入之。陈侯扶其大子偃师奔墓^④，遇司马桓子，曰："载余^⑤！"曰："将巡城^⑥。"遇贾获^⑦，载其母妻，下之，而授公车。公曰："舍而母！"辞曰："不祥^⑧。"与其妻扶其母以奔墓，亦免。子展命师无入公宫，与子产亲御诸门^⑨。陈侯使司马桓子赂以宗器。陈侯免，拥社^⑩。使其众，男女别而累，以待于朝^⑪。子展执絷而见^⑫，再拜稽首，承饮而进献^⑬。子美入，数俘而出^⑭。祝祓社，司徒致民，司马致节，司空致地，乃还^⑮。

①在前年。②隧，径也。堙，塞也。刊，除也。【释文】隧，音遂，徐徒猥切。堙，音因。刊，若干切。径，古定切。③突，穿也。④欲逃冢间。⑤陈之司马。⑥不欲载公，以巡城辞。⑦贾获，陈大夫。⑧虽急，犹不欲男女无别。【释文】别，彼列切。⑨欲服之而已，故禁侵掠。【释文】御，鱼吕切。掠，音亮。⑩免，丧服。拥社，抱社主，示服。【释文】免，音问，徐音万，丧冠也。拥，於勇切。⑪累，自囚系以待命。【释文】累，类悲切，又吕轨切。⑫见陈侯。【释文】絷，陟立切。见，贤遍切。⑬承饮，奉觯，示不失臣敬。⑭子美，子产也。但数其所获人数，不将以归。【释文】数俘，所主切，注"但数"同。⑮祓，除也。节，兵符。陈乱，故正其众官，修其所职，以安定之乃还也。【释文】祓，芳弗切，徐音废。

秋七月己巳，同盟于重丘，齐成故也^①。

①伐齐而称同盟，以明齐亦同盟。

赵文子为政^①，令薄诸侯之币而重其礼^②。穆叔见之。谓穆叔曰："自今以往，兵其少弭矣^③！齐崔、庆新得政，将求善于诸侯。武也知楚令尹^④。若敬行其礼，道之以文辞，以靖诸侯，兵可以弭^⑤。"

①赵武代范匄。②以重礼待诸侯。③弭。止也。【释文】弭，亡氏切。④令尹，屈建。⑤为二十七年晋楚盟于宋传。【释文】道，音导。

楚蒍子冯卒，屈建为令尹^①，屈荡为莫敖^②。舒鸠人卒叛楚^③。令尹子木伐之，及离城^④。吴人救之，子木遽以右师先^⑤，子强、息桓、子捷、子骈、子盂帅左师以退^⑥。吴人居其间七日^⑦。子强曰："久将垫隘，隘乃禽也，不如速战^⑧。请以其私卒诱之，简师陈以待我^⑨。我克则进，奔则亦视之^⑩，乃可以免。不然，必为吴禽。"从之。五人以其私卒先击吴师。吴师奔，登山以望，见楚师不继，复逐之。傅诸其军^⑪，简师会之，吴师大败。遂围舒鸠，舒鸠溃。八月，楚灭舒鸠⑫。

①屈建，子木。②代屈建。宣十二年邲之役，楚有屈荡，为左广之右。《世本》：屈荡，屈建之祖父。今此屈荡与之同姓名。【释文】邲，扶必切。广，古旷切。③前年辞不叛。④离城，舒鸠城。⑤先至舒鸠。【释文】遽，其据切。⑥五人不及子木，与吴相遇而退。【释文】捷，在接切。骈，蒲贤切，又蒲丁切。盂，音于。⑦居楚两军之间。⑧垫隘，虑水雨。【释文】垫，丁念切，《方言》云：下也。隘，於懈切。⑨简阅精兵，驻后为陈。【释文】卒，子忽切，下同。陈，直觐切。驻，张住切。⑩视其形势而救助之。⑪吴还逐五子，至其本军。【释文】复，扶又切。傅，音附。⑫五子既败吴师，遂前及子木，共围灭舒鸠。【释文】溃，户内切。

卫献公入于夷仪①。

①为下自夷仪与宁喜言张本。

郑子产献捷于晋①，戎服将事②。晋人问陈之罪，对曰："昔虞阏父为周陶正，以服事我先王③。我先王赖其利器用也，与其神明之后也④，庸以元女大姬配胡公⑤，而封诸陈，以备三恪⑥。则我周之自出，至于今是赖⑦。桓公之乱，蔡人欲立其出⑧。我先君庄公奉五父而立之⑨，蔡人杀之⑩。我又与蔡人奉戴厉公⑪，至于庄、宣，皆我之自立⑫。夏氏之乱，成公播荡，又我之自入，君所知也⑬。今陈忘周之大德，蔑我大惠，弃我姻亲，介恃楚众，以冯陵我敝邑，不可亿逞⑭。我是以有往年之告⑮。未获成命⑯，则有我东门之役⑰。当陈隧者，井堙木刊。敝邑大惧不竞，而耻大姬⑱。天诱其衷，启敝邑心⑲。陈知其罪，授手于我。用敢献功！"晋人曰："何故侵小？"对曰："先王之命，唯罪所在，各致其辟⑳。且昔天子之地一圻㉑，列国一同㉒，自是以衰㉓。今大国多数圻矣，若无侵小，何以至焉？"晋人曰："何故戎服？"对曰："我先君武、庄，为平、桓卿士㉔。城濮之役，文公布命，曰：'各复旧职㉕！'命我文公戎服辅王，以授楚捷，不敢废王命故也㉖。"士庄伯不能诘㉗，复于赵文子。文子曰："其辞顺，犯顺不祥。"乃受之。

①献入陈之功而不献其俘。②戎服，军旅之衣，异于朝服。③阏父，舜之后。当周之兴，阏父为武王陶正。【释文】阏，於葛切。④舜圣，故谓之神明。⑤庸，用也。元女，武王之长女。胡公，阏父之子满也。【释文】大，音泰。配，亦作"妃"，音配。长，丁丈切。⑥周得天下，封夏、殷二王后，又封舜后，谓之恪，并二王后为三国。其礼转降，示敬而已，故曰三恪。【释文】恪，苦洛切。⑦言陈，周之甥，至今赖周德。⑧陈桓公鲍卒，于是陈乱，事在鲁桓五年。蔡出，桓公之子厉公也。⑨五父佗，桓公弟，杀大子免而代之，郑庄公因

就定其位。【释文】佗，徒河切。⑩欲立其出故。⑪奉戴，犹奉事。⑫陈庄公、宣公，皆厉公子。⑬播荡，流移失所。宣十一年，陈夏征舒弑灵公，灵公之子成公奔晋，自晋因郑而入也。【释文】夏，户雅切。播，补贺切。⑭亿，度也。逞，尽也。【释文】介，音戒。冯，皮冰切。亿，於力切。逞，敕景切。度，待洛切。⑮谓郑伯稽首告晋，请伐陈。⑯未得伐陈命。⑰前年陈从楚伐郑东门。⑱上辱大姬之灵。⑲启，开也。开道其心，故得胜。【释文】衷，音忠。道，音导。⑳辟，诛也。【释文】辟，婢亦切。㉑方千里。【释文】圻，音祈。㉒方百里。㉓衰，差降。【释文】衰，初危切。㉔郑武公、庄公为周平王、桓王卿士。【释文】数，色主切，下"数甲兵""数疆潦"各并注同。㉕晋文公。【释文】濮，音卜。㉖城濮在僖二十八年。㉗士庄伯，士弱也。【释文】诘，起吉切。

冬十月，子展相郑伯如晋，拜陈之功①。子西复伐陈，陈及郑平②。仲尼曰："《志》有之③：'言以足志，文以足言④。'不言，谁知其志？言之无文，行而不远⑤。晋为伯，郑入陈，非文辞不为功。慎辞哉⑥！"

①谢晋受其功。【释文】相，息亮切。②前虽入陈，服之而已，故更伐以结成。③志，古书。④足，犹成也。【释文】足，将住切，又如字。⑤虽得行，犹不能及远。⑥枢机之发，荣辱之主。

楚蒍掩为司马①，子木使庀赋②，数甲兵③。甲午，蒍掩书土田④：度山林⑤，鸠薮泽⑥，辨京陵⑦，表淳卤⑧，数疆潦⑨，规偃猪⑩，町原防⑪，牧隰皋⑫，井衍沃⑬，量入修赋⑭。赋车籍马⑮，赋车兵⑯、徒兵⑰甲楯之数⑱。既成，以授子木，礼也⑲。

①蒍子冯之子。②庀，治。【释文】庀，音秘。③阅数之。④书土地之所宜。⑤度量山林之材，以共国用。【释文】度，待洛切，下同。共，音恭。⑥鸠，聚也。聚成薮泽，使民不得焚燎坏之，欲以备田猎之处。【释文】薮，素口切。燎，力召切。处，昌虑切。⑦辨，别也。绝高曰京，大阜曰陵。别之以为冢墓之地。【释文】别，彼列切。⑧淳卤，埆薄之地。表异，轻其赋税。【释文】淳，音纯。卤，音鲁，《说文》云：卤，西方鹹地。埆，音学。⑨疆界有流潦者，计数减其租入。【释文】疆，居良切，贾其两切。潦，音老。⑩偃猪，下湿之地。规度其受水多少。【释文】偃，於建切，又如字。猪，陟鱼切，《尚书》传云：停水曰猪。⑪广平曰原。防，堤也。堤防间地，不得方正如井田，别为小顷町。【释文】町，徒顶切。堤，丁兮切。顷，苦颖切。⑫隰皋，水厓下湿，为刍牧之地。【释文】牧，州牧之牧。⑬衍沃，平美之地，则如《周礼》制以为井田。六尺为步，步百为亩，亩百为夫，九夫为井。【释文】衍，以善切。衍沃，下平曰衍，有流曰沃。⑭量九土之所入而治理其赋税。【释文】量，

音良，又音亮。⑮籍，疏其毛色岁齿，以备军用。⑯车兵，甲士。⑰步卒。【释文】卒，子忽切。⑱使器杖有常数。【释文】楯，食准切，又音尹。杖，直亮切。⑲得治国之礼。传言楚之所以兴。

十二月，吴子诸樊伐楚，以报舟师之役①。门于巢②。巢牛臣曰："吴王勇而轻，若启之，将亲门③。我获射之，必殪④。是君也死，疆其少安⑤。"从之。吴子门焉，牛臣隐于短墙以射之，卒。

①舟师在二十四年也。②攻巢门。③启，开门。【释文】轻，遣政切。④殪，死也。【释文】射，食亦切。殪，於汁切。⑤【释文】疆，居良切。

楚子以灭舒鸠赏子木。辞曰："先大夫芴子之功也。"以与芴掩①。

①往年楚子将伐舒鸠，芴子冯请退师以须其叛，楚子从之，卒获舒鸠，故子木辞赏以与其子。

晋程郑卒。子产始知然明①，问为政焉。对曰："视民如子。见不仁者诛之，如鹰鹯之逐鸟雀也。"子产喜，以语子大叔，且曰："他日吾见蔑之面而已②，今吾见其心矣。"子大叔问政于子产。子产曰："政如农功，日夜思之，思其始而成其终。朝夕而行之，行无越思③，如农之有畔④。其过鲜矣。"

①前年然明谓程郑将死，今如其言，故知之。②蔑，然明名。【释文】鹰，於陵切。鹯，之延切，徐居延切。语，鱼据切。③思而后行。【释文】朝夕，如字。④言有次。

卫献公自夷仪使与宁喜言①，宁喜许之。大叔文子闻之②，曰："乌乎！《诗》所谓'我躬不说，皇恤我后'者，宁子可谓不恤其后矣③。将可乎哉？殆必不可。君子之行，思其终也④，思其复也⑤。《书》曰："慎始而敬终，终以不困⑥。'《诗》曰：'夙夜匪懈，以事一人⑦。'今宁子视君不如弈棋⑧，其何以免乎？弈者举棋不定，不胜其耦，而况置君而弗定乎？'必不免矣。九世之卿族，一举而灭之，可哀也哉⑨！"

①求复国也。②大叔仪也。③皇，暇也。《诗·小雅》，言今我不能自容说，何暇念其后乎？谓宁子必身受祸，不得恤其后也。【释文】说，音悦，《诗》作"阅"，容也。④思使终可成。⑤思其可复行。⑥逸《书》。⑦一人，以喻君。【释文】懈，佳卖切。⑧弈，围棋也。【释文】弈，音亦。棋，音其。⑨宁氏出自卫武公，及喜九世也。

会于夷仪之岁，齐人城郏①。其五月，秦、晋为成。晋韩起如秦莅盟，秦伯车如晋莅盟②，成而不结③。

①在二十四年。不直言会夷仪者，别二十五年夷仪会传。此传本为后年修成，当续

前卷二十五年之传后，简编烂脱，后人传写，因以在此耳。【释文】郏，古洽切。别，彼列切。②伯车，秦伯之弟鍼也。【释文】苬，音利，又音类。车，音居。鍼，其廉切。③不结固也。传为后年修成起本，当继前年之末，而特跳此者，传写失之。【释文】为，于伪切。跳，直雕切。传，直专切，一本作"转"。

按：本段原置下卷卷首二十六年前，为清眉目，依清武英殿本移于本年末。

襄公二十六年

【经】

二十有六年春，王二月辛卯，卫宁喜弑其君剽①。

卫孙林父人于戚以叛②。

甲午，卫侯衎复归于卫③。

夏，晋侯使荀吴来聘④。

公会晋人、郑良霄、宋人、曹人于澶渊⑤。

秋，宋公杀其世子痤⑥。

晋人执卫宁喜。

八月壬午，许男宁卒于楚⑦。

冬，楚子、蔡侯、陈侯伐郑。

葬许灵公。

①【释文】剽，匹妙切。②衎虽未居位，林父专邑背国，犹为叛也。【释文】背，音佩。③复其位日复归。名与不名，传无义例。④吴，荀偃子。⑤卿会公侯皆应贬，方责宋向戌后期，故书良霄以驳之。若皆称人，则嫌向戌直以会公贬之。【释文】澶，市延切。驳，邦角切。⑥称君以杀，恶其父子相残害。【释文】痤，才禾切。恶，乌路切。⑦未同盟而赴以名。

【传】

二十六年春，秦伯之弟鍼如晋修成①，叔向命召行人子员②。行人子朱曰："朱也当御③。"三云，叔向不应。子朱怒，曰："班爵同④，何以黜朱于朝⑤？"抚剑从之⑥。叔向曰：

"秦、晋不和久矣！今日之事,幸而集⑦,晋国赖之。不集,三军暴骨。子员道二国之言无私,子常易之。奸以事君者,吾所能御也。"拂衣从之⑧。人救之。平公曰:"晋其庶乎⑨！吾臣之所争者大。"师旷曰:"公室惧卑,臣不心竞而力争⑩,不务德而争善⑪,私欲已侈,能无卑乎⑫?"

①修会夷仪岁之成。②欲使答秦命。【释文】员,音云。③御,进也。言次当行。④同为大夫。【释文】应,应对之应。⑤黜,退也。⑥从叔向也。⑦集,成。⑧拂衣,褰裳也。【释文】暴,蒲卜切,徐扶沃切。道,音导。御,鱼吕切。拂,芳弗切。褰,起虔切,本或作"骞",音虽同,非也,《说文》云:褰,袴也。⑨庶几于治。【释文】治,直吏切。⑩谓二子不心竞为忠,而抚剑拂衣。【释文】争,争斗之争。⑪争谓所行为善。⑫私欲侈则公义废。【释文】侈,昌氏切,又尺氏切。

卫献公使子鲜为复①,辞②。敬姒强命之③。对曰:"君无信,臣惧不免。"敬姒曰:"虽然,以吾故也。"许诺。初,献公使与宁喜言④,宁喜曰:"必子鲜在,不然必败⑤。"故公使子鲜。子鲜不获命于敬姒⑥,以公命与宁喜言曰:"苟反,政由宁氏,祭则寡人。"宁喜告蘧伯玉,伯玉曰:"瑗不得闻君之出,敢闻其入⑦?"遂行,从近关出。告右宰穀⑧,右宰穀曰:"不可。获罪于两君⑨,天下谁畜之⑩?"悼子曰:"吾受命于先人,不可以贰⑪。"穀曰:"我请使焉而观之⑫。"遂见公于夷仪。反曰:"君淹恤在外十二年矣⑬,而无忧色,亦无宽言,犹夫人也⑭。若不已,死无日矣⑮。"悼子曰:"子鲜在。"右宰穀曰:"子鲜在,何益?多而能亡,于我何为⑯?"悼子曰:"虽然,不可以已。"孙文子在戚,孙嘉聘于齐,孙襄居守⑰。

①使为己求反国。【释文】鲜,音仙。为,于伪切。②辞不能。③敬姒,献公及子鲜之母。【释文】姒,音似。强,其丈切。④言复国。⑤子鲜贤,国人信之,必欲使在其间。⑥不得止命。⑦十四年,孙氏欲逐献公,瑗走,从近关出。【释文】蘧,其居切。瑗,于眷切,又于万切。⑧卫大夫。⑨前出献公,今弑剽。【释文】弑,申志切。⑩畜,犹容也。【释文】畜,许六切,又敕六切。⑪悼子,宁喜也。受命在二十年。⑫观,知可还否。【释文】使,所吏切。还,音旋。⑬淹,久也。【释文】见,贤遍切,又如字。淹,於廉切,徐於严切。⑭言其为人犹如故。【释文】夫.音扶。⑮已,止也。⑯言子鲜为义,多不过亡出。⑰二子,孙文子之子。【释文】守,手又切。

二月庚寅,宁喜、右宰穀伐孙氏,不克。伯国伤①。宁子出舍于郊②。伯国死,孙氏夜哭。国人召宁子,宁子复攻孙氏,克之。辛卯,杀子叔及大子角③。书曰:"宁喜弑其君剽。"言罪之在宁氏也④。孙林父以戚如晋⑤。书曰:"人于戚以叛。"罪孙氏也。臣之禄,君实有之。义则进，否则奉身而退，专禄以周旋，戮也⑥。甲午，卫侯入。书曰："复归。"国纳之也⑦。大夫逆于竟者，执其手而与之言。道逆者，自车揖之。逆于门者，颔之而已⑧。

①伯国，孙襄也。父兄皆不在，故乘弱攻之。②欲奔。③子孙，卫侯剽。言子叔，剽无谥故。【释文】复，扶又切，下"复想"同。④嫌受父命纳旧君无罪，故发之。⑤以邑属晋。⑥林父事剽而衎入，义可以退，唯以专邑自随为罪，故传发之。⑦本晋纳之夷仪，今从夷仪入国，嫌若晋所纳，故发国纳之例，言国之所纳而复其位。⑧颔，摇其头。言衎骄心易生。【释文】竟，音境。颔，户感切。易，以豉切。

公至，使让大叔文子曰："寡人淹恤在外，二三子皆使寡人朝夕闻卫国之言①，吾子独不在寡人②。古人有言曰'非所怨勿怨'。寡人怨矣③。"对曰："臣知罪矣！臣不佞，不能负羁绁，以从扦牧圉，臣之罪一也。有出者，有居者④，臣不能贰，通外内之言以事君，臣之罪二也。有二罪，敢忘其死？"乃行，从近关出。公使止之⑤。

①二三子，诸大夫。【释文】大，音泰。朝，如字。②在，存问之。公闻文子答宁喜之言，故忿之。③所怨在亲亲。④出谓衎，居谓剽也。【释文】羁，居宜切。绁，息列切。扦，户干切。圉，鱼吕切。⑤传言卫侯不能安和大臣。

卫人侵戚东鄙①，孙氏诉于晋，晋戍茅氏②。殖绰伐茅氏，杀晋戍三百人③。孙蒯追之，弗敢击。文子曰："厉之不如④！"遂从卫师，败之圉⑤。雍钮获殖绰⑥。复诉于晋⑦。

①以林父叛故。②茅氏，戚东鄙。【释文】诉，悉路切，下同。③殖绰，齐人，今来在卫。④厉，恶鬼也。⑤蒯感父言，更还逐殖绰。圉，卫地。⑥雍鉏，孙氏臣。⑦为下晋讨卫张本。

郑伯赏入陈之功①。三月甲寅朔，享子展，赐之先路、三命之服②，先八邑③。赐子产次路、再命之服，先六邑。子产辞邑，曰："自上以下，降杀以两，礼也。臣之位在四④，且子展之功也。臣不敢及赏礼，请辞邑⑤。"公固予之，乃受三邑⑥。公孙挥曰："子产其将知政矣⑦！让不失礼。"

①入陈在前年。②先路、次路皆王所赐车之总名，盖请之于王。【释文】路，本亦作"辂"，音路。③以路及命服为邑先。八邑，三十二井。【释文】先，徐悉荐切，下同，或如字。④上卿子展，次卿子西。十一年良霄见经，十九年乃立子产为卿，故位在四。【释文】杀，所界切。见，贤遍切。⑤赏礼，以礼见赏，谓六邑也。⑥位次当受二邑，以公固与之，故受三邑。⑦知国政。

晋人为孙氏故，召诸侯，将以讨卫也。夏，中行穆子来聘，召公也①。

楚子、秦人侵吴,及雩娄,闻吴有备而还①。遂侵郑,五月,至于城麇。郑皇颉戍之②,出,与楚师战,败。穿封戌囚皇颉,公子围与之争之③,正于伯州犁④。伯州犁曰:"请问于囚。"乃立囚。伯州犁曰:"所争,君子也,其何不知⑤?"上其手,曰:"夫子为王子围,寡君之贵介弟也⑥。"下其手,曰:"此子为穿封戌,方城外之县尹也。谁获子⑦?"囚曰:"颉遇王子,弱焉⑧。"戌怒,抽戈逐王子围,弗及。楚人以皇颉归。

①雩娄县,今(长)[属]安丰郡。【释文】雩,音于,徐况于切,如淳同,韦昭音虚,或一呼切。娄,如字,徐力俱切,如淳音楼。②皇颉,郑大夫,守城麇之邑。【释文】麇,九伦切。颉,户结切。③公子围,共王子灵王也。【释文】戌,音恤。④正曲直也。⑤言王子围及穿封戌皆非细人,易别识也。【释文】易,以豉切。别,彼列切。⑥介,大也。【释文】上.时掌切,下同。介,音界。⑦上、下手以道囚意。【释文】道,音导。⑧弱,败也。言为王子所得。

印堇父与皇颉戍城麇①,楚人囚之,以献于秦。郑人取货于印氏以请之,子大叔为令正②,以为请。子产曰:"不获③。受楚之功而取货于郑,不可谓国。秦不其然④。若曰:'拜君之勤郑国,微君之惠,楚师其犹在敝邑之城下。'其可⑤。"弗从,遂行。秦人不予。更币,从子产而后获之⑥。

①印堇父,郑大夫。【释文】抽,敕留切。印,一刃切。堇,音谨。②主作辞令之正。③谓大叔辞以货请堇父,必不得。【释文】为,于伪切,又如字。④受楚献功,大名也。以货免之,小利。故谓秦不尔。⑤辞如此,堇父可得。⑥更遣使执币用子产辞,乃得堇父。传称子产之善。【释文】使,所吏切。

六月,公会晋赵武、宋向戌、郑良霄、曹人于澶渊以讨卫,疆戚田①。取卫西鄙懿氏六十以与孙氏②。赵武不书,尊公也③。向戌不书,后也④。郑先宋,不失所也⑤。于是卫侯会之⑥。晋人执宁喜、北宫遗,使女齐以先归⑦。卫侯如晋,晋人执而囚之于士弱氏⑧。

①正戚之封疆。【释文】疆,居良切。②戚城西北五十里有懿城,因姓以名城。取田六十井也。③罪武会公侯。④后会期。⑤如(其)[期]至。⑥晋将执之,不得与会,故不书。【释文】与,音预。⑦讨其弑君伐孙氏也。遗,北宫括之子。女齐,司马侯。归晋而后告诸侯,故经书在秋。【释文】女,音汝。⑧士弱,晋主狱大夫。

秋七月,齐侯、郑伯为卫侯故,如晋①,晋侯兼享之。晋侯赋《嘉乐》②。国景子相齐侯③,赋《蓼萧》④。子展相郑伯,赋《缁衣》⑤。叔向命晋侯拜二君曰:"寡君敢拜齐君之安我先君之宗祧也,敢拜郑君之不贰也⑥。"

①欲共请之。【释文】为,于伪切,下"为臣"、注"为林父""为臣"皆同。②《嘉乐》《诗·大雅》,取其"嘉乐君子,显显令德,宜民宜人,受禄于天"。【释文】嘉,户嫁切,注同。③景子,国弱。【释文】相,息亮切,下同。④《蓼萧》,《诗·小雅》,言大平泽及远,若露之在萧,以喻晋君恩泽及诸侯。【释文】蓼,音六。大,音泰。⑤《缁衣》,《诗·郑风》,义取"适子之馆兮,还予授子之粲兮",言不敢违远于晋。【释文】缁,侧其切。粲,七旦切。远,于万切。⑥《蓼萧》《缁衣》二诗所趣各不同,故拜二君辞异。【释文】祧,他雕切。

国子使晏平仲私于叔向①,曰:"晋君宣其明德于诸侯,恤其患而补其阙,正其违而治其烦,所以为盟主也。今为臣执君,若之何②?"叔向告赵文子,文子以告晋侯。晋侯言卫侯之罪,使叔向告二君③。国子赋"辔之柔矣④",子展赋"将仲子兮⑤",晋侯乃许归卫侯。叔向曰:"郑七穆,罕氏其后亡者也。子展俭而壹⑥。"

①私与叔向语。②谓晋为林父执卫侯。③言自以杀晋戍三百人为罪,不以林父故。④逸《诗》,见《周书》,义取宽政以安诸侯,若柔辔之御刚马。【释文】见,贤遍切。⑤《将仲子》,《诗·郑风》,义取众言可畏。卫侯虽别有罪,而众人犹谓晋为臣执君。【释文】将,七羊切。本亦无"兮"字,此依《诗序》。⑥子展,郑子罕之子,居身俭而用心壹。郑穆公十一子,子然、二子孔三族已亡,子羽不为卿,故唯言七穆。郑七穆,谓子展公孙舍之,罕氏也;子西公孙夏,驷氏也;子产公孙侨,国氏也;伯有良霄,良氏也;子大叔游吉,游氏也;子石公孙段,丰氏也;伯石印段,印氏也。穆公十一子,谓子良,公子去疾也;子罕,公子喜也;子驷,公子騑也;子国,公子发也;子孔,公子嘉也;子游,公子偃也;子丰也,子印也,子羽也,子然也,士子孔也。子然、二子孔已亡,子羽不为卿,故止七也。

初,宋芮司徒生女子①,赤而毛,弃诸堤下。共姬之妾取以入②,名之曰弃。长而美。平公入夕③,共姬与之食。公见弃也,而视之,尤④。姬纳诸御,嬖,生佐⑤,恶而婉⑥。大子痤美而很⑦,合左师畏而恶之⑧。寺人惠墙伊戾为大子内师而无宠⑨。

①芮司徒,宋大夫。【释文】芮,如锐切。②共姬,宋伯姬也。【释文】堤,亦作"隄",徐丁兮切,沈直兮切。共,音恭。③平公,共姬子也。【释文】长,丁丈切。④尤,甚也。⑤佐,元公。⑥佐貌恶而心顺。【释文】婉,於阮切。⑦貌美而心很戾。【释文】很,胡恳切。⑧合左师,向戌。【释文】恶,乌路切,下皆同。⑨惠墙,氏;伊戾,名。【释文】墙,或作"廧",音墙。戾,力计切。

秋,楚客聘于晋,过宋①。大子知之,请野享之。公使往,伊戾请从之。公曰:"夫不恶女乎②？"对曰："小人之事君子也，恶之不敢远，好之不敢近。敬以待命，敢有贰心乎？纵有共其外，莫共其内③。臣请往也。"遣之。至，则欲，用牲，加书，征之④，而骋告公曰⑤："大子将为乱，既与楚客盟矣。"公曰："为我子，又何求？"对曰："欲速⑥。"公使视之，则信有焉⑦。问诸夫人与左师⑧，则皆曰："固闻之。"公囚大子。大子曰："唯佐也能免我⑨。"召而使请，曰："日中不来，吾知死矣。"左师闻之，聒而与之语⑩。过期，乃缢而死。佐为大子。公徐闻其无罪也，乃亨伊戾。左师见夫人之步马者⑪，问之，对曰："君夫人氏也。"左师曰："谁为君夫人？余胡弗知？"圉人归，以告夫人。夫人使馈之锦与马，先之以玉⑫，曰："君之妾弃使某献。"左师改命曰："君夫人。"而后再拜稽首受之⑬。

①上已有秋，复发传者，中间有初，不言秋，则嫌楚客过在他年。【释文】复，扶又切。②夫，谓大子也。【释文】夫，音扶，注同。女，音汝。③伊戾为大子内师，不行，恐内侍废阙。【释文】远，于万切。好，呼报切。近，附近之近。共，音恭，本又作"供"。④诈作盟处，于大子反征验也。【释文】欲，口感切。处，昌虑切。⑤骋，驰也。【释文】骋，敕景切。⑥言欲速得公位。⑦有盟征焉。⑧夫人，佐母弃也。⑨以其婉也。⑩聒，谨也。欲便佐失期。【释文】聒，古活切。谨，呼端切。⑪步马，习马。【释文】缢，一赐切。亨，普彭切。⑫以玉为锦马之先。【释文】馈，其位切。先，悉荐切，又如字。⑬左师令使者改命也。传言宋公闇，左师谲，大子所以无罪而死。【释文】令，力呈切。使，所吏切，下"通使"同。谲，羊朱切。

郑伯归自晋①，使子西如晋聘，辞曰："寡君来烦执事，惧不免于戾②，使夏谢不敏③。"君子曰："善事大国④。"

①请卫侯归。②言自惧失敬于大国而得罪。③夏，子西名。【释文】夏，户雅切。④将求于人，必先下之，言郑所以能自安。【释文】下，退嫁切。

初，楚伍参与蔡太师子朝友，其子伍举与声子相善也①。伍举娶于王子牟，王子牟为申公而亡②，楚人曰："伍举实送之。"伍举奔郑，将遂奔晋。声子将如晋，遇之于郑郊，班荆相与食，而言复故③。声子曰："子行也！吾必复子。"及宋向戌将平晋、楚④，声子通使于晋⑤。还如楚，令尹子木与之语，问晋故焉⑥。且曰："晋大夫与楚孰贤？"对曰："晋卿不如楚，其大夫则贤，皆卿材也。如杞、梓、皮革，自楚往也⑦。虽楚有材，晋实用之⑧。"子木曰："夫独无族姻乎⑨？"对曰："虽有，而用楚材实多。归生闻之⑩：'善为国者，赏不僭而刑不滥。'赏僭，则惧及淫人；刑滥，则惧及善人。若不幸而过，宁僭无滥。与其失善，宁其利淫。无善人，则国从之⑪。《诗》曰：'人之云亡，邦国殄瘁。'无善人之谓也⑫。故《夏书》

曰:'与其杀不辜,宁失不经。'。惧失善也⑬。《商颂》有之曰:'不僭不滥,不敢怠皇。命于下国,封建厥福⑭。'此汤所以获天福也。古之治民者,劝赏而畏刑⑮,恤民不倦。赏以春夏,刑以秋冬⑯。是以将赏,为之加膳,加膳则饫赐⑰,此以知其劝赏也。将刑,为之不举,不举则彻乐⑱,此以知其畏刑也。夙兴夜寐,朝夕临政,此以知其恤民也。三者,礼之大节也。有礼无败。今楚多淫刑,其大夫逃死于四方,而为之谋主,以害楚国,不可救疗,所谓不能也⑲。"

①声子,子朝之子。伍举,子胥祖父椒举也。【释文】朝,如字。②获罪出奔。【释文】娶,七住切。牟,亡侯切。为,如字,旧于伪切。③班,布也。布荆坐地,共议归楚事。朋友世亲。④平在明年。⑤为国通平事。【释文】为,于伪切。⑥故,事。⑦杞、梓皆木名。【释文】杞,音起。梓,音子。⑧言楚亡臣多在晋。⑨夫,谓晋。⑩归生,声子名。⑪从之亡也。【释文】僭,子念切,下皆同。滥,力暂切。⑫《诗·大雅》。殄,尽也。瘁,病也。【释文】殄,徒典切。瘁,在醉切。⑬逸《书》也。不经,不用常法。⑭《诗·商颂》,言殷汤赏不僭差,刑不滥溢,不敢怠解自宽暇,故能为下国所命为天子。【释文】解,佳卖切。⑮乐行赏而惮用刑。⑯顺天时。⑰饫,餍也。酒食赐下,无不餍足,所谓加膳也。【释文】为,于伪切,下"为之"同。饫,於据切。餍,一本亦作"厌",於艳切。⑱不举盛馔。【释文】馔,士眷切。⑲疗,治也。所谓楚人不能用其材也。【释文】朝,如字。疗,力召切。

"子仪之乱,析公奔晋①。晋人置诸戎车之殿,以为谋主②。绕角之役,晋将遁矣,析公曰:'楚师轻窕,易震荡也。若多鼓钧声,以夜军之③,楚师必遁。'晋人从之,楚师宵溃。晋遂侵蔡,袭沈,获其君;败申、息之师于桑隧,获申丽而还④。郑于是不敢南面。楚失华夏,则析公之为也。"

①在文十四年。【释文】析,星历切。②殿,后军。【释文】置,之豉切。殿,多练切。③钧同其声。【释文】遁,徒困切。窕,敕尧切,又通弔切。易,以豉切。钧,音均,徐居旬切。④成六年,晋栾书救郑,与楚师遇于绕角,楚师还。晋侵沈,获沈子。八年复侵楚,败申、息,获申丽。【释文】溃,户内切。隧,音遂。丽,力驰切。复,扶又切。

"雍子之父兄谮雍子,君与大夫不善是也①,雍子奔晋。晋人与之鄐②,以为谋主。彭城之役,晋、楚遇于靡角之谷③。晋将遁矣,雍子发命于军曰:'归老幼,反孤疾,二人役,归一人,简兵蒐乘④,秣马蓐食,师陈焚次⑤,明日将战。'行归者而逸楚囚⑥,楚师宵溃。晋绛彭城而归诸宋,以鱼石归⑦。楚失东夷,子辛死之,则雍子之为也⑧。"

①不是其曲直。【释文】夏,户雅切。②鄐,晋邑。【释文】鄐,许六切,徐超六切。

③在成十八年。④简，择。蒐，阅。【释文】蒐，所留切。乘，绳证切。阅，音悦。⑤次，舍也。焚舍，示必死。【释文】秣，音末。蓐，音辱。陈，直觐切。⑥欲使楚知之。⑦在元年。【释文】降，户江切。⑧楚东小国及陈，见楚不能救彭城，皆叛。五年楚人讨陈叛故，杀令尹子辛。

"子反与子灵争夏姬①，而雍害其事②，子灵奔晋。晋人与之邢③，以为谋主，扞御北狄，通吴于晋，教吴叛楚，教之乘车、射御、驱侵，使其子狐庸为吴行人焉。吴于是伐巢，取驾；克棘，入州来④。楚罢于奔命，至今为患，则子灵之为也⑤。"

①子灵，巫臣。②子反亦雍害巫臣，不使得取夏姬。【释文】雍，於勇切。③邢，晋邑。【释文】邢，音刑。④驾、棘皆楚邑，谯国酇县东北有棘亭。【释文】谯，在遥切。酇，才多切，又子旦切，或作"赞"。⑤事见成七年。【释文】罢，音皮。见，贤遍切。

"若敖之乱，伯贲之子贲皇奔晋。晋人与之苗①，以为谋主。鄢陵之役②，楚晨压晋军而陈，晋将遁矣。苗贲皇曰：'楚师之良，在其中军王族而已③。若塞井夷灶，成陈以当之④，栾、范易行以诱之⑤，中行、二郤必克二穆⑥，吾乃四萃于其王族，必大败之⑦。'晋人从之，楚师大败，王夷师熸⑧，子反死之。郑叛吴兴，楚失诸侯，则苗贲皇之为也。"

①若敖乱在宣四年。苗，晋邑。【释文】贲，扶云切，下同。②在成十六年。【释文】鄢，音偃。③言楚之精卒唯在中军。【释文】压，本又作"厌"，於甲切，徐於辄切。陈，直觐切，下"成阵"并注同。卒，子忽切。④塞井夷灶以为陈。⑤栾书时将中军，范燮佐之。易行谓简易兵备，欲令楚贪己，不复顾二穆之兵。【释文】易，以豉切，下"易成"同，贾音亦。行，户郎切，下同，贾音衡。令，力呈切，下同。复，扶又切，下"复任"同。⑥郤锜时将上军，中行偃佐之。郤至佐新军。令此三人分良以攻二穆之兵。楚子重、子辛皆出穆王，故曰二穆。【释文】锜，鱼绮切。⑦四萃，四面集攻之。【释文】萃，在醉切。⑧夷，伤也。吴、楚之间谓火灭为熸。【释文】熸，音尖。

子木曰："是皆然矣。"声子曰："今又有甚于此。椒举娶于申公子牟，子牟得戾而亡，君大夫谓椒举：'女实遣之！'惧而奔郑，引领南望曰：'庶几赦余！'亦弗图也①。今在晋矣。晋人将与之县，以比叔向②。彼若谋害楚国，岂不为患？"子木惧，言诸王，益其禄爵而复之。声子使椒鸣逆之③。

①言楚亦不以为意。【释文】娶，本又作"取"，七住切。女，音汝。②以举材能比叔向。③椒鸣，伍举子。传言声子有辞，伍举所以得反，子孙复仕于楚。

许灵公如楚，请伐郑①，曰："师不兴，孤不归矣！"八月，卒于楚。楚子曰："不伐郑，何以求诸侯?"冬十月,楚子伐郑②。郑人将御之。子产曰:"晋、楚将平,诸侯将和③,楚王是故昧于一来④。不如使逞而归,乃易成也⑤。夫小人之性,衅于勇,啬于祸,以足其性而求名焉者,非国家之利也。若何从之⑥?"子展说,不御寇。十二月乙酉,入南里,堕其城⑦。涉于乐氏⑧,门于师之梁⑨。县门发,获九人焉。涉于氾而归⑩,而后葬许灵公⑪。

①十六年晋伐许,他国皆大夫,独郑伯自行,故许恚,欲报之。【释文】恚,一睡切。②为许。【释文】为,于伪切,下"为国"同。③和在明年。④昧,犹贪冒。【释文】昧,音妹。冒,亡报切,又亡北切。⑤逞,快也。⑥衅,动也。啬,贪也。言郑之欲与楚战者,皆衅勇贪名之人,非能为国计虑久利,不可从也。【释文】衅,许觐切。足,子住切,又如字。⑦南里,郑邑。【释文】说,音悦,下注同。御,鱼吕切。堕,许规切。⑧乐氏,津名。⑨郑城门。⑩于氾城下涉汝水南归。【释文】县,音玄。氾,音凡,徐扶严切。⑪卒灵公之志而后葬之。

卫人归卫姬于晋,乃释卫侯①。君子是以知平公之失政也②。

①以侯以女说晋而后得免。②传言晋之衰。

晋韩宣子聘于周。王使请事①,对曰:"晋士起将归时事于宰旅,无他事矣②。"王闻之曰:"韩氏其昌阜于晋乎! 辞不失旧③。"

①问何事来聘。②起,宣子名。礼:诸侯大夫入天子国称士。时事,四时贡职。宰旅,冢宰之下士。言献职贡于宰旅,不敢斥尊。③阜,大也。传言周衰,诸侯莫能如礼,唯韩起不失旧。

齐人城郏之岁①,其夏,齐乌馀以廪丘奔晋②,袭卫羊角,取之③。遂袭我高鱼④,有大雨,自其窦入⑤,介于其库⑥,以登其城,克而取之⑦。又取邑于宋。于是范宣子卒⑧,诸侯弗能治也。及赵文子为政,乃卒治之。文子言于晋侯曰:"晋为盟主,诸侯或相侵也,则讨而使归其地。今乌馀之邑,皆讨类也⑨,而贪之,是无以为盟主也。请归之!"公曰:"诺。孰可使也?"对曰:"胥梁带能无用师。"晋侯使往⑩。

①在二十四年。②乌馀,齐大夫。廪丘,今东郡廪丘县故城是。【释文】廪,力甚切。③今廪丘县所治羊角城是。【释文】治,直吏切。④高鱼城在廪丘县东北。⑤雨,故水窦开。【释文】窦,音豆。⑥入高鱼库而介其甲。【释文】介,音界。⑦取鲁高鱼,无所讳而不书,其义未闻。⑧宣子,范匄。⑨言于比类宜见讨。【释文】比,必利切。⑩胥梁带,晋大夫。能无用师,言有权谋。

襄公二十七年

【经】

二十有七年春,齐侯使庆封来聘①。

夏,叔孙豹会晋赵武、楚屈建、蔡公孙归生、卫石恶、陈孔奂、郑良霄、许人、曹人于宋②。

卫杀其大夫宁喜③。

卫侯之弟鱄出奔晋④。

秋七月辛巳,豹及诸侯之大夫盟于宋⑤。

冬十有二月乙卯朔,日有食之⑥。

①景公即位,通嗣君也。②案传,会者十四国,齐、秦不交相见,邾、滕为私属,皆不与盟,宋为主人,地于宋,则与盟可知,故经唯序九国大夫。楚先晋歃而书先晋,贵信也。陈于晋会,常在卫上,孔奂非上卿,故在石恶下。【释文】奂,呼乱切。与,音预,下同。先,悉荐切,又如字。歃,所洽切,又所甲切。③宁喜弑剽立衎,衎今虽不以弑剽致讨,于大义宜追讨之,故经以国讨为文书名也。书在宋会下,从赴。④卫侯始者云政由宁氏,祭则寡人,而今复患其专,缓答免鱄,既负其前信,且不能友于贤弟,使至出奔,故书弟以罪克。【释文】鱄,市转切,又音专。复,扶又切。⑤夏会之大夫也。豹不倚顺,以显弱命之君,而辨小是以自从,故以违命贬之。《释例》论之备矣。【释文】倚,於绮切。⑥今《长历》推十一月朔,非十二月。传曰辰在申,再失闰。若是十二月,则为三失闰,故知经误。

【传】

二十七年春,胥梁带使诸丧邑者,具车徒以受地,必周①。使乌馀具车徒以受封②。乌馀以其众出③,使诸侯伪效乌馀之封者④,而遂执之,尽获之⑤。皆取其邑而归诸侯,诸侯是以睦于晋⑥。

①诸丧邑,谓齐、鲁、宋也。周,密也。必密来,勿以受地为名。【释文】丧,息浪切。②乌馀以地来,故诈许封之。③出受封也。④效,致也。使齐、鲁、宋伪若致邑封乌馀者。⑤皆获其徒众。⑥传言赵文子贤,故平公虽失政而诸侯犹睦。

齐庆封来聘，其车美。孟孙谓叔孙曰："庆季之车，不亦美乎①？"叔孙曰："豹闻之：'服美不称，必以恶终。'美车何为？"叔孙与庆封食，不敬。为赋《相鼠》，亦不知也②。

①季，庆封字。②《相鼠》，《诗·（墉）[鄘]风》，曰："相鼠有皮，人而无仪；人而无仪，不死何为？"庆封不知此诗为己，言其闇甚。为明年庆封来奔传。【释文】称，尺证切。为，于伪切。相，息亮切。鄘，晋容。

卫宁喜专，公患之。公孙免馀请杀之①。公曰："微宁子不及此②，吾与之言矣③。事未可知④，衹成恶名，止也⑤。"对曰："臣杀之，君勿与知。"乃与公孙无地、公孙臣谋⑥，使攻宁氏。弗克，皆死⑦。公曰："臣也无罪，父子死余矣⑧。"夏，免馀复攻宁氏，杀宁喜及右宰榖，尸诸朝⑨。石恶将会宋之盟，受命而出。衣其尸，枕之股而哭之。欲敛以亡，惧不免，且曰："受命矣。"乃行⑩。

①免馀，卫大夫。②及此，反国也。③言政由宁氏。④恐伐之未必胜。⑤衹，适也。【释文】衹，音支。⑥二公孙，卫大夫。【释文】上"与"，音预。⑦无地及臣皆死。⑧献公出时，公孙臣之父为孙氏所杀。⑨榖不书，非卿也。【释文】复，扶又切。⑩行会于宋。为明年石恶奔传。【释文】衣，於既切。枕，之鸩切。敛，力验切。

子鲜曰："逐我者出①，纳我者死②，赏罚无章，何以沮劝？君失其信，而国无刑，不亦难乎③！且鲋实使之④。"遂出奔晋。公使止之，不可⑤。及河，又使止之。止使者而盟于河⑥，托于木门⑦，不乡卫国而坐⑧。木门大夫劝之仕，不可，曰："仕而废其事，罪也。从之，昭吾所以出也。将准愬乎⑨？吾不可以立于人之朝矣。"终身不仕⑩。公丧之如税服终身⑪。

①谓孙林父。②谓宁喜。【释文】纳，本又作"内"，音纳。③难以治国。【释文】沮，在吕切。④使宁喜纳君。⑤不肯留。⑥誓不还。【释文】使，所吏切。⑦木门，晋邑。⑧怨之深也。【释文】乡，许亮切，本亦作"嚮"。⑨从之，谓治其事也。事治则明己出欲仕，无所自诉。【释文】诉，悉路切。⑩自誓不仕终身。

杜虎符（春秋）

⑪税，即繐也。《丧服》：繐，缕裳，缕细而希，非五服之常，本无月数。痛愍子鲜，故特为此服。此服无月数，而献公寻薨，故言终身。【释文】丧，息郎切，又息浪切。税，徐云：读曰

繐,音岁;服音吐外切。繐,亦作"衰",音七雷切。

公与免馀邑六十,辞曰:"唯卿备百邑,臣六十矣,下有上禄,乱也①。臣弗敢闻。且宁子唯多邑,故死。臣惧死之速及也。"公固与之,受其半。以为少师。公使为卿,辞曰:"大叔仪不贰,能赞大事②,君其命之!"乃使文子为卿③。

①此一乘之邑,非四井之邑。《论语》称千室,又云十室,明通称。【释文】乘,绳证切。称,尺证切。②赞,佐也。【释文】少,诗照切。③文子,大叔仪。

宋向戌善于赵文子,又善于令尹子木,欲弭诸侯之兵以为名①。如晋,告赵孟。赵孟谋于诸大夫,韩宣子曰:"兵,民之残也,财用之蠹②,小国之大菑也。将或弭之,虽曰不可,必将许之③。弗许,楚将许之,以召诸侯,则我失为盟主矣。"晋人许之。如楚,楚亦许之。如齐,齐人难之。陈文子曰:"晋、楚许之,我焉得已?且人曰弭兵,而我弗许,则固携吾民矣,将焉用之?"齐人许之。告于秦,秦亦许之。皆告于小国,为会于宋。

①欲获息民之名。【释文】弭,徐武婢切。②蠹,害物之虫。【释文】蠹,本又作"蠤",丁故切。③言虽知兵不得久弭,今不可不许。【释文】菑,音灾。

五月甲辰,晋赵武至于宋。丙午,郑良霄至。六月丁未朔,宋人享赵文子,叔向为介。司马置折俎,礼也①。仲尼使举是礼也,以为多文辞②。戊申,叔孙豹、齐庆封、陈须无、卫石恶至③。甲寅,晋荀盈从赵武至④。丙辰,邾悼公至⑤。壬戌,楚公子黑肱先至,成言于晋⑥。丁卯,宋向戌如陈,从子木成言于楚⑦。戊辰,滕成公至⑧。子木谓向戌:"请晋、楚之从交相见也⑨。"庚午,向戌复于赵孟。赵孟曰:"晋、楚、齐、秦,匹也。晋之不能于齐,犹楚之不能于秦也⑩。楚君若能使秦君辱于敝邑,寡君敢不固请于齐⑪?"壬申,左师复言于子木。子木使驲谒诸王⑫。王曰:"释齐、秦,他国请相见也⑬。"秋七月戊寅,左师至⑭。是夜也,赵孟及子晳盟,以齐言⑮。庚辰,子木至自陈。陈孔奂、蔡公孙归生至⑯。曹、许之大夫皆至。以藩为军⑰,晋、楚各处其偏⑱。伯夙谓赵孟曰⑲:"楚氛甚恶,惧难⑳。"赵孟曰:"吾左还,入于宋,若我何㉑?"

①折俎,体解节折,升之于俎,合卿享宴之礼,故曰礼也。《周礼》:司马掌会同之事。【释文】难,乃旦切,下"惧难"同。焉,於虔切,下"焉用""焉能"皆同。介,音界。折,之设切,徐音制。俎,庄吕切。②宋向戌自美弭兵之意,敬逆赵武。赵武、叔向因享宴之会,展宾主之辞。故仲尼以为多文辞。【释文】使举是礼也,沈云:举,谓记录之也。③须无,陈文子。④赵武命盈追己,故言从赵武。后武遣盈如楚。⑤小国,故君自来。⑥时令尹子木止陈,遣黑肱就晋大夫成盟载之言,两相然可。【释文】肱,古弘切。⑦就于陈,成楚之

要言。⑧亦小国，君自来。⑨使诸侯从晋、楚者更相朝见。【释文】更，音庚。见，贤遍切。⑩不能服而使之。⑪请齐使朝楚。⑫驲，传也。谒，告也。【释文】驲，人实切。传，陟恋切。⑬经所以不书齐、秦。⑭从陈还。⑮子皙，公子黑肱。素要齐其辞，至盟时不得复讼争。【释文】皙，星历切。复，扶又切。⑯二国大夫与子木俱至。⑰示不相忌。【释文】藩，方元切。⑱晋处北，楚处南。⑲伯夙，荀盈。⑳氛，气也。言楚有袭晋之气。【释文】氛，芳云切，徐扶云切。㉑营在宋北，东头为上，故晋营在东，有急可左回入宋东门。

辛巳，将盟于宋西门之外，楚人衷甲①。伯州犁曰："合诸侯之师，以为不信，无乃不可乎？夫诸侯望信于楚，是以来服。若不信，是弃其所以服诸侯也。"固请释甲。子木曰："晋、楚无信久矣，事利而已。苟得志焉，焉用有信？"大宰退②，告人曰："令尹将死矣，不及三年。求逞志而弃信，志将逞乎？志以发言，言以出信，信以立志，参以定之③。信亡，何以及三④？"赵孟患楚衷甲，以告叔向。叔向曰："何害也？匹夫一为不信，犹不可，单毙其死⑤。若合诸侯之卿，以为不信，必不捷矣。食言者不病⑥，非子之患也⑦。夫以信召人，而以僭济之⑧，必莫之与也，安能害我？且吾因宋以守病⑨，则夫能致死。与宋致死，虽倍楚可也⑩。子何惧焉？又不及是。曰'弭兵'以召诸侯，而称兵以害我⑪，吾庸多矣，非所患也⑫。"

①甲在衣中，欲因会击晋。【释文】衷，音忠，徐丁仲切。②大宰，伯州犁。③志、言、信三者具，而后身安存。④为明年子木死起本。⑤单，尽也。毙，踣也。【释文】单，音丹。毙，婢世切。踣，蒲北切。⑥不病者，单毙于死。⑦楚食言当死。晋不食言，故无患。⑧济，成也。【释文】僭，子念切，不信也。⑨为楚所病，则欲入宋城。⑩宋为地主，致死助我，则力可倍楚。【释文】夫，如字，或音扶。⑪称，举也。⑫晋独取信，故其功多。

季武子使谓叔孙以公命，曰："视邾、滕①。"既而齐人请邾，宋人请滕，皆不与盟②。叔孙曰："邾、滕，人之私也。我，列国也，何故视之？宋、卫，吾匹也。"乃盟。故不书其族，言违命也③。

①两事晋、楚则贡赋重，故欲比小国。武子恐叔孙不从其言，故假公命以敦之。②私属二国故。【释文】与，音预。③季孙专政于国，鲁君非得有命。今君唯以此命告豹，豹宜崇大顺以显弱命之君，而遂其小是，故贬之。

晋、楚争先①。晋人曰："晋固为诸侯盟主，未有先晋者也。"楚人曰："子言晋、楚匹也，若晋常先，是楚弱也。且晋、楚狎主诸侯之盟也久矣②，岂专在晋？"叔向谓赵孟曰："诸侯归晋之德只③，非归其尸盟也④。子务德，无争先！且诸侯盟，小国固必有尸盟者⑤，楚为晋细,不亦可乎⑥?"乃先楚人。书先晋,晋有信也⑦。

①争先歃血。②狎,更也。【释文】先晋,悉荐切,或如字。狎,户甲切。更,音庚。③只,辞。【释文】只,之氏切。④尸,主也。⑤小国主辨具。【释文】辨,皮苋切。⑥故推使楚主盟。⑦盖孔子追正之。

壬午,宋公兼享晋、楚之大夫,赵孟为客①。子木与之言,弗能对;使叔向侍言焉,子木亦不能对也。乙酉,宋公及诸侯之大夫盟于蒙门之外②。子木问于赵孟曰:"范武子之德何如③?"对曰:"夫子之家事治,言于晋国无隐情。其祝史陈信于鬼神,无愧辞④。"子木归,以语王。王曰:"尚矣哉⑤!能歆神人⑥,宜其光辅五君以为盟主也⑦。"子木又语王曰:"宜晋之伯也!有叔向以佐其卿,楚无以当之,不可与争。"晋荀盈遂如楚莅盟⑧。

①客,一坐所尊,故季孙饮大夫酒,臧纥为客。【释文】坐,才卧切。饮,於鸩切。②前盟,诸大夫不敢敌公,礼也。今宋公以近在其国,故谦而重盟,重盟故不书。蒙门,宋城门。【释文】重,直用切。③士会贤,闻于诸侯,故问之。【释文】闻,音问,又如字。④祝陈馨香,德足副之,故不愧。【释文】治,直吏切。愧,九位切。⑤尚,上也。【释文】语,鱼据切,下同。⑥歆,享也。使神享其祭,人怀其德。【释文】歆,许金切。⑦五君,谓文、襄、灵、成、景。⑧重结晋、楚之好。【释文】好,呼报切。

郑伯享赵孟于垂陇①,子展、伯有、子西、子产、子大叔、二子石从②。赵孟曰:"七子从君,以宠武也。请皆赋以卒君贶,武亦以观七子之志③。"子展赋《草虫》④,赵孟曰:"善哉!民之主也⑤。抑武也不足以当之⑥。"伯有赋《鹑之贲贲》⑦,赵孟曰:"床笫之言不逾阈,况在野乎?非使人之所得闻也⑧。"子西赋《黍苗》之四章⑨,赵孟曰:"寡君在,武何能焉⑩?"子产赋《隰桑》⑪,赵孟曰:"武请受其卒章⑫。"子大叔赋《野有蔓草》⑬,赵孟曰:"吾子之惠也⑭。"印段赋《蟋蟀》⑮,赵孟曰:"善哉!保家之主也。吾有望矣⑯。"公孙段赋《桑扈》⑰,赵孟曰:"'匪交匪敖',福将焉往⑱?若保是言也,欲辞福禄,得乎?"卒享,文子告叔向曰:"伯有将为戮矣!诗以言志,志诬其上,而公怨之,以为宾荣⑲,其能久乎?幸而后亡⑳。"叔向曰:"然。已侈,所谓不及五稔者,夫子之谓矣㉑。"文子曰:"其余皆数世之主也。子展其后亡者也,在上不忘降㉒。印氏其次也,乐而不荒㉓。乐以安民,不淫以使之,后亡,不亦可乎?"

①自宋还,过郑。【释文】陇,力勇切。②二子石:印段、公孙段。【释文】从,才用切。③诗以言志。④《草虫》,《诗·召南》,曰:"未见君子,忧心忡忡,亦既见止,亦既觏止,我心则降。"以赵孟为君子。【释文】虫,直忠切。召,上照切。忡,敕忠切。觏,古豆切。降,

户江切，又如字，下注同。⑤在上不忘降，故可以主民。⑥辞君子。⑦《鹑之贲贲》，《诗·鄘风》，卫人刺其君淫乱，鹑鹊之不若。义取"人之无良，我以为兄，我以为君"也。【释文】鹑，顺伦切。贲，音奔。⑧第，（簀）〔簀〕也。此诗刺淫乱，故云床第之言。阈，门限。使人，赵孟自谓。【释文】第，侧里切。阈，音域，徐况逼切。使，所吏切。簀，音责。⑨《黍苗》，《诗·小雅》，四章曰："肃肃谢功，召伯营之。列列征师，召伯成之。"比赵孟于召伯。⑩推善于其君。⑪《隰桑》，《诗·小雅》，义取思见君子，尽心以事之。曰："既见君子，其乐如何？"【释文】尽，津忍切。乐，音洛，下注及"文至乐"并同。⑫卒章曰："心乎爱矣，遐不谓矣。中心藏之，何日忘之。"赵武欲子产之见规诲。⑬《野有蔓草》，《诗·郑风》，取其"邂逅相遇，适我愿兮"。【释文】蔓，音万。邂，户卖切。逅，户逗切。⑭大叔喜于相遇，故赵孟受其惠。⑮《蟋蟀》，《诗·唐风》，曰："无以大康，职思其居。好乐无荒，良士瞿瞿。"言瞿瞿然顾礼仪。【释文】印，一刃切。蟀，所律切。大，音泰。居，音据。好，呼报切，下同。瞿，俱付切。⑯能戒惧不荒，所以保家。⑰《桑扈》，《诗·小雅》，义取君子有礼文，故能受天之祜。【释文】祜，音户。⑱此《桑扈》诗卒章，赵孟因以取义。【释文】敖，五报切。焉，於虔切，下"政其焉往"同。⑲言诬则郑伯未有其实。赵孟偪赋诗以自宠，故言公怨之以为宾荣。【释文】偪，昌亮切。⑳言必先亡。㉑稔，年也。为三十年郑杀良霄传。【释文】侈，昌氏切，又尸氏切，《字林》充豉切。稔，而甚切，熟也。谷一熟为一年。㉒谓赋《草虫》曰"我心则降"。【释文】数，所主切。㉓谓赋《蟋蟀》曰"好乐无荒"。

宋左师请赏，曰："请免死之邑①。"公与之邑六十。以示子罕，子罕曰："凡诸侯小国，晋、楚所以兵威之。畏而后上下慈和，慈和而后能安靖其国家，以事大国，所以存也。无威则骄，骄则乱生，乱生必灭，所以亡也。天生五材②，良并用之，废一不可，谁能去兵？兵之设久矣，所以威不轨而昭文德也。圣人以兴③，乱人以废④，废兴存亡昏明之术，皆兵之由也。而子求去之，不亦诬乎？以诬道蔽诸侯，罪莫大焉。纵无大讨，而又求赏，无厌之甚也！"削而投之⑤。左师辞邑。向氏欲攻司城⑥，左师曰："我将亡，夫子存我，德莫大焉，又可攻乎？"君子曰："'彼己之子，邦之司直⑦'，乐喜之谓乎⑧？'何以恤我，我其收之⑨'，向戌之谓乎⑩？"

①欲宋君称功加厚赏，故谦言免死之邑也。②金、木、水、火、土也。③谓汤、武。【释文】去，起吕切，下皆同。④谓桀、纣。⑤削赏左师之书。【释文】蔽，必世切，徐甫世切，服虔、王肃、董遇并作"弊"，婢世切，云踣也。厌，於盐切，徐於廉切。⑥司城，子罕。⑦

《诗·郑风》。司，主也。【释文】己，音记。⑧乐喜，子罕也。善其不阿向戌。⑨逸《诗》。恤，忧也。收，取也。⑩善向戌能知其过。

齐崔杼生成及彊而寡①。娶东郭姜，生明。东郭姜以孤入，曰棠无咎②，与东郭偃相崔氏③。崔成有病，而废之④，而立明。成请老于崔⑤，崔子许之。偃与无咎弗予，曰："崔，宗邑也，必在宗主⑥。"成与彊怒，将杀之，告庆封曰："夫子之身亦子所知也，唯无咎与偃是从，父兄莫得进矣。大恐害夫子，敢以告⑦。"庆封曰："子姑退，吾图之。"告卢蒲嫳⑧。卢蒲嫳曰："彼，君之仇也。天或者将弃彼矣。彼实家乱，子何病焉⑨？崔之薄，庆之厚也⑩。"他日又告⑪。庆封曰："苟利夫子，必去之！难，吾助女。"

①偏丧曰寡。寡，特也。【释文】丧，息浪切。②无咎，棠公之子。【释文】娶，七住切。无，本亦作"无"。咎，其九切。③东郭偃，姜之弟。【释文】相，息亮切。④有恶疾也。⑤济南东朝阳县西北有崔氏城。成欲居崔邑以终老。【释文】朝，如字，一音直遥切。⑥宗邑，宗庙所在。宗主，谓崔明。⑦夫子，谓崔杼。⑧嫳，庆封属大夫。封以成、彊之言告嫳。【释文】嫳，普结切，徐敷结切。⑨君为齐庄公，为崔杼所弑。⑩崔败则庆专权。⑪成、彊复告。【释文】复，扶又切。

九月庚辰，崔成、崔彊杀东郭偃、棠无咎于崔氏之朝。崔子怒而出，其众皆逃，求人使驾，不得。使圉人驾，寺人御而出①。且曰："崔氏有福，止余犹可②。"遂见庆封。庆封曰："崔、庆一也③。是何敢然？请为子讨之。"使卢蒲嫳帅甲以攻崔氏。崔氏堞其宫而守之④，弗克。使国人助之，遂灭崔氏，杀成与彊，而尽俘其家。其妻缢⑤。嫳复命于崔子，且御而归之⑥。至，则无归矣，乃缢⑦。崔明夜辟诸大墓⑧。辛巳，崔明来奔，庆封当国⑨。

①圉人，养马者。寺人，奄士。【释文】难，乃旦切。女，音汝。圉，鱼吕切。②恐灭家，祸不止其身。③言如一家。④堞，短垣。使其众居短垣内以守。【释文】为，于伪切，下注"嫳为""为齐庄"同。堞，音牒，徐养涉切。⑤妻，东郭姜。⑥嫳为崔子御。⑦终"入于其宫，不见其妻，凶"。⑧开先人之冢以藏之。【释文】辟，婢亦切，徐甫亦切。⑨当国，秉政。

楚蒍罢如晋莅盟①，晋侯享之。将出，赋《既醉》②，叔向曰："蒍氏之有后于楚国也，宜哉！承君命，不忘敏。子荡将知政矣。敏以事君，必能养民。政其焉往③？"

①罢，令尹子荡。报荀盈也。【释文】罢，音皮。②《既醉》，《诗·大雅》，曰："既醉以酒，即饱以德。君子万年，介尔景福。"以美晋侯，比之太平君子也。③言政必归之。

崔氏之乱①，申鲜虞来奔，仆赁于野，以丧庄公②。冬，楚人召之，遂如楚为右尹③。

①在二十五年。②为齐庄公服丧。【释文】赀,女鸠切。丧,如字,又息浪切。③传言楚能用贤。

十一月乙亥朔,日有食之。辰在申,司历过也,再失闰矣①。

①谓斗建指申。周十一月,今之九月,斗当建戌而在申,故知再失闰也。文十一年三月甲子至今年七十一岁,应有二十六闰,今《长历》推得二十四闰,通计少再闰。《释例》言之详矣。

襄公二十八年

【经】

二十有八年春,无冰①。

夏,卫石恶出奔晋②。

邾子来朝。

秋八月,大雩。

仲孙羯如晋③。

冬,齐庆封来奔④。

十有一月,公如楚⑤。

十有二月甲寅,天王崩⑥。

乙未,楚子昭卒⑦。

①前年知其再失闰,顿置两闰以应天正,故此年正月建子,得以无冰为灾而书。【释文】应,应对之应。②宁喜之党,书名恶之。【释文】恶,乌路切。③告将朝楚。【释文】羯,居谒切。④崔杼之党。嗜酒荒淫而出,书名罪之。自鲁奔吴不书,以绝位不为罪。【释文】耆,市志切。⑤为宋之盟故朝楚。【释文】为,于伪切。⑥灵王也。⑦康王也。十二月无乙未,日误。

【传】

二十八年春,无冰。梓慎曰:"今兹宋、郑其饥乎①?岁在星纪,而淫于玄枵②,以有时菑,阴不堪阳③。蛇乘龙④。龙,宋、郑之星也⑤,宋、郑必饥。玄枵,虚中也⑥。枵,耗名也。

土虚而民耗,不饥何为⑦?"

①梓慎,鲁大夫。今年郑游吉、宋向戌言之,明年饥甚,传乃详其事。【释文】梓,音子。②岁,岁星也。星纪在丑,斗牛之次。玄枵在子,虚危之次。十八年,晋董叔曰:天道多在西北。是岁,岁星在亥,至此年十一岁,故在星纪。明年乃当在玄枵,今已在玄枵,淫行失次。【释文】枵,许骄切。③时畜,无冰也。盛阴用事而温无冰,是阴不胜阳,地气发泄。【释文】畜,音灾,注同。泄,息列切,下同。④蛇,玄武之宿,虚危之星。龙,岁星。岁星,木也。木为青龙,失次出虚危下,为蛇所乘。【释文】宿,音秀,下同。⑤岁星本位在东方,东方房心为宋,角亢为郑,故以龙为宋、郑之星。【释文】亢,音刚,又苦浪切。⑥玄枵三宿,虚星在其中。⑦岁为宋、郑之星,今失常,淫入虚耗之次。时复无冰,地(岁)[气]发泄,故曰土虚民耗。【释文】耗,呼报切。复,扶又切。

夏,齐侯、陈侯、蔡侯、北燕伯、杞伯、胡子、沈子、白狄朝于晋,宋之盟故也①。齐侯将行,庆封曰:"我不与盟,何为于晋②?"陈文子曰:"先事后贿,礼也③。小事大,未获事焉,从之如志,礼也④。虽不与盟,敢叛晋乎?重丘之盟,未可忘也。子其劝行⑤!"

①陈侯、蔡侯、胡子、沈子,楚属也。宋盟曰晋、楚之从交相见,故朝晋。燕国,今蓟州区。【释文】燕,乌贤切。蓟,音计。②以宋盟释齐、秦。【释文】与,音预,下同。③事大国,当先从其政事,而后荐贿,以副己心。【释文】贿,呼罪切。④言当从大国请事,以顺其志。⑤重丘盟在二十五年。【释文】重,直龙切。

卫人讨宁氏之党,故石恶出奔晋。卫人立其从子圃以守石氏之祀,礼也①。

①石恶之先石碏有大功于卫国,恶之罪不及下祀,故曰礼。【释文】圃,布古切。碏,七略切。

邾悼公来朝,时事也①。

①传言来朝非宋盟,宋盟唯施于朝晋、楚。

秋八月,大雩,旱也。

蔡侯归自晋,入于郑。郑伯享之,不敬。子产曰:"蔡侯其不免乎①?日其过此也②,君使子展迋劳于东门之外,而傲③。吾曰犹将更之。今还,受享而惰,乃其心也。君小国事大国,而惰傲以为己心,将得死乎?若不免,必由其子。其为君也,淫而不父④。侨闻之,如是者,恒有子祸⑤。"

①不免祸。②往日至晋时。【释文】日,人买切。过,古禾、古卧二切。③迋,往也。【释文】迋,于况切,后同。劳,力报切。④通太子班之妻。【释文】傲,五报切,下同。惰,

徒卧切。君小国事大国,古本无“小”字。⑤为三十年蔡世子班弑其君(伟)[传]。

孟孝伯如晋,告将为宋之盟故如楚也①。

①鲁,晋属,故告晋而行。【释文】为,于伪切。

蔡侯之如晋也,郑伯使游吉如楚。及汉,楚人还之,曰:“宋之盟,君实亲辱①。今吾子来,寡君谓吾子姑还,吾将使驲奔问诸晋而以告②。”子大叔曰:“宋之盟,君命将利小国,而亦使安定其社稷,镇抚其民人,以礼承天之休③,此君之宪令,而小国之望也④。寡君是故使吉奉其皮币⑤,以岁之不易,聘于下执事⑥。今执事有命曰:女何与政令之有?必使而君弃而封守,跋涉山川,蒙犯霜露,以逞君心。小国将君是望,敢不唯命是听?无乃非盟载之言,以阙君德,而执事有不利焉,小国是惧。不然,其何劳之敢惮?”

①君,谓郑伯。【释文】还,音环。②问郑君应来朝否。【释文】驲,人实切。③休,福禄也。【释文】休,许虬切。④宪,法也。⑤聘用乘皮束帛。【释文】乘,绳证切。⑥言若有饥荒之难,故郑伯不得自朝楚。【释文】易,以豉切。难,乃旦切。

子大叔归,复命,告子展曰:“楚子将死矣!不修其政德,而贪昧于诸侯,以逞其愿,欲久,得乎?《周易》有之,在《复》䷗①之《颐》䷚②,曰:‘迷复,凶③。’其楚子之谓乎?欲复其愿④,而弃其本⑤,复归无所,是谓迷复⑥,能无凶乎?君其往也!送葬而归,以快楚心⑦。楚不几十年,未能恤诸侯也⑧,吾乃休吾民矣⑨。”裨灶曰:“今兹周王及楚子皆将死⑩。岁弃其次,而旅于明年之次,以害鸟帑,周、楚恶之⑪。”

①《震》下《坤》上,《复》。【释文】女,音汝。与,音预。跋,白末切,草行为跋,水行为涉。惮,徒曰切。②《震》下《艮》七,《颐》。《复》上六变得《颐》。【释文】颐,以之切。③《复》上六爻辞也。复,反也。极阴反阳之卦,上处极位,迷而复反,失道已远,远而无应,故凶。【释文】应,应对之应。④谓欲得郑朝,以复其愿。⑤不修德。⑥失道已远,又无所归。⑦言楚子必死,君往当送其葬。⑧几,近也。言失道远者,复之亦难。【释文】几,居依切,又音祈。⑨休,息也。言楚不能复为害。【释文】复,扶又切,下“复顾”同。⑩裨灶,郑大夫。【释文】裨,避支切。⑪旅,客处也。岁星弃星纪之次,客在玄枵,岁星所在,其国有福,失次于北,祸冲在南,南为朱鸟,鸟尾曰帑。鹑火、鹑尾,周、楚之分,故周王、楚子受其咎。俱论岁星过次,梓慎则曰宋、郑饥,裨灶则曰周、楚王死,传故备举,以示卜占惟人所在。【释文】帑,音奴。恶,如字,又乌路切。冲,尺容切。分,扶问切。

九月,郑游吉如晋,告将朝于楚,以从宋之盟。子产相郑伯以如楚,舍不为坛①。外仆言曰:“昔先大夫相先君,适四国,未尝不为坛②。自是至今,亦皆循之。今子草舍,无乃不可乎？"子产曰："大适小，则为坛。小适大，苟舍而已，焉用坛？侨闻之，大适小有五美：宥其罪戾，赦其过失，救其菑患，赏其德刑③，教其不及。小国不困，怀服如归。是故作坛以昭其功，宣告后人，无怠于德④。小适大有五恶：说其罪戾⑤，请其不足，行其政事⑥，共其职贡，从其时命⑦。不然，则重其币帛，以贺其福而吊其凶，皆小国之祸也，焉用作坛以昭其祸？所以告子孙，无昭祸焉可也⑧。"

①至敌国郊，除地封土为坛，以受郊劳。【释文】相，息亮切，下同。坛，徒丹切。劳，力报切。②外仆，掌次舍者。③刑，法也。【释文】焉，於虔切，下"焉用作坛""焉辟之""又焉用盟"皆同。宥，音又。菑，音灾。④怠，解也。【释文】解，佳卖切。⑤自解说也。⑥奉行大国之政。⑦从朝会之命。【释文】共，音恭。⑧（然）［无］昭祸以告子孙。

齐庆封好田而耆酒，与庆舍政①，则以其内实迁于卢蒲嫳氏，易内而饮酒②。数日，国迁朝焉③。使诸亡人得贼者，以告而反之④，故反卢蒲癸。癸臣子之⑤，有宠，妻之⑥。庆舍之士谓卢蒲癸曰："男女辨姓。子不辟宗，何也⑦？"曰："宗不余辟⑧，余独焉辟之？赋诗断章，余取所求焉，恶识宗⑨？"癸言王何而反之，二人皆嬖⑩，使执寝戈而先后之⑪。

①舍，庆封子。庆封当国，不自为政，以付舍。【释文】好，呼报切。耆，市志切。②内实，宝物、妻妾也。移而居嫳家。③就于卢蒲氏朝见封。【释文】数，所主切。见，贤遍切。④亡人，辟崔氏难出奔者。【释文】难，乃旦切。⑤子之，庆舍。⑥子之以其女妻癸。【释文】妻，七计切，及下注皆同。⑦辨，别也。别姓而后可相取。庆氏、卢蒲氏皆姜姓。【释文】别，彼列切，下同。取，七住切，本亦作"娶"。⑧言舍欲妻己。⑨言己苟欲有求于庆氏，不能复顾礼，譬如赋诗者取其一章而已。【释文】断，音短。恶，音乌，安也。⑩二子皆庄公党。二十五年，崔氏弑庄公，癸、何出奔；今还，求宠于庆氏，欲为庄公报仇。【释文】嬖，必计切，下同。为，于伪切。⑪寝戈，亲近兵杖。【释文】先，悉荐切。后，户豆切。近，附近之近。杖，直亮切。

公膳，日双鸡①。饔人窃更之以鹜。御者知之，则去其肉而以其洎馈②。子雅、子尾怒③。庆封告卢蒲嫳④。卢蒲嫳曰："譬之如禽兽，吾寝处之矣⑤。"使析归父告晏平仲⑥。平仲曰："婴之众不足用也，知无能谋也。言弗敢出⑦，有盟可也。"子家曰："子之言云⑧，又焉用盟？"告北郭子车⑨。子车曰："人各有以事君，非佐之所能也⑩。"陈文子谓桓子曰⑪："祸将作矣！吾其何得？"对曰："得庆氏之木百车于庄⑫。"文子曰："可慎守也已⑬！"

①卿大夫之膳食。【释文】膳，市战切，谓公家供卿大夫之常膳。②御，进食者。饔人、御者欲使诸大夫怨庆氏，减其膳。盖卢蒲癸、王何之谋。【释文】鹜，徐音木，鸭也。

去，起吕切，藏也。洎，其器切，肉汁也，《说文》云：洎，灌釜也。《字林》已荔切。馈，其位切。③二子皆惠公孙。④以二子怒告娄。⑤言能杀而席其皮。⑥欲与共谋子雅、子尾。⑦不敢泄谋。【释文】知，音智。⑧子家，析归父。⑨子车，齐大夫。⑩佐，子车名。⑪桓子，文子之子无宇。⑫庆封时有此木，积于六轨之道。⑬善其不志于货财。

卢蒲癸、王何卜攻庆氏，示子之兆①，曰："或卜攻仇，敢献其兆。"子之曰："克，见血。"冬十月，庆封田于莱，陈无宇从。丙辰，文子使召之。请曰："无宇之母疾病，请归。"庆季卜之②，示之兆，曰："死。"奉龟而泣③，乃使归。庆嗣闻之④，曰："祸将作矣！"谓子家："速归⑤！祸作必于尝⑥，归犹可及也。"子家弗听，亦无悛志⑦。子息曰："亡矣！幸而获在吴、越⑧。"陈无宇济水而戕舟发梁⑨。卢蒲姜谓癸曰："有事而不告我，必不捷矣⑩。"癸告之⑪。姜曰："夫子愎，莫之止，将不出，我请止之⑫。"癸曰："诺。"十一月乙亥，尝于大公之庙，庆舍莅事⑬。卢蒲姜告之，且止之。弗听，曰："谁敢者。"遂如公⑭。麻婴为尸⑮，庆奊为上献⑯。卢蒲癸、王何执寝戈。庆氏以其甲环公宫⑰。陈氏、鲍氏之圉人为优⑱。庆氏之马善惊，士皆释甲束马⑲而饮酒，且观优，至于鱼里⑳。栾、高、陈、鲍之徒介庆氏之甲㉑。子尾抽桷击扉三㉒，卢蒲癸自后刺子之，王何以戈击之，解其左肩。犹援庙桷，动于甍㉓，以俎壶投，杀人而后死㉔。遂杀庆绳、麻婴㉕。公惧。鲍国曰："群臣为君故也㉖。"陈须无以公归，税服而如内宫㉗。

①龟兆。②季，庆封。【释文】莱，音来。从，才用切。③无宇泣。【释文】奉，芳勇切。④嗣，庆封之族。【释文】嗣，继嗣之嗣，本或作"庆翩"，误。⑤子家，庆封字。⑥尝，秋祭。⑦悛，改痡也。【释文】悛，七全切。痡，五故切。⑧子息，庆嗣。⑨戕，残坏也。不欲庆封得救难。【释文】戕，在羊切。难，乃旦切，下"外难"同。⑩姜，癸妻，庆舍女。⑪告欲杀庆舍。⑫夫子，谓庆舍。【释文】愎，皮逼切。⑬临祭事。【释文】大，音泰。⑭至公所。⑮为祭尸。⑯上献，先献者。【释文】奊，户结切。⑰庙在宫内。【释文】环，如字，徐音患。⑱优俳。【释文】优，於求切。俳，皮皆切。⑲束，绊之也。【释文】绊，音半。⑳鱼里，里名。优在鱼里，就观之。㉑栾，子雅。高，子尾。陈，陈须无。鲍，鲍国。【释文】介，音界。㉒桷，椽也。扉，门阖也。以桷击扉为期。【释文】桷，音角。扉，音非，门扇也。椽，直专切。阖，户腊切。㉓甍，屋栋。【释文】刺，七亦切。援，音袁。甍，亡耕切，《字林》七成切。㉔言其多力。㉕庆绳，厌奊。㉖言欲尊公室，非为乱。【释文】为，于伪切，下"为之诵"同。㉗言公惧于外难。【释文】税，吐活切，又如字。

庆封归，遇告乱者。丁亥，伐西门，弗克。还伐北门，克之。入，伐内宫①，弗克。反，陈于岳②，请战，弗许，遂来奔。献车于季武子，美泽可以鉴③。展庄叔见之④，曰："车甚泽，人必瘁，宜其亡也。"叔孙穆子食庆封，庆封汜祭⑤。穆子不说，使工为之诵《茅鸱》⑥，亦不知，既而齐人来让⑦，奔吴。吴句馀予之朱方⑧，聚其族焉而居之，富于其旧。子服惠伯谓叔孙曰："天殆富淫人，庆封又富矣。"穆子曰："善人富谓之赏，淫人富谓之殃。天其殃之也，其将聚而歼旃⑨？"

①陈、鲍在公所故。②岳，里名。【释文】陈，直觐切。岳，五角切。③光鉴形也。【释文】鉴，古暂切。④鲁大夫。⑤礼：食有祭，示有所先也。汜祭，远散所祭，不共。【释文】瘁，在醉切，本或作"萃"，同。食，音嗣。汜，芳剑切。⑥工，乐师。《茅鸱》，逸《诗》，刺不敬。【释文】说，音悦。茅，亡交切。鸱，尺之切。刺，七赐切。⑦让鲁受庆封。⑧句馀，吴子夷(朱)[末]也。朱方，吴邑。【释文】句，古侯切，下"句渎"同。⑨歼，尽也。旃，之也。为昭四年杀庆封传。【释文】歼，子潜切。

癸巳，天王崩。未来赴，亦未书，礼也①。

①嫌时已闻丧当书，故发例。

崔氏之乱，丧群公子。故鉏在鲁，叔孙还在燕，贾在句渎之丘①。及庆氏亡，皆召之，具其器用而反其邑焉②。与晏子邶殿其鄙六十③，弗受。子尾曰："富，人之所欲也，何独弗欲？"对曰："庆氏之邑足欲，故亡。吾邑不足欲也。益之以邶殿，乃足欲。足欲，亡无日矣。在外，不得宰吾一邑。不受邶殿，非恶富也，恐失富也。且夫富如布帛之有幅焉，为之制度，使无迁也④。夫民生厚而用利，于是乎正德以幅之⑤，使无黜嫚⑥，谓之幅利。利过则为败。吾不敢贪多，所谓幅也。"与北郭佐邑六十，受之。与子雅邑，辞多受少。与子尾邑，受而稍致之⑦。公以为忠，故有宠。

①在二十五年。【释文】丧，息浪切。鉏，仕居切，公子鉏也。本或作"故公鉏"者，非。渎，音豆。②反，还也。③邶殿，齐别都。以邶殿边鄙六十邑与晏婴。【释文】邶，蒲对切。殿，多荐切，又如字，注及下同。④迁，移也。【释文】恶，乌路切。夫，音扶。幅，音福。⑤言厚利皆人之所欲，唯正德可以为之幅。⑥黜，犹放也。【释文】黜，敕律切。嫚，音慢。⑦致还公。

释卢蒲嫳于北竟①。求崔杼之尸，将戮之，不得。叔孙穆子曰："必得之。武王有乱臣十人②，崔杼其有乎？不十人，不足以葬③。"既，崔氏之臣曰："与我其拱璧④，吾献其枢。"于是得之。十二月乙亥朔，齐人迁庄公，殡于大寝⑤。以其棺尸崔杼于市⑥，国人犹知之，皆曰："崔子也⑦。"

①释，放也。【释文】竟，音境。②乱，治也。【释文】治，直吏切。③葬必须十人，崔氏不能令十人同心，故必得。【释文】令，力呈切。④崔氏大璧。【释文】拱，居勇切，徐音恭。⑤更殡之于路寝也。十二月戊戌朔，乙亥误。【释文】柩，其救切。⑥崔氏弑庄公，又葬不如礼，故以庄公棺著崔杼尸边，以章其罪。【释文】著，丁略切。⑦始求崔杼之尸不得，故传云国人皆知之。

为宋之盟故，公及宋公、陈侯、郑伯、许男如楚。公过郑，郑伯不在①。伯有迋劳于黄崖，不敬②。穆叔曰："伯有无戾于郑，郑必有大咎③。敬，民之主也，而弃之，何以承守④？郑人不讨，必受其辜。济泽之阿⑤，行潦之蘋藻⑥，真诸宗室⑦，季兰尸之，敬也⑧。敬可弃乎⑨？"及汉，楚康王卒。公欲反，叔仲昭伯曰："我楚国之为，岂为一人？行也⑩！"子服惠伯曰："君子有远虑，小人从迩⑪。饥寒之不恤，谁遑其后⑫？不如姑归也。"叔孙穆子曰："叔仲子专之矣⑬，子服子始学者也⑭。"荣成伯曰："远图者，忠也⑮。"公遂行⑯。宋向戌曰："我一人之为，非为楚也。饥寒之不恤，谁能恤楚？姑归而息民，待其立君而为之备。"宋公遂反。

①已在楚。【释文】为，于伪切。过，古禾切。②荥阳宛陵县西有黄水，西南至新郑城西入洧。【释文】劳，力报切。崖，本又作"涯"，鱼佳切。③伯有不受戮，必还为郑国害。④言无以承先祖，守其家。⑤言薄土。【释文】济，子礼切。⑥言贱菜。【释文】潦，音老。蘋，音频。藻，音早。⑦荐宗庙。【释文】真，之豉切。⑧言取蘋藻之菜于阿泽之中，使服兰之女而为之主，神犹享之，以其敬也。⑨为三十年郑杀良霄传。⑩昭伯，叔仲带。【释文】为，于伪切，下除"而为之备"一字并同。⑪迩，近也。⑫遑，暇也。⑬言足专任。⑭言未识远。⑮成伯，荣驾鹅。【释文】驾，音加。鹅，五河切。⑯从昭伯谋。

楚屈建卒。赵文子丧之如同盟，礼也①。

①宋盟有衷甲之隙，不以此废好，故曰礼。【释文】丧，如字，又息浪切。隙，去逆切，本或作"郤"。好，呼报切。

王人来告丧。问崩日，以甲寅告。故书之，以征过也①。

①征，审也。此缓告非有事宜，直臣子怠慢，故以此发例。【释文】征，张陵切，本或作"惩"，误。

襄公二十九年

【经】

二十有九年春，王正月，公在楚①。

夏五月，公至自楚。

庚午，卫献公衎卒②。

阍杀吴子馀祭③。

仲孙羯会晋荀盈、齐高止、宋华定、卫世叔仪、郑公孙段、曹人、莒人、滕人、薛人、小邾人城杞④。

晋侯使士鞅来聘。

杞子来盟⑤。

吴子使札来聘⑥。

秋九月，葬卫献公⑦。

齐高止出奔北燕⑧。

冬，仲孙羯如晋。

①公在外，阙朝正之礼甚多，而唯书此一年者，鲁公如楚既非常，此公又逾年，故发此一事以明常。②无传。四同盟。【释文】衎，苦旦切。③阍，守门者，下贱非士，故不言盗。【释文】阍，音昏。弑，申志切。祭，侧界切。④公孙段，伯石也。三十年，伯有死，乃命为卿，今盖以摄卿行。【释文】羯，居谒切。⑤杞复称子，用夷礼也。【释文】复，扶又切。⑥吴子，馀祭。既遣札聘上国而后死。札以六月到鲁，未闻丧也。不称公子，其礼未同于上国。【释文】札，侧八切。⑦无传。⑧止，高厚之子。【释文】燕，音烟。

【传】

二十九年春，王正月，公在楚，释不朝正于庙也①。楚人使公亲襚②，公患之。穆叔曰：“祓殡而襚，则布币也③。”乃使巫以桃茢先祓殡④。楚人弗禁，既而悔之⑤。

①释，解也。告庙在楚，解公所以不朝正。②诸侯有遣使赠襚之礼，今楚欲依遣使之比。【释文】襚，音遂，《说文》云：衣死人衣。使，所吏切。赠，芳凤切，一本作“赠”。比，

必利切。③先使巫祓除殡之凶邪而行襚礼，与朝而布币无异。【释文】祓，音拂，徐音废。④苴，秬穰。【释文】苴，音列，徐音例。穰，如羊切。郑注《周礼》云：苴，茅帚。⑤礼：君临臣丧乃祓殡，故楚悔之。

二月癸卯，齐人葬庄公于北郭①。

①兵死不入兆域，故葬北郭。

夏四月，葬楚康王。公及陈侯、郑伯、许男送葬，至于西门之外。诸侯之大夫皆至于墓。楚郏敖即位①。王子围为令尹②。郑行人子羽曰："是谓不宜，必代之昌。松柏之下，其草不殖③。"

①郏敖，康王子熊麇也。【释文】郏，古洽切。麇，九伦切。②围，康王弟。③言楚君弱，令尹强，物不两盛。为昭元年围弑郏敖起本。

公还，及方城。季武子取卞①，使公冶问②，玺书追而与之③，曰："闻守卞者将叛，臣帅徒以讨之，既得之矣，敢告。"公冶致使而退④，及舍而后闻取卞⑤。公曰："欲之而言叛，祗见疏也⑥。"公谓公冶曰："吾可以入乎⑦？"对曰："君实有国，谁敢违君？"公与公冶冕服⑧。固辞，强之而后受。公欲无入，荣成伯赋《式微》，乃归⑨。五月，公至自楚。公冶致其邑于季氏⑩，而终不入焉⑪，曰："欺其君，何必使余？"季孙见之，则言季氏如他日。不见，则终不言季氏。及疾，聚其臣⑫，曰："我死，必无以冕服敛，非德赏也⑬。且无使季氏葬我。"

①取卞邑以自益。【释文】卞，本又作"弁"，皮彦切。②问公起居。公冶。季氏属大夫。【释文】冶，音也。③玺，印也。【释文】玺，音徙，《广雅》云：印谓之玺。《说文》作"鉨"，从土，云：王者印也。籀文从王。印，一刃切。④致季氏使命。【释文】使，所吏切，注并下注"赏其使"同。⑤发书乃闻之。⑥言季氏欲得卞，而欺我言叛，益疏我。【释文】祗，音支，本又作"多"，音同，服云：祗，适也。⑦以季氏疏己，故不敢入。⑧以卿服玄冕赏之。⑨《式微》，《诗·邶风》，曰："式微式微，胡不归？"式，用也。义取寄寓之微陋，劝公归。【释文】强，其丈切。邶，音佩。寓，音遇。⑩本从季氏得邑，故还之。⑪不入季孙家。⑫大夫家臣。⑬言公畏季氏而常其使，非以我有德。【释文】敛，力验切。

葬灵王①。郑上卿有事，子展使印段往。伯有曰："弱，不可②。"子展曰："与其莫往，弱不犹愈乎？《诗》云：'王事靡盬，不遑启处③。'东西南北，谁敢宁处④？坚事晋、楚，以蕃王室也⑤。王事无旷，何常之有？"遂使印段如周⑥。

①不书，鲁不会。②印段年少官卑。【释文】少，诗照切。③《诗·小雅》。盬，不坚固也。启，跪也。言王事无不坚固，故不暇跪处。【释文】盬，音古。跪，其委切。④谓上

卿。⑤言我固事晋、楚，乃所以蕃屏王室。【释文】蕃，芳元切。⑥传言周衰，卑于晋、楚。

吴人伐越，获俘焉，以为阍，使守舟。吴子馀祭观舟，阍以刀弑之①。

①言以刀，明近刑人。【释文】近，附近之近。

郑子展卒，子皮即位①。于是郑饥而未及麦，民病。子皮以子展之命，饩国人粟，户一钟②，是以得郑国之民。故罕氏常掌国政，以为上卿。宋司城子罕闻之，曰："邻于善，民之望也③。"宋亦饥，请于平公，出公粟以贷。使大夫皆贷。司城氏贷而不书④，为大夫之无者贷。宋无饥人。叔向闻之，曰："郑之罕，宋之乐，其后亡者也。二者其皆得国乎⑤！民之归也。施而不德，乐氏加焉，其以宋升降乎⑥？"

①子皮代父为上卿。②在丧，故以父命也。六斛四斗曰钟。【释文】饩，许气切。③民亦望君为善。④施而不德。【释文】贷，他代切。施，始豉切，下同。⑤得掌国政。【释文】向，许丈切。⑥升降，随宋盛衰。

晋平公，杞出也，故治杞①。六月，知悼子合诸侯之大夫以城杞，孟孝伯会之。郑子大叔与伯石往②。子大叔见大叔文子③，与之语。文子曰："甚乎！其城杞也。"子大叔曰："若之何哉？晋国不恤周宗之阙，而夏肄是屏④。其弃诸姬，亦可知也已。诸姬是弃，其谁归之？吉也闻之，弃同即异，是谓离德。《诗》曰：'协比其邻，昏姻孔云⑤。'晋不邻矣，其谁云之⑥？"

①治理其地，修其城。②大叔不书，不亲事。【释文】知，音智。大叔，音泰。③文子，卫大叔仪。④周宗，诸姬也。夏肄，杞也。肄，余也。屏，城也。【释文】夏，户雅切，注下皆仿此。肄，以二切。《诗》传云：斩而复生曰肄。《方言》云：枿，余也，秦、晋之间曰肄。⑤《诗·小雅》，言王者和协近亲，则昏姻甚归附。【释文】比，毗志切。⑥云犹旋，旋归之。

齐高子容与宋司徒见知伯，女齐相礼①。宾出，司马侯言于知伯曰："二子皆将不免。子容专②，司徒侈，皆亡家之主也。"知伯曰："何如？"对曰："专则速及③，侈将以其力毙④，专则人实毙之，将及矣⑤。"

①子容，高止也。司徒，华定也。知伯，荀盈也。女齐，司马侯也。相礼，侍威仪也。【释文】女，音汝。相，息亮切。②专，自是也。③速及祸也。【释文】侈，昌氏切，又尸氏切。④力尽而自毙。【释文】毙，婢世切。⑤为此秋高止出奔燕、昭二十年华定出奔陈传。【释文】专则人实毙之，绝句。将及矣，本或作"侈将及矣"者，非。

范献子来聘，拜城杞也①。公享之，展庄叔执币②。射者三耦③，公臣不足，取于家臣。家臣，展瑕、展玉父为一耦。公臣，公巫召伯、仲颜庄叔为一耦，鄫鼓父、党叔为一耦④。

①谢鲁为杞城。【释文】为,于伪切,下"为之歌"同。②公将以酬宾。③二人为耦。【释文】耦,五口切。④言公室卑微,公臣不能备于三耦。【释文】召,上照切。鄎,才陵切。党,音掌。

晋侯使司马女叔侯来治杞田①,弗尽归也。晋悼夫人愠曰:"齐也取货②。先君若有知也,不尚取之③!"公告叔侯,叔侯曰:"虞、虢、焦、滑、霍、扬、韩、魏,皆姬姓也④,晋是以大。若非侵小,将何所取?武、献以下,兼国多矣⑤,谁得治之?杞,夏余也,而即东夷⑥。鲁,周公之后也,而睦于晋。以杞封鲁犹可,而何有焉⑦?鲁之于晋也,职贡不乏,玩好时至,公卿大夫相继于朝,史不绝书⑧,府无虚月⑨。如是可矣!何必瘠鲁以肥杞?且先君而有知也,毋宁夫人,而焉用老臣⑩?"

①使鲁归前侵杞田。所归少,故不书。②夫人,平公母,杞女也。谓叔侯取货于鲁,故不尽归杞田。【释文】愠,纡运切,怒也,怨也。③不尚叔侯之取货。④八国皆晋所灭。焦在陕县,扬属平阳郡。【释文】虢,瓜百切。焦,子消切。滑,乎八切。⑤武公、献公,晋始盛之君。⑥行夷礼。⑦何有,尽归之。⑧书鲁之朝聘。【释文】好,呼报切,下"好善"同。⑨无月不受鲁贡。⑩言先君毋宁怪夫人之所为,无用责我。【释文】瘠,在亦切。毋,音无。焉,於虔切。

杞文公来盟①。书曰"子",贱之也②。

①鲁归其田,故来盟。②贱其用夷礼。

吴公子札来聘,见叔孙穆子,说之。谓穆子曰:"子其不得死乎①?好善而不能择人。吾闻君子务在择人。吾子为鲁宗卿,而任其大政,不慎举,何以堪之?祸必及子②!"

①不得以寿死。【释文】说,音悦。寿,音授。②为昭四年竖牛作乱起本。

请观于周乐①。使工为之歌《周南》《召南》②,曰:"美哉③!始基之矣④,犹未也⑤。然勤而不怨矣⑥。"为之歌《邶》《鄘》《卫》⑦,曰:"美哉,渊乎!忧而不困者也⑧。吾闻卫康叔、武公之德如是,是其《卫风》乎⑨?"为之歌《王》⑩,曰:"美哉!思而不惧,其周之东乎⑪?"为之歌《郑》⑫,曰:"美哉!其细已甚,民弗堪也,是其先亡乎⑬!"为之歌《齐》⑭,曰:"美哉!泱泱乎,大风也哉⑮!表东海者,其大公乎⑯!国未可量也⑰。"为之歌《豳》⑱,曰:"美哉,荡乎!乐而不淫,其周公之东乎⑲?"为之歌《秦》⑳,曰:"此之谓夏声。夫能夏则大,大之至也,其周之旧乎㉑?"为之歌《魏》㉒,曰:"美哉、沨沨乎!大而婉,险而易行,以德辅此,则明主也㉓。"为之歌《唐》㉔,曰:"思深哉!其有陶唐氏之遗民乎?不然,何忧之远也㉕?非令德之后,谁能若是?"为之歌《陈》㉖,曰:"国无主,其能久乎㉗?"自《郐》以下无讥焉㉘。为之歌《小雅》㉙，曰："美哉！思而不贰㉚，怨而不言㉛，其周德之衰乎㉜？犹有先王之遗民焉㉝。"为之歌《大雅》㉞，曰："广哉，熙熙乎㉟！曲而有直体㊱，其文王之德乎㊲？"为之歌《颂》㊳，曰："至矣哉㊴！直而不倨㊵，曲而不屈㊶，迩而不偪㊷，远而不携㊸，迁而不淫㊹，复而不厌㊺，哀而不愁㊻，乐而不荒㊼，用而不匮㊽，广而不宣㊾，施而不费㊿，取而不贪㉛，处而不底㉜，行而不流㉝。五声和㉞，八风平㉟，节有度，守有序㊱，盛德之所同也㊲。"见舞《象箾》《南籥》者㊳，曰："美哉！犹有憾㊴。"见舞《大武》者㊵，曰："美哉！周之盛也，其若此乎？"见舞《韶濩》者㊶，曰："圣人之弘也，而犹有惭德，圣人之难也㊷。"见舞《大夏》者㊸，曰："美哉！勤而不德，非禹其谁能修之㊹？"见舞《韶箾》者㊺，曰："德至矣哉！大矣！如天之无不帱也㊻，如地之无不载也，虽甚盛德，其蔑以加于此矣。观止矣！若有他乐，吾不敢请已㊼！"

①鲁以周公故，有天子礼乐。②此皆各依其本国歌所常用声曲。【释文】召，上照切，本亦作"邵"。③美其声。④《周南》《召南》，王化之基。⑤犹有商纣，未尽善也。【释文】尽，津忍切。⑥未能安乐，然其音不怨怒。【释文】乐，音洛。⑦武王伐纣，分其地为三监，三监叛，周公灭之，更封康叔，并三监之地，故三国尽被康叔之化。【释文】鄘，音容。被，皮义切。⑧渊，深也。亡国之音哀以思，其民困。卫康叔、武公德化深远，虽遭宣公淫乱、懿公灭亡，民犹秉义，不至于困。【释文】思，息嗣切，下"忧思"同。⑨康叔，周公弟。武公，康叔九世孙。皆卫之令德君也。听声以为别，故有疑言。【释文】别，彼列切。⑩《王》，《黍离》也。幽王遇西戎之祸，平王东迁，王政不行于天下，风俗下与诸侯同，故不为雅。⑪宗周陨灭，故忧思。犹有先王之遗风，故不惧。【释文】陨，于敏切。⑫《诗》第七。⑬美其有治政之音，讥其烦碎，知不能久。【释文】治，直吏切。⑭《诗》第八。⑮泱泱，弘大之声。【释文】泱，於良切，又於郎切，韦昭於康切。⑯大公封齐，为东海之表式。【释文】大，音泰。⑰言其或将复兴。【释文】复，扶又切，下"复讥"同。⑱《诗》第十五。豳，周之旧国，在新平漆县东北。【释文】豳，彼贫切。⑲荡乎，荡然也。乐而不淫，言有节。周公遭管、蔡之变，东征三年，为成王陈后稷先公不敢荒淫以成王业，故言其周公之东乎。【释文】乐，音岳，又音洛，下"而又何乐""而可以乐"同。为，于伪切。王，如字，又于况切。⑳《诗》第十一，后仲尼删定，故不同。【释文】删，所奸切。㉑秦本在西戎汧、陇之西，秦仲始有车马礼乐，去戎狄之音而有诸夏之声，故谓之夏声。及襄公佐周平王东迁而受其故地，故曰周之旧。【释文】汧，苦贤切。去，起吕切，又如字。㉒《诗》第九。魏，姬姓国。闵元年，晋献公灭之。㉓沨沨，中庸之声。婉，约也。险，当为"俭"字之误也。

大而约则俭节易行,惜其国小无明君也。【释文】沨,扶弓切,徐敷剑切,韦昭音凡。婉,纡阮切。险,依注音俭。易,以豉切。㉔《诗》第十。《唐》,晋诗。㉕晋本唐国,故有尧之遗风。忧深思远,情发于声。【释文】思,息嗣切。㉖《诗》第十二。㉗淫声放荡无所畏忌,故曰国无主。㉘《邶》第十三,《曹》第十四。言季子闻此二国歌,不复讥论之,以其微也。【释文】邶,古外切。㉙《小雅》,小正,亦乐歌之常。㉚思文武之德,无贰叛之心。㉛有哀音。㉜衰,小也。㉝谓有殷王余俗,故未大。㉞《大雅》陈文王之德以正天下。㉟熙熙,和乐声。㊱论其声。㊲《雅》《颂》所以咏盛德形容,故但歌其美者,不皆歌变雅。㊳《颂》者以其成功告于神明。㊴言道备。【释文】至矣哉,一本无“矣”字。㊵倨傲。【释文】倨,音据,徐音居。傲,五报切。㊶屈,桡。【释文】桡,乃孝切。㊷谦退。【释文】偪,彼力切。㊸携,贰。㊹淫,过荡。㊺常日新。【释文】厌,於艳切,徐於赡切。㊻知命。㊼节之以礼。㊽德弘大。【释文】匜,其位切。㊾不自显。㊿因民所利而利之。【释文】施,始豉切。费,芳味切。(51)义然后取。(52)守之以道。【释文】厎,丁礼切。(53)制之以义。(54)宫、商、角、徵、羽谓之五声。【释文】徵,张里切。(55)八方之气,谓之八风。(56)八音克谐,节有度也。无相夺伦,守有序也。(57)《颂》有殷、鲁,故曰盛德之所同。(58)《象箾》,舞所执。《南籥》,以籥舞也。皆文王之乐。【释文】箾,音朔。籥,羊略切。(59)美哉,美其容也。文王恨不及己致大平。【释文】憾,本亦作“感”,胡暗切。大,音泰。(60)武王乐。(61)殷汤乐。【释文】韶,上昭切,本或作“招”,音同。濩,音护,又户郭切。(62)惭于始伐。(63)禹之乐。(64)尽力沟洫,勤也。【释文】洫,况域切。(65)舜乐。【释文】箾,音箫。(66)帱,覆也。【释文】帱,徒报切。(67)鲁用四代之乐,故及《韶箾》而季子知其终也。季札贤明才博,在吴虽已涉见此乐歌之文,然未闻中国雅声,故请此周乐,欲听其声,然后依声以参时政,知其兴衰也。闻秦诗谓之夏声,闻《颂》曰五声和、八风平,皆论声以参政也。舞毕知其乐终,是素知其篇数。

其出聘也,通嗣君也①。故遂聘于齐,说晏平仲,谓之曰:“子速纳邑与政②!无邑无政,乃免于难。齐国之政,将有所归,未获所归,难未歇也③。”故晏子因陈桓子以纳政与邑,是以免于栾、高之难④。

①吴子馀祭嗣立。②纳,归之公。【释文】说,音悦,下同。③歇,尽也。【释文】难,乃旦切,下同。歇,许谒切。④难在昭八年。

聘于郑,见子产,如旧相识,与之缟带,子产献纻衣焉①。谓子产曰:“郑之执政侈,难将至矣! 政必及子。子为政,慎之以礼。不然,郑国将败②。”

①大带也。吴地贵缟,郑地贵纻,故各献己所贵,示损己而不为彼货利。【释文】缟,

古老切，徐古到切，缯也。纮，直吕切。②侈谓伯有。

适卫，说蘧瑗①、史狗②、史鳅③、公子荆、公叔发④、公子朝，曰："卫多君子，未有患也。"

①蘧伯玉。【释文】蘧，其居切。瑗，于眷切。②史朝之子文子。【释文】朝，如字，下"子朝"同。③史鱼。【释文】鳅，音秋。④公叔文子。

自卫如晋，将宿于戚①。闻钟声焉，曰："异哉！吾闻之也：'辩而不德，必加于戮②。'夫子获罪于君以在此③，惧犹不足，而又何乐？夫子之在此也，犹燕之巢于幕上④。君又在殡，而可以乐乎⑤？"遂去之⑥。文子闻之，终身不听琴瑟⑦。

①戚，孙文子之邑。②辩，犹争也。【释文】争，争斗之争。③孙文子以戚叛。④言至危。【释文】幕，音莫。⑤献公卒，未葬。⑥不止宿。⑦闻义能改。

适晋，说赵文子、韩宣子、魏献子，曰："晋国其萃于三族乎①！"说叔向，将行，谓叔向曰："吾子勉之！君侈而多良，大夫皆富，政将在家②。吾子好直，必思自免于难。"

①言晋国之政将集于三家。【释文】萃，在醉切，集也。②富必厚施，故政在家。【释文】施，式豉切。

秋九月，齐公孙虿、公孙灶放其大夫高止于北燕①。乙未，出。书曰："出奔。"罪高止也②。高止好以事自为功，且专，故难及之③。

①虿，子尾。灶，子雅。放者，宥之以远。【释文】虿，敕迈切。宥，音又。②实放书奔，所以示罪。③【释文】好，呼报切。

冬，孟孝伯如晋，报范叔也①。

①范叔，士鞅也。此年夏来聘。

为高氏之难故，高竖以卢叛①。十月庚寅，闾丘婴帅师围卢。高竖曰："苟使高氏有后，请致邑②。"齐人立敬仲之曾孙酀③，良敬仲也④。十一月乙卯，高竖致卢而出奔晋，晋人城緜而寘旃⑤。

①竖，高止子。【释文】为，于伪切，下注"为子产"同。竖，上主切。②还邑于君。③敬仲，高傒。【释文】酀，於显切。傒，音兮。④良，犹贤也。⑤晋人善其致邑。【释文】緜，音绵。寘，之豉切。旃，之然切。

郑伯有使公孙黑如楚①，辞曰："楚、郑方恶，而使余往，是杀余也。"伯有曰："世行也②。"子晳曰："可则往，难则已，何世之有？"伯有将强使之。子晳怒，将伐伯有氏，大夫和之。十二月己巳，郑大夫盟于伯有氏。裨谌曰："是盟也，其与几何③？《诗》曰：'君子屡盟，乱是用长。'今是长乱之道也。祸未歇也，必三年而后能纾④。"然明曰："政将焉往？"裨谌曰："善之代不善，天命也，其焉辟子产⑤？举不逾等，则位班也⑥。择善而举，则世隆也⑦。天又除之，夺伯有魄⑧，子西即世，将焉辟之？天祸郑久矣，其必使子产息之，乃犹可以戾⑨。不然，将亡矣。"

①黑，子皙。【释文】皙，星历切。②言女世为行人。【释文】女，音汝。③言不能久也。裨谌，郑大夫。【释文】强，其丈切。裨，婢支切。谌，本亦作"湛"，市林切。与，如字，或音预。几，居岂切。④纾，解也。【释文】屡，力住切。长，丁丈切，下同。纾，直吕切，徐音舒。解，音蟹。⑤言政必归子产。【释文】焉，於虔切，下同。⑥子产位班次应知政。⑦世所高也。⑧丧其精神，为子产驱除。【释文】丧，息浪切。驱，丘具切，又如字。除，直据切，或如字。⑨戾，定也。

襄公三十年

【经】

三十年春，王正月，楚子使薳罢来聘①。

夏四月，蔡世子般弑其君固②。

五月甲午，宋灾③。

宋伯姬卒。

天王杀其弟佞夫④。

王子瑕奔晋⑤。

秋七月，叔弓如宋，葬宋共姬⑥。

郑良霄出奔许⑦。自许入于郑⑧。

郑人杀良霄。

冬十月，葬蔡景公⑨。

晋人、齐人、宋人、卫人、郑人、曹人、莒人、邾人、滕子、薛人、杞人、小邾人会于澶渊，宋灾故⑩。

①【释文】罢，音皮。②【释文】般，音班。③天火曰灾。④称弟，以恶王残骨肉。【释文】佞，乃定切。恶，乌路切，下"恶宋"同，又如字。⑤不言出奔，周无外。⑥共姬，从夫谥也。叔弓，叔老之子。卿共葬事，礼过厚，三月而葬，速。【释文】共，音恭，注皆同。⑦耆酒荒淫，书名，罪之。【释文】耆，市志切。⑧不言复入，独还无兵。【释文】复，扶又切。

⑨无传。⑩会未有言其事者,此言宋灾故,以恶宋人不克己自责而出会求财。【释文】澶,市然切,《字林》音丈仙切,云:澶水在宋。

【传】

三十年春,王正月,楚子使薳罢来聘,通嗣君也①。穆叔问:"王子之为政何如②?"对曰:"吾侪小人,食而听事,犹惧不给命而不免于戾,焉与知政?"固问焉,不告。穆叔告大夫曰:"楚令尹将有大事,子荡将与焉③,助之匿其情矣④。"

①郏敖即位。②王子围为令尹。【释文】问王子之为政,一本作"问王子围之为政",服虔、王肃本同。③子荡,薳罢。【释文】侪,仕皆切。焉,於虔切。与,音预,下"将与""与于"同。④子围素贵,郏敖微弱,(请)[诸]侯皆知其将为乱,故穆叔问之。【释文】匿,女力切。

子产相郑伯以如晋,叔向问郑国之政焉。对曰:"吾得见与否,在此岁也。驷、良方争,未知所成①。若有所成,吾得见,乃可知也。"叔向曰:"不既和矣乎?"对曰:"伯有侈而愎②,子皙好在人上,莫能相下也。虽其和也,犹相积恶也,恶至无日矣③。"

①驷氏,子皙也。良氏,伯有也。【释文】相,息亮切。争,争斗之争,下注"驷、良争"同。②愎,很也。【释文】愎,彼力切。很,胡垦切。③为此年秋良霄出奔传。【释文】好,呼报切。下,户嫁切。

二月癸未,晋悼夫人食舆人之城杞者①。绛县人或年长矣,无子,而往与于食。有与疑年,使之年②。曰:"臣小人也,不知纪年。臣生之岁,正月甲子朔,四百有四十五甲子矣,其季于今三之一也③。"吏走问诸朝④,师旷曰:"鲁叔仲惠伯会郤成子于承匡之岁也⑤。是岁也,狄伐鲁。叔孙庄叔于是乎败狄于鹹,获长狄侨如及虺也、豹也,而皆以名其子。七十三年矣⑥。"史赵曰:"亥有二首六身⑦,下二如身,是其日数也⑧。"士文伯曰:"然则二万六千六百有六旬也⑨。"

①舆,众也。城杞在往年。【释文】食,音嗣。舆,音余。②使言其年。【释文】长,丁丈切。③所称正月谓夏正月也。三分六甲之一,得甲子、甲戌,尽癸未。【释文】夏,户雅切。④皆不知,故问之。【释文】吏走,一本作"使走",如字,疾速之意也。一曰走,使之人也。服虔、王肃本作"吏",云:吏不知历者。⑤在文十一年。⑥叔孙侨如、叔孙豹皆取长狄名。【释文】鹹,音咸。侨,其骄切。虺,虚鬼切。⑦史赵,晋大史。亥字二画在上,并三六为身,如算之六。【释文】画,音获。并,步顶切。⑧下亥上二画竖置身旁。⑨文伯,

士弱之子。

赵孟问其县大夫，则其属也①。召之，而谢过焉，曰："武不才，任君之大事，以晋国之多虞，不能由吾子②，使吾子辱在泥涂久矣，武之罪也。敢谢不才。"遂仕之，使助为政。辞以老。与之田，使为君复陶③，以为绛县师④，而废其舆尉⑤。于是，鲁使者在晋，归以语诸大夫。季武子曰："晋未可婾也⑥。有赵孟以为大夫，有伯瑕以为佐⑦，有史赵、师旷而咨度焉，有叔向、女齐以师保其君。其朝多君子，其庸可婾乎？勉事之而后可⑧。"

①属赵武。②由，用也。③复陶，主衣服之官。【释文】复，音服，又音福。④县师，掌地域，辩其夫家人民。⑤以役孤老故。⑥婾，薄也。【释文】使，所吏切。语，鱼据切。婾，他侯切。⑦伯瑕，士文伯。⑧传言晋所以不失诸侯，且明历也。【释文】度，待洛切。

夏四月己亥，郑伯及其大夫盟①。君子是以知郑难之不已也②。

①驷、良争故。②郑伯微弱，不能制其臣下，君臣诅盟，故曰乱未已。【释文】难，乃旦切。诅，侧虑切。

蔡景侯为大子般娶于楚，通焉。大子弑景侯①。

①终子产言有子祸也。【释文】为，于伪切。娶，七住切。

初，王儋季卒①，其子括将见王，而叹②。单公子愆期为灵王御士，过诸廷③，闻其叹而言曰："乌乎！必有此夫④！"入以告王，且曰："必杀之！不戚而愿大，视躁而足高，心在他矣。不杀，必害。"王曰："童子何知？"及灵王崩，儋括欲立王子佞夫⑤，佞夫弗知。戊子，儋括围芮，逐成愆⑥。成愆奔平畤⑦。五月癸巳，尹言多、刘毅、单蔑、甘过、巩成杀佞夫⑧。括、瑕、廖奔晋⑨。书曰："天王杀其弟佞夫。"罪在王也⑩。

①儋季，周灵王弟。【释文】儋，丁甘切。②括除服见灵王，入朝而叹。【释文】括，古活切。见，贤遍切。③愆期行过王廷。【释文】单，音善。愆，起虔切。廷，音庭。④欲有此朝廷之权。【释文】乌乎，本又作"呜呼"，音同。夫，音扶。⑤佞夫，灵王子，景王弟。【释文】躁，早报切。⑥成愆，芮邑大夫。【释文】芮，于委切。⑦平畤，周邑。【释文】畤，音止，又音市，本或作"峙"。⑧五子，周大夫。【释文】过，音戈。巩，九勇切。⑨括、廖不书，贱也。【释文】廖，力雕切，又敕留切。⑩佞夫不知故。经书在宋灾下，从赴。

或叫于宋大庙①，曰："譆譆！出出②！"鸟鸣于亳社③，如曰："譆譆④。"甲午，宋大灾。宋伯姬卒，待姆也⑤。君子谓："宋共姬，女而不妇。女待人⑥，妇义事也⑦。"

①叫，呼也。【释文】叫，古吊切。大，音泰，一本无"大"字。呼，火故切。②譆譆，热也。出出，戒伯姬。【释文】譆，许其切。出，如字，郑注《周礼》引此作"怵怵"，刘昌宗亦

音出。③殷社。【释文】亳，步各切。④皆火妖也。⑤姆，女师。【释文】姆，徐音茂，《字林》亡又切，又音母。⑥待人而行。⑦义，从宜也。伯姬时年六十左右。

六月，郑子产如陈莅盟。归，复命。告大夫曰："陈，亡国也，不可与也①。聚禾粟，缮城郭，恃此二者，而不抚其民。其君弱植，公子侈，大子卑，大夫敖，政多门②，以介于大国③，能无亡乎？不过十年矣④。"

①不可与结好。【释文】好，呼报切。②政不由一人。【释文】缮，上战切。植，徐直吏切，又时力切。敖，五报切，本亦作"傲"，服本作"放"，云：淫放也。③介，间也。【释文】介，音界。④为昭八年楚灭陈传。

秋七月，叔弓如宋，葬共姬也①。

①伤伯姬之遇灾，故使卿共葬。【释文】共，音恭。

郑伯有耆酒，为窟室①，而夜饮酒，击钟焉，朝至未已。朝者曰："公焉在②？"其人曰："吾公在壑谷③。"皆自朝布路而罢④。既而朝⑤，则又将使子皙如楚，归而饮酒。庚子，子皙以驷氏之甲伐而焚之。伯有奔雍梁⑥，醒而后知之，遂奔许。大夫聚谋。子皮曰："《仲虺之志》云⑦：'乱者取之，亡者侮之。'推亡固存，国之利也。罕、驷、丰同生⑧，伯有汰侈，故不免⑨。"

①窟室，地室。【释文】耆，市志切。窟，口忽切。②家臣，故谓伯有为公。【释文】焉在，於虔切。③壑谷，窟室。【释文】壑，呼洛切。④布路，分散。【释文】罢，皮买切，徐扶彼切。⑤伯有朝郑君。⑥雍梁，郑地。【释文】雍，於用切。⑦仲虺，汤左相。【释文】醒，星顶切。相，息亮切。⑧罕，子皮。驷，子皙。丰，公孙段也。三家本同母兄弟。【释文】侮，亡甫切。⑨三家同出而伯有孤特，又汰侈，所以亡。【释文】汰，音泰。

人谓子产就直助强①，子产曰："岂为我徒②？国之祸难，谁知所敝？或主强直，难乃不生③。姑成吾所④。"辛丑，子产敛伯有氏之死者而殡之，不及谋而遂行⑤。印段从之⑥。子皮止之。众曰："人不我顺，何止焉？"子皮曰："夫人礼于死者，况生者乎？"遂自止之。壬寅，子产入。癸卯，子石入⑦。皆受盟于子皙氏。

①时谓子皙直，三家强。②徒，党也。言不以驷、良为党。③言能强能直则可弭难，今三家未能，则伯有方争。【释文】难，乃旦切。弭，弥氏切。争，争斗之争。④欲以无所附著为所。【释文】著，直略切。⑤不与于国谋。【释文】敛，力艳切。与，音预，下"不与"同。⑥义子产。⑦子石，印段。

乙巳，郑伯及其大夫盟于大宫①。盟国人于师之梁之外②。伯有闻郑人之盟己也怒，闻子皮之甲不与攻己也喜，曰："子皮与我矣。"癸丑，晨，自墓门之渎入③，因马师颉介于襄库，以伐旧北门④。驷带率国人以伐之⑤。皆召子产⑥。子产曰："兄弟而及此，吾从天所与⑦。"伯有死于羊肆⑧，子产襚之，枕之股而哭之，敛而殡诸伯有之臣在市侧者。既而葬诸斗城⑨。子驷氏欲攻子产，子皮怒之曰："礼，国之干也，杀有礼，祸莫大焉。"乃止⑩。

①大官，祖庙。②师之梁，郑城门。③墓门，郑城门。【释文】渎，徐音豆。④马师颉，子羽孙。【释文】颉，户结切。介，音界。⑤驷带，子西之子，子晳之宗主。⑥驷氏、伯有俱召。⑦兄弟恩等，故无所偏助。⑧羊肆，市列。⑨斗城，郑地名。【释文】襚，音遂。枕，之鸩切。股，音古。⑩敛葬伯有为有礼。

于是游吉如晋还，闻难不入①，复命于介，八月甲子，奔晋。驷带追之，及酸枣。与子上盟，用两珪质于河②。使公孙胖人盟大夫。己巳，复归③。书曰："郑人杀良霄。"不称大夫，言自外入也④。

①惧祸并及。【释文】难，乃旦切。②子上，驷带也。沈珪于河，为信也。酸枣，陈留县。与子上用两珪质于河。【释文】质，如字，一音致。一本作"与子上盟"绝句，"用两珪质于河"别为句。沈，音鸩，又如字。③游吉归也。【释文】胖，许乙切。④既出，位绝，非复郑大夫。【释文】复，音扶又切。

于子蟜之卒也①，将葬，公孙挥与裨灶晨会事焉②。过伯有氏，其门上生莠。子羽曰："其莠犹在乎③？"于是岁在降娄，降娄中而旦④。裨灶指之曰："犹可以终岁⑤，岁不及此次也已⑥。"及其亡也，岁在娵訾之口⑦。其明年，乃及降娄。

①子蟜，公孙虿。卒在十九年。【释文】蟜，居表切。②公葬事。【释文】挥，许韦切。③子羽，公孙挥。以莠喻伯有。伯有侈，知其不能久存。【释文】莠，羊九切，草也。④降娄，奎娄也。周七月，今五月，降娄中而天明。【释文】降，户江切。奎，苦圭切。⑤指降娄也。岁星十二年而一终。⑥不及降娄。⑦娵訾，营室东壁。二十八年岁星淫在玄枵，今三十年在娵訾，是岁星停在玄枵二年。【释文】娵，子须切。訾，子斯切。壁，音璧。枵，许骄切。

仆展从伯有，与之皆死①。羽颉出奔晋，为任大夫②。鸡泽之会③，郑乐成奔楚，遂适晋。羽颉因之，与之比，而事赵文子，言伐郑之说焉。以宋之盟故，不可④。子皮以公孙鉏为马师⑤。

①仆展，郑大夫，伯有党。②羽颉，马师颉。任，晋县，今属广平郡。【释文】任，音壬。③在三年。④宋盟约弭兵故。【释文】比，毗志切。⑤鉏，子罕之子，代羽颉。【释文】鉏，

仕居切。

楚公子围杀大司马蒍掩而取其室①。申无宇曰："王子必不免②。善人，国之主也。王子相楚国，将善是封殖，而虐之，是祸国也。且司马，令尹之偏③，而王之四体也④。绝民之主，去身之偏，艾王之体，以祸其国，无不祥大焉！何以得免⑤？"

①蒍掩二十五年为大司马。②无宇，芊尹。【释文】芊，于付切。③偏，佐也。【释文】相，息亮切，下"相之"同。④俱（服）[股]肱也。⑤为昭十三年楚弑灵王传。【释文】去，起吕切。艾，鱼废切。

为宋灾故，诸侯之大夫会，以谋归宋财。冬十月，叔孙豹会晋赵武、齐公孙虿、宋向戌、卫北宫佗①、郑罕虎②及小邾之大夫，会于澶渊。既而无归于宋，故不书其人。君子曰："信其不可不慎乎！澶渊之会，卿不书，不信也夫。诸侯之上卿，会而不信，宠名皆弃，不信之不可也如是③！《诗》曰：'文王陟降，在帝左右。'信之谓也④。又曰：'淑慎尔止，无载尔伪。'不信之谓也⑤。"书曰"某人某人会于澶渊，宋灾故"，尤之也⑥。不书鲁大夫，讳之也⑦。

①佗，北宫括之子。【释文】佗，徒河切。②虎，子皮。③宠，谓族也。【释文】不信也夫，音扶，一读以"夫"为下句首。④《诗·大雅》，言文王所以能上接天，下接人，动顺帝者，唯以信。⑤逸《诗》也，言当善慎举止，无载行诈伪。⑥传云既而无归，所以释诸侯大夫之不书也。又云宋灾故，尤之，所以释向戌之并贬。戌为正卿，深致火灾，烧杀其夫人，未闻克己之意，而以求财合诸侯，故与不归财者同文。⑦向戌既以灾求财，诸大夫许而不归，客主皆贬。君子以尊尊之义也，君亲有隐，故略不书鲁大夫以示例。

郑子皮授子产政①，辞曰："国小而偪②，族大宠多，不可为也③。"子皮曰："虎帅以听，谁敢犯子？子善相之，国无小④，小能事大，国乃宽⑤。"

①伯有死，子皮知政，以子产贤，故让之。②偪近大国。【释文】偪，彼力切。近，附近之近。③为，犹治也。④言在治政。【释文】治，直吏切。⑤为大所恤故也。

子产为政，有事伯石，赂与之邑。子大叔曰："国，皆其国也。奚独赂焉②？"子产曰："无欲实难③。皆得其欲，以从其事，而要其成，非我有成，其在人乎④？何爱于邑，邑将焉往⑤？"子大叔曰："若四国何⑥？"子产曰："非相违也，而相从也⑦，四国何尤焉？《郑书》有之曰⑧：'安定国家，必大焉先⑨。'姑先安大，以待其所归⑩。"既，伯石惧而归邑，卒与之⑪。伯有既死，使大史命伯石为卿，辞。大史退，则请命焉⑫。复命之，又辞。如是三，乃受策入拜。子产是以恶其为人也⑬，使次己位⑭。

①伯石,公孙段。有事欲使之。②言郑大夫共忧郑国事,何为独赂之。③言人不能无欲。④言成犹在我,非在他。【释文】要,一遥切。⑤言犹在国。【释文】焉,於虔切。⑥恐为四邻所笑。⑦言赂以邑,欲为和顺。⑧郑国史书。⑨先和大族,而后国家安。⑩要其成也。⑪卒,终也。⑫请大史更命己。⑬恶其虚饰。【释文】复,扶又切。三,息暂切,又如字。策,初革切。恶,乌路切。⑭畏其作乱,故宠之。

子产使都鄙有章①,上下有服②,田有封洫③,庐井有伍④。大人之忠俭者⑤,从而与之;泰侈者,因而毙之⑥。

①国都及边鄙,车服尊卑,各有分部。【释文】分,扶运切。②公卿大夫,服不相逾。③封,疆也。洫,沟也。【释文】洫,况域切。疆,居良切。④庐,舍也。九夫为井,使五家相保。⑤谓卿大夫。【释文】大人,本或作"大夫"者非。⑥因其有罪而毙踣之。【释文】踣,蒲北切。

丰卷将祭,请田焉。弗许①,曰:"唯君用鲜②,众给而已③。"子张怒④,退而征役⑤。子产奔晋,子皮止之而逐丰卷。丰卷奔晋。子产请其田里⑥,三年而复之,反其田里及其人焉⑦。

①田,猎也。【释文】卷,眷勉切,徐居阮切。②鲜,野兽。③众臣祭以刍豢为足。【释文】刍,初俱切。豢,音患。牛羊曰刍,犬豕曰豢。④子张,丰卷。⑤召兵欲攻子产。⑥请于公不(役)[没]入。⑦田里所收入。

从政一年,舆人诵之,曰:"取我衣冠而褚之,取我田畴而伍之。孰杀子产,吾其与之①!"及三年,又诵之,曰:"我有子弟,子产诲之。我有田畴,子产殖之②。子产而死,谁其嗣之③?"

①并畔为畴。【释文】并,蒲杏切,又蒲顶切。②殖,生也。【释文】殖,时力切,徐是吏切,此协下韵。③嗣,续也。传言郑所以兴。

襄公三十一年

【经】

三十有一年春,王正月。
夏六月辛巳,公薨于楚宫①。
秋九月癸巳,子野卒②。

己亥,仲孙羯卒。

冬十月,滕子来会葬③。

癸酉,葬我君襄公。

十有一月,莒人弑其君密州④。

①公不居先君之路寝,而安所乐,失其所也。【释文】乐,音洛,又音岳,又五教切。②不书葬,未成君。③诸侯会葬,非礼。④不称弑者主名,君无道也。【释文】弑,申志切。

【传】

三十一年春,王正月,穆叔至自会①,见孟孝伯,语之曰:"赵孟将死矣。其语偷,不似民主②。且年未盈五十,而谆谆焉如八九十者,弗能久矣③。若赵孟死,为政者其韩子乎④!吾子盍与季孙言之,可以树善,君子也⑤。晋君将失政矣,若不树焉,使早备鲁⑥,既而政在大夫,韩子懦弱,大夫多贪,求欲无厌,齐、楚未足与之,鲁其惧哉!"孝伯曰:"人生几何?谁能无偷?朝不及夕,将安用树?"穆叔出而告人曰:"孟孙将死矣。吾语诸赵孟之偷也,而又甚焉⑦。"又与季孙语晋故⑧,季孙不从。

①澶渊会还。②偷,苟且。【释文】语,鱼据切,下"吾语诸"同。偷,他侯切。③成二年战于鞌,赵朔已死,于是赵文子始生。至襄三十年会澶渊,盖年四十七八,故言未盈五十。【释文】谆,徐之闰切,或音之纯切。④韩子,韩起。⑤言韩起有君子之德,今方知政,可素往立善。【释文】盍,户腊切。⑥使韩子早为鲁备。⑦言朝不及夕,偷之甚也。【释文】懦,乃乱切。厌,於盐切。几,居岂切,本或作"民生无几何"。朝,如字。⑧如与孟孙言。

及赵文子卒①,晋公室卑,政在侈家。韩宣子为政,不能图诸侯。鲁不堪晋求,谗慝弘多,是以有平丘之会②。

①在昭元年。②平丘会在昭十三年,晋人执季孙意如。【释文】慝,他得切。

齐子尾害闾丘婴,欲杀之,使帅师以伐阳州①。我问师故②。夏五月,子尾杀闾丘婴以说于我师③。工偻洒、渻灶、孔虺、贾寅出奔莒④。出群公子⑤。

①阳州,鲁地。②鲁以师往,问齐何故伐我。③言伐鲁者婴所为也。伐阳州不书,不成伐。【释文】说,如字。④四子,婴之党。【释文】偻,功侯切。洒,所蟹切,旧所绮切。渻,生领切,徐作"省",所幸切,又息井切,又音销。虺,许鬼切。⑤为昭十年栾、高之难复群公子起本。【释文】难,乃旦切。

公作楚宫①。穆叔曰："《大誓》云：'民之所欲，天必从之②。'君欲楚也夫，故作其宫。若不复适楚，必死是宫也。"六月辛巳，公薨于楚宫。叔仲带窃其拱璧③，以与御人，纳诸其怀而从取之，由是得罪④。

①适楚，好其宫，归而作之。【释文】好，呼报切。②今《尚书·大誓》亦无此文，故诸儒疑。【释文】大，音泰，本亦作"泰"。③拱璧，公大璧。【释文】夫，音扶。复，扶又切。拱，九勇切。④得罪，谓鲁人薄之，故子孙不得志于鲁。

和田青白玉斧（春秋）

立胡女敬归之子子野①，次于季氏。秋九月癸巳，卒，毁也②。

己亥，孟孝伯卒③。

立敬归之娣齐归之子公子裯④，穆叔不欲，曰："大子死，有母弟则立之，无则立长⑤。年钧择贤，义钧则卜，古之道也⑥。非适嗣，何必娣之子⑦？且是人也，居丧而不哀，在慼而有嘉容，是谓不度。不度之人，鲜不为患。若果立之，必为季氏忧。"武子不听，卒立之。比及葬，三易衰，衰衽如故衰。于是昭公十九年矣，犹有童心，君子是以知其不能终也⑧。

①胡，归姓之国。敬归，襄公妾。②过哀毁瘠，以致灭性。【释文】瘠，在亦切。③终穆叔言。④齐，谥。裯，昭公名。【释文】娣，大计切。裯，直由切。⑤立庶子则以年。【释文】长，丁丈切。⑥先人事，后卜筮也。义钧，谓贤等。⑦言子野非适嗣。【释文】适，丁历切。⑧为昭二十五年公孙于齐传。

冬十月，滕成公来会葬，惰而多涕①。子服惠伯曰："滕君将死矣！怠于其位，而哀已甚，兆于死所矣②。能无从乎③？"癸酉，葬襄公。

①惰，不敬也。【释文】惰，徒卧切。涕，他礼切。②有死兆。③为昭三年滕子卒传。

公薨之月，子产相郑伯以如晋，晋侯以我丧故，未之见也。子产使尽坏其馆之垣而纳车马焉。士文伯让之，曰："敝邑以政刑之不修，寇盗充斥①，无若诸侯之属辱在寡君者何，是以令吏人完客所馆②，高其闬闳③，厚其墙垣，以无忧客使④。今吾子坏之，虽从者能戒，其若异客何？以敝邑之为盟主，缮完葺墙⑤，以待宾客，若皆毁之，其何以共命？寡君使匄请命⑥。"对曰："以敝邑褊小，介于大国⑦，诛求无时⑧，是以不敢宁居，悉索敝赋，以来会时事⑨。逢执事之不间，而未得见，又不获闻命，未知见时，不敢输币，亦不敢暴露。其输之，则君之府实也，非荐陈之，不敢输也⑩。其暴露之，则恐燥湿之不时而朽蠹，以重敝邑之罪。侨闻文公之为盟主也⑪，宫室卑庳，无观台榭，以崇大诸侯之馆，馆如公寝。库厩缮修，司空以时平易道路⑫，圬人以时塓馆宫室⑬。诸侯宾至，甸设庭燎⑭，仆人巡宫⑮，车马有所⑯，宾从有代⑰，巾车脂辖⑱，隶人牧圉，各瞻其事⑲，百官之属，各展其物⑳。公不留宾，而亦无废事㉑，忧乐同之，事则巡之㉒，教其不知，而恤其不足。宾至如归，无宁菑患㉓，不畏寇盗，而亦不患燥湿。今铜鞮之宫数里㉔，而诸侯舍于隶人㉕。门不容车，而不可逾越㉖。盗贼公行，而天疠不戒㉗。宾见无时，命不可知。若又勿坏，是无所藏币，以重罪也。敢请执事，将何所命之㉘？虽君之有鲁丧，亦敝邑之忧也㉙。若获荐币㉚，修垣而行㉛，君之惠也，敢惮勤劳？"

　　①充，满；斥，见，言其多。【释文】相，息亮切。尽，子忍切。坏，音怪，下同。馆，古乱切，字从食，《字林》又云客舍也，旁作舍，非。垣，音袁，墙也。见，贤遍切。②馆，舍也。【释文】令，力呈切。完，音丸。③闳，门也。【释文】闬，户旦切，《说文》云：闬也。汝南平舆县里门曰闬。沈云：闬也。闳，获耕切，杜云：门也。《尔雅》云：衡门谓之闳，是也。又云：所以止扉谓之闳。然《尔雅》本止扉之名。或作"阁"字，读者因改。《左传》皆作阁音。案，下文云"门不容车"，此云"高其闬闳"，俱谓门耳，于义自通，无为穿凿。④无令客使忧寇盗。【释文】使，所吏切。⑤茸，覆也。【释文】从，才用切，下"宾从"同。茸，侵入切，徐音集，又子入切，谓以草覆墙。⑥请问毁垣之命。【释文】共，音恭。匄，本又作"丐"，古害切，士文伯名也。今传本皆作"匄"字，或作"丐"字，《释例》亦然。解者云：士文伯是范氏之族，不应与范宣子同名，作"丐"是也。案，士文伯字伯瑕，又春秋时人名字皆相配，楚令尹阳匄字子瑕，即与文伯名字正同。又郑有驷乞字子瑕，匄与乞义同，则作"匄"者是。又案，鲁有仲婴齐，是庄公之孙；又有公孙婴齐，是文公之孙。仲婴齐于公孙婴齐为从祖，同时同名。郑有公孙段字子石，又云伯石；印段字伯石，传又谓之二子石。然印段即公孙段从父兄弟之子，尚同名字，伯瑕与宣子何废同乎？⑦介，间也。【释文】褊，必浅切。介，音界。⑧诛，责也。⑨随时来朝会。【释文】索，所白切，又悉各切。⑩荐陈，犹献见也。【释文】间，音闲。见，贤遍切，下同。暴，步卜切。⑪侨，子产名。文公，晋重耳。【释文】燥，素早切。蠹，丁故切，虫败也。重，直用切，及下"重罪"同。侨，其骄切。重耳，直龙切。⑫易，治也。【释文】庳，音婢，亦音卑。观，古乱切。榭，音谢，本亦作"谢"。土高曰台，有树曰榭。厩，九又切。易，以豉切。⑬圬人，涂者。塓，涂也。【释

文】圬，本作"污"，同，音乌。堲，莫历切。⑭庭燎，设火于庭。【释文】旬，徒遍切。燎，力妙切，徐力遥切，又力吊切。庭燎，大烛。⑮巡宫，行夜。【释文】行，下孟切，下"巡行"同。⑯有所处。⑰代客役。⑱巾车，主车之官。【释文】巾，如字，刘昌宗《周礼》音居觐切。辖，户瞎切。⑲瞻视客所当得。【释文】瞻，之廉切。⑳展，陈也。谓群官各陈其物以待宾。㉑宾得速去，则事不废。㉒巡，行也。【释文】乐，音洛。㉓言见遇如此，宁当复有蓄患邪？无宁，宁也。【释文】蓄，音灾。复，扶又切。㉔铜鞮，晋离宫。【释文】鞮，丁兮切。数，所主切。㉕舍如隶人舍。㉖门庭之内迫迮，又有墙垣之限。【释文】迮，侧百切。㉗疗，犹灾也。言水潦无时。【释文】潦，音老。㉘问晋命己所止之宜。【释文】见，贤遍切。㉙言郑与鲁亦有同姓之忧。㉚荐，进也。㉛行，去也。

文伯复命①，赵文子曰："信②！我实不德，而以隶人之垣以赢诸侯③，是吾罪也。"使士文伯谢不敏焉。晋侯见郑伯，有加礼④，厚其宴好而归之。乃筑诸侯之馆。

①反命于晋君。②信如子产言。③赢，受也。【释文】赢，音盈。④礼加敬。

叔向曰："辞之不可以已也如是夫！子产有辞，诸侯赖之，若之何其释辞也？《诗》曰：'辞之辑矣，民之协矣。辞之绎矣，民之莫矣①。'其知之矣②。"

①《诗·大雅》，言辞辑睦则民协同，辞说绎则民安定。莫，犹定也。【释文】夫，音扶，读者亦以"夫"为下句首。辑，音集，又七入切。绎，又作"怿"，音亦。②谓诗人知辞之有益。

郑子皮使印段如楚，以适晋告，礼也①。

①得事大国之礼。

莒犁比公生去疾及展舆①，既立展舆②，又废之。犁比公虐，国人患之。十一月，展舆因国人以攻莒子，弑之，乃立③。去疾奔齐，齐出也④。展舆，吴出也⑤。书曰："莒人弑其君买朱鉏⑥。"言罪之在也⑦。

①犁比，莒子密州之号。②立以为世子。③展舆立为君。【释文】弑，音试。本或作"乃自立"者，误。④母，齐女也。⑤为明年奔吴传。⑥买朱鉏，密州之字。【释文】鉏，仕居切。⑦罪在鉏也。传始例申明君臣书弑，今者父子，故复重明例。【释文】复，扶又切。重，直用切。

吴子使屈狐庸聘于晋①，通路也②。赵文子问焉，曰："延州来季子其果立乎③？巢陨诸樊④，阍戕戴吴⑤，天似启之，何如？"对曰："不立。是二王之命也，非启季子也。若天所启，其在今嗣君乎⑥！甚德而度，德不失民⑦，度不失事⑧，民亲而事有序，其天所启也。有吴国者，必此君之子孙实终之。季子，守节者也。虽有国，不立⑨。"

①狐庸，巫臣之子也。成七年，适吴为行人。【释文】屈，君勿切。狐，音胡。②通吴、晋之路。③延州来，季札邑。④在二十五年。【释文】陨，于敏切。⑤在二十九年。戴吴，馀祭。【释文】阍，音昏。戕，在良切。祭，侧界切。⑥嗣君，谓夷末。⑦民归德。⑧审事情。⑨言其三兄虽欲传国与之，终不肯立。【释文】传，直专切。

十二月，北宫文子相卫襄公以如楚①，宋之盟故也②。过郑，印段远劳于棐林，如聘礼而以劳辞③。文子入聘④。子羽为行人，冯简子与子大叔逆客⑤。事毕而出，言于卫侯曰："郑有礼，其数世之福也，其无大国之讨乎！《诗》云：'谁能执热，逝不以濯⑥。'礼之于政，如热之有濯也。濯以救热，何患之有⑦？"

①文子，北宫佗。襄公，献公子。【释文】相，息亮切。②晋、楚之从交相见也。③用聘礼而用郊劳之辞。【释文】过，五禾切。迋，于况切。劳，力报切。棐，芳尾切，本又作"斐"。④报印段。⑤逆文子。⑥《诗·大雅》。濯，以水濯手。【释文】数，所主切。濯，直角切。⑦此以上文子辞。【释文】上，时掌切。

子产之从政也，择能而使之。冯简子能断大事。子大叔美秀而文①。公孙挥能知四国之为②，而辨于其大夫之族姓、班位、贵贱、能否，而又善为辞令。裨谌能谋，谋于野则获③，谋于邑则否④。郑国将有诸侯之事，子产乃问四国之为于子羽，且使多为辞令。与裨谌乘以适野，使谋可否。而告冯简子，使断之。事成，乃授子大叔使行之，以应对宾客。是以鲜有败事。北宫文子所谓有礼也⑤。

①其貌美，其才秀。【释文】断，丁乱切。②知诸侯所欲也。③得所谋也。【释文】裨，婢支切。谌，市林切。④此才性之散。⑤传迹子产行事，以明北宫文子之言。【释文】乘，绳证切。鲜，息浅切。

郑人游于乡校①，以论执政②，然明谓子产曰："毁乡校，何如③？"子产曰："何为？夫人朝夕退而游焉，以议执政之善否。其所善者，吾则行之。其所恶者，吾则改之。是吾师也，若之何毁之？我闻忠善以损怨④，不闻作威以防怨⑤。岂不遽止？然犹防川⑥，大决所犯，伤人必多，吾不克救也。不如小决使道⑦，不如吾闻而药之也⑧。"然明曰："蔑也今而后知吾子之信可事也。小人实不才。若果行此，其郑国实赖之，岂唯二三臣？"仲尼闻是语也，曰："以是观之，人谓子产不仁，吾不信也⑨。"

①乡之学校。【释文】校，户孝切。郑国谓学为校。②论其得失。③患人于中谤议国政。【释文】谤，布浪切。④为忠善则怨谤息。【释文】夫，音扶。朝，直遥切，旧如字。

恶，乌路切，又如字。⑤欲毁乡校即作威。⑥遽，畏惧也。【释文】遽，其据切。⑦道，通也。【释文】道，音导。⑧以为己药石。⑨仲尼以二十二年生，于是十岁，长而后闻之。【释文】长，丁丈切。

子皮欲使尹何为邑①。子产曰："少，未知可否②？"子皮曰："愿，吾爱之，不吾叛也③。使夫往而学焉，夫亦愈知治矣④。"子产曰："不可。人之爱人，求利之也。今吾子爱人则以政⑤，犹未能操刀而使割也，其伤实多⑥。子之爱人，伤之而已，其谁敢求爱于子？子于郑国，栋也，栋折榱崩，侨将厌焉，敢不尽言？子有美锦，不使人学製焉⑦。大官、大邑，身之所庇也，而使学者製焉。其为美锦，不亦多乎⑧？侨闻学而后入政，未闻以政学者也。若果行此，必有所害。譬如田猎，射御贯则能获禽⑨，若未尝登车射御，则败绩厌覆是惧，何暇思获？"子皮曰："善哉！虎不敏。吾闻君子务知大者远者，小人务知小者近者。我小人也。衣服附在吾身，我知而慎之。大官、大邑所以庇身也，我远而慢之⑩。微子之言，吾不知也。他日我曰：'子为郑国，我为吾家，以庇焉，其可也。'今而后知不足⑪。自今，请虽吾家，听子而行。"子产曰："人心之不同，如其面焉。吾岂敢谓子面如吾面乎？抑心所谓危，亦以告也。"子皮以为忠，故委政焉。子产是以能为郑国⑫。

①为邑大夫。②尹何年少。【释文】少，诗照切。③愿，谨善也。【释文】愿，音愿。④夫谓尹何。【释文】治，直吏切，下注"之治"同。⑤以政与之。⑥多自伤。【释文】操，七刀切。其伤实多，一本作"其伤多"。⑦製，裁也。【释文】栋，丁弄切。榱，所追切，椽也。厌，本又作"压"，于甲切，徐于辄切。製，音制。⑧言官邑之重，多于美锦。【释文】庇，必利切，又音秘。⑨贯，习也。【释文】贯，古乱切。⑩慢，易也。【释文】覆，芳服切。易，以豉切。⑪自知谋虑不足谋其家。⑫传言子产之治，乃子皮之力。

卫侯在楚，北宫文子见令尹围之威仪，言于卫侯曰："令尹似君矣！将有他志①，虽获其志，不能终也。《诗》云：'靡不有初，鲜克有终。'终之实难，令尹其将不免。"公曰："子何以知之？"对曰："《诗》云：'敬慎威仪，惟民之则。'令尹无威仪，民无则焉。民所不则，以在民上，不可以终。"公曰："善哉！何谓威仪？"对曰："有威而可畏谓之威，有仪而可象谓之仪。君有君之威仪，其臣畏而爱之，则而象之，故能有其国家，令闻长世。臣有臣之威仪，其下畏而爱之，故能守其官职，保族宜家。顺是以下皆如是，是以上下能相固也。《卫诗》曰：'威仪棣棣，不可选也②。'言君臣、上下、父子、兄弟、内外、大小皆有威仪也。《周诗》曰：'朋友攸摄，摄以威仪③。'言朋友之道，必相教训以威仪也。《周书》数文王之德④，曰：'大国畏其力，小国怀其德。'言畏而爱之也。《诗》云：'不识不知，顺帝之则。'

言则而象之也⑤。纣囚文王七年，诸侯皆从之囚。纣于是乎惧而归之，可谓爱之。文王伐崇，再驾而降为臣⑥，蛮夷帅服，可谓畏之。文王之功，天下诵而歌舞之，可谓则之。文王之行，至今为法，可谓象之。有威仪也。故君子在位可畏，施舍可爱，进退可度，周旋可则，容止可观，作事可法，德行可象，声气可乐，动作有文，言语有章，以临其下，谓之有威仪也⑦。"

①言语瞻视行步不常。②《诗·邶风》。棣棣，富而闲也。选，数也。【释文】鲜，息浅切。闻，音问，本亦作"问"。《卫风》，此《邶见》刺卫顷公，故曰《卫诗》。棣，本又作"逮"，直计切。选，息兖切。数，所主切，下同。③《诗·大雅》。攸，所也。摄，佐也。④逸《书》。⑤《大雅》又言文王行事无所斟酌，唯在则象上天。【释文】斟，之林切。⑥文王闻崇德乱而伐之，三旬不降，退修教而复伐之，因垒而降。【释文】降，户江切。复，扶又切。⑦【释文】行，下孟切。乐，音洛，又音岳。

昭公第十

【释文】昭公名裯，襄公子，母齐归。在位二十五年，逊于开。在外八年，凡三十二年，薨于乾侯。《谥法》：威仪恭明曰昭。

昭公元年

【经】

元年春，王正月，公即位①。

叔孙豹会晋赵武、楚公子围、齐国弱、宋向戌、卫齐恶、陈公子招、蔡公孙归生、郑罕虎、许人、曹人于虢②。

三月，取郓③。

夏，秦伯之弟鍼出奔晋④。

六月丁巳，邾子华卒⑤。

晋荀吴帅师败狄于大卤⑥。

秋，莒去疾自齐入于莒⑦。

莒展舆出奔吴⑧。

叔弓帅师疆郓田⑨。

葬邾悼公⑩。

冬十有一月己酉，楚子麇卒⑪。

楚公子比出奔晋⑫。

①无传。②招，实陈侯母弟，不称弟者，义与庄二十五年公子友同。今读旧书，则楚当先晋，而先书赵武者，亦取宋盟贵武之信，故尚之也。卫在陈、蔡上，先至于会。【释文】招，常遥切。虢，瓜百切。先，悉荐切。③不称将帅，将卑师少。书取，言易也。【释文】郓，音运。将，子匠切。帅，所类切。易，以豉切。④称弟，罪秦伯。【释文】鍼，其廉切。⑤无传。三同盟。⑥大卤，大原晋阳县。【释文】大，如字，徐音泰。卤，音鲁。《穀梁传》云：中国曰大原，夷狄曰大卤。⑦国逆而立之曰入。【释文】去，起吕切。⑧弑君贼。未会诸侯，故不称爵。【释文】莒展舆出奔吴，一本作"莒展出奔吴"。⑨春取郓，今正其封疆。【释文】疆，居良切，注同。⑩无传。⑪楚以疟疾赴，故不书弑。【释文】麇，九伦切。疟，音虐。弑，申志切，或作"杀"，音同。⑫书名，罪之。

【传】

元年春，楚公子围聘于郑，且娶于公孙段氏。伍举为介①。将入馆②，郑人恶之③，使行人子羽与之言，乃馆于外④。既聘，将以众逆⑤。子产患之，使子羽辞，曰："以敝邑褊小，不足以容从者，请垂听命⑥！"令尹命大宰伯州犁对曰："尹辱贶寡大夫围，谓围：'将使丰氏抚有而室⑦。'围布几筵，告于庄、共之庙而来⑧。若野赐之，是委君贶于草莽也！是寡大夫不得列于诸卿也⑨！不宁唯是，又使围蒙其先君⑩，将不得为寡君老⑪，其蔑以复矣。唯大夫图之！"子羽曰："小国无罪，恃实其罪⑫。将恃大国之安靖己，而无乃包藏祸心以图之。小国失恃而惩诸侯，使莫不憾者，距违君命，而有所壅塞不行是惧⑬！不然，敝邑，馆人之属也⑭，其敢爱丰氏之祧⑮？"伍举知其有备也，请垂橐而入⑯。许之。正月乙未，入，逆而出，遂会于虢⑰，寻宋之盟也⑱。

①伍举，椒举。介，副也。【释文】娶，七住切。介，音界。②就客舍。③知楚怀诈。【释文】恶，乌路切。④舍城外。⑤以兵入逆妇。⑥欲于城外除地为垂，行昏礼。【释文】褊，必浅切。从，才用切。垂，音善。⑦丰氏，公孙段。【释文】贶，音况。⑧庄王，围之祖。共王，围之父。【释文】几，本亦作"机"。筵，音延。共，音恭。⑨言不得从卿礼。【释文】

莽，莫荡切。⑩蒙，欺也。告先君而来，不得成礼于女氏之庙，故以为欺先君。⑪大臣称老。惧辱命而黜退。⑫恃大国而无备，则是罪。⑬言已失所恃，则诸侯惩恨，以距君命，壅塞不行，所惧唯此。【释文】惩，直升切。憾，户暗切。壅，本又作"雍"，于勇切。⑭馆人，守舍人也。⑮祧，远祖庙。【释文】祧，他雕切。⑯垂橐，示无弓。【释文】橐，古刀切。⑰虢，郑地。⑱宋盟在襄二十七年。

祁午谓赵文子曰："宋之盟，楚人得志于晋①。今令尹之不信，诸侯之所闻也。子弗戒，惧又如宋②。子木之信称于诸侯，犹诈晋而驾焉③，况不信之尤者乎④？楚重得志于晋，晋之耻也。子相晋国以为盟主，于今七年矣⑤！再合诸侯⑥，三合大夫⑦，服齐、狄，宁东夏⑧，平秦乱⑨，城淳于⑩，师徒不顿，国家不罢，民无谤讟⑪，诸侯无怨，天无大灾，子之力也。有令名矣，而终之以耻，午也是惧。吾子其不可以不戒！"文子曰："武受赐矣⑫！然宋之盟，子木有祸人之心，武有仁人之心，是楚所以驾于晋也。今武犹是心也，楚又行僭⑬，非所害也。武将信以为本，循而行之。譬如农夫，是穮是蓘⑭，虽有饥馑，必有丰年⑮。且吾闻之：'能信不为人下。'吾未能也⑯。《诗》曰：'不僭不贼，鲜不为则。'信也⑰。能为人则者，不为人下矣。吾不能是难，楚不为患。"

①得志，谓先歃。午，祁奚子。【释文】歃，所洽切。②恐楚复得志。【释文】复，扶又切，下"虽复"同。③驾，犹陵也。诈，谓衷甲。【释文】驾，如字，又音加，下同。衷，音忠。④尤，甚也。⑤襄二十五年始为政，以春言，故云七年。【释文】重，直用切。相，息亮切。⑥襄二十五年会夷仪，二十六年会澶渊。⑦襄二十七年会于宋，三十年会澶渊及今会虢也。⑧襄二十八年齐侯、白狄朝晋。【释文】夏，户雅切。⑨襄二十六年秦、晋为成。⑩襄二十九年城杞之淳于，杞迁都。【释文】淳，音纯。⑪讟，诽也。【释文】罢，音皮。讟，音独。诽，芳畏切。⑫受午言。⑬僭，不信。【释文】僭，子念切。⑭穮，耘也。壅苗为蓘。【释文】穮，彼骄切。蓘，古本切。耘，音云，除草也。⑮言耕耡不以水旱息，必获丰年之收。【释文】馑，其靳切。耡，仕居切。收，手又切，又如字。⑯自恐未能信也。⑰《诗·大雅》。僭，不信。贼，害人也。【释文】鲜，息浅切。

楚令尹围请用牲，读旧书，加于牲上而已①。晋人许之。三月甲辰，盟，楚公子围设服离卫②。叔孙穆子曰："楚公子美矣，君哉③！"郑子皮曰："二执戈者前矣④！"蔡子家曰："蒲宫有前，不亦可乎⑤？"楚伯州犁曰："此行也，辞而假之寡君⑥。"郑行人挥曰："假不反矣⑦！"伯州犁曰："子姑忧子皙之欲背诞也⑧。"子羽曰："当璧犹在，假而不反，子其无忧乎⑨？"齐国子曰："吾代二子愍矣⑩！"陈公子招曰："不忧何成？二子乐矣⑪。"卫齐子曰：

"苟或知之，虽忧何害⑫？"宋合左师曰："大国令，小国共。吾知共而已⑬。"晋乐王鲋曰："《小旻》之卒章善矣，吾从之⑭。"

①旧书，宋之盟书。楚恐晋先歃，故欲从旧书。加于牲上，不歃血，经所以不书盟。【释文】难，乃旦切，下注同。②设君服，二人执戈陈于前以自卫。离，陈也。③美服似君。④礼，国君行，有二执戈者在前。⑤公子围在会，将缉蒲为王殿屋，屏蔽以自殊异。言既造王宫而居之，虽服君服，无所怪也。【释文】缉，七入切。⑥闻诸大夫讥之，故言假以饰令尹过。⑦言将遂为君。⑧襄三十年，郑子晳杀伯有，背命放诞，将为国难。言子且自忧此，无为忧令尹不反戈。【释文】背，音佩。诞，音但。⑨子羽，行人挥。当璧，谓弃疾.事在昭十三年。言弃疾有当璧之命，围虽取国，犹将有难，不无忧也。⑩国子，国弱也。二子，谓王子围及伯州犁。围此冬便篡位，不能自终，州犁亦寻为围所杀，故言可愍。【释文】篡，初患切。⑪言以忧生事，事成而乐。【释文】乐，音洛，下"乐忧""而乐"并同。⑫齐子，齐恶。言先知为备，虽有忧难，无所损害。⑬共承大国命，不能知其祸福。【释文】共，音恭，下及注同。⑭《小旻》，《诗·小雅》，其卒章义取非唯暴虎冯河之可畏也，不敬小人亦危殆。王鲋从斯义，故不敢讥议公子围。【释文】鲋，音附。旻，亡巾切。冯，皮冰切。

退会，子羽谓子皮曰："叔孙绞而婉①，宋左师简而礼②，乐王鲋字而敬③，子与子家持之④，皆保世之主也。齐、卫、陈大夫其不免乎？国子代人忧，子招乐忧，齐子虽忧弗害。夫弗及而忧，与可忧而乐，与忧而弗害，皆取忧之道也，忧必及之。《大誓》曰：'民之所欲，天必从之⑤。'三大夫兆忧，忧能无至乎⑥？言以知物，其是之谓矣⑦。"

①绞，切也。讥其似君，反谓之美，故曰婉。【释文】绞，古卯切。婉，纡阮切。②无所臧否故曰简，共事大国故曰礼。【释文】否，悲矣切，旧方九切。③字，爱也。不犯凶人，所以自爱敬。④子，子皮。子家，蔡公孙归生。持之，言无所取与。【释文】持，如字，本或作"特"，误。⑤逸《书》。⑥开忧兆也。⑦物，类也。察言以知祸福之类。八年，陈招杀大子。国弱、齐恶当身各无患。【释文】当，丁浪切。

季武子伐莒，取郓①，莒人告于会。楚告于晋曰："寻盟未退②，而鲁伐莒，渎齐盟③，请戮其使④。"乐桓子相赵文子⑤，欲求货于叔孙而为之请，使请带焉⑥。弗与。梁其踁曰："货以藩身，子何爱焉⑦？"叔孙曰："诸侯之会，卫社稷也。我以货免，鲁必受师⑧。是祸之也，何卫之为？人之有墙，以蔽恶也⑨。墙之隙坏，谁之咎也⑩？卫而恶之，吾又甚焉⑪。虽怨季孙，鲁国何罪⑫？叔出季处，有自来矣，吾又谁怨⑬？然鲋也贿，弗与，不已。"召使者，裂裳帛而与之，曰："带其褊矣⑭。"

①兵未加莒而郓服，故书取而不言伐。②寻弭兵之盟。③渎，慢也。【释文】渎，徒木切。④时叔孙豹在会，欲戮之。【释文】使，所吏切，下注"其使""出使"、下"召使"同。⑤桓子，乐王鲋。相，佐也。【释文】相，息浪切。⑥难指求货，故以带为辞。【释文】为，于伪切，下注"为诸"同。⑦竖，叔孙家臣。【释文】竖，古定切。藩，方元切。⑧言不戮其使，必伐其国。⑨喻已为国卫，如墙为人蔽。⑩咎在墙。【释文】隙，去逆切。咎，其九切。⑪罪甚墙。⑫怨季孙之伐莒。⑬季孙守国，叔孙出使。所从来久，今（过）［遇］此戮，无所怨也。⑭言带褊尽，故裂裳，示不相近。【释文】贿，呼罪切。

赵孟闻之，曰："临患不忘国，忠也①。思难不越官，信也②。图国忘死，贞也③。谋主三者，义也④。有是四者，又可戮乎⑤？"乃请诸楚曰："鲁虽有罪，其执事不辟难⑥，畏威而敬命矣⑦。子若免之，以劝左右可也。若子之群吏处不辟污⑧，出不逃难⑨，其何患之有？患之所生，污而不治，难而不守，所由来也。能是二者，又何患焉？不靖其能，其谁从之⑩？鲁叔孙豹可谓能矣，请免之以靖能者。子会而赦有罪⑪，又赏其贤⑫，诸侯其谁不欣焉望楚而归之，视远如迩？疆场之邑，一彼一此，何常之有⑬？王伯之令也⑭，引其封疆⑮，而树之官⑯，举之表旗⑰，而著之制令⑱。过则有刑，犹不可壹。于是乎虞有三苗⑲，夏有观、扈⑳，商有姺、邳㉑，周有徐、奄㉒。自无令王，诸侯逐进㉓，狎主齐盟，其又可壹乎㉔？恤大舍小，足以为盟主㉕，又焉用之㉖？封疆之削，何国蔑有？主齐盟者，谁能辩焉㉗。吴、濮有衅，楚之执事，岂其顾盟㉘？莒之疆事，楚勿与知。诸侯无烦，不亦可乎？莒、鲁争郓，为日久矣，苟无大害于其社稷，可无亢也㉙。去烦宥善，莫不竞劝。子其图之！"固请诸楚，楚人许之，乃免叔孙㉚。

①谓言鲁国何罪。②谓言叔出季处。【释文】难，乃旦切，下同。③谓不以货免。④三者：忠、信、贞。⑤并义而四。⑥执事，谓叔孙。⑦谓不敢辟戮。⑧污，劳事。【释文】污，音乌。⑨不苟免。⑩安靖贤能则众附从。⑪不伐鲁。⑫赦叔孙。⑬言今衰世，疆场无定主。【释文】疆，居良切，下同。场，音亦。⑭言三王、五伯有令德时。⑮引，正也。正封界。⑯树，立也。立官以守国。⑰旌旗以表贵贱。【释文】旗，音其。⑱为诸侯作制度法令，使不得相侵犯。⑲三苗、饕餮，放三危者。【释文】饕，吐刀切。餮，吐结切。⑳观国，今顿丘卫县。扈在始平鄠县。《书序》曰：启与有扈战于甘之野。【释文】夏，户雅切。观，音馆，旧音官。扈，音户。鄠，音户。㉑二国，商诸侯。邳，今下邳县。【释文】姺，西典切，又西礼切。邳，皮悲切。㉒二国皆嬴姓。《书序》曰：成王伐淮夷，遂践奄。徐即淮夷。

【释文】赢，音盈。㉓逐，犹竞也。㉔强弱无常，故更主盟。【释文】狎，户甲切。更，音庚。㉕大，谓篡弑灭亡之祸。㉖焉用治小事。【释文】焉，於虔切。㉗辩，治也。㉘吴在东，濮在南，今建宁郡南有濮夷。芈，过也。【释文】濮，音卜。芈，许靳切。㉙亢，御。【释文】与，音预。亢，苦浪切，徐又音刚，御，鱼吕切。㉚【释文】去，起吕切。

令尹享赵孟，赋《大明》之首章①。赵孟赋《小宛》之二章②。事毕，赵孟谓叔向曰："令尹自以为王矣，何如③？"对曰："王弱，令尹强，其可哉④！虽可，不终。"赵孟曰："何故？"对曰："强以克弱而安之，强不义也⑤。不义而强，其毙必速。《诗》曰：'赫赫宗周，褒姒灭之。'强不义也⑥。令尹为王，必求诸侯。晋少懦矣⑦，诸侯将往。若获诸侯，其虐滋甚⑧。民弗堪也，将何以终？夫以强取⑨，不义而克，必以为道⑩。道以淫虐，弗可久已矣⑪！"

①《大明》，《诗·大雅》，首章言文王明明照于下，故能赫赫盛于上。令尹意在首章，故称首章以自光大。②《小宛》，《诗·小雅》，二章取其"各敬尔仪，天命不又"，言天命一去，不可复还，以戒令尹。【释文】宛，纡阮切。复，扶又切。③问将能成否。④言可成。⑤安于胜君，是强而不义。⑥《诗·小雅》。褒姒，周幽王后，幽王惑焉而行不义，遂至灭亡。言虽赫赫盛强，不义足以灭之。【释文】姒，音似。灭，如字，《诗》作"威"，音呼悦切。⑦懦，弱也。【释文】懦，乃乱切。⑧滋，益也。⑨取不以道。⑩以不义为道。⑪为十三年楚弑灵王传。

夏四月，赵孟、叔孙豹、曹大夫入于郑①，郑伯兼享之。子皮戒赵孟②，礼终，赵孟赋《瓠叶》③。子皮遂戒穆叔，且告之④。穆叔曰："赵孟欲一献⑤，子其从之！"子皮曰："敢乎⑥？"穆叔曰："夫人之所欲也，又何不敢⑦？"及享，具五献之笾豆于幕下⑧。赵孟辞⑨，私于子产曰⑩："武请于冢宰矣⑪。"乃用一献。赵孟为客，礼终乃宴⑫。穆叔赋《鹊巢》⑬。赵孟曰："武不堪也。"又赋《采蘩》⑭，曰："小国为蘩，大国省穑而用之，其何实非命⑮？"子皮赋《野有死麕》之卒章⑯。赵孟赋《常棣》⑰，且曰："吾兄弟比以安，尨也可使无吠⑱。"穆叔、子皮及曹大夫兴，拜⑲，举兕爵，曰："小国赖子，知免于戾矣⑳。"饮酒乐。赵孟出，曰："吾不复此矣㉑。"

①会罢过郑。【释文】过，古禾切。②戒享期。③受所戒，礼毕而赋诗。《瓠叶》，《诗·小雅》，义取古人不以微薄废礼，虽瓠叶兔首，犹与宾客享之。【释文】瓠，户故切。享，许丈切，又普庚切。④告以赵孟赋《瓠叶》。⑤《瓠叶》诗义取薄物而以献酬，知欲一献。⑥言不敢。⑦夫人，赵孟。【释文】夫，音扶。⑧朝聘之制，大国之卿五献。【释文】幕，武博切。⑨赵孟自以今非聘郑，故辞五献。⑩私语。⑪冢宰，子皮。请，谓赋《瓠叶》。

⑫卿会公侯，享宴皆折俎，不体荐。【释文】折，徐之设切。⑬《鹊巢》，《诗·召南》，言鹊有巢而鸠居之，喻晋君有国，赵孟治之。⑭亦《诗·召南》，义取蘩菜薄物，可以荐公侯，享其信，不求其厚。【释文】蘩，音烦。⑮穆叔言小国微薄犹蘩菜，大国能省爱用之而不弃，则何敢不从命。穑，爱也。【释文】省，所景切，徐所幸切。⑯《野有死麕》，《诗·召南》，卒章曰："舒而脱脱兮，无感我帨兮，无使尨也吠。"脱脱，安徐。帨，佩巾。义取君子徐以礼来，无使我失节，而使狗惊吠。喻赵孟以义抚诸侯，无以非礼相加陵。【释文】麕，亦作"麇"，九伦切。脱，吐外切。帨，始锐切。尨，武江切。吠，扶废切。⑰《常棣》，《诗·小雅》，取其"凡今之人，莫如兄弟"，言欲亲兄弟之国。【释文】棣，直计切。⑱受子皮之诗。【释文】比，毗志切，下注"德比"同。⑲三大夫皆兄弟国。兴，起也。⑳兕爵所以罚不敬。言小国蒙赵孟德比以安，自知免此罚戮。【释文】兕，徐履切。戾，力计切，下同。㉑不复见此乐。【释文】乐，音洛。复，扶又切，下"复年"同。

　　天王使刘定公劳赵孟于颍，馆于雒汭①。刘子曰："美哉禹功②，明德远矣。微禹，吾其鱼乎！吾与子弁冕端委，以治民临诸侯，禹之力也③。子盍亦远绩禹功，而大庇民乎④？"对曰："老夫罪戾是惧，焉能恤远？吾侪偷食，朝不谋夕，何其长也⑤？"刘子归，以语王曰："谚所谓老将知而耄及之者⑥，其赵孟之谓乎！为晋正卿，以主诸侯，而侪于隶人，朝不谋夕⑦，弃神人矣⑧。神怒民叛，何以能久？赵孟不复年矣⑨。神怒，不歆其祀；民叛，不即其事。祀事不从，又何以年⑩？"

　　①王，周景王。定公，刘夏。颍水出阳城县。雒汭在河南巩义市南。水曲流为汭。【释文】劳，力报切，下"以劳"同。颍，营井切。汭，如锐切。夏，户雅切。②见河、雒而思禹功。③弁冕，冠也。端委，礼衣。言今得共服冠冕有国家者，皆由禹之力。【释文】弁冕端委，本亦作"弁端委"。④劝赵孟使纂禹功。【释文】盍，户腊切。远绩禹功，本或作"远绩功"。庇，必利切。⑤言欲苟免目前，不能念长久。【释文】焉，於虔切。⑥八十曰耄。耄，乱也。⑦言其自比于贱人，而无恤民之心。⑧民为神主，不恤民，故神、人皆去。⑨言将死，不复见明年。⑩为此冬赵孟卒起本。

　　叔孙归①，曾夭御季孙以劳之。且及日中不出②。曾夭谓曾阜曰③："且及日中，吾知罪矣。鲁以相忍为国也，忍其外不忍其内，焉用之④？"阜曰："数月于外⑤，一旦于是，庸何伤？贾而欲赢，而恶嚣乎⑥？"阜谓叔孙曰："可以出矣！"叔孙指楹曰："虽恶是，其可去乎？"乃出见之⑦。

　　①虢会归。②恨季孙伐莒，使己几被戮。【释文】夭，于兆切。几，音祈。③曾阜，叔

孙家臣。④欲受楚戮，是忍其外。日中不出，是不忍其内。⑤言叔孙劳役在外数月。【释文】数，所主切。⑥言譬如商贾求赢利者，不得恶誼嚣之声。【释文】贾，音古。赢，音盈，注同。恶，乌路切，下同。嚣，许骄切，徐五高切。誼，或作"讙"，呼端切。⑦楹，柱也。以谕鲁有季孙，犹屋有柱。【释文】楹，音盈。去，起吕切。

郑徐吾犯之妹美①，公孙楚聘之矣②，公孙黑又使强委禽焉③。犯惧，告子产。子产曰："是国无政，非子之患也。唯所欲与。"犯请于二子，请使女择焉。皆许之。子皙盛饰入，布币而出④。子南戎服入，左右射，超乘而出。女自房观之，曰："子皙信美矣，抑子南夫也⑤。夫夫妇妇，所谓顺也。"适子南氏。子皙怒。既而囊甲以见子南，欲杀之而取其妻。子南知之，执戈逐之。及冲，击之以戈⑥。子皙伤而归，告大夫曰："我好见之，不知其有异志也，故伤。"

①犯，郑大夫。②楚，子南，穆公孙。③禽，雁也。纳采用雁。【释文】强，其丈切。④布陈贽币。子皙，公孙黑。【释文】贽，音至。⑤言丈夫。【释文】乘，绳证切。⑥冲，郊道。【释文】囊，古刀切，本或作"哀"，丁隆切。冲，尺容切。

大夫皆谋之。子产曰："直钧，幼贱有罪。罪在楚也①。"乃执子南而数之，曰："国之大节有五，女皆奸之②。畏君之威，听其政，尊其贵，事其长，养其亲，五者所以为国也。今君在国，女用兵焉，不畏威也。奸国之纪，不听政也③。子皙，上大夫，女，嬖大夫，而弗下之，不尊贵也。幼而不忌，不事长也④。兵其从兄，不养亲也。君曰：'余不女忍杀，宥女以远。'勉，速行乎，无重而罪！"五月庚辰，郑放游楚于吴，将行子南，子产咨于大叔⑤。大叔曰："吉不能亢身，焉能亢宗⑥？彼，国政也，非私难也。子图郑国，利则行之，又何疑焉？周公杀管叔而蔡蔡叔⑦，夫岂不爱？王室故也。吉若获戾，子将行之，何有于诸游⑧？"

①先聘，子南直也。子南用戈，子皙直也。子产力未能讨，故约其事，归罪于楚。【释文】好，如字，又呼报切。直钧，绝句。②奸，犯也。【释文】女，音汝，下同。奸，音干。③奸国之纪，谓伤人。【释文】长，丁丈切。养，如字。④忌，畏也。【释文】嬖，必计切。下，户嫁切。⑤大叔，游楚之兄子。【释文】从，如字，又才用切。重，直用切，又直勇切。⑥亢，蔽也。【释文】亢，苦浪切。⑦蔡，放也。【释文】难，乃旦切。而蔡蔡叔，上"蔡"字音素葛切，《说文》作"粲"，音同，字从杀下米，云：糳、粲，散之也。会杜义。下"蔡叔"，如字。⑧为二年郑杀公孙黑传。【释文】夫，音扶。

秦后子有宠于桓，如二君于景①。其母曰："弗去，惧选②。"癸卯，鍼适晋，其车千乘。书曰："秦伯之弟鍼出奔晋。"罪秦伯也③。后子享晋侯④，造舟于河⑤，十里舍车⑥，自雍及绛⑦。归取酬币，终事八反⑧。司马侯问焉，曰："子之车，尽于此而已乎？"对曰："此之谓多矣！若能少此，吾何以得见⑨？"女叔齐以告公⑩，且曰："秦公子必归。臣闻君子能知其过，必有令图。令图，天所赞也。"

①后子，秦桓公子，景公母弟鍼也。其权宠如两君。②选，数也。恐景公数其罪而加戮。【释文】选，息转切，徐素短切，下同。数，所主切，下"数世"同。③罪失教。【释文】乘，绳证切。④为晋侯设享礼。【释文】为，于伪切。⑤造舟为梁，通秦、晋之道。【释文】造，七报切，李巡注《尔稚》云：比其舡而度也。郭云：并舟为桥。⑥一舍八乘，为八反之备。⑦雍、绛相去千里，用车八百乘。【释文】雍，於用切。⑧每十里以八乘车，各以次载币，相授而还，不径至，故言八反。千里用车八百乘，其二百乘以自随，故言千乘。传言秦鍼之出，极奢富以成礼，欲尽敬于所赴。【释文】还，音环。径，古定切。⑨言己坐车多，故出奔。【释文】见，贤遍切。坐，才卧切。⑩叔齐，司马侯。【释文】女，音汝。

后子见赵孟。赵孟曰："吾子其曷归①？"对曰："鍼惧选于寡君，是以在此，将待嗣君。"赵孟曰："秦君何如？"对曰："无道。"赵孟曰："亡乎？"对曰："何为？一世无道，国未艾也②。国于天地，有与立焉③。不数世淫，弗能毙也。"赵孟曰："天乎？"对曰："有焉。"赵孟曰："其几何？"对曰："鍼闻之，国无道而年谷和熟，天赞之也④。鲜不五稔⑤。"赵孟视荫，曰："朝夕不相及，谁能待五⑥？"后子出，而告人曰："赵孟将死矣。主民，翫岁而愒日⑦，其与几何⑧？"

①问何时当归。②艾，绝也。【释文】艾，鱼废切。③言欲辅助之者多。④赞，佐助也。【释文】几，居岂切。⑤鲜，少也。少尚当历五年，多则不啻。【释文】稔，而甚切。啻，始豉切。⑥荫，日景也。赵孟意衰，以日景自喻，故言朝夕不相及，谁能待五。【释文】荫，於金切，本亦作"阴"。朝夕，如字。景，如字，又於领切。⑦翫、愒，皆贪也。【释文】翫，五唤切，《说文》云：习厌也，字又作"玩"。愒，苦盖切。⑧言不能久。【释文】与，如字，又音预。

郑为游楚乱故①，六月丁巳，郑伯及其大夫盟于公孙段氏。罕虎、公孙侨、公孙段、印段、游吉、驷带私盟于闺门之外，实薰隧②。公孙黑强与于盟，使大史书其名，且曰七子③。子产弗讨④。

①游楚，子南。【释文】为，于伪切。②闺门，郑城门。薰隧，门外道名。实之者，为明年子产数子晳罪，称薰隧盟起本。【释文】闺，音圭。薰，许云切。隧，音遂。数，色主切，又色具切。③自欲同于六卿，故曰七子。【释文】强，其丈切。与，音预。④子晳强，讨之

恐乱国。

晋中行穆子败无终及群狄于大原①，崇卒也②。将战，魏舒曰："彼徒我车，所遇又阨③，以什共车必克④。困诸阨，又克⑤。请皆卒⑥，自我始。"乃毁车以为行⑦，五乘为三伍⑧。荀吴之嬖人不肯即卒，斩以徇⑨。为五陈以相离，两于前，伍于后，专为右角，参为左角，偏为前拒⑩，以诱之。翟人笑之⑪。未陈而薄之，大败之⑫。

①即大卤也。无终，山戎。【释文】大，音泰。②崇，聚也。【释文】卒，子忽切。③地险不便车。【释文】阨，本又作"隘"，於懈切。便，婢面切。④更增十人，以当一车之用。【释文】什，音十。共，音恭。⑤车每困于阨道，今去车，故为必克。【释文】去，起吕切。⑥去车为步卒。⑦魏舒先自毁其属车为步陈。【释文】行，户郎切。陈，直觐切，下"五陈""未陈"同。⑧乘车者，车三人，五乘十五人，今改去车，更以五人为伍，分为三伍。【释文】乘，绳证切。⑨魏舒辄斩之，荀吴不恨，所以能立功。【释文】徇，辞俊切。⑩皆临时处置之名。【释文】拒，九甫切。⑪笑其失常。⑫传言荀吴能用善谋。

莒展舆立，而夺群公子秩。公子召去疾于齐。秋，齐公子鉏纳去疾①，展舆奔吴②。

①齐虽纳去疾，莒人先召之，故从国逆例书入。去疾奔齐在襄三十一年。②吴外孙。

叔弓帅师疆郓田，因莒乱也①。于是莒务娄、瞀胡及公子灭明以大庬与常仪靡奔齐②。君子曰："莒展之不立，弃人也夫③！人可弃乎？《诗》曰：'无竞维人。'善矣④。"

①此春取郓，今正其疆界。【释文】疆，居良切。②三子，展舆党。大庬、常仪靡，莒二邑。【释文】务娄，并如字，务又音谋，一音无。瞀，徐音茂，一音谋。庬，武江切。③夺群公子秩，是弃人。【释文】夫，音扶。④《诗·周颂》，言惟得人则国家强。

晋侯有疾，郑伯使公孙侨如晋聘，且问疾。叔向问焉，曰："寡君之疾病，卜人曰：'实沈、台骀为崇。'史莫之知，敢问此何神也？"子产曰："昔高辛氏有二子，伯曰阏伯，季曰实沈①，居于旷林，不相能也②。日寻干戈，以相征讨③。后帝不臧④，迁阏伯于商丘，主辰⑤。商人是因，故辰为商星⑥。迁实沈于大夏，主参⑦。唐人是因，以服事夏、商⑧。其季世曰唐叔虞⑨。当武王邑姜方震大叔⑩，梦帝谓己：'余命而子曰虞⑪，将与之唐，属诸参，而蕃育其子孙。'及生，有文在其手曰'虞'，遂以命之。及成王灭唐而封大叔焉，故参为晋星⑫。由是观之，则实沈，参神也。昔金天氏有裔子曰昧，为玄冥师，生允格、台骀⑬。台骀能业其官⑭，宣汾、洮⑮，障大泽⑯，以处大原⑰。帝用嘉之，封诸汾川⑱。沈、姒、蓐、黄，实守其祀⑲。今晋主汾而灭之矣⑳。由是观之，则台骀，汾神也。抑此二者，不及君身。山川之神，则水旱疠疫之灾，于是乎崇之㉑。日月星辰之神，则雪霜风雨之不时，于是乎崇之㉒。

若君身，则亦出入饮食哀乐之事也。山川星辰之神，又何为焉㉓？侨闻之，君子有四时：朝以听政㉔，昼以访问㉕，夕以修令㉖，夜以安身。于是乎节宣其气㉗，勿使有所壅闭湫底以露其体㉘。兹心不爽，而昏乱百度㉙。今无乃壹之㉚，则生疾矣。侨又闻之，内官不及同姓㉛，其生不殖㉜。美先尽矣，则相生疾㉝，君子是以恶之。故《志》曰：'买妾不知其姓，则卜之。'违此二者，古之所慎也㉞。男女辨姓，礼之大司也㉟。今君内实有四姬焉㊱，其无乃是也乎？若由是二者，弗可为也已㊲。四姬有省犹可，无则必生疾矣㊳。"叔向曰："善哉！肸未之闻也，此皆然矣。"

叔向出，行人挥送之㊴。叔向问郑故焉，且问子皙。对曰："其与几何㊵？无礼而好陵人，怙富而卑其上，弗能久矣㊶。"

晋侯闻子产之言，曰："博物君子也。"重贿之。

①高辛，帝喾。【释文】骀，他才切。崇，息逐切。阏，於葛切。喾，苦毒切。②旷林，地阙。【释文】能，如字，又奴代切。③寻，用也。④后帝，尧也。臧，善也。⑤商丘，宋地。主祀辰星。辰，大火也。⑥商人，汤先相土封商丘，因阏伯故国，祀辰星。【释文】相，息亮切。⑦大夏，今晋阳县。【释文】夏，户雅切。参，所林切。⑧唐人若刘累之等。累迁鲁县，此在大夏。⑨唐人之季世，其君曰叔虞。⑩邑姜，武王后，齐大公之女。怀胎为震。大叔，成王之弟叔虞。【释文】震，本又作"娠"，之慎切，又音申。大，音泰。胎，他来切。⑪帝，天。取唐君之名。⑫叔虞封唐，是为晋侯。【释文】属，之玉切。蕃，音烦。"叔虞封唐，是为晋侯"，案《史记》，叔虞封唐侯，叔虞之子燮父改为晋侯。⑬金天氏，帝少皞。裔，远也。玄冥，水官。昧为水官之长。【释文】裔，以制切。昧，音妹。少，诗照切。皞，户老切。长，丁丈切，下"殖长"同。⑭纂昧之业。【释文】纂，子管切。⑮宣，犹通也。汾、洮，二水名。【释文】汾，扶云切。洮，他刀切。⑯陂障之。【释文】障，之尚切，又音章。陂，彼皮切。⑰大原，晋阳也。台骀之所居。⑱帝颛顼。【释文】颛，音专。顼，许玉切。⑲四国，台骀之后。【释文】沈，音审。姒，音似。⑳灭四国。㉑有水旱之灾，则祟祭山川之神若台骀者。《周礼》：四曰祟祭。为营攒，用币，以祈福祥。【释文】疠，音例。疫，音役。祟，音咏，徐又音营。攒，子官切。㉒星辰之神，若实沈者。㉓言实沈、台骀不为君疾。【释文】乐，音洛。㉔听国政。【释文】朝，如字。㉕问可否。㉖念所施。㉗宣．散也。㉘湫，集也。底，滞也。露，羸也。壹之则血气集滞而体羸露。【释文】壅，於勇切。湫，子小切，徐音秋，又在酒切，服云：著也。底，丁礼切，服云：止也。羸，劣危切。㉙兹，此也。爽，明也。百度，百事之节。㉚同四时也。㉛内官，嫔御。【释文】嫔，婢人切。㉜殖，长

也。㉝同姓之相与，先美矣。美极则尽，尽则生疾。㉞壹四时，取同姓，二者古人所慎。【释文】恶，如字，又乌路切。取，七住切。㉟辨，别也。【释文】别，彼列切。㊱同姓姬四人。㊲为，治也。㊳据异姓，去同姓，故言省。【释文】省，所景切，徐所幸切。去，起吕切。㊴送叔向。㊵言将败不久。【释文】与，如字，又音预。几，居岂切。㊶为明年郑杀公孙黑传。【释文】好，呼报切。怙，音户。

晋侯求医于秦。秦伯使医和视之，曰："疾不可为也。是谓：'近女室，疾如蛊①。非鬼非食，惑以丧志②。良臣将死，天命不祐③。'"公曰："女不可近乎？"对曰："节之。先王之乐，所以节百事也，故有五节④，迟速本末以相及，中声以降，五降之后，不容弹矣⑤。于是有烦手淫声，慆堙心耳，乃忘平和，君子弗听也⑥。物亦如之⑦，至于烦，乃舍也已，无以生疾⑧。君子之近琴瑟，以仪节也，非以慆心也⑨。天有六气⑩，降生五味⑪，发为五色⑫，征为五声⑬，淫生六疾⑭。六气曰阴、阳、风、雨、晦、明也。分为四时，序为五节⑮，过则为菑。阴淫寒疾⑯，阳淫热疾⑰，风淫末疾⑱，雨淫腹疾⑲，晦淫惑疾⑳，明淫心疾㉑。女，阳物而晦时，淫则生内热惑蛊之疾㉒。今君不节不时，能无及此乎？"

①蛊，惑疾。【释文】近，附近之近。蛊，音古。②惑女色而失志。【释文】丧，息浪切。③良臣不匡救君过，故将死而不为天所祐。【释文】祐，音右。④五声之节。⑤此谓先王之乐得中声，声成五降而息也。降，罢退。【释文】降，音绛，或音户江切。弹，徒丹切，又徒旦切。⑥五降而不息，则杂声并奏，所谓郑、卫之声。【释文】慆，吐力切。堙，音因。⑦言百事皆如乐，不可失节。⑧烦不舍则生疾。【释文】舍，音捨。⑨为心之节仪，使动不过度。⑩谓阴、阳、风、雨、晦、明也。⑪谓金味辛，木味酸，水味咸，火味苦，土味甘，皆由阴阳风雨而生。⑫辛色白，酸色青，咸色黑，苦色赤，甘色黄。发，见也。【释文】见，贤遍切。⑬白声商，青色角，黑声羽，赤声徵，黄声宫。征，验也。【释文】徵，张里切。⑭淫，过也。滋味声色所以养人，然过则生害。⑮六气之化，分而序之则成四时，得五行之（郁）〔节〕。⑯寒过则为冷。【释文】菑，音灾。⑰热过则喘渴。【释文】喘，昌兖切。⑱末，四支也。风为缓急。⑲雨湿之气为泄注。【释文】泄，息列切，下如字。⑳晦，夜也。为宴寝过节，则心惑乱。㉑明，昼也。思虑烦多，心劳生疾。【释文】思，息利切。㉒女常随男，故言阳物。家道常在夜，故言晦时。

出，告赵孟。赵孟曰："谁当良臣？"对曰："主是谓矣！主相晋国，于今八年，晋国无乱，诸侯无阙，可谓良矣。和闻之，国之大臣，荣其宠禄，任其大节，有灾祸兴而无改焉①，必受其咎。今君至于淫以生疾，将不能图恤社稷，祸孰大焉！主不能禦，吾是以云也②。"

赵孟曰："何谓蛊?"对曰："淫溺惑乱之所生也③。于文,皿虫为蛊④,谷之飞亦为蛊⑤。在《周易》,女惑男,风落山,谓之《蛊》䷑⑥。皆同物也⑦。"赵孟曰:"良医也。"厚其礼而归之⑧。

①改,改行以救灾。【释文】相,息亮切。行,下孟切。②云主将死。【释文】谷,其九切。御,本亦作"御",鱼吕切。③溺,沈没于嗜欲。【释文】溺,乃狄切。嗜,时志切。④文,字也。皿,器也。器受虫害者为蛊。【释文】皿,命景切,《说文》读若猛,《字林》音猛。⑤谷久积则变为飞虫,名曰蛊。⑥《巽》下《艮》上,《蛊》。《巽》为长女,为风。《艮》为少男,为山。少男而说长女,非匹,故惑。山木得风而落。【释文】巽,音逊。艮,古恨切。长,丁丈切,少,诗照切。说,音悦。⑦物,犹类也。⑧赠贿之礼。

楚公子围使公子黑肱、伯州犁城犫、栎、郏①,郑人惧。子产曰:"不害。令尹将行大事②,而先除二子也③。祸不及郑,何患焉?"

①黑肱,王子围之弟子晳也。犫县属南阳。郏县属襄城。栎,今河南阳翟县。三邑本郑地。【释文】犫,尺州切。栎,音历,徐失灼切。郏,古洽切。②谓将弑君。③二子,谓黑肱、伯州犁。

冬,楚公子围将聘于郑,伍举为介。未出竟,闻王有疾而还。伍举遂聘。十一月己酉,公子围至,入问王疾,缢而弑之①。遂杀其二子幕及平夏②。右尹子干出奔晋③,宫厩尹子晳出奔郑④。杀大宰伯州犁于郏。葬王于郏,谓之郏敖⑤。使赴于郑,伍举问应为后之辞焉⑥。对曰:"寡大夫围。"伍举更之曰:"共王之子围为长⑦。"

①缢,绞也。孙卿曰:以冠缨绞之。《长历》推己酉,十二月六日,经、传皆言十一月,月误也。【释文】介,音界。竟,音境。缢,一豉切。弑,申志切。绞,古卯切。②皆郏敖子。【释文】幕,音莫。夏,户雅切。③子干,王子比。④因筑城而去。【释文】厩,居又切。⑤郏敖,楚子麇。⑥问赴者。⑦伍举更赴辞,使从礼。此告终称嗣,不以篡弑赴诸侯。【释文】共,音恭。长,丁丈切。

子干奔晋,从车五乘。叔向使与秦公子同食①,皆百人之饩②。赵文子曰:"秦公子富③。"叔向曰:"底禄以德④,德钧以年,年同以尊。公子以国,不闻以富。且夫以千乘去其国,强御已甚。《诗》曰:'不侮鳏寡,不畏强御⑤。'秦、楚,匹也。"使后子与子干齿⑥。辞曰:"鍼惧选,楚公子不获,是以皆来,亦唯命⑦。且臣与羁齿,无乃不可乎⑧? 史佚有言曰:'非羁何忌⑨?'"

①食禄同。【释文】从,才用切。乘,绳证切。②百人,一卒也。其禄足百人。【释

文】忔,许气切。卒,子忽切。③谓秦鍼富强,秩禄不宜与子干同。④厎,致也。【释文】厎,音旨。⑤《诗·大雅》。悔,陵也。【释文】夫,音扶。悔,亡甫切。鳏,古颜切。⑥以年齿为高下而坐。⑦不获,不得自安。言俱奔,事有优劣,唯主人命所处。谦辞。⑧后子先来仕,欲自同于晋臣,为主人。子干后来奔,以为羁旅之客。⑨忌,敬也。欲谦以自别。【释文】佚,音逸。别,音彼列切。

楚灵王即位,蔿罢为令尹,蔿启疆为大宰①。郑游吉如楚,葬郏敖,且聘立君。归,谓子产曰:"具行器矣②!楚王汰侈而自说其事,必合诸侯,吾往无日矣。"子产曰:"不数年,未能也③。"

①灵王,公子围也,即位易名熊虔。【释文】罢,音皮。疆,音其良切,又居良切。②行器谓备。③为四年会申传。【释文】汰,音泰。说,徐音悦,又始悦切。数,所主切。

十二月,晋既烝①,赵孟适南阳,将会孟子馀②。甲辰朔,烝于温③,庚戌,卒④。郑伯如晋吊,及雍乃复⑤。

①烝,冬祭也。【释文】烝,之承切。②孟子馀,赵衰;赵武之曾祖,其庙在晋之南阳温县。往会祭之。【释文】衰,初危切。③赵氏烝祭,甲辰十二月朔。晋既乔,赵孟乃烝其家庙,则晋燕当在甲辰之前,传言十二月,月误。④十二月七日。终刘定公、秦后子之言。⑤吊赵氏。盖赵氏辞之而还。传言大夫强,诸侯畏而吊之。【释文】雍,於用切。

昭公二年

【经】

二年春,晋侯使韩起来聘。

夏,叔弓如晋①。

秋,郑杀其大夫公孙黑②。

冬,公如晋,至河乃复③。

季孙宿如晋④。

①叔弓,叔老子。②书名,恶之。薰隧盟,子产不讨,遂以为卿,故书之。【释文】恶,乌路切。③吊少姜也。晋人辞之,故还。【释文】少,诗照切,传放此。④致襚服也。公实以秋行,冬还乃书。【释文】襚,音遂。

【传】

二年春，晋侯使韩宣子来聘①，且告为政而来见，礼也②。观书于大史氏，见《易象》与《鲁春秋》，曰："周礼尽在鲁矣③。吾乃今知周公之德，与周之所以王也④。"公享之。季武子赋《绵》之卒章⑤。韩子赋《角弓》⑥。季武子拜，曰："敢拜子之弥缝敝邑，寡君有望矣⑦。"武子赋《节》之卒章⑧。既享，宴于季氏，有嘉树焉，宣子誉之。武子曰："宿敢不封殖此树，以无忘《角弓》⑨。"遂赋《甘棠》⑩。宣子曰："起不堪也，无以及召公。"

①公即位故。②代赵武为政。虽盟主而修好同盟，故曰礼。【释文】见，贤遍切。好，呼报切。③《易象》，上、下经之象辞。《鲁春秋》，史记之策书。《春秋》遵周公之典以序事，故曰周礼尽在鲁矣。④《易象》《春秋》，文王、周公之制。当此时，儒道废，诸国多阙，唯鲁备，故宣子适鲁而说之。【释文】王，于况切，周弘正依字读。说，音悦。⑤《绵》，《诗·大雅》，卒章义取文王有四臣，故能以绵绵致兴盛。以晋侯比文王，以韩子比四辅。四臣：大颠、闳夭、散宜生、南宫适。四辅，谓先后、奔走、疏附、御侮。⑥《角弓》，《诗·小雅》，取其"兄弟昏姻，无胥远矣"，言兄弟之国宜相亲。⑦弥缝，犹补合也。谓以兄弟之义。【释文】缝，扶恭切。合，如字，一音閤。⑧《节》，《诗·小雅》，卒章取"式讹尔心，以畜万邦"，以言晋德可以畜万邦。【释文】节，才结切，徐又如字。讹，五禾切。⑨封，厚也。殖，长也。【释文】长，丁丈切。⑩《甘棠》，《诗·召南》。召伯息于甘棠之下，诗人思之而爱其树。武子欲封殖嘉树如甘棠，以宣子比召公。【释文】召，上照切。

宣子遂如齐纳币①。见子雅。子雅召子旗②，使见宣子。宣子曰："非保家之主也，不臣③。"见子尾。子尾见彊④。宣子谓之如子旗⑤。大夫多笑之。唯晏子信之，曰："夫子，君子也⑥。君子有信，其有以知之矣⑦。"自齐聘于卫，卫侯享之。北宫文子赋《淇澳》⑧。宣子赋《木瓜》⑨。

①为平公聘少姜。【释文】为，于伪切，下"为之"同。②子旗，子雅之子。③志气亢。【释文】见，贤遍切，下"见彊"同。亢，苦浪切。④彊，子尾之子。⑤亦不臣。⑥夫（人）[子]，韩起。⑦为十年齐栾施、高彊来奔张本。⑧《淇澳》，《诗·卫风》，美武公也。言宣子有武公之德。【释文】淇，音其。澳，於六切。⑨《木瓜》，亦《卫风》，义取于欲厚报以为好。【释文】好，呼报切，后注皆同。

夏四月，韩须如齐逆女①。齐陈无宇送女，致少姜。少姜有宠于晋侯，晋侯谓之少齐②。谓陈无宇非卿③，执诸中都④。少姜为之请曰："送从逆班⑤，畏大国也，犹有所易，是以乱作⑥。"

①须，韩起之子。逆少姜。②为立别号，所以宠异之。【释文】少，诗照切。③欲使齐以適夫人礼送少姜。【释文】適，丁历切。④中都，晋邑，在西河介休市东南。【释文】界，音介。休，许虬切。⑤班，列也。⑥韩须，公族大夫。陈无宇，上大夫。言齐畏晋，改易礼制，使上大夫送，遂致此执辱之罪。盖少姜谦以示讥。

叔弓聘于晋，报宣子也①。晋侯使郊劳②。辞曰："寡君使弓来继旧好，固曰：'女无敢为宾！'彻命于执事，敝邑弘矣③，敢辱郊使？请辞④。"致馆，辞曰："寡君命下臣来继旧好，好合使成，臣之禄也⑤，敢辱大馆⑥？"叔向曰："子叔子知礼哉！吾闻之曰：'忠信，礼之器也。卑让，礼之宗也⑦。'辞不忘国，忠信也⑧。先国后己，卑让也⑨。《诗》曰：'敬慎威仪，以近有德。'夫子近德矣⑩。"

①此春韩宣子来聘。②《聘礼》：宾至近郊，君使卿劳之。【释文】劳，力报切。③彻，达也。【释文】女，音汝，下注同。④辞郊劳。【释文】使，所吏切。⑤得通君命，则于己为荣禄。⑥敢，不敢。⑦宗，犹主也。⑧谓称旧好。⑨始称敝邑之弘，先国也；次称臣之禄，后己也。⑩《诗·大雅》。【释文】近，附近之近。

秋，郑公孙黑将作乱，欲去游氏而代其位①，伤疾作而不果②。驷氏与诸大夫欲杀之③。子产在鄙，闻之，惧弗及，乘遽而至④。使吏数之⑤，曰："伯有之乱⑥，以大国之事，而未尔讨也⑦。尔有乱心，无厌，国不女堪。专伐伯有，而罪一也。昆弟争室，而罪二也⑧。薰隧之盟，女矫君位，而罪三也⑨。有死罪三，何以堪之？不速死，大刑将至。"再拜稽首，辞曰："死在朝夕，无助天为虐。"子产曰："人谁不死？凶人不终，命也。作凶事，为凶人。不助天，其助凶人乎？"请以印为褚师⑩。子产曰："印也若才，君将任之。不才，将朝夕从女。女罪之不恤，而又何请焉？不速死，司寇将至。"七月壬寅，缢。尸诸周氏之衢⑪，加木焉⑫。

①游氏，大叔之族。黑为游楚所伤，故欲害其族。【释文】去，起吕切。②前年游楚所击创。【释文】创，初良切。③驷氏，黑之族。④遽，传驿。【释文】遽，其据切，《尔雅》云：驲，遽，传也。孙炎注云：传，车；驿，马，传，中恋切。驿，音亦。⑤责数其罪。⑥在襄三十一年。⑦务共大国之命，不暇治女罪。【释文】共，音恭。⑧谓争徐吾犯之妹。【释文】厌，於盐切。⑨谓使大史书七子。【释文】蟜，居表切。⑩印，子皙之子。褚师，市官。【释文】朝，如字。印，一刃切。褚，张吕切。⑪衢，道也。【释文】衢，其于切。⑫书其罪于木，以加尸上。

晋少姜卒。公如晋，及河。晋侯使士文伯来辞，曰："非伉俪也①。请君无辱！"公还，季孙宿遂致服焉②。叔向言陈无宇于晋侯曰："彼何罪③？君使公族逆之，齐使上大夫送之，犹曰不共，君求以贪。国则不共④，而执其使，君刑已颇，何以为盟主⑤？且少姜有辞⑥。"冬十月，陈无宇归⑦。十一月，郑印段如晋吊⑧。

①晋侯溺于所幸，为少姜行夫人之服，故诸侯吊。不敢以私烦诸侯，故止之。【释文】伉，若浪切。俪，力计切。②致少姜之禭服。公以末秋行，始冬还，乃书之，故经在冬。③彼，无宇。④逆卑于（宋）[送]，是晋国不共。⑤颇，不平。【释文】使，所吏切。颇，普多切。⑥谓请无宇之辞。⑦晋侯赦之。⑧吊少姜。

昭公三年

【经】

三年春，王正月丁未，滕子原卒①。

夏，叔弓如滕。

五月，葬滕成公②。

秋，小邾子来朝。

八月，大雩。

冬，大雨雹③。

北燕伯款出奔齐④。

①襄二十五年盟重丘。【释文】重，直恭切。②卿共小国之葬，礼过厚。葬襄公，滕子来会，故鲁厚报之。【释文】共，音恭，传仿此。③无传。记灾。【释文】雨，于付切。雹，蒲学切。④不书大夫逐之而言奔，罪之也。书名，从告。

【传】

三年春，王正月，郑游吉如晋，送少姜之葬。梁丙与张趯见之①。梁丙曰："甚矣哉！子之为此来也②。"子大叔曰："将得已乎③？昔文、襄之霸也④，其务不烦诸侯，令诸侯三岁而聘，五岁而朝，有事而会，不协而盟⑤。君薨，大夫吊，卿共葬事。夫人，士吊，大夫送葬⑥。足以昭礼命事谋阙而已⑦，无加命矣⑧。今嬖宠之丧，不敢择位，而数于守适⑨，唯惧获戾,岂敢惮烦?少齐有宠而死,齐必继室⑩。今兹吾又将来贺,不唯此行也。"张趯曰:"善哉!吾得闻此数也。然自今,子其无事矣。譬如火焉⑪,火中,寒暑乃退⑫。此其极也,能无退乎?晋将失诸侯,诸侯求烦不获⑬。"二大夫退。子大叔告人曰:"张趯有知,其犹在君子之后乎⑭!"

①二子,晋大夫。【释文】趯,他历切。②卿共妾葬,过礼甚。【释文】为,于伪切。③言不得止。④晋文公、襄公。⑤明王之制,岁聘间朝,在十三年,今简之。【释文】间,间厕之间。⑥先王之制,诸侯之丧,士吊,大夫送葬。在三十年。盖时俗过制,故文、襄虽节之,犹过于古。⑦朝聘以昭礼,盟会以谋阙。⑧命有常。⑨不敢以其位卑而令礼数如守适夫人,然则时适夫人之丧,吊送之礼,以过文、襄之制。【释文】数,所具切,徐所主切。适,丁历切,本或作"嫡",下同。令,力呈切。⑩继室,复荐女。【释文】复,扶又切,下不出音者皆同。⑪火,心星。⑫心以季夏昏中而暑退,季冬旦中而寒退。⑬言将不能复烦诸侯。⑭讥其无隐讳。【释文】知,晋智。

丁未,滕子原卒。同盟,故书名①。

①同盟于襄之世,亦应从同盟之礼,故传发之。

齐侯使晏婴请继室于晋①,曰:"寡君使婴曰:'寡人愿事君,朝夕不倦,将奉质币,以无失时,则国家多难,是以不获②。不腆先君之适③,以备内官,焜燿寡人之望,则又无禄,早世殒命,寡人失望。君若不忘先君之好,惠顾齐国,辱收寡人,徼福于大公、丁公④,照临敝邑,镇抚其社稷,则犹有先君之适⑤及遗姑姊妹⑥若而人⑦。君若不弃敝邑,而辱使董振择之,以备嫔嫱,寡人之望也⑧。'"

①复以女继少姜。②不得自来。【释文】朝,如字。质,徐之二切,又如字。难,乃旦切。③谓少姜。【释文】腆,他典切。④徼,要也。二公,齐先君。言收恤寡人,则先君与之福也。【释文】焜,胡本切,又音昆,服云:明也。燿,羊照切,服云:照也。陨,于敏切。好,呼报切。徼,古尧切。大,音泰。要,一遥切。⑤适夫人之女。⑥遗,余也。⑦言如常人,不敢誉。【释文】誉,音余。⑧董,正也。振,整也。嫔嫱,妇官。【释文】振,之刃切,一音真。嫱,本又作"廧",在良切。

韩宣子使叔向对曰:"寡君之愿也。寡君不能独任其社稷之事,未有伉俪。在缞绖之中,是以未敢请①。君有辱命,惠莫大焉。若惠顾敝邑,抚有晋(阳)[国],赐之内主,岂唯寡君,举群臣实受其贶,其自唐叔以下,实宠嘉之②。"

①制夫人之服,则葬讫,君臣乃释服。【释文】任,音壬。缞,本亦作"衰",七雷切。

经，直结切。②唐叔，晋之祖。【释文】贶，音况。

既成昏①，晏子受礼②。叔向从之宴，相与语。叔向曰："齐其何如③？"晏子曰："此季世也，吾弗知，齐其为陈氏矣④！公弃其民，而归于陈氏⑤。齐旧四量，豆、区、釜、钟。四升为豆，各自其四，以登于釜⑥。釜十则钟⑦。陈氏三量，皆登一焉，钟乃大矣⑧。以家量贷，而以公量收之⑨。山木如市，弗加于山。鱼盐蜃蛤，弗加于海⑩。民参其力，二入于公，而衣食其一⑪。公聚朽蠹，而三老冻馁⑫。国之诸市，屦贱踊贵⑬。民人痛疾，而或燠休之⑭，其爱之如父母，而归之如流水，欲无获民，将焉辟之？箕伯、直柄、虞遂、伯戏⑮，其相胡公、大姬，已在齐矣⑯。"

①许昏成。②受宾享之礼。③问兴衰。④不知其它，唯知齐将为陈氏。【释文】吾弗知，绝句。⑤弃民不恤。⑥四豆为区，区斗六升。四区为釜，釜六斗四升。登，成也。【释文】量，音亮。区，乌侯切。⑦六斛四斗。⑧登，加也。加一，谓加旧量之一也。以五升为豆，五豆为区，五区为釜，则区二斗，釜八斗，钟八斛。【释文】旧本以五升为豆，四豆为区，四区为釜，直加豆为五升，而区、釜自大，故杜云区二斗、釜八斗是也。本或作"五豆为区，五区为釜"者，为加旧豆、区为五，亦与杜注相会，非于五升之豆，又五五而加也。⑨贷厚而收薄。【释文】贷，他代切。⑩贾如在山、海，不加贵。【释文】蜃，食轸切。蛤，古答切。贾，音嫁。⑪言公重赋敛。【释文】参，七南切，又音三。敛，力验切。⑫三老，谓上寿、中寿、下寿，皆八十已上，不见养遇。【释文】聚，徐在喻切，又在主切。蠹，丁故切。三老，服云：工老、商老、农老也。冻，丁贡切。馁，奴罪切。寿，音授。上，时掌切。⑬踊，刖足者屦。言刑多。【释文】屦，九具切。踊，音勇。刖，音月，又五刮切。⑭燠休，痛念之声。谓陈氏也。【释文】燠，於喻切，徐音忧，又於到切，一音於六切。休，虚喻切，徐许留切。贾云：燠，厚也；休，美也。⑮四人皆舜后，陈氏之先。【释文】焉，於虔切。戏，许宜切。⑯胡公，四人之后，周始封陈之祖。大姬，其妃也。言陈氏虽为人臣，然将有国，其先祖鬼神已与胡公共在齐。【释文】相，息亮切，服如字。大，音泰。

叔向曰："然。虽吾公室，今亦季世也。戎马不驾，卿无军行①。公乘无人，卒列无长②。庶民罢敝，而宫室滋侈③。道殣相望④，而女富溢尤⑤。民闻公命，如逃寇仇。栾、郤、胥、原、狐、续、庆、伯，降在皂隶⑥。政在家门⑦，民无所依。君日不悛，以乐慆忧⑧。公室之卑，其何日之有⑨？谗鼎之铭曰⑩：'昧旦丕显，后世犹怠⑪。'况日不悛，其能久乎？"

①言晋衰弱，不能征讨救诸侯。【释文】行，户郎切。②百人为卒。言人皆非其人，非其长。【释文】乘，绳证切。卒，子忽切。长，丁丈切。③滋，益也。【释文】罢，音皮。侈，

尺氏切,又昌氏切。④饿死为殣。【释文】殣,音觐,《说文》云:道中死者,人所覆也。《毛诗》作"墐",传云:墐,路冢也。⑤女,嬖宠之家。⑥八姓,晋旧臣之族也。皂隶,贱官。【释文】郂,去逆切。皂,才早切。隶,力计切。⑦大夫专政。⑧慆,藏也。悛,改也。【释文】悛,七全切。乐,音洛,又音岳。慆,他刀切。⑨言今至。⑩谗,鼎名也。【释文】谗,士感切,服云:疾谗之鼎也。⑪昧旦,早起也。丕,大也。言夙兴以务大显,后世犹解怠。【释文】昧,音妹。丕,普悲切。解,佳卖切。

晏子曰:"子将若何①?"叔向曰:"晋之公族尽矣。肸闻之,公室将卑,其宗族枝叶先落,则公从之。肸之宗十一族②,唯羊舌氏在而已,肸又无子③。公室无度④,幸而得死⑤,岂其获祀⑥?"

①问何以免此难。【释文】曰,人实切。难,乃旦切。②同祖为宗。【释文】肸,许乙切。③无贤子。④无法度。⑤言得以寿终为幸。⑥言必不得祀。

初,景公欲更晏子之宅,曰:"子之宅近市,湫隘嚣尘,不可以居①,请更诸爽垲者②。"辞曰:"君之先臣容焉③,臣不足以嗣之,于臣侈矣④。且小人近市,朝夕得所求,小人之利也。敢烦里旅⑤?"公笑曰:"子近市,识贵贱乎?"对曰:"既利之,敢不识乎?"公曰:"何贵何贱?"于是景公繁于刑⑥,有鬻踊者,故对曰:"踊贵屦贱。"既已告于君,故与叔向语而称之⑦。景公为是省于刑。君子曰:"仁人之言,其利博哉。晏子一言而齐侯省刑。《诗》曰:'君子如祉,乱庶遄已⑧。'其是之谓乎!"

①湫,下。隘,小。嚣,声。尘,土。【释文】近,附近之近。湫,子小切,徐音秋,又在酒切。隘,於卖切。嚣,许骄切,又五高切。②爽,明。垲,燥。【释文】垲,苦代切。燥,素早切。③先臣,晏子之先人。④侈,奢也。⑤旅,众也。不敢劳众为己宅。【释文】朝,如字。⑥繁,多也。⑦传护晏子,令不与张趯同讥。【释文】鬻,羊六切,卖也。令,力呈切。⑧《诗·小雅》。如,行也。祉,福也。遄,疾也。言君子行福则庶几乱疾止也。【释文】为,于伪切。省,所景切。祉,音耻。遄,市专切。

及晏子如晋,公更其宅,反,则成矣。既拜①,乃毁之,而为里室,皆如其旧②,则使宅人反之③,曰:"谚曰:'非宅是卜,唯邻是卜④。'二三子先卜邻矣⑤,违卜不祥。君子不犯非礼⑥,小人不犯不祥,古之制也。吾敢违诸乎?"卒复其旧宅,公弗许,因陈桓子以请,乃许之⑦。

①拜谢新宅。②本坏里室以大晏子之宅,故复之。【释文】坏,音怪。复,音服,下"卒复""其复""欲复"同。③还其故室。【释文】还,音环。④卜良邻。【释文】谚,音彦。

夏四月,郑伯如晋,公孙段相,甚敬而卑,礼无违者。晋侯嘉焉,授之以策①,曰:"子丰有劳于晋国②,余闻而弗忘。赐女州田③,以胙乃旧勋。"伯石再拜稽首,受策以出。君子曰:"礼,其人之急也乎!伯石之汰也④,一为礼于晋,犹荷其禄,况以礼终始乎?《诗》曰:'人而无礼,胡不遄死。'其是之谓乎!"

①策,赐命之书。②子丰,段之父。③州县,今属河内郡。【释文】女,音汝。④汰,骄也。

初,州县,栾豹之邑也①。及栾氏亡,范宣子、赵文子、韩宣子皆欲之。文子曰:"温,吾县也②。"二宣子曰:"自郐称以别,三传矣③。晋之别县不唯州,谁获治之④?"文子病之,乃舍之。二子曰:"吾不可以正议而自与也。"皆舍之。及文子为政,赵获曰:"可以取州矣⑤。"文子曰:"退⑥!二子之言,义也⑦。违义,祸也。余不能治余县,又焉用州?其以徼祸也。君子曰:'弗知实难⑧。'知而弗从,祸莫大焉。有言州,必死。"

丰氏故主韩氏⑨,伯石之获州也,韩宣子为之请之,为其复取之之故⑩。

①豹,栾盈族。【释文】荷,户可切,又音可。②州本属温;温,赵氏邑。③郐称,晋大夫,始受州。自是州与温别,至今传三家。【释文】称,尺证切。以别,绝句。④言县邑既别甚多,无有得追而治取之。⑤获,赵文子之子。【释文】舍,音赦,又音捨。⑥使获退也。⑦二子,二宣子也。⑧患不知祸所起。⑨故,犹旧也。丰氏至晋,旧以韩氏为主人。⑩后若还晋,因自欲取之。为七年丰氏归州张本。【释文】为,于伪切,下"为其""复为"、注"为之""为平"皆同。

五月,叔弓如滕,葬滕成公,子服椒为介。及郊,遇懿伯之忌,敬子不入①。惠伯曰:"公事有公利,无私忌,椒请先入。"乃先受馆,敬子从之②。

①忌,怨也。懿伯,椒之叔父。敬子,叔弓也。叔弓礼椒,为之辟仇。【释文】辟,音避。②惠伯,子服椒也。传言叔弓之有礼。

晋韩起如齐逆女①。公孙虿为少姜之有宠也,以其子更公女而嫁公子②。人谓宣子:"子尾欺晋,晋胡受之?"宣子曰:"我欲得齐而远其宠,宠将来乎③?"

①为平公逆。②更嫁公女。【释文】虿,敕迈切。③宠,谓子尾。【释文】远,于万切。

秋七月,郑罕虎如晋,贺夫人,且告曰:"楚人日征敝邑以不朝立王之故①。敝邑之往,则畏执事,其谓寡君'而固有外心'。其不往,则宋之盟云②。进退罪也。寡君使虎布之③。"宣子使叔向对曰:"君若辱有寡君,在楚何害?修宋盟也。君苟思盟,寡君乃知免于庆矣。君若不有寡君，虽朝夕辱于敝邑，寡君猜焉④。君实有心，何辱命焉⑤？君其往也！苟有寡君，在楚犹在晋也。”

①楚灵王新立。②云交相见。③布，陈也。④猜，疑也。【释文】猜，七才切。⑤言若有事晋心，至楚可不须告。

张趯使谓大叔曰：“自子之归也①，小人粪除先人之敝庐，曰：‘子其将来！’今子皮实来，小人失望。”大叔曰：“吉贱，不获来②，畏大国、尊夫人也。且孟曰：‘而将无事。’吉庶几焉③。”

①归在此年春。②贱，非上卿。【释文】粪，甫问切。③孟，张趯也。庶几如趯言。

小邾穆公来朝。季武子欲卑①，穆叔曰：“不可。曹、滕、二邾，实不忘我好。敬以逆之，犹惧其贰。又卑一睦焉②，逆群好也。其如旧而加敬焉。《志》曰：‘能敬无灾。’又曰：‘敬逆来者，天所福也。’”季孙从之。

①不欲以诸侯礼待之。②一睦，谓小邾。【释文】实不忘我好，绝句，一读以“好”字向下。好，呼报切，下“群好”同。

八月，大雩，旱也。

齐侯田于莒①，卢蒲嫳见，泣且请曰：“余发如此种种，余奚能为②？”公曰：“诺，吾告二子③。”归而告之。子尾欲复之。子雅不可，曰：“彼其发短而心甚长，其或寝处我矣④。”九月，子雅放卢蒲嫳于北燕⑤。

①莒，齐东竟。【释文】竟，音境。②嫳，庆封之党，襄二十八年放之于竟。种种，短也。自言衰老，不能复为害。【释文】嫳，普结切，又匹舌切。见，贤遍切。种，亦作“董”，章勇切。③二子：子雅、子尾。④言不可信。⑤恐其复作乱。

燕简公多嬖宠，欲去诸大夫而立其宠人。冬，燕大夫比以杀公之外嬖①。公惧，奔齐。书曰：“北燕伯款出奔齐。”罪之也②。

①比，相亲比。【释文】去，起吕切。比，毗志切。②款罪轻于卫衎，重于蔡朱，故举中示例。【释文】衎，苦旦切。

十月，郑伯如楚，子产相。楚子享之，赋《吉日》①。既享，子产乃具田备，王以田江南之梦②。

①《吉日》，《诗·小雅》，宣王田猎之诗。楚王欲与郑伯共田，故赋之。【释文】相，息亮切。②楚之云梦，跨江南北。【释文】梦，如字，徐莫公切。

齐公孙灶卒①。司马灶见晏子②，曰：“又丧子雅矣。”晏子曰：“惜也，子旗不免，殆哉③！姜族弱矣，而妫将始昌④。二惠竞爽，犹可⑤，又弱一个焉⑥，姜其危哉！"

①灶，子雅。②司马灶，齐大夫。③以其不臣。【释文】丧，息浪切。④妫，陈氏。【释文】妫，九危切。⑤子雅、子尾皆齐惠公之孙也。竞，强也。爽，明也。⑥【释文】个，古贺切。

昭公四年

【经】

四年春，王正月，大雨雹①。

夏，楚子、蔡侯、陈侯、郑伯、许男、徐子、滕子、顿子、胡子、沈子、小邾子、宋世子佐、淮夷会于申②。

楚人执徐子③。

秋七月，楚子、蔡侯、陈侯、许男、顿子、胡子、沈子、淮夷伐吴④。

执齐庆封杀之⑤。

遂灭赖。

九月，取鄫⑥。

冬十有二月乙卯，叔孙豹卒。

①当雪而雹，故以为灾而书之。【释文】雨，于付切，传"大雨雹"同。雹，蒲学切。②楚灵王始合诸侯。【释文】沈，音审。③称

和田玉虎片（春秋）

人以执，以不道于其民告。④因申会以伐吴。不言诸侯者，郑、徐、滕、小邾、宋不在故也。胡国，汝阴县西北有胡城。⑤楚子欲行霸，为齐讨庆封，故称齐。【释文】为，于伪切。⑥鄫，莒邑。传例曰：克邑不用师徒曰取。【释文】鄫，才陵切。

【传】

四年春，王正月，许男如楚，楚子止之①，遂止郑伯，复田江南，许男与焉②。使椒举如晋求诸侯，二君待之③。椒举致命曰："寡君使举曰，日君有惠，赐盟于宋④，曰：'晋、楚之从，交相见也。'以岁之不易⑤，寡人愿结欢于二三君⑥，使举请间。君若苟无四方之虞⑦，

则愿假宠以请于诸侯⑧。"

①欲与俱田。②前年楚子已与郑伯田江南，故言复。【释文】复，扶又切。与，音预。③二君：郑、许。④宋盟在襄二十七年。⑤不易，言有难。【释文】易，以豉切，注同。难，乃旦切。⑥欲得诸侯，谋事补阙。【释文】欢，唤端切。⑦虞，度也。【释文】间，徐音闲，又如字。度，待洛切。⑧欲借君之威宠，以致诸侯。

晋侯欲勿许。司马侯曰："不可。楚王方侈，天或者欲逞其心，以厚其毒而降之罚，未可知也。其使能终，亦未可知也。晋、楚唯天所相①，不可与争。君其许之，而修德以待其归。若归于德，吾犹将事之，况诸侯乎？若适淫虐，楚将弃之②，吾又谁与争？"公曰："晋有三不殆，其何敌之有③？国险而多马，齐、楚多难④。有是三者，何乡而不济？"对曰："恃险与马，而虞邻国之难，是三殆也。四岳⑤、三涂⑥、阳城⑦、大室⑧、荆山⑨、中南⑩，九州之险也，是不一姓⑪。冀之北土⑫，马之所生，无兴国焉。恃险与马，不可以为固也，从古以然。是以先王务修德音以亨神人⑬，不闻其务险与马也。邻国之难，不可虞也。或多难以固其国，启其疆土；或无难以丧其国，失其守宇⑭。若何虞难？齐有仲孙之难而获桓公，至今赖之⑮。晋有里、不之难而获文公，是以为盟主⑯。卫、邢无难，敌亦丧之⑰。故人之难，不可虞也。恃此三者，而不修政德，亡于不暇，又何能济？君其许之！纣作淫虐，文王惠和，殷是以陨，周是以兴，夫岂争诸侯？"乃许楚使。使叔向对曰："寡君有社稷之事，是以不获春秋时见⑱。诸侯，君实有之，何辱命焉？"椒举遂请昏⑲，晋侯许之。

①相，助也。【释文】侈，昌氏切，又尺氏切。逞，敕景切。相，息亮切。②弃，不以为君。③殆，危也。【释文】殆，直改切。④多篡弑之难。【释文】篡，初患切。弑，申志切。⑤东岳岱、西岳华、南岳衡、北岳恒。【释文】乡，许亮切，本又作"嚮"。岳，音岳。岱，音代，在兖州。华，如字，又胡化切，在雍州。衡，如字，在荆州。恒，如字，本或作"常"，在冀州。案，作"恒"者是也。北岳本名恒山，汉为文帝讳，改作常耳。⑥在河南陆浑县南。【释文】三涂，山名，大行、辗辕、崤渑也。浑，户昏切，又户困切。⑦在阳城县东北。⑧在河南阳城县西南。【释文】大，音泰，下"大室"同。大室即中岳嵩高山也，在豫州。⑨在新城示乡县南。【释文】泳，音市，又音尔，《汉书音义》音稚，或一音隶，则当水旁作尔，恐非，本或作"渫"，字误也。⑩在始平武功县南。⑪虽是天下至险，无德则灭亡。⑫燕、代。【释文】燕，乌贤切。⑬亨，通也。【释文】亨，许庚切。⑭于国则四垂为宇。【释文】疆，居良切。丧，息浪切。⑮仲孙，公孙无知。事在庄九年。⑯里克、丕郑，事在僖九年。【释文】丕，普悲切。⑰闵二年狄灭卫，僖二十五年卫灭刑。【释文】邢，音刑。⑱言不得自往，

谦辞。【释文】纠,直九切。陨,于敏切。楚使,所吏切。向,许丈切。见,贤遍切,下注"朝见""昏见"同。⑲盖楚子遣举时,兼使求昏。

楚子问于子产曰:"晋其许我诸侯乎?"对曰:"许君。晋君少安,不在诸侯①。其大夫多求②,莫匡其君。在宋之盟,又曰如一③,若不许君,将焉用之④?"王曰:"诸侯其来乎?"对曰:"必来。从宋之盟,承君之欢,不畏大国⑤,何故不来? 不来者,其鲁、卫、曹、邾乎? 曹畏宋,邾畏鲁,鲁、卫偪于齐而亲于晋,唯是不来。其余,君之所及也,谁敢不至⑥?"王曰:"然则吾所求者,无不可乎?"对曰:"求逞于人,不可⑦。与人同欲,尽济⑧。"

①安于小,小不能远图。【释文】少,如字。②贪也。③晋、楚同也。④焉用宋盟。【释文】焉,於虔切。⑤大国,晋也。⑥言楚威力所能及。【释文】偪,彼力切。⑦逞,快也。求人以快意,人必违之。⑧为下会申传。

大雨雹。季武子问于申丰曰:"雹可御乎①?"对曰:"圣人在上,无雹,虽有,不为灾。古者,日在北陆而藏冰②,西陆朝觌而出之③。其藏冰也,深山穷谷,固阴沍寒,于是乎取之④。其出之也,朝之禄位,宾食丧祭,于是乎用之⑤。其藏之也,黑牡、秬黍,以享司寒⑥。其出之也,桃弧、棘矢,以除其灾⑦。其出入也时。食肉之禄,冰皆与焉⑧。大夫命妇,丧浴用冰⑨。祭寒而藏之⑩,献羔而启之⑪,公始用之⑫。火出而毕赋⑬,自命夫、命妇,至于老疾,无不受冰⑭。山人取之,县人传之⑮,舆人纳之,隶人藏之⑯。夫冰以风壮⑰,而以风出⑱。其藏之也周⑲,其用之也徧⑳,则冬无愆阳㉑,夏无伏阴㉒,春无凄风㉓,秋无苦雨㉔,雷出不震㉕,无菑霜雹,疠疾不降㉖,民不夭札㉗。今藏川池之冰,弃而不用㉘,风不越而杀,雷不发而震㉙。雹之为菑,谁能御之?《七月》之卒章,藏冰之道也㉚。"

①御,止也。申丰,鲁大夫。【释文】御,鱼吕切,下"御之"同。②陆,道也。谓夏十二月,日在虚危,冰坚而藏之。【释文】夏,户雅切,下同。③谓夏三月,日在昴毕,蛰虫出而用冰。春分之中,奎星朝见东方。【释文】朝,如字。觌,徒历切。昴,音卯。蛰,直立切。虫,除中切。奎,苦圭切。④沍,闭也。必取积阴之冰,所以道达其气,使不为灾。【释文】沍,户故切。道,音导。⑤言不独共公。【释文】共,音恭。⑥黑牡,黑牲也。秬,黑黍也。司寒,玄冥,北方之神,故物皆用黑。有事于冰,故祭其神。【释文】牡,茂后切。秬,音巨。冥,亡丁切。⑦桃弓、棘箭,所以禳除凶邪,将御至尊故。【释文】弧,音胡。禳,如羊切。邪,似嗟切。⑧食肉之禄,谓在朝廷治其职事就官食者。【释文】与,音预。⑨命妇,大夫妻。【释文】浴,音欲。⑩享司寒。【释文】祭寒而藏之,本或作"祭司寒者",非。⑪谓二月春分,献羔祭韭,始开冰室。【释文】韭,音九。⑫公先用,优尊。⑬火星昏见东

方，谓三月、四月中。⑭老，致仕在家者。⑮山人，虞官。县人，遂属。【释文】传，直专切。⑯舆、隶，皆贱官。【释文】舆，音余。⑰冰因风寒而坚。【释文】壮，侧亮切。⑱顺春风而散用。⑲周，密也。⑳及老疾。【释文】徧，音遍。㉑愆，过也。谓冬温。【释文】愆，起虔切。㉒伏阴谓夏寒。㉓凄，寒也。【释文】凄，七西切。㉔霖雨，为人所患苦。【释文】霖，音林。㉕震，霆也。【释文】霆，音亭，又音挺，又亭佞切。㉖疠，恶气也。【释文】菑，音灾。疠，音例。㉗短折为夭，夭死为札。【释文】札，侧八切，又音截，《字林》作壮列切。㉘既不藏深山穷谷之冰，又火出不毕赋，有余则弃之。㉙越，散也。言阴阳失序，雷风为害。【释文】杀，如字，又色界切，徐色例切。㉚《七月》，《诗·豳风》，卒章曰"二之日凿冰冲冲"，谓十二月凿而取之。"三之日纳于凌阴"，凌阴，冰室也。"四之日其蚤，献羔祭韭"，谓二月春分，蚤开冰室，以荐宗庙。【释文】豳，彼贫切。凿，在洛切。冲，直忠切。凌，陵证切，一音陵。蚤，音早。韭，音九。

夏，诸侯如楚，鲁、卫、曹、邾不会。曹、邾辞以难，公辞以时祭，卫侯辞以疾①。郑伯先待于申②。六月丙午，楚子合诸侯于申。椒举言于楚子曰："臣闻诸侯无归，礼以为归。今君始得诸侯，其慎礼矣。霸之济否，在此会也。夏启有钧台之享③，商汤有景亳之命④，周武有孟津之誓⑤，成有岐阳之蒐⑥，康有酆宫之朝⑦，穆有涂山之会⑧，齐桓有召陵之师⑨，晋文有践土之盟⑩。君其何用？宋向戌、郑公孙侨在，诸侯之良也，君其选焉⑪。"王曰："吾用齐桓⑫。"

①如子产言。【释文】难，乃旦切。②自楚先至会地。③启，禹子也。河南阳翟县南有钧台陂，盖启享诸侯于此。【释文】夏，户雅切，注仿此。钧，音均。陂，彼宜切。④河南巩县西南存汤亭。或言亳即偃师。【释文】亳，步各切。巩，九勇切。⑤将伐纣也。【释文】孟，本又作"盟"，音孟。⑥周成王归自奄，大蒐于岐山之阳。岐山在扶风美阳县西北。【释文】岐，其宜切。蒐，所求切。⑦酆在始平鄠县东，有灵台，康王于是朝诸侯。【释文】酆，芳弓切。⑧周穆王会诸侯于涂山。涂山在寿春东北。⑨在僖四年。【释文】召，上照切。⑩在僖二十八年。⑪选择所用。【释文】向，舒亮切。戌，音恤。侨，其骄切。⑫用会召陵之礼。

王使问礼于左师与子产。左师曰："小国习之，大国用之，敢不荐闻①？"献公合诸侯之礼六②。子产曰："小国共职，敢不荐守？"献伯、子、男会公之礼六③。君子谓合左师善守先代，子产善相小国。王使椒举侍于后，以规过④。卒事，不规。王问其故，对曰："礼，吾所未见者有六焉，又何以规⑤？"

①言所闻，谦示所未行。②其礼六仪也。宋爵公，故献公礼。③郑伯爵，故献伯、子、男会公之礼。其礼同，所从言之异。【释文】共，音恭。守，手又切。④规正二子之过。【释文】相，息亮切。⑤左师、子产所献六礼，楚皆未尝行。

宋大子佐后至，王田于武城，久而弗见。椒举请辞焉①。王使往，曰："属有宗桃之事于武城②，寡君将堕币焉，敢谢后见③。"徐子，吴出也，以为贰焉，故执诸申④。

①请王辞谢之。②言为宗庙田猎。【释文】属，章玉切，适也。桃，他雕切。为，于伪切。③恨其后至，故言将因诸侯会，布币乃相见。经并书宋大子佐，知此言在会前。【释文】堕，许规切，布也，服云：输也。见，如字，又贤遍切。④言楚子以疑罪执诸侯。

楚子示诸侯侈①，椒举曰："夫六王二公之事②，皆所以示诸侯礼也，诸侯所由用命也。夏桀为仍之会，有缗叛之③。商纣为黎之蒐，东夷叛之④。周幽为大室之盟，戎狄叛之⑤。皆所以示诸侯汰也，诸侯所由弃命也。今君以汰，无乃不济乎？"王弗听。

①自奢侈。②六王，启、汤、武、成、康、穆也。二公：齐桓、晋文。③仍、缗，皆国名。【释文】仍，而承切。缗，亡巾切。④黎，东夷国名。【释文】黎，力兮切。⑤大室，中岳。

子产见左师曰："吾不患楚矣，汰而愎谏①，不过十年。"左师曰："然。不十年侈，其恶不远，远恶而后弃②。善亦如之，德远而后兴③。"

①愎，很也。【释文】汰，音泰。愎，皮逼切。很，胡垦切。②恶及远方则人弃之。③为十三年楚弑其君传。

秋七月，楚子以诸侯伐吴。宋大子、郑伯先归①。宋华费遂、郑大夫从②。使屈申围朱方③，八月甲申，克之。执齐庆封而尽灭其族④。将戮庆封。椒举曰："臣闻无瑕者可以戮人。庆封唯逆命，是以在此⑤，其肯从于戮乎⑥？播于诸侯，焉用之⑦？"王弗听，负之斧钺，以徇于诸侯，使言曰："无或如齐庆封，弑其君，弱其孤，以盟其大夫⑧。"庆封曰："无或如楚共王之庶子围，弑其君兄之子麇而代之，以盟诸侯。"王使速杀之。

①经所以更叙诸侯也。时晋之属国皆归，独言二国者，郑伯久于楚，宋大子不得时见，故慰遣之。【释文】见，贤遍切，又如字。②从伐吴以答见慰。【释文】费，扶味切。从，才用切。③朱方，吴邑，齐庆封所封也。屈申，屈荡之子。【释文】屈，居勿切。④庆封以襄二十八年奔吴。八月无甲申，日误。⑤逆命，谓性不恭顺。⑥言不肯默而从戮。⑦播，扬也。【释文】播，波佐切，又波可切，徐云字或作"幡"，敷袁切。焉，於虔切。⑧齐崔杼弑君，庆封其党也，故以弑君罪责之。【释文】钺，音越。徇，似俊切。杼，直吕切。

遂以诸侯灭赖。赖子面缚衔璧，士袒，舆榇从之，造于中军①。王问诸椒举。对曰：

"成王克许②,许僖公如是,王亲释其缚,受其璧,焚其榇。"王从之③。迁赖于鄢④。楚子欲迁许于赖,使斗韦龟与公子弃疾城之而还⑤。申无宇曰:"楚祸之首,将在此矣。召诸侯而来,伐国而克,城竟莫校⑥。王心不违,民其居乎⑦?民之不处,其谁堪之?不堪王命,乃祸乱也。"

①中军,王所将。【释文】共,音恭。麇,九伦切。袒,音但。榇,初觐切,棺也。造,七报切。将,子匠切。②在僖六年。③从举言。【释文】缚,如字,旧扶卧切。④鄢,楚邑。【释文】鄢,於晚切,又於建切。⑤为许城也。斗韦龟,子文之玄孙。【释文】为,于伪切。⑥谓筑城于外竟,诸侯无与争。【释文】竟,音境。争,争斗之争。⑦言将有事,不得安也。

九月,取鄫,言易也。莒乱,著丘公立而不抚鄫,鄫叛而来,故曰取。凡克邑不用师徒曰取①。

①著丘公,去疾也。不书奔者,溃散而来,将帅微也。重发例者,以通叛而自来。【释文】易,以豉切。著,直居切,徐直据切。去,起吕切。溃,户对切。帅,所类切。重,直用切。

郑子产作丘赋①。国人谤之②,曰:"其父死于路③,己为虿尾④。以令于国,国将[若]之何?"子宽以告⑤。子产曰:"何害?苟利社稷,死生以之⑥。且吾闻为善者不改其度,故能有济也。民不可逞,度不可改⑦。《诗》曰:'礼义不愆,何恤于人言⑧?'吾不迁矣⑨。"浑罕曰:"国氏其先亡乎⑩!君子作法于凉,其敝犹贪⑪,作法于贪,敝将若之何⑫?姬在列者⑬,蔡及曹、滕其先亡乎!偪而无礼⑭。郑先卫亡,偪而无法⑮。政不率法,而制于心;民各有心,何上之有⑯?"

①丘,十六井,当出马一匹、牛三头。今子产别赋其田,如鲁之田赋。田赋在哀十一年。②谤,毁也。③谓子国为尉氏所杀。④谓子产重赋,毒害百姓。【释文】虿,敕迈切。⑤子宽,郑大夫。⑥以,用也。⑦度,法也。⑧逸《诗》。子产自以为权制济国,于礼义无愆。⑨迁,移也。⑩浑罕,子宽。【释文】浑,侯温切。罕,徐许但切。⑪凉,薄也。【释文】凉,音良,徐音亮。⑫言不可久行。⑬在列国也。⑭蔡偪楚,曹、滕偪宋。⑮偪晋、楚。⑯子产权时救急,浑罕讥之正道。

冬,吴伐楚,入棘、栎、麻①,以报朱方之役②。楚沈尹射奔命于夏汭③,箴尹宜咎城钟离④,薳启彊城巢,然丹城州来⑤。东国水,不可以城,彭生罢赖之师⑥。

①棘、栎、麻,皆楚东鄙邑。谯国酂县东北有棘亭,汝阴新蔡县东北有栎亭。【释文】栎,力狄切,徐失灼切。酂,才河切。②朱方役在此年秋。③夏汭,汉水曲入江,今夏口

也。吴兵在东北，楚盛兵在东南，以绝其后。【释文】射，食夜切，又音食亦切，又音夜。夏，户雅切。沭，如锐切。④宜咎，本陈大夫，襄二十四年奔楚。【释文】箴，之林切。咎，其九切。⑤然丹，郑穆公孙，襄十九年奔楚。【释文】蔓，于委切。彊，其良切，又居良切。⑥彭生，楚大夫。罢門韦龟城赖之师。【释文】罢，皮买切，徐甫绮切。

初，穆子去叔孙氏，及庚宗①，遇妇人，使私为食而宿焉。问其行，告之故，哭而送之②。适齐，娶于国氏③，生孟丙、仲壬。梦天压己，弗胜④。顾而见人，黑而上偻⑤，深目而豭喙⑥，号之曰“牛助余”，乃胜之。旦而皆召其徒，无之⑦。且曰：“志之⑧。”及宣伯奔齐，馈之⑨。宣伯曰：“鲁以先子之故⑩，将存吾宗，必召女。召女，何如？”对曰：“愿之久矣⑪。”鲁人召之，不告而归。既立⑫，所宿庚宗之妇人献以雉⑬。问其姓⑭，对曰：“余子长矣，能奉雉而从我矣⑮。”召而见之，则所梦也。未问其名，号之曰“牛”，曰“唯”。皆召其徒，使视之，遂使为竖⑯。有宠，长使为政⑰。公孙明知叔孙于齐⑱，归，未逆国姜，子明取之⑲。故怒，其子长而后使逆之⑳。田于丘蕕㉑，遂遇疾焉。竖牛欲乱其室而有之，强与孟盟，不可㉒。叔孙为孟钟，曰：“尔未际㉓，飨大夫以落之㉔。”既具㉕，使竖牛请日㉖。入，弗谒㉗。出，命之日㉘。及宾至，闻钟声，牛曰：“孟有北妇人之客㉙。”怒，将往。牛止之。宾出，使拘而杀诸外㉚。牛又强与仲盟，不可。仲与公御莱书观于公㉛，公与之环㉜，使牛入示之㉝。入，不示。出，命佩之。牛谓叔孙：“见仲而何㉞？”叔孙曰：“何为㉟？”曰：“不见，既自见矣㊱，公与之环而佩之矣。”遂逐之，奔齐。疾急，命召仲，牛许而不召。

①成十六年，辟侨如之难奔齐。庚宗，鲁地。【释文】难，乃旦切。②妇人闻而哭之。③国氏，齐正卿，姜姓。【释文】娶，七住切。④穆子梦也。【释文】压，於甲切，又於辄切。胜，音升。⑤上偻，肩伛。【释文】偻，力主切。伛，纡甫切。⑥口象猪。【释文】豭，音加。喙，许秽切。⑦徒，从者。【释文】号，胡到切，又户刀切。从，才用切。⑧志，识也。【释文】识，申志切，一音式。⑨宣伯，侨如，穆子之兄，成十六年奔齐。穆子馈宣伯。【释文】馈，求位切，饷也。⑩先子，宣伯先人。⑪言兄始为乱，己则有今日之愿。盖忿言。【释文】女，音汝。⑫在齐生孟丙、仲壬，鲁召之，立为卿。襄二年始见经。【释文】见，贤遍切，下“接见”同。⑬献穆子。⑭问有子否。【释文】问其姓，女生曰姓，姓谓子也。⑮襄二年，竖牛五六岁。【释文】长，丁丈切。奉，芳勇切。⑯竖，小臣也。传言从梦未必吉。【释文】唯，维癸切，徐以水切。唯，应辞，犹吚也。竖，上主切。⑰为家政。⑱公孙明，齐大夫子明也，与叔孙相亲知。⑲国姜，孟、仲母。【释文】取，七住切，又如字。⑳子孟丙、仲壬。㉑丘蕕，地名。【释文】蕕，音由。㉒欲使从己，孟不肯。【释文】强，其丈切。㉓际，接也。

孟未与诸大夫相接见。【释文】为,于伪切,又如字。㉔以豭猪血衅钟曰落。【释文】衅,许觐切。㉕飨礼具。㉖请飨日。㉗谒,白也。㉘诈命曰。㉙北妇人,国姜也。客谓公孙明。㉚杀孟丙。【释文】拘,音俱。㉛莱书,公御士名。仲与之私游观于公宫。【释文】莱,音来,人姓名。观,古乱切,注同,又如字。㉜赐玉环。㉝示叔孙。㉞而何,如何。【释文】见,贤遍切,下"洩见"同。㉟怪牛言。㊱言仲己自往见公。

杜洩见,告之饥渴,授之戈①。对曰:"求之而至,又何去焉②?"竖牛曰:"夫子疾病,不欲见人。"使实馈于个而退③。牛弗进,则置虚,命彻④。十二月癸丑,叔孙不食。乙卯,卒⑤。牛立昭子而相之⑥。

①杜洩,叔孙氏宰也。牛不食叔孙,叔孙怒,欲使杜洩杀之。【释文】洩,息列切。食,音嗣。②言求食可得,无为去竖牛。盖杜洩力不能去,设辞以免。【释文】去,起吕切,注及下同。③实,置也。个,东西厢。【释文】实,之豉切,本或作"莫"。个,古贺切,谓厢屋。厢,本又作"箱",息羊切。④写器令空,示若叔孙已食,命去之。【释文】令,力呈切。⑤三日绝粮。⑥昭子,豹之庶子叔孙婼也。【释文】相,息亮切。婼,敕略切。

公使杜洩葬叔孙。竖牛赂叔仲昭子与南遗①,使恶杜洩于季孙而去之②。杜洩将以路葬,且尽卿礼③。南遗谓季孙曰:"叔孙未乘路,葬焉用之?且冢卿无路,介卿以葬,不亦左乎④?"季孙曰:"然。"使杜洩舍路⑤。不可,曰:"夫子受命于朝而聘于王⑥,王思旧勋而赐之路⑦,复命而致之君⑧。君不敢逆王命而后赐之,使三官书之。吾子为司徒,实书名⑨。夫子为司马,与工正书服⑩。孟孙为司空,以书勋⑪。今死而弗以,是弃君命也。书在公府而弗以,是废三官也。若命服,生弗敢服,死又不以,将焉用之?"乃使以葬。

季孙谋去中军。竖牛曰:"夫子固欲去之⑫。"

①昭子,仲叔带也。南遗,季氏家臣。【释文】赂,音路。②憎洩不与己同志。【释文】恶,乌路切。③(昭)[路],王所赐叔孙车。④冢卿,谓季孙。介,次也。左,不便。【释文】焉,於虔切,下"焉用"同。介,音界。左,如字,旧音佐。便,婢面切。⑤舍,置也。【释文】舍,式夜切,或音捨。⑥在襄二十四年。夫子,谓叔孙。⑦感其有礼,以念其先人。⑧豹不敢自乘。⑨谓季孙也。书名,定位号。【释文】复,扶又切。⑩谓叔孙也。服,车服之器,工正所书。⑪勋,功也。⑫诬叔孙以媚季孙。【释文】媚,眉冀切。

【经】

五年春，王正月，舍中军①。

楚杀其大夫屈申②。

公如晋。

夏，莒牟夷以牟娄及防、兹来奔③。

秋七月，公至自晋。

戊辰，叔弓帅师败莒师于蚡泉④。

秦伯卒⑤。

冬，楚子、蔡侯、陈侯、许男、顿子、沈子、徐人、越人伐吴。

①襄十一年始立中军。【释文】舍，音捨，传同。②书名，罪之。③城阳平昌县西南有防亭，姑幕县东北有兹亭。【释文】牟，亡侯切。幕，亡博切。④蚡泉，鲁地。【释文】蚡，扶粉切。⑤无传。不书名，未同盟。

【传】

五年春，王正月，舍中军，卑公室也①。毁中军于施氏，成诸臧氏②。初作中军，三分公室而各有其一③。季氏尽征之④，叔孙氏臣其子弟⑤，孟氏取其半焉⑥。及其舍之也，四分公室，季氏择二⑦，二子各一。皆尽征之，而贡于公⑧。以书使杜洩告于殡⑨，曰：“子固欲毁中军，既毁之矣，故告。”杜洩曰：“夫子唯不欲毁也，故盟诸僖闳，诅诸五父之衢⑩。”受其书而投之⑪，帅士而哭之⑫。叔仲子谓季孙曰：“带受命于子叔孙曰，葬鲜者自西门⑬。”季孙命杜洩⑭。杜洩曰：“卿丧自朝，鲁礼也⑮。吾子为国政，未改礼，而又迁之⑯，群臣惧死，不敢自也⑰。”既葬而行⑱。

①罢中军，季孙氏左师，孟氏称右师，叔孙氏则自以叔孙为军名。②季孙不欲亲其议，敕二家会诸大夫发毁置之计，又取其令名。【释文】臧，子郎切。③三家各有一军家属。④无所入于公。⑤以父兄归公。⑥复以子弟之半归公。【释文】复，扶又切。⑦简择取二分。【释文】分，扶运切，或如字。⑧国人尽属三家，三家随时献公而已。⑨告叔孙之

枢。【释文】殡,必刃切。枢,其又切。⑩皆在襄十一年。【释文】闳,音宏。诅,侧虑切。衢,其俱切。⑪投,掷也。【释文】掷,直亦切。⑫痛叔孙之见诬。⑬不以寿终为鲜。西门,非鲁朝正门。【释文】鲜,音仙,徐息浅切。寿,音授。⑭命使从西门。⑮从生存朝觐之正路。⑯迁,易也。⑰自,从也。⑱善杜泄能辟祸。

仲至自齐①,季孙欲立之。南遗曰:"叔孙氏厚则季氏薄。彼实家乱,子勿与知,不亦可乎?"南遗使国人助竖牛以攻诸大库之庭②。司宫射之,中目而死。竖牛取东鄙三十邑,以与南遗③。

①闻丧而来。②攻仲壬也。鲁城内自大庭氏之虚,于其上作庭。【释文】与,音预。虚,起居切。③取叔孙氏邑。【释文】射,食亦切。中,丁仲切。

昭子即位,朝其家众,曰:"竖牛祸叔孙氏,使乱大从①,杀适立庶,又披其邑,将以赦罪②,罪莫大焉。必速杀之。"竖牛惧,奔齐。孟、仲之子杀诸塞关之外③,投其首于宁风之棘上④。

①使从于乱。【释文】使乱大从,如字,服云:使乱大和顺之道也。②披,析也。谓以邑与南遗。昭子不知竖牛饿杀其父,故但言其见罪。【释文】适,丁历切,本又作"嫡"。披,普皮切。析,星历切。见,贤遍切。③齐、鲁界上关。【释文】塞,悉代切。④宁风,齐地。

仲尼曰:"叔孙昭子之不劳,不可能也①。周任有言曰:'为政者不赏私劳,不罚私怨。'《诗》云:'有觉德行,四国顺之②。'"

①不以立己为功劳,据其所言善之。时鲁人不以饿死语昭子。【释文】语,鱼据切。②《诗·大雅》。觉,直也。言德行直则四方顺从之。【释文】任,音壬。行,下孟切。

初,穆子之生也,庄叔以《周易》筮之①,遇《明夷》☷②之《谦》☷③,以示卜楚丘④。曰:"是将行⑤,而归为子祀⑥。以谗人入,其名曰牛,卒以馁死。《明夷》,日也⑦。日之数十⑧,故有十时,亦当十位。自王已下,其二为公,其三为卿⑨。日上其中⑩,食日为二⑪,旦日为三⑫。《明夷》之《谦》,明而未融,其当旦乎⑬,故曰'为子祀⑭'。日之《谦》,当鸟,故曰'明夷于飞⑮'。明而未融,故曰'垂其翼⑯'。象日之动,故曰'君子于行⑰'。当三在旦,故曰'三日不食⑱'。《离》,火也。《艮》,山也。《离》为火,火焚山,山败⑲。于人为言⑳,败言为谗㉑。故曰'有攸往,主人有言',言必谗也㉒。纯《离》为牛㉓。世乱谗胜,胜将适《离》,故曰其名曰牛㉔。《谦》不足,飞不翔㉕;垂不峻,翼不广㉖。故曰其为子后乎㉗。吾子,亚卿也,抑少不终㉘。"

①庄叔,穆子父得臣也。②《离》下《坤》上,《明夷》。【释文】坤,苦门切。③《艮》下《坤》上,《谦》。《明夷》初九变为《谦》。【释文】艮,古恨切。④楚丘,卜人姓名。⑤行,出奔。⑥奉祭祀。⑦《离》为日,夷,伤也。日明伤。【释文】馁,奴罪切,饿也。⑧甲至癸。⑨日中当王,食时当公,平旦为卿,鸡鸣为士,夜半为皂,人定为舆,黄昏为隶,日入为僚,哺时为仆,日昳为台,隅中日出,阙不在第。尊王公,旷其位。【释文】皂,才早切。舆,音余。僚,力雕切。哺,布吴切。昳,田结切。⑩日中盛明,故以当王。⑪公位。⑫卿位。⑬融,朗也。《离》在《坤》下,日在地中之象。又变为《谦》,谦道卑退,故曰明而未融。日明未融,故曰其当旦乎。⑭庄叔,卿也。卜豹为卿,故知为子祀。⑮《离》为日、为鸟,《离》变为《谦》,日光不足,故当鸟。鸟飞行,故曰于飞。⑯于日为未融,于鸟为垂翼。⑰《明夷》初九,得位有应,君子象也。在明伤之世,居谦下之位,故将辟难而行。【释文】应,应对之应。谦,如字,又退嫁切。难,乃旦切。⑱旦位在三,又非食时,故曰三日不食。⑲《离》《艮》合体故。【释文】败,必迈切,又如字。⑳《艮》为言。㉑为《离》所焚,故言败。㉒《离》变为《艮》,故言有所往,往而见烧,故主人有言。言而见败,故必谗言。【释文】攸,音由。㉓《易》:《离》上《离》下,《离》,畜牝牛,吉。故言纯离为牛。【释文】牝,频忍切,旧扶死切。㉔《离》焚山则《离》胜,譬世乱则谗胜。山焚则《离》独存,故知名牛也。竖牛非牝牛,故不吉。㉕谦道冲退,故飞不远翔。㉖峻,高也。翼垂下,故不能广远。㉗不远翔,故知不远去。㉘旦日,正卿之位,庄叔父子世为亚卿,位不足以终尽卦体,盖引而致之。

楚子以屈申为贰于吴,乃杀之①。以屈生为莫敖②,使与令尹子荡如晋逆女。过郑,郑伯劳子荡于氾,劳屈生于菟氏③。晋侯送女于邢丘。子产相郑伯,会晋侯于邢丘④。

①造生贰心。②生,屈建子。③氾、菟氏皆郑地。【释文】过,古禾切。劳,力报切,后皆同。氾,徐扶严切。菟,大胡切。④传言楚强,诸侯畏敬其使。【释文】相,息亮切。使,所吏切。

公如晋①,自郊劳至于赠贿②,无失礼③。晋侯谓女叔齐曰:"鲁侯不亦善于礼乎?"对曰:"鲁侯焉知礼?"公曰:"何为?自郊劳至于赠贿,礼无违者,何故不知?"对曰:"是仪也,不可谓礼。礼所以守其国,行其政令,无失其民者也。今政令在家④,不能取也。有子家羁,弗能用也⑤。奸大国之盟,陵虐小国⑥。利人之难⑦,不知其私⑧。公室四分,民食于他⑨。思莫在公,不图其终⑩。为国君,难将及身,不恤其所。礼之本末,将于此乎在⑪,而屑屑焉习仪以亟⑫。言善于礼,不亦远乎?"君子谓:"叔侯于是乎知礼⑬。"

①即位而往见。【释文】见，贤遍切。②往有郊劳，去有赠贿。【释文】贿，呼罪切。③揖让之礼。④在大夫。【释文】女，音汝。焉，於虔切。⑤羁，庄公玄孙懿伯也。【释文】羁，居宜切。⑥谓伐莒取郓。【释文】奸，音干。郓，音运。⑦谓往年莒乱而取郓。【释文】难，乃旦切，下及注同。⑧不自知有私难。⑨他，谓三家也。言鲁君与民无异。⑩无为公谋终始者。【释文】思，息吏切，谓群臣虑也，又如字。为，于伪切。⑪在恤民与忧国。⑫言以习仪为急。【释文】屑，先结切。亟，纪力切。⑬时晋侯亦失政，叔齐以此讽谏。【释文】讽，芳凤切，本亦作"风"，音同。

晋韩宣子如楚送女，叔向为介。郑子皮、子大叔劳诸索氏①。大叔谓叔向曰："楚王汰侈已甚，子其戒之。"叔向曰："汰侈已甚，身之灾也，焉能及人？若奉吾币帛，慎吾威仪，守之以信，行之以礼，敬始而思终，终无不复②。从而不失仪③，敬而不失威，道之以训辞，奉之以旧法，考之以先王④，度之以二国⑤，虽汰侈，若我何？"

①河南城皋县东有大索城。【释文】介，音界。大，音泰。索，悉洛切。②事皆可复行。【释文】焉，於虔切。③从，顺也。④以先王之礼成其好。【释文】道，音导。好，呼报切。⑤度晋、楚之势而行之。【释文】度，待洛切。

及楚。楚子朝其大夫，曰："晋，吾仇敌也。苟得志焉，无恤其他。今其来者，上卿、上大夫也。若吾以韩起为阍①，以羊舌肸为司宫②，足以辱晋，吾亦得志矣，可乎？"大夫莫对。薳启彊曰："可。苟有其备，何故不可？耻匹夫不可以无备，况耻国乎？是以圣王务行礼，不求耻人。朝聘有珪③，享覜有璋④，小有述职⑤，大有巡功⑥。设机而不倚，爵盈而不饮⑦。宴有好货⑧，飧有陪鼎⑨。入有郊劳⑩，出有赠贿⑪。礼之至也。国家之败，失之道也。则祸乱兴⑫。城濮之役⑬，晋无楚备，以败于邲⑭。邲之役，楚无晋备，以败于鄢⑮。自鄢以来，晋不失备，而加之以礼，重之以睦⑯，是以楚弗能报而求亲焉。既获姻亲，又欲耻之，以召寇仇，备之若何⑰？谁其重此⑱？若有其人，耻之可也⑲。若其未有，君亦图之。晋之事君，臣曰可矣。求诸侯而麋至⑳。求昏而荐女㉑，君亲送之，上卿及上大夫致之。犹欲耻之，君其亦有备矣。不然，奈何？韩起之下，赵成、中行吴、魏舒、范鞅、知盈㉒；羊舌肸之下，祁午、张趯、籍谈、女齐、梁丙、张骼、辅跞、苗贲皇，皆诸侯之选也㉓。韩襄为公族大夫，韩须受命而使矣㉔。箕襄、邢带㉕、叔禽、叔椒、子羽㉖，皆大家也。韩赋七邑，皆成县也㉗。羊舌四族，皆强家也㉘。晋人若丧韩起、杨肸，五卿八大夫㉙辅韩须、杨石㉚，因其十家九县㉛，长毂九百㉜，其余四十县，遗守四（十）〔千〕㉝，奋其武怒，以报其大耻，伯华谋之㉞，中行伯、魏舒帅之㉟，其蔑不济炙。君将以亲易怨㊱，实无礼以速寇，而未有其备，使群臣往遗之禽，以逞君心，何不可之有？"王曰："不穀之过也，大夫无辱㊲。"厚为韩子礼。王欲敖叔向以其所不知，而不能㊳。亦厚其礼。

韩起反，郑伯劳诸圉㊳。辞不敢见，礼也㊵。

①刖足使守门。【释文】仇，音求。阍，音昏。刖，音月，又五刮切。②加宫刑。【释文】胈，许乙切。③珪以为信。④享，飨也。觌，见也。既朝聘而享见也。臣为君使执璋。【释文】觌，他吊切，徐他雕切。璋，音章。享，飨，并许丈切，郑、服皆以享为献耳。见，贤遍切。为，于伪切。使，所吏切。⑤诸侯适天子曰述职。【释文】述职，述其所治国之功职也。⑥天子巡守曰巡功。【释文】巡功，巡所守之功绩。守，手又切。⑦言务行礼。【释文】机，音几。倚，於绮切。⑧宴饮以货为好，衣服车马，在客所无。【释文】好，呼报切，下同。⑨热食为飧。陪，加也。加鼎所以厚殷勤。【释文】飧，音孙。陪，薄回切，徐扶杯切。⑩宾至，逆劳之于郊。⑪去则赠之以货贿。⑫失朝聘宴好之道。⑬在僖二十八年。【释文】濮，音卜。⑭在宣十二年，言兵祸始于城濮。【释文】邲，皮必切。⑮在成十六年。【释文】鄢，於晚切。⑯君臣和也。【释文】重，直用切。⑰言何以为备。【释文】姻，音因。⑱言怨重。⑲谓有贤人以敌晋，则可耻之。⑳麇，群也。【释文】麇，丘陨切，又其郧切。㉑荐，进也。㉒五卿位在韩起之下，皆三军之将佐也。成，赵武之子。吴，荀偃之子。【释文】行，户郎切。鞅，於丈切，知，音智。将，子匠切。㉓言非凡人。【释文】趯，他历切。骼，古百切，或音各。砾，力狄切，又力各切，本又作"栎"，同。贲，扶云切。选，息恋切。㉔襄，韩无忌子也，为公族大夫。须，起之门子，年虽幼，已任出使。【释文】使，所吏切，下注同。任，音壬。㉕二人韩氏族。㉖皆韩起庶子。㉗成县，赋百乘也。【释文】韩赋七邑。韩襄，起之兄子。箕襄、邢带二人，韩氏族。韩须、叔禽、叔椒、子羽四人皆韩起子。凡七人，人一邑。乘，绳证切，下皆同。㉘四族，铜鞮伯华、叔向、叔鱼、叔虎兄弟四人。【释文】鞮，丁兮切。㉙五卿，赵成以下。八大夫，祁午以下。【释文】丧，息浪切。杨胈，叔向本羊舌氏，食采于杨，故又号杨胈也。㉚石，叔向子食我也。【释文】食，音嗣。㉛韩氏七，羊舌氏四，而言十家，举大数也。羊舌四家共二县，故但言强家。㉜长毂，戎车也。县百乘。【释文】毂，古木切。㉝计遗守国者尚有四千乘。【释文】遗，唯季切。㉞伯华，叔向兄。㉟伯，中行吴。㊱失婚姻之亲。㊲谢蒉启疆。㊳言叔向之多知。【释文】敖，五抱切。叔向以其所不知，绝句。多知，如字，又音智。㊴圉，郑地名。㊵奉使君命未反故。【释文】见，贤遍切。

郑罕虎如齐，娶于子尾氏①。晏子骤见之。陈桓子问其故，对曰："能用善人，民之主也②。"

①自为逆也。【释文】娶，七住切。为，于伪切。②谓授子产政。【释文】骤，仕救切。

夏，莒牟夷以牟娄及防、兹来奔。非卿而书，尊地也①。莒人诉于晋②。晋侯欲止公。范献子曰："不可。人朝而执之，诱也。讨不以师，而诱以成之，惰也。为盟主而犯此二者，无乃不可乎？请归之，间而以师讨焉③。"乃归公。秋七月，公至自晋。

①尊，重也。重地，故书，以名其人，终为不义。②诉鲁受牟夷。【释文】诉，悉路切。③间，暇也。【释文】诱，音酉。惰，徒卧切。间，音闲，注同，又如字。

莒人来讨①，不设备。戊辰，叔弓败诸蚡泉，莒未陈也②。

①讨受牟夷。②嫌君臣异，故重发例。【释文】陈，直觐切。重，直用切。

冬十月，楚子以诸侯及东夷伐吴，以报棘、栎、麻之役①。薳射以繁扬之师，会于夏汭②。越大夫常寿过帅师会楚子于琐③。闻吴师出，薳启疆帅师从之④，遽不设备，吴人败诸鹊岸⑤。

①役在四年。②会楚子。【释文】射，食夜切，又食亦切。③琐，楚地。【释文】过，古禾切。琐，素果切。④从吴师也。⑤庐江舒县有鹊尾渚。【释文】遽，其据切。岸，五旦切。

楚子以驲至于罗汭①。吴子使其弟蹶由犒师②，楚人执之，将以衅鼓。王使问焉，曰："女卜来吉乎？"对曰："吉。寡君闻君将治兵于敝邑，卜之以守龟，曰：'余亟使人犒师，请行以观王怒之疾徐，而为之备，尚克知之③。'龟兆告吉，曰：'克可知也。'君若欢焉好逆使臣，滋敝邑休息④，而忘其死，亡无日矣。今君奋焉，震电冯怒⑤，虐执使臣，将以衅鼓，则吴知所备矣。敝邑虽羸，若早修完⑥，其可以息师⑦。难易有备，可谓吉矣。且吴社稷是卜，岂为一人？使臣获衅军鼓，而敝邑知备，以御不虞，其为吉孰大焉？国之守龟，其何事不卜⑧？（正）〔一〕臧一否，其谁能常之？城濮之兆，其报在邲⑨。今此行也，其庸有报志⑩？"乃弗杀。

①驲，传也。罗，水名。【释文】驲，人实切。传，中恋切。②犒，劳。【释文】蹶，居卫切。犒，苦报切。③言吴令龟如此。【释文】衅，许觐切。女，音汝。守，手又切，下同。亟，纪力切。④休，解也。【释文】好，呼报切。使，所吏切，下同。解，佳买切。⑤冯，盛也。【释文】冯，皮冰切，徐敷冰切。⑥完器备。【释文】羸，力危切。完，音丸。⑦息楚之师。⑧言常卜。【释文】易，以豉切。为，于伪切。御，鱼吕切。⑨城濮战，楚卜吉，其效乃在邲。【释文】否，悲矣切，旧方有切。⑩言吴有报楚意。

楚师济于罗汭，沈尹赤会楚子，次于莱山。薳射帅繁扬之师，先入南怀，楚师从之。及汝清①，吴不可入②。楚子遂观兵于坻箕之山③。是行也，吴早设备，楚无功而还，以蹶由归。楚子惧吴，使沈尹射待命于巢，薳启彊待命于雩娄，礼也④。

①南怀、汝清，皆楚界。【释文】莱，音来。②有备。③观，示也。【释文】观，旧音官，读《尔雅》者皆官唤切。坻，直夷切。④善有备。【释文】雩，音于，徐况于切，如淳同，韦昭音虚。娄，力侯切，徐力俱切，如淳音楼。

秦后子复归于秦①，景公卒故也②。

①元年奔晋。②终五稔之言。【释文】稔，而甚切。

昭公六年

【经】

六年春，王正月，杞伯益姑卒①。

葬秦景公。

夏，季孙宿如晋。

葬杞文公②。

宋华合比出奔卫③。

秋九月，大雩。

楚薳罢帅师伐吴。

冬，叔弓如楚。

齐侯伐北燕。

①再同盟。②无传。③合比事君不以道，自取奔亡，书名罪之。【释文】华。户化切。比，如字，又毗志切。【释文】罢，音皮。

【传】

六年春，王正月，杞文公卒，吊如同盟，礼也①。

大夫如秦，葬景公，礼也②。

①鲁怨杞因晋取其田，而今不废丧纪，故礼之。②合先王士吊、大夫送葬之礼。

三月，郑人铸刑书①。叔向使诒子产书②，曰："始吾有虞于子③，今则已矣④。昔先王议事以制，不为刑辟，惧民之有争心也⑤。犹不可禁御，是故闲之以义⑥，纠之以政⑦，行之以礼，守之以信，奉之以仁⑧，制为禄位以劝其从⑨，严断刑罚以威其淫⑩。惧其未也，故诲之以忠，耸之以行⑪，教之以务⑫，使之以和⑬，临之以敬，莅之以强⑭，断之以刚⑮。犹求圣哲之上，明察之官⑯，忠信之长，慈惠之师，民于是乎可任使也，而不生祸乱。民知有辟，则不忌于上⑰，并有争心，以征于书，而徼幸以成之⑱，弗可为矣⑲。夏有乱政而作《禹刑》，商有乱政而作《汤刑》⑳，周有乱政而作《九刑》㉑，三辟之兴，皆叔世也㉒。今吾子相郑国，作封洫㉓，立谤政㉔，制参辟，铸刑书㉕，将以靖民，不亦难乎？《诗》曰：'仪式刑文王之德，日靖四方㉖。'又曰：'仪刑文王，万邦作孚㉗。'如是，何辟之有㉘？民知争端矣，将弃礼而征于书㉙。锥刀之末，将尽争之㉚。乱狱滋丰，贿赂并行，终子之世，郑其败乎！肸闻之，国将亡，必多制㉛，其此之谓乎！"复书曰："若吾子之言㉜，侨不才，不能及子孙，吾以救世也。既不承命，敢忘大惠㉝？"

①铸刑书于鼎，以为国之常法。【释文】铸，之树切。②诒，遗也。【释文】诒，以之切。遗，唯季切。③虞，度也。言准度子产以为己法。【释文】度，待洛切，下同。④已，止也。⑤临事制刑，不豫设法也。法豫设则民知争端。【释文】辟，婢亦切，下皆同。争，争斗之争。⑥闲，防也。【释文】御，鱼吕切。⑦纠，举也。⑧奉，养也。⑨劝从教。⑩淫，放也。【释文】断，丁乱切。⑪耸，惧也。【释文】耸，息勇切。行，下孟切。⑫时所急。⑬说以使民。【释文】说，音悦。⑭施之于事为莅。【释文】莅，音利，又音类。⑮义断恩。⑯上，公、王也。官，卿大夫也。⑰权移于法，故民不畏上。【释文】长，丁丈切。⑱因危文以生争，缘徼幸以成其巧伪。【释文】徼，本又作"邀"，古尧切。⑲为，治也。⑳夏、商之乱，著禹、汤之法，言不能议事以制。【释文】夏，户雅切。㉑周之衰，亦为刑书，谓之《九刑》。㉒言刑书不起于始盛之世。㉓在襄三十年。【释文】相，息亮切。洫，况域切。㉔作丘赋在四年。【释文】谤，布浪切。㉕制参辟，谓用三代之末法。【释文】参，七南切，一音三。㉖《诗·颂》，言文王以德为仪式，故能日有安靖四方之功。刑，法也。【释文】靖，音静。㉗《诗·大雅》，言文王作仪法为天下所信。孚，信也。㉘言《诗》唯以德与信，不以刑也。㉙以刑书为征。㉚锥刀末，喻小事。【释文】锥，音佳。尽，如字。㉛数改法。【释文】数，所角切。㉜复，报也。㉝以见箴戒为惠。【释文】箴，之林切。

士文伯曰："火见，郑其火乎①！火未出而作火以铸刑器②，藏争辟焉。火如象之，不火何为③？"

①火，心星也。周五月昏见。【释文】见，贤遍切。②刑器，鼎也。③象，类也。同气相求，火未出而用火，相感而致灾。

夏，季孙宿如晋，拜莒田也①。晋侯享之，有加笾②。武子退，使行人告曰："小国之事大国也，苟免于讨，不敢求贶③。得贶不过三献④。今豆有加，下臣弗堪，无乃戾也⑤。"韩宣子曰："寡君以为欢也⑥。"对曰："寡君犹未敢⑦，况下臣，君之隶也，敢闻加贶？"固请彻加而后卒事。晋人以为知礼，重其好货⑧。

①谢前年受牟夷邑不见讨。②笾豆之数.加于常礼。③贶，赐也。【释文】贶，音况。④《周礼》：大夫三献。⑤惧以不堪为罪。⑥以加礼致欢心。【释文】欢，音欢。⑦未敢当此加也。⑧宴好之货。【释文】好，呼报切。

宋寺人柳有宠①，大子佐恶之。华合比曰："我杀之②。"柳闻之，乃坎、用牲、埋书③，而告公曰："合比将纳亡人之族④，既盟于北郭矣。"公使视之，有焉，遂逐华合比。合比奔卫。于是华亥欲代右师⑤，乃与寺人柳比，从为之征，曰："闻之久矣⑥。"公使代之⑦。见于左师⑧，左师曰："女夫也必亡⑨！女丧而宗室，于人何有？人亦于女何有⑩？《诗》曰：'宗子维城，毋俾城坏，毋独斯畏⑪。'女其畏哉⑫！"

①有宠于平公。【释文】寺，本又作"侍"。柳，良九切，寺人名。②故以求媚大子。【释文】恶，乌路切。③诈为盟处。【释文】处，昌虑切。④亡人，华臣也。襄十七年奔卫。⑤亥，合比弟。欲得合比处。⑥闻合比欲纳华臣。【释文】比，毗志切。⑦代合比为右师。⑧左师，向戌。【释文】见，贤遍切，又如字。⑨夫，谓华亥。【释文】女，音汝，下并注同。夫，方于切。⑩言人亦不能爱女。【释文】丧，息浪切。⑪《诗·大雅》，言宗子之固若城。俾，使也。【释文】俾，必尔切。⑫为二十年华亥出奔传。

六月丙戌，郑灾①。

①终士文伯之言。

楚公子弃疾如晋，报韩子也①。过郑，郑罕虎、公孙侨、游吉从郑伯以劳诸柤。辞不敢见②。固请见之。见，如见王③，以其乘马八匹私面④。见子皮如上卿⑤，以马六匹。见子产，以马四匹。见子大叔，以马二匹⑥。禁刍牧采樵，不入田⑦，不樵树，不采艺⑧，不抽屋，不强匄。誓曰："有犯命者，君子废，小人降⑨。"舍不为暴，主不恩宾⑩。往来如是。郑三卿皆知其将为王也⑪。

①报前年送女。②不敢当国之劳。柤，郑地。【释文】过，古卧切，又古禾切。从，才用切，或如字。劳，力报切，下同。柤，侧加切。见，贤遍切，下"见王"、注"见郑"、"见

王"、"私见"同。③见郑伯如见楚王。言弃疾共而有礼。④私见郑伯。【释文】乘，绳证切。⑤如见楚卿。⑥降杀以两。【释文】杀，所界切。⑦不犯田种。【释文】刍，初俱切。樵，似遥切。⑧艺，种也。⑨君子则废黜不得居位，小人则退给下剧也。【释文】抽，敕留切。强，其丈切，又其良切。匄，本或作"丐"，音盖，乞也，《说文》作"匃"，逯安说"亡人为匄"。黜，敕律切。⑩恩，患也。【释文】恩，户困切。⑪三卿：罕虎、公孙侨、游吉。

韩宣子之适楚也，楚人弗逆。公子弃疾及晋竟，晋侯将亦弗逆。叔向曰："楚辟我衷①，若何效辟？《诗》曰：'尔之教矣，民胥效矣②。'从我而已，焉用效人之辟？《书》曰：'圣作则③。'无宁以善人为则④，而则人之辟乎？匹夫为善，民犹则之，况国君乎？"晋侯说，乃逆之⑤。

①辟，邪也。衷，正也。【释文】竟，音境。辟，匹亦切，下同。衷，音忠。邪，似嗟切。②《诗·小雅》，言上教下效。【释文】效，户孝切。③逸《书》。则，法也。【释文】焉，於虔切。④无宁，宁也。⑤传言叔向知礼。【释文】说，音悦。

秋九月，大雩，旱也。

徐仪楚聘于楚①。楚子执之，逃归。惧其叛也，使薳洩伐徐②。吴人救之。令尹子荡帅师伐吴，师于豫章，而次于乾谿③。吴人败其师于房钟④，获宫厩尹弃疾⑤。子荡归罪于薳洩而杀之⑥。

①仪楚，徐大夫。②薳洩，楚大夫。【释文】洩，息列切。③乾谿，在谯国城父县南东竟。【释文】谿，苦兮切。父，音甫。④房钟，吴地。⑤鬥韦龟之父。【释文】厩，九又切。⑥归罪于薳洩。不以败告，故不书。

冬，叔弓如楚聘，且吊败也①。

①吊为吴所败。

十一月，齐侯如晋，请伐北燕也①。士匄相士鞅，逆诸河，礼也②。晋侯许之。十二月，齐侯遂伐北燕，将纳简公③。晏子曰："不入。燕有君矣，民不贰。吾君贿，左右谄谀，作大事不以信，未尝可也④。"

①告盟主。②士匄，晋大夫。相为介，得敬逆来者之礼。【释文】匄，古害切，本或作"丐"。相，息亮切。鞅，於丈切。今传本皆作"士匄相士鞅"，古本士匄或作"王正"。董遇、王肃本同。学者皆以士匄是范宣子，即士鞅之父，不应取其父同姓名人以为介，今传本误也，依"王正"为是。王元规云：古人质，口不言之耳，何妨为介也。案，士文伯是士鞅之族，亦名匄，无妨。今相范鞅，即文伯也。然士文伯名，古本或有作"正"者。解见前卷。

昭公七年

【经】

七年春,王正月,暨齐平①。

三月,公如楚。叔孙婼如齐莅盟②。

夏四月甲辰朔,日有食之。

秋八月戊辰,卫侯恶卒③。

九月,公至自楚。

冬十有一月癸未,季孙宿卒。

十有二月癸亥,葬卫襄公。

①暨,与也。燕与齐平。前年冬,齐伐燕,间无异事,故不重言燕,从可知。【释文】暨,其器切,传同。重,直用切。②无传。公将远适楚,故叔孙如齐寻旧好。【释文】婼,敕略切,徐音释。好,呼报切。③元年,大夫盟于虢。

【传】

七年春,王正月,暨齐平,齐求之也①。癸巳,齐侯次于虢②。燕人行成,曰:"敝邑知罪,敢不听命?先君之敝器,请以谢罪③。"公孙皙曰:"受服而退,俟衅而动,可也④。"二月戊午,盟于濡上⑤。燕人归燕姬⑥,赂以瑶罋、玉椟、斝耳,不克而还⑦。

①齐伐燕,燕人赂之,反从求平,如晏子言。②虢,燕竟。【释文】虢,瓜百切。竟,音境。③敝器,瑶罋、玉椟之属。【释文】瑶,音遥。罋,乌送切,徐於容切。椟,徒木切。④皙,齐大夫。【释文】皙,星历切,徐思益切。衅,许觐切。⑤濡水出高阳县,东北至河间鄚县入易水。【释文】濡,徐音须,《说文》女于切,一音而又切,又而于切。鄚,音莫,本又作"莫"。⑥嫁女与齐侯。⑦瑶,玉也。椟,匮也。斝耳,玉爵。【释文】斝,古雅切,又音嫁,《礼记》:夏曰盏,殷曰斝,周曰爵。《说文》斝从斗。匮,其位切。

楚子之为令尹也,为王旌以田①。芋尹无宇断之,曰:"一国两君,其谁堪之?"及即位,为章华之宫,纳亡人以实之②。无宇之阍入焉③。无宇执之,有司弗与④,曰:"执人于王宫,其罪大矣。"执而谒诸王⑤。王将饮酒⑥,无宇辞曰:"天子经略⑦,诸侯正封⑧,古之制也。封略之内,何非君土?食土之毛,谁非君臣⑨?故《诗》曰:'普天之下,莫非王土。率土之滨,莫非王臣⑩。'天有十日⑪,人有十等⑫,下所以事上,上所以共神也。故王臣公,公臣大夫,大夫臣士,士臣皂,皂臣舆,舆臣隶,隶臣僚,僚臣仆,仆臣台,马有圉,牛有牧⑬,以待百事。今有司曰:'女胡执人于王宫?'将焉执之?周文王之法曰'有亡,荒阅⑭,'所以得天下也。吾先君文王⑮,作《仆区》之法⑯,曰'盗所隐器⑰,与盗同罪',所以封汝也⑱。若从有司,是无所执逃臣也。逃而舍之,是无陪台也⑲。王事无乃阙乎?昔武王数纣之罪,以告诸侯曰'纣为天下逋逃主,萃渊薮⑳',故夫致死焉㉑。君王始求诸侯而则纣,无乃不可乎?若以二文之法取之,盗有所在矣㉒。"王曰:"取而臣以往㉓,盗有宠,未可得也㉔。"遂赦之㉕。

①析羽为旌。王旌游至于轸。【释文】旌,音精。晳,星历切。游,音留。轸,之忍切。②章台,南郡华容县。【释文】芊,于付切。断,音短。③有罪亡入章华宫。④王有司也。⑤执无宇也。⑥遇其欢也。⑦经营天下,略有四海,故曰经略。⑧封疆有定分。【释文】疆,居良切。分,扶问切。⑨毛,草也。⑩《诗·小雅》。滨,涯也。【释文】普,本或作"溥",音同,毛传云:大也。滨,音宾。涯,五佳切。⑪甲至癸。⑫王至台。⑬养马曰圉,养牛曰牧。【释文】共,音恭。圉,鱼吕切。⑭荒,大也。阅,蒐也。有亡人当大蒐其众。【释文】女,音汝。焉,於虔切。阅,音悦。蒐,所求切。⑮楚文王。⑯《仆区》,刑书名。【释文】区,乌侯切,徐如字。服云:仆,隐也;区,匿也。为隐匿亡人之法也。⑰隐盗所得器。⑱行善法,故能启疆北至汝水。⑲言皆将逃。⑳萃,集也。天下逋逃悉以纣为渊薮,集而归之。【释文】数,色具切,又色主切。逋,布吴切。萃,在醉切。薮,素口切。㉑人欲致死讨纣。【释文】夫,音扶,又方于切。㉒言王亦为盗。㉓往,去也。㉔盗有宠,王自谓。为葬灵王张本。㉕赦无宇。

楚子成章华之台,愿与诸侯落之①。大宰薳启彊曰:"臣能得鲁侯。"薳启彊来召公,辞曰:"昔先君成公,命我先大夫婴齐曰:'吾不忘先君之好,将使衡父照临楚国,镇抚其社稷,以辑宁尔民。'婴齐受命于蜀②,奉承以来,弗敢失隕,而致诸宗祧③。日我先君共王,引领北望,日月以冀④。传序相授,于今四王矣⑤。嘉惠未至,唯襄公之辱临我丧⑥。孤与其二三臣,悼心失图⑦,社稷之不皇,况能怀思君德⑧!今君若步玉趾,辱见寡君⑨,宠灵楚国,以信蜀之役,致君之嘉惠,是寡君既受贶矣,何蜀之敢望⑩?其先君鬼神,实嘉赖之,岂唯寡君？君若不来，使臣请问行期①，寡君将承质币而见于蜀，以请先君之贶⑫。"

①宫室始成，祭之为落。台今在华容城内。②蜀盟在成二年。衡父，公衡。【释文】好，呼报切。辑，音集，又七入切。③言奉成公此语，以告宗庙。【释文】陨，于敏切。桃，他洞切。④冀鲁朝。【释文】共，音恭。⑤四王：共、康、郏敖及灵王。【释文】传，直专切。郏，古洽切。⑥襄公二十八年，如楚临康王丧。⑦在哀丧故。⑧皇，暇也。言有大丧，多不暇。⑨趾，足也。⑩言但欲使君来，不敢望如蜀复有质子。【释文】复，扶又切。质，音致，又如字。⑪问鲁见伐之期。【释文】使，所吏切。⑫请，问也。【释文】质，音至，徐之二切，又如字。见，贤遍切。

公将往，梦襄公祖①。梓慎曰："君不果行。襄公之适楚也，梦周公祖而行。今襄公实祖，君其不行。"子服惠伯曰："行。先君未尝适楚，故周公祖以道之。襄公适楚矣，而祖以道君。不行，何之？"

三月，公如楚，郑伯劳于师之梁②。孟僖子为介，不能相仪③。及楚，不能答郊劳④。

①祖，祭道神。②郑城门。【释文】道，音导。劳，力报切。③僖子，仲孙貜。【释文】介，音界。相，息亮切。貜，俱缚切，又俱碧切。④为下僖子病不能相礼张本。

夏四月甲辰朔，日有食之。晋侯问于士文伯曰："谁将当日食？"对曰："鲁、卫恶之①，卫大鲁小。"公曰："何故？"对曰："去卫地，如鲁地②，于是有灾，鲁实受之③。其大咎，其卫君乎，鲁将上卿④。"公曰："《诗》所谓'彼日而食，于何不臧，'者，何也⑤？"对曰："不善政之谓也。国无政，不用善，则自取谪于日月之灾⑥。故政不可不慎也。务三而已，一曰择人⑦，二曰因民⑧，三曰从时⑨。"

①受其凶恶。【释文】恶，如字，或乌路切，非也。②卫地，豕韦也。鲁地，降娄也。日食于豕韦之末，及降娄之始乃息，故祸在卫大，在鲁小也。周四月，今二月，故日在降娄。【释文】降，户江切。③灾发于卫，而鲁受其余祸。④八月卫侯卒，十一月季孙宿卒。【释文】咎，其九切。⑤感日食而问《诗》。⑥谪，谴也。【释文】谪，直革切。谴，遣战切。⑦择贤人。⑧因民所利而利之。⑨顺四时之所务。

晋人来治杞田①，季孙将以成与之②。谢息为孟孙守，不可③。曰："人有言曰：'虽有挈瓶之知，守不假器，礼也④。'夫子从君，而守臣丧邑⑤，虽吾子亦有猜焉⑥。"季孙曰："君之在楚，于晋罪也⑦。又不听晋，鲁罪重矣。晋师必至，吾无以待之，不如与之，间晋而取诸杞⑧。吾与子桃⑨，成反，谁敢有之？是得二成也。鲁无忧而孟孙益邑，子何病焉？"辞以无山，与之莱、柞⑩，乃迁于桃⑪。晋人为杞取成⑫。

①前（汝）[女]叔侯不尽归，今公适楚，晋人恨，故复来治杞田。【释文】复，扶又切，下"复伐"同。②成，孟氏邑，本杞田。③谢息，僖子家臣。【释文】为，于伪切，下"为杞"同。守，手又切，下"守臣"同。④挈瓶，汲者。喻小知为人守器，犹知不以借人。【释文】挈，苦结切。瓶，蒲丁切。知，音智，注"小知"同。汲，音急。借，子夜切。⑤夫子，谓孟僖子，从公如楚。【释文】丧，息浪切。⑥言季孙亦将疑我不忠。【释文】猜，七才切。⑦言晋罪君之在楚。⑧侯晋间隙，可复伐杞取之。【释文】间，如字。⑨鲁国卞县东南有桃虚。【释文】虚，起居切。⑩莱、柞，二山。【释文】莱，音来。柞，子洛切，又音昨。⑪谢息迁也。⑫不书，非公命。

楚子享公于新台①，使长鬣者相②，好以大屈③。既而悔之。薳启彊闻之，见公。公语之，拜贺。公曰："何贺？"对曰："齐与晋、越欲此久矣。寡君无适与也，而传诸君，君其备御三邻④，慎守宝矣，敢不贺乎？"公惧，乃反之⑤。

①章华台也。②鬣，鬚也。欲光夸鲁侯。【释文】鬣，力辄切。相，息亮切。鬚，音须。夸，苦华切。③宴好之赐。大屈，弓名。【释文】好，呼报切，注同。屈，居勿切。大屈，弓名，服同，又云：大曲也；贾云：宝金可以为剑，出大屈地。④言齐、晋、越将伐鲁而取之。【释文】见，贤遍切。语，鱼据切。适，丁历切。传，直专切。御，鱼吕切。⑤传言楚灵不信，所以不终。

郑子产聘于晋。晋侯有疾，韩宣子逆客，私焉①，曰："寡君寝疾，于今三月矣，并走群望②，有加而无瘳。今梦黄熊入于寝门，其何厉鬼也？"对曰："以君之明，子为大政，其何厉之有？昔尧殛鲧于羽山③，其神化为黄熊，以入于羽渊，实为夏郊，三代祀之④。晋为盟主，其或者未之祀也乎⑤？"韩子祀夏郊⑥。晋侯有间⑦，赐子产莒之二方鼎⑧。

①私语。②晋所望祀山川，皆走往祈祷。【释文】祈，音其。祷，丁老切，又丁报切。③羽山在东海祝其县西南。【释文】瘳，敕留切。熊，音雄，兽名，亦作"能"，如字，一音奴。能，三足鳖也。解者云：兽非入水之物，故是鳖也。一曰，既为神，何妨是兽。案，《说文》及《字林》皆云：能，熊属，足似鹿。然则能既熊属，又为鳖类，今本作"能"者，胜也。东海人祭禹庙，不用熊白及鳖为膳，斯岂鲧化为二物乎？殛，纪力切，诛也，本又作"极"，音义同。鲧，古本切，注同。④鲧，禹父，夏家郊祭之，历殷、周二代，又通在群神之数，并见祀。【释文】夏，户雅切，并注同。⑤言周衰，晋为盟主，得佐天子祀群神。⑥祀鲧。⑦间，差也。【释文】差，初卖切。⑧方鼎，莒所贡。

子产为丰施归州田于韩宣子①，曰："日君以夫公孙段为能任其事，而赐之州田，今无禄早世，不获久享君德。其子弗敢有，不敢以闻于君，私致诸子②。"宣子辞。子产曰："古人有言曰：'其父析薪，其子弗克负荷③。'施将惧不能任其先人之禄，其况能任大国之赐？纵吾子为政而可，后之人若属有疆埸之言，敝邑获戾④，而丰氏受其大讨。吾子取州，是免敝邑于戾，而建常丰氏也。敢以为请⑤。"宣子受之，以告晋侯。晋侯以与宣子。宣子为初言，病有之⑥，以易原县于乐大心⑦。

①丰施，郑公孙段之子。三年，晋以州田赐段。【释文】为，于伪切，下"为初言"同。②此年正月，公孙段卒。【释文】夫，音扶。任，音壬，下同。③荷，担也。以微薄喻贵重。【释文】析，星历切。荷，本亦作"何"，河可切，又音河。担，丁甘切。④恐后代宣子者，将以郑取晋邑罪郑。【释文】疆，居良切。埸，音亦。⑤传言子产贞而不谅。⑥初言，谓与赵文子争州田。⑦乐大心，宋大夫。原，晋邑，以赐乐大心也。

郑人相惊以伯有，曰"伯有至矣"，则皆走，不知所往①。铸刑书之岁二月②，或梦伯有介而行③，曰："壬子，余将杀带也④。明年壬寅，余又将杀段也⑤。"及壬子，驷带卒。国人益惧。齐、燕平之月⑥壬寅，公孙段卒。国人愈惧。其明月，子产立公孙洩及良止以抚之，乃止⑦。子大叔问其故。子产曰："鬼有所归，乃不为厉，吾为之归也。"大叔曰："公孙洩何为⑧？"子产曰："说也，为身无义而图说⑨，从政有所反之，以取媚也⑩。不媚，不信⑪。不信，民不从也。"

①襄三十年，郑人杀伯有。言其鬼至。②在前年。③介，甲也。【释文】介，音界。④驷带助子皙杀伯有。壬子，六年三月三日。⑤公孙段，丰氏党。壬寅，此年正月二十八日。⑥此年正月。⑦公孙洩，子孔之子也。襄十九年，郑杀子孔。良止，伯有子也，立以为大夫，使有宗庙。【释文】洩，息列切。⑧子孔不为厉，问何为复立洩。【释文】复，扶又切。⑨伯有无义，以妖鬼故立之，恐惑民，并立洩，使若自以大义存诛绝之后者，以解说民心。【释文】说，如字，徐始锐切。⑩民不可使知之，故治政或当反道以求媚于民。【释文】治，直吏切。⑪说而后信之。【释文】说，音悦。

及子产适晋，赵景子问焉①，曰："伯有犹能为鬼乎？"子产曰："能。人生始化曰魄②，既生魄，阳曰魂③。用物精多，则魂魄强④。是以有精爽，至于神明⑤。匹夫匹妇强死，其魂魄犹能冯依于人，以为淫厉⑥。况良霄，我先君穆公之胄，子良之孙，子耳之子，敝邑之卿，从政三世矣。郑虽无腆⑦，抑谚曰蕞尔国⑧，而三世执其政柄，其用物也弘矣，其取精也多矣。其族又大，所冯厚矣⑨。而强死，能为鬼，不亦宜乎⑩？"

①景子，晋中军佐赵成。②魄，形也。【释文】魄，普白切。③阳，神气也。④物，权

势。⑤爽，明也。⑥强死，不病也。人谓匹夫匹妇贱身。【释文】强，其丈切，下同。冯，皮冰切，下同。⑦腆，厚也。【释文】腆，直又切。从政三世矣，子良公子去疾生子耳公孙辄，辄生伯有良霄，三世为郑卿。腆，他典切。⑧戢，小貌。【释文】戢，在最切。⑨良霄魂魄所冯者贵重。【释文】柄，彼命切。⑩传言子产之博敏。

子皮之族饮酒无度①，故马师氏与子皮氏有恶②。齐师还自燕之月③，罕朔杀罕魋④。罕朔奔晋。韩宣子问其位于子产⑤。子产曰："君之羁臣，苟得容以逃死，何位之敢择？卿违，从大夫之位⑥，罪人以其罪降⑦，古之制也。朔于敝邑，亚大夫也，其官，马师⑧。获戾而逃，唯执政所寘之。得免其死，为惠大矣，又敢求位？"宣子为子产之敏也，使从嬖大夫⑨。

①相尚以奢，相困以酒。②马师氏，公孙鉏之子罕朔也。襄三十年，马师颉出奔，公孙鉏代之为马师，与子皮俱同一族。【释文】鉏，仕居切。颉，户结切。③在此年二月。④魋，子皮弟。【释文】魋，徒回切。⑤问朔可使在何位。⑥谓以礼去者，降位一等。⑦罪重则降多。⑧大夫位，马师职。⑨为子产故，使降一等，不以罪降。【释文】寘，之豉切。为，于伪切，注同。嬖，必计切。

秋八月，卫襄公卒。晋大夫言于范献子曰："卫事晋为睦①，晋不礼焉，庇其贼人而取其地②，故诸侯贰。《诗》曰：'鹡鸰在原，兄弟急难③。'又曰：'死丧之威，兄弟孔怀④。'兄弟之不睦，于是乎不吊⑤，况远人，谁敢归之？今又不礼于卫之嗣⑥，卫必叛我，是绝诸侯也。"献子以告韩宣子。宣子说，使献子如卫吊，且反戚田⑦。卫齐恶告丧于周，且请命。王使成简公如卫吊⑧，且追命襄公曰："叔父陟恪，在我先王之左右，以佐事上帝⑨。余敢忘高圉、亚圉⑩？"

①睦，和也。②贼人，孙林父。其地，戚也。【释文】庇，必利切，又音秘。③《诗·小雅》。鹡鸰，雝鸰渠也。飞则鸣，行则摇。喻兄弟相救于急难，不可自舍。【释文】鹡，本又作"即"，精亦切。鸰，本又作"令"，力丁切。难，如字，又乃旦切。摇，音遥，又以照切。④威，畏也。言有死丧则兄弟宜相怀思。⑤不相吊恤。⑥嗣，新君也。⑦传言戚田所由还卫。【释文】说，音悦。还，音环。⑧简公，王卿士也。⑨陟，登也。恪，敬也。帝，天也。叔父，谓襄公。命如今之哀策。【释文】恪，苦各切。⑩二圉，周之先也。为殷诸侯，亦受殷王追命者。【释文】圉，鱼吕切。

九月，公至自楚。孟僖子病不能相礼①，乃讲学之②，苟能礼者从之。及其将死也③，召其大夫④，曰："礼，人之干也。无礼，无以立。吾闻将有达者曰孔丘⑤，圣人之后也⑥，而灭于宋⑦。其祖弗父何，以有宋而授厉公⑧。及正考父⑨佐戴、武、宣⑩，三命兹益共⑪。故其鼎铭云⑫：'一命而偻，再命而伛，三命而俯⑬。循墙而走⑭，亦莫余敢侮⑮。饘于是，鬻于是，以糊余口⑯。'其共也如是。臧孙纥有言曰⑰：'圣人有明德者，若不当世，其后必有达人⑱。'今其将在孔丘乎？我若获没⑲，必属说与何忌于夫子，使事之⑳，而学礼焉，以定其位㉑。"故孟懿子与南宫敬叔师事仲尼。仲尼曰："能补过者，君子也。《诗》曰：'君子是则是效㉒。'孟僖子可则效已矣。"

①不能相仪答郊劳，以此为己病。【释文】病不能相礼，本或作"病不能礼"。相，息亮切。劳，力报切。②讲，习也。③二十四年，孟僖子卒。传终言之。④僖子属大夫。⑤僖子卒时，孔丘年三十五。⑥圣人，殷汤。⑦孔子六代祖孔父嘉，为宋督所杀，其子奔鲁。⑧弗父何，孔父嘉之高祖，宋闵公之子，厉公之兄。何适嗣当立，以让厉公。【释文】适，丁历切。⑨弗父何之曾孙。⑩三人皆宋君。⑪三命，上卿也。言位高益共。⑫考父庙之鼎。⑬俯共于伛，伛共于偻。【释文】偻，力主切。伛，纡甫切。⑭言不敢安行。⑮其共如是，亦不敢侮慢之。【释文】侮，亡甫切。⑯于是鼎中为馆鬻。饘鬻，糊属。言至俭。【释文】饘，之然切。鬻，之六切，孙炎云：涽縻也。糊，音胡。⑰纥，武仲也。⑱圣人之后，有明德而不当大位，谓正考父。⑲得以寿终。⑳说，南宫敬叔。何忌，孟懿子。皆僖子之子。【释文】属，音烛。说，音悦。㉑知礼则位安。㉒《诗·小雅》。

单献公弃亲用羁①。冬十月辛酉，襄、顷之族杀献公而立成公②。

①献公，周卿士，单靖公之子，顷公之孙。羁，寄客也。【释文】单，音善。②襄公，顷公之父。成公，献公弟。【释文】顷，音倾。

十一月，季武子卒。晋侯谓伯瑕曰①："吾所问日食，从之，可常乎②？"对曰："不可。六物不同③，民心不壹④，事序不类⑤，官职不则⑥，同始异终，胡可常也？《诗》曰：'或燕燕居息，或憔悴事国⑦。'其异终也如是。"公曰："何谓六物？"对曰："岁、时、日、月、星、辰是谓也。"公曰："多语寡人辰，而莫同。何谓辰？"对曰："日月之会是谓辰⑧，故以配日⑨。"

①伯瑕，士文伯。②卫侯、武子皆卒故。③各异时。④政教殊。⑤有变易。⑥治官居职非一法。⑦《诗·小雅》，言不同。【释文】憔，在遥切，《诗》作"尽"。瘁，在醉切。⑧一岁日月十二会，所会谓之辰。【释文】语，鱼据切。⑨谓以子丑配甲乙。

卫襄公夫人姜氏无子①，嬖人婤姶生孟絷。孔成子梦康叔谓己："立元②，余使羁之孙圉与史苟相之③。"史朝亦梦康叔谓己："余将命而子苟与孔烝鉏之曾孙圉相元。"史朝见成子，告之梦，梦协④。晋韩宣子为政，聘于诸侯之岁⑤，婤姶生子，名之曰元。孟絷之足不良能行⑥。孔成子以《周易》筮之,曰:"元尚享卫国,主其社稷⑦。"遇《屯》䷂⑧。又曰:"余尚立絷,尚克嘉之⑨。"遇《屯》䷂之《比》䷇⑩。以示史朝。史朝曰:"元亨,又何疑焉⑪?"成子曰:"非长之谓乎⑫?"对曰:"康叔名之,可谓长矣⑬。孟非人也,将不列于宗,不可谓长⑭。且其繇曰'利建侯'⑮。嗣吉,何建?建非嗣也⑯。二卦皆云⑰,子其建之。康叔命之,二卦告之。筮袭于梦,武王所用也,弗从何为⑱?弱足者居⑲,侯主社稷,临祭祀,奉民人,事鬼神,从会朝,又焉得居?各以所利,不亦可乎⑳?"故孔成子立灵公。十二月癸亥,葬卫襄公㉑。

①姜氏,宣姜。②成子,卫卿,孔达之孙烝鉏也。元,孟絷弟,梦时元未生。【释文】婤,音周,又直周切,徐敕周切。姑,乌答切。絷,张立切。烝,之承切。③羁,烝鉏子。苟,史朝子。【释文】羁,居宜切。相,息亮切。朝,如字。④协,合也。⑤在二年。⑥跛也。【释文】跛,波我切。⑦今蓍辞。⑧《震》下《坎》上,《屯》。【释文】屯,张伦切。⑨嘉,善也。⑩《坤》下《坎》上,《比》。《屯》初九爻变。【释文】比,毗志切。⑪《周易》曰:屯,元亨。【释文】亨,许庚切。⑫言《屯》之元亨,谓年长,非谓名元。【释文】长,丁丈切。⑬善之长也。【释文】名,如字,徐武政切。⑭足跛,非全人,不可列为宗主。⑮繇,卦辞。【释文】繇,直又切。⑯嗣子有常位,故无所卜,又无所建。今以位不定,卜嗣得吉,则当从吉而建之也。【释文】吉何建,本或作"可建"。⑰谓再得《屯》卦,皆有建侯之文。⑱《外传》云:《大誓》曰:朕梦协朕卜,袭于休祥,戎商必克。此武王辞。⑲跛则偏弱,居其家,不能行。⑳孟跛利居,元吉利建。【释文】焉,於虔切。㉑灵公,元也。

昭公八年

【经】

八年春,陈侯之弟招杀陈世子偃师①。

夏四月辛丑,陈侯溺卒②。

叔弓如晋。

楚人执陈行人干徵师杀之③。

陈公子留出奔郑④。

秋,蒐于红⑤。

陈人杀其大夫公子过⑥。

大雩⑦。

冬十月壬午，楚师灭陈⑧。

执陈公子招，放之于越⑨。

杀陈孔奂⑩。

葬陈哀公⑪。

①以首恶从杀例，故称弟，又称世子。【释文】招，常遥切。②襄二十七年，大夫盟于宋。【释文】溺，乃历切。③称行人，明非行人罪。【释文】干，古丹切。④留为招所立，未成君而出奔。⑤革车千乘，不言大者，经文阙也。红，鲁地，沛国萧县西有红亭。远，疑。【释文】蒐，所求切。红，户东切。乘，绳证切。沛，音贝。⑥与招共杀偃师，书名罪之。【释文】过，古禾切。⑦无传。不旱而秋雩，过也。⑧不称将帅，不以告。壬午，月十八日。【释文】将，子匠切。帅，所类切。⑨无传。复称公子，兄已卒。【释文】复，扶又切。⑩无传。招之党，楚杀之。【释文】奂，呼乱切。⑪婪人袁克葬之。鲁往会，故书。【释文】婪，必计切。

【传】

八年春，石言于晋魏榆①。晋侯问于师旷曰："石何故言？"对曰："石不能言，或冯焉②。不然，民听滥也③。抑臣又闻之曰④：'作事不时，怨讟动于民，则有非言之物而言。'今宫室崇侈，民力凋尽⑤，怨讟并作，莫保其性⑥。石言，不亦宜乎？"于是晋侯方筑虒祁之宫⑦。叔向曰："子野之言，君子哉⑧！君子之言，信而有征，故怨远于其身⑨。小人之言，僭而无征，故怨咎及之。《诗》曰：'哀哉不能言，匪舌是出，唯躬是瘁⑩。哿矣能言，巧言如流，俾躬处休。'其是之谓乎⑪！是宫也成，诸侯必叛，君必有咎，夫子知之矣⑫。"

①魏榆，晋地。【释文】服云：魏，邑也。榆，州里名。②谓有精神冯依石而言。【释文】冯，皮冰切。③滥，失也。【释文】滥，力暂切。④抑，疑辞。⑤凋，伤也。【释文】讟，徒木切。侈，昌氏切，又尺氏切。⑥性，命也。民不敢自保其性命。⑦虒祁，地名，在绛西四十里，临汾水。【释文】虒，音斯。祁，巨之切，又臣之切。汾，扶云切。⑧子野，师旷字。⑨怨咎远其身也。【释文】远，于万切。咎，其九切。⑩《诗·小雅》也。不能言，谓不知言理，以僭言见退者，其言非不从舌出，以僭而无信，自取瘁病，故哀之。【释文】僭，子念切。出，如字，又尺遂切。瘁，在醉切。⑪哿，嘉也。巧言如流，谓非正言而顺叙，以听言

见答者。言其可嘉,以信而有征,自取安逸。师旷此言,缘问流转,终归于谏,故以比巧言如流也。当叔向时,诗义如此,故与今说诗者小异。【释文】哿,古可切,《毛诗》传云:可也。俾,必尔切,本又作"卑"。休,许纠切,美也。⑫(谓)[为]十年晋侯彪卒传。

陈哀公元妃郑姬,生悼大子偃师①,二妃生公子留,下妃生公子胜。二妃嬖,留有宠,属诸司徒招与公子过②。哀公有废疾。三月甲申,公子招、公子过杀悼大子偃师,而立公子留。夏四月辛亥,哀公缢③。干徵师赴于楚④,且告有立,公子胜诉之于楚⑤,楚人执而杀之⑥。公子留奔郑。书曰"陈侯之弟招杀陈世子偃师",罪在招也;"楚人执陈行人干徵师杀之",罪不在行人也⑦。

①元妃,嫡夫人也。【释文】嫡,本又作"適",丁历切。②招及过皆哀公弟也。【释文】胜,升证切,又音升。属,音烛。③忧恚自杀。经书辛丑,从赴。【释文】废,甫肺切。缢,一豉切。恚,一睡切。④干徵师,陈大夫。⑤以招、过杀偃师告诉也。⑥杀干徵师。⑦疑为招赴楚,当同罪,故重发之。【释文】为,于伪切,下"为子"、"为之"同。重,直用切。

叔弓如晋,贺虒祁也①。游吉相郑伯以如晋,亦贺虒祁也。史赵见子大叔,曰:"甚哉,其相蒙也②!可吊也,而又贺之!"子大叔曰:"若何吊也?其非唯我贺,将天下实贺③。"

①贺宫成。②蒙,欺也。【释文】相,息亮切,下"而相"同。③言诸侯畏晋,非独郑。【释文】若何吊也,本或作"若可吊也"。

秋,大蒐于红,自根牟至于商、卫,革车千乘①。

①大蒐,数军实、简车马也。根牟,鲁东界,琅邪阳都县有牟乡。商,宋地,鲁西境接宋、卫也。言千乘,明大蒐,且见鲁众之大数也。【释文】乘,绳证切。数,色主切。见,贤遍切,下同。

七月甲戌,齐子尾卒,子旗欲治其室①。丁丑,杀梁婴②。八月庚戌,逐子成、子工、子车③,皆来奔④,而立子良氏之宰⑤。其臣曰:"孺子长矣⑥,而相吾室,欲兼我也⑦。"授甲,将攻之。陈桓子善于子尾,亦授甲,将助之。或告子旗,子旗不信。则数人告。将往,又数人告于道,遂如陈氏。桓子将出矣,闻之而还⑧,游服而逆之⑨,请命⑩。对曰:"闻强氏授甲将攻子,子闻诸?"曰:"弗闻。""子盍亦授甲?无宇请从⑪。"子旗曰:"子胡然?彼孺子也,吾诲之犹惧其不济,吾又宠秩之⑫。其若先人何?子盍谓之⑬?《周书》曰:'惠不惠,茂不茂⑭。'康叔所以服弘大也⑮。"桓子稽颡曰:"顷、灵福子⑯,吾犹有望⑰。"遂和之如初⑱。

①子旗，栾施也。欲并治子尾之家政。②梁婴，子尾家宰。③三子，齐大夫，子尾之属。子成，顷公子固也。子工，成之弟铸也。子车，顷公之孙捷也。【释文】顷，音倾，下同。铸，之树切。捷，在接切。④不书，非卿。⑤子良，子尾之子高彊也。子旗为子良立宰。⑥孺子谓子良。【释文】孺，而树切，本亦作"孺"。长，丁丈切。⑦兼，并也。⑧闻子旗至。【释文】数，色主切，下同。⑨去戎备，著常游戏之服。【释文】去，起吕切。著，张略切。⑩问桓子所至。⑪无宇，桓子名。【释文】盍，胡腊切。从，才用切。⑫请为之立宰。⑬谓之使无攻我。⑭《周书·康诰》也。言当施惠于不惠者，劝勉于不勉者。茂，勉也。⑮服，行也。⑯顷公、灵公，栾氏所事之君。【释文】稽，音启。颡，素党切。⑰望子旗惠及己。⑱和栾、高二家。

陈公子招归罪于公子过而杀之①。九月，楚公子弃疾帅师奉孙吴围陈②，宋戴恶会之③。冬十一月壬午，灭陈④。舆嬖袁克，杀马毁玉以葬⑤。楚人将杀之，请寘之⑥。既又请私⑦，私于幄，加绖于颡而逃⑧。使穿封戌为陈公⑨，曰："城麇之役，不谄⑩。"侍饮酒于王。王曰："城麇之役，女知寡人之及此，女其辟寡人乎⑪？"对曰："若知君之及此，臣必致死礼，以息楚国⑫。"晋侯问于史赵曰："陈其遂亡乎？"对曰："未也。"公曰："何故？"对曰："陈，颛顼之族也⑬。岁在鹑火，是以卒灭，陈将如之⑭。今在析木之津，犹将复由⑮。且陈氏得政于齐，而后陈卒亡⑯。自幕至于瞽瞍，无违命⑰。舜重之以明德，置德于遂⑱，遂世守之。及胡公不淫，故周赐之姓，使祀虞帝⑲。臣闻盛德必百世祀，虞之世数未也。继守将在齐，其兆既存矣⑳。"

①言招所以不死而得放。②孙吴，悼大子偃师之子惠公。③戴恶，宋大夫。④壬午，十月十八日。传言十一月误。⑤舆，众也。袁克，嬖人之贵者，欲以非礼厚葬哀公。⑥寘马、玉。【释文】寘，之豉切。⑦私尽君臣恩。⑧幄，帐也。逃不欲为楚臣。【释文】幄，於角切。绖，直结切。⑨戌，楚大夫。灭陈为县，使戌为县公。【释文】穿，音川。戌，音恤。⑩城麇役在襄二十六年。戌与灵王争皇颉。【释文】麇，九伦切。谄，敕检切。颉，户结切。⑪及此，谓为王。【释文】女，音汝，下同。⑫息，宁静也。⑬陈祖舜，舜出颛顼。【释文】颛，音专。顼，许玉切。⑭颛顼氏以岁在鹑火而灭，火盛而水灭。【释文】鹑，市春切。⑮箕斗之间有天汉，故谓之析木之津。由，用也。【释文】析，星历切。复，扶又切，一音服。⑯物莫能两盛。⑰幕，舜之先。瞽瞍，舜父。从幕至瞽瞍间无违天命废绝者。【释文】幕，音莫。瞽，音古。瞍，素口切。⑱遂，舜后。盖殷之兴，存舜之后而封遂。言舜德乃至于遂。【释文】重，直用切。⑲胡公满，遂之后也，事周武王，赐姓曰妫，封诸陈，绍舜

后。【释文】妫,九危切。⑳言陈氏兴盛于齐,形兆已见。【释文】见,贤遍切。

昭公九年

【经】

九年春,叔弓会楚子于陈①。

许迁于夷②。

夏四月,陈灾③。

秋,仲孙貜如齐④。

冬,筑郎囿⑤。

①以事往,非行会礼。②许畏郑欲迁,故以自迁为文。③天火曰灾。陈既已灭,降为楚县,而书陈灾者,犹晋之梁山、沙鹿崩,不书晋,灾言系于所灾所害,故以所在为名。④【释文】貜,俱缚切,徐俱碧切。⑤【释文】囿,音又,苑也,于郎地筑苑,旧于目切。

【传】

九年春,叔弓、宋华亥、郑游吉、卫赵黡会楚子于陈①。

①楚子在陈,故四国大夫往,非盟主所招,不行会礼,故不总书。【释文】黡,於减切。

二月庚申,楚公子弃疾迁许于夷,实城父①,取州来淮北之田以益之②。伍举授许男田。然丹迁城父人于陈,以夷濮西田益之③。迁方城外人于许④。

①此时改城父为夷,故传实之。城父县属谯郡。②益许田。③以夷田在濮水西者与城父人。【释文】濮,音卜。④成十五年,许迁于叶,因谓之许。今许迁于夷,故以方城外人实其处。传言灵王使民不安。【释文】叶,始涉切。处,昌虑切。

周甘人与晋阎嘉争阎田①。晋梁丙、张趯率阴戎伐颍②。王使詹桓伯辞于晋③,曰:“我自夏以后稷、魏、骀、芮、岐、毕,吾西土也④。及武王克商,蒲姑、商奄,吾东土也⑤。巴、濮、楚、邓,吾南土也。肃慎、燕、亳,吾北土也⑥。吾何迩封之有⑦?文、武、成、康之建母弟,以蕃屏周,亦其废队是为⑧,岂如弁髦而因以敝之⑨?先王居梼杌于四裔,以御螭魅⑩,故允姓之奸,居于瓜州⑪。伯父惠公归自秦,而诱以来⑫,使偪我诸姬,入我郊甸,则戎焉取之⑬。戎有中国,谁之咎也⑭?后稷封殖天下,今戎制之,不亦难乎⑮?伯父图之。

我在伯父，犹衣服之有冠冕，木水之有本原，民人之有谋主也⑯。伯父若裂冠毁冕，拔本塞原，专弃谋主，虽戎狄其何有余一人⑰？"

①甘人，甘大夫襄也。阎嘉，晋阎县大夫。【释文】阎，以廉切。②阴戎，陆浑之戎。颖，周邑。【释文】趰，他历切。③辞，责让之。桓伯，周大夫。【释文】詹，之廉切。④在夏世以后稷功受此五国，为西土之长。骀在始平武功县所治厘城，岐在扶风美阳县西北。【释文】夏，户雅切。骀，他来切，依字应作"邰"。芮，如锐切。岐，其宜切。长，丁丈切，下"师长"同。治，直吏切。厘，本又作"斄"，他来切，又音来，又力之切。⑤乐安博昌县北有蒲姑城。【释文】蒲，如字，一音薄。奄，於俭切。乐，音洛。⑥肃慎，北夷，在玄菟北三千余里。【释文】巴，必加切。燕，於贤切。亳，步各切。⑦迩，近也。⑧为后世废队，兄弟之国当救济之。【释文】蕃，方元切。屏，必井切。队，直类切。为，于伪切。⑨童子垂髦始冠，必三加冠，成礼而弃其始冠，故言弁髦因以敝之。【释文】弁，皮彦切，本又作"卞"。髦，音毛。冠，古乱切。⑩言梼杌，略举四凶之一。下言四裔，则三苗在其中。【释文】梼，徒刀切。杌，五忽切。裔，以制切。御，鱼吕切。螭，敕知切。魅，本又作"彪"，武冀切。⑪允姓，阴戎之祖，与三苗俱放三危者。瓜州，今敦煌。【释文】瓜，古华切。敦，都门切。煌，音皇。⑫僖十五年，晋惠公自秦归。二十二年，秦、晋迁陆浑之戎于伊川。⑬邑外为郊，郊外为甸。言戎取周郊甸之地。【释文】偪，彼力切。甸，徒遍切。焉，於虔切，又如字。⑭咎在晋。【释文】咎，其九切。⑮后稷修封疆，殖五谷，今戎得之，唯以畜牧。【释文】殖，时力切。疆，居良切。畜，许又切，又许六切。牧，音目，又音茂。⑯民人谋主，宗族之师长。⑰伯父犹然，则虽戎秋，无所可责。晋率阴戎伐周邑，故云然。

叔向谓宣子曰："文之伯也，岂能改物①？翼戴天子而加之以共②。自文以来，世有衰德而暴灭宗周③，以宣示其侈，诸侯之贰，不亦宜乎？且王辞直，子其图之。"宣子说。王有姻丧④，使赵成如周吊，且致阎田与襚⑤，反颖俘。王亦使宾滑执甘大夫襄以说于晋，晋人礼而归之⑥。

①言文公虽伯，未能改正朔、易服色。【释文】伯，如字，又音霸。②翼，佐也。③宗周，天子。④外亲之丧。【释文】说，音悦。⑤襚，送死衣。【释文】襚，音遂。⑥宾滑，周大夫。【释文】俘，芳夫切。滑，乎八切，又于八切。说，如字，又音悦。

夏四月，陈灾。郑裨灶曰："五年，陈将复封。封五十二年而遂亡。"子产问其故，对曰："陈，水属也①，火，水妃也②，而楚所相也③。今火出而火陈④，逐楚而建陈也⑤。妃以五成，故曰五年⑥。岁五及鹑火，而后陈卒亡，楚克有之，天之道也，故曰五十二年⑦。"

①陈,颛顼之后,故为水属。【释文】复,扶又切,下注"复封"同。②火畏水,故为之妃。【释文】妃,芳非切,又音配。③相,治也。楚之先祝融,为高辛氏火正,主治火事。【释文】相,息亮切,注同。④火,心星也。火出,于周为五月,而以四月出者,以《长历》推,前年误置闰。⑤水得妃而兴,陈兴则楚衰,故曰逐楚而建陈。⑥妃,合也。五行各相妃合,得五而成,故五岁而陈复封。为十三年陈侯吴归于陈传。【释文】妃,音配,注同。⑦是岁岁在星纪,五岁及大梁,而陈复封。自大梁四岁而及鹑火,后四周四十八岁凡五及鹑火,五十二年。天数以五为纪,故五及鹑火,火盛水衰。

晋荀盈如齐逆女①,还,六月,卒于戏阳②。殡于绛,未葬。晋侯饮酒,乐。膳宰屠蒯趋入,请佐公使尊③,许之④。而遂酳以饮工⑤,曰:"女为君耳,将司聪也⑥。辰在子卯,谓之疾日⑦。君彻宴乐,学人舍业,为疾故也。君之卿佐,是谓股肱。股肱或亏,何痛如之⑧?女弗闻而乐,是不聪也⑨。"又饮外嬖嬖叔曰⑩:"女为君目,将司明也⑪。服以旌礼⑫,礼以行事⑬,事有其物⑭,物有其容⑮。今君之容,非其物也⑯,而女不见。是不明也。"亦自饮也,曰:"味以行气,气以实志⑰,志以定言⑱,言以出令。臣实司味,二御失官,而君弗命,臣之罪也⑲。"公说,彻酒。初,公欲废知氏而立其外嬖,为是惎而止。秋八月,使荀跞佐下军以说焉⑳。

①自为逆。【释文】为,于伪切。②魏郡内黄县北有戏阳城。【释文】戏,许宜切。③公之使人执尊酌酒,请为之佐。【释文】乐,音洛。屠,音徒,《礼记》作"杜"。蒯,苦怪切。使,如字,亦所吏切。④公许之。⑤工,乐师师旷也。【释文】饮,於鸩切,下"又饮"同。⑥乐所以聪耳。【释文】女,音汝,下同。⑦疾,恶也。纣以甲子丧,桀以乙卯亡,故国君以为忌日。【释文】丧,息浪切。⑧言痛疾过于忌日。【释文】舍,音捨。为,于伪切,下"为是"同。⑨不闻是义而作乐。⑩外都大夫之嬖者。⑪职在外,故主社。⑫旌,表也。⑬事,政令。⑭物,类也。⑮容,貌也。⑯有卿佐之丧而作乐欢会,故曰非其物。⑰气和则志充。⑱在心为志,发口为言。⑲工与嬖叔,时御君者。失官,不聪明。⑳跞,荀盈之子知文子也。佐下军,代父也。说,自解说。【释文】公说,音悦。知,音智,下同。惎,七全切。跞,本又作"栎",力狄切,徐音洛。

孟僖子如齐殷聘,礼也①。

①自叔老聘齐至今二十年,礼意久旷,今修盛聘,以无忘旧好,故曰礼。【释文】好,呼报切。

冬,筑郎囿,书,时也。季平子欲其速成也,叔孙昭子曰:"《诗》曰:'经始勿亟,庶民子来①．'焉用速成？其以剿民也②？无圉犹可，无民其可乎？"

①《诗·大雅》，言文王始经营灵台，非急疾之，众民自以子义来，劝乐为之。【释文】亟，纪力切。乐，如字，又五教切，一音洛。②剿，（荧）［劳］也。【释文】焉，於虔切。剿，初交切，又子小切。

昭公十年

【经】

十年春，王正月。

夏，齐栾施来奔①。

秋七月，季孙意如、叔弓、仲孙貜帅师伐莒②。

戊子，晋侯彪卒③。

九月，叔孙婼如晋，葬晋平公④。

十有二月甲子，宋公成卒⑤。

①耆酒好内，以取败亡，故书名。【释文】耆，市志切，传同。好，呼报切。②三大夫皆卿，故书之。季孙为主，二子从之。③五同盟。【释文】彪，彼虬切。④三月而葬，速。⑤十一同盟也。无冬，史阙文。【释文】成，音城，何休音恤。

【传】

十年春，王正月，有星出于婺女①。郑裨灶言于子产曰："七月戊子，晋君将死。今兹岁在颛顼之虚②，姜氏、任氏实守其地③。居其维首，而有妖星焉，告邑姜也④。邑姜，晋之妣也。天以七纪⑤。戊子，逢公以登，星斯于是乎出⑥。吾是以讥之⑦。"

①客星也。不书，非孛。【释文】婺，武付切。孛，蒲对切。②岁，岁星也。颛顼之虚谓玄枵。【释文】裨，婢支切。虚，起鱼切。枵，许骄切。③姜，齐姓。任，薛姓。齐、薛二国守玄枵之地。【释文】任，音壬。④客星居玄枵之维首。邑姜，齐大公女，晋唐叔之母。星占，婺女为既嫁之女，织女为处女。邑姜，齐之既嫁女，妖星在婺女，齐得岁，故知祸归邑姜。【释文】大，音泰。⑤二十八宿，面七。【释文】妣，必履切。宿，音秀。⑥逢公，殷诸侯居齐地者。逢公将死，妖星出婺女，时非岁星所在，故齐自当祸，而以戊子日卒。

⑦为晋侯彪卒传。

齐惠栾、高氏皆耆酒①，信内多怨②，强于陈、鲍氏而恶之③。夏，有告陈桓子曰："子旗、子良将攻陈、鲍。"亦告鲍氏。桓子授甲而如鲍氏，遭子良醉而骋④，遂见文子⑤，则亦授甲矣。使视二子⑥，则皆从饮酒。桓子曰："彼虽不信⑦，闻我授甲，则必逐我。及其饮酒也，先伐诸?"陈、鲍方睦，遂伐栾、高氏。子良曰："先得公，陈、鲍焉往⑧?"遂伐虎门⑨。

黑陶香炉（春秋）

①栾、高二族，皆出惠公。②说妇人言，故多怨。【释文】说，音悦。③恶陈、鲍。【释文】恶，乌路切。④欲及子良醉，故骋告鲍文子。【释文】骋，敕领切。⑤文子，鲍国。⑥二子：子旗、子良。⑦彼，传言者。【释文】传，直专切。⑧欲人公自辅助。【释文】先伐诸，一本无"伐"字。焉，於虔切。⑨欲入，公不听，故伐公门。

晏平仲端委立于虎门之外①，四族召之，无所往②。其徒曰："助陈、鲍乎?"曰："何善焉③?""助栾、高乎?"曰："庸愈乎④?""然则归乎?"曰："公伐焉归?"公召之而后入。公卜使王黑以灵姑銔率，吉，请断三尺焉而用之⑤。五月庚辰，战于稷⑥，栾、高败，又败诸庄⑦。国人追之，又败诸鹿门⑧。栾施、高彊来奔⑨。陈、鲍分其室。

①端委，朝服。②四族：栾、高、陈、鲍。③言无善义可助。④罪恶不差于陈、鲍。【释文】差，初卖切。⑤王黑，齐大夫。灵姑銔，公旗名。断三尺，不敢与君同。【释文】銔，扶眉切，又音丕。率，所律切，徐所类切。断，丁管切。⑥稷，祀后稷之处。稷，地名，六国时齐有稷下馆。【释文】处，昌虑切。⑦庄，六轨之道。⑧鹿门，齐城门。⑨高彊不书，非卿。

晏子谓桓子："必致诸公。让，德之主也，让之谓懿德。凡有血气，皆有争心，故利不可强①，思义为愈。义，利之本也，蕴利生孽②。姑使无蕴乎，可以滋长。"桓子尽致诸公，而请老于莒③。

①不可强取。【释文】争，争斗之争。强，其丈切。②蕴，畜也。孽，妖害也。【释文】蕴，纤粉切。孽，鱼列切。畜，敕六切。③莒，齐邑。【释文】长，丁丈切。

桓子召子山①，私具幄幕、器用、从者之衣屦②，而反棘焉③。子商亦如之，而反其邑。子周亦如之，而与之夫于④。反子城、子公、公孙捷⑤，而皆益其禄。凡公子、公孙之无禄者，私分之邑⑥。国之贫约孤寡者，私与之粟。曰："《诗》云'陈锡载周'，能施也⑦桓公是以霸⑧。"公与桓子莒之旁邑，辞⑨。穆孟姬为之请高唐，陈氏始大⑩。

①子山、子商、子周，襄三十一年子尾所逐群公子。②私具，不告公。【释文】幄，於角切。幕，音莫。从，才用切。屦，九具切。③棘，子山故邑，齐国西安县东有戟里亭。④子周本无邑，故更与之，济南于陵县西北有于亭。⑤三子，八年子旗所逐。⑥桓子以己邑分之。⑦《诗·大雅》，言文王能布陈大利以赐天下，行之周徧。【释文】载，如字，《诗》作"哉"。毛云：哉，载也；郑云：始也。施，始豉切，下注同。徧，音遍。⑧齐桓公亦能施以致霸。⑨让不受。⑩穆孟姬，景公母。传言陈氏所以兴。【释文】为，于伪切。

秋七月，平子伐莒取郠①，献俘，始用人于亳社②。臧武仲在齐，闻之，曰："周公其不飨鲁祭乎！周公飨义，鲁无义。《诗》曰：'德音孔昭，视民不佻③。'佻之谓甚矣，而壹用之，将谁福哉④？"

①郠，莒地。取郠不书，公见讨于平丘，鲁讳之。【释文】郠，古杏切。②以人祭殷社。【释文】俘，芳夫切。亳，步洛切。③《诗·小雅》。佻，偷也。言明德君子必爱民。【释文】视，如字，《诗》作"示"。佻，他雕切。④壹，同也。同人于畜牲。【释文】畜，许六切。

戊子，晋平公卒①。郑伯如晋，及河，晋人辞之。游吉遂如晋②。

①如裨灶之言。②礼：诸侯不相吊，故辞。

九月，叔孙婼、齐国弱、宋华定、卫北宫喜、郑罕虎、许人、曹人、莒人、邾人、薛人、杞人、小邾人如晋，葬平公也①。郑子皮将以币行②。子产曰："丧焉用币？用币必百两③，百两必千人，千人至，将不行④。不行，必尽用之⑤。几千人而国不亡⑥？"子皮固请以行。既葬，诸侯之大夫欲因见新君。叔孙昭子曰："非礼也。"弗听。叔向辞之，曰："大夫之事毕矣⑦。而又命孤，孤斩焉在衰绖之中⑧，其以嘉服见，则丧礼未毕。其以丧服见，是重受吊也，大夫将若之何？"皆无辞以见。子皮尽用其币，归，谓子羽曰："非知之实难，将在行之⑨。夫子知之矣，我则不足⑩。《书》曰：'欲败度，纵败礼⑪。'我之谓矣。夫子知度与礼矣，我实纵欲而不能自克也⑫。"

①经不书诸侯大夫者，非盟会。②见新君之贽。【释文】见，贤遍切，下"得见"同。贽，音至。③载币用车百乘。【释文】焉，於虔切。乘，绳证切。④行，用也。⑤不得见新君，将自费用尽。【释文】费，芳味切。⑥言千人之费不可数。【释文】几，居岂切。数，所角切。⑦送葬礼毕。⑧既葬，未卒哭，故犹服斩衰。【释文】衰，七雷切，本又作"缞"。绖，直结切。⑨言不患不知，患不能行。嘉服。【释文】见，如字，又贤遍切。重，直用切。

见，贤遍切，下同。⑩言己由子产之戒，既知其不可而遂行之，是我之不足。⑪逸《书》。【释文】败，必迈切。⑫欲因丧以庆新君，故纵而行之，不能自胜。【释文】胜，晋升。

昭子至自晋，大夫皆见。高彊见而退①。昭子语诸大夫曰："为人子，不可不慎也哉！昔庆封亡，子尾多受邑而稍致诸君，君以为忠而甚宠之。将死，疾于公宫②，舆而归，君亲推之③。其子不能任，是以在此。忠为令德，其子弗能任，罪犹及之，难不慎也？丧夫人之力，弃德旷宗，以及其身，不亦害乎④？《诗》曰：'不自我先，不自我后。'其是之谓乎⑤？"

①高彊，子良。②在公宫被疾。【释文】语，鱼据切。③推其车而送之。【释文】推，如字，又他回切。④夫人，谓子尾。旷，空也。【释文】任，音壬，下同。丧，息浪切。夫，音扶。⑤《诗·小雅》，言祸乱不在他，正当己身。以喻高彊身自取此祸。

剑格 (春秋)

冬十二月，宋平公卒。初，元公恶寺人柳。欲杀之①。及丧，柳炽炭于位②，将至，则去之③。比葬，又有宠④。

①元公，平公大子佐也。【释文】恶，乌路切。寺，又作"侍"。②以温地。【释文】炽，尺志切。炭，吐旦切。③使公坐其处。【释文】去，起吕切。处，昌虑切。④言元公好恶无常。【释文】比，必利切。好，呼报切。恶，乌路切。

昭公十一年

【经】

十有一年春，王二月，叔弓如宋，葬宋平公。

夏四月丁巳，楚子虔诱蔡侯般杀之于申①。

楚公子弃疾帅师围蔡。

五月甲申，夫人归氏薨②。

大蒐于比蒲。

仲孙貜猩会邾子盟于祲祥③。

秋，季孙意如会晋韩起、齐国弱、宋华亥、卫北宫佗、郑罕虎、曹人、杞人于厥慭④。

九月己亥，葬我小君齐归⑤。

冬十有一月丁酉，楚师灭蔡，执蔡世子有以归，用之⑥。

①蔡侯虽弑父而立，楚子诱而杀之，刑其群士，蔡大夫深怨，故以楚子名告。【释文】虔，其连切。般，音班。弑，申志切，传放此。②昭公母，胡女，归姓。③禖祥，地阙。【释文】比，音毗，徐扶夷切。禖，子鸩切，徐又七林切。④厥愁，地阙。【释文】佗，徒河切。愁，鱼靳切，徐五巾切，又五辖切。⑤齐，谥。【释文】齐，如字。⑥用之，杀以祭山。

【传】

十一年春，王二月，叔弓如宋，葬平公也①。

①嫌以聘事行，故传具之。

景王问于苌弘曰："今兹诸侯，何实吉？何实凶①？"对曰："蔡凶。此蔡侯般弑其君之岁也，岁在豕韦②，弗过此矣③。楚将有之，然壅也④。岁及大梁，蔡复，楚凶，天之道也⑤。"

①苌弘，周大夫。【释文】苌，直良切。②襄三十年，蔡世子般弑其君，岁在豕韦，至今十三岁，岁复在豕韦。般即灵侯也。【释文】复，扶又切，下"岁复"同。③言蔡凶不过此年。④蔡近楚，故知楚将有之。楚无德而享大利，所以壅积其恶。【释文】壅，於勇切。⑤楚灵王弑立之岁在大梁，到昭十三年，岁复在大梁，美恶周必复，故知楚凶。

楚子在申，召蔡灵侯。灵侯将往，蔡大夫曰："王贪而无信，唯蔡于感①，今币重而言甘，诱我也，不如无往。"蔡侯不可。五月丙申，楚子伏甲而飨蔡侯于申，醉而执之。夏四月丁巳，杀之，刑其士七十人。公子弃疾帅师围蔡②。

①蔡近楚之大国，故楚常恨其不复顺。②传言楚子无道。【释文】重，直用切。

韩宣子问于叔向曰："楚其克乎？"对曰："克哉！蔡侯获罪于其君①，而不能其民②，天将假手于楚以毙之③，何故不克？然肸闻之，不信以幸，不可再也。楚王奉孙吴以讨于陈，曰：'将定而国。'陈人听命，而遂县之④。今又诱蔡而杀其君，以围其国，虽幸而克，必受其咎，弗能久矣。桀克有缗以丧其国，纣克东夷而陨其身⑤。楚小位下，而亟暴于二王，能无咎乎？天之假助不善，非祚之也，厚其凶恶而降之罚也。且譬之如天，其有五材而将用之，力尽而敝之，是以无拯，大可没振⑥。"

①谓弑父而立。②不能施德。③借楚手以讨蔡。【释文】毙，婢世切。④事在八年。⑤纣为黎之蒐，东夷叛之。桀为仍之会，有缗叛之。故伐而克之。【释文】缗，武巾切。丧，息浪切，下"且丧"同。陨，于敏切。⑥金、木、水、火、土五者为物，用久则必有敝尽，尽则弃捐，故言无拯。拯，犹救助也。不可没振，犹不可复振。【释文】亟，欺冀切，数也。

咎,其久切。胙,本又作"祚",在路切。拯,拯济之拯。振,之慎切。捐,以专切。救,本亦作"捄",音救。不可复振,扶又切,本亦无此字。

五月,齐归薨,大蒐于比蒲,非礼也。

孟僖子会邾庄公,盟于祲祥,修好,礼也①。泉丘人有女梦以其帷幕孟氏之庙②,遂奔僖子,其僚从之③。盟于清丘之社,曰:"有子,无相弃也④。"僖子使助蓝氏之簉⑤。反自祲祥,宿于蓝氏,生懿子及南宫敬叔于泉丘人。其僚无子,使字敬叔⑥。

①蒐非存亡之由,故临丧不宜为之。盟会以安社稷,故丧盟谓之礼。【释文】好,呼报切。②泉丘,鲁邑。【释文】梦以其帷,位悲切,一本作"梦以帷"。幕,音莫。③邻女为僚友者,随而奔僖子。【释文】僚,力雕切。④二女自共盟。⑤簉,副倅也。蓝氏之女为僖子副妾,别居在外,故僖子纳泉丘人女,令副助之。【释文】蓝,为彼切,又作"芳"。簉,本又作"蓶",初又切,《说文》簉从艹。倅,七对切。令,力呈切。⑥字,养也。似双生。【释文】生,如字,或所敬切。

楚师在蔡①,晋荀吴谓韩宣子曰:"不能救陈,又不能救蔡,物以无亲②,晋之不能,亦可知也已!为盟主而不恤亡国,将焉用之?"

①向四月之师。【释文】向,本又作"嚮"。②物,事也。

秋,会于厥愁,谋救蔡也①。郑子皮将行,子产曰:"行不远。不能救蔡也。蔡小而不顺,楚大而不德,天将弃蔡以壅楚,盈而罚之②,蔡必亡矣。且丧君而能守者,鲜矣。三年,王其有咎乎!美恶周必复,王恶周矣③。"晋人使狐父请蔡于楚,弗许④。

①不书救蔡,不果救。【释文】焉,於虔切。②盈楚恶。③元年,楚子弑君而立,岁在大梁。后三年,十三岁,岁星周,复于大梁。【释文】鲜,息浅切。复,扶又切,本或作"复在"。④狐父,晋大夫。【释文】狐,音胡。

单子会韩宣子于戚①,视下言徐。叔向曰:"单子其将死乎!朝有著定②,会有表③,衣有裬,带有结④。会朝之言,必闻于表著之位,所以昭事序也。视不过结、裬之中,所以道容貌也。言以命之,容貌以明之,失则有阙。今单子为王官伯,而命事于会,视不登带,言不过步,貌不道容,而言不昭矣。不道,不共;不昭,不从⑤。无守气矣⑥。"

①单子,单成公。②著定,朝内列位常处,谓之表著。【释文】著,张虑切,徐治居切。处,昌虑切。③野会设表以为位。④裬,领会。结,带结也。【释文】裬,古外切,《说文》云:带所结也。⑤貌正曰共,言顺曰从。【释文】道,音导。⑥为此年冬单子卒起本。

九月,葬齐归,公不戚。晋士之送葬者,归以语史赵。史赵曰:"必为鲁郊①。"侍者曰:

"何故?"曰:"归,姓也。不思亲,祖不归也②。"叔向曰:"鲁公室其卑乎? 君有大丧,国不废蒐③。有三年之丧,而无一日之戚。国不恤丧,不忌君也④。君无戚容,不顾亲也。国不忌君,君不顾亲,能无卑乎? 殆其失国⑤。"

①言昭公必出在郊野,不能有国。【释文】语,鱼据切。②姓,生也。言不思亲则不为祖考所归祐。【释文】祐,音又。③谓蒐比蒲。④忌,畏也。⑤为二十五年公孙于齐传。

冬十一月,楚子灭蔡,用隐大子于冈山①。申无宇曰:"不祥。五牲不相为用,况用诸侯乎②? 王必悔之③。"

①蔡灵公之大子,蔡侯庐之父。【释文】冈,音刚。庐,力吴切。②五牲:牛、羊、豕、犬、鸡。【释文】为,于伪切,或如字。③悔为暴虐。

十二月,单成公卒①。

①终叔向之言。

楚子城陈、蔡、不羹①。使弃疾为蔡公。王问于申无宇曰:"弃疾在蔡,何如?"对曰:"择子莫如父,择臣莫如君。郑庄公城栎而寘子元焉,使昭公不立②。齐桓公城穀而寘管仲焉,至于今赖之③。臣闻五大不在边,五细不在庭④。亲不在外,羁不在内。今弃疾在外,郑丹在内⑤,君其少戒。"王曰:"国有大城,何如?"对曰:"郑京、栎实杀曼伯⑥,宋萧、亳实杀子游⑦,齐渠丘实杀无知⑧,卫蒲、戚实出献公⑨,若由是观之,则害于国。末大必折⑩,尾大不掉,君所知也⑪。"

①襄城县东南有不羹城,定陵西北有不羹亭。【释文】羹,旧音郎,《汉书·地理志》作"更"字。②子元,郑公子。庄公寘子元于栎,桓十五年,厉公因之以杀栎大夫檀伯,遂居栎,卒使昭公不安位而见杀。【释文】栎,力狄切。寘,之豉切。檀,徒丹切。③城穀在庄三十二年。④上古金、木、水、火、土谓之五官。玄鸟氏、丹鸟氏亦有五。又以五鸠鸠民,五雉为五官正,盖立官之本也。末世随事施职,是以官无常数。今无宇称习古言,故云五大也。言五官之长,专盛过节,则不可居边;细弱不胜任,亦不可居朝廷。【释文】长,丁丈切。胜,音升。⑤襄十九年,丹奔楚。⑥曼伯,檀伯也。厉公得栎,又并京。【释文】曼,音万。⑦在庄十二年。⑧在庄九年。渠丘,今齐国西安县也,齐大夫雍廪邑。⑨蒲,宁殖邑。戚,孙林父邑。出献公在襄十四年。【释文】出,如字,徐音黜。⑩折其本。⑪为十二年陈、蔡作乱传。【释文】掉,徒吊传。

昭公十二年

【经】

十有二年春,齐高偃帅师纳北燕伯于阳①。

三月壬申,郑伯嘉卒②。

夏,宋公使华定来聘③。

公如晋,至河乃复④。

五月,葬郑简公⑤。

楚杀其大夫成熊⑥。

秋七月。

冬十月,公子憖出奔齐⑦。

楚子伐徐⑧。

晋伐鲜虞⑨。

①三年,燕伯出奔齐。[高偃]高傒玄孙,齐大夫。阳即唐,燕别邑,中山有唐县。不言于燕,未得国都。【释文】傒,音奚。②五同盟。③定,华椒孙。④晋人以莒故辞公。⑤三月而葬,速。⑥传在葬简公上,经从赴。【释文】熊,音雄。⑦书名,谋乱故也。【释文】憖,鱼觐切,一读为整,正领切。⑧不书围,以乾谿师告。⑨不书将帅,史阙文。【释文】将,子匠切。帅,所类切。

【传】

十二年春,齐高偃纳北燕伯款于唐,因其众也①。

①言因唐众欲纳之,故得先入唐。

三月,郑简公卒,将为葬除①。及游氏之庙②,将毁焉。子大叔使其除徒执用以立,而无庸毁③,曰:"子产过女,而问何故不毁,乃曰,不忍庙也! 诺,将毁矣④!"既如是,子产乃使辟之。司墓之室,有当道者⑤,毁之,则朝而塴⑥;弗毁,则日中而塴。子大叔请毁之,曰:"无若诸侯之宾何⑦?"子产曰:"诸侯之宾,能来会吾丧,岂惮日中⑧? 无损于宾,而民不害,何故不为?"遂弗毁,日中而葬。君子谓:"子产于是乎知礼。礼,无毁人以自成也。"

①除葬道。【释文】为，于伪切。②游氏，子大叔族。③用，毁庙具。④教毁庙者之辞。【释文】女，音汝。⑤简公别营葬地，不在郑先公旧墓，故道有临时迂直也。司墓之室，郑之掌公墓大夫徒属之家。【释文】迂，音于，一音於。⑥塴，下棺。【释文】朝，如字。塴，北邓切，徐甫赠切，礼家作"窆"，彼验切，义同。⑦不欲久留宾。⑧【释文】惮，徒旦切。

夏，宋华定来聘，通嗣君也①。享之，为赋《蓼萧》，弗知，又不答赋②。昭子曰："必亡。宴语之不怀③，宠光之不宣④，令德之不知，同福之不受，将何以在⑤？"

①宋元公新即位。②《蓼萧》，《诗·小雅》，义取"燕笑语兮，是以有誉处兮"，乐与华定燕语也。又曰"既见君子，为龙为光"，欲以宠光宾也。又曰"宜兄宜弟，令德寿凯"，言宾有令德，可以寿乐也。又"和鸾雍雍，万福攸同"，言欲与宾同福禄也。【释文】为，于伪切。蓼，音六。乐，音洛。③怀，思也。④宣，扬也。⑤为二十年华定出奔传。

齐侯、卫侯、郑伯如晋，朝嗣君也①。公如晋②，至河乃复。取郠之役③，莒人诉于晋，晋有平公之丧，未之治也，故辞公。公子慭遂如晋④。晋侯享诸侯，子产相郑伯辞于享，请免丧而后听命⑤。晋人许之，礼也⑥。晋侯以齐侯宴，中行穆子相⑦。投壶，晋侯先。穆子曰："有酒如淮，有肉如坻⑧。寡君中此，为诸侯师。"中之。齐侯举矢，曰："有酒如渑，有肉如陵⑨。寡人中此，与君代兴⑩。"亦中之。伯瑕谓穆子曰⑪："子失辞。吾固师诸侯矣，壶何为焉，其以中俊也⑫。齐君弱吾君，归弗来矣⑬。"穆子曰："吾军帅强御，卒乘竞劝，今犹古也，齐将何事⑭？"公孙傁趋进曰："日旰君勤，可以出矣！"以齐侯出⑮。

①晋昭公新立。②亦欲朝嗣君。③在十年。④慭，鲁大夫。如晋不书，还不复命而奔，故史不书于策。⑤简公未葬。【释文】相，息亮切。⑥善晋不夺孝子之情。⑦穆子，荀吴。⑧淮，水名。坻，山名。【释文】淮，旧如字，四渎水。学者皆以淮、坻之韵不切，云淮当为"潍"。潍，齐地水名，下称渑，亦是齐国水也。案，渑是齐水，齐侯称之，荀吴既非齐人，不应远举潍水。古韵缓，作淮足得，无劳改也。坻，直疑切，徐直疑切。《诗》云：宛在水中坻。坻，水中高地。⑨渑水出齐国临淄县，北入时水。陵，大阜也。【释文】中，丁仲切，下同。渑，音绳。时，如字，本或作"洍"，音同。⑩代，更也。【释文】更，音庚。⑪伯瑕，士文伯。⑫言投壶中，不足为俊异。⑬欲与晋君代兴，是弱之。【释文】齐君弱吾君，轻吾君以为弱也。⑭言晋德不衰于古，齐不事晋，将无所事。【释文】帅，所类切。御，鱼吕切。卒，子忽切。乘，绳证切。⑮傁，齐大夫。传言晋之衰。【释文】傁，素口切，徐所流切。旰，古旦切。

楚子谓成虎若敖之余也，遂杀之①。或谮成虎于楚子，成虎知之而不能行。书曰："楚

（晋）杜预集解《春秋左传》

杀其大夫成虎。"怀宠也②。

①成虎，令尹子玉之孙，与鬥氏同出于若敖。宣四年，鬥椒作乱，今楚子信谮而托讨若敖之余。②解经所以书名。

六月，葬郑简公①。

①传终子产辞享，明既葬则为免丧。经书五月误。

晋荀吴伪会齐师者，假道于鲜虞，遂入昔阳①。秋八月壬午，灭肥，以肥子绵皋归②。

①鲜虞，白狄别种，在中山新市县。昔阳，肥国都，乐平沾县东有昔阳城。【释文】种，章勇切。沾，音张廉切，韦昭音拈，《字林》他兼切。②肥，白狄也。绵皋，其君名。巨鹿下曲阳县西南有肥累城。为下晋伐鲜虞起。【释文】皋，古刀切。累，劣彼切，劝轨切。

周原伯绞虐其舆臣，使曹逃①。冬十月壬申朔，原舆人逐绞而立公子跪寻②，绞奔郊③。

①原伯绞，周大夫原公也。舆，众也。曹，群也。【释文】绞，古卯切。②跪寻，绞弟。【释文】跪，求委切，又音诡。③郊，周地。

甘简公无子，立其弟过①。过将去成、景之族②。成、景之族赂刘献公③。丙申，杀甘悼公④，而立成公之孙鳅⑤。丁酉，杀献大子之傅庚皮之子过⑥，杀瑕辛于市，及宫嬖绰、王孙没、刘州鸠、阴忌、老阳子⑦。

①甘简公，周卿士。【释文】过，古禾切，下"子过"同。②成公、景公皆过之先君。【释文】去，起吕切。③欲使杀过。刘献公亦周卿士，刘定公子。④悼公，即过。⑤鳅，平公。【释文】鳅，音秋。⑥过，刘献公太子之傅⑦六子，周大夫及庚过皆甘悼公之党。传言周衰，原、甘二族所以遂微。

季平子立，而不礼于南蒯①。南蒯谓子仲②："吾出季氏，而归其室于公③，子更其位④，我以费为公臣。"子仲许之。南蒯语叔仲穆子，且告之故⑤。

①蒯，南遗之子，季氏费邑宰。【释文】蒯，苦怪切。费，音秘。②子仲公子慭。③室，季氏家财。④更，代也。【释文】更，音庚。⑤穆子，叔 仲带之子叔仲小也。语以欲出季氏，以不见礼故。【释文】语，鱼据切。

季悼子之卒也，叔孙昭子以再命为卿①。及平子伐莒，克之，更受三命②。叔仲子欲构二家③，谓平子曰："三命逾父兄，非礼也④。"平子曰："然。"故使昭子⑤。昭子曰："叔孙氏有家祸，杀适立庶，故婼也及此⑥。若因祸以毙之，则闻命矣⑦。若不废君命，则固有著矣⑧。"昭子朝，而命吏曰："婼将与季氏讼，书辞无颇⑨。"季孙惧而辞，归罪于叔仲子。故叔仲小、南蒯、公子慭谋季氏。慭告公，而遂从公如晋⑩。南蒯惧不克，以费叛如齐。子仲还，及卫，闻乱，逃介而先⑪。及郊，闻费叛，遂奔齐⑫。

①悼子，季武子之子，平子父也。传言叔孙之见命，乃在平子为卿之前。②十年，平子伐莒，以功加三命。昭子不伐莒，亦以例加为三命。③欲构使相憎。④言昭子受三命，自逾其先人。⑤使昭子自贬黜。⑥祸在四年。【释文】適，丁历切。⑦言因乱讨己，不敢辞。⑧著，位次。⑨颇，偏也。【释文】颇，普何切。⑩慭，子仲。⑪介，副使也。【释文】介，音界。使，所吏切。⑫言及郊。解经所以书出。

南蒯之将叛也，其乡人或知之，过之而叹①，且言曰："恤恤乎，湫乎，攸乎②！深思而浅谋，迩身而远志，家臣而君图③，有人矣哉④！"

①乡人过蒯而叹。②恤恤，忧患。湫，愁隘。攸，悬危之貌。【释文】湫，子小切，徐在酒切，一音秋。攸，如字，徐以帚切。隘，於卖切。悬，音玄，本又作"县"。③家臣而图人君之事，故言思深而谋浅，身近而志远。【释文】思，息嗣切。④言今有此人，微以感之。

南蒯枚筮之①，遇《坤》☷②之《比》☷③，曰："黄裳元吉④。"以为大吉也，示子服惠伯，曰："即欲有事，何如？"惠伯曰："吾尝学此矣，忠信之事则可，不然必败。外强内温，忠也⑤。和以率贞，信也⑥。故曰'黄裳元吉'。黄，中之色也。裳，下之饰也。元，善之长也。中不忠，不得其色⑦。下不共，不得其饰⑧。事不善，不得其极⑨。外内倡和为忠⑩，率事以信为共⑪，供养三德为善⑫，非此三者弗当⑬。且夫《易》，不可以占险，将何事也？且可饰乎⑭？中美能黄，上美为元，下美则裳，参成可筮⑮。犹有阙也，筮虽吉，未也⑯。"

①不指其事，泛卜吉凶。【释文】泛，芳剑切。②《坤》下《坤》上，《坤》。③《坤》下《坎》上，《比》。《坤》六五爻变。④《坤》六五爻辞。⑤《坎》险故强，《坤》顺故温。强而能温，所以为忠。⑥水和而土安正。和正，信之本也。⑦言非黄。【释文】长，丁丈切。⑧不为裳。⑨失中德。⑩不相违也。【释文】倡，昌亮切。和，户卧切。⑪率，犹行也。⑫三德谓正直、刚克、柔克也。【释文】供，九用切。养，余亮切。⑬非忠信善不当此卦。【释文】当，如字，或丁浪切。⑭夫《易》犹此《易》，谓黄裳元吉之卦。问其何事，欲令从下之饰。【释文】夫，音扶。令，力呈切。⑮参美尽备，吉可如筮。【释文】参，七南切，又音三。⑯有阙，谓不参成。

将适费，饮乡人酒①。乡人或歌之曰："我有圃，生之杞乎②！从我者子乎③，去我者鄙乎，倍其邻者耻乎④！已乎已乎，非吾党之士乎⑤！"

平子欲使昭子逐叔仲小⑥。小闻之，不敢朝。昭子命吏谓小待政于朝，曰："吾不为怨府⑦。"

①南蒯自其家还，适费。【释文】饮，於鸩切。②言南蒯在费欲为乱，如杞生于园圃，非宜也。杞，世所谓枸杞也。【释文】圃，布古切。杞，音起。枸，音苟，本又作"狗"。③子，男子之通称。言从己可不失今之尊。【释文】称，尺证切。④邻，犹亲也。【释文】倍，音佩。⑤已乎已乎，言自遂不改。⑥欲以自解说。⑦言不能为季氏逐小，生怨祸之聚。为明年叔弓围费传。【释文】为，于伪切。

楚子狩于州来①，次于颍尾②，使荡侯、潘子、司马督、嚣尹午、陵尹喜帅师围徐以惧吴③。楚子次于乾谿④，以为之援。雨雪，王皮冠，秦复陶⑤，翠被⑥，豹舄⑦，执鞭以出⑧，仆析父从⑨。

①狩，冬猎也。【释文】狩，本亦作"守"，手又切。②颍水之尾在下蔡西。③五子，楚大夫。徐、吴与国，故围之以偪吴。【释文】潘，普干切。督，本亦作"裻"，音笃。嚣，五刀切，徐许骄切。④在谯国城父县南。⑤秦所遗羽衣也。【释文】援，于眷切。雨，于付切。王皮冠，一本作"楚子皮冠"。复，音服，一音福。陶，徒刀切。遗，唯季切。⑥以翠羽饰被。【释文】被，普义切。⑦以豹皮为履。【释文】舄，音昔。⑧执鞭以教令。【释文】鞭，必绵切，或革旁作更者，五孟切，非也。⑨楚大夫。【释文】析，星历切。从，才用切。

右尹子革夕①，王见之，去冠、被、舍鞭②，与之语曰："昔我先王熊绎③，与吕级④、王孙牟⑤、燮父⑥、禽父⑦并事康王⑧，四国皆有分，我独无有⑨。今吾使人于周，求鼎以为分，王其与我乎？"对曰："与君王哉！昔我先王熊绎，辟在荆山⑩，筚路蓝缕，以处草莽。跋涉山林，以事天子。唯是桃弧、棘矢，以共御王事⑪。齐，王舅也⑫。晋及鲁、卫，王母弟也。楚是以无分，而彼皆有。今周与四国服事君王，将唯命是从，岂其爱鼎！"王曰："昔我皇祖伯父昆吾，旧许是宅⑬。今郑人贪赖其田，而不我与。我若求之，其与我乎？"对曰："与君王哉！周不爱鼎，郑敢爱田？"王曰："昔诸侯远我而畏晋，今我大城陈、蔡、不羹，赋皆千乘，子与有劳焉。诸侯其畏我乎？"对曰："畏君王哉！是四国者，专足畏也⑭，又加之以楚，敢不畏君王哉？"

①子革，郑丹。夕，莫见。【释文】莫，音暮。见，贤遍切。②敬大臣。【释文】去，起吕切。舍，音捨。③楚始封君。【释文】绎，音亦。④齐大公之子丁公。【释文】级，音急，本亦作"伋"。⑤卫康叔子康（抢）[伯]。⑥晋唐叔之子。【释文】燮，素协切。父，音甫。⑦周公子伯禽。⑧康王，成王子。⑨四国：齐、晋、鲁、卫。分，珍宝之器。【释文】分，扶问切，下同。⑩在新城泲乡县南。【释文】辟，匹亦切。泲，音市，又音示。⑪桃弧、棘矢，以

御不祥。言楚在山林，少所出有。【释文】筚，音必。蓝，力甘切。缕，力主切。莽，武党切。跋，蒲末切。共，音恭。御，鱼吕切。⑫成王母，齐大公女。⑬陆终氏生六子，长曰昆吾，少曰季连。季连，楚之祖，故谓昆吾为伯父。昆吾尝居许地，故曰旧许是宅。【释文】长，丁丈切。少，诗照切。尝，一本作"曾"，才能切。⑭四国：陈、蔡、二不羹。【释文】远，于万切。羹，音郎。乘，绳证切。与，音预。

工尹路请曰："君王命剥圭以为鏚柲①，敢请命②。"王入视之。

析父谓子革："吾子，楚国之望也！今与王言如响，国其若之何③？"子革曰："摩厉以须，王出，吾刃将斩矣④。"

①鏚，斧也。柲，柄也。破圭玉以饰斧柄。【释文】剥，邦角切。鏚，音戚。柲，音秘。②请制度之命。③讥其顺王心如响应声。【释文】响，许丈切。应，应对之应。④以己喻锋刃，欲自摩厉，以斩王之淫慝。【释文】慝，他得切。

王出，复语。左史倚相趋过①。王曰："是良史也，子善视之。是能读《三坟》《五典》《八索》《九丘》②。"对曰："臣尝问焉。昔穆王欲肆其心③，周行天下，将皆必有车辙马迹焉。祭公谋父作《祈招》之诗，以止王心④，王是以获没于祗宫⑤。臣问其诗而不知也。若问远焉，其焉能知之？"王曰："子能乎？"对曰："能。其诗曰：'祈招之愔愔，式昭德音⑥。思我王度，式如玉，式如金⑦。形民之力，而无醉饱之心⑧。'"

①倚相，楚史名。【释文】复，扶又切。倚，於绮切，徐其绮切。相，息亮切。②皆古书名。【释文】坟，扶云切。索，所白切，本又作"素"。③周穆王。肆，极也。④谋父，周卿士。祈父，周司马，世掌甲兵之职，招其名。祭公方谏游行，故指司马官而言。此诗逸。【释文】行，如字，又下孟切。辙，直列切。祭，侧界切。招，常遥切，又音昭。父，音甫。⑤获没，不见篡弑。【释文】祗，音支，又音祁。篡，初患切。弑，申志切。⑥愔愔，安和貌。式，用也。昭，明也。【释文】焉能，於虔切。愔，一心切，徐于林切。⑦金玉取其坚重。⑧言国之用民，当随其力任，如金冶之器，随器而制形，故言形民之力，去其醉饱过盈之心。【释文】冶，音也。去，起吕切。

王揖而入，馈不食，寝不寐，数日①，不能自克，以及于难②。仲尼曰："古也有志，克己复礼，仁也。信善哉！楚灵王若能如是，岂其辱于乾溪？"

①深感子革之言。【释文】馈，其位切。数，色主切。②克，胜也。【释文】难，乃旦切。胜，升证切，又音升。

晋伐鲜虞，因肥之役也①。

①肥役在此年。

昭公十三年

【经】

十有三年春，叔弓帅师围费①。

夏四月，楚公子比自晋归于楚，弑其君虔于乾谿②。

楚公子弃疾杀公子比③。

秋，公会刘子、晋侯、齐侯、宋公、卫侯、郑伯、曹伯、莒子、邾子、滕子、薛伯、杞伯、小邾子于平丘④。

八月甲戌，同盟于平丘⑤。

公不与盟⑥。

晋人执季孙意如以归。

公至自会⑦。

蔡侯庐归于蔡。

陈侯吴归于陈⑧。

冬十月，葬蔡灵公⑨。

公如晋，至河乃复⑩。

吴灭州来⑪。

①不书南蒯以费叛，不以告庙。【释文】费，音秘。②比去晋而不送，书归者，依陈、蔡以入，言陈、蔡犹列国也。比归而灵王死，故书弑其君。灵王无道而弑称臣，比非首谋而反书弑，比虽胁立，犹以罪加也。灵王死在五月，又不在乾谿，楚人生失灵王，故本其始祸以赴之。【释文】谿，苦兮切。③比虽为君，而未列于诸侯，故不称爵。杀不称人，罪弃疾。④平丘在陈留长垣县西南。【释文】垣，音袁。⑤书同，齐服故。⑥鲁不堪晋求，谗慝弘多，公不与盟，非国恶，故不讳。【释文】与，音预。慝，他得切。⑦无传。⑧陈、蔡皆受封于楚，故称爵。诸侯纳之曰归。【释文】庐，音卢，又力居切。⑨蔡复而后以君礼葬之。⑩晋人辞公。⑪州来，楚邑。用大师焉曰灭。

【传】

十三年春,叔弓围费,弗克,败焉①。平子怒,令见费人执之,以为囚俘。冶区夫曰:"非也②。若见费人,寒者衣之,饥者食之。为之令主,而共其乏困。费来如归,南氏亡矣。民将叛之,谁与居邑?若惮之以威,惧之以怒,民疾而叛,为之聚也。若诸侯皆然,费人无归,不亲南氏,将焉入矣?"平子从之,费人叛南氏③。

①为费人所败,不书,讳之。②区夫,鲁大夫。【释文】俘,芳夫切。冶,音也。区,乌侯切,又丘于切。③费叛南氏在明年。传善区夫之谋,终言其效。【释文】衣,於既切。食,音嗣。共,音恭。惮,待旦切。为,于伪切。焉,於虔切。效,户孝切。

楚子之为令尹也,杀大司马薳掩而取其室①。及即位,夺薳居田②。迁许而质许围③。蔡洧有宠于王,王之灭蔡也,其父死焉④,王使与于守而行⑤。申之会,越大夫戮焉⑥。王夺斗韦龟中犨⑦,又夺成然邑而使为郊尹⑧。蔓成然故事蔡公⑨。故薳氏之族及薳居、许围、蔡洧、蔓成然,皆王所不礼也。因群丧职之族,启越大夫常寿过作乱⑩,围固城,克息舟,城而居之⑪。

①在襄三十年。【释文】薳,于委切。掩,於检切。②居,掩之族。言薳氏所以怨。③迁许在九年。围,许大夫。【释文】质,音致。④楚灭蔡在,十一年。洧仕楚,其父在国,故死。【释文】洧,于轨切。⑤使洧守国,王行至乾谿。【释文】与,音预。守,手又切。⑥申会在四年。⑦韦龟,令尹子文玄孙。中犨,邑名。【释文】犨,尺州切。⑧成然,韦龟子。郊尹,治郊竟大夫。【释文】竟,音境。⑨蔡公,弃疾也。故,犹旧也。韦龟以弃疾有当璧之命,故使成然事之。【释文】蔓,音万。⑩常寿过,申会所戮者。【释文】丧,息浪切。过,古禾切。⑪息舟,楚邑城之坚固者。

观起之死也,其子从在蔡,事朝吴①,曰:"今不封蔡,蔡不封矣。我请试之②。"以蔡公之命召子干、子皙③,及郊,而告之情④,强与之盟,入袭蔡。蔡公将食,见之而逃⑤。观从使子干食,坎,用牲,加书,而速行⑥,己徇于蔡曰⑦:"蔡公召二子,将纳之,与之盟而遣之矣,将师而从之⑧。"蔡人聚,将执之⑨。辞曰:"失贼成军,而杀余,何益?"乃释之⑩。朝吴曰:"二三子若能死亡,则如违之,以待所济⑪。若求安定,则如与之,以济所欲⑫。且违上,何适而可⑬?"众曰:"与之。"乃奉蔡公,召二子而盟于邓⑭,依陈、蔡人以国⑮。楚公子比⑯、公子黑肱⑰、公子弃疾⑱、蔓成然、蔡朝吴帅陈、蔡、不羹、许、叶之师,因四族之徒⑲,以入楚。

①观起死在襄二十二年。朝吴，故蔡大夫声子之子。【释文】从，如字朝，如字。②观从以父死怨楚，故欲(弑)[试]作乱。③二子皆灵王弟。元年子干奔晋，子皙奔郑。【释文】皙，星历切。④告以蔡公不知谋。⑤不知其故，惊起辟之。【释文】强，其丈切。⑥使子干居蔡公之床，食蔡公之食，并伪与蔡公盟之征验以示众。⑦已，观从也。【释文】已，音纪。徇，似俊切。⑧诈言蔡公将以师助二子。⑨执观从。⑩贼谓子干、子皙也。言蔡公已成军，杀己不解罪。⑪言若能为灵王死亡，则可违蔡公之命，以待成败如何。【释文】为，于伪切。⑫言与蔡公则可得安定。⑬言不可违上也。上谓蔡公。⑭颍川召陵县西南有邓城。二子：子干、子皙。⑮国陈、蔡而依之。⑯子干。⑰子皙。【释文】肱，古弘切。⑱蔡公。⑲四族：蒍氏、许围、蔡洧、蔓成然。【释文】蒍，音郎。叶，始涉切。

及郊，陈、蔡欲为名，故请为武军①。蔡公知之，曰"欲速，且役病矣，请藩而已。"乃藩为军②。蔡公使须务牟与史猈先入，因正仆人杀大子禄及公子罢敌③。公子比为王，公子黑肱为令尹，次于鱼陂④。公子弃疾为司马，先除王宫。使观从从师于乾谿，而遂告之⑤，且曰："先归复所，后者劓⑥。"师及訾梁而溃⑦。

①欲筑垒壁以示后人，为复仇之名。【释文】垒，力轨切。壁，本亦作"辟"，音璧。②藩，篱也。【释文】藩，方元切。篱，本亦作"离"，力知切。③须务牟、史猈，楚大夫，蔡公之党也。正仆，大子之近官。【释文】牟，亡侯切。猈，皮皆切，徐扶蟹切，又扶移切，或扶瞻切，本或作"箄"，音同。罢，音皮，徐甫绮切，又蒲买切。④竟陵县城西北有甘鱼陂。【释文】陂，彼宜切。⑤从乾谿之师，告使叛灵王。⑥劓，截鼻。【释文】劓，鱼器切。⑦灵王还至訾梁而众散。【释文】訾，子斯切。溃，户内切。

王闻群公子之死也，自投于车下，曰："人之爱其子也，亦如余乎？"侍者曰："甚焉。小人老而无子，知挤于沟壑矣①。"王曰："余杀人子多矣，能无及此乎？"右尹子革曰："请待于郊，以听国人④。"王曰："众怒不可犯也。"曰："若入于大都而乞师于诸侯。"王曰："皆叛矣。"曰："若亡于诸侯，以听大国之图君也。"王曰："大福不再，祗取辱焉。"然丹乃归于楚③。

①挤，队也。【释文】挤，子细切，《说文》云：排也，又子礼切。壑，许各切。队，直类切。②听国人之所与。③然丹，子革。弃王而归楚。【释文】祗，音支。

王沿夏，将欲入鄢①。芋尹无宇之子申亥曰："吾父再奸王命②，王弗诛，惠孰大焉？君不可忍，惠不可弃，吾其从王。"乃求王，遇诸棘闱以归③。夏五月癸亥，王缢于芋尹申亥氏④。申亥以其二女殉而葬之。

①夏，汉别名。顺流为沿。顺汉水南至鄢。【释文】沿，以全切。夏，户雅切。鄢，徐於建切，又於晚切。入，本又作"至"。②谓断王旌，执人于竟华宫。【释文】芊，于付切，徐又音羽。奸，音干。断，丁管切。③棘，里名。闱，门也。【释文】闱，音韦。孔晁云：棘，楚邑；闱，巷门。④癸亥，五月二十六日，皆在乙卯、丙辰后。传终言之，经书四月，误。【释文】缢，一鼓切。

观从谓子干曰："不杀弃疾，虽得国，犹受祸也。"子干曰："余不忍也。"子玉曰："人将忍子①，吾不忍俟也。"乃行。

国每夜骇曰："王入矣②！"乙卯夜，弃疾使周走而呼曰："王至矣③！"国人大惊。使蔓成然走告子干、子皙曰："王至矣！国人杀君司马，将来矣④！君若早自图也，可以无辱。众怒如水火焉，不可为谋。"又有呼而走至者曰："众至矣！"二子皆自杀⑤。

①子玉，观从。【释文】殉，似俊切。谓子干曰，本或作"谓子干"。②相恐以灵王也。【释文】骇，户楷切。恐，丘勇切。③周，偏也。乙卯，十八日。【释文】呼，好故切。偏，音遍。④司马，谓弃疾也。言司马见杀，以恐子干。⑤不书弑君，位未定也。【释文】弑，申志切。

丙辰，弃疾即位，名曰熊居。葬子干于訾，实訾敖①。杀囚，衣之王服而流诸汉，乃取而葬之，以靖国人。使子旗为令尹②。

①不成君，无号谥者，楚皆谓之敖。【释文】熊，音雄。②子旗，蔓成然。【释文】衣，於既切。旗，音其。

楚师还自徐①，吴人败诸豫章，获其五帅②。

①前年围徐之师。②定二年，楚人伐吴师于豫章，吴人见舟于豫章，而潜师于巢，以军楚师于豫章。又柏举之役，吴人舍舟于淮汭，而自豫章与楚夹汉。此皆当在江北淮水南，盖后徙在江南豫章。【释文】帅，所类切。谓荡侯、潘子、司马裁、嚣尹午、陵尹喜五人。见，贤遍切。汭，如锐切。

平王封陈、蔡，复迁邑①，致群赂②，施舍宽民，宥罪举职③。召观从，王曰："唯尔所欲④。"对曰："臣之先，佐开卜。"乃使为卜尹⑤。

使枝如子躬聘于郑，且致犨、栎之田⑥。事毕，弗致⑦。郑人请曰："闻诸道路，将命寡君以犨、栎，敢请命。"对曰："臣未闻命。"既复，王问犨、栎。降服而对⑧，曰："臣过失命，未之致也。"王执其手，曰："子毋勤，姑归，不穀有事，其告子⑨。"

①复九年所迁邑。②始举事时所货赂。【释文】赂，音路。③举职，修废官。【释文】

宥，音又。④观从教子干杀弃疾，弃疾今召用之，明在君为君之义。【释文】为，于伪切。⑤佐卜人开龟兆。⑥鄝、栎，本郑邑，楚中取之。平王新立，故还以赂郑。【释文】栎，力狄切。⑦知郑自说服，不复须赂故。【释文】说，音悦。复，扶又切，下"复使"同。⑧降服，如今解冠也。谢违命。⑨王善其有权，有事将复使之。【释文】毋，音无。

他年芋尹申亥以王柩告，乃改葬之。

初，灵王卜，曰："余尚得天下①。"不吉，投龟，诟天而呼曰："是区区者而不余畀②，余必自取之。"民患王之无厌也，故从乱如归。

①尚，庶几。【释文】柩，其久切。②区区，小天下。【释文】诟，本又作"詬"，呼豆切，徐许后切。呼，火故切。畀，必利切，徐甫至切，与也。

初，共王无冢适①，有宠子五人，无适立焉。乃大有事于群望②，而祈曰："请神择于五人者，使主社稷。"乃遍以璧见于群望，曰："当璧而拜者，神所立也，谁敢违之？"既，乃与巴姬密埋璧于大室之庭③，使五人齐，而长入拜④。康王跨之⑤，灵王肘加焉，子干、子晳皆远之。平王弱，抱而入，再拜，皆厌纽⑥。鬬韦龟属成然焉⑦，且曰："弃礼违命，楚其危哉⑧。"

①冢，大也。【释文】厌，於盐切。共，音恭。适，丁历切，下"无适"同。②群望，星辰山川。③巴姬，共王妾。大室，祖庙。【释文】徧，音遍。见，贤遍切，下注"微见"同。巴，必加切。埋，亡皆切。大，音泰。④从长幼以次拜。【释文】齐，侧皆切，本又作"斋"。长，丁丈切。⑤过其上也。【释文】跨，苦化切。⑥微见璧纽以为审识。【释文】肘，中九切。远，于万切。厌，於甲切，徐於辄切。纽，女九切。识，申志切，又如字。⑦知其将立，故托其子。【释文】属，音烛。⑧弃立长之礼，违当璧之命，终致灵王之乱。

子干归，韩宣子问于叔向曰："子干其济乎？"对曰："难。"宣子曰："同恶相求，如市贾焉，何难①？"对曰："无与同好，谁与同恶②？取国有五难：有宠而无人，一也③；有人而无主，二也④；有主而无谋，三也⑤；有谋而无民，四也⑥；有民而无德，五也⑦。子干在晋十三年矣，晋、楚之从，不闻达者，可谓无人⑧。族尽亲叛，可谓无主⑨。无衅而动，可谓无谋⑩。为羁终世，可谓无民⑪。亡无爱征，可谓无德⑫。王虐而不忌⑬，楚君子干，涉五难以弑旧君，谁能济之⑭？有楚国者，其弃疾乎！君陈、蔡，城外属焉⑮。苟慝不作，盗贼伏隐，私欲不违⑯，民无怨心。先神命之⑰，国民信之，芈姓有乱，必季实立，楚之常也。获神，一也⑱；有民，二也⑲；令德，三也⑳；宠贵，四也㉑；居常，五也㉒。有五利以去五难，谁能害之？子干之官，则右尹也。数其贵宠，则庶子也。以神所命，则又远之。其贵亡矣㉓，其宠弃矣㉔，民无怀焉㉕，国无与焉㉖，将何以立？"宣子曰："齐桓、晋文，不亦是乎㉗？"对曰："齐桓、卫姬之子也，有宠于僖㉘。有鲍叔牙、宾须无、隰朋以为辅佐，有莒、卫以为外主㉙，有国、高以为内主㉚。从善如流㉛，下善齐肃㉜，不藏贿㉝，不从欲㉞，施舍不倦㉟，求善不厌，是以有国，不亦宜乎？我先君文公，狐季姬之子也，有宠于献。好学而不贰㊱，生十七年，有士五人㊲。有先大夫子馀、子犯以为腹心㊳，有魏犨、贾佗以为股肱㊴，有齐、宋、秦、楚以为外主㊵，有栾、郤、狐、先以为内主㊶。亡十九年，守志弥笃。惠、怀弃民㊷，民从而与之。献无异亲，民无异望㊸，天方相晋，将何以代文？此二君者，异于子干。共有宠子，国有奥主㊹。无施于民，无援于外，去晋而不送，归楚而不逆，何以冀国㊺？"

①宣子谓弃疾亲恃子干，共同好恶，故言如市贾同利以相求。【释文】贾，音古。好，如字，又呼报切。恶，乌路切，下皆仿此。②言弃疾本不与子干同好，则亦不得同恶。③宠须贤人而固。④虽有贤人，当须内主为应。【释文】应，应对之应。⑤谋，策谋也。⑥民，众。⑦四者既备，当以德成。⑧晋、楚之士从子干游，皆非达人。⑨无亲族在楚。⑩召子干时，楚未有大衅。【释文】衅，许靳切。⑪终身羁客在晋，是无民。⑫楚人无爱念之者。⑬灵王暴虐，无所畏忌，将自亡。⑭言楚借君子干以弑灵王，终无能成。⑮城，方城也。时穿封戌既死，弃疾并领陈事。⑯不以私欲违民事。【释文】苟，音何，本或作"荷"，音同。慝，他得切。⑰先神，谓群望。⑱当壁拜。【释文】芈，弥尔切。⑲民信之。⑳无苟慝。㉑贵妃子。㉒弃疾，季。㉓位不尊。【释文】去，起吕切。数，所主切。远，于万切。亡，音无，又如字。㉔父既没故。㉕非令德。㉖无内主。㉗皆庶贱。㉘卫姬，齐僖公妾。㉙齐桓出奔莒、卫，有舅氏之助。㉚国氏、高氏，齐上卿。㉛言其疾也。㉜齐，严也。肃，敬也。【释文】下，遐嫁切。齐，侧皆切。㉝清也。【释文】贿，呼罪切。㉞俭也。【释文】从，子用切。㉟施舍，犹言布恩德。㊱言笃志。【释文】厌，於艳切。好，呼报切。㊲狐偃、赵衰、颠颉、魏武子、司空季子五士从出。【释文】衰，初危切。颉，户结切。从，才用切。㊳子馀，赵衰。子犯，狐偃。㊴魏犨，魏武子也。称五人而说四士，贾佗又不在本数，盖叔向所贤。【释文】佗，徒河切。㊵齐妻以女，宋赠以马，楚王享之，秦伯纳之。【释文】妻，七计切。㊶谓栾枝、郤縠、狐突、先轸也。【释文】栾，鲁官切。郤，去逆切。縠，户木切。㊷惠公、怀公不恤民也。㊸献公之子九人，唯文公在。㊹谓弃疾也。【释文】相，息亮切。共，音恭。奥，乌报切。㊺传言子干所以蒙弑君之名，弃疾所以得国。【释文】施，式豉切。

晋成虒祁①，诸侯朝而归者皆有贰心②。为取郠故③，晋将以诸侯来讨。叔向曰："诸侯不可以不示威④。"乃并征会，告于吴。秋，晋侯会吴子于良⑤。水道不可，吴子辞，乃还⑥。七月丙寅，治兵于邾南，甲车四千乘⑦，羊舌鲋摄司马⑧，遂合诸侯于平丘。子产、子大叔相郑伯以会。子产以幄幕九张行⑨。子大叔以四十，既而悔之，每舍，损焉。及会，亦如之⑩。

①在八年。【释文】虒，音斯。②贱其奢也。③取郧在十年。【释文】为，于伪切。郧，工杏切。④知晋德薄，欲以威服之。⑤下邳有良城县。【释文】邳，皮悲切。⑥辞不会。⑦三十万人。【释文】乘，绳证切，下及注同。⑧鲋，叔向弟也。摄，兼官。【释文】鲋，音附。⑨幄幕，军旅之帐。【释文】幄，於角切。幕，音莫。四合象宫室曰幄，在上曰幕。⑩亦九张也。传言子产之适宜，大叔之从善。

次于卫地，叔鲋求货于卫，淫刍荛者①。卫人使屠伯馈叔向羹与一箧锦②，曰："诸侯事晋，未敢携贰，况卫在君之宇下③，而敢有异志？刍荛者异于他日，敢请之④。"叔向受羹反锦⑤，曰："晋有羊舌鲋者，渎货无厌⑥，亦将及矣⑦。为此役也⑧，子若以君命赐之，其已。"客从之，未退，而禁之⑨。

①欲使卫患之而致货。【释文】刍，初俱切，《说文》云：刈草也。荛，如遥切。饲牲曰刍，草薪曰荛。②屠伯，卫大夫。【释文】屠，音徒。馈，其位切。箧，苦协切。③屋宇之下，喻近也。④请止之。⑤受羹示不逆其意，且非货。⑥渎，数也。【释文】渎，徒木切。厌，於盐切。数，音朔。⑦将及祸。⑧役，事也。【释文】为，如字，或于伪切。⑨禁刍荛者。

晋人将寻盟，齐人不可①。晋侯使叔向告刘献公曰②："抑齐人不盟，若之何？"对曰："盟以底信③。君苟有信，诸侯不贰，何患焉？告之以文辞，董之以武师，虽齐不许，君庸多矣④。天子之老，请帅王赋，'元戎十乘，以先启行⑤'，迟速唯君⑥。"叔向告于齐，曰："诸侯求盟，已在此矣。今君弗利，寡君以为请。"对曰："诸侯讨贰，则有寻盟。若皆用命，何盟之寻⑦？"叔向曰："国家之败，有事而无业，事则不经⑧。有业而无礼，经则不序⑨。有礼而无威，序则不共⑩。有威而不昭，共则不明⑪。不明弃共，百事不终，所由倾覆也⑫。是故明王之制，使诸侯岁聘以志业⑬，间朝以讲礼⑭，再朝而会以示威⑮，再会而盟以显昭明⑯。志业于好⑰，讲礼于等⑱，示威于众⑲，昭明于神⑳，自古以来，未之或失也。存亡之道，恒由是兴。晋礼主盟㉑，惧有不治，奉承齐牺㉒，而布诸君，求终事也㉓。君曰：'余必废之，何齐之有？'唯君图之，寡君闻命矣！"齐人惧，对曰："小国言之，大国制之，敢不听从？既闻命矣，敬共以往，迟速唯君。"

①有贰心故。②献公，王卿士刘子。③底，致也。【释文】底，音旨。④董，督也。庸，

功也。讨之有辞，故功多也。⑤天子大夫称老。元戎，戎车在前者。启，开也。行，道也。⑥欲佐晋讨齐。⑦托用命以拒晋。⑧业，贡赋之业。⑨须礼而有次序。⑩礼须威严而后共。⑪威须昭告神明而后信义著。⑫信义不明则弃威，不威弃礼。无礼无经，无经无业，故百事不成。【释文】覆，芳服切。⑬志，识也。岁聘以修其职业。⑭三年而一朝，正班爵之义，率长幼之序。【释文】间，间厕之间。长，丁丈切。⑮六年而一会，以训上下之则，制财用之节。⑯十二年而一盟，所以昭信义也。凡八聘四朝再会，王一巡守，盟于方岳之下。【释文】守，手又切。岳，音岳。⑰聘也。【释文】好，呼报切。⑱朝也。⑲会也。⑳盟也。㉑依先王、先公旧礼，主诸侯盟。㉒齐盟之牺牲。【释文】治，直吏切，旧如字。牺，许宜切。㉓终，竟也。

叔向曰："诸侯有间矣①，不可以不示众。"八月辛未，治兵②，建而不旆③。壬申，复旆之。诸侯畏之④。

①间，隙也。②习战。③建立旌旗，不曳其旆。旆，游也。【释文】旆，步贝切。④军将战则旆，故曳旆以恐之。【释文】复，扶又切。恐，丘勇切。

邾人、莒人诉于晋曰："鲁朝夕伐我，几亡矣①。我之不共，鲁故之以②。"晋侯不见公，使叔向来辞曰："诸侯将以甲戌盟，寡君知不得事君矣，请君无勤③。"子服惠伯对曰："君信蛮夷之诉④，以绝兄弟之国，弃周公之后，亦唯君。寡君闻命矣。"叔向曰："寡君有甲车四千乘在，虽以无道行之，必可畏也。况其率道，其何敌之有？牛虽瘠，偾于豚上，其畏不死⑤？南蒯、子仲之忧，其庸可弃乎⑥？若奉晋之众，用诸侯之师，因邾、莒、杞、鄫之怒⑦，以讨鲁罪，间其二忧⑧，何求而弗克？"鲁人惧，听命⑨。

①自昭公即位，邾、鲁同好，又不朝夕伐莒，无故怨诉，晋人信之，所谓谗慝弘多。【释文】诉，音素。朝夕，如字。几，音祈。②不共晋贡，以鲁故也。【释文】共，音恭，下同。③托谦辞以绝鲁。④蛮夷，谓邾、莒。⑤偾，仆也。【释文】瘠，在亦切。偾，方问切。仆，音付，又蒲北切。⑥弃，犹忘也。⑦四国近鲁，数以小事相怨。鄫已灭，其民犹存，故并以恐鲁。【释文】鄫，才陵切。近，附近之近。数，音朔。⑧因南蒯、子仲二忧为间隙。⑨不敢与盟。【释文】与，音预，下"不与"同。

甲戌，同盟于平丘，齐服也①。令诸侯日中造于除②。癸酉，退朝③。子产命外仆速张于除④，子大叔止之，使待明日。及夕，子产闻其未张也，使速往，乃无所张矣⑤。

①经所以称同。②除地为坛，盟会处。【释文】造，七报切。坛，本或作"墠"，音善。处，昌虑切。③先盟朝晋。④张幄幕。⑤地已满也。传言子产每事敏于大叔。

及盟，子产争承①，曰："昔天子班贡，轻重以列②，列尊贡重，周之制也③，卑而贡重者，甸服也④。郑伯男也，而使从公侯之贡⑤，惧弗给也，敢以为请。诸侯靖兵，好以为事⑥。行理之命⑦，无月不至。贡之无艺⑧，小国有阙，所以得罪也。诸侯修盟，存小国也。贡献无及，亡可待也。存亡之制，将在今矣。"自日中以争，至于昏，晋人许之。

①承，贡赋之次。②列，位也。③公侯地广，故所贡者多。④甸服，谓天子畿内共职贡者。⑤言郑国在甸服外，爵列伯子男，不应出公侯之贡。⑥靖，息也。【释文】好，呼报切。⑦行理，使人通聘问者。【释文】使，所吏切。⑧艺，法制。

既盟，子大叔咎之曰："诸侯若讨，其可渎乎①？"子产曰："晋政多门②，贰偷之不暇，何暇讨③？国不竞亦陵，何国之为④？"

①渎，易也。【释文】咎，其九切。易，以豉切。②政不出一家。③贰，不壹。偷，苟且。④不竞争则为人所侵陵，不成为国。【释文】争，争斗之争，下"争竞"同。

公不与盟①。晋人执季孙意如，以幕蒙之②，使狄人守之。司铎射③怀锦，奉壶饮冰，以蒲伏焉。守者御之，乃与之锦而入④。晋人以平子归，子服湫从⑤。

①信邾、莒之诉，欲讨鲁故。②蒙，裹也。【释文】裹，音果。③鲁大夫。【释文】铎，待洛切。射，食亦切，又食夜切。④蒲伏窃往，饮季孙。冰，箭笴盖，可以取饮。【释文】奉，芳勇切。蒲，本又作"匍"，同，步都切；又音扶，本亦作"扶"。伏，本又作"匐"，同，蒲北切，又音服。守，手又切，又如字。御，鱼吕切。饮，於鸩切。笴，音童，又音勇。⑤湫，子服惠伯，从至晋。【释文】湫，子小切，徐音椒，又子鸟切。案，子服湫，又作"子服椒"，止一人耳。从，才用切。

子产归，未至，闻子皮卒，哭，且曰："吾已①，无为为善矣，唯夫子知我②。"仲尼谓："子产于是行也，足以为国基矣。《诗》曰：'乐只君子，邦家之基③。'子产，君子之求乐者也。"且曰："合诸侯，艺贡事，礼也④。"

①已，犹决竟。②言子皮知己之善。③《诗·小雅》，言乐与君子为治，乃国家之基本。【释文】治，直吏切。④嫌争竞不顺，故以礼明之。

鲜虞人闻晋师之悉起也①，而不警边，且不修备②。晋荀吴自著雍以上军侵鲜虞，及中人，驱冲竞③，大获而归④。

①五年传曰：遗守四千。今甲车四千乘，故为悉起。②言夷狄无谋。【释文】警，音景。③中山望都县西北有中人城。驱冲车与狄争逐。④为十五年晋伐鲜虞起。

楚之灭蔡也，灵王迁许、胡、沈、道、房、申于荆焉。平王即位，既封陈、蔡，而皆复之，礼也①。隐大子之子庐归于蔡，礼也②。悼大子之子吴归于陈，礼也③。

①灭蔡在十一年。许、胡、沈，小国也。道、房、申，皆故诸侯，楚灭以为邑。荆，荆山也。传言平王得安民之礼。汝南有吴防县，即防国。②隐大子，大子有也。庐，蔡平侯。③悼大子，偃师也。吴，陈惠公。

冬十月，葬蔡灵公，礼也①。

①国复，成礼以葬也。此陈、蔡事，传皆言礼，嫌楚所封不得比诸侯，故明之。

公如晋。荀吴谓韩宣子曰："诸侯相朝，讲旧好也。执其卿而朝其君，有不好焉，不如辞之。"乃使士景伯辞公于河①。

①景伯，士文伯之子弥牟也。【释文】好，呼报切。

吴灭州来。令尹子期请伐吴，王弗许，曰："吾未抚民人，未事鬼神，未修守备，未定国家，而用民力，败不可悔。州来在吴，犹在楚也。子姑待之①。"

①传言平王所以能有国。【释文】守，手又切。

季孙犹在晋，子服惠伯私于中行穆子曰①："鲁事晋，何以不如夷之小国？鲁，兄弟也，土地犹大，所命能具。若为夷弃之，使事齐、楚，其何瘳于晋②？亲亲、与大，赏共、罚否，所以为盟主也。子其图之。谚曰：'臣一主二③。'吾岂无大国④？"穆子告韩宣子，且曰："楚灭陈、蔡，不能救，而为夷执亲，将焉用之？"乃归季孙。惠伯曰："寡君未知其罪，合诸侯而执其老⑤。若犹有罪，死命可也⑥。若曰无罪而惠免之，诸侯不闻，是逃命也，何免之为？请从君惠于会⑦。"宣子患之，谓叔向曰："子能归季孙乎？"对曰："不能。鲋也能⑧。"乃使叔鱼。叔鱼见季孙曰："昔鲋也得罪于晋君，自归于鲁君⑨。微武子之赐，不至于今⑩。虽获归骨于晋，犹子则肉之，敢不尽情？归子而不归，鲋也闻诸吏，将为子除馆于西河⑪，其若之何？"且泣⑫。平子惧，先归。惠伯待礼⑬。

①私与之语。②瘳，差也。【释文】为，于伪切，下"为夷""将为"同。瘳，敕留切。差，初卖切。③言一臣必有二主，道不合，得去事他国。【释文】谚，音彦。④言非独晋可事。⑤老，尊卿称。【释文】焉，於虔切。称，尺证切。⑥死晋命也。⑦欲得盟会见。遣，不欲私去。⑧鲋，叔鱼。⑨盖襄二十一年坐叔虎与栾氏党并得罪。【释文】坐，才卧切。⑩武子，季平子祖父。⑪西使近河。【释文】近，附近之近。⑫泣以信其言。⑬待见遣之礼。

昭公十四年

【经】

十有四年春，意如至自晋①。

三月，曹伯滕卒②。

夏四月③。

秋，葬曹武公④。

八月，莒子去疾卒⑤。

冬，莒杀其公子意恢⑥。

①书至者，喜得免。②无传。四同盟。③无传。④无传。⑤未同盟。【释文】去，起吕切。⑥以祸乱告，不必系于为卿，故虽公子亦书。意恢与乱君为党，故书名恶之。【释文】恢，苦回切。恶，乌路切。

【传】

十四年春，意如至自晋，尊晋罪己也①。尊晋罪己，礼也②。

①以舍族为尊晋罪己。【释文】舍，音捨。②礼，修己而不责人。

南蒯之将叛也，盟费人。司徒老祁、虑癸①伪废疾，使请于南蒯曰："臣愿受盟而疾兴，若以君灵不死，请待间而盟②。"许之。二子因民之欲叛也，请朝众而盟③。遂劫南蒯曰："群臣不忘其君④，畏子以及今，三年听命矣。子若弗图，费人不忍其君，将不能畏子矣⑤。子何所不逞欲？请送子⑥。"请期五日⑦。遂奔齐。侍饮酒于景公。公曰："叛夫⑧！"对曰："臣欲张公室也⑨。"子韩晰曰⑩："家臣而欲张公室，罪莫大焉⑪。"司徒老祁、虑癸来归费⑫，齐侯使鲍文子致之⑬。

①二人，南蒯家臣。【释文】祁，巨夷切，《字林》上夷切。②间，差也。【释文】差，初卖切。③欲因合众以作乱。④君，谓季氏。【释文】劫，居业切。⑤不能复畏子。【释文】畏子以及今，绝句。复，扶又切。⑥送使出奔。⑦南蒯请期，冀有变。⑧戏之。⑨张，强也。⑩齐大夫。【释文】晰，星历切。⑪言越职。⑫归鲁。⑬南蒯虽叛，费人不从，未专属齐。二子逐蒯而复其旧，故经不书归费。齐使文子致邑，欲以假好，非事实也。【释文】

好，呼报切。

　　夏，楚子使然丹简上国之兵于宗丘，且抚其民①。分贫振穷②，长孤幼，养老疾，收介特③，救灾患，宥孤寡④，赦罪戾，诘奸慝⑤，举淹滞⑥。礼新叙旧⑦，禄勋合亲⑧，任良物官⑨。使屈罢简东国之兵于召陵⑩，亦如之⑪。好于边疆⑫，息民五年，而后用师，礼也。

　　①上国，在国都之西，西方居上流，故谓之上国。宗丘，楚地。②分，与也。振，救也。【释文】分，如字，徐甫问切。③介特，单身民也。收聚不使流散。【释文】长，丁丈切。介，音界，又古贺切。单，音丹。④宽其赋税。【释文】宥，音又。税，始锐切。⑤诘，责问也。【释文】戾，力计切。诘，起吉切。慝，他得切。⑥淹滞，有才德而未叙者。⑦新，羁旅也。⑧勋，功也。亲，九族。⑨物，事也。⑩兵在国都之东者。【释文】罢，音皮。召，上照切。⑪如然丹。⑫结好四邻。【释文】好，呼报切。疆，居良切。

　　秋八月，莒著丘公卒，郊公不戚①。国人弗顺，欲立著丘公之弟庚舆②。蒲馀侯恶公子意恢而善于庚舆③，郊公恶公子铎而善于意恢④。公子铎因蒲馀侯而与之谋曰：“尔杀意恢，我出君而纳庚舆。”许之⑤。

　　①郊公，著丘公子。【释文】著，直居切，徐直据切。②庚舆，莒共公。【释文】舆，音余，本亦作“与”。共，音恭。③蒲馀侯，莒大夫兹夫也。意恢，莒群公子。【释文】恶，乌路切。④铎，亦群公子。【释文】铎，待洛切。⑤为下冬杀意恢传。

　　楚令尹子旗有德于王，不知度①，与养氏比，而求无厌②，王患之。九月甲午，楚子杀鬬成然，而灭养氏之族。使鬬辛居郧，以无忘旧勋③。

　　①有佐立之德。②养氏，子旗之党，养由基之后。【释文】比，毗志切。厌，於盐切，本又作“餍”。③辛，子旗之子郧公辛。【释文】郧，音云。

　　冬十二月，蒲馀侯兹夫杀莒公子意恢，郊公奔齐。公子铎逆庚舆于齐。齐隰党、公子鉏送之，有赂田①。

　　①莒赂齐以田。【释文】鉏，仕居切。

　　晋邢侯与雍子争鄐田①，久而无成。士景伯如楚②，叔鱼摄理③，韩宣子命断旧狱，罪在雍子。雍子纳其女于叔鱼，叔鱼蔽罪邢侯④。邢侯怒，杀叔鱼与雍子于朝。宣子问其罪于叔向。叔向曰：“三人同罪，施生戮死可也⑤。雍子自知其罪而赂以买直，鲋也鬻狱，刑侯专杀，其罪一也。己恶而掠美为昏⑥，贪以败官为墨⑦，杀人不忌为贼⑧。《夏书》曰：‘昏、墨、贼，杀⑨。’皋陶之刑也。请从之。”乃施邢侯而尸雍子与叔鱼于市。

　　①邢侯，楚申公巫臣之子也。雍子，亦故楚人。【释文】鄐，许六切，又超六切。②士

景伯，晋理官。③摄，代景伯。④蔽，断也。【释文】断，丁乱切。蔽，必世切，徐甫世切，王补弟切。⑤施，行罪也。⑥掠，取也。昏，乱也。【释文】鬻，羊六切，卖也。掠，音亮。⑦墨，不洁之称。【释文】败，必迈切，又如字。称，尺证切。⑧忌，畏也。⑨逸《书》。三者皆死刑。

仲尼曰："叔向，古之遗直也①。治国制刑，不隐于亲②，三数叔鱼之恶，不为末减③。曰义也夫，可谓直矣④！平丘之会，数其贿也⑤，以宽卫国，晋不为暴。归鲁季孙，称其诈也⑥，以宽鲁国，晋不为虐。邢侯之狱，言其贪也，以正刑书，晋不为颇。三言而除三恶，加三利⑦，杀亲益荣⑧，犹义也夫⑨！"

①言叔向之直，有古人遗风。【释文】陶，音遥。施，如字，服云：施罪于邢侯也。孔晁注《国语》云：废也，尸氏切。②谓国之大问，己所答当也。至于他事，则宜有隐。【释文】当，丁浪切。③末，薄也。减，轻也。皆以正言之。【释文】数，色具切。为，于伪切。末，武葛切。④于义未安，直则有之。【释文】夫，旧音扶，一读芳于切。⑤谓言渎货无厌。⑥谓言鲋也能。⑦三恶，暴、虐、颇也。三恶除则三利加。【释文】颇，普何切。⑧荣名益己。⑨三罪唯答宣子问，不可以不正，其余则以直伤义，故重疑之。【释文】重，直用切。

昭公十五年

【经】

十有五年春，王正月，吴子夷末卒①。

二月癸酉，有事于武宫。籥人，叔弓卒，去乐卒事②。

夏，蔡朝吴出奔郑③。

六月丁巳朔，日有食之④。

秋，晋荀吴帅师伐鲜虞。

冬，公如晋。

①无传。未同盟。②略书有事，为叔弓卒起也。武宫，鲁武公庙，成六年复立之。【释文】籥，羊略切。去，起吕切。为，于伪切。复，扶又切。③朝吴不远谮人，亦以见逐而书名。【释文】远，于万切。④无传。

【传】

十五年春，将禘于武公，戒百官①。梓慎曰："禘之日，其有咎乎！吾见赤黑之祲，非祭祥也，丧氛也②。其在莅事乎③?"二月癸酉，禘，叔弓莅事，籥入而卒，去乐，卒事，礼也④。

①齐戒。【释文】禘，大计切。齐，侧皆切。②祲，妖氛也。盖见于宗庙，故以为非祭祥也。氛，恶气也。【释文】咎，其九切。祲，子鸩切。氛，芳云切，徐扶云切。见，贤遍切。③莅，临也。【释文】莅，音利。④大臣卒，故为之去乐。【释文】去，起吕切。为，于伪切。

楚费无极害朝吴之在蔡也①，欲去之，乃谓之曰："王唯信子，故处子于蔡。子亦长矣，而在下位，辱，必求之，吾助子请②。"又谓其上之人曰③："王唯信吴，故处诸蔡，二三子莫之如也，而在其上，不亦难乎？弗图，必及于难。"夏，蔡人遂朝吴，朝吴出奔郑。王怒，曰："余唯信吴，故寘诸蔡。且微吴，吾不及此。女何故去之？"无极对曰："臣岂不欲吴④？然而前知其为人之异也⑤。吴在蔡，蔡必速飞。去吴，所以翦其翼也⑥。"

①朝吴，蔡大夫，有功于楚平王，故无极恐其有宠，疾害之。【释文】费，扶味切。②请求上位。【释文】长，丁丈切。③蔡人在上位者。④非不欲善吴。【释文】难，乃旦切。寘，之豉切。女，音汝。⑤言其多权谋。⑥以鸟喻也。言吴在蔡必能使蔡速强而背楚。【释文】背，必佩切。

六月乙丑，王大子寿卒①。秋八月戊寅，王穆后崩②。

①周景王子。②大子寿之母也。传为晋荀跞如周葬穆后起。

晋荀吴帅师伐鲜虞，围鼓①。鼓人或请以城叛，穆子弗许。左右曰："师徒不勤，而可以获城，何故不为？"穆子曰："吾闻诸叔向曰：'好恶不愆，民知所适，事无不济②。'或以吾城叛，吾所甚恶也。人以城来，吾独何好焉？赏所甚恶，若所好何③？若其弗赏，是失信也，何以庇民？力能则进，否则退，量力而行。吾不可以欲城而迩奸，所丧滋多。"使鼓人杀叛人而缮守备。围鼓三月，鼓人或请降，使其民见，曰："犹有食色，姑修而城。"军吏曰："获城而弗取，勤民而顿兵，何以事君？"穆子曰："吾以事君也。获一邑而教民怠，将焉用邑？邑以贾怠，不如完旧④。贾怠无卒⑤，弃旧不祥。鼓人能事其君，我亦能事吾君。率义不爽⑥，好恶不愆，城可获而民知义所⑦，有死命而无二心，不亦可乎！"鼓人告食竭力尽，而后取之。克鼓而反，不戮一人，以鼓子鸢鞮归。

①鼓，白狄之别。巨鹿下曲阳县有鼓聚。【释文】聚，才喻切。②愆，过也。适，归也。【释文】好，呼报切。恶，乌路切，或并依字读。愆，起虔切。③无以复加所好。【释文】

复,扶又切。④完,犹保守。【释文】庇,必利切,又音秘。丧,息浪切。缮,市战切。守,手又切。降,户江切。见,贤遍切。焉,於虔切。贾,音古。⑤卒,终也。⑥爽,差也。⑦知义所在也。荀吴必其能获,故因以示义。

冬,公如晋,平丘之会故也①。

①平丘会,公不与盟,季孙见执,今既得免,故往谢之。【释文】与,音预。

十二月,晋荀跞如周,葬穆后,籍谈为介。既葬,除丧,以文伯宴,樽以鲁壶①。王曰:"伯氏,诸侯皆有以镇抚王室,晋独无有,何也②?"文伯揖籍谈③,对曰:"诸侯之封也,皆受明器于王室④,以镇抚其社稷,故能荐彝器于王⑤。晋居深山,戎狄之与邻,而远于王室。王灵不及,拜戎不暇⑥,其何以献器?"王曰:"叔氏,而忘诸乎⑦?叔父唐叔,成王之母弟也,其反无分乎?密须之鼓,与其大路,文所以大蒐也⑧。阙巩之甲,武所以克商也⑨。唐叔受之以处参虚,匡有戎狄⑩。其后襄之二路⑪,鏚钺,秬鬯⑫,彤弓、虎贲,文公受之,以有南阳之田⑬,抚征东夏,非分而何?夫有勋而不废⑭,有绩而载⑮,奉之以土田⑯,抚之以彝器⑰,旌之以车服⑰,明之以文章⑱,子孙不忘,所谓福也。福祚之不登,叔父焉在⑲?且昔而高祖孙伯黡,司晋之典籍,以为大政,故曰籍氏⑳。及辛有之二子董之晋,于是乎有董史㉒。女,司典之后也,何故忘之?"籍谈不能对。宾出,王曰:"籍父其无后乎!数典而忘其祖㉓。"

①文伯,荀跞也。鲁壶,鲁所献壶樽。【释文】跞,力狄切,本又作"栎",同。介,音界。樽,本或作"尊",又作"罇",并同。②感鲁壶而言也。镇抚王室,谓贡献之物。③文伯无辞,揖籍谈使对。④谓明德之分器。【释文】分,扶问切,年内同。⑤荐,献也。彝,常也。谓可常宝之器,若鲁壶之属。【释文】彝,以之切。⑥言王宠灵不见及,故数为戎所加陵。【释文】远,于万切,又如字。数,音朔。⑦叔,籍谈也。⑧密须,姞姓国也,在安定阴密县,文王伐之,得其鼓路以蒐。【释文】蒐,所求切。姞,其吉切,又其乙切。⑨阙巩国所出铠。【释文】巩,九勇切。铠,开代切。⑩参虚,实沈之次,晋之分野。【释文】参,所金切。⑪周襄王所赐晋文公大路、戎路。⑫鏚,斧也。钺,金钺。秬,黑黍。鬯,香酒。【释文】鏚,音戚。钺,音越。秬,音巨。鬯,音畅。⑬事在僖二十八年。【释文】彤,徒冬切。贲,音奔。⑭加重赏。【释文】夏,户雅切。⑮书功于策。⑯有南阳。⑰弓钺之属。⑱襄之二路。⑲旌旗。⑳言福祚不在叔父,当在谁邪?【释文】福祚之不登叔父,绝句。焉,於虔切,下"将焉"同。㉑孙伯黡,晋正卿,籍谈九世祖。【释文】黡,於斩切。㉒辛有,周人也。其二子适晋为大史,籍黡与之共董督晋典,因为董氏,董狐其后。㉓忘祖业。【释文】

籍谈归，以告叔向。叔向曰："王其不终乎！吾闻之，所乐必卒焉。今王乐忧，若卒以忧，不可谓终。王一岁而有三年之丧二焉①，于是乎以丧宾宴，又求彝器，乐忧甚矣，且非礼也。彝器之来，嘉功之由，非由丧也。三年之丧，虽贵遂服，礼也②。王虽弗遂，宴乐以早，亦非礼也③。礼，王之大经也。一动而失二礼，无大经矣④。言以考典⑤，典以志经，忘经而多言举典，将焉用之⑥？"

①天子绝期，唯服三年，故后虽期，通谓之三年丧。【释文】乐，音洛。期，居其切。②天子诸侯除丧当在卒哭，今王既葬而除，故讥其不遂。③言今虽不能遂服，犹当静嘿，而便宴乐，又失礼也。【释文】嘿，亡北切，本或作"默"，同。④失二礼，谓既不遂服，又设宴乐。⑤考，成也。⑥为二十二年王室乱传。

昭公十六年

【经】

十有六年春，齐侯伐徐。

楚子诱戎蛮子杀之①。

夏，公至自晋。

秋八月己亥，晋侯夷卒②。

九月，大雩③。

季孙意如如晋。

冬十月，葬晋昭公④。

①【释文】诱，音酉。②未同盟。③【释文】雩，音于。④三月而葬，速。

【传】

十六年春，王正月，公在晋，晋人止公，不书，讳之也①。

①犹以取郓故也。公为晋人所执止，故讳不书。

齐侯伐徐。楚子闻蛮氏之乱也，与蛮子之无质也①，使然丹诱戎蛮子嘉杀之，遂取蛮氏。既而复立其子焉，礼也②。

①质，信也。【释文】质，之实切，或音致。②诈之，非也；立其子，礼也。阿南新城县东南有蛮城。【释文】复，扶又切。

二月丙申，齐师至于蒲隧①。徐人行成。徐子及郯人、莒人会齐侯，盟于蒲隧，赂以甲父之鼎②。叔孙昭子曰："诸侯之无伯，害哉③！齐君之无道也，兴师而伐远方，会之有成而还，莫之亢也④，无伯也夫。《诗》曰：'宗周既灭，靡所止戾。正大夫离居，莫知我肄⑤。'其是之谓乎⑥！"

①蒲隧，徐地，下邳取虑县东有蒲如陂。【释文】取，音秋。虑，力居切。如淳取音陬訾之陬，虑音邾娄之娄。②甲父，古国名，高平昌邑县东南有甲父亭。徐人得甲父鼎以赂齐。【释文】父，音甫。郯，音谈。③为小国害。④无亢御。【释文】亢，苦浪切。⑤《诗·小雅》。戾，定也。肄，劳也。言周旧为天下宗，今乃衰灭，乱无息定，执政大夫离居异心，无有念民劳者。⑥传言晋之衰。

三月，晋韩起聘于郑，郑伯享之。子产戒曰："苟有位于朝，无有不共恪。"孔张后至，立于客间①。执政御之②，适客后。又御之，适县间③。客从而笑之。

①孔张，子孔之孙。②执政，掌位列者。御，止也。③县，乐肆。【释文】县，音玄。

事毕，富子谏曰①："夫大国之人，不可不慎也，几为之笑而不陵我②？我皆有礼，夫犹鄙我③。国而无礼，何以求荣？孔张失位，吾子之耻也。"子产怒曰："发命之不衷④，出令之不信，刑之颇类⑤，狱之放纷⑥，会朝之不敬⑦，使命之不听⑧，取陵于大国，罢民而无功，罪我而弗知，侨之耻也。孔张，君之昆孙、子孔之后也⑨，执政之嗣也⑩。为嗣大夫，承命以使，周于诸侯，国人所尊，诸侯所知。立于朝而祀于家⑪，有禄于国⑫，有赋于军⑬，丧祭有职⑭，受脤归脤⑮，其祭在庙，已有著位，在位数世，世守其业，而忘其所，侨焉得耻之⑯？辟邪之人而皆及执政，是先王无刑罚也⑰。子宁以他规我⑱。"

①富子，郑大夫。谏子产也。②言数见笑则心陵侮我。【释文】几，居岂切，服音机。数，音朔。③鄙，贱也。【释文】夫，音扶。④衷，当也。【释文】衷，丁仲切，又音忠。当，丁浪切，或如字。⑤缘事类以成偏颇。【释文】颇，普何切。类，如字，又力对切，徐又力猥切。⑥放，纵也。纷，乱也。【释文】纷，芳云切。纵，子用切。⑦谓国无礼敬之心。⑧下不从上命。⑨昆，兄也。子孔，郑襄公兄，孔张之祖父。【释文】罢，音皮。⑩子孔尝执郑国之政。⑪卿得自立庙于家。【释文】使，所吏切，下"以使"同。⑫受禄邑。⑬军出，卿赋百乘。【释文】乘，绳证切。⑭有所主。⑮受脤，谓君祭以肉赐大夫；归脤，谓大夫祭归肉于公，皆社之戎祭也。【释文】脤，市轸切。⑯其祭在庙，谓助君祭。【释文】数，色主

切。焉，於虔切，下"焉用"同。⑰言为过谬者，自应用刑罚。【释文】辟，匹亦切。邪，似嗟切。⑱规，正也。

宣子有环，有一在郑商①。宣子谒诸郑伯②，子产弗与，曰："非官府之守器也，寡君不知。"子大叔、子羽谓子产曰："韩子亦无几求③，晋国亦未可以贰。晋国、韩子，不可偷也④。若属有谗人交斗其间，鬼神而助之，以兴其凶怒，悔之何及？吾子何爱于一环，其以取憎于大国也，盍求而与之？"子产曰："吾非偷晋而有二心，将终事之，是以弗与，忠信故也。侨闻君子非无贿之难，立而无令名之患。侨闻为国非不能事大字小之难，无礼以定其位之患。夫大国之人，令于小国，而皆获其求，将何以给之？一共一否，为罪滋大⑤。大国之求，无礼以斥之，何餍之有？吾且为鄙邑，则失位矣⑥。若韩子奉命以使，而求玉焉，贪淫甚矣，独非罪乎？出一玉以起二罪，吾又失位，韩子成贪，将焉用之？且吾以玉贾罪，不亦锐乎⑦？"

①玉环同工共朴，自共为双。【释文】朴，普角切。②谒，请也。③言所求少。【释文】守，手又切。几，居岂切。④偷，薄也。【释文】偷，他侯切。⑤滋，益也。【释文】属，音烛。盍，户腊切。难，乃旦切，又如字。共，音恭，下"共无"同。⑥不复成国。【释文】餍，於盐切。复，扶又切，下"敢复"同。⑦锐，细小也。【释文】贾，音古，下"强贾"同。锐，悦岁切。

韩子买诸贾人，既成贾矣，商人曰："必告君大夫。"韩子请诸子产曰："日起请夫环，执政弗义，弗敢复也①。今买诸商人，商人曰'必以闻'，敢以为请。"子产对曰："昔我先君桓公，与商人皆出自周②。庸次比耦③，以艾杀此地，斩之蓬蒿藜藋，而共处之。世有盟誓，以相信也，曰：'尔无我叛，我毋强贾④，毋或丐夺。尔有利市宝贿，我勿与知。'恃此质誓，故能相保，以至于今。今吾子以好来辱，而谓敝邑强夺商人，是教敝邑背盟誓也，毋乃不可乎！吾子得玉而失诸侯，必不为也。若大国令，而共无艺⑤，郑，鄙邑也，亦弗为也⑥。侨若献玉，不知所成，敢私布之⑦。"韩子辞玉，曰："起不敏，敢求玉以徼二罪？敢辞之⑧。"

①复，重求也。【释文】贾，音嫁，本或作"价"。夫，音扶。重，直用切。②郑本在周畿内，桓公东迁，并与商人俱。③庸，用也。用次更相从耦耕。【释文】比，毗志切。更，音庚。④无强市其物。【释文】艾，鱼废切。蓬，蒲东切。蒿，呼高切。藜，力兮切。藋，徒吊切。强，其丈切，下"强夺"同，又其良切，注仿此。⑤艺，法也。【释文】毋，音无。丐，古害切，又姑末切，乞也。贿，呼罪切，或作"货"。与，音预。好，呼报切。背，音佩。⑥不欲为鄙邑之事。⑦布，陈也。⑧传言子产知礼，宣子能改过。【释文】徼，古尧切。

夏四月，郑六卿饯宣子于郊①。宣子曰："二三君子请皆赋，起亦以知郑志②。"子齹赋《野有蔓草》③。宣子曰："孺子善哉，吾有望矣④。"子产赋郑之《羔裘》⑤。宣子曰："起不堪也⑥。"子大叔赋《褰裳》⑦。宣子曰："起在此，敢勤子至于他人乎⑧？"子大叔拜⑨。宣子曰："善哉，子之言是⑩。不有是事，其能终乎⑪？"子游赋《风雨》⑫，子旗赋《有女同车》⑬，子柳赋《萚兮》⑭。宣子喜曰："郑其庶乎⑮！二三君子以君命贶起，赋不出郑志⑯，皆昵燕好也⑰。二三君子数世之主也，可以无惧矣。"宣子皆献马焉，而赋《我将》⑱。子产拜，使五卿皆拜，曰："吾子靖乱，敢不拜德？"宣子私觌于子产以玉与马，曰："子命起舍夫玉，是赐我玉而免吾死也，敢不藉手以拜⑲？"

①饯，送行饮酒。【释文】饯，贱浅切，《字林》子扇切。②诗言志也。③子齹，子皮之子婴齐也。《野有蔓草》，《诗·郑风》，取其"邂逅相遇，适我愿兮"。【释文】齹，才何切，《字林》才可切，又士知切，《说文》作"齹"，云：齿差跌也。在河、千多二切。蔓，音万。邂，户卖切。逅，户豆切。④君子相愿，己所望也。【释文】孺，如住切。⑤言郑，别于唐《羔裘》也。取其"彼己之子，舍命不渝""邦之彦兮"，以美韩子。【释文】别，彼列切。己，音记。舍，音赦，又音捨。渝，羊朱切。⑥不堪国之司直。⑦《褰裳》诗曰："子惠思我，褰裳涉溱。子不我思，岂无他人。"言宣子思己，将有褰裳之志；如不我思，亦岂无他人。【释文】褰，起虔切。溱，侧巾切。⑧言己今崇好在此，不复令子适他人。【释文】复，扶又切。令，力呈切。⑨谢宣子之有郑。⑩是，《褰裳》。⑪韩起不欲令郑求他人，子大叔拜以答之，所以晋、郑终善。⑫子游，驷带之子驷偃也。《风雨》诗取其"既见君子，云胡不夷"。⑬子旗，公孙段之子丰施也。《有女同车》取其"洵美且都"，爱乐宣子之志。【释文】乐，音洛，又五孝切。⑭子柳，印段之子印癸也。《萚兮》诗取其"倡予和女"，言宣子倡，己将和从之。【释文】萚，他洛切。印，一刃切。倡，昌亮切，本或作"唱"，同。和，户卧切。女，音汝。⑮庶几于兴盛。⑯六诗皆《郑风》，故曰不出郑志。【释文】贶，音况。⑰昵，亲也。赋不出其国，以示亲好。【释文】昵，女乙切。⑱《我将》，《诗·颂》，取其"日靖四方""我其夙夜，畏天之威"，言志在靖乱，畏惧天威。【释文】数，色主切。⑲以玉马藉手拜谢子产。【释文】觌，其觋切。舍，音捨。夫，音扶。藉，在夜切。

公至自晋①。子服昭伯语季平子曰②："晋之公室，其将遂卑矣。君幼弱，六卿强而奢傲，将因是以习。习实为常，能无卑乎？"平子曰："尔幼，恶识国③？"

①晋人听公得归。②昭伯，惠伯之子子服回也。随公从晋还。【释文】语，鱼据切。③昭伯尚少，平子不信其言。【释文】傲，五报切。恶，乌路切。少，诗照切。

秋八月,晋昭公卒[1]。

①为下平子如晋葬起。

九月,大雩,旱也。

郑大旱,使屠击、祝款、竖柎有事于桑山[1]。斩其木,不雨。子产曰:"有事于山,蓻山林也[2],而斩其木,其罪大矣。"夺之官邑。

①三子,郑大夫。有事,祭也。【释文】屠,音徒。柎,音附,又方于切。②蓻,养护令繁殖。【释文】蓻,音艺。令,力呈切。

冬十月,季平子如晋葬昭公。平子曰:"子服回之言犹信[1],子服氏有子哉[2]!"

①自往见之,乃信回言。②有贤子也。

昭公十七年

【经】

十有七年春,小邾子来朝。

夏六月甲戌朔,日有食之。

秋,郯子来朝。

八月,晋荀吴帅师灭陆浑之戎[1]。

冬,有星孛于大辰[2]。

楚人及吴战于长岸[3]。

①【释文】浑,户门切。②大辰,房心尾也。妖变非常,故书。【释文】孛,音佩,一音勃。③吴、楚两败,莫肯告负,故但书战而不书败也。长岸,楚地。【释文】岸,五旦切。

【传】

十七年春,小邾穆公来朝,公与之燕。季平子赋《采叔》[1],穆公赋《菁菁者莪》[2]。昭子曰:"不有以国,其能久乎[3]?"

①《采叔》,《诗·小雅》,取其"君子来朝,何锡与之",以穆公喻君子。②《菁菁者莪》,亦《诗·小雅》,取其"既见君子,乐且有仪",以答《采叔》。【释文】菁,子丁切。莪,五河切。乐,音洛。③嘉其能答赋,言其贤,故能久有国。

夏六月甲戌朔，日有食之。祝史请所用币①。昭子曰："日有食之，天子不举②，伐鼓于社③；诸侯用币于社④，伐鼓于朝⑤，礼也。"平子御之⑥，曰："止也。唯正月朔，慝未作，日有食之，于是乎有伐鼓用币，礼也。其余则否。"大史曰："在此月也⑦。日过分而未至⑧，三辰有灾⑨。于是乎百官降物⑩，君不举，辟移时⑪，乐奏鼓⑫，祝用币⑬，史用辞⑭。故《夏书》曰：'辰不集于房⑮，瞽奏鼓⑯，啬夫驰，庶人走⑰。'此月朔之谓也。当夏四月，是谓孟夏⑱。"平子弗从。昭子退曰："夫子将有异志，不君君矣⑲。"

①礼：正阳之月日食，当用币于社。故请之。②不举盛馔。【释文】馔，仕眷切。③责群阴。④请上公。⑤退自责。⑥御，禁也。⑦正月，谓建巳正阳之月也。于周为六月，于夏为四月。慝，阴气也。四月纯阳用事，阴气未动而侵阳，灾重，故有伐鼓用币之礼也。平子以为六月非正月，故大史答言在此月也。【释文】正，音政。慝，他得切。夏，户雅切，下"当夏"同。⑧过春分而未夏至。⑨三辰，日、月、星也。日月相侵，又犯是宿，故三辰皆为灾。【释文】宿，音秀。⑩降物，素服。⑪辟正寝过日食时。⑫伐鼓。⑬用币于社。⑭用辞以自责。⑮逸《书》也。集，安也。房，舍也。日月不安其舍则食。⑯瞽，乐师。【释文】瞽，音古。⑰车马曰驰，步曰走，为救日食备也。【释文】啬，音色。⑱言此六月，当夏家之四月。⑲安君之灾，故曰有异志。

秋，郯子来朝，公与之宴。昭子问焉，曰："少暤氏鸟名官，何故也①？"郯子曰："吾祖也，我知之。昔者黄帝氏以云纪，故为云师而云名②。炎帝氏以火纪，故为火师而火名③。共工氏以水纪，故为水师而水名④。大暤氏以龙纪，故为龙师而龙名⑤。我高祖少暤挚之立也，凤鸟适至，故纪于鸟，为鸟师而鸟名。凤鸟氏，历正也⑥。玄鸟氏，司分者也⑦。伯赵氏，司至者也⑧。青鸟氏，司启者也⑨。丹鸟氏，司闭者也⑩。祝鸠氏，司徒也⑪。鴡鸠氏，司马也⑫。鸤鸠氏，司空也⑬。爽鸠氏，司寇也⑭。鹘鸠氏，司事也⑮。五鸠，鸠民者也⑯。五雉，为五工正⑰，利器用，正度量，夷民者也⑱。九扈，为九农正⑲，扈民无淫者也⑳。自颛顼以来，不能纪远，乃纪于近，为民师而命以民事，则不能故也㉑。"仲尼闻之，见于郯子而学之㉒。既而告人曰："吾闻之，天子失官，学在四夷，犹信㉓。"

①少暤，金天氏，黄帝之子，己姓之祖也。问何故以鸟名官。【释文】少，诗照切。暤，胡老切。己，音纪，又音杞。②黄帝，轩辕氏，姬姓之(在)[祖]也。黄帝受命有云瑞，故以云纪事，百官师长皆以云为名号，缙云氏盖其一官也。【释文】长，丁丈切。缙，音进。③炎帝，神农氏，姜姓之祖也。亦有火瑞，以火纪事，名百官。④共工，以诸侯霸有九州者，在神农前，大暤后。亦受水瑞，以水名官。【释文】共，音恭。大，音泰，下"大暤"同。

⑤大暤，伏牺氏，风姓之祖也。有龙瑞，故以龙命官。⑥凤鸟知天时，故以名历正之官。【释文】挚，音至。⑦玄鸟，燕也。以春分来，秋分去。【释文】燕，於见切。⑧伯赵，伯劳也。以夏至鸣，冬至止。⑨青鸟，鸧鹒也。以立春鸣，立夏止。【释文】鸧，音仓。鹒，亦作"鸠"，於谏切。⑩丹鸟，鷩雉也。以立秋来，立冬去，入大水为蜃。上四鸟皆历正之属官。【释文】鷩，必灭切。蜃，市轸切。⑪祝鸠，鷦鸠也。鷦鸠孝，故为司徒，主教民。【释文】鷦，音焦，本又作"焦"，子遥切，又子尧切。⑫鴡鸠，王鴡也。鸷而有别，故为司马，主法制。【释文】鴡，本又作"雎"，七徐切。鸷，音至，本亦作"挚"，下同。别，彼列切。⑬鸤鸠，鹘鵃也。鸤鸠平均，故为司空，平水土。【释文】鹘，本亦作"秸"，简八切，又音吉。鵃，本亦作"鞠"，居六切。⑭爽鸠，鹰也。鸷，故为司寇，主盗贼。【释文】爽，所丈切。⑮鹘鸠，鹘鵰也。春来冬去，故为司事。【释文】鵰，陟交切，又陟留切，又音雕。⑯鸠，聚也。治民上聚，故以鸠为名。⑰五雉，雉有五种：西方曰鷷雉，东方曰鶅雉，南方曰翟雉，北方曰鶜雉，伊洛之南曰翚雉。【释文】种，章勇切。鷷，音存，又音遵，本或作"蹲"。鶅，侧其切。翟，音狄，又音浊。鶜，本又作"希"，如字，又丁里切。翚，许韦切。⑱夷，平也。【释文】量，音亮。⑲扈有九种也。春扈鳷鳸，夏扈窃玄，秋扈窃蓝，冬扈窃黄，棘扈窃丹，行扈唶唶，宵扈啧啧，桑扈窃脂，老扈鷃鷃。以九扈为九农之号，各随其宜，以教民事。【释文】扈，音户。鳷，扶云切，又如字。鳸，敕伦切。唶，侧百切，又子夜切，又助额切。啧，音责，又音赜。⑳扈，止也。止民使不淫放。㉑颛顼氏，代少暤者。德不能致远瑞，而以民事命官。【释文】颛，音专。顼，许玉切。㉒于是仲尼年二十八。㉓失官，官不修其职也。传言圣人无常师。

晋侯使屠蒯如周，请有事于雒与三涂①。苌弘谓刘子曰："客容猛，非祭也，其伐戎乎？陆浑氏甚睦于楚，必是故也。君其备之！"乃警戎备②。九月丁卯，晋荀吴帅师涉自棘津③，使祭史先用牲于雒。陆浑人弗知，师从之。庚午，遂灭陆浑，数之以其贰于楚也。陆浑子奔楚，其众奔甘鹿④。周大获⑤。宣子梦文公携荀吴而授之陆浑，故使穆子帅师，献俘于文宫⑥。

①屠蒯，晋侯之膳宰也。以忠谏见进。雒，雒水也。三涂，山名，在陆浑南。【释文】蒯，苦怪切。雒，音洛。②警戒以备戎也。欲因晋以合势。【释文】警，音景。③河津名。④甘鹿，周地。⑤先警戒备，故获。⑥欲以应梦。【释文】俘，芳夫切。应，应对之应。

冬，有星孛于大辰，西及汉①。申须曰："彗所以除旧布新也②。天事恒象③，今除于火，火出必布焉。诸侯其有火灾乎④？"梓慎曰："往年吾见之，是其征也⑤，火出而见⑥。今兹火出而章，必火入而伏⑦。其居火也久矣⑧，其与不然乎⑨？火出，于夏为三月⑩，于商为四月，于周为五月。夏数得天⑪，若火作，其四国当之，在宋、卫、陈、郑乎？宋，大辰之虚也⑫；陈，大皞之虚也⑬；郑，祝融之虚也⑭，皆火房也⑮。星孛及汉，汉，水祥也⑯。卫，颛顼之虚也，故为帝丘⑰，其星为大水⑱，水，火之牡也⑲。其以丙子若壬午作乎？水火所以合也⑳。若火入而伏，必以壬午㉑，不过其见之月㉒。"郑裨灶言于子产曰："宋、卫、陈、郑将同日火，若我用瓘斝玉瓒，郑必不火㉓。"子产弗与㉔。

①夏之八月，辰星见在天汉西。今孛星出辰西，光芒东及天汉。【释文】夏，户雅切。见，贤遍切。②申须，鲁大夫。【释文】彗，似锐切，又息遂切。③天道恒以象类告示人。④今火向伏，故知当须火出，乃布散为灾。【释文】向，许亮切，又作"嚮"。⑤征，始有形象而微也。⑥前年火出时。【释文】见，贤遍切，下同。⑦随火没也。⑧历二年。⑨言必然也。【释文】与，如字，又音预。⑩谓昏见。⑪得天正。⑫大辰，大火。宋分野。【释文】虚，起居切。分，扶问切。⑬大皞居陈，木火所自出。⑭祝融，高辛氏之火正，居郑。⑮房，舍也。⑯天汉，水也。⑰卫，今濮阳县，昔帝颛顼居之，其城内有颛顼冢。【释文】濮，音卜。⑱卫星营室，营室，水也。⑲牡，雄也。【释文】牡，茂后切。⑳丙午火，壬子水，水火合而相薄，水少而火多，故水不胜火。【释文】薄，本又作"搏"，音博。㉑尚未知今孛星当复随火星俱伏不，故言若。【释文】复，扶又切。㉒火见周之五月。㉓瓘，珪也。斝，玉爵也。瓒，勺也。欲以禳火。【释文】裨，婢支切。瓘，古乱切。斝，古雅切。瓒，才旦切。勺，上若切。禳，本亦作"攘"，如羊切，下同。㉔以为天灾流行，非禳所能息故也。为明年宋、卫、陈、郑灾传。

吴伐楚。阳匄为令尹，卜战，不吉①。司马子鱼曰："我得上流，何故不吉②？且楚故，司马令龟，我请改卜。"令曰："鲂也，以其属死之，楚师继之，尚大克之。"吉③。战于长岸。子鱼先死，楚师继之，大败吴师，获其乘舟馀皇④，使随人与后至者守之，环而堑之，及泉⑤，盈其隧炭，陈以待命⑥。

①阳匄，穆王曾孙令尹子瑕。【释文】匄，古害切。②子鱼.公子鲂也。顺江而下，易用胜敌。【释文】鲂，音房。易，以豉切。③得吉兆。④馀皇，舟名。【释文】乘，如字，又绳证切，下同。⑤环，周也。【释文】环，如字，又音患。堑，七艳切。⑥隧，出入道。【释文】隧，音遂。炭，吐旦切。

吴公子光①请于其众，曰："丧先王之乘舟，岂唯光之罪，众亦有焉。请藉取之，以救死②。"众许之。使长鬣者三人③，潜伏于舟侧，曰："我呼馀皇，则对。"师夜从之④。三呼，皆迭对⑤。楚人从而杀之,楚师乱,吴人大败之,取馀皇以归⑥。

①光,诸樊子阖庐。【释文】阖,户腊切。庐,力居切。②藉众之力以取舟。【释文】丧,息浪切。③长鬣,多髭鬚,与吴人异形状,诈为楚人。【释文】鬣,力辄切。髭,子斯切。鬚,音须。④师,吴师也。【释文】呼,呼路切,又如字。⑤迭,更也。【释文】迭,待结切,又音弟。更,音庚。⑥传言吴光有谋。

昭公十八年

【经】

十有八年春,王三月,曹伯须卒①。

夏五月壬午,宋、卫、陈、郑灾②。

六月,邾人入鄅③。

秋,葬曹平公。

冬,许迁于白羽④。

①未同盟而赴,以名。②来告,故书。天火曰灾。③鄅国,今琅邪开阳县。【释文】鄅,音禹,许慎、郭璞音矩。琅,音郎,本或作"郎"。④自叶迁也。畏郑而乐迁,故以自迁为文。【释文】叶,始涉切。

【传】

十八年春,王二月乙卯,周毛得杀毛伯过①而代之②。苌弘曰:"毛得必亡,是昆吾稔之日也,侈故之以③。而毛得以济侈于王都,不亡何待④!"

①毛伯过,周大夫。得,过之族。【释文】过,古禾切。②代居其位。③昆吾,夏伯也。稔,熟也。侈恶积熟,以乙卯日与桀同诛。【释文】苌,直良切。稔,而审切。侈,昌氏切,又尸氏切。夏,尸雅切。④为二十六年毛伯奔楚传。

三月,曹平公卒①。

①为下会葬见原伯起本。

夏五月,火始昏见①。丙子,风。梓慎曰:"是谓融风,火之始也②。七日,其火作乎③!"戊寅,风甚。壬午,大甚。宋、卫、陈、郑皆火。梓慎登大庭氏之库以望之④,曰:

"宋、卫、陈、郑也。"数日,皆来告火[⑤]。裨灶曰:"不用吾言,郑又将火[⑥]。"郑人请用之[⑦],子产不可。子大叔曰:"宝,以保民也。若有火,国几亡。可以救亡,子何爱焉?"子产曰:"天道远,人道迩,非所及也,何以知之?灶焉知天道?是亦多言矣,岂不或信[⑧]?"遂不与,亦不复火[⑨]。

①火,心星。【释文】见,贤遍切。②东北曰融风。融风,木也。木,火母,故曰火之始。③从丙子至壬午七日,水火合之日,故知当火作。④大庭氏,古国名,在鲁城内。鲁于其处作库,高显,故登以望气,参近占以审前年之言。【释文】大甚,本或作"火甚"。处,昌虑切,下"祭处"同。故登以望气,本或作"以望氛气"。⑤言经所以书。【释文】数,所主切。⑥前年裨灶欲用王瓘斝禳火,子产不听,今复请用之。【释文】禳,如羊切。复,扶又切,下同。⑦信灶言。⑧多言者或时有中。【释文】几,音祈,又音机。焉,於虔切。中,丁仲切。⑨传言天道难明,虽裨灶犹不足以尽知之。

郑之未灾也,里析告子产曰:"将有大祥[①],民震动,国几亡。吾身泯焉,弗良及也[②]。国迁其可乎?"子产曰:"虽可,吾不足以定迁矣[③]。"及火,里析死矣,未葬,子产使舆三十人,迁其柩[④]。火作,子产辞晋公子、公孙于东门[⑤]。使司寇出新客[⑥],禁旧客勿出于宫[⑦]。使子宽、子上巡群屏摄,至于大宫[⑧]。使公孙登徙大龟[⑨]。使祝史徙主祏于周庙,告于先君[⑩]。使府人、库人各儆其事[⑪]。商成公儆司宫[⑫],出旧宫人,寘诸火所不及[⑬]。司马、司寇列居火道[⑭],行火所焮[⑮]。城下之人,伍列登城[⑯]。明日,使野司寇各保其征[⑰]。郊人助祝史除于国北[⑱],禳火于玄冥、回禄[⑲],祈于四鄘[⑳]。书焚室而宽其征,与之材[㉑]。三日哭,国不市[㉒]。使行人告于诸侯。宋、卫皆如是。陈不救火,许不吊灾,君子是以知陈、许之先亡也[㉓]。

①里析,郑大夫。祥,变异之气。【释文】析,星历切。大祥,或作"火祥",非也。②言将先灾死。【释文】泯,面忍切。先,悉荐切。③子产知天灾不可逃,非迁所免,故托以知不足。【释文】知,音智。④以其常与己言故。【释文】舆,音余。柩,其又切。⑤晋人新来,未入,故辞不使前也。⑥新来聘者。⑦为其知国情,不欲令去。【释文】为,于伪切。令,力呈切。⑧二子,郑大夫。屏摄,祭祀之位。大宫,郑祖庙。巡行宗庙,不得使火及之。【释文】行,下孟切,下"行火"、下注"履行"同。⑨登,开卜大夫。⑩祏,庙主石函。周庙,厉王庙也。有火灾,故合群主于祖庙,易救护。【释文】祏,音石。函,音咸。易,以豉切。⑪儆,备火也。【释文】儆,音景。⑫商成公,郑大夫。司宫,巷伯、寺人之官。⑬旧宫人,先公宫女。【释文】寘,之豉切。⑭备非常也。⑮焮,炙也。【释文】焮,许勤切。⑯

为部伍登城,备奸也。⑰野司寇,县士也。火之明日,四方乃闻灾,故戒保所征役之人。⑱为祭处于国北者,就太阴禳火。⑲玄冥,水神。回禄,火神。【释文】冥,亡丁切。⑳郿,城也。城积土,阴气所聚,故祈祭之,以禳火之余灾。【释文】郿,音容。㉑征,赋税也。【释文】税,始锐切。㉒示忧戚,不会市。㉓不义,所以亡。

六月,郿人藉稻①。邾人袭郿,郿人将闭门,邾人羊罗摄其首焉②,遂入之,尽俘以归。郿子曰:"余无归矣。"从帑于邾,邾庄公反郿夫人,而舍其女③。

①郿,妘姓国也。其君自出藉稻,盖履行之。【释文】妘,音云。②斩得闭门者头。③为明年宋伐邾起。【释文】俘,芳夫切。帑,音奴。

秋,葬曹平公。往者见周原伯鲁焉①,与之语,不说学,归以语闵子马。闵子马曰:"周其乱乎? 夫必多有是说,而后及其大人②。大人患失而惑,又曰:'可以无学,无学不害③。'不害而不学,则苟而可④。于是乎下陵上替,能无乱乎? 夫学,殖也,不学将落,原氏其亡乎⑤?"

①原伯鲁,周大夫。②国乱俗坏,言者适多,渐以及大人。大人,在位者。【释文】说,音悦。语,鱼据切。③患有学而失道者以惑其意。④以为无害遂不学,则皆怀苟且。⑤殖,生长也。言学之进德,如农之殖苗,日新日益。【释文】替,他计切。殖,时力切。长,丁丈切。

七月,郑子产为火故,大为社①,祓禳于四方,振除火灾,礼也②。乃简兵大蒐,将为蒐除③。子大叔之庙在道南,其寝在道北,其庭小④。过期三日⑤,使除徒陈于道南庙北,曰:"子产过女而命速除,乃毁于而向⑥。"子产朝⑦,过而怒之⑧,除者南毁。子产及冲,使从者止之曰:"毁于北方⑨。"

①为,治也。【释文】为,于伪切,下"为蒐"同。②振,弃也。【释文】祓,芳佛切,徐音废。③治兵于庙,城内地迫,故除广之。④庭,蒐场也。【释文】场,直长切。⑤处小不得一时毕。【释文】处,昌虑切。⑥而,女也。毁女所向。【释文】女,音汝,注同。向,许亮切,本又作"乡"。⑦朝君。⑧怒不毁。⑨言子产仁,不忍毁人庙。【释文】冲,昌容切。从,才用切。

火之作也,子产授兵登陴。子大叔曰:"晋无乃讨乎①?"子产曰:"吾闻之,小国忘守则危,况有灾乎? 国之不可小,有备故也。"既,晋之边吏让郑曰:"郑国有灾,晋君、大夫不敢宁居,卜筮走望,不爱牲玉。郑之有灾,寡君之忧也。今执事㧑然授兵登陴②,将以谁罪? 边人恐惧,不敢不告。"子产对曰:"若吾子之言,敝邑之灾,君之忧也。敝邑失政,天降之灾。又惧谗慝之间谋之,以启贪人,荐为弊邑不利[3],以重君之忧。幸而不亡,犹可说也[4]。不幸而亡,君虽忧之,亦无及也。郑有他竟,望走在晋[5]。既事晋矣,其敢有二心[6]?”

①辞晋公子、公孙而授兵,似若叛晋。【释文】陴,婢支切。②𢱍然,劲忿貌。【释文】守,手又切,又如字。𢱍,退板切。劲,吉政切。③荐,重也。【释文】恐,丘勇切。慝,他得切。间,间厕之间。荐,在谝切。重,直用切。④说,解也。⑤言郑虽与他国为竟,每瞻望晋归赴之。【释文】竟,音境。⑥传言子产有备。

楚左尹王子胜言于楚子曰:“许于郑,仇敌也,而居楚地,以不礼于郑[1]。晋、郑方睦,郑若伐许,而晋助之,楚丧地矣。君盍迁许?许不专于楚[2],郑方有令政。许曰‘余旧国也’[3],郑曰‘余俘邑也’[4]。叶在楚国,方城外之蔽也[5]。土不可易[6],国不可小[7],许不可俘,仇不可启。君其图之。”楚子说。冬,楚子使王子胜迁许于析,实白羽[8]。

①十三年,平王复迁邑,许自夷还居叶,恃楚而不事郑。②自以旧国,不专心事楚。【释文】丧,息浪切。盍,户腊切。③许先郑封。【释文】先,悉荐切。④隐十一年,郑灭许而复存之,故曰我俘邑。【释文】复,扶又切。⑤为方城外之蔽障。【释文】障,章亮切。⑥易,轻也。【释文】易,以豉切。⑦谓郑。⑧于传时,白羽改为析。【释文】说,音悦。析,星历切。

昭公十九年

【经】

十有九年春,宋公伐邾[1]。

夏五月戊辰,许世子止弑其君买[2]。

己卯,地震[3]。

秋,齐高发帅师伐莒。

冬,葬许悼公[4]。

①为鄅。【释文】为,于伪切。②加弑者,责止不舍药物。【释文】弑,音试。舍,音捨。③无传。④无传。

【传】

十九年春，楚工尹赤迁阴于下阴①，令尹子瑕城郏。叔孙昭子曰："楚不在诸侯矣！其仅自完也，以持其世而已②。"

①阴县，今属南乡郡。②迁阴城郏，皆欲以自完守。【释文】郏，古洽切。仅，音觐。持，如字，本或作"恃怙"之字，非也。

楚子之在蔡也①，郹阳封人之女奔之，生大子建②。及即位，使伍奢为之师③。费无极为少师，无宠焉，欲谮诸王，曰："建可室矣④。"王为之聘于秦，无极与逆，劝王取之。正月，楚夫人嬴氏至自秦⑤。

①盖为大夫时往聘蔡。②郹阳，蔡邑。【释文】郹，古阒切。③伍奢，伍举之子，伍员之父。【释文】员，音云。④室，妻也。【释文】少，诗照切。⑤王自取之，故称夫人至，为下拜夫人起。【释文】为，于伪切。与，音预。嬴，音盈。

鄋夫人，宋向戌之女也，故向宁请师①。二月，宋公伐邾，围虫。三月，取之②。乃尽归鄋俘。

①宁，向戌子也。请于宋公伐邾。【释文】向，伤亮切。戌，音恤。②虫，邾邑。不书围取，不以告。【释文】虫，直忠切。

夏，许悼公疟。五月戊辰，饮大子止之药，卒①。大子奔晋。书曰："弑其君。"君子曰："尽心力以事君，舍药物可也②。"

①止独进药，不由医。【释文】疟，鱼略切，病也。②药物有毒，当由医，非凡人所知。讥止不舍药物，所以加弑君之名。【释文】舍，音捨，下注"舍子"同。

邾人、郳人、徐人会宋公。乙亥，同盟于虫①。

①终宋公伐邾事。【释文】郳，五兮切。

楚子为舟师以伐濮①。费无极言于楚子曰："晋之伯也，迩于诸夏，而楚辟陋，故弗能与争。若大城城父而寘大子焉②，以通北方，王收南方，是得天下也。"王说，从之。故大子建居于城父。

①濮，南夷也。【释文】濮，音卜。②城父，今襄城城父县。【释文】伯，音霸。夏，户雅切。辟，匹亦切。父，音甫。寘，之豉切。

令尹子瑕聘于秦，拜夫人也①。

①为明年谮大子张本，故以为夫人遣谢秦。【释文】说，音悦。

秋,齐高发帅师伐莒①。莒子奔纪鄣②。使孙书伐之③。

①莒不事齐故。②纪鄣,莒邑也,东海赣榆县东北有纪城。【释文】鄣,音章,注及下同。赣,古弄切,如淳一音耿弇切。榆,音俞。③孙书,陈无宇之子子占也。

初,莒有妇人,莒子杀其夫,己为嫠妇①。及老,托于纪鄣,纺焉以度而去之②。及师至,则投诸外③。或献诸子占,子占使师夜缒而登④。登者六十人,缒绝。师鼓噪,城上之人亦噪。莒共公惧,启西门而出。七月丙子,齐师入纪⑤。

①寡妇为嫠。【释文】嫠,力之切,本又作"釐"。②因纺纑,连所纺以度城而藏之,以待外攻者,欲报仇。【释文】纺,芳往切。度,待洛切。去,起吕切。裴松之注《魏志》云:古人谓藏为去。案,今关中犹有此音。纑,力吴切,麻缕也。③投绳城外,随之而出。④缘绳登城。【释文】缒,直伪切,下同。⑤传言怨不在大。【释文】噪,素报切。城上之人亦噪,一本作"上之人亦噪"。共,音恭。

是岁也,郑驷偃卒。子游娶于晋大夫,生丝,弱①,其父兄立子瑕②。子产憎其为人也③,且以为不顺④,弗许,亦弗止⑤。驷氏耸⑥。

①子游,驷偃也。弱,幼少。【释文】少,诗照切。②子瑕,子游叔父驷乞。③憎子瑕。④舍子立叔,不顺礼也。⑤许之为违礼,止之为违众,故中立。⑥耸,惧也。【释文】耸,息勇切,注同。

他曰,丝以告其舅。冬,晋人使以币如郑,问驷乞之立故。驷氏惧,驷乞欲逃。子产弗遣。请龟以卜,亦弗予。大夫谋对。子产不待而对客曰:"郑国不天①,寡君之二三臣,札瘥夭昏②。今又丧我先大夫偃,其子幼弱,其一二父兄,惧队宗主,私族于谋而立长亲③。寡君与其二三老曰:'抑天实剥乱是,吾何知焉④?'谚曰:'无过乱门。'民有兵乱,犹惮过之,而况敢知天之所乱?今大夫将问其故,抑寡君实不敢知,其谁实知之?平丘之会⑤,君寻旧盟曰:'无或失职。'若寡君之二三臣;其即世者,晋大夫而专制其位,是晋之县鄙也,何国之为?"辞客币而报其使。晋人舍之⑥。

①不获天福。②大死曰札,小疫曰瘥,短折曰夭,未名曰昏。【释文】札,侧八切,一音截;《字林》作"疒+匕",壮列切,云:夭死也。瘥,才何切,《字林》作"瘥",注同。夭,於表切,注同。昏,如字。疫,音役。③于私族之谋,宜立亲之长者。【释文】丧,息浪切。队,直类切。长,丁丈切。④言天自欲乱驷氏,非国所知。【释文】剥,邦角切。⑤在十三年。【释文】谚,音彦。过,古禾切,又古卧切。惮,待旦切。⑥遣人报晋使。【释文】使,所吏切。

楚人城州来。沈尹戌曰:"楚人必败①。昔吴灭州来②,子旗请伐之。王曰:'吾未抚吾民。'今亦如之，而城州来以挑吴，能无败乎？"侍者曰："王施舍不倦，息民五年，可谓抚之矣。"戌曰："吾闻抚民者，节用于内，而树德于外，民乐其性，而无寇仇。今宫室无量，民人日骇，劳罢死转③，忘寝与食，非抚之也④。"

①十三年，吴县州来，今就城而取之。戌，庄王曾孙，叶公诸梁父也。【释文】戌，音恤。叶，始涉切。②在十三年。③转，迁徙也。【释文】旗，音其。挑，徒了切。乐，音洛。罢，音皮，本或作"疲"。④传言平王所以不能霸。

郑大水，龙斗于时门之外洧渊①。国人请为禜焉，子产弗许，曰："我斗，龙不我觌也②。龙斗，我独何觌焉？禳之，则彼其室也③。吾无求于龙，龙亦无求于我。"乃止也④。

①时门，郑城门也。洧水出荥阳密县，东南至颍川长平入颍。【释文】洧，于轨切。②觌，见也。【释文】禜，为命切。觌，大历切。见，贤遍切。③渊，龙之室。④传言子产之知。【释文】知，音智。

令尹子瑕言蹶由于楚子曰①："彼何罪？谚所谓'室于怒，市于色'者，楚之谓矣②。舍前之忿可也。"乃归蹶由③。

①蹶由，吴王弟；五年，灵王执以归。【释文】蹶，九卫切。②言灵王怒吴子而执其弟，犹人怨于室家而作色于市人。③言楚子能用善言。【释文】舍，音捨，又音赦。

昭公二十年

【经】

二十年春，王正月。

夏，曹公孙会自鄸出奔宋①。

秋，盗杀卫侯之兄絷②。

冬十月，宋华亥、向宁、华定出奔陈③。

十有一月辛卯，蔡侯庐卒④。

①无传。尝有玉帛之使来告，故书。鄸，曹邑。【释文】鄸，莫公切，又亡增切，《字林》音梦。案，梦字，《字林》亡忠切。使，所吏切。②齐豹作而不义，故书曰盗，所谓求名而不得。【释文】絷，张立切。③与君争而出，皆书名，恶之。【释文】华，户化切。争，争斗之争。恶，乌路切。④无传。未同盟而赴以名。【释文】庐，力於切，本又作"卢"，力乌切。

【传】

二十年春，王二月己丑，日南至①。梓慎望氛曰②："今兹宋有乱，国几亡，三年而后弭。蔡有大丧③。"叔孙昭子曰："然则戴、桓也④！汏侈无礼已甚，乱所在也⑤。"

①是岁朔旦，冬至之岁也。当言正月己丑朔，日南至。时史失闰，闰更在二月后，故经因史而书正月，传更具于二月，记南至日，以正历也。②氛，气也。时鲁侯不行登台之礼，使梓慎望氛。【释文】氛，芳云切。③为宋华、向出奔，蔡侯卒传。【释文】几，音祈，又音机。弭，弥耳切。④戴族，华氏。桓族，向氏。⑤传言妖由人兴。【释文】汏，音泰。

费无极言于楚子曰："建与伍奢将以方城之外叛。自以为犹宋、郑也，齐、晋又交辅之，将以害楚，其事集矣。"王信之，问伍奢。伍奢对曰："君一过多矣①，何信于谗？"王执伍奢②，使城父司马奋扬杀大子，未至，而使遣之③。三月，大子建奔宋。王召奋扬，奋扬使城父人执己以至。王曰："言出于余口，入于尔耳，谁告建也？"对曰："臣告之。君王命臣曰：'事建如事余。'臣不佞④，不能苟贰。奉初以还⑤，不忍后命，故遣之。既而悔之，亦无及已。"王曰："而敢来，何也？"对曰："使而失命，召而不来，是再奸也⑥，逃无所入。"王曰："归。"从政如他日⑦。

①一过，纳建妻。②愆奢切言。③知大子冤，故遣令去。【释文】奋，方问切。冤，於元切。令，力呈切。④佞，才也。⑤奉初命以周旋。⑥奸，犯也。【释文】使，所吏切，又如字。奸，音干。⑦善其言，舍使还。【释文】还，音环，下"还豹"同。

无极曰："奢之子材，若在吴，必忧楚国，盍以免其父召之？彼仁，必来。不然，将为患。"王使召之，曰："来，吾免而父。"棠君尚谓其弟员曰①："尔适吴，我将归死。吾知不逮②，我能死，尔能报。闻免父之命，不可以莫之奔也。亲戚为戮，不可以莫之报也。奔死免父，孝也。度功而行，仁也③。择任而往，知也④。知死不辟，勇也⑤。父不可弃⑥，名不可废⑦，尔其勉之，相从为愈⑧。"伍尚归。奢闻员不来，曰："楚君、大夫其旰食乎⑨！"楚人皆杀之。

①棠君，著之长子尚也，为棠邑大夫。员，尚弟子胥。【释文】盍，户腊切。棠君尚，"君"或作"尹"。员，音云。长，丁丈切。②自以知不及员。【释文】知，音智，注及下"知也"同，又如字。逮，音代，又大计切。③仁者贵成功。【释文】度，待洛切。④员任报仇。【释文】任，音壬。⑤尚为勇。⑥俱去为弃父。⑦俱死为废名。⑧愈，差也。【释文】差，初卖切。⑨将有吴忧，不得早食。【释文】旰，古旦切。

员如吴，言伐楚之利于州于①。公子光曰："是宗为戮而欲反其仇，不可从也②。"员曰："彼将有他志③，余姑为之求士，而鄙以待之④。"乃见鲋设诸焉⑤，而耕于鄙⑥。

①州于，吴子僚。【释文】僚，力雕切。②光，吴公子阖庐也。反，复也。③光欲弑僚，不利员用事，故破其议，而员亦知之。④计未得用，故进勇士以求人于光，退居边鄙。⑤鲋诸，勇士。【释文】见，贤遍切。鲋，音专。⑥为二十七年吴弑僚传。【释文】弑，申志切。

宋元公无信多私，而恶华、向。华定、华亥与向宁谋曰："亡愈于死，先诸①？"华亥伪有疾，以诱群公子。公子问之，则执之。夏六月丙申，杀公子寅、公子御戎、公子朱、公子固、公孙援、公孙丁，拘向胜、向行于其廪②。公如华氏请焉，弗许，遂劫之③。癸卯，取大子栾与母弟辰、公子地以为质④。公亦取华亥之子无戚、向宁之子罗、华定之子启，与华氏盟，以为质⑤。

①恐元公杀己，欲先作乱。【释文】恶，乌路切。②八子皆公党。【释文】御，鱼吕切，又如字。援，于眷切。拘，九于切。廪，力甚切。③劫公。④栾，景公也。辰及地皆元公弟。【释文】栾，力官切。质，音致，下同。辰及地皆元公弟，案，公子辰是景公之母弟，地是辰兄，皆当为元公之子，今注皆作元公弟，误耳。⑤为此冬华、向出奔传。【释文】戚。千历切。

卫公孟絷狎齐豹①，夺之司寇与鄄②，有役则反之，无则取之③。公孟恶北宫喜、褚师圃，欲去之④。公子朝通于襄夫人宣姜⑤，惧而欲以作乱。故齐豹、北宫喜、褚师圃、公子朝作乱。

①公孟，灵公兄也。齐豹，齐恶之子，为卫司寇。狎，轻也。【释文】狎，户甲切。②鄄，豹邑。【释文】鄄，音绢。③絷足不良，故有役则以官邑还豹使行。④喜，贞子。【释文】恶，乌路切。褚，中吕切。圃，布五切。去，起吕切。⑤宣姜，灵公嫡母。【释文】朝，如字。嫡，丁历切，本又作"適"。

初，齐豹见宗鲁于公孟①，为骖乘焉②。将作乱，而谓之曰："公孟之不善，子所知也。勿与乘，吾将杀之。"对曰："吾由子事公孟，子假吾名焉，故不吾远也③。虽其不善，吾亦知之，抑以利故，不能去，是吾过也。今闻难而逃，是僭子也④。子行事乎，吾将死之，以周事子⑤，而归死于公孟，其可也。"

①荐达也。【释文】见，贤遍切。②为公孟骖乘。【释文】骖，七南切。乘，绳证切，下皆同。③言子借我以善名，故公孟亲近我。【释文】与，音预，又如字。远，于万切。借，子

夜切。近，附近之近。④使子言不信也。【释文】难，乃旦切。僭，子念切。⑤周，犹终
竟也。

丙辰，卫侯在平寿①。公孟有事于盖获之门外②，齐子氏帷于门外而伏甲焉③。使祝
蛙真戈于车薪以当门④，使一乘从公孟以出⑤。使华齐御公孟，宗鲁骖乘。及闳中⑥，齐氏
用戈击公孟，宗鲁以背蔽之，断肱，以中公孟之肩，皆杀之。

①平寿，卫下邑。②有事，祭也。盖获，卫郭门。③齐豹之家。④要其前也。【释文】
蛙，乌娲切。真，之豉切。要，一遥切。⑤亦如前车真戈于薪，寻其后。【释文】从，如字，
又才用切。⑥闳，曲门中。【释文】华，户化切，下同。闳，音宏。

公闻乱，乘，驱自阅门入，庆比御公，公南楚骖乘，使华寅乘贰车①。及公宫，鸿騋魋驷
乘于公②，公载宝以出。褚师子申遇公于马路之衢，遂从③。过齐氏，使华寅肉袒执盖，以
当其阙④。齐氏射公，中南楚之背，公遂出。寅闭郭门⑤，逾而从公⑥。公如死鸟⑦，析朱鉏
宵从窦出，徒行从公⑧。

①公副车。【释文】断，丁管切。肱，古弘切。中，丁仲切，下"中南楚"同。乘驱，如
字，又绳证切。阅，音悦。比，如字，又毗志切。②鸿騋魋复就公乘，一车四人。【释文】
騋，音留。魋，徒回切。复，扶又切。③从公出。【释文】衢，其俱切。从，才用切。④肉袒
示不敢与齐氏争，执盖蔽公而去。阙，空也，以盖当侍从空阙之处。【释文】袒，徒旱切。
争，争斗之争。处，昌虑切。⑤不欲令追者出。【释文】射，食亦切。令，力呈切。⑥逾郭
出。【释文】从，才用切，又如字，下"从公"同。⑦死鸟，卫地。⑧朱鉏，成子黑背孙。【释
文】析，星历切。鉏，仕居切。窦，音豆。

齐侯使公孙青聘于卫①。既出，闻卫乱，使请所聘。公曰："犹在竟内，则卫君也。"乃
将事焉②。遂从诸死鸟，请将事。辞曰："亡人不佞，失守社稷，越在草莽。吾子无所辱君
命。"宾曰："寡君命下臣于朝，曰阿下执事③。臣不敢贰④。"主人曰："君若惠顾先君之好，
照临敝邑，镇抚其社稷，则有宗祧在⑤。"乃止⑥。卫侯固请见之⑦，不获命，以其良马见⑧，
为未致使故也⑨。卫侯以为乘马⑩。宾将掫⑪，主人辞曰："亡人之忧，不可以及吾子。草
莽之中，不足以辱从者。敢辞。"宾曰："寡君之下臣，君之牧圉也。若不获扞外役，是不有
寡君也⑫。臣惧不免于戾，请以除死。"亲执铎，终夕与于燎⑬。

①青，顷公之孙。【释文】顷，音倾。②将事，行聘事。【释文】竟，音境。③阿，比也。
命己使比卫臣下。【释文】莽，莫荡切。④贰，违命也。⑤言受聘当在宗庙也。【释文】
好，呼报切。祧，他雕切。⑥止，不行聘事。⑦欲与青相见。⑧以为相见之礼。【释文】

见，贤遍切，下注"礼见"同。⑨未致使，故不敢以客礼见。【释文】为，于伪切。使，所吏切。⑩喜其敬己，故贵其物。【释文】乘，绳证切，又如字。⑪掫，行夜。【释文】掫，侧九切，又祖侯切。行，下孟切。⑫有，相亲有。【释文】从，才用切。圉，鱼吕切。扞，户旦切。⑬设火燎以备守。【释文】铎，待洛切。与，音预，下"不与闻谋""与于青"同。燎，力召切，又力吊切。一本作"终夕与于燎"。

齐氏之宰渠子召北宫子①。北宫氏之宰不与闻谋，杀渠子，遂伐齐氏，灭之。丁巳晦，公入，与北宫喜盟于彭水之上②。秋七月戊午朔，遂盟国人。八月辛亥，公子朝、褚师圃、子玉霄、子高鲂出奔晋③。闰月戊辰，杀宣姜④。卫侯赐北宫喜谥曰贞子⑤，赐析朱鉏谥曰成子⑥，而以齐氏之墓予之⑦。

①北宫喜也。②喜本与齐氏同谋，故公先与喜盟。③皆齐氏党。④与公子朝通谋故。⑤灭齐氏故。⑥霄从公故。⑦皆未死而赐谥及墓田。传终而言之。

卫侯告宁于齐，且言子石①。齐侯将饮酒，徧赐大夫曰："二三子之教也②。"苑何忌辞，曰："与于青之赏，必及于其罚③。在《康诰》曰：'父子兄弟，罪不相及④。'况在群臣？臣敢贪君赐以干先王⑤？"

①子石，公孙青。言其有礼。②言青敬卫侯。【释文】徧，音遍。③何忌，齐大夫。言青若有罪，亦当并受其罚。【释文】苑，於元切。④《尚书·康诰》。⑤言受赐则犯《康诰》之义。

琴张闻宗鲁死①，将往吊之。仲尼曰："齐豹之盗，而孟絷之贼，女何吊焉②？君子不食奸③，不受乱④，不为利疚于回⑤，不以回待人⑥，不盖不义⑦，不犯非礼⑧。"

①琴张，孔子弟子，字子开，名牢。【释文】牢，力刀切。②言齐豹所以为盗，孟絷所以见贼，皆由宗鲁。【释文】女，音汝。③如公孟不善而受其禄，是食奸也。④许豹行事，是受乱也。⑤疚，病。回，邪也。以利故不能去，是病身于邪。【释文】为，于伪切。疚，居又切。邪，似嗟切。⑥知难不告，是以邪待人。【释文】难，乃旦切，下同。⑦以周事豹，是盖不义。⑧以二心事絷，是非礼。

宋华、向之乱，公子城①、公孙忌、乐舍②、司马彊、向宜、向郑③、楚建④、郳申⑤出奔郑⑥。其徒与华氏战于鬼阎⑦，败子城。子城适晋⑧。华亥与其妻必盟而食所质公子者而后食。公与夫人每日必适华氏，食公子而后归。华亥患之，欲归公子。向宁曰："唯不信，故质其子。若又归之，死无日矣。"公请于华费遂，将攻华氏⑨。对曰："臣不敢爱死，无乃求去忧而滋长乎⑩？臣是以惧，敢不听命？"公曰："子死亡有命，余不忍其詢⑪。"

①平公子。②舍，乐喜孙。③宜、郑皆向戍子。④楚平王之亡大子。⑤小邾穆公子。【释文】邾，五兮切。⑥八子，宋大夫，皆公党，辟难出。⑦八子之徒众也。颍川长平县西北有阊亭。【释文】阊，似廉切，又以冉切。⑧子城为华氏所败，别走至晋。为明年子城以晋师至起本。⑨费遂。大司马华氏族。【释文】盨，古缓切。食，音嗣，下"食公子"同。质，音致。费，扶未切。⑩恐杀大子，忧益长。【释文】去，起吕切。长，丁丈切。⑪詢，耻也。【释文】詢，许侯切，本或作"诟"，同。

冬十月，公杀华、向之质而攻之。戊辰，华、向奔陈，华登奔吴①。向宁欲杀大子。华亥曰："干君而出，又杀其子，其谁纳我？且归之有庸②。"使少司寇轻以归③，曰："子之齿长矣，不能事人，以三公子为质，必免④。"公子既入，华轻将自门行⑤。公遽见之，执其手曰："余知而无罪也，入，复而所⑥。"

①登，费遂之子，党华、向者。②可以为功善。③以三子归公也。轻，华亥庶兄。【释文】少，诗照切。轻，苦耕切。④质，信也。送公子归可以自明不叛之信。【释文】质，如字，注同。⑤从公门去。⑥而，女也。所，所居官。【释文】遽，其据切。女，音汝。

齐侯疥，遂痁①，期而不瘳，诸侯之宾问疾者多在②。梁丘据与裔款③言于公曰："吾事鬼神丰，于先君有加矣。今君疾病，为诸侯忧，是祝史之罪也。诸侯不知，其谓我不敬。君盍诛于祝固、史嚚以辞宾④？"

①痁，疟疾。【释文】疥，旧音戒，梁元帝音该，依字当作"痎"。《说文》云：两日一发之疟也。痎，音皆。后学之徒金以"疥"字为误。案，传例因事曰遂，若痎已是疟疾，何为复言痁乎？痁，失廉切。②多在齐。【释文】期，音基。瘳，敕留切。③二子，齐嬖大夫。【释文】裔，以制切。嬖，必计切。④欲杀嚚、固以辞谢来问疾之宾。【释文】盍，户腊切。嚚，鱼巾切。

公说，告晏子。晏子曰："日宋之盟①，屈建问范会之德于赵武。赵武曰：'夫子之家事治，言于晋国，竭情无私。其祝史祭祀，陈信不愧，其家事无猜，其祝史不祈②。'建以语康王③。康王曰：'神人无怨，宜夫子之光辅五君，以为诸侯主也④。'"公曰："据与款谓寡人能事鬼神，故欲诛于祝史。子称是语，何故？"对曰："若有德之君，外内不废⑤，上下无怨，动无违事，其祝史荐信，无愧心矣⑥。是以鬼神用飨，国受其福，祝史与焉⑦。其所以蕃祉老寿者，为信君使也，其言忠信于鬼神。其适遇淫君，外内颇邪，上下怨疾，动作辟违，从欲厌私⑧。高台深池，撞钟舞女，斩刈民力，输掠其聚⑨，以成其违，不恤后人。暴虐淫从，肆行非度，无所还忌⑩，不思谤讟，不惮鬼神，神怒民痛，无悛于心。其祝史荐信，是言罪也⑪。其盖失数美，是矫诬也⑫。进退无辞，则虚以求媚⑬。是以鬼神不飨其国以祸之，祝史与焉。所以夭昏孤疾者，为暴君使也，其言僭嫚于鬼神。"公曰："然则若之何？"对曰："不可为也⑭。山林之木，衡鹿守之。泽之萑蒲，舟鲛守之。薮之薪蒸，虞候守之。海之盐蜃，祈望守之⑮。县鄙之人，入从其政。偪介之关，暴征其私⑯。承嗣大夫，强易其贿⑰。布常无艺⑱，征敛无度，宫室日更，淫乐不违⑲。内宠之妾，肆夺于市⑳。外宠之臣，僭令于鄙㉑。私欲养求，不给则应㉒。民人苦病，夫妇皆诅。祝有益也，诅亦有损。聊、摄以东㉓，姑、尤以西㉔，其为人也多矣！虽其善祝，岂能胜亿兆人之诅㉕？君若欲诛于祝史，修德而后可。"公说，使有司宽政，毁关，去禁，薄敛，已责㉖。

①日，往日也。宋盟在襄二十七年。【释文】说，音悦。②家无猜疑之事，故祝史无求于鬼神。【释文】屈，居勿切。治，直吏切。愧，其位切，本又作"媿"。猜，七才切。③楚王。【释文】语，鱼据切。④五君：文、襄、灵、成、景。⑤无废事。⑥君有功德，祝史陈说之，无所愧。⑦与受国福。【释文】与，音预，注同，下"与焉"同。⑧使私情厌足。【释文】蕃，音烦。祉，音耻。为，于伪切，又如字，下"为暴"同。颇，普何切。邪，似嗟切。辟，匹亦切。从，子用切，下"淫从"同，或音如字。厌，於艳切。⑨掠，夺取也。【释文】撞，直江切。刘，本又作"艾"，鱼废切。掠，音亮。聚，才住切，又如字。⑩还，犹顾也。⑪以实白神，是为言君之罪。【释文】蕭，徒木切。悛，七全切。⑫盖，掩也。【释文】数，所主切。矫，居表切。⑬作虑辞以求媚于神。【释文】媚，眉记切。⑭言非诛祝史所能治。【释文】僭，子念切，下"僭令"同。嫚，武谏切。⑮衡鹿、舟鲛、虞候、祈望，皆官名也。言公专守山泽之利，不与民共。【释文】萑，音丸。鲛，音交。薮，素口切。蒸，之承切，粗曰薪，细曰蒸。蜃，市轸切。⑯介，隔也。迫近国都之关。言边鄙既入服政役，又为近关所征税枉暴，夺其私物。【释文】政，如字，一音征。偪，彼力切。介，音界。近，附近之近。⑰承嗣大夫，世位者。【释文】强，其丈切。贿，呼罪切。⑱艺，法制也。言布政无法制。⑲违，去也。⑳肆，放也。㉑诈为教令于边鄙。㉒养，长也。所求不给，则应之以罪。【释文】应，应对之应。长，丁丈切。㉓聊、摄，齐西界也。平原聊城县东北有摄城。【释文】诅，庄虑切。祝，之又切，下"善祝"同。㉔姑、尤，齐东界也。姑水、尤水皆在城阳郡东南入海。㉕万万曰亿，万亿曰兆。㉖除逋责。【释文】说，音悦。去，起吕切。敛，力验切。责，本又作"债"。逋，布胡切。

十二月，齐侯田于沛①，招虞人以弓②，不进。公使执之。辞曰："昔我先君之田也，旃以招大夫，弓以招士，皮冠以招虞人。臣不见皮冠，故不敢进。"乃舍之。仲尼曰："守道不如守官③。"君子韪之④。

①言疾愈行猎。沛，泽名。【释文】沛，音贝。②虞人，掌山泽之官。③君招当往，道之常也。非物不进，官之制也。④韪，是也。【释文】韪，于鬼切。

齐侯至自田，晏子侍于遄台。子犹驰而造焉①。公曰："唯据与我和夫！"晏子对曰："据亦同也，焉得为和？"公曰："和与同异乎？"对曰："异。和如羹焉，水火醯醢盐梅以烹鱼肉，燀之以薪②。宰夫和之，齐之以味，济其不及，以泄其过③。君子食之，以平其心。君臣亦然④。君所谓可而有否焉⑤，臣献其否以成其可⑥。君所谓否而有可焉，臣献其可以去其否。是以政平而不干，民无争心。故《诗》曰：'亦有和羹，既戒既平⑦。鬷嘏无言，时靡有争⑧。'先王之济五味⑨，和五声也，以平其心，成其政也。声亦如味，一气⑩，二体⑪，三类⑫，四物⑬，五声⑭，六律⑮，七音⑯，八风⑰，九歌⑱，以相成也⑲。清浊，小大，短长，疾徐，哀乐，刚柔，迟速，高下，出入，周疏，以相济也⑳。君子听之，以平其心。心平，德和。故《诗》曰：'德音不瑕㉑。'今据不然。君所谓可，据亦曰可。君所谓否，据亦曰否。若以水济水，谁能食之？若琴瑟之专壹，谁能听之？同之不可也如是。"

①子犹，梁丘据。【释文】田，本亦作"佃"，音同。遄，市专切。造，七报切。②燀，炊也。【释文】夫，音扶。焉，於虔切。羹，音庚，旧音衡。醯，呼兮切。燀，章善切。炊，昌垂切。③济，益也。泄，减也。【释文】齐，才细切，又如字。泄，息列切。④亦如羹。⑤否，不可也。⑥献君之否，以成君可。⑦《诗》颂殷中宗，言中宗能与贤者和齐可否，其政如羹，敬戒且平。和羹备五味，异于大羹。【释文】争，争斗之争。和、齐并如字，一读上户卧切，下才细切。⑧鬷，总也。嘏，大也。言总大政能使上下皆如和羹。【释文】鬷，子工切。嘏，古雅切。总，音揔。⑨济，成也。⑩须气以动。【释文】一气，杜解以为人气也。服云：歌气也。⑪舞者有文武。⑫风、雅、颂。⑬杂用四方之物以成器。⑭宫、商、角、徵、羽。【释文】五声，宫为君，商为臣，角为民，徵为事，羽为物。徵，张里切。⑮黄钟、大簇、姑洗、蕤宾、夷则、无射也。阳声为律，阴声为吕。此十二月气。【释文】大，音泰。簇，七豆切。蕤，人谁切。射，音亦。⑯周武王伐纣，自午及子，凡七日。王因此以数合之，以声昭之，故以七同其数，以律和其声，谓之七音。【释文】七音，宫、商、角、徵、羽、变宫、变徵也。⑰八方之风。【释文】八风，《易纬·通卦验》云：东北曰条风，东方曰明庶风，东南曰清明风，南方曰景风，西南曰凉风，西方曰阊阖风，西北曰不周风，北方曰广莫风。条风又名融风。景风一名凯风。⑱九功之德皆可歌也。六府、三事谓之九歌。【释文】六府：水、火、金、木、土、谷。三事，正德、利用、厚生也。⑲言此九者合，然后相成为和乐。⑳周，密也。

【释文】乐,音洛。疏,传本皆作"流"。然此五句皆相对,不应独作"周流",古本有作"疏"者。案,注训周为密,则与疏相对,宜为疏耳。㉑《诗·齭风》也。义取心平则德音无瑕阙。【释文】齭,彼贫切。

饮酒乐。公曰:"古而无死,其乐若何?"晏子对曰:"古而无死,则古之乐也,君何得焉? 昔爽鸠氏始居此地①,季蒒因之②,有逢伯陵因之③,蒲姑氏因之④,而后大公因之。古若无死,爽鸠氏之乐,非君所愿也⑤。"

①爽鸠氏,少暤氏之司寇也。【释文】专,如字,董遇本作"抟",音同。②季蒒,虞、夏诸侯,代爽鸠氏者。【释文】蒒,仕侧切。夏,户雅切。③逢伯陵,殷诸侯,姜姓。④蒲姑氏,殷、周之间代逢公者。⑤齐侯甘于所乐,志于不死,晏子称古以节其情愿。【释文】大,音泰。爽鸠氏之乐,一本作"乐之"。

郑子产有疾,谓子大叔曰:"我死,子必为政。唯有德者能以宽服民,其次莫如猛。夫火烈,民望而畏之,故鲜死焉。水懦弱,民狎而玩之①,则多死焉。故宽难②。"疾数月而卒。大叔为政,不忍猛而宽。郑国多盗,取人于萑苻之泽③。大叔悔之,曰:"吾早从夫子,不及此。"兴徒兵以攻萑苻之盗,尽杀之。盗少止。

①狎,轻也。【释文】鲜,息浅切。懦,乃乱切,又乃卧切,又音儒。狎,户甲切。玩,五乱切。②难以治。【释文】治,直吏切。③萑苻,泽名。于泽中劫人。【释文】数,所主切。萑,音丸。苻,音蒲,又如字。

仲尼曰:"善哉! 政宽则民慢,慢则纠之以猛①。猛则民残,残则施之以宽。宽以济猛,猛以济宽,政是以和。《诗》曰:'民亦劳止,汔可小康。惠此中国,以绥四方。'施之以宽也②。'毋从诡随③,以谨无良④。式遏寇虐,惨不畏明。'纠之以猛也⑤。'柔远能迩,以定我王。'平之以和也⑥。又曰:'不竞不絿,不刚不柔⑦。布政优优,百禄是遒⑧。'和之至也。"及子产卒,仲尼闻之,出涕曰:"古之遗爱也⑨!"

①纠,犹摄也。【释文】尽杀之,本或作"尽之","杀",衍字。纠,居黝切。②《诗·大雅》。汔,其也。康、绥,皆安也。周厉王暴虐,民劳于苛政,故诗人刺之,欲其施之以宽。【释文】汔,许乙切。苛,音何。③诡人、随人,无正心,不可从。【释文】毋,本又作"无"。从,子用切。诡,九委切。④谨,敕慎也。⑤式,用也。遏,止也。惨,曾也。言为寇虐,曾不畏明法者,亦当用猛政纠治之。【释文】遏,於葛切。惨,七感切。⑥柔,安也。迩,近也。远者怀附,近者各以能进,则王室定。⑦《诗·殷颂》,言汤政得中和。竞,强也。絿,急也。【释文】絿,音求。⑧优优,和也。遒,聚也。【释文】遒,在由切,又子由切。⑨子

严见爱，有古人之遗风。

昭公二十一年

【经】

二十有一年春，王三月，葬蔡平公。

夏，晋侯使士鞅来聘①。

宋华亥、向宁、华定自陈入于宋南里以叛②。

秋七月壬午朔，日有食之。

八月乙亥，叔辄卒③。

冬，蔡侯朱出奔楚④。

公如晋，至河乃复⑤。

①晋顷公即位，通嗣君。【释文】顷，音倾。②自外至，故曰入。披其邑，故曰叛。南里，宋城内里名。【释文】披，普彼切。③叔弓之子伯张。④朱为大子则失位，遂微弱，为国人所逐，故以自出为文。⑤晋人辞公，故还。

【传】

二十一年春，天王将铸无射①。泠州鸠曰："王其以心疾死乎②？夫乐，天子之职也③。夫音，乐之舆也④；而钟，音之器也⑤。天子省风以作乐⑥，器以钟之⑦，舆以行之⑧，小者不窕⑨，大者不摦⑩，则和于物。物和则嘉成⑪。故和声入于耳而藏于心，心亿则乐⑫。窕则不咸⑬，摦则不容⑭，心是以感。感实生疾。今钟摦矣，王心弗堪，其能久乎⑮？"

①周景王也。无射，钟名，律中无射。【释文】铸，之树切。射，音亦。中，丁仲切。②泠，乐官，州鸠其名也。【释文】泠，力丁切，字或作"伶"。③职，所主也。④乐因音而行。⑤音由器以发。⑥省风俗，作乐以移之。⑦钟，聚也。以器聚音。⑧乐须音而行。⑨窕，细不满。【释文】窕，他雕切。⑩摦，横大不入。【释文】摦，户化切。⑪嘉乐成也。⑫亿，安也。【释文】亿，於力切。乐，音洛。⑬不充满人心。【释文】咸，如字，本或作"感"，户暗切。⑭心不堪容。⑮为明年天王崩传。

三月，葬蔡平公。蔡大子朱失位，位在卑①。大夫送葬者归，见昭子。昭子问蔡故，以告。昭子叹曰："蔡其亡乎！若不亡，是君也必不终。《诗》曰：'不解于位，民之攸塈②。'今蔡侯始即位，而適卑，身将从之③。"

①不在適子位，以长幼齿。【释文】適，丁历切。长，丁丈切。②《诗·大雅》。塈，息也。【释文】解，佳卖切。塈，许器切。③为蔡侯朱出奔传。

夏，晋士鞅来聘，叔孙为政①。季孙欲恶诸晋②，使有司以齐鲍国归费之礼为士鞅③。士鞅怒，曰："鲍国之位下，其国小，而使鞅从其牢礼，是卑敝邑也，将复诸寡君。"鲁人恐，加四牢焉，为十一牢④。

①叔孙昭子以(二)[三]命为国政。②憎叔孙在己上位，欲使得罪于晋。【释文】恶，乌路切。③鲍国归费在十四年。牢礼各如其命数，鲁人失礼，故为鲍国七牢。【释文】费，音秘。为，于伪切。④言鲁不能以礼事大国，且为哀七年吴征百牢起。【释文】恐，丘勇切。

宋华费遂生华貙、华多僚、华登。貙为少司马，多僚为御士①，与貙相恶，乃谮诸公曰："貙将纳亡人②。"亟言之。公曰："司马以吾故亡其良子③。死亡有命，吾不可以再亡之。"对曰："君若爱司马，则如亡④。死如可逃，何远之有⑤？"公惧，使侍人召司马之侍人宜僚，饮之酒而使告司马⑥。司马叹曰："必多僚也。吾有谗子而弗能杀，吾又不死，抑君有命，可若何？"乃与公谋逐华貙，将使田孟诸而遣之。公饮之酒，厚酬之⑦赐及从者。司马亦如之⑧。张匄尤之⑨，曰："必有故。"使子皮承宜僚以剑而讯之⑩。宜僚尽以告⑪。张匄欲杀多僚。子皮曰："司马老矣，登之谓其⑫，吾又重之，不如亡也。"五月丙申，子皮将见司马而行，则遇多僚御司马而朝。张匄不胜其怒，遂与子皮、曰任、郑翩杀多僚⑬，劫司马以叛，而召亡人。壬寅，华、向入。乐大心、丰愆、华牼御诸横⑭。华氏居卢门，以南里叛⑮。六月庚午，宋城旧鄘及桑林之门而守之⑯。

①公御士。【释文】貙，敕俱切。少，诗照切。②亡人华亥等。【释文】恶，如字，又乌路切。③司马，谓费遂，为大司马。良子，谓华登。【释文】亟，欺冀切。④言若爱大司马，则当亡走失国。⑤言亡可以逃死，勿虑其远，以恐动公。⑥告司马，使逐貙。【释文】饮，於鸩切。⑦酬酒币。⑧亦如公赐。【释文】从，才用切。⑨张匄，华貙臣。尤，怪赐之厚。【释文】匄，古害切，本亦作"丐"。⑩子皮，华貙。讯，问也。【释文】讯，音信。⑪告欲因田以遣之。⑫言登亡，伤司马心已甚。⑬任、翩，亦貙家臣。【释文】重，直用切。见，贤遍切。胜，音升。任，音壬。翩，音篇。⑭梁国睢阳县南有横亭。【释文】愆，起虔切，本或作"衍"。睢，音虽。⑮卢门，宋东城南门。⑯旧鄘，故城也。桑林，城门名。【释文】鄘，音

容,本亦作“墉”。

秋七月壬午朔,日有食之。公问于梓慎曰:“是何物也?祸福何为[①]?”对曰:“二至、二分[②],日有食之,不为灾。日月之行也,分,同道也;至,相过也[③]。其他月则为灾。阳不克也,故常为水[④]。”于是叔辄哭日食[⑤]。昭子曰:“子叔将死,非所哭也。”八月,叔辄卒。

①物,事也。②二至:冬至、夏至。二分:春分、秋分。③二分日夜等,故言同道。二至长短极,故[言]相过。④阴侵阳,是阳不胜阴。⑤意在于忧灾。

冬十月,华登以吴师救华氏[①]。齐乌枝鸣戍宋[②]。厨人濮曰[③]:“《军志》有之,先人有夺人之心,后人有待其衰。盍及其劳且未定也伐诸?若入而固,则华氏众矣,悔无及也。”从之。丙寅,齐师、宋师败吴师于鸿口[④],获其二帅公子苦雂、偃州员[⑤]。华登帅其余[⑥]以败宋师。公欲出[⑦],厨人濮曰:“吾小人,可藉死[⑧]而不能送亡,君请待之[⑨]。”乃徇曰:“扬徽者,公徒也[⑩]。”众从之。公自扬门见之[⑪],下而巡之,曰:“国亡君死,二三子之耻也,岂专孤之罪也?”齐乌枝鸣曰:“用少,莫如齐致死。齐致死,莫如去备[⑫]。彼多兵矣,请皆用剑。”从之。华氏北,复即之[⑬]。厨人濮以裳裹首而荷以走,曰:“得华登矣!”遂败华氏于新里[⑭]。

①登前年奔吴。②乌枝鸣,齐大夫。③濮,宋厨邑大夫。【释文】厨,直诛切。濮,音卜。④梁国睢阳县东有鸿口亭。【释文】先,悉荐切。后,户豆切。盍,户腊切。⑤二帅,吴大夫。【释文】帅,色类切,注同。雂,古含切。员,音云,又音圆。⑥吴余师。⑦出奔。⑧可借使死难。【释文】难,乃旦切。⑨请君待复战决胜负。【释文】而不能送亡君,绝句。复,扶又切,下文“复即”同。⑩徽,识也。【释文】徇,似俊切。徽,许归切,《说文》作“微”。识,本又作“帜”,申志切,又昌志切,一音式。⑪见国人皆扬徽。睢阳正东门名扬门。⑫备,长兵也。【释文】去,起吕切。⑬北,败走。⑭新里,华氏所取邑。【释文】裹,音果。荷,何可切,又音何。

翟偻新居于新里,既战,说甲于公而归[①]。华妵居于公里,亦如之[②]。

①居华氏地而助公战。【释文】偻,力主切。说,他活切,下同。②妵,华氏族,故助华氏,亦如偻新说甲归。传言古之为军,不呰小忿。【释文】妵,他口切。呰,本又作“訾”,才斯切,又音紫。

十一月癸未,公子城以晋师至[①]。曹翰胡[②]会晋荀吴[③]、齐苑何忌[④]、卫公子朝[⑤]救宋。丙戌,与华氏战于赭丘[⑥]。郑翩愿为鹳,其御愿为鹅[⑦]。子禄御公子城,庄堇为右[⑧]。干犨御吕封人华豹,张匄为右[⑨]。相遇,城还。华豹曰:“城也!”城怒而反之[⑩]。将注,豹则关矣⑪。曰："平公之灵尚辅相余⑫。"豹射出其间⑬。将注，则又关矣。曰："不狋，鄙⑭。"抽矢⑮。城射之，殪⑯。张匄抽殳而下⑰，射之，折股。扶伏而击之，折轸⑱。又射之，死⑲。干犫请一矢⑳。城曰："余言女于君㉑。"对曰："不死伍乘，军之大刑也㉒。干刑而从子，君焉用之？子速诸。"乃射之，殪㉒。大败华氏，围诸南里。

①城以前年奔晋，今还救宋。②曹大夫。【释文】翰，音寒，又户旦切。③中行穆子。【释文】行，户郎切。④齐大夫。⑤前年出奔晋，今还卫。⑥赭丘，宋地。【释文】赭，音者。丘，又作"𠇗"，同。⑦郑翩，华氏党。鹳、鹅，皆陈名。【释文】鹳，古唤切。鹅，五多切。陈，直觐切。⑧子禄，向宜。【释文】庄堇，音谨，本或作"庄堇父"。⑨吕封人华豹，华氏党。【释文】犫，尺由切。⑩怒其呼己，反还战。⑪注，傅矢。关，引弓。【释文】注，之树切。关，乌环切，本又作"弯"，同。傅，音附。⑫平公，公子城之父。【释文】相，息亮切。⑬出子城、子禄之间。【释文】射，食亦切，又食夜切，下同。⑭狋，更也。【释文】更，音庚。⑮豹止不射。⑯豹死。【释文】殪，一计切。⑰殳长丈二，在车边。【释文】殳，音殊。长，直亮切，又如字。⑱折城车轸。【释文】折，之设切，下及注同。扶、伏，并如字，上又音蒲，下又蒲北切，本或作"匍匐"，同。⑲匄死。⑳求死。㉑欲活之。【释文】女，音汝。㉒同乘共伍当皆死。【释文】乘，绳证切。㉓犫又死。【释文】焉，於虔切。

华亥搏膺而呼，见华貙，曰："吾为栾氏矣①。"貙曰："子无我迁，不幸而后亡②。"使华登如楚乞师。华貙以车十五乘，徒七十人，犯师而出③。食于睢上，哭而送之，乃复入④。

①晋栾盈还入，作乱而死。事在襄二十三年。【释文】搏，音博。呼，好故切。②迁，恐也。【释文】迁，求枉切。恐，丘勇切。③犯公师出送华登。④入南里。【释文】睢，音虽。复，扶又切。

楚薳越师师将逆华氏。大宰犯谏曰："诸侯唯宋事其君，今又争国，释君而臣是助，无乃不可乎？"王曰："而告我也后，既许之矣①。"

①为明年华向出奔楚传。【释文】薳，于委切。

蔡侯朱出奔楚。费无极取货于东国①，而谓蔡人曰："朱不用命于楚，君王将立东国。若不先从王欲，楚必围蔡。"蔡人惧，出朱而立东国。朱诉于楚，楚子将讨蔡。无极曰："平侯与楚有盟，故封②。其子有二心，故废之③。灵王杀隐大子，其子与君同恶，德君必甚。又使立之，不亦可乎？用废置在君，蔡无他矣④。"

①东国，隐大子之子，平侯庐之弟，朱叔父也。②盟于邓，依陈、蔡人以国。【释文】诉，音素。③子谓朱也。④言权在楚，则蔡无他心。

公如晋,及河。鼓叛晋①,晋将伐鲜虞,故辞公②。

①叛晋属鲜虞。②将有军事,无暇于待宾,且惧泄军谋。【释文】泄,息列切。又以制切。

昭公二十二年

【经】

二十有二年春,齐侯伐莒。

宋华亥、向宁、华定自宋南里出奔楚①。

大蒐于昌间②。

夏四月乙丑,天王崩。

六月,叔鞅如京师,葬景王③。

王室乱④。

刘子、单子以王猛居于皇⑤。

秋,刘子、单子以王猛入于王城⑥。

冬十月,王子猛卒⑦。

十有二月癸酉朔,日有食之⑧。

①言自南里,别从国去。【释文】别,彼列切。②无传。【释文】蒐,所求切。间,如字。③叔鞅,叔弓子。三月而葬,乱故速。【释文】鞅,於丈切。④承叔鞅言而书之,未知谁是,故但曰乱。⑤河南巩县西南有黄亭。辟于朝难,出居皇。王猛书名,未即位。【释文】单,音善。巩,九勇切。难,乃旦切。⑥王城,郏鄏,今河南县。晋助猛,故得还王都。【释文】郏,古洽切。鄏,音辱。⑦未即位,故不言崩。⑧无传。此月有庚戌。又以《长历》推校前后,当为癸卯朔,书癸酉误。

【传】

二十二年春,王二月甲子,齐北郭启帅师伐莒①。莒子将战,苑羊牧之谏曰②:"齐帅贱,其求不多,不如下之。大国不可怒也。"弗听,败齐师于寿馀③。齐侯伐莒④,莒子行成,司马灶如莒莅盟⑤。莒子如齐莅盟,盟子稷门之外⑥。莒于是乎大恶其君⑦。

①启，齐大夫，北郭佐之后。②牧之，莒大夫。【释文】苑，於元切。牧，州牧之牧。③莒地。【释文】帅，所类切。下，退嫁切。④怒败。⑤灶，齐大夫。⑥稷门，齐城门也。⑦为明年莒子来奔传。【释文】恶，乌路切。

楚蘧越使告于宋曰："寡君闻君有不令之臣为君忧，无宁以为宗羞①，寡君请受而戮之。"对曰："孤不佞，不能媚于父兄②，以为君忧，拜命之辱。抑君臣日战，君曰'余必臣是助'，亦唯命。人有言曰：'唯乱门之无过。'君若惠保敝邑，无亢不衷，以奖乱人，孤之望也。唯君图之！"楚人患之③。诸侯之戍谋曰："若华氏知困而致死，楚耻无功而疾战，非吾利也。不如出之以为楚功，其亦无能为也已④。救宋而除其害，又何求？"乃固请出之。宋人从之。已巳，宋华亥、向宁、华定、华貙、华登、皇奄、伤省、臧士平出奔楚⑤。

①无宁，宁也。言华氏为宋宗庙之羞耻。②华、向，公族也，故称父兄。③患宋以义距之。【释文】过，古禾切。亢，苦浪切。衷，音忠。④言华氏不能复为宋患。【释文】复，扶又切，下"复欲"同。⑤华貙已下五子不书，非卿。【释文】省，悉井切，又所景切。臧，子郎切。

宋公使公孙忌为大司马①，边卬为大司徒②，乐祁为司城③，仲幾为左师④，乐大心为右师⑤，乐輓为大司寇⑥，以靖国人⑦。

①代华费遂。②卬，平公曾孙。代华定。【释文】卬，五郎切。③祁，子罕孙乐祁犁。【释文】犁，力私切，又力兮切。④幾，仲江孙，代向宁。【释文】幾，音基。⑤代华亥。⑥輓，子罕孙。【释文】輓，音晚。⑦终梓慎之言，三年而后弭。【释文】弭，弥氏切。

王子朝、宾起有宠于景王①。王与宾孟说之，欲立之②。刘献公之庶子伯蚠事单穆公③，恶宾孟之为人也，愿杀之。又恶王子朝之言，以为乱，愿去之④。宾孟适郊，见雄鸡自断其尾。问之，侍者曰："自惮其牺也⑤。"遽归告王，且曰："鸡其惮为人用乎！人异于是⑥。牺者，实用人，人牺实难，己牺何害⑦？"王弗应⑧。

①子朝，景王之长庶子。宾起，子朝之傅。【释文】朝，如字，凡人名字，皆张遥切；或云朝错是王子朝之后，此音潮。案，错姓亦有两音。长，丁丈切。②孟，即起也。王语宾孟，欲立子朝为大子。【释文】说，如字，又音悦。语，鱼据切。③献公，刘挚。伯蚠，刘狄。穆公，单旗。【释文】蚠，扶粉切，又扶云切。挚，音至。④子朝有欲位之言，故刘蚠恶之。【释文】恶，乌路切。去，起吕切。有欲位之言，一本"位"作"立"。⑤畏其为牺牲奉宗庙，故自残毁。【释文】断，丁管切。惮，待旦切。牺，许宜切。⑥鸡牺虽见宠饰，然卒当见杀，若人见宠饰则当贵盛，故言异于鸡。【释文】遽，其据切。⑦言设使宠人如宠牺，则不宜假

人以招祸难,使牺在己,则无患害。己喻子朝,欲使王早宠异之。【释文】难,乃旦切。⑧十五年,太子寿卒,王立子猛,后复欲立子朝而未定,宾孟感鸡,盛称子朝,王心许之,故不应。【释文】应,应对之应,注同。

夏四月,王田北山,使公卿皆从,将杀单子、刘子①。王有心疾,乙丑,崩于荣锜氏②。戊辰,刘子挚卒③,无子,单子立刘蚠④。五月庚辰,见王⑤,遂攻宾起,杀之⑥,盟群王子于单氏⑦。

①北山,洛北芒也。王知单、刘不欲立子朝,欲因田猎先杀之。【释文】从,才用切。芒,音亡。②四月十九日。河南巩县西有荣锜涧。【释文】锜,鱼绮切。涧,古晏切。③二十二日。④蚠事单子故。⑤见王猛。⑥党子朝故。⑦王子猛次王,故单、刘立之,惧诸王子或党子朝,故盟之。

晋之取鼓也①,既献,而反鼓子焉②,又叛于鲜虞③。六月,荀吴略东阳④,使师伪籴者负甲以息于昔阳之门外⑤,遂袭鼓,灭之,以鼓子鸢鞮归,使涉佗守之⑥。

①在十五年。②献于庙。③叛晋属鲜虞。④略,行也。东阳,晋之山东邑,魏郡广平以北。【释文】行,下孟切。⑤昔阳,故肥子所都。【释文】籴,音狄。⑥守鼓之地。涉佗,晋大夫。【释文】鸢,悦全切。鞮,丁兮切。佗,徒多切。守,手又切,又如字。

丁巳,葬景王。王子朝因旧官、百工之丧职秩者,与灵、景之族以作乱①。帅郊、要、饯之甲②,以逐刘子③。壬戌,刘子奔扬④。单子逆悼王于庄宫以归⑤。王子还夜取王以如庄宫⑥。癸亥,单子出⑦。王子还与召庄公谋⑧,曰:"不杀单旗,不捷⑨。与之重盟,必来。背盟而克者多矣。"从之⑩。樊顷子曰:"非言也,必不克⑪。"遂奉王以追单子⑫。及领,大盟而复⑬,杀挚荒以说⑭。刘子如刘⑮。单子亡。乙丑,奔于平畤⑯。群王子追之,单子杀还、姑、发、弱、鬷、延、定、稠⑰,子朝奔京⑱。丙寅,伐之⑲。京人奔山,刘子入于王城⑳。辛未,巩简公败绩于京。乙亥,甘平公亦败焉㉑。叔鞅至自京师㉒,言王室之乱也㉓。闵马父曰:"子朝必不克,其所与者,天所废也㉔。"单子欲告急于晋,秋七月戊寅,以王如平畤,遂如圃车,次于皇㉕。刘子如刘。单子使王子处守于王城㉖,盟百工于平宫㉗。辛卯,鄩肸伐皇㉘,大败,获鄩肸。壬辰,焚诸王城之市㉙。八月辛酉,司徒丑以王师败绩于前城㉚,百工叛㉛。己巳,伐单氏之宫,败焉㉜。庚午,反伐之㉝。辛未,伐东圉㉞。冬十月丁巳,晋籍谈、荀跞帅九州之戎㉟及焦、瑕、温、原之师㊱,以纳王于王城㊲。庚申,单子、刘蚠以王师败绩于郊㊳,前城人败陆浑于社㊴。十一月乙酉,王子猛卒㊵,不成丧也㊶。己丑,敬王即位㊷,馆于子旅氏㊸。十二月庚戌,晋籍谈、荀跞、贾辛、司马督㊹帅师军于阴㊺,于侯氏㊻,于谿泉⑰,次于社⑱。王师军于氾,于解,次于任人⑲。闰月,晋箕遗、乐征、右行诡济师,取前城⑳,军其东南。王师军于京楚。辛丑,伐京,毁其西南㉕。

①百工,百官也。灵王、景王之子孙。【释文】丧,息浪切,下注"群丧"同。②三邑,周地。【释文】要,一遥切。饯,贱浅切。③逐伯盆。④扬,周邑。⑤悼王,子猛也。⑥王子还,子朝党也。不欲使单子得王猛,故取之。⑦失王,故出奔。⑧庄公,召伯奂,子朝党也。【释文】召,上照切。奂,音唤。⑨旗,单子也。【释文】旗,音其。捷,才接切。⑩从还谋也。【释文】背,音佩。⑪顷子,樊齐,单、刘党。【释文】顷,音倾,本或作"须"字。⑫王子还奉王。⑬领,周地。欲重盟,令单子、刘子复归。【释文】令,力呈切。⑭委罪于荒。【释文】说,如字,或音悦。⑮归其采邑。⑯平畤,周地。知王子还欲背盟,故亡走。【释文】于平畤,一本作"奔平畤",音止,又音市,本或作"平寿",误。⑰八子,灵、景之族,因战而杀之。【释文】醗,子工切。稠,直由切。⑱其党死故。⑲单子伐京。⑳子朝奔京,故得入。㉑甘、巩二公,周卿士,皆为子朝所败。【释文】巩,九勇切。㉒葬景王还。㉓经所以书。㉔闵马父,闵子马,鲁大夫。天所废,谓群丧职秩者。㉕出次以示急。戊寅,七月三日,经书六月,误。㉖王子处,子猛党,守王城,距子朝。㉗平宫,平王庙。㉘郙胁,子朝党。【释文】郙,音寻。胁,许乙切。㉙焚郙胁。㉚丑,悼王司徒。前城,子朝所得邑。㉛司徒丑败故。㉜百工伐单氏,为单氏所败。㉝单氏反伐百工。㉞百工所在。洛阳东南有圉乡。㉟九州戎,陆浑戎,十七年灭,属晋。州,乡属也,五州为乡。㊱焦、瑕、温、原,晋四邑。㊲丁巳,在十月,经书秋,误。㊳为子朝之党所败。㊴前城,子朝众。社,周地。【释文】社,或作"杜"。㊵乙酉在十一月,经书十月,误。虽未即位,周人谥曰悼王。㊶释所以不称王崩。㊷敬王,王子猛母弟王子匄。【释文】匄,古害切。㊸子旅,周大夫。㊹司马乌。㊺籍谈所军。㊻荀跞所军。㊼贾辛所军。巩县西南有明溪泉。㊽司马督所次。㊾王师分在三邑。洛阳西南有大解、小解。【释文】氾,音凡。解,音蟹。㊿三子,晋大夫。济师,渡伊、洛。【释文】行,户郎切。㉕京楚,子朝所在。

昭公二十三年

【经】

二十有三年春,王正月,叔孙婼如晋①。

癸丑,叔鞅卒②。

晋人执我行人叔孙婼③。

晋人围郊④。

夏六月，蔡侯东国卒于楚⑤。

秋七月，莒子庚舆来奔。

戊辰，吴败顿、胡、沈、蔡、陈、许之师于鸡父⑥。

胡子髡、沈子逞灭⑦。

获陈夏齧⑧。

天王居于狄泉⑨。

尹氏立王子朝⑩。

八月乙未，地震。

冬，公如晋，至河，有疾，乃复。

卷云纹瓦当（春秋）

①谢取郓师。【释文】婼，敕略切。②无传。③称行人，讥晋执使人。【释文】使，所吏切。④讨子朝也。郊，周邑。围郊在叔鞅卒前，经书后，从赴。⑤无传。未同盟而赴以名。⑥不书楚，楚不战也。鸡父，楚地，安丰县南有鸡备亭。【释文】舆，音余。父，音甫。⑦国虽存君死曰灭。【释文】髡，音苦门切。逞，敕郢切。⑧大夫死生通曰获。夏齧，徵舒玄孙。【释文】夏，户雅切。齧，五结切。⑨敬王辟子朝也。狄泉，今洛阳城内大仓西南池水也，时在城外。【释文】大，音泰。⑩尹氏，周世卿也。书尹氏立了朝，明非周人所欲立。

【传】

二十三年春，王正月壬寅朔，二师围郊①。癸卯，郊、郫溃②。丁未，晋师在平阴，王师在泽邑③。王使告间④，庚戌，还⑤。

①二师，王师、晋师也。王师不书，不以告。②河南巩县西南有地名郫中。郊、郫二邑，皆子朝所得。【释文】郫，音寻。溃，户内切。③平阴，今河阴县。④子朝败故。【释文】间，音闲。⑤晋师还。

郓人城翼①，还，将自离姑②。公孙鉏曰："鲁将御我③。"欲自武城还，循山而南④。徐鉏、丘弱、茅地曰⑤："道下遇雨，将不出，是不归也⑥。"遂自离姑⑦。武城人塞其前⑧，断其后之木而弗殊。郓师过之，乃推而䦆之。遂取郓师，获鉏、弱、地⑨。

①翼，郓邑。②离姑，郓邑。从离姑则道径鲁之武城。【释文】径，音经。③鉏，郓大

夫。【释文】鉏，仕居切。御，鱼吕切。④至武城而还，依山南行，不欲过武城。【释文】过，古禾切，下"遂过"同。⑤三子，邾大夫。【释文】茅，亡交切。⑥谓此山道下湿。⑦遂过武城。⑧以兵塞其前道。⑨取邾师不书，非公命。【释文】断，丁管切。殊，如字，《说文》云：死也。一曰断也。厤，其月切，又音厥，又居卫切。

邾人诉于晋，晋人来讨。叔孙婼如晋，晋人执之。书曰："晋人执我行人叔孙婼。"言使人也①。晋人使与邾大夫坐②。叔孙曰："列国之卿，当小国之君，固周制也③。邾又夷也④。寡君之命介子服回在⑤，请使当之，不敢废周制故也。"乃不果坐。

①嫌外内异，故重发传。【释文】诉，音息路切。使，所吏切。重，直用切，下"重发"同。②坐讼曲直。③在礼，卿得会伯、子、男，故曰当小国之君。④邾杂有东夷之风。⑤子服回，鲁大夫，为叔孙之介副。【释文】介，音界。

韩宣子使邾人聚其众，将以叔孙与之①。叔孙闻之，去众与兵而朝②。士弥牟谓韩宣子曰③："子弗良图，而以叔孙与其仇，叔孙必死之。鲁亡叔孙，必亡邾。邾君亡国，将焉归④？子虽悔之，何及？所谓盟主，讨违命也。若皆相执，焉用盟主⑤？"乃弗与。使各居一馆⑥。士伯听其辞而诉诸宣子，乃皆执之⑦。

①与邾，使执之。②示欲以身死。【释文】去，起吕切。③弥牟，士景伯。【释文】弥，亡支切。牟，亡侯切。④时邾君在晋，若亡国无所归，将益晋忧。【释文】焉，於虔切。⑤听邾众取叔孙，是为诸侯皆得辄相执。⑥分别叔孙、子服回。【释文】别，彼列切。⑦二子辞不屈，故士伯诉而执之。

士伯御叔孙，从者四人，过邾馆以如吏①。先归邾子。士伯曰："以匄蒎之难，从者之病，将馆子于都②。"叔孙旦而立，期焉③。乃馆诸箕。舍子服昭伯于他邑④。范献子求货于叔孙，使请冠焉⑤。取其冠法，而与之两冠，曰："尽矣⑥。"为叔孙故，申丰以货如晋⑦。叔孙曰："见我，吾告女所行货。"见，而不出⑧。吏人之与叔孙居于箕者，请其吠狗，弗与。及将归，杀而与之食之⑨。叔孙所馆者，虽一日必葺其墙屋⑩，去之如始至⑪。

①欲使邾人见叔孙之屈辱。【释文】从，才用切。②都，别都，谓箕也。【释文】匄，初俱切。蒎，而昭切。③立，待命也。从旦至旦为期。【释文】期，本又作"朞"，同，居其切。④别囚之。⑤以求冠为辞。⑥既送作冠模法，又进二冠以与之，伪若不解其意。【释文】模，莫胡切。解，音蟹。⑦欲行货以免叔孙。【释文】为，于伪切。⑧留申丰不使得出，不欲以货免。【释文】女，音汝。⑨示不爱。【释文】吠，扶废切。⑩葺，补治也。【释文】葺，七入切。⑪不以当去而有所毁坏。【释文】坏，音怪。

夏四月乙酉，单子取訾，刘子取墙人、直人①。六月壬午，王子朝入于尹②。癸未，尹圉诱刘佗杀之③。丙戌，单子从阪道，刘子从尹道伐尹。单子先至而败，刘子还④。己丑，召伯奂、南宫极以成周人戍尹⑤。庚寅，单子、刘子、樊齐以王如刘⑥。甲午，王子朝入于王城，次于左巷⑦。秋七月戊申，鄩罗纳诸庄宫⑧。尹辛败刘师于唐⑨。丙辰，又败诸鄩。甲子，尹辛取西闱⑩。丙寅，攻蒯，蒯溃⑪。

①三邑属子朝者。訾在河南巩县西南。【释文】訾，子斯切。②自京入尹氏之邑。③尹圉，尹文公也。刘佗，刘㧑族，敬王党。【释文】圉，鱼吕切。佗，徒河切。④单子败故。【释文】阪，音反，又扶板切。⑤二子，周卿士，子朝党。奂，召庄公。⑥辟子朝，出居刘子邑。⑦近东城。【释文】近，附近之近。⑧鄩罗，周大夫鄩肸之子。⑨尹辛，尹氏族。唐，周地。⑩西闱，周地。【释文】闱，音韦，一音晖。⑪河南县西南蒯乡是也。于是敬王居狄泉，尹氏立子朝。【释文】蒯，苦怪切。

莒子庚舆虐而好剑，苟铸剑，必试诸人。国人患之。又将叛齐。乌存帅国人以逐之①。庚舆将出，闻乌存执殳而立于道左，惧将止死②。苑羊牧之曰："君过之③，乌存以力闻可矣，何必以弑君成名？"遂来奔。齐人纳郊公④。

①乌存，莒大夫。【释文】好，呼报切。铸，之树切。②殳长丈二而无刃。【释文】殳，音殊。③牧之亦莒大夫。④郊公，著丘公之子，十四年奔齐。【释文】著，直除切，又直虑切。

吴人伐州来，楚薳越帅师①及诸侯之师奔命救州来。吴人御诸钟离。子瑕卒，楚师熸②。

①令尹以疾从戎，故薳越摄其事。②子瑕即令尹，不起所疾也。吴、楚之间谓火灭为熸。军之重主丧亡，故其军人无复气势。【释文】熸，子潜切，《字林》子兼切。复，扶又切，下注"复败""复增"同。

吴公子光曰："诸侯从于楚者众，而皆小国也，畏楚而不获已，是以来。吾闻之曰：'作事威克其爱，虽小必济①。'胡、沈之君幼而狂②，陈大夫嚚壮而顽，顿与许、蔡疾楚政。楚令尹死，其师熸，帅贱多宠，政令不壹③。七国同役而不同心④，帅贱而不能整，无大威命，楚可败也。若分师先以犯胡、沈与陈，必先奔。三国败，诸侯之师乃摇心矣。诸侯乖乱，楚必大奔。请先者去备薄威⑤，后者敦陈整旅⑥。"吴子从之。戊辰晦，战于鸡父⑦。吴子以罪人三千，先犯胡、沈与陈⑧。三国争之。吴为三军以系于后。中军从王⑨，光帅右，掩馀帅左⑩。吴之罪人或奔或止，三国乱。吴师击之，三国败，获胡、沈之君及陈大夫。舍胡、沈之囚，使奔许与蔡、顿，曰："吾君死矣！"师噪而从之，三国奔⑪。楚师大奔。书曰："胡子髡、沈子逞灭，获陈夏啮。"君臣之辞也⑫。不言战，楚未陈也⑬。

①克，胜也。军事尚威。②狂，无常。【释文】狂，求匡切。③帅贱，蔿越非王卿也。军多宠人，政令不壹于越。【释文】帅，所类切，下"帅贱"同。④七国：楚、顿、胡、沈、蔡、陈、许。⑤示之以不整以诱之。【释文】去，起吕切。⑥敦，厚也。【释文】陈，直觐切，下"未陈"同。⑦七月二十九日。遣兵忌晦战，击楚所不意。⑧囚徒不习战，以示不整。⑨从吴王。⑩掩馀，吴子寿梦子。⑪三国：许、蔡、顿。【释文】噪，素报切。⑫国君，社稷之主，与宗庙共其存亡者，故称灭。大夫轻，故曰获。获，得也。⑬嫌与陈例相涉，故重发之。

八月丁酉，南宫极震①。苌弘谓刘文公曰："君其勉之，先君之力可济也②。周之亡也，其三川震③。今西王之大臣亦震，天弃之矣④。东王必大克⑤。"

①经书乙未地动，鲁地也。丁酉，南宫极震，周地亦震也，为屋所压而死。【释文】压，本又作"厌"，同，於甲切。②文公，刘卷也。先君，谓卷之父献公也。献公亦欲立子猛，未及而卒。③谓幽王时也。三川，泾、渭、洛水也。地动川岸崩。④子朝在王城，故谓西王。⑤敬王居狄泉，在王城之东，故曰东王。

楚大子建之母在郧①，召吴人而启之。冬十月甲申，吴大子诸樊入郧②，取楚夫人与其宝器以归。楚司马蔿越追之，不及。将死，众曰："请遂伐吴以徼之③。"蔿越曰："再败君师，死且有罪④。亡君夫人，不可以莫之死也。"乃缢于蔿澨⑤。

①郧，郧阳也。平王娶秦女，废大子建，故母归其家。【释文】郧，古阒切。②诸樊，吴王僚之大子。【释文】吴大子诸樊，案，吴子遏，号诸樊，王僚是遏之弟子，先儒又以为遏弟，何容僚子乃取遏号为名，恐传写误耳，未详。③徼，要其胜负。【释文】徼，古尧切。要，一遥切。④此年秋败于鸡父，设往复败为再败。⑤蔿澨，楚地。【释文】缢，一赐切。澨，市制切。

公为叔孙故如晋，及河，有疾而复①。

①此年春，晋为邾人执叔孙，故公如晋谢之。【释文】为，于伪切，下注"为之""相卫"同。

楚囊瓦为令尹①，城郢②。沈尹戌曰："子常必亡郢，苟不能卫，城无益也。古者天子守在四夷③。天子卑，守在诸侯④。诸侯守在四邻⑤。诸侯卑，守在四竟⑥。慎其四竟，结其四援⑦，民狎其野⑧，三务成功⑨，民无内忧，而又无外惧，国焉用城？今吴是惧而城于郢,守已小矣。卑之不获,能无亡乎⑩?昔梁伯沟其公宫而民溃⑪。民弃其上,不亡何待?夫正其疆埸,修其土田,险其走集⑫,亲其民人,明其伍候⑬,信其邻国,慎其官守,守其交礼⑭,不僭不贪,不懦不耆⑮,完其守备,以待不虞,又何畏矣?《诗》曰:'无念尔祖,聿修厥德⑯。'无亦监乎若敖、蚡冒至于武、文⑰,土不过同⑱,慎其四竟,犹不城郢。今土数圻⑲,而郢是城,不亦难乎⑳?"

①囊瓦,子囊之孙子常也,代阳匄。【释文】囊,乃郎切。②楚用子囊遗言,已筑郢城矣。今畏吴,复增修以自固。【释文】郢,以井切,又余政切。③德及远。【释文】守,手又切,下"除守"同。④政卑损。⑤领国为之守。⑥裁自完。【释文】竟,音境。⑦结四邻之国为助。【释文】援,于眷切。⑧狃,安习也。【释文】狃,户甲切。⑨春、夏、秋三时之务。⑩不获守四竟。【释文】焉,於虔切。⑪在僖十八年。⑫走集,边竟之垒辟。【释文】疆,居良切。埸,音亦。垒,力轨切。辟,音壁。⑬使民有部伍,相为候望。⑭交接之礼。⑮懦,弱也。耆,强也。【释文】僭,子念切。懦,乃乱切,又乃卧切。耆,巨支切,又直支切。⑯《诗·大雅》。无念,念也。聿,述也。义取念祖考则述治其德以显之。⑰四君皆楚先君之贤者。【释文】敖,扶粉切。冒,莫报切。⑱方百里为一同,言未满一圻。【释文】圻,音祈。⑲方千里为圻。【释文】数,所主切。⑳言守若是,难以为安也。为定四年吴入楚传。

昭公二十四年

【经】

二十有四年春,王三月丙戌,仲孙貜卒①。

蜡至自晋②。

夏五月乙未朔,日有食之。

秋八月,大雩。

丁酉,杞伯郁釐卒③。

冬,吴灭巢④。

葬杞平公⑤。

①无传。孟僖子也。【释文】貜,俱缚切,徐俱碧切。②喜得赦归,故书至。③无传。未同盟而赴以名。丁酉,九月五日,有日无月。【释文】郁,於六切。釐,本又作"氂",力

之切,又音来。④楚邑也。书灭,用大师。⑤无传。

【传】

二十四年春,王正月辛丑,召简公、南宫嚚以甘桓公见王子朝①。刘子谓苌弘曰:"甘氏又往矣。"对曰:"何害?同德度义②。《大誓》曰:'纣有亿兆夷人,亦有离德③。余有乱臣十人,同心同德④。'此周所以兴也。君其务德,无患无人。"戊午,王子朝入于邬⑤。

①简公,召庄公之子召伯盈也。嚚,南宫极之子。桓公,甘平公之子。【释文】嚚,鱼巾切。见,贤遍切。②度,谋也。言唯同心同德,则能谋义,子朝不能,于我无害。【释文】度,待洛切。③言纣众亿兆,兼有四夷,不能同德,终败亡。【释文】纣,直九切。亿,於力切。④武王言我有治臣十人,虽少,同心也。今《大誓》无此语。【释文】治,直吏切。⑤缑氏西南有邬聚。言子朝稍强。【释文】邬,乌户切。缑,古侯切,又苦侯切。聚,才住切。

晋士弥牟逆叔孙于箕①。叔孙使梁其踁待于门内②,曰:"余左顾而欬,乃杀之③。右顾而笑,乃止。"叔孙见士伯,士伯曰:"寡君以为盟主之故,是以久子④。不腆敝邑之礼,将致诸从者。使弥牟逆吾子。"叔孙受礼而归。二月,婼至自晋,尊晋也⑤。

①将礼而归之。②踁,叔孙家臣。【释文】踁,户定切。③疑士伯来杀己,故谋杀之。【释文】欬,苦代切。④久执子以谢邾。⑤贬婼族,所以尊晋。婼,行人,故不言罪已。【释文】腆,他典切。从,才用切。

三月庚戌,晋侯使士景伯莅问周故①,士伯立于乾祭而问于介众②。晋人乃辞王子朝,不纳其使③。

①莅,临也。就问子朝、敬王,知谁曲直。【释文】莅,音利。②乾祭,王城北门。介,大也。【释文】乾,音干。祭,侧界切。介,音界。③众言子朝曲故。【释文】使,所吏切。

夏五月乙未朔,日有食之。梓慎曰:"将水①。"昭子曰:"旱也。日过分而阳犹不克,克必甚,能无旱乎②?阳不克莫,将积聚也④。"

①阴胜阳,故曰将水。②过春分,阳气盛时,而不胜阴,阳将猥出,故为旱。【释文】猥,乌罪切。③阳气莫然不动,乃将积聚。阳不克莫,绝句。

六月壬申,王子朝之师攻瑕及杏,皆溃①。

①瑕、杏,敬王邑。【释文】瑕,户加切。否,户孟切。溃,户内切。

郑伯如晋,子大叔相,见范献子。献子曰:"若王室何?"对曰:"老夫其国家不能恤,敢及王室？抑人亦有言曰：'嫠不恤其纬①，而忧宗周之陨，为将及焉②。'今王室实蠢蠢焉③，吾小国惧矣。然大国之忧也，吾侪何知焉？吾子其早图之！《诗》曰：'缾之罄矣，惟罍之耻④。'王室之不宁，晋之耻也。"献子惧，而与宣子图之⑤。乃征会于诸侯，期以明年⑥。

①嫠，寡妇也。织者常苦纬少，寡妇所宜忧。【释文】相，息亮切。嫠，本又作"釐"，力之切。纬，有贵切。②恐祸及己。【释文】陨，于敏切。③蠢蠢，动扰貌。【释文】蠢，昌允切。扰，而小切，本又作"动慅"。④《诗·小雅》。罍，大器。缾，小器，常禀于罍者，而所受罄尽，则罍为无余，故耻之。【释文】侪，仕皆切。缾，本又作"瓶"，步丁切。罍，音雷。⑤宣子，韩起。⑥为明年会黄父传。【释文】父，音甫。

秋八月，大雩，旱也①。

①终如叔孙之言。

冬十月癸酉，王子朝用成周之宝珪于河①。甲戌，津人得诸河上②。阴不佞以温人南侵③，拘得玉者，取其玉，将卖之，则为石。王定而献之④，与之东訾⑤。

①祷河求福。【释文】珪于河，本或作"沈于河"。沈，直荫切，又如字。②珪自出水。③不佞，敬王大夫。晋以温兵助敬王南侵子朝。④不佞献王。【释文】拘，音俱。王定而献之，本或作"王定之"。⑤喜得玉，故与之邑。巩县西南訾城是也。【释文】訾，子斯切。

楚子为舟师以略吴疆①。沈尹戌曰："此行也，楚必亡邑。不抚民而劳之，吴不动而速之②，吴踵楚③，而疆场无备，邑能无亡乎？"

①略，行也。行吴界，将侵之。【释文】疆，居良切。行，下孟切，下同。②速，召也。③踵楚踵迹。【释文】踵，章勇切。蹑。女辄切。

越大夫胥犴劳王于豫章之汭①，越公子仓归王乘舟②，仓及寿梦帅师从王③，王及圉阳而还④。

①汭，水曲。【释文】场，音亦。犴，五旦切。劳，力报切。汭，如锐切。②归，遗也。【释文】归，如字，又其愧切。乘，绳证切，又如字。遗，唯季切。③寿梦，越大夫。【释文】梦，莫公切。④圉阳，楚地。【释文】圉，鱼吕切。

吴人踵楚，而边人不备，遂灭巢及钟离而还①。沈尹戌曰："亡郢之始，于此在矣。王壹动而亡二姓之帅②，几如是而不及郢？《诗》曰：'谁生厉阶，至今为梗③。'其王之谓乎④？"

①钟离不书，告败略。②二姓之帅，守巢、钟离大夫。【释文】帅，所类切。③《诗·大雅》。厉，恶。阶，道。梗，病也。【释文】几，居岂切，又音机。梗，更猛切。④为定四年吴

入郓传。

昭公二十五年

【经】

二十有五年春，叔孙婼如宋。

夏，叔诣会晋赵鞅、宋乐大心、卫北宫喜、郑游吉、曹人、邾人、滕人、薛人、小邾人于黄父①。

有鸜鸲来巢②。

秋七月上辛，大雩，季辛，又雩③。

九月己亥，公孙于齐，次于阳州④，齐侯唁公于野井⑤。

冬十月戊辰，叔孙婼卒⑥。

十有一月己亥，宋公佐卒于曲棘⑦。

十有二月，齐侯取郓⑧。

①【释文】诣，五计切。②此鸟穴居，不在鲁界，故曰来巢。非常，故书。【释文】鸜，其俱切，嵇康音权，本又作"鸲"，音劬，《公羊传》作"鹳"，音权。郭璞注《山海经》云：鸜鸲，鸲鸲也。鸲，音欲。③季辛，下旬之辛也，言又，重上事。【释文】重，直龙切，又直用切。④讳奔，故曰孙，若自孙让而去位者。阳州，齐、鲁竟上邑。未敢直前，故次于竟。【释文】孙，音逊，本亦作"逊"。竟，音境。⑤济南祝阿县东有野井亭。齐侯来唁公，公不敢远劳，故逆之，往至野井。【释文】唁，音彦，吊失国曰唁。⑥公不与小敛而书日者，公在外，非无恩。【释文】与，音预。敛，力验切。⑦陈留外黄县城中有曲棘里，宋地。未同盟而赴以名。⑧取郓以居公也。【释文】郓，音运。

【传】

二十五年春，叔孙婼聘于宋。桐门右师见之①，语，卑宋大夫，而贱司城氏②。昭子告其人曰："右师其亡乎！君子贵其身而后能及人，是以有礼③。今夫子卑其大夫而贱其宗，是贱其身也④。能有礼乎？无礼必亡⑤。"宋公享昭子，赋《新宫》⑥。昭子赋《车辖》⑦。

①右师，乐大心，居桐门。②司城，乐氏之大宗也。卑、贱，谓其才德薄。③唯礼可以

贵身,贵身故尚礼。④贱人,人亦贱己。⑤为定十年乐大心出奔传。⑥逸《诗》。⑦《诗·小雅》。周人思得贤女以配君子,昭子将为季孙迎宋公女,故赋之。【释文】辖,本又作"鞖",胡瞎切。为,于伪切。

明日宴,饮酒,乐。宋公使昭子右坐①,语相泣也。乐祁佐②,退而告人曰:"今兹君与叔孙,其皆死乎? 吾闻之,哀乐③而乐哀④,皆丧心也。心之精爽,是谓魂魄。魂魄去之,何以能久⑤?"

①坐宋公右以相近,言改礼坐。【释文】乐,音洛。近,附近之近。坐,如字,又才卧切。②助宴礼。③可乐而哀。【释文】乐,音洛。④可哀而乐。⑤为此冬叔孙、宋公卒传。【释文】丧,息浪切。

季公若之姊为小邾夫人①,生宋元夫人②,生子以妻季平子。昭子如宋聘,且逆之③。公若从④,谓曹氏勿与,鲁将逐之⑤。曹氏告公,公告乐祁。乐祁曰:"与之。如是,鲁君必出。政在季氏三世矣⑥,鲁君丧政四公矣⑦。无民而能逞其志者,未之有也。国君是以镇抚其民。《诗》曰:'人之云亡,心之忧矣⑧。'鲁君失民矣,焉得逞其志? 靖以待命犹可,动必忧⑨。"

①平子庶姑,与公若同母,故曰公若姊。②宋元夫人,平子之外姊。③平子人臣,而因卿逆,季氏强横。【释文】妻,七计切。横,华孟切。④从昭子。【释文】从,才用切,又如字。⑤曹氏,宋元夫人。⑥文子、武子、平子。⑦宣、成、襄、昭。⑧《诗·大雅》,言无人则忧患至。【释文】逞,敕景切。⑨为下公孙传。【释文】焉,於虔切。

夏,会于黄父,谋王室也①。赵简子令诸侯之大夫②,输王粟,具戍人,曰:"明年将纳王③。"子大叔见赵简子,简子问揖让、周旋之礼焉。对曰:"是仪也,非礼也。"简子曰:"敢问何谓礼?"对曰:"吉也闻诸先大夫子产曰:'夫礼,天之经也④,地之义也⑤,民之行也⑥。'天地之经,而民则实之。则天之明⑦,因地之性⑧,生其六气⑨,用其五行⑩。气为五味⑪,发为五色⑫,章为五声⑬,淫则昏乱,民失其性⑭。是故为礼以奉之⑮。为六畜⑯、五牲⑰、三牲⑱,以奉五味。为九文⑲、六采⑳、五章,以奉五色㉑。为九歌、八风、七音、六律,以奉五声㉒。为君臣、上下,以则地义㉓。为夫妇、外内,以经二物㉔。为父子、兄弟、姑姊、甥舅、昏媾、姻亚,以象天明㉕。为政事、庸力、行务,以从四时㉖。为刑罚、威狱,使民畏忌,以类其震曜杀戮㉗。为温慈、惠和,以效天之生殖长育。民有好、恶、喜、怒、哀、乐,生于六气㉘。是故审则宜类,以制六志㉙。哀有哭泣,乐有歌舞,喜有施舍,怒有战斗。喜生于好,怒生于恶。是故审行信令,祸福赏罚,以制死生。生,好物也。死,恶物也。好物,乐也。

恶物，哀也。哀乐不失，乃能协于天地之性，是以长久㉚。"简子曰："甚哉，礼之大也！"对曰："礼，上下之纪，天地之经纬也㉛，民之所以生也，是以先王尚之。故人之能自曲直以赴礼者，谓之成人。大，不亦宜乎㉜？"简子曰："鞅也请终身守此言也㉝。"

①王室有子朝乱，谋定之。②简子，赵鞅。③纳王于王城。④经者道之常。⑤义者利之宜。⑥行者人所履。【释文】行，下孟切。⑦日、月、星、辰，天之明也。⑧高下刚柔，地之性也。⑨谓阴、阳、风、雨、晦、明。⑩金、木、水、火、土。⑪酸、咸、辛、苦、甘。⑫青、黄、赤、白、黑。发，见也。【释文】见，贤遍切，下"解见"同。⑬宫、商、角、徵、羽。【释文】徵，张里切。⑭滋味声色，过则伤性。⑮制礼以奉其性。⑯马、牛、羊、鸡、犬、豕。【释文】畜，许又切，又楮六切。⑰麋、鹿、麇、狼、兔。【释文】麋，亡悲切。麇，九伦切，本亦作"麕"。⑱祭天、地、宗庙三者谓之牺。⑲谓山、龙、华、虫、藻、火、粉米、黼黻也。华若草华。藻，水草。火，画火。粉米若白米。黼若斧，黻若两己相戾。传曰：火龙黼黻，昭其文也。【释文】黼，音甫。黻，音弗。⑳画缋之事，杂用天地四方之色，青与白，赤与黑，玄与黄，皆相次，谓之六色。【释文】缋，户对切。㉑青与赤谓之文，赤与白谓之章，白与黑谓之黼，黑与青谓之黻，五色备谓之绣。集此五章，以奉成五色之用。㉒解见二十年。㉓君臣有尊卑，法地有高下。㉔夫治外，妇治内，各治其物。㉕六亲和睦，以事严父，若众星之共辰极也。妻父曰昏，重昏曰媾。婿父曰姻，两婿相谓曰亚。【释文】媾，古豆切。姻，音因。亚，於嫁切，本亦作"娅"，同。重，直龙切。㉖在君为政，在臣为事，民功曰庸，治功曰力，行其德教，务其时要，礼之本也。【释文】治，直吏切。㉗雷震电曜，天之威也。圣人作刑狱，以象类之。㉘此六者皆禀阴、阳、风、雨、晦、明之气。【释文】效，户孝切。长，丁丈切。好，呼报切。恶，乌路切，下"于恶"同。乐，音洛。㉙为礼以制好、恶、喜、怒、哀、乐六志，使不过节。㉚协，和也。㉛经纬，错居以相成者。㉜曲直以弼其性。㉝鞅能守此言，故终免于晋阳之难。【释文】以赴礼者，赴或作"从"。难，乃旦切。

宋乐大心曰："我不输粟，我于周为客①，若之何使客？"晋士伯曰："自践土以来②，宋何役之不会，而何盟之不同？曰同恤王室，子焉得辟之？子奉君命，以会大事，而宋背盟，无乃不可乎？"右师不敢对，受牒而退③。士伯告简子曰："宋右师必亡。奉君命以使，而欲背盟以干盟主，无不祥大焉④。"

①二王后为宾客。②践土在僖二十八年。③右师，乐大心。【释文】焉，於虔切。背，音佩，下同。④言不善无大此者。为定十年宋乐大心出奔传。【释文】使，所吏切。

有鹳鸟来巢，书所无也。师己曰："异哉，吾闻文、成之世，童谣有之①，曰：'鸜之鹆之，公出辱之②。鸲鹆之羽，公在外野，往馈之马③。鸲鹆跦跦，公在乾侯④，征褰与襦⑤。鸲鹆之巢，远哉遥遥。（稠）[裯]父丧劳，宋父以骄⑥。鸲鹆鸲鹆，往歌来哭⑦。'童谣有是，今鸲鹆来巢，其将及乎⑧?"

①师己，鲁大夫。【释文】己，音纪，一音祀。谣，音遥。②言鸲鹆来则公出辱也。③馈，遗也。【释文】馈，求位切。遗，唯季切。④跦跦，跳行貌。【释文】跦，张于切，又张留切。跳，直雕切。⑤褰，袴。【释文】褰，起虔切，《字林》已偃切，又音愆。襦，本或作"裾"，而朱切。袴，苦故切，《说文》作"绔"。⑥（稠）[裯]父，昭公。死外，故丧劳。宋父，定公。代立，故以骄。【释文】裯，直留切。父，音甫。丧，息浪切。⑦昭公生出歌，死还哭。⑧将及祸也。

秋，书再雩，旱甚也。

初，季公鸟娶妻于齐鲍文子，生甲①。公鸟死，季公亥与公思展与公鸟之臣申夜姑相其室②。及季姒与饔人檀通③，而惧，乃使其妾扶己，以示秦遄之妻④，曰："公若欲使余，余不可而扶余。"又诉于公甫⑤，曰："展与夜姑将要余⑥。"秦姬以告公之⑦，公之与公甫告平子。平子拘展于卞而执夜姑，将杀之。公若泣而哀之，曰："杀是，是杀余也。"将为之请。平子使竖勿内，日中不得请。有司逆命⑧，公之使速杀之。故公若怨平子。

①公鸟，季公亥之兄，平子庶叔父。【释文】娶，七住切。②公亥，即公若也。展，季氏族。相，治也。【释文】夜，本或作"射"，音夜，又音亦。相，息亮切。③季姒，公鸟妻，鲍文子女。饔人，食官。【释文】姒，音似。檀，直丹切，人名也，或市战切。④秦遄，鲁（夫人）[大夫]，妻公鸟妹秦姬也。【释文】扶，敕乙切。遄，市专切。⑤公甫，平子弟。⑥要劫我以非礼。【释文】展与夜姑，并如字，公思展及申夜姑也。与，及也，读或作余音者，非也。要，一遥切。⑦公之，亦平子弟。⑧执夜姑之有司，欲迎受杀生之命。【释文】为，于伪切。

季、郈之鸡斗①。季氏介其鸡②，郈氏为之金距。平子怒③，益宫于郈氏④，且让之⑤。故郈昭伯亦怨平子。臧昭伯之从弟会⑥，为谗于臧氏，而逃于季氏，臧氏执旃。平子怒，拘臧氏老。将禘于襄公，万者二人，其众万于季氏⑦。臧孙曰："此之谓不能庸先君之庙⑧。"大夫遂怨平子。公若献弓于公为⑨，且与之出射于外，而谋去季氏。公为告公果、公贲⑩。公果、公贲使侍人僚柤告公。公寝，将以戈击之，乃走。公曰："执之。"亦无命也⑪。惧而不出，数月不见，公不怒。又使言，公执戈以惧之，乃走。又使言，公曰："非小人之所及也⑫。"公果自言。公以告臧孙，臧孙以难⑬。告郈孙，郈孙以可，劝。告子家懿伯⑭，懿伯曰："谗人以君徼幸，事若不克，君受其名⑮，不可为也。舍民数世，以求克事，不可必也。且政在焉，其难图也。"公退之⑯。辞曰："臣与闻命矣，言若泄，臣不获死。"乃馆于公⑰。

①季平子、郈昭伯二家相近，故鸡斗。【释文】郈，音后，《字林》下遘切。近，附近之近，又如字。②捣芥子播其毛也。或曰以胶沙播之为介鸡。【释文】介，又作"芥"，音界。③怒其不下己。【释文】下，退嫁切。④侵郈氏室以自益。⑤让，责也。⑥昭伯，臧为子。【释文】从，才用切，后"从者"皆同。⑦禘，祭也。万，舞也。于礼，公当三十六人。【释文】禘，大计切。⑧不能用礼也。盖襄公别立庙。⑨公为，昭公子务人。⑩果、贲，皆公为弟。【释文】去，起吕切。贲，音奔，又扶云切，又皮义切。⑪独言执之，无敕命。【释文】侍人，本亦作"寺人"。粗，侧加切。⑫谓像粗为小人。【释文】数，所主切，下"数世"同。见，贤遍切。⑬言难遂。【释文】难，如字。⑭子家羁，庄公之玄孙。【释文】郈孙以可，绝句。劝，劝公逐季氏也。⑮受恶名。【释文】徼，古尧切。⑯退使去。【释文】舍，音捨。⑰恐受泄命之罪，于留公宫以自明。【释文】与，音预。泄，息列切，又以制切，漏泄也。

叔孙昭子如阙①，公居于长府②。九月戊戌，伐季氏，杀公之于门，遂入之。平子登台而请曰："君不察臣之罪，使有司讨臣以干戈，臣请待于沂上以察罪。"弗许③。请囚于费，弗许。请以五乘亡，弗许。子家子曰："君其许之！政自之出久矣，隐民多取食焉④。为之徒者众矣，曰人愿作，弗可知也⑤。众怒不可蓄也⑥。蓄而弗治，将薀⑦。薀畜，民将生心；生心，同求将合⑧。君必悔之。"弗听。郈孙曰："必杀之。"公使郈孙逆孟懿子⑨。叔孙氏之司马鬷戾言于其众曰："若之何？"莫对⑩。又曰："我家臣也，不敢知国。凡有季氏与无，于我孰利？"皆曰："无季氏，是无叔孙氏也。"鬷戾曰："然则救诸。"帅徒以往，陷西北隅以入⑪。公徒释甲，执冰而踞⑫。遂逐之⑬。孟氏使登西北隅，以望季氏。见叔孙氏之旌，以告。孟氏执郈昭伯，杀之于南门之西，遂伐公徒。子家子曰："诸臣伪劫君者，而负罪以出，君止⑭。意如之事君也，不敢不改⑮。"公曰："余不忍也。"与臧孙如墓谋⑯，遂行。己亥，公孙于齐，次于阳州。齐侯将唁公于平阴，公先至于野井。齐侯曰："寡人之罪也。使有司待于平阴，为近故也⑰。"书曰："公孙于齐，次于阳州。齐侯唁公于野井。"礼也。将求于人，则先下之，礼之善物也⑱。齐侯曰："自莒疆以西，请致千社⑲，以待君命⑳。寡人将帅敝赋以从执事，唯命是听。君之忧，寡人之忧也。"公喜。子家子曰："天禄不再，天若胙君，不过周公，以鲁足矣。失鲁，而以千社为臣，谁与之立㉑？且齐君无信，不如早之晋。"弗从。臧昭伯率从者将盟，载书曰："戮力壹心，好恶同之。信罪之有无㉒，缱绻从公，无通外内㉓。"以公命示子家子。子家子曰："如此，吾不可以盟。羁也不佞，不能与二三子同心,而以为皆有罪㉔。或欲通外内,且欲去君㉕。二三子好亡而恶定,焉可同也? 陷君于难,罪孰大焉? 通外内而去君,君将速入,弗通何为? 而何守焉?"乃不与盟㉖。

①阚,鲁邑。【释文】阚,口暂切。②长府,官府名。③鲁城南自有沂水,平子欲出城待罪也。大沂水出盖县南,至下邳入泗。【释文】沂,鱼依切。④隐约穷困。【释文】乘,绳证切。⑤慝,奸恶也。日冥,奸人将起叛君助季氏,不可知。【释文】慝,他得切。冥,亡定切。⑥季氏众。【释文】蓄,敕六切,本亦作"蓄"。⑦蕴,积也。【释文】蕴,本亦作"蕴",纡粉切。⑧与季氏同求叛君者。⑨懿子,仲孙何忌。⑩众疑所助。【释文】毁,子公切。戾,力计切。⑪陷公围也。【释文】陷,陷没之陷。隅,本或作"堨",音同。⑫言无战心也。冰,椟丸盖。或云椟丸是箭筩,其盖可以取饮。【释文】踞,音据。椟,音独。丸,胡官切。筩,音童,又音动,一音勇。⑬逐公徒。⑭使若非君本意者,君自可止不出。⑮意如,季平子名。⑯辞先君,且谋所奔。⑰齐侯自咎,本不敕有司远诣阳州,而欲近会于平阴,故令鲁侯过共,先至野井,远见迎逆,自咎以谢公。【释文】为,于伪切。咎,其九切。令,力呈切。⑱物,事也。谓先往至野井。【释文】下,遐嫁切。⑲二十五家为社,千社二万五千家,欲以给公。【释文】疆,居良切。⑳待君伐季氏之命。㉑为齐臣。【释文】胙,才路切。㉒信,明也。处者有罪,从者无罪。【释文】戮,音六,又力雕切。㉓缱绻,不离散。【释文】缱,音遣。绻,起阮切。㉔从者陷君,留者逐君,皆有罪也。㉕去君,伪负罪出奔,不必缱绻从公。㉖何必守公。【释文】好,呼报切。恶,乌路切。焉,於虔切。难,乃旦切。

昭子自阚归,见平子。平子稽颡,曰:"子若我何?"昭子曰:"人谁不死? 子以逐君成名,子孙不忘,不亦伤乎! 将若子何?"平子曰:"苟使意如得改事君,所谓生死而肉骨也。"昭子从公于齐,与公言。子家子命适公馆者执之①。公与昭子言于幄内,曰:"将安众而纳公②。"公徒将杀昭子,伏诸道③。左师展告公,公使昭子自铸归④。平子有异志⑤。冬十月辛酉,昭子齐于其寝,使祝宗祈死,戊辰,卒⑥。左师展将以公乘马而归,公徒执之⑦。

①恐从者知叔孙谋。【释文】稽,音启。颡,息党切。②昭子请归安众。【释文】幄,於角切。③伏兵。④辟伏兵。【释文】铸,之树切。⑤不欲复纳公。【释文】复,扶又切。⑥耻为平子所欺,因祈而自杀。【释文】齐,侧皆切,本又作"斋"。⑦展,鲁大夫,欲与公俱轻归。【释文】乘,如字,骑马也。轻,遣政切。

壬申,尹文公涉于巩,焚东訾,弗克①。

①文公,子朝党,于巩县涉洛水也。东訾,敬王邑。

十一月，宋元公将为公故如晋①，梦大子栾即位于庙，己与平公服而相之②。旦，召六卿。公曰："寡人不佞，不能事父兄③，以为二三子忧，寡人之罪也。若以群子之灵，获保首领以没，唯是楄柎所以藉干者④，请无及先君⑤。"仲幾对曰："君若以社稷之故，私降昵宴，群臣弗敢知⑥。若夫宋国之法，死生之度，先君有命矣。群臣以死守之，弗敢失队。臣之失职，常刑不赦。臣不忍其死，君命祗辱⑦。"宋公遂行。己亥，卒于曲棘⑧。

①请纳公。【释文】为，于伪切。②平公，元公父。【释文】相，息亮切。③父兄，谓华、向。④楄柎，棺中笭床也。干，骸骨也。【释文】没，音殁。楄，蒲田切。柎，步口切，又音附。藉，在夜切。笭，力丁切。骸，户皆切。⑤欲自贬损。⑥昵，近也。降昵宴，谓损亲近声乐饮食之事。【释文】昵，女乙切。⑦言君命必不行。祗，适也。【释文】队，直类切。祗，音支。⑧为明年梁丘据语起本。

十二月庚辰，齐侯围郓①。

①欲取以居公。不书围，郓人自服，不成围。

初，臧昭伯如晋，臧会窃其宝龟偻句①。以卜为信与僭，僭吉②。臧氏老将如晋问③，会请往④。昭伯问家故，尽对⑤。及内子与母弟叔孙，则不对⑥。再三问，不对。归，及郊，会逆，问，又如初⑦。至，次于外而察之，皆无之。执而戮之，逸，奔郈。郈鲂假使为贾正焉⑧。计于季氏⑨。臧氏使五人以戈楯伏诸桐汝之间⑩。会出，逐之，反奔，执诸季氏中门之外。平子怒，曰："何故以兵入吾门？"拘臧氏老。季、臧有恶⑪。及昭伯从公，平子立臧会⑫。会曰："偻句不余欺也⑬。"

①偻句，龟所出地名。【释文】偻，力主切，又力具切。句，居具切。②僭，不信也。【释文】僭，子念切。③问昭伯起居。④代家老行。⑤故，事也。⑥内子，昭伯妻。不对，若有他故。⑦又不对。⑧郈在东平无盐县东南。鲂假，郈邑大夫。贾正，掌货物使有常价，若市吏。【释文】鲂，音房。贾，音嫁。⑨送计簿于季氏。【释文】簿，步户切。⑩桐汝，里名。【释文】楯，食准切，又音允。⑪相怨恶。⑫立以为臧氏后。⑬传言卜筮之验，善恶由人。

楚子使蓬射城州屈，复茄人焉①。城丘皇，迁訾人焉②。使熊相禖郭巢，季然郭卷③。子大叔闻之，曰："楚王将死矣，使民不安其土，民必忧。忧将及王，弗能久矣④。"

①还复茄人于州屈。【释文】屈，居勿切，又其勿切。茄，音加。②移訾人于丘皇。③使二大夫为巢、卷筑郭也。卷城在南阳叶县南。【释文】相，息亮切。禖，音梅。卷，音权，或眷勉切。为，于伪切。④为明年楚子居卒传。

昭公二十六年

【经】

二十有六年春,王正月,葬宋元公①。

三月,公至自齐,居于郓。

夏,公围成②。

秋,公会齐侯、莒子、邾子、杞伯,盟于刽陵③。

公至自会,居于郓④。

九月庚申,楚子居卒⑤。

冬十月,天王入于成周⑥。

尹氏、召伯、毛伯以王子朝奔楚⑦。

①三月而葬,速。②成,孟氏邑。不书齐师,帅贱众少,重在公。【释文】帅,所类切。③刽陵,地阙。【释文】刽,音专,又市转切,又徒丸切。④无传。⑤未同盟而赴以名。⑥传言王入在子朝奔后,经在前者,子朝来告晚。⑦召伯当言召氏,经误也。尹、召族奔非一人,故言氏。书奔在王入下者,王人乃告诸侯。

【传】

二十六年春,王正月庚申,齐侯取郓①。

①前年已取郓,至是乃发传者,为公处郓起。

葬宋元公,如先君,礼也①。

①善宋人违命以合礼。

"三月,公至自齐,处于郓",言鲁地也①。夏,齐侯将纳公,命无受鲁货。申丰从女贾②,以币锦二两③,缚一如瑱④,适齐师。谓子犹之人高龁⑤:"能货子犹,为高氏后,粟五千庚⑥。"高龁以锦示子犹,子犹欲之。龁曰:"鲁人买之,百两一布,以道之不通,先入币财⑦。"子犹受之,言于齐侯曰:"群臣不尽力于鲁君者,非不能事君也⑧。然据有异焉⑨。宋元公为鲁君如晋,卒于曲棘。叔孙昭子求纳其君,无疾而死。不知天之弃鲁耶,抑鲁君有罪于鬼神,故及此也? 君若待于曲棘,使群臣从鲁君以卜焉⑩。若可,师有济也,君而继之，兹无敌矣。若其无成，君无辱焉。"齐侯从之，使公子鉏帅师从公⑪。成大夫公孙朝谓平子曰："有都以卫国也，请我受师。"许之⑫。请纳质⑬，弗许，曰："信女足矣。"告于齐师曰："孟氏，鲁之敝室也⑭。用成已甚，弗能忍也，请息肩于齐⑮。"齐师围成。成人伐齐师之饮马于淄者，曰："将以厌众⑯。"鲁成备而后告曰："不胜众⑰。"师及齐师战于炊鼻⑱。齐子渊捷从洩声子⑲，射之，中楯瓦⑳，繇胸汏辀，匕入者三寸㉑。声子射其马，斩鞅，殪㉒。改驾，人以为鬷戾也而助之㉓。子车曰"齐人也㉔。"将击子车。子车射之，殪。其御曰："又之㉕。"子车曰："众可惧也，而不可怒也。"子囊带从野洩，叱之㉖。洩曰："军无私怒，报乃私也，将亢子㉗。"又叱之㉘，亦叱之㉙。冉竖射陈武子，中手㉚，失弓而骂㉛。以告平子，曰："有君子白皙，鬒鬓眉，甚口。"平子曰："必子彊也，无乃亢诸㉜？"对曰："谓之君子，何敢亢之㉝？"林雍羞为颜鸣右，下㉞。苑何忌取其耳㉟。颜鸣去之㊱。苑子之御曰："视下顾㊲。"苑子刜林雍，断其足，鉴而乘于他车以归㊳。颜鸣三入齐师，呼曰："林雍乘㊴！"

①入鲁竟，故书至。犹在外，故书地。【释文】竟，音境。②丰、贾二人皆季氏家臣。【释文】女，音汝。③二丈为一端，二端为一两，所谓匹也。二两，二匹。④瑱，充耳。纩，卷也。急卷使如充耳，易怀藏。【释文】纩，直转切。瑱，他殿切。易，以豉切。⑤齮，子犹家臣。子犹，梁丘据。【释文】齮，鱼绮切。⑥言若能为我行货于子犹，当为请，使得为高氏后，又当粟五千庾。庾，十六斗，凡八千斛。【释文】庾，羊主切。为，于伪切，下"当为"、下"为鲁"同。⑦言鲁人买此甚多，布陈之，以百两为数。⑧欲行其说，故先示欲尽力纳鲁君。【释文】说，如字，又始锐切。⑨异，犹怪也。⑩卜知可伐否。⑪鉏，齐大夫。【释文】鉏，仕居切。⑫以成邑御齐师。【释文】朝，如字。⑬恐见疑。【释文】质，音致。⑭敝，坏也。【释文】女，音汝。⑮公孙朝诈齐师言欲降，使来取成。【释文】降，户江切。⑯以厌众心，不欲使知已降也。淄水出泰山梁父县，西北入汶。【释文】饮，於鸩切。淄，则其切。厌，於冉切，又於叶切。汶，音问。⑰告齐言众不欲降，己不能胜。【释文】胜，音升，又始证切。⑱季氏师距公，非公命则不书。炊鼻，鲁地。⑲声子，鲁大夫。【释文】洩，息列切。⑳瓦，楯脊。【释文】射，食亦切，下同。中，丁仲切，下"中手"同。楯，常允切，又音允。脊，子亦切。㉑入楯瓦也。胸，车轭。辀，车辕。繇，过也。汏，矢激。匕，矢镞也。【释文】繇，音由。胸，具俱切，本又作"鞠"，同。汏，他达切。辀，陟留切。匕，必履切。轭，於革切。激，古狄切。镞，子木切，或七木切。㉒鞅，死也。【释文】鞅，於丈切。殪，於计切。㉓人，鲁人也。鬷戾，叔孙氏司马。㉔子车，即渊捷。㉕又欲使射余人。㉖囊带，齐大夫。野洩，即声子。【释文】叱，昌实切。㉗欲以公战御之，不欲私报其叱。【释

文】亢，苦浪切。㉘子囊复叱之。【释文】复，扶又切，下"复欲"同。㉙野洩亦叱也。言齐无战心，但相叱。㉚冉竖，季氏臣。㉛武子骂。【释文】骂，马嫁切。㉜子强，武子字。【释文】晳，星历切。冀，子忍切，黑也。须，本又作"须"，修于切。㉝伪言不敢违季氏。㉞皆鲁人。羞为右，故下车战。㉟何忌，齐大夫。不欲杀雍，但截其耳以辱之。【释文】苑，於阮切。㊱其右见获，惧而去之。㊲复欲使苑子击其足。㊳蹩，一足行。【释文】刜，芳弗切，《说文》云：击也，又父勿切，又怂勿切。断，丁管切。蹩，遣政切，又音罄，又苦顶切，《字林》丘贞切。㊴言鲁人皆致力于季氏，不以私怨而相弃。【释文】呼，火故切。乘，绳证切。

四月，单子如晋告急。五月戊午，刘人败王城之师于尸氏①。戊辰，王城人、刘人战于施谷，刘师败绩②。

①刘人，刘狄之属。王城，子朝之徒。尸氏，在巩县西南偃师城。②施谷，周地。

秋，盟于（刓）［邬］陵，谋纳公也①。

①齐侯谋。

七月己巳，刘子以王出①。庚午，次于渠②。王城人焚刘③。丙子，王宿于褚氏④。丁丑，王次于萑谷。庚辰，王入于胥靡。辛巳，王次于滑⑤。晋知跞、赵鞅帅师纳王，使女宽守阙塞⑥。

①师败，惧而出。②渠，周地。③烧刘子邑。④洛阳县南有褚氏亭。【释文】褚，张吕切，又敕吕切。⑤萑谷、胥靡、滑，皆周地。胥靡、滑，本郑邑。【释文】萑，音丸，本又作"萑"，古乱切。⑥女宽，晋大夫。阙塞，洛阳西南伊阙口也。守之备子朝。【释文】知，音智。跞，音历。女，音汝。塞，素代切。

九月，楚平王卒，令尹子常欲立子西①，曰："大子壬弱，其母非適也②，王子建实聘之。子西长而好善，立长则顺，建善则治。王顺国治，可不务乎？"子西怒曰："是乱国而恶君王也③。国有外援，不可渎也④。王有適嗣，不可乱也。败亲速仇⑤，乱嗣不祥，我受其名⑥。赂吾以天下，吾滋不从也⑦，楚国何为？必杀令尹！"令尹惧，乃立昭王。

①子西，平王之长庶。【释文】长，丁丈切。②壬，昭王也。【释文】適，丁历切，下同。③言王子建聘之，是章君王之恶。【释文】好，呼报切。治，直吏切。④外援，秦也。渎，慢也。【释文】慢，武谏切。⑤不立壬，秦将来讨是速仇也。⑥受恶名。⑦滋，益也。【释文】赂，音路。

冬十月丙申，王起师于滑①。辛丑，在郊②，遂次于尸。十一月辛酉，晋师克巩③。召伯盈逐王子朝④。王子朝及召氏之族、毛伯得、尹氏固、南宫嚚奉周之典籍以奔楚⑤。阴忌奔莒以叛⑥。召伯逆王于尸，及刘子、单子盟⑦。遂军围泽，次于隄上⑧。癸酉，王入于成周⑨。甲戌，盟于襄宫⑩。晋师使成公般戍周而还⑪。十二月癸未，王入于庄宫⑫。

①起，发也。【释文】滑，于八切。②郊，子朝邑。③知跞、赵鞅之师。④伯盈本党子朝，晋师克巩，知子朝不成，更逐之而逆敬王。⑤尹、召二族皆奔，故称氏。重见尹固名者，为后还见杀。【释文】重，直用切。见，贤遍切。为，于伪切，下"且为"同。⑥阴忌，子朝党。莒，周邑。⑦召伯新还，故盟。⑧围泽、隄上，皆周地。【释文】围，鱼吕切。隄，音低，或音啼。⑨成周，今洛阳。⑩襄王之庙。⑪般，晋大夫。【释文】般，音班。⑫庄宫，在王城。

王子朝使告于诸侯曰："昔武王克殷，成王靖四方，康王息民，并建母弟，以蕃屏周。亦曰：'吾无专享文、武之功①，且为后人之迷败倾覆，而溺入于难，则振救之。'至于夷王，王愆于厥身②。诸侯莫不并走其望，以祈王身。至于厉王，王心戾虐，万民弗忍，居王于彘③。诸侯释位，以间王政④。宣王有志，而后效官⑤。至于幽王，天不吊周，王昏不若，用愆厥位⑥。携王奸命，诸侯替之，而建王嗣，用迁郏鄏⑦。则是兄弟之能用力于王室也。至于惠王，天不靖周，生颓祸心，施于叔带，惠、襄辟难，越去王都⑧。则有晋、郑，咸黜不端⑨，以绥定王家。则是兄弟之能率先王之命也。在定王六年，秦人降妖⑩，曰：'周其有鬓王，亦克能修其职。诸侯服享，二世共职⑪。王室其有间王位，诸侯不图，而受其乱灾⑫，至于灵王，生而有鬓⑬。王甚神圣，无恶于诸侯。灵王、景王，克终其世⑭。今王室乱，单旗、刘狄，剥乱天下，壹行不若⑮。谓先王何常之有⑯？唯余心所命，其谁敢讨之？帅群不吊之人⑰，以行乱于王室。侵欲无厌，规求无度，贯渎鬼神⑱，慢弃刑法，倍奸齐盟，傲很威仪，矫诬先王。晋为不道，是摄是赞⑲，思肆其罔极⑳。兹不穀震盪播越，窜在荆蛮㉑，未有攸底㉒。若我一二兄弟甥舅，奖顺天法，无助狡猾，以从先王之命，毋速天罚，赦图不穀㉓，则所愿也。敢尽布其腹心，及先王之经，而诸侯实深图之！昔先王之命曰：'王后无适，则择立长。年钧以德，德钧以卜㉔。'王不立爱，公卿无私，古之制也。穆后及大子寿早夭即世㉕，单、刘赞私立少，以间先王㉖，亦唯伯仲叔季图之㉗。"

①不敢专，故建母弟。【释文】蕃，方元切，亦作"藩"。②夷王，厉王父也。愆，恶疾也。【释文】覆，芳服切。溺，乃历切。难，乃旦切。愆，起虔切。③不忍害王也。厉王之末，周人流王于彘。【释文】彘，直例切。④间，犹与也。去其位，与治王之政事。【释文】间，间厕之间，又如字。与，音预。⑤宣王，厉王子。彘之乱，宣王尚少，召公虎取而长之。

效,授也。【释文】效,户教切。少,诗照切。长,丁丈切。⑥幽王,宣王子。若,顺也。愆,失也。⑦携王,幽王少子伯服也。王嗣,宜臼也。幽王后申姜生大子宜臼,王幸褒姒,生伯服,欲立之而杀大子,大子奔申,申伯与鄫及西戎伐周,战于戏,幽王死,诸侯废伯服而立宜臼,是为平王,东迁郏鄏。【释文】携,户圭切。奸,音干。替,他计切。郏,古洽切。鄏,音辱。鄫,才陵切。戏,许宜切。⑧惠王,平王六世孙。颓,惠王庶叔也。庄十九年作乱,惠王适郑。襄王,惠王子。叔带,襄王弟。僖二十四年,叔带作难,襄王处氾。【释文】颓,徒回切。施,以豉切。难,乃旦切。氾,音凡。⑨黜,去也。晋文杀叔带,郑厉杀子颓,为王室去不端直之人。【释文】去,起吕切。为,于伪切。⑩定王,襄王孙。定王六年,鲁宣八年。【释文】妖,本又作"訞",於骄切,《说文》云:衣服歌谣草木之怪谓之妖。⑪二世,谓灵、景。【释文】髭,子斯切。共,音恭。⑫间王位,谓子朝也。今子朝以为王猛。受乱灾,谓楚也。今子朝以为晋。【释文】间,间厕之间,下"间先"同。⑬灵王,定王孙。⑭景王,灵王子。⑮单旗,穆公也。刘狄,刘蚠也。壹,专也。【释文】剥,邦角切。⑯言先王无常法。⑰吊,至也。【释文】吊,如字,旧丁历切,至也。⑱贯,习也。渎,易也。【释文】厌,本又作"猒",於盐切。贯,古患切。易,以豉切。⑲摄,持也。赞,佐也。先王,谓景王。【释文】倍,音佩。傲,五报切。很,户恳切。矫,七外切。⑳肆,放也。㉑兹,此也。此不穀,子朝自谓。【释文】盪,本又作"荡",徒党切。窜,七乱切,《字林》七外切。㉒厎,至也。攸,所也。【释文】厎,音旨。㉓奖其忧而图其难。【释文】奖,将丈切。狡,古卯切。猾,又作"滑",于八切。毋,音无。难,乃旦切。㉔此所谓先王之经。【释文】適,丁历切。㉕在十五年。㉖间错先王之制。㉗伯仲叔季,总谓诸侯。

闵马父闻子朝之辞,曰:"文辞以行礼也。子朝干景之命,远晋之大,以专其志,无礼甚矣,文辞何为①?"

①传终王室乱。【释文】远,于万切。

齐有彗星①,齐侯使禳之②。晏子曰:"无益也,祇取诬焉③。天道不谄④,不贰其命,若之何禳之?且天之有彗也,以除秽也。君无秽德,又何禳焉?若德之秽,禳之何损?《诗》曰:'惟此文王,小心翼翼。昭事上帝,聿怀多福。厥德不回,以受方国⑤。'君无违德,方国将至,何患于彗?《诗》曰:'我无所监,夏后及商。用乱之故,民卒流亡⑥。'若德回乱,民将流亡,祝史之为,无能补也。"公说,乃止⑦。

①出齐之分野,不书,鲁不见。【释文】彗,似岁切,又息遂切。分,扶问切。②祭以禳除之。【释文】禳,如羊切。③诬,欺也。【释文】祇,音支。④谄,疑也。【释文】谄,本又

作"慆",他刀切。⑤《诗·大雅》。翼翼,共也。聿,惟也。回,违也。言文王德不违天人,故四方之国归往之。【释文】聿,户橘切。⑥逸《诗》也。言追监夏、商之亡,皆以乱故。【释文】夏,户雅切。⑦【释文】说,音悦。

齐侯与晏子坐于路寝,公叹曰:"美哉室,其谁有此乎①?"晏子曰:"敢问何谓也?"公曰:"吾以为在德。"对曰:"如君之言,其陈氏乎!陈氏虽无大德,而有施于民。豆区釜钟之数,其取之公也薄②,其施之民也厚③。公厚敛焉,陈氏厚施焉,民归之矣。《诗》曰:'虽无德与女,式歌且舞④。'陈氏之施,民歌舞之矣。后世若少惰,陈氏而不亡,则国其国也已。"公曰:"善哉,是可若何?"对曰:"唯礼可以已之。在礼,家施不及国,民不迁,农不移,工贾不变⑤,士不滥⑥,官不滔⑦,大夫不收公利⑧。"公曰:"善哉,我不能矣。吾今而后知礼之可以为国也。"对曰:"礼之可以为国也久矣。与天地并⑨。君令臣共,父慈子孝,兄爱弟敬,夫和妻柔,姑慈妇听,礼也。君令而不违,臣共而不贰,父慈而教,子孝而箴⑩,兄爱而友,弟敬而顺,夫和而义,妻柔而正,姑慈而从⑪,妇听而婉⑫,礼之善物也。"公曰:"善哉,寡人今而后闻此礼之上也。"对曰:"先王所禀于天地,以为其民也,是以先王上之⑬。"

①景公自知德不能久有国,故叹也。②谓以公量收。【释文】施,式豉切,下同。区,乌侯切。量,音亮。③谓以私量贷。【释文】施,如字,又始豉切。④《诗·小雅》,义取虽无大德,要有喜说之心,欲歌舞之。式,用也。【释文】敛,力验切。女,音汝。⑤守常业。【释文】惰,徒卧切,本亦作"墯",同。贾,音古,本亦作"商贾"。⑥不失职。⑦滔,慢也。【释文】滔,吐刀切。慢,武谏切,本又作"漫",武半切。⑧不作福。⑨有天地则礼义兴。⑩箴,谏也。【释文】共,音恭。箴,之林切。⑪从,不自专。⑫婉,顺也。【释文】婉,於阮切。⑬禀,受也。

昭公二十七年

【经】

二十有七年春,公如齐①。

公至自齐,居于郓。

夏四月,吴弑其君僚②。

楚杀其大夫郤宛③。

秋,晋士鞅、宋乐祁犁、卫北宫喜、曹人、邾人、滕人会于扈④。

冬十月,曹伯午卒⑤。

邾快来奔⑥。

公如齐⑦。

公至自齐,居于郓⑧。

①自郓行。【释文】郓,音运。②僚亟战民罢,又伐楚丧,故光乘间而动。称国以弑,罪在僚。【释文】弑,申志切。僚,力雕切。亟,欺冀切。罢,音皮。③无极,楚之谗人,宛所明知而信近之,以取败亡,故书名罪宛。【释文】杀,始察切。郤,去逆切。宛,於阮切,又於元切。近,附近之近。④【释文】犂,力兮切,又力之切。扈,音户。⑤无传。未同盟而赴以名。【释文】午,音五。⑥无传。快,邾命卿也,故书。【释文】快,苦怪切。⑦自郓行。⑧无传。

【传】

二十七年春,公如齐。公至自齐,处于郓,言在外也①。

①在外邑,故书地。

吴子欲因楚丧而伐之①,使公子掩馀、公子烛庸帅师围潜②。使延州来季子聘于上国③,遂聘于晋,以观诸侯④。楚莠尹然、工尹麇帅师救潜⑤。左司马沈尹戌帅都君子与王马之属以济师⑥,与吴师遇于穷。令尹子常以舟师及沙汭而还⑦。左尹郤宛、工尹寿帅师至于潜,吴师不能退⑧。

①前年楚平生卒。②二子皆王僚母弟。潜,楚邑,在庐江六县西南。【释文】掩,於检切。③季子本封延陵,后复封州来,故曰延州来。【释文】复,扶又切。④观强弱。⑤二尹,楚官,然、麇其名。【释文】莠,由九切。麇,九伦切。⑥都君子,在都邑之士有复除者。王马之属,王之养马官属校人也。济,益也。【释文】戌,音恤。复,音福。校,胡孝切。⑦沙,水名。【释文】汭,如锐切。⑧楚师强,故吴不得退去。

吴公子光曰:“此时也,弗可失也①。”告鱄设诸曰:“上国有言曰:‘不索,何获?’我,王嗣也,吾欲求之②。事若克,季子虽至,不吾废也③。”鱄设诸曰:“王可弑也。母老子弱,是无若我何④?”光曰:“我,尔身也⑤。”夏四月,光伏甲于堀室而享王⑥。王使甲坐于道,及其门⑦。门阶户席,皆王亲也,夹之以铍。羞者献体改服于门外⑧。执羞者坐行而入⑨,执铍者夹承之⑩,及体以相授也⑪。光伪足疾,入于堀室⑫。鱄设诸置剑于鱼中以进⑬。抽剑刺王,铍交于胸⑭,遂弑王。阖庐以其子为卿⑮。

①欲因其师徒在外，国不堪役，以弑王。【释文】弑，申志切。②光，吴王诸樊子也，故曰我王嗣。【释文】鱄，音专。上国，贾云：上国与中国同。服云：上古国也。索，所白切。③至谓聘还。④犹言我无若是何，欲以老弱托光。⑤言我身犹尔身。⑥掘地为室。【释文】堀，本又作"窟"，同，苦忽切。掘，其勿切，又其月切。⑦坐道边至光门。⑧羞，进食也。献体，解衣。【释文】夹，古洽切，又古协切。铍，普皮切，《说文》云：剑也。⑨坐行，膝行。⑩承执羞者。⑪铍及进羞者体，以所食授王。⑫恐难作，王党杀己，素辟之。⑬全鱼炙。【释文】炙，章夜切。⑭交鱄诸胸。【释文】刺，七亦切。⑮阖庐，光也。以鱄诸子为卿。

季子至，曰："苟先君无废祀，民人无废主，社稷有奉，国家无倾，乃吾君也。吾谁敢怨？哀死事生，以待天命。非我生乱，立者从之，先人之道也①。"复命哭墓②，复位而待③。吴公子掩馀奔徐，公子烛庸奔钟吾④。楚师闻吴乱而还⑤。

①吴自诸樊以下兄弟相传，而不立适，是乱由先人起也。季子自知力不能讨光，故云尔。【释文】适，丁历切。②复使命于僚墓。③复本位，待光命。④钟吾，小国。⑤言闻吴乱，明邵宛不取略而还。

邵宛直而和，国人说之①。鄢将师为右领②，与费无极比而恶之③。令尹子常赇而信谗。无极谮邵宛焉，谓子常曰："子恶欲饮子酒④。"又谓子恶："令尹欲饮酒于子氏。"子恶曰："我，贱人也，不足以辱令尹。令尹将必来辱，为惠已甚，吾无以酬之，若何⑤？"无极曰："令尹好甲兵，子出之，吾择焉⑥。"取五甲五兵，曰："置诸门，令尹至，必观之，而从以酬之⑦。"及飨日，帷诸门左⑧。无极谓令尹曰："吾几祸子。子恶将为子不利，甲在门矣，子必无往。且此役也⑨，吴可以得志，子恶取略焉而还，又误群帅，使退其师，曰：'乘乱不祥。'吴乘我丧，我乘其乱，不亦可乎？"令尹使视邵氏，则有甲焉，不往，召鄢将师而告之⑩。将师退，遂令攻邵氏，且蓺之⑪。子恶闻之，遂自杀也。国人弗蓺。令曰："不蓺邵氏，与之同罪。"或取一编菅焉，或取一秉秆焉⑫，国人投之，遂弗蓺也。令尹炮之⑬，尽灭邵氏之族党，杀阳令终与其弟完及佗⑭，与晋陈及其子弟⑮。晋陈之族呼于国曰："鄢氏、费氏自以为工，专祸楚国，弱寡王室，蒙王与令尹以自利也⑯。令尹尽信之矣，国将如何？"令尹病之⑰。

①以直事君，以和接类。②右领，官名。【释文】鄢，於晚切，又乌反切。③恶邵宛。【释文】比，毗志切。④子恶，邵宛。【释文】赇，呼罪切。饮，於鸩切。⑤酬，报献。⑥择取以进子常。【释文】好，呼报切。⑦曰，无极辞。⑧张帷，陈甲兵其中。⑨此春救潜之

役。【释文】几，音祈。⑩告子恶门有甲兵，将害己。⑪爇，烧也。【释文】爇，如锐切。⑫编菅，苫也。秉，把也。秆，稿也。【释文】编，必然切，又必千切。菅，古颜切。秆，古但切，《说文》云：禾茎也，或古旦切。苫，式占切，李巡云：编菅茅以覆屋曰苫。把，必马切。稿，古老切。⑬炮，燔郐宛。【释文】炮，步交切，又彭交切。燔，音烦。⑭令终，阳匄子。【释文】佗，徒何切。匄，古害切。⑮晋陈，楚大夫，皆郤氏党。⑯蒙，欺也。【释文】呼，火故切。⑰为下杀无极张本。

秋，会于扈，令戍周，且谋纳公也。宋、卫皆利纳公，固请之。范献子取货于季孙，谓司城子梁与北宫贞子曰①："季孙未知其罪，而君伐之，请囚，请亡，于是乎不获。君又弗克，而自出也。夫岂无备而能出君乎？季氏之夏，天救之也②。休公徒之怒③，而启叔孙氏之心。不然，岂其伐人而说甲执冰以游？叔孙氏惧祸之滥，而自同于季氏，天之道也。鲁君守齐，三年而无成。季氏甚得其民，淮夷与之④，有十年之备，有齐、楚之援⑤，有天之赞，有民之助，有坚守之心，有列国之权，而弗敢宣也⑥，事君如在国⑦。故鞅以为难。二子皆图国者也，而欲纳鲁君，鞅之愿也。请从二子以围鲁，无成，死之。"二子惧，皆辞。乃辞小国，而以难复⑧。

①子梁，宋乐祁也。贞子，卫北宫喜。②复，犹安也。③休，息也。④淮夷，鲁东夷。【释文】说，他活切。⑤公虽在齐，言齐不致力。⑥宣，用也。【释文】守，手又切。⑦书公行，告公至，是也。⑧以难纳白晋君。

孟懿子、阳虎伐郓①。郓人将战。子家子曰："天命不慆久矣②。使君亡者，必此众也③。天既祸之，而自福也，不亦难乎？犹有鬼神，此必败也。呜呼！为无望也夫，其死于此乎！"公使子家子如晋，公徒败于且知④。

①阳虎，季氏家臣。伐郓，欲夺公。②慆，疑也。言弃君不疑。【释文】慆，他刀切。③言君据郓众以与鲁战，必败亡。④且知，近郓地。【释文】夫，音扶。且，子余切。近，附近之近。

楚郤宛之难，国言未已，进胙者莫不谤令尹①。沈尹戌言于子常曰："夫左尹与中厩尹莫知其罪，而子杀之，以兴谤讟，至于今不已②。戌也惑之。仁者杀人以掩谤，犹弗为也。今吾子杀人以兴谤，而弗图，不亦异乎？夫无极，楚之谗人也，民莫不知，去朝吴③，出蔡侯朱④，丧大子建，杀连尹奢⑤，屏王之耳目，使不聪明。不然，平王之温惠共俭，有过成、庄，无不及焉。所以不获诸侯，迩无极也⑥。今又杀三不辜，以兴大谤⑦，几及子矣。子而不图，将焉用之？夫鄢将师矫子之命，以灭三族，国之良也，而不愬位⑧。吴新有君⑨，疆埸日骇，楚国若有大事，子其危哉！知者除谗以自安也，今子爱谗以自危也，甚矣其惑也！"子常曰："是瓦之罪，敢不良图。"九月己未，子常杀费无极与鄢将师，尽灭其族，以说于国，谤言乃止。

①进胙，国中祭祀也。谤，诅也。【释文】难，乃旦切，年末同。胙，才故切。诅，侧虑切。②左尹，郄宛也。中厩尹，阳令终。【释文】厩，九又切。讟，音独。③在十五年。【释文】去，起吕切。朝，如字，下"朝夕"同。④在二十一年。⑤在二十年。【释文】丧，息浪切。⑥迩，近也。【释文】近，附近之近。⑦三不辜：郄氏、阳氏、晋陈氏。⑧在位无怨过。【释文】几，音祈，又音机。焉，於虔切。矫，居表切。怨，起虔切。⑨光新立也。

冬，公如齐，齐侯请飨之①。子家子曰："朝夕立于其朝，又何飨焉？其饮酒也。"乃饮酒，使宰献，而请安②。子仲之子曰重，为齐侯夫人，曰："请使重见③。"子家子乃以君出④。

①设飨礼。【释文】疆，居良切。场，音亦。知，音智。②比公于大夫也。礼：君不敌臣，宴大夫，使宰为主。献，献爵也。请安，齐侯请自安，不在坐也。【释文】坐，才卧切。③子仲，鲁公子憖也。十二年谋逐季氏不能而奔齐，今行饮酒礼，而欲使重见，从宴媟也。【释文】重，直勇切，又直恭切。见，贤遍切。憖，鱼觐切。媟，息列切。④辟齐夫人。

十二月，晋籍秦致诸侯之戍于周，鲁人辞以难①。

①经所以不书戍周。籍秦，籍谈子。

昭公二十八年

【经】

二十有八年春，王三月，葬曹悼公①。

公如晋，次于乾侯②。

夏四月丙戌，郑伯宁卒③。

六月，葬郑定公④。

秋七月癸巳，滕子宁卒⑤。

冬，葬滕悼公⑥。

①无传。六月而葬，缓。②乾侯在魏郡斥丘县，晋境内邑。【释文】斥，音尺，一音昌夜切。竟，音境，传同。③无传。未同盟而赴以名。④无传。三月而葬，速。⑤无传。未同盟而赴以名。⑥无传。

【传】

二十八年春,公如晋,将如乾侯①。子家子曰:"有求于人,而即其安,人孰矜之?其造于竟②。"弗听。使请逆于晋。晋人曰:"天祸鲁国,君淹恤在外。君亦不使一个辱在寡人③,而即安于甥舅,其亦使逆君④?"使公复于竟而后逆之⑤。

①齐侯卑公,故适晋。②欲使次于竟以待命。【释文】造,七报切。③一个,单使。【释文】个,古贺切。单使,所吏切。④言自使齐逆君。⑤逆著乾侯也。言公不能用子家,所以见辱。【释文】著,中略切,又直略切。

晋祁胜与邬臧通室①。祁盈将执之②,访于司马叔游③。叔游曰:"《郑书》有之:'恶直丑正,实蕃有徒④。'无道立矣,子惧不免⑤。《诗》曰:'民之多辟,无自立辟⑥。'姑已,若何⑦?"盈曰:"祁氏私有讨,国何有焉⑧?"遂执之。祁胜赂荀跞,荀跞为之言于晋侯。晋侯执祁盈⑨。祁盈之臣曰:"钧将皆死⑩,慭使吾君闻胜与臧之死也以为快⑪。"乃杀之。夏六月,晋杀祁盈及杨食我⑫。食我,祁盈之党也,而助乱,故杀之。遂灭祁氏、羊舌氏。

①二子,祁盈家臣也。通室,易妻。【释文】祁,巨之切,《字林》云:太原县,上尸切。邬,旧乌户切,又音偃。案,地名在周者,乌户切,隐十一年,王取邬留是也。在郑者音偃,成十六年,战于鄢陵是也。在楚者音於建切,又音偃,昭十三年,王沿夏将入鄢是也。在晋者音於庶切,《字林》乙祛切,郭璞《三仓解诂》音瘀,於庶切,阚骃音厌饫之饫。重言之,太原有邬县,唯周地者从乌,余皆从焉。《字林》亦作"鄢",音同。传云:分祁氏之田以为七县,司马弥牟为邬大夫,即太原县也。邬臧宜以邑为氏,音於庶切,旧音误。②盈,祁午之子。③叔游,司马叔侯之子。④《郑书》,古书名也。言害正直者,实多徒众。【释文】恶,如字,又乌路切。蕃,音烦。⑤言世乱谗胜。⑥《诗·大雅》。【释文】多辟,本又作"僻",区亦切。立辟,婢亦切。⑦姑,且也。已,止也。⑧言讨家臣,无与国事。【释文】与,音预。

刻菱纹针刺熏炉(春秋)

⑨以其专戮。【释文】为,音于伪切。⑩钧,同也。⑪慭,发语之音。【释文】慭,鱼觐切。⑫杨,叔向邑。食我,叔向子伯石也。【释文】食,音嗣。向,许丈切。

初，叔向欲娶于申公巫臣氏①，其母欲娶其党。叔向曰："吾母多而庶鲜，吾惩舅氏矣②。"其母曰："子灵之妻杀三夫③、一君④、一子⑤，而亡一国⑥、两卿矣⑦，可无惩乎？吾闻之，甚美必有甚恶。是郑穆少妃姚子之子，子貉之妹也⑧。子貉早死，无后，而天钟美于是⑨，将必以是大有败也。昔有仍氏生女，黰黑而甚美⑩，光可以鉴⑪，名曰玄妻⑫。乐正后夔取之⑬，生伯封，实有豕心，贪惏无餍，忿颣无期，谓之封豕⑭。有穷后羿灭之，夔是以不祀⑮。且三代之亡、共子之废，皆是物也⑯。女何以为哉？夫有尤物，足以移人。苟非德义，则必有祸⑰。"叔向惧，不敢取。平公强使取之，生伯石。伯石始生，子容之母走谒诸姑⑱，曰："长叔姒生男⑲。"姑视之，及堂，闻其声而还，曰："是豺狼之声也。狼子野心，非是，莫丧羊舌氏矣。"遂弗视。

①夏姬女也。【释文】娶，七住切。夏，户雅切。②言父多妾媵而庶子鲜少，嫌母氏性不旷。【释文】鲜，息浅切。惩，直升切。媵，绳证切，又时证切。③子灵，巫臣。妻，夏姬也。三夫，陈御叔、楚襄老及巫臣也。时巫臣已死。④陈灵公。⑤夏征舒。⑥陈也。⑦孔宁、仪行父。⑧子貉，郑灵公夷。【释文】少，诗照切。貉，亡白切。⑨是，夏姬也。钟，聚也。子貉死在宣四年。⑩有仍，古诸侯也。美发为黰。【释文】黰，之忍切，《说文》作"参"，又作"鬒"，云：稠发也。⑪发肤光色，可以照人。【释文】鉴，古暂切，镜也。⑫以发黑故。⑬夔，舜典乐之君长。【释文】夔，求龟切。取，如字，又古住切。⑭颣，戾也。封，大也。【释文】长，丁丈切。惏，力耽切，《方言》云：楚人谓贪为惏。餍，亦作"猒"，于盐切，颣，又作"类"，立对切，服作"类"。⑮羿，篡夏后者。【释文】羿，音诣。篡，初患切。⑯夏以末喜，殷以妲己，周以褒姒，三代所由亡也。共子，晋申生，以骊姬废。【释文】共，音恭，本亦作"恭"。末喜，本或作"嬉"，音同。《国语》云：桀伐有施，有施氏以末喜女焉。韦昭注《汉书》云：嬉，姓也。妲，丁达切。己，音几。《国语》云：有苏氏之女也。韦昭云：己，姓也。褒姒，音似，龙漦所生，褒人所养者也。《毛诗》云：姒，姓也。郑笺云：姒，字也。骊姬，本又作"丽"，同，力知切，献公伐骊戎所得，而以为夫人。《穀梁传》云灭虢所得，《庄子》云艾封人之子。⑰尤，异也。【释文】女，音汝。⑱子容母，叔向嫂，伯华妻也。姑，叔向母。【释文】取，七住切，又如字。强，其丈切。嫂，素早切，兄妻也，依字宜如此。⑲兄弟之妻相谓姒。【释文】长，丁丈切。

秋，晋韩宣子卒，魏献子为政①。分祁氏之田以为七县②，分羊舌氏之田以为三县③。司马弥牟为邬大夫④，贾辛为祁大夫⑤，司马乌为平陵大夫，魏戊为梗阳大夫⑥，知徐吾为涂水大夫⑦，韩固为马首大夫⑧，孟丙为盂大夫⑨，乐霄为铜鞮大夫⑩，赵朝为平阳大夫⑪，僚安为杨氏大夫⑫。谓贾辛、司马乌为有力于王室⑬，故举之。谓知徐吾、赵朝、韩固、魏戊，余子之不失职，能守业者也⑭。其四人者，皆受县而后见于魏子，以贤举也⑮。

①献子，魏舒。【释文】豻，本又作"犴"，同，仕皆切。丧，息浪切。②七县，邬、祁、平陵、梗阳、涂水、马首、盂也。【释文】梗，古杏切。盂，音于，下文同。③铜鞮、平阳、杨氏。【释文】鞮，丁兮切。④太原邬县。⑤太原祁县。⑥戊，魏舒庶子。梗阳，在太原晋阳县南。【释文】戊，音茂。⑦徐吾，知盈孙。涂水，太原榆次县。【释文】知，音智。次，资利切，又如字。⑧固，韩起孙。⑨太原盂县。⑩上党铜鞮县。【释文】霄，音消。⑪朝，赵胜曾孙。平阳，平阳县。【释文】朝，如字。⑫平阳杨氏县。⑬二十二年，辛、乌帅师纳敬王。【释文】僚，力雕切。⑭卿之庶子为余子。⑮四人，司马弥牟、孟丙、乐霄、僚安也。受县而后见，言采众而举，不以私也。【释文】见，贤遍切，下"见魏"同。

魏子谓成鱄①："吾与戊也县，人其以我为党乎？"对曰："何也？戊之为人也，远不忘君②，近不偪同③，居利思义④，在约思纯⑤，有守心而无淫行。虽与之县，不亦可乎？昔武王克商，光有天下⑥。其兄弟之国者十有五人，姬姓之国者四十人，皆举亲也。夫举无他，唯善所在，亲疏一也。《诗》曰：'唯此文王，帝度其心。莫其德音，其德克明。克明克类，克长克君。王此大国，克顺克比。比于文王，其德靡悔。既受帝祉，施于孙子⑦。'心能制义曰度⑧，德正应和曰莫⑨，照临四方曰明，勤施无私曰类⑩，教诲不倦曰长⑪，赏庆刑威曰君⑫，慈和偏服曰顺⑬，择善而从之曰比⑭，经纬天地曰文⑮。九德不愆，作事无悔⑯，故袭天禄，子孙赖之⑰。主之举也，近文德矣，所及其远哉⑱！"

①鱄，晋大夫。【释文】鱄，音邨，又市转切，又音附。②远，疏远也。③不偪同位。【释文】偪，彼力切。④不苟得。⑤无滥心。⑥光，大也。【释文】行，下孟切。⑦《诗·大雅》，美文王能王大国，受天福，施及子孙。"唯此文王"，《诗》作"唯此王季"。【释文】度，待洛切。莫，亡白切，又如字，《尔雅》云：貊，莫，安定也。长，丁丈切。王，于况切，注"能王"同。祉，音耻。施，以豉切。⑧帝度心。⑨莫然清静。【释文】应，应对之应。和，如字，又胡卧切。⑩施而无私，物得其所，无失类也。【释文】施，式豉切，下及注同。⑪教诲长人之道。⑫作威作福，君之职也。⑬唯顺，故天下偏服。【释文】偏，音遍。⑭比方善事，使相从也。⑮经纬相错，故织成文。⑯九德，上九曰也。皆无愆过，则动无悔吝。【释文】吝，力刃切。⑰袭，受也。⑱举魏戊等，勤施无私也。其四人者，择善而从，故曰近文德，所及远也。【释文】近，附近之近。

贾辛将适其县，见于魏子。魏子曰："辛来，昔叔向适郑，鬷蔑恶①，欲观叔向，从使收器者而往②，立于堂下，一言而善。叔向将饮酒，闻之，曰：'必籧明也③。'下，执其手以上，曰：'昔贾大夫恶④，娶妻而美，三年不言不笑，御以如皋⑤，射雉，获之，其妻始笑而言。贾大夫曰："才之不可以已，我不能射，女遂不言不笑夫！"今子少不颺⑥，子若无言，吾几失子矣。言之不可以已也如是。'遂如故知。今女有力于王室，吾是以举女⑦。行乎，敬之哉，毋堕乃力⑧。"

仲尼闻魏子之举也，以为义，曰："近不失亲⑨，远不失举⑩，可谓义矣。"又闻其命贾辛也，以为忠⑪："《诗》曰：'永言配命，自求多福。'忠也⑫。魏子之举也义，其命也忠，其长有后于晋国乎！"

①恶，貌丑。【释文】籧，子工切。②从，随也。随使人应敛俎豆者。③素闻其贤，故闻其言而知之。④贾国之大夫。恶，亦丑也。【释文】上，时掌切，下同。⑤为妻御之皋泽。【释文】娶，七住切。为，于伪切。⑥颜貌不扬显。【释文】射，食亦切。女，音汝，下同。夫，音扶。颺，音扬。⑦因贾辛有功而后举之，言人不可无能。【释文】几，音祈。⑧堕，损也。【释文】毋，音无。堕，许规切。⑨谓举魏戊。⑩以贤举。⑪先赏王室之功，故为忠。⑫《诗·大雅》。永，长也。言能长配天命，致多福者，唯忠。

冬，梗阳人有狱，魏戊不能断，以狱上①。其大宗赂以女乐②，魏子将受之。魏戊谓阎没、女宽曰③："主以不贿闻于诸侯，若受梗阳人，贿莫甚焉。吾子必谏。"皆许诺。退朝，待于庭④。馈入，召之⑤。比置，三叹。既食，使坐⑥。魏子曰："吾闻诸伯叔，谚曰：'唯食忘忧。'吾子置食之间三叹，何也？"同辞而对曰："或赐二小人酒，不夕食⑦。馈之始至，恐其不足，是以叹。中置，自咎曰：'岂将军食之，而有不足？'是以再叹⑧。及馈之毕，愿以小人之腹为君子之心，属厌而已⑨。"献子辞梗阳人⑩。

①上魏子。【释文】断，丁乱切。②讼者之大宗。③二人，魏子之属大夫。【释文】阎，以占切。④魏子朝君退而待于魏子之庭。【释文】闻，如字，又音问。⑤召二大夫食。【释文】馈，求位切。⑥更命之令坐。【释文】比，必利切。令，力呈切。⑦或，他人也。言饥甚。⑧魏子，中军帅，故谓之将军。【释文】咎，其九切。食，音嗣。帅，所类切，本又作"率"，同。⑨属，足也。言小人之腹饱犹知厌足，君子之心亦有然。【释文】属，之玉切。厌，於盐切，又於艳切。⑩传言魏氏所以兴也。

昭公二十九年

【经】

二十有九年春,公至自乾侯,居于郓①。

齐侯使高张来唁公②。

公如晋,次于乾侯③。

夏四月庚子,叔诣卒④。

秋七月。

冬十月,郓溃⑤。

①以乾侯至,不得见晋侯故。②唁公至晋不见受。高张,高偃子。【释文】唁,音彦。③复不见受,往乾侯。【释文】复,扶又切。④无传。⑤无传。民逃其上曰溃,溃散叛公。【释文】溃,户对切。

【传】

二十九年春,公至自乾侯,处于郓。齐侯使高张来唁公,称主君①。子家子曰:"齐卑君矣,君祇辱焉②。"公如乾侯③。

①比公于大夫。②言往事齐,适取辱。【释文】祇,音支。③为齐所卑,故复适晋,冀见恤。【释文】复,扶又切。

三月己卯,京师杀召伯盈、尹氏固及原伯鲁之子①。尹固之复也②,有妇人遇之周郊,尤之,曰:"处则劝人为祸,行则数日而反,是夫也,其过三岁乎?"夏五月庚寅,王子赵车人于鄻以叛,阴不佞败之③。

①皆子朝党也。称伯鲁子,终不说学。【释文】召,上照切。说,音悦。②二十六年,尹固与子朝俱奔楚而道还。③赵车,子朝之余也。见王杀伯盈等,故叛。鄻,周邑。【释文】数,所主切。鄻,列勉切。

平子每岁贾马①,具从者之衣屦而归之于乾侯。公执归马者卖之②,乃不归马。卫侯来献其乘马曰启服③,堑而死④,公将为之椟⑤。子家子曰:"从者病矣,请以食之。"乃以帏裹之⑥。

①贾,买也。【释文】贾,古买切。②卖其马。【释文】从,才用切,下同。屦,九具切。③启服,马名。【释文】乘,如字,又绳证切。④隋堑死也。【释文】堑,七艳切。⑤为作棺

也。【释文】将为，如字，又于伪切。楳，徒木切。为，于伪切，下同。⑥礼曰：敝帏不弃，为埋马也。【释文】食，音似。裹，古火切。

公赐公衍羔裘，使献龙辅于齐侯①，遂入羔裘。齐侯喜，与之阳穀②。公衍、公为之生也，其母偕出③。公衍先生。公为之母曰："相与偕出，请相与偕告④。"三日，公为生，其母先以告，公为为兄。公私喜于阳穀而思于鲁，曰："务人为此祸也⑤。且后生而为兄，其诬也久矣。"乃黜之，而以公衍为大子。

①龙辅，玉名。②阳穀，齐邑。③出之产舍。④留公衍母，使待己，共白公。⑤务人，公为也。始与公若谋逐季氏。

秋，龙见于绛郊①。魏献子问于蔡墨曰②："吾闻之，虫莫知于龙，以其不生得也。谓之知，信乎？"对曰："人实不知，非龙实知③。古者畜龙，故国有豢龙氏，有御龙氏④。"献子曰："是二氏者，吾亦闻之，而不知其故，是何谓也？"对曰："昔有飂叔安⑤，有裔子曰董父⑥，实甚好龙，能求其耆欲以饮食之，龙多归之。乃扰畜龙，以服事帝舜。帝赐之姓曰董⑦，氏曰豢龙⑧，封诸鬷川，鬷夷氏其后也⑨。故帝舜氏世有畜龙。及有夏孔甲，扰于有帝⑩。帝赐之乘龙，河、汉各二⑪，各有雌雄，孔甲不能食，而未获豢龙氏。有陶唐氏既衰，其后有刘累⑫，学扰龙于豢龙氏，以事孔甲，能饮食之。夏后嘉之，赐氏曰御龙⑬，以更豕韦之后⑭。龙一雌死，潜醢以食夏后⑮。夏后飨之，既而使求之⑯。惧而迁于鲁县⑰。范氏其后也⑱。"献子曰："今何故无之？"对曰："夫物，物有其官，官修其方⑲，朝夕思之。一日失职，则死及之⑳失官不食㉑，官宿其业㉒，其物乃至㉓。若泯弃之，物乃坻伏㉔，郁湮不育㉕。故有五行之官，是为五官。实列受氏姓，封为上公㉖，祀为贵神。社稷五祀，是尊是奉㉗。木正曰句芒㉘，火正曰祝融㉙，金正曰蓐收㉚，水正曰玄冥㉛，土正曰后土㉜。龙，水物也。水官弃矣，故龙不生得㉝。不然，《周易》有之㉞，在《乾》☰㉟之《姤》☴，曰：'潜龙勿用㊲。'其《同人》☲㊳曰：'见龙在田㊴。'其《大有》㊵曰：'飞龙在天㊶。'其《夬》㊷曰：'亢龙有悔㊸。'其《坤》㊹曰：'见群龙无首，吉㊺。'《坤》之《剥》☷曰：'龙战于野㊼。'若不朝夕见，谁能物之㊽？"献子曰："社稷五祀，谁氏之五官也㊾？"对曰："少皞氏有四叔㊿，曰重，曰该，曰修，曰熙，实能金木及水⑤¹。使重为句芒⑤²，该为蓐收⑤³，修及熙为玄冥⑤⁴，世不失职，遂济穷桑，此其三祀也⑤⁵。颛顼氏有子曰犁，为祝融⑤⁶，共工氏有子曰句龙，为后土⑤⁷，此其二祀也。后土为社⑤⁸，稷，田正也⑤⁹。有烈山氏之子曰柱为稷⑥⁰，自夏以上祀之⑥¹。周弃亦为稷⑥²，自商以来祀之⑥³。"

①绛，晋国都。【释文】见，贤遍切，下"见龙""夕见"同。②蔡墨，晋大史。③言龙无知，乃人不知之耳。【释文】知，音智，下"之知"、"实知"、注"无知"同。④豢、御，养也。【释文】豢，音患。⑤飂，古国也。叔安，其君名。【释文】飂，力谬切。⑥裔，远也。玄孙

之后为畜。【释文】畜,以制切。⑦扰,顺也。【释文】好,呼报切。耆,时志切。饮,於鸩切。食,音嗣,下“不能食”“饮食”“食夏”同。扰,而小切。⑧豢龙,官名。官有世功,则以官氏。⑨鬷,水上夷,皆董姓。【释文】鬷,子工切。⑩孔甲,少康之后九世君也。其德能顺于天。【释文】夏,户雅切。少,诗照切。⑪合为四。【释文】乘,绳证切。河、汉各二,服云:河、汉各二乘。⑫陶唐,尧所治地。【释文】治,直吏切。⑬夏后,孔甲。⑭更,代也。以刘累代彭姓之豕韦。累寻迁鲁县。豕韦复国,至商而灭。累之后世,复承其国,为豕韦氏,在襄二十四年。【释文】更,音庚。复,扶又切。⑮潜,藏也。藏以为醢,明龙不知。【释文】醢,音海。知,音智。⑯求致龙也。⑰不能致龙,故惧,迁鲁县,自贬退也。鲁县,今鲁阳也。⑱晋范氏也。⑲方,法术。⑳失职有罪。【释文】朝,如字,下“朝夕”同。㉑不食禄。㉒宿,犹安也。㉓设水官修则龙至。㉔泯,灭也。坻,止也。【释文】泯,弥忍切。坻,音旨,又丁礼切。㉕郁,滞也。湮,塞也。育,生也。【释文】湮,音因。㉖爵上公。㉗五官之君长能修其业者,死皆配食于五行之神,为王者所尊奉。【释文】长,丁丈切,下同。㉘正,官长也。取木生句曲而有芒角也,其祀重焉。【释文】句,古侯切,下同。重,直龙切,下同。㉙祝融,明貌,其祀犁焉。【释文】犁,力兮切。㉚秋物摧蓐而可收也,其祀该焉。【释文】蓐,音辱,本又作“辱”。摧,徂回切。㉛水阴而幽冥,其祀修及熙焉。【释文】冥,亡丁切。㉜土为群物主,故称后也,其祀句龙焉。在家则祀中霤,在野则为社。【释文】霤,力救切。㉝弃,废也。㉞言若不尔,《周易》无缘有龙。㉟《乾》下《乾》上,《乾》。【释文】乾,其连切,本亦作“乹”。㊱《乾》上《巽》下,《姤》。《乾》初九变。【释文】姤,古豆切。㊲《乾》初九爻辞。【释文】爻,户交切。㊳《离》下《乾》上,《同人》,《乾》九二变。㊴《乾》九二爻辞。㊵《乾》下《离》上,《大有》,《乾》九五变。㊶《乾》九五爻辞。㊷《乾》下《兑》上,《夬》,《乾》上九变。【释文】夬,古快切。兑,徒外切。㊸《乾》上九爻辞。【释文】亢,苦浪切。㊹《坤》下《坤》上,《坤》,《乾》六爻皆变。【释文】坤,本又作“巛”,空门切。㊺《乾》用九爻辞。㊻《坤》下《艮》上,《剥》,《坤》上六变。㊼《坤》上六爻辞。㊽物,谓上六卦所称龙各不同也。今说《易》者皆以龙喻阳气,如史墨之言,则为皆是真龙。㊾问五官之长皆是谁。㊿少皞,金天氏。(51)能治其官。【释文】该,古咳切。(52)木正。(53)金正。(54)二子相代为水正。(55)穷桑,少皞之号也。四子能治其官,使不失职,济成少皞之功,死皆为民所祀。穷桑,地在鲁北。(56)犁为火正。【释文】颛,音专。顼,许玉切。(57)共工在大皞后,神农前,以水名官者。其子句龙,能平水土,故死而见祀。【释文】共,音恭。大,音泰。(58)方答社稷,故明言为社。(59)掌播殖也。(60)烈山氏,神农世诸侯。【释文】烈,如字,《礼记》作“厉山”。(61)祀柱。【释文】上,时掌切。(62)弃,周之始祖,能播百谷。汤既胜夏,废柱而以弃代之。(63)传言蔡墨之博物。

冬，晋赵鞅、荀寅帅师城汝滨①，遂赋晋国一鼓铁，以铸刑鼎②，著范宣子所为刑书焉。仲尼曰："晋其亡乎，失其度矣。夫晋国将守唐叔之所受法度，以经纬其民，卿大夫以序守之③。民是以能尊其贵，贵是以能守其业。贵贱不愆，所谓度也。文公是以作执秩之官，为被庐之法④，以为盟主。今弃是度也，而为刑鼎，民在鼎矣，何以尊贵⑤？贵何业之守⑥？贵贱无序，何以为国？且夫宣子之刑，夷之蒐也，晋国之乱制也⑦，若之何以为法？"蔡史墨曰："范氏、中行氏其亡乎⑧！中行寅为下卿，而干上令，擅作刑器，以为国法，是法奸也。又加范氏焉，易之，亡也⑨。其及赵氏，赵孟与焉；然不得已，若德，可以免⑩。"

①赵鞅，赵武孙也。荀寅，中行荀吴之子。汝滨，晋所取陆浑地。【释文】滨，音宾。行，户郎切。②令晋国各出功力，共鼓石为铁，计令一鼓而足。因军役而为之，故言遂。【释文】铸，之树切。令，力呈切。③序，位次也。④僖二十七年，文公蒐被庐，修唐叔之法。【释文】被，皮义切。庐，力居切。蒐，本又作"搜"，所求切。⑤弃礼征书，故不尊贵。⑥民不奉上，则上失业。⑦范宣子所用刑乃夷蒐之法也。夷蒐在文六年，一蒐而三易中军帅，贾季、箕郑之徒遂作乱，故曰乱制。【释文】帅，所类切。⑧蔡史墨，即蔡墨。⑨范宣子刑书中既废矣，今复兴之，是成其咎。【释文】擅，市战切。复，扶又切。⑩铸刑鼎本非赵鞅意，不得已而从之，若能修德，可以免祸。为定十三年荀寅、士吉射入朝歌以叛。【释文】与，音预。

昭公三十年

【经】

三十年春，王正月，公在乾侯①。
夏六月庚辰，晋侯去疾卒②。
秋八月，葬晋顷公③。
冬十有二月，吴灭徐，徐子章羽奔楚④。

①释不朝正于庙。②未同盟而赴以名。【释文】去，起吕切。③三月而葬，速。【释文】顷，音倾。④徐子称名，以名告也。

【传】

三十年春，王正月，公在乾侯。不先书郓与乾侯，非公，且征过也①。

①征，明也。二十七年、二十八年公在郓，二十九年公在乾侯，而经不释朝正之礼者，

所以非责公之妄,且明过谬犹可掩,故不显书其所在,使若在国然。自是郓人溃判,齐、晋卑公,子家忠谋终不能用,内外弃之,非复过误所当掩塞,故每岁书公所在。【释文】征,直升切,或本作"惩",误。复,扶又切。

夏六月,晋顷公卒。秋八月,葬。郑游吉吊,且送葬。魏献子使士景伯诘之,曰:"悼公之丧,子西吊,子蟜送葬①。今吾子无贰,何故②?"对曰:"诸侯所以归晋君,礼也。礼也者,小事大,大字小之谓。事大在共其时命③,字小在恤其所无。以敝邑居大国之间,共其职贡,与其备御不虞之患,岂忘共命④?先王之制,诸侯之丧,士吊,大夫送葬。唯嘉好、聘享、三军之事,于是乎使卿。晋之丧事,敝邑之间,先君有所助执绋矣⑤。若其不间,虽士大夫有所不获数矣⑥。大国之惠,亦庆其加⑦,而不讨其乏,明底其情⑧,取备而已,以为礼也。灵王之丧⑨,我先君简公在楚,我先大夫印段实往,敝邑之少卿也⑩。王吏不讨,恤所无也。今大夫曰:'女盍从旧⑪?'旧有丰有省,不知所从。从其丰,则寡君幼弱,是以不共;从其省,则吉在此矣。唯大夫图之。"晋人不能诘⑫。

①在襄十五年。【释文】诘,起吉切。蟜,居表切。②(年)[吊]、葬共使。【释文】使,所吏切。③随时共所求。【释文】共,音恭,下同。④言不敢忘共命,以所备御者多,不及办之。【释文】御,鱼吕切。办,皮苋切。⑤绋,輓索也。礼,送葬必执绋。【释文】好,呼报切。间,音闲,下同。绋,音弗。輓,本又作"挽",音晚。索,悉各切。⑥不得如先王礼数。⑦庆,善也。谓善其君自行。⑧底,致也。⑨在襄二十九年。⑩少,年少也。【释文】印,一刃切。少,诗照切。⑪盍,何不也。【释文】女,音汝。盍,胡腊切。⑫传言大叔之敏。【释文】省,所景切,下同。

吴子使徐人执掩馀,使钟吾人执烛庸①。二公子奔楚,楚子大封,而定其徙②。使监马尹大心逆吴公子,使居养③。莠尹然、左司马沈尹戌城之④,取于城父与胡田以与之⑤,将以害吴也。子西谏曰:"吴光新得国,而亲其民。视民如子,辛苦同之,将用之也。若好吴边疆,使柔服焉,犹惧其至⑥。吾又强其仇以重怒之,无乃不可乎⑦!吴,周之胄裔也,而弃在海滨,不与姬通。今而始大,比于诸华。光又甚文,将自同于先王⑧。不知天将以为虐乎,使翦丧吴国而封大异姓乎,其抑亦将卒以祚吴乎?其终不远矣⑨。我盍姑亿吾鬼神⑩,而宁吾族姓,以待其归⑪,将焉用自播扬焉⑫?"王弗听。吴子怒,冬十二月,吴子执钟吾子,遂伐徐,防山以水之⑬。己卯,灭徐。徐子章禹断其发⑭,携其夫人,以逆吴子。吴子唁而送之,使其迩臣从之,遂奔楚⑮。楚沈尹戌帅师救徐,弗及,遂城夷,使徐子处之⑯。

①二十七年奔故。②大封,与土田,定其所徙之居。③二子奔楚,楚使逆之于竟也。养,即所封之邑。【释文】监,古衔切。竟,音境。④城养。【释文】莠,音诱。⑤胡田,故胡子之地。⑥柔服,谓不与吴构怨。【释文】好,呼报切,一本作"吾好"。疆,居良切。

吴子问于伍员曰:"初而言伐楚①,余知其可也,而恐其使余往也,又恶人之有余之功也。今余将自有之矣,伐楚何如?"对曰:"楚执政众而乖,莫适任患。若为三师以肄焉②,一师至,彼必皆出。彼出则归,彼归则出,楚必道敝③。亟肄以罢之④,多方以误之,既罢而后以三军继之,必大克之。"阖庐从之。楚于是乎始病⑤。

①在二十年。【释文】员,音云。②肄,犹劳也。【释文】恶,乌路切。适,丁历切。任,音壬。肄,又作"肆",以制切。③罢敝于道。【释文】罢,音皮,下同。④亟,数也。【释文】亟,欺冀切。数,所角切。⑤为定四年吴入楚传。

昭公三十一年

【经】

三十有一年春,王正月,公在乾侯。

季孙意如会晋荀跞于适历①。

夏四月丁巳,薛伯穀卒②。

晋侯使荀跞唁公于乾侯③。

秋,葬薛献公④。

冬,黑肱以滥来奔⑤。

十有二月辛亥朔,日有食之。

①适历,晋地。【释文】跞,力狄切。适,丁历切。②襄二十五年盟重丘。【释文】重,直龙切。③将使意如迎公,故荀跞来唁。④无传。⑤黑肱,邾大夫。滥,东海昌虑县。不书邾,史阙文。【释文】滥,力甘切,又力暂切。虑,音间,又如字。

【传】

三十一年春,王正月,公在乾侯,言不能外内也①。晋侯将以师纳公。范献子曰:"若召季孙而不来,则信不臣矣,然后伐之,若何?"晋人召季孙,献子使私焉,曰:"子必来,我受其无咎②。"季孙意如会晋荀跞于適历。荀跞曰："寡君使跞谓吾子，何故出君？有君不事，周有常刑，子其图之！"季孙练冠麻衣跣行③，伏而对曰："事君，臣之所不得也，敢逃刑命④？君若以臣为有罪，请囚于费，以待君之察也，亦唯君。若以先臣之故，不绝季氏，而赐之死⑤。若弗杀弗亡，君之惠也，死且不朽。若得从君而归，则固臣之愿也，敢有异心⑥？"夏四月，季孙从知伯如乾侯⑦。子家子曰："君与之归，一惭之不忍，而终身惭乎？"公曰："诺。"众曰："在一言矣，君必逐之⑧。"荀跞以晋侯之命唁公，且曰："寡君使跞以君命讨于意如，意如不敢逃死，君其入也！"公曰："君惠顾先君之好，施及亡人，将使归粪除宗祧以事君，则不能见夫人。已所能见夫人者，有如河⑨！"荀跞掩耳而走⑩，曰："寡君其罪之恐，敢与知鲁国之难⑪？臣请复于寡君。"退而谓季孙："君怒未息，子姑归祭⑫。"子家子曰："君以一乘入于鲁师，季孙必与君归。"公欲从之，众从者胁公，不得归⑬。

　　①公内不容于臣子，外不容于齐、晋，所以久在乾侯。②言我为子受无咎之任。【释文】咎，其九切。为，于伪切。③示忧戚。【释文】出，如字，又敕律切。跣，素典切。④言愿事君，君不肯还，不敢辟罪。⑤虽赐以死，不绝其后。【释文】费，音秘。⑥君皆谓鲁侯也。盖季孙探言罪己轻重，以答荀跞。【释文】探，他南切。⑦知伯，荀跞。【释文】知，音智。⑧言晋既忧君，君一言使晋，晋必逐之。⑨夫人，谓季孙也。言若见季孙，已当受祸，明如河以自誓。【释文】好，呼报切。施，以豉切。祧，他雕切。⑩怪公所言，示不忍听。⑪言恐获不纳君之罪，今纳而不入，何敢复知耶。【释文】与，音预。难，乃旦切。复，扶又切。⑫归摄君事。⑬传言君弱不得复自在。【释文】乘，绳证切。众从，才用切。

　　薛伯穀卒，同盟，故书①。

　　①谓书名也。入《春秋》来，薛始书名，故发传。经在荀跞唁公上，传在下者，欲鲁事相次。

　　秋，吴人侵楚，伐夷，侵潜、六①。楚沈尹戌帅师救潜，吴师还。楚师迁潜于南冈而还。吴师围弦。左司马戌、右司马稽帅师救弦，及豫章②。吴师还。始用子胥之谋也③。

　　①皆楚邑。②左司马沈尹戌。【释文】稽，音启，又古兮切。③谋在前年。

　　冬，邾黑肱以滥来奔，贱而书名，重地故也①。君子曰："名之不可不慎也如是②。夫有所有名，而不如其已③。以地叛，虽贱，必书地，以名其人，终为不义，弗可灭已。是故君子动则思礼，行则思义，不为利回④，不为义疚⑤。或求名而不得，或欲盖而名章，惩不义也。齐豹为卫司寇，守嗣大夫⑥，作而不义，其书为‘盗⑦’。邾庶其⑧、莒牟夷⑨、邾黑肱以土地出，求食而已，不求其名，贱而必书⑩。此二物者，所以惩肆而去贪也⑪。若艰难其身⑫，以险危大人⑬，而有名章彻⑭，攻难之士，将奔走之⑮。若窃邑叛君，以徼大利而无名⑯，贪冒之民，将实力焉⑰。是以《春秋》书齐豹曰‘盗’，三叛人名，以惩不义，数恶无礼，其善志也⑱。故曰，《春秋》之称微而显⑲，婉而辨⑳。上之人能使昭明㉑，善人劝焉，淫人惧焉，是以君子贵之。”

①黑肱非命卿，故曰贱。②是，黑肱也。③有所，谓有地也。言虽有名，不如无名。已，止也。④回正心也。【释文】为，于伪切，下亦同。⑤疾，病也。见义则为之。【释文】疾，久又切。⑥守先人嗣，言其尊。【释文】惩，直升切。⑦求名而不得也。二十年豹杀卫侯兄，欲求不畏强御之名。⑧在襄二十一年。⑨在五年。⑩春秋叛者多，唯取三人来适鲁者。三人皆小国大夫，故曰贱。⑪物，事也。肆，放也。齐豹书盗，惩肆也。三叛人名，去贪也。【释文】去，起吕切。⑫身为艰难。⑬大人，在位者。⑭谓得勇名。⑮攻，犹作也。奔走，犹赴趣也。【释文】难，乃旦切。⑯谓不书其人名。【释文】徼，古尧切。⑰尽力为之，不顾于见书。【释文】冒，亡北切，又亡报切。实，之豉切。⑱无礼恶逆，皆数而不忘，记事之善者也。【释文】数，所主切。⑲文微而义著。【释文】称，尺证切。⑳辞婉而旨别。【释文】婉，於阮切。别，彼列切。㉑上之人，谓在位者。在位者能行其法，非贱人所能。

十二月辛亥朔，日有食之。是夜也，赵简子梦童子羸而转以歌①。旦占诸史墨，曰；“吾梦如是，今而日食，何也②？”对曰：“六年及此月也，吴其入郢乎！终亦弗克③。入郢，必以庚辰④。日月在辰尾⑤，庚午之日，日始有谪。火胜金，故弗克⑥。”

①转，婉转也。【释文】羸，本又作“赢”，力果切。②简子梦适与日食会，谓咎在己，故问之。③史墨知梦非日食之应，故释日食之咎而不释其梦。【释文】郢，以井切，又羊政切。应，应对之应。④庚日有变，日在辰尾，故曰以庚辰。定四年十一月庚辰，吴入郢。⑤辰尾，龙尾也。周十二月，今之十月，日月合朔于辰尾而食。⑥谪，变气也。庚午十月十九日，去辛亥朔四十一日，虽食在辛亥，更以始变为占也。午，南方，楚之位也。午火，庚金也。日以庚午有变，故灾在楚。楚之仇敌唯吴，故知入郢必吴。火胜金者，金为火妃，食在辛亥，亥，水也，水数六，故六年也。【释文】谪，直革切。

昭公三十二年

【经】

三十有二年春，王正月，公在乾侯，取阐①。

夏，吴伐越。

秋，七月。

冬，仲孙何忌会晋韩不信、齐高张、宋仲幾、卫世叔申、郑国参、曹人、莒人、薛人、杞人、小邾人，城成周②。

十有二月己未，公薨于乾侯③。

①无传。公别居乾侯，遣人诱阚而取之，不用师徒。【释文】阚，口暂切。②世叔申，世叔仪孙也。国参，子产之子。不书盟，时公在外，未及告公，公已薨。【释文】参，七南切。③十五日。

【传】

三十二年春，王正月，公在乾侯，言不能外内，又不能用其人也①。

①其人，谓子家羁也。言公不能用其人，故于今犹在乾侯。

夏，吴伐越，始用师于越也①。史墨曰："不及四十年，越其有吴乎②！越得岁而吴伐之，必受其凶③。"

①自此之前，虽疆事小争，未尝用大兵。【释文】疆，居良切。争，争斗之争。②存亡之数，不过三纪。岁星三周三十六岁，故曰不及四十年。哀二十二年，越灭吴，至此三十八岁。③此年岁在星纪。星纪，吴、越之分也。岁星所在，其国有福，吴先用兵，故反受其殃。【释文】分，扶问切。殃，於良切。

秋八月，王使富辛与石张如晋，请城成周①。天子曰："天降祸于周，俾我兄弟并有乱心，以为伯父忧②。我一二亲昵甥舅，不皇启处，于今十年③，勤戍五年④。余一人无日忘之⑤，闵闵焉如农夫之望岁，惧以待时⑥。伯父若肆大惠，复二文之业，弛周室之忧⑦，徼文、武之福，以固盟主，宣昭令名，则余一人有大愿矣。昔成王合诸侯，城成周，以为东都，崇文德焉⑧。今我欲徼福假灵于成王，修成周之城，俾戍人无勤，诸侯用宁，蟊贼远屏，晋之力也⑨。其委诸伯父，使伯父实重图之。俾我一人无征怨于百姓⑩，而伯父有荣施，先王庸之⑪。"范献子谓魏献子曰："与其戍周，不如城之，天子实云⑫，虽有后事，晋勿与知可也。从王命以纾诸侯，晋国无忧，是之不务，而又焉从事？"魏献子曰："善。"使伯音对曰⑬："天子有命，敢不奉承以奔告于诸侯？迟速衰序⑭，于是焉在⑮。"

①子朝之乱，其余党多在王城，敬王畏之，徙都成周，成周狭小，故请城之。【释文】狭，音洽。②俾，使也。兄弟，谓子朝也。伯父，谓晋侯。【释文】俾，本又作"卑"，同，必尔切。③谓二十三年，二师围郊至于今。【释文】昵，女乙切。④谓二十八年，晋籍秦致诸侯之戍至于今。⑤念诸侯劳。⑥闵闵，忧貌。王忧乱，常闵闵冀望安定，如农夫之忧饥，冀望来岁之将熟。⑦肆，展放也。二文，谓文侯仇、文公重耳。弛，犹解也。【释文】弛，式

氏切。重,直龙切。⑧作成周,迁殷民,以为京师之东都,所以崇文王之德。【释文】微,古尧切。⑨蟊贼,喻灾害。【释文】蟊,亡侯切。⑩征,召也。【释文】征,张升切。⑪庸,功也。先王之灵,以为大功。【释文】施,式豉切。⑫云欲罢戍而城。⑬伯音,韩不信。【释文】与,音预。纤,音舒。焉,於虔切。⑭衰,差也。序,次也。【释文】衰,初危切。⑮在周所命。

冬十一月,晋魏舒、韩不信如京师,合诸侯之大夫于狄泉,寻盟,且令城成周①。魏子南面②。卫彪傒曰:"魏子必有大咎,干位以令大事,非其任也③。《诗》曰:'敬天之怒,不敢戏豫。敬天之渝,不敢驰驱④。'况敢干位以作大事乎?"

己丑,士弥牟营成周,计丈数⑤,揣高卑⑥,度厚薄,仞沟洫⑦,物土方,议远迩⑧,量事期⑨,计徒庸⑩,虑材用⑪,书糇粮⑫,以令役于诸侯。属役赋丈⑬,书以授帅⑭,而效诸刘子⑮。韩简子临之,以为成命⑯。

①寻平丘盟。②居君位。③彪傒,卫大夫。【释文】彪,彼虬切。傒,音兮。咎,其九切。④《诗·大雅》,戒王者言当敬畏天之谴怒,不可游戏逸豫,驱驰自恣。渝,变也。【释文】渝,羊朱切。谴,弃战切。⑤计所当城之丈数也。⑥度高曰揣。【释文】揣,丁累切,又初委切。度,待洛切,下同。⑦度深曰仞。【释文】仞,本又作"刃",而慎切。洫,况域切。⑧物,相也。相取土之方面,远近之宜。【释文】相,息亮切。⑨知事几时毕。【释文】几,居岂切,下同。⑩知用几人功。⑪知费几材用。【释文】费,芳贵切。⑫知用几粮食。【释文】糇,音侯,本亦作"糇"。粮,音良。⑬付所当城尺丈。【释文】属,之欲切。⑭帅诸侯之大夫。【释文】帅,所类切。⑮效,致也。【释文】效,户孝切。⑯临履其事,以命诸侯。经所以不书魏舒。

十二月,公疾,偏赐大夫①,大夫不受。赐子家子双琥②,一环,一璧,轻服③,受之。大夫皆受其赐。己未,公薨。子家子反赐于府人,曰:"吾不敢逆君命也。"大夫皆反其赐。书曰:"公薨于乾侯。"言失其所也④。

①从公者。【释文】偏,音遍。从,才用切。②琥,玉器。【释文】琥,音虎。③细好之服。④不薨路寝为失所。

赵简子问于史墨曰:"季氏出其君,而民服焉,诸侯与之,君死于外,而莫之或罪也?"对曰:"物生有两,有三,有五,有陪贰。故天有三辰①,地有五行②,体有左右③,各有妃耦④。王有公,诸侯有卿,皆有贰也。天生季氏,以贰鲁侯,为日久矣,民之服焉,不亦宜乎?鲁君世从其失,季氏世修其勤,民忘君矣,虽死于外,其谁矜之?社稷无常奉⑤,君臣无常位,自古以然⑥。故《诗》曰:'高岸为谷,深谷为陵⑦。'三后之姓,于今为庶,主所知也⑧。在《易》卦,雷乘《乾》曰《大壮》䷡⑨,天之道也⑩。昔成季友,桓之季也,文姜之爱子

春秋左传

(晋)杜预集解《春秋左传》

也,始震而卜,卜人谒之,曰:'生有嘉闻⑪,其名曰友,为公室辅。'及生,如卜人之言,有文在其手曰'友',遂以名之。既而有大功于鲁⑫,受费以为上卿。至于文子、武子⑬,世增其业,不废旧绩。鲁文公薨,而东门遂杀適立庶,鲁君于是乎失国⑭,政在季氏,于此君也,四公矣。民不知君,何以得国?是以为君,慎器与名,不可以假人⑮。"

①谓有三。【释文】陪,蒲回切。②谓有五。③谓有两。④谓陪贰。【释文】妃,音配。⑤奉之无常人,言唯德也。【释文】从,子用切,本亦作"纵"。⑥史墨迹古今以实言。⑦《诗·小雅》,言高下有变易。⑧三后:虞、夏、商。⑨《乾》下《震》上,《大壮》。《震》在《乾》上,故曰雷乘《乾》。⑩《乾》为天子,《震》为诸侯,而在《乾》上,君臣易位,犹臣大强壮,若天上有雷。⑪嘉名闻于世。【释文】震,如字,一音身。闻,音问。⑫立僖公。【释文】名,如字,又武政切。⑬文子,行父。武子,宿。【释文】费,音秘。⑭失国权。【释文】適,丁历切。⑮器,车服。名,爵号。

定公第十一

【释文】定公名宋,襄公之子,昭公之弟。《谥法》:安民大虑曰定。

定公元年

【经】

元年春,王①。

三月,晋人执宋仲幾于京师②。

夏六月癸亥,公之丧至自乾侯③。

戊辰,公即位④。

秋七月癸巳,葬我君昭公⑤。

九月,大雩⑥。

立炀宫⑦。

冬十月,陨霜杀菽⑧。

①公之始年而不书正月,公即位在六月故。②晋执人于天子之侧而不以归京师,故但书其执,不书所归。【释文】幾,音机。③告于庙,故书至。④定公不得以正月即位,失

其时，故详而日之，记事之宜，无义例。⑤公在外薨，故八月乃葬。⑥无传。过也。【释文】雩，音于。⑦炀公，伯禽子也。其庙已毁，季氏祷之而立其宫，书以讥之。【释文】炀，羊让切。祷，丁老切。⑧无传。周十月，今八月，陨霜杀菽，非常之灾。【释文】陨，于敏切。菽，本又作"叔"，音同。

【传】

　　元年春，王正月辛巳，晋魏舒合诸侯之大夫于狄泉，将以城成周。魏子莅政①。卫彪傒曰②："将建天子③，而易位以令，非义也。大事奸义，必有大咎。晋不失诸侯，魏子其不免乎！"是行也，魏献子属役于韩简子及原寿过④，而田于大陆，焚焉⑤。还，卒于宁⑥。范献子去其柏椁，以其未复命而田也⑦。

　　①莅，临也。代天子大夫为政。【释文】莅，音利，又音类。②卫大夫。③立天子之居。④简子，韩起孙不信也。原寿过，周大夫。【释文】奸，音干。咎，其九切。属，之欲切。过，古禾切。⑤《禹贡》，大陆在钜鹿北。嫌绝远，疑此田在汲郡吴泽荒芜之地。火田，并见烧也。《尔雅》：广平曰陆。【释文】芜，音无。⑥宁，今修武县，近吴泽。【释文】近，附近之近。⑦范献子代魏子为政，去其柏椁，示贬之。【释文】去，起吕切。椁，音郭。

　　孟懿子会城成周①。庚寅，栽②。宋仲几不受功，曰："滕、薛、郳，吾役也③。"薛宰曰："宋为无道，绝我小国于周，以我适楚。故我常从宋。晋文公为践土之盟④，曰：'凡我同盟，各复旧职。'若从践土，若从宋，亦唯命。"仲几曰："践土固然⑤。"薛宰曰："薛之皇祖奚仲，居薛以为夏车正⑥。奚仲迁于邳⑦，仲虺居薛，以为汤左相⑧。若复旧职，将承王官，何故以役诸侯⑨？"仲几曰："三代各异物，薛焉得有旧⑩？为宋役，亦其职也。"士弥牟曰："晋之从政者新⑪，子姑受功。归，吾视诸故府⑫。"仲几曰："纵子忘之，山川鬼神其忘诸乎⑬？"士伯怒，谓韩简子曰："薛征于人⑭，宋征于鬼⑮，宋罪大矣。且己无辞而抑我以神，诬我也。启宠纳侮，其此之谓矣⑯。必以仲几为戮。"乃执仲几以归。三月，归诸京师⑰。

　　①不书，公未即位。②栽，设板筑。【释文】栽，才代切，又音再。③欲使三国代宋受功役也。郳，小邾。【释文】郳，五兮切。④在僖二十八年。⑤固曰从旧，薛旧为宋役。⑥皇，大也。奚仲为夏禹掌车服大夫。【释文】夏，户雅切。⑦邳，下邳县。【释文】邳，皮悲切。⑧仲虺，奚仲之后。【释文】虺，许鬼切。相，息亮切。⑨承，奉也。⑩言居周世，不得以夏殷为旧。【释文】焉，於虔切。⑪言范献子新为政，未习故事。⑫求故事。⑬山川鬼神，盟所告。⑭典籍故事，人所知也。⑮取证于鬼神。⑯开宠过分，则纳受侵侮。【释文】侮，亡甫切。分，扶问切。⑰知以归不可，故复归之京师。【释文】复，扶又切。

城三旬而毕,乃归诸侯之戍。

齐高张后,不从诸侯①。晋女叔宽曰:"周苌弘、齐高张皆将不免②。苌叔违天,高子违人③。天之所坏,不可支也。众之所为,不可奸也④。"

①后期,不及诸侯之役。②叔宽,女宽也。【释文】苌,直良切。③天既厌周德,苌弘欲迁都以延其祚,故曰违天。诸侯相帅以崇天子,而高子后期,故曰违人。【释文】厌,於艳切。祚,才故切。④为哀三年周人杀苌弘、六年高张来奔起。

夏,叔孙成子逆公之丧于乾侯①。季孙曰:"子家子亟言于我,未尝不中吾志也。吾欲与之从政,子必止之,且听命焉②。"子家子不见叔孙,易几而哭③。叔孙请见子家子,子家子辞,曰:"羁未得见,而从君以出④。君不命而薨,羁不敢见⑤。"叔孙使告之曰:"公衍、公为实使群臣不得事君⑥。若公子宋主社稷,则群臣之愿也⑦。凡从君出而可以入者,将唯子是听。子家氏未有后,季孙愿与子从政,此皆季孙之愿也,使不敢以告⑧。"对曰:"若立君,则有卿士、大夫与守龟在,羁弗敢知。若从君者,则貌而出者,入可也⑨。寇而出者,行可也⑩。若羁也,则君知其出⑪,而未知其入也,羁将逃也。"

①成子,叔孙婼之子。②众士皆谘问子家子。【释文】亟,起冀切。中,丁仲切。③几,哭会也。不欲见叔孙,故朝夕哭不同会。【释文】朝,如字。④出时,成子未为卿。【释文】羁,居宜切,子家子名。见,贤遍切,下同。从,才用切,注"义从"同,又如字,下"从君"、"从公"放此。⑤言未受昭公之命,托辞以距叔孙。⑥二子始谋逐季氏。⑦宋,昭公弟定公。⑧不敢,叔孙成子名。⑨貌出,谓以义从公,与季氏无实怨。【释文】守,手又切。⑩与季氏为寇仇者,自可去。⑪君,昭公。

丧及坏隤,公子宋先入,从公者皆自坏隤反①。六月癸亥,公之丧至自乾侯。戊辰,公即位②。季孙使役如阚公氏,将沟焉③。荣驾鹅曰:"生不能事,死又离之,以自旌也④。纵子忍之,后必或耻之。"乃止。

①出奔。【释文】坏,徐音怀,又户怪切。隤,徒回切。②诸侯薨,五日而殡,殡则嗣子即位。癸亥,昭公丧至,五日殡于宫,定公乃即位。③阚,鲁群公墓所在也。季孙恶昭公,欲沟绝其兆域,不使与先君同。【释文】阚,口暂切。恶,乌路切,又如字。④驾鹅,鲁大夫荣成伯也。旌,章也。【释文】驾,音加。鹅,五何切。旌,音精。

季孙问于荣驾鹅曰:"吾欲为君谥,使子孙知之①。"对曰:"生弗能事,死又恶之,以自信也,将焉用之?"乃止。秋七月癸巳,葬昭公于墓道南。孔子之为司寇也,沟而合诸墓②。

①为恶谥。②明臣无贬君之义。【释文】恶,如字,又乌路切。焉,於虔切。

昭公出故,季平子祷于炀公。九月,立炀宫①。

①平子逐君,惧而请祷于炀公,昭公死于外,自以为获福,故立其宫。

周巩简公弃其子弟,而好用远人①。

①简公,周卿士。远人,异族也。为明年巩氏贼简公张本。【释文】巩,九勇切。好,呼报切。

定公二年

【经】

二年春,王正月。

夏五月壬辰,雉门及两观灾①。

秋,楚人伐吴②。

冬十月,新作雉门及两观③。

①无传。雉门,公宫之南门。两观,阙也。天火曰灾。【释文】观,古乱切。②囊瓦称人,见诱以败军。【释文】囊,乃郎切。③无传。

【传】

二年夏四月辛酉,巩氏之群子弟贼简公①。

①传言弃亲用疏,所以败也。

桐叛楚①,吴子使舒鸠氏诱楚人②,曰:“以师临我③,我伐桐,为我使之无忌④。”秋,楚囊瓦伐吴,师于豫章⑤。吴人见舟于豫章⑥,而潜师于巢⑦。冬十月,吴军楚师于豫章,败之⑧。遂围巢,克之,获楚公子繁⑨。

①桐,小国,庐江舒县西南有桐乡。②舒鸠,楚属国。③教舒鸠诱楚,使以师临吴。④吴伐桐也,伪若畏楚师之临己,而为伐其叛国以取媚者也。欲使楚不忌吴,所谓多方以误之。【释文】为,于伪切。⑤从舒鸠言。⑥伪将为楚伐桐。【释文】见,贤遍切。⑦实欲以击楚。⑧楚不忌故。⑨繁,守巢大夫。

邾庄公与夷射姑饮酒,私出①。阍乞肉焉,夺之杖以敲之②。

①射姑,邾大夫。出,辟酒。【释文】射,音亦,一音夜。②夺阍杖以敲阍头也。为明年邾子卒传。【释文】阍,音昏,守门人也。敲,苦孝切,又苦学切,《说文》作“毃”,云:击头也;《字林》同。又一曰击声也,咬切,又口卓切,训此敲云:横摘也。又或作“茅”,或作“制”,口交切。

定公三年

【经】

三年春,王正月,公如晋,至河乃复①。

二月辛卯,邾子穿卒②。

夏四月。

秋,葬邾庄公③。

冬,仲孙何忌及邾子盟于拔④。

①无传。②再同盟。【释文】穿,音川。③六月乃葬,缓。④拔地阙。【释文】拔,皮八切。

【传】

三年春二月辛卯,邾子在门台①,临廷。阍以缾水沃廷。邾子望见之,怒。阍曰:"夷射姑旋焉②。"命执之③。弗得,滋怒,自投于床,废于炉炭,烂,遂卒④。先葬以车五乘,殉五人⑤。庄公卞急而好洁,故及是⑥。

①门上有台。②旋,小便。【释文】廷,音庭。缾,步丁切,本又作"瓶"。③见其不洁,执射姑。④废,隋也。【释文】炉,力具切。炭,他旦切。隋,徒火切。⑤欲藏中之洁,故先内车,及殉,别为便房,盖其遗命。【释文】先,悉荐切,又如字。乘,绳证切。殉,辞俊切。藏,才浪切。⑥卞,躁疾也。【释文】卞,皮彦切。好,呼报切。躁,早报切。

秋九月,鲜虞人败晋师于平中①,获晋观虎,恃其勇也②。

①平中,晋地。②为五年士鞅围鲜虞张本。

冬,盟于郯①,修邾好也②。

①郯,即拔也。【释文】郯,音谈。②公即位,故修好。

蔡昭侯为两佩与两裘①,以如楚,献一佩一裘于昭王。昭王服之,以享蔡侯。蔡侯亦服其一。子常欲之,弗与。三年止之。唐成公如楚,有两肃爽马,子常欲之②,弗与,亦三年止之。唐人或相与谋,请代先从者,许之。饮先从者酒,醉之,窃马而献之子常。子常归唐侯。自拘于司败③,曰:"君以弄马之故,隐君身④,弃国家,群臣请相夫人以偿马,必如之⑤。"唐侯曰:"寡人之过也,二三子无辱。"皆赏之。蔡人闻之,固请而献佩于子常。子常朝,见蔡侯之徒,命有司曰:"蔡君之久也,官不共也⑥。明日,礼不毕,将死⑦。"蔡侯归,及汉,执玉而沈,曰:"余所有济汉而南者,有若大川⑧!"蔡侯如晋,以其子元与其大夫之子为质焉,而请伐楚⑨。

①佩,佩玉也。②成公,唐惠侯之后。肃爽,骏马名。【释文】肃,如字,又所六切。爽,音霜。骏,音俊。③窃马者自拘。【释文】从,才用切。饮,於鸩切。拘,九于切。④隐,忧约也。【释文】弄,鲁贡切。⑤相,助也。夫人,谓养马者也。【释文】相,息亮切。夫,音扶。偿,市亮切。⑥言楚所以礼遣蔡侯之物,不共备故。【释文】共,音恭。⑦遣蔡侯之礼。⑧自誓言若复渡汉,当受祸,明如大川。【释文】沈,音鸩。复,扶又切。⑨为明年会召陵张本。【释文】质,音致。

定公四年

【经】

四年春,王二月癸巳,陈侯吴卒①。

三月,公会刘子、晋侯、宋公、蔡侯、卫侯、陈子、郑伯、许男、曹伯、莒子、邾子、顿子、胡子、滕子、薛伯、杞伯、小邾子、齐国夏于召陵,侵楚②。

夏四月庚辰,蔡公孙姓帅师灭沈,以沈子嘉归,杀之③。

五月,公及诸侯盟于皋鼬④。

杞伯成卒于会⑤。

六月,葬陈惠公⑥。

许迁于容城⑦。

秋七月,公至自会⑧。

刘卷卒⑨。

葬杞悼公⑩。

楚人围蔡⑪。

晋士鞅、卫孔圉帅师伐鲜虞⑫。

葬刘文公⑬。

冬十有一月庚午,蔡侯以吴子及楚人战于柏举,楚师败绩⑭。

楚囊瓦出奔郑⑮。

庚辰,吴入郢⑯。

①无传。未同盟而赴以名。癸巳,正月七日,书二月,从赴。②于召陵先行会礼,入

楚竟,故书侵。【释文】夏,户雅切。召,上照切。竟,音境。③【释文】姓,音生,又作"生"。④召陵会刘子诸侯,总言之也。繁昌县东南有城皋亭。复称公者,会盟异处故。【释文】鲋,由又切。复,扶又切。处,昌虑切。⑤无传。【释文】成,音城。⑥无传。⑦无传。⑧无传。⑨无传。即刘蚠也。刘子奉命出盟召陵,死则天王为告同盟,故不具爵。【释文】卷,音权,又眷免切。蚠,扶粉切。为,于伪切,下"为蔡"同。⑩无传。⑪不服故也。⑫无传。孔围,孔羁孙。士鞅,即范鞅。【释文】围,鱼吕切。⑬无传。⑭师能左右之曰以,皆陈曰战,大崩曰败绩。吴为蔡讨楚,从蔡计谋,故书蔡侯以吴子,言能左右之也。囊瓦称人,贪以致败,不能死难,罪贱之。柏举,楚地。昭三十一年传曰:六年十二月庚辰,吴其入郢。今以十一月者,并数闰。【释文】陈,直觐切。难,乃旦切。数,所主切。⑮书名,恶之。【释文】恶,乌路切。⑯弗地曰人。吴不称子,史略文。

【传】

四年春三月,刘文公合诸侯于召陵,谋伐楚也①。

①文公,王官伯也。晋人假王命以讨楚之久留蔡侯,故曰文公合诸侯。

晋荀寅求货于蔡侯,弗得,言于范献子曰:"国家方危,诸侯方贰,将以袭敌,不亦难乎？水潦方降,疾疟方起,中山不服①,弃盟取怨,无损于楚②,而失中山,不如辞蔡侯。吾自方城以来,楚未可以得志③,祇取勤焉。"乃辞蔡侯。

①中山,鲜虞。【释文】潦,音老。疟,鱼略切。②晋、楚同盟,伐之为取怨。③晋败楚侵方城,在襄十六年。

晋人假羽旄于郑,郑人与之①。明日,或旆以会②。晋于是乎失诸侯③。将会,卫子行敬子言于灵公曰④:"会同难⑤,啧有烦言⑥,莫之治也。其使祝佗从⑦。"公曰:"善。"乃使子鱼。子鱼辞,曰:"臣展四体,以率旧职,犹惧不给而烦刑书,若又共二⑧,徼大罪也。且夫祝,社稷之常隶也⑨。社稷不动,祝不出竟,官之制也⑩。君以军行,祓社衅鼓⑪,祝奉以从⑫,于是乎出竟。若嘉好之事⑬,君行师从⑭,卿行旅从⑮,臣无事焉。"公曰:"行也。"及皋鼬⑯,将长蔡于卫⑰。卫侯使祝佗私于苌弘曰:"闻诸道路,不知信否,若闻蔡将先卫,信乎？"苌弘曰:"信。蔡叔,康叔之兄也⑱,先卫,不亦可乎？"

①析羽为旌,王者游车之所建,郑私有之,因谓之羽旄,借观之。【释文】祇,音支。旄,音毛。析,星历切。②或,贱者也。继旐曰旆,令贱人施其旆,执以从会,示卑郑。【释文】旆,步贝切。旐,音兆。令,力呈切,下"令蔡"同。③传言晋无礼,所以遂弱。④子行敬子,卫大夫。⑤难得宜。⑥啧,至也。烦言,忿争。【释文】啧,仕责切,一音责。争,争

斗之争。⑦祝佗,大祝子鱼。【释文】佗,徒河切。从,才用切,下“师从”“旅从”同。大,音泰,下“大祝”“大卜”“大史”“大原”同。⑧共二职。【释文】共,音恭。⑨隶,贱臣也。【释文】徼,古尧切。夫,音扶。⑩社稷动,谓国迁。【释文】竟,音境。⑪师出,先有事祓祷于社,谓之宜社。于是杀牲,以血涂鼓鼙,为衅鼓。【释文】祓,音弗,徐音废。衅,许靳切。鼙,步西切,本又作“鞞”。⑫奉社主也。【释文】从,如字,又才用切。⑬谓朝会。【释文】好,呼报切。⑭二千五百人。⑮五百人。⑯将盟。⑰欲令蔡先卫歃。【释文】长,丁丈切。先,悉荐切,下“先卫”同。歃,所洽切,又所甲切。⑱蔡叔,周公兄。康叔,周公弟。

子鱼曰:“以先王观之,则尚德也。昔武王克商,成王定之,选建明德,以藩屏周。故周公相王室,以尹天下①,于周为睦②。分鲁公以大路、大旂③,夏后氏之璜④,封父之繁弱⑤,殷民六族,条氏、徐氏、萧氏、索氏、长勺氏、尾勺氏,使帅其宗氏,辑其分族,将其类丑⑥,以法则周公,用即命于周⑦。是使之职事于鲁⑧,以昭周公之明德⑨。分之土田陪敦⑩,祝、宗、卜、史⑪,备物、典策⑫,官司、彝器⑬。因商奄之民⑭,命以《伯禽》⑮而封于少皞之虚⑯。分康叔⑰以大路、少帛、綪茷、旃旌⑱、大吕⑲,殷民七族,陶氏、施氏、繁氏、锜氏、樊氏、饥氏、终葵氏,封畛土略,自武父以南,及圃田之北竟⑳,取于有阎之土,以共王职㉑。取于相土之东都,以会王之东蒐㉒。聃季授土㉓,陶叔授民㉔,命以《康诰》,而封于殷虚㉕。皆启以商政,疆以周索㉖。分唐叔㉗以大路、密须之鼓㉘,阙巩㉙、沽洗㉚,怀姓九宗,职官五正㉛。命以《唐诰》,而封于夏虚㉜,启以夏政㉝,疆以戎索㉞。三者皆叔也,而有令德,故昭之以分物。不然,文、武、成、康之伯犹多,而不获是分也,唯不尚年也。管蔡启商,惎间王室㉟。王于是乎杀管叔而蔡蔡叔㊱,以车七乘,徒七十人㊲。其子蔡仲,改行帅德,周公举之,以为己卿士㊳,见诸王而命之以蔡㊴,其命书云:‘王曰:胡,无若尔考之违王命也㊵。’若之何其使蔡先卫也?武王之母弟八人,周公为大宰,康叔为司寇,聃季为司空,五叔无官,岂尚年哉㊶!曹,文之昭也㊷;晋,武之穆也㊸。曹为伯甸,非尚年也㊹。今将尚之,是反先王也。晋文公为践土之盟,卫成公不在,夷叔,其母弟也,犹先蔡㊺。其载书云:‘王若曰:晋重㊻、鲁申㊼、卫武㊽、蔡甲午㊾、郑捷㊿、齐潘(51)、宋王臣(52)、莒期(53)。’藏在周府,可覆视也。吾子欲复文、武之略(54),而不正其德,将如之何?”苌弘说,告刘子,与范献子谋之,乃长卫侯于盟。

①尹,正也。【释文】藩,方元切。相,悉亮切。②睦,亲厚也。以盛德见亲厚。③鲁公,伯禽也。此大路、金路,锡同姓诸侯车也。交龙为旂,周礼同姓以封。【释文】分,扶问切,下并同。路,本亦作“辂”,音路。旂,其依切。锡,星历切。④璜,美玉名。【释文】夏,户雅切。璜,音黄。⑤封父,古诸侯也。繁弱,大弓名。【释文】父,音甫,下“武父”

同。封父,国名。繁,扶元切。⑥丑,众也。【释文】索,素洛切。勺,市灼切。辑,音集,又七入切。⑦即,就也。使六族就周,受周公之法制。⑧共鲁公之职事。【释文】共,音恭,下"共王"同。⑨昭,显也。⑩陪,增也。敦,厚也。【释文】陪,本亦作"培",同,步回切。⑪大祝、宗人、大卜、大史,凡四官。⑫典策,春秋之制。【释文】策,本又作"册",亦作"筴",或作"笧",皆初革切。⑬官司,百官也。彝器,常用器。【释文】彝,羊之切。⑭商奄,国名也。与四国流言,或迸散在鲁,皆令即属鲁怀柔之。【释文】迸,彼诤切。令,徐力呈切。⑮伯禽,周公世子。时周公唯遣伯禽之国,故皆以付伯禽。⑯少暤虚,曲阜也。在鲁城内。【释文】少,诗照切。暤,胡老切。虚,起居切。⑰康叔,卫之祖。⑱少帛,杂帛也。綪茷,大赤,取染草名也。通帛为旆,析羽为旌。【释文】綪,七见切。茷,步贝切,又音吠。旆,章然切。⑲钟名。⑳畛,涂所径也。略,界也。武父,卫北界。圃田,郑薮名。【释文】陶,徒刀切。繁,步河切。锜,鱼绮切。畛,之忍切,一音真。圃,布五切,本亦作"甫田"。涂,音徒。径,音经。薮,素口切。㉑有阎,卫所受朝宿邑,盖近京畿。【释文】近,附近之近,下"近我"同。㉒为汤沐邑,王东巡守,以助祭泰山。【释文】相,息亮切。蒐,所求切。守,手又切。㉓聃季,周公弟,司空。【释文】聃,乃甘切。㉔陶叔,司徒。㉕《康诰》,《周书》。殷虚,朝歌也。㉖皆,鲁、卫也。启,开也。居殷故地,因其风俗,开用其政,疆理土地以周法。索,法也。【释文】疆,居良切,注及下同。㉗唐叔,晋之祖。㉘密须,国名。㉙甲名。【释文】巩,九勇切。㉚钟名。【释文】沽,音孤。洗,息典切。㉛怀姓,唐之余民。几宗,一姓为九族。职官五正,五官之长。【释文】长,丁丈切,下"长卫"同。㉜《唐诰》,诰命篇名也。夏虚,大夏,今大原晋阳也。㉝亦因夏风俗,开用其政。㉞大原近戎而寒,不与中国同,故自以戎法。㉟慝,毒也。周公摄政,管叔、蔡叔开道纣子禄父,以毒乱王室。【释文】慝,音忒。间,间厕之间。㊱周公称王命以讨二叔。蔡,放也。【释文】上"蔡",素达切。下"蔡",如字。㊲与蔡叔车徒而放之。【释文】乘,绳证切。㊳为周公臣。【释文】行,下孟切。㊴命为蔡侯。【释文】见,贤遍切。㊵胡,蔡仲名。㊶五叔,管叔鲜、蔡叔度、成叔武、霍叔处、毛叔聃也。㊷文王子,与周公异母。【释文】昭,上饶切,《说文》作"绍"。㊸武王子。㊹以伯爵居甸服,言小。【释文】甸,徒练切。㊺践土、召陵二会,经书蔡在卫上,霸主以国大小之序也。子鱼所言,盟歃之次。㊻文公。【释文】重,直龙切。㊼僖公。㊽叔武。㊾庄侯。㊿文公。【释文】捷,在接切。51昭公。【释文】潘,普安切。52成公。【释文】宋王臣,如字。"王"本或作"壬",如林切。53兹丕公也。齐序郑下,周之宗盟,异姓为后。【释文】丕,普悲切。54略,道也。【释文】覆,芳服切。

反自召陵,郑子大叔未至而卒。晋赵简子为之临,甚哀,曰:"黄父之会①,夫子语我九言,曰:'无始乱,无怙富,无恃宠,无违同,无敖礼,无骄能②,无复怒③,无谋非德④,无犯非义⑤。'"

①在昭二十五年。【释文】说，音悦。为，于伪切，下"为沈"同。临，力鸩切。父，音甫。②以能骄人。【释文】语，鱼据切。怙，音户。敖，五报切。③复，重也。【释文】复，扶又切。④非所谋也。⑤传言简子能用善言，所以遂兴。

沈人不会于召陵，晋人使蔡伐之。夏，蔡灭沈。

秋，楚为沈故，围蔡。伍员为吴行人以谋楚。

楚之杀郤宛也①，伯氏之族出②。伯州犁之孙嚭，为吴大宰以谋楚。楚自昭王即位，无岁不有吴师。蔡侯因之，以其子乾与其大夫之子为质于吴。

①在昭二十七年。【释文】员，音云。②郤宛党。

冬，蔡侯、吴子、唐侯伐楚①，舍舟于淮汭②，自豫章与楚夹汉③。左司马戌谓子常曰："子沿汉而与之上下④。我悉方城外以毁其舟⑤，还塞大隧、直辕、冥阨⑥，子济汉而伐之，我自后击之，必大败之。"既谋而行。武城黑谓子常曰⑦："吴用木也，我用革也⑧，不可久也，不如速战。"史皇谓子常："楚人恶子而好司马⑨，若司马毁吴舟于淮，塞城口而入⑩，是独克吴也。子必速战，不然不免。"及济汉而陈，自小别至于大别⑪，三战，子常知不可，欲奔⑫。史皇曰："安求其事⑬，难而逃之，将何所入？子必死之，初罪必尽说⑭。"

①唐侯不书，兵属于吴、蔡。【释文】犁，力兮切。嚭，普鄙切。乾，其连切。质，音致。②吴乘舟从淮来，过蔡而舍之。【释文】舍，音赦，置也，又音捨，弃也。汭，人锐切。③豫章，汉东江北地名。【释文】夹，古洽切。④沿，缘也。缘汉上下，遮使勿渡。【释文】沿，悦全切。上，时掌切。遮，正奢切。⑤以方城外人毁吴所舍舟。⑥三者，汉东之隘道。【释文】隧，音遂。冥，亡丁切，本或作"真"，之豉切。阨，於懈切，本或作"隘"，音同。⑦黑，楚武城大夫。⑧用，军器。⑨史皇，楚大夫。司马，沈尹戌。【释文】恶，乌路切。好，呼报切。⑩城口，三隘道之总名。⑪《禹贡》：汉水至大别南入江。然则此二别在江夏界。【释文】陈，直觐切，下同。夏，户雅切。⑫知吴不可胜。⑬求知政事。⑭言致死以克吴，可以免贪贿致寇之罪。【释文】难，乃旦切。

十一月庚午，二师陈于柏举①。阖庐之弟夫概王，晨请于阖庐曰："楚瓦不仁②，其臣莫有死志，先伐之，其卒必奔。而后大师继之，必克。"弗许。夫概王曰："所谓臣义而行，不待命者，其此之谓也。今日我死，楚可入也。"以其属五千，先击子常之卒。子常之卒奔，楚师乱，吴师大败之。子常奔郑。史皇以其乘广死③。

①经所以书战。二师，吴、楚师。②瓦，子常名。③以战死。【释文】卒，子忽切，下同。乘，绳证切。广，古旷切。

吴从楚师，及清发①，将击之。夫概王曰："困兽犹斗，况人乎？若知不免而致死，必败我。若使先济者知免，后者慕之，蔑有斗心矣。半济而后可击也。"从之。又败之。楚人为食，吴人及之，奔，食而从之。败诸雍澨，五战及郢②。己卯，楚子取其妹季芈畀我以出，涉雎③。鍼尹固与王同舟，王使执燧象以奔吴师④。庚辰，吴入郢，以班处宫⑤。子山处令尹之宫⑥，夫概王欲攻之，惧而去之，夫概王入之⑦。

①清发，水名。②奔食，食者走不陈，故不在战数。【释文】澨，市制切。③雎水出新城昌魏县，东南至枝江县入江，是楚王西走。【释文】芈，面尔切，楚姓。畀，必利切。《世族谱》：季芈、畀我，皆平王女也。服云：畀我，季芈之字。雎，七余切。④烧火燧系象尾，使赴吴师，惊却之。【释文】鍼，之林切。燧，音遂。⑤以尊卑班次处楚王宫室。⑥子山，吴王子。⑦入令尹宫也。言吴无礼，所以不能遂克。

左司马戌及息而还①，败吴师于雍澨，伤②。初，司马臣阖庐，故耻为禽焉③。谓其臣曰："谁能免吾首？"吴句卑曰："臣贱，可乎？"司马曰："我实失子，可哉④。"三战皆伤，曰："吾不可用也已。"句卑布裳，刭而裹之⑤，藏其身而以其首免⑥。

莲盖奎龙纹方壶（春秋）

①息，汝南新息也。闻楚败，故还。②司马先败吴师，而身被创。【释文】创，初良切。③司马尝在吴为阖庐臣，是以今耻于见禽。④失不知子贤。【释文】句，古侯切。⑤司马已死，刭取其首。【释文】刭，古顶切。裹，音果。⑥传言司马之忠壮。

楚子涉雎，济江，入于云中①。王寝，盗攻之，以戈击王。王孙由于以背受之，中肩。王奔郧，钟建负季芈以从②，由于徐苏而从③。郧公辛之弟怀将弑王，曰："平王杀吾父，我杀其子，不亦可乎④！"辛曰："君讨臣，谁敢仇之？君命，天也，若死天命，将谁仇？《诗》曰：'柔亦不茹，刚亦不吐。不侮矜寡，不畏强御。'唯仁者能之⑤。违强陵弱，非勇也。乘人之约，非仁也。灭宗废祀，非孝也⑥。动无令名，非知也。必犯是，余将杀女。"

①入云梦泽中。所谓江南之梦。【释文】梦，如字，又音蒙。②钟建，楚大夫。【释文】中，丁仲切。郧，音云。从，才用切，下同，又如字。③以背受戈，故当时闷绝。④辛，蔓成然之子鬥辛也。昭十四年，楚平王杀成然。【释文】杀，或作"弑"，申志切，下"我杀"同。蔓，音万。⑤《诗·大雅》，言仲山甫不辟强陵弱。【释文】茹，音汝。矜，古顽切。⑥弑君，罪应灭宗。

鬥辛与其弟巢以王奔随。吴人从之，谓随人曰："周之子孙在汉川者，楚实尽之。天诱其衷，致罚于楚，而君又窜之①。周室何罪？君若顾报周室，施及寡人，以奖天衷②，君之惠也。汉阳之田，君实有之。"楚子在公宫之北③，吴人在其南。子期似王④，逃王，而己为王，曰："以我与之，王必免。"随人卜与之，不吉。乃辞吴曰："以随之辟小而密迩于楚，楚实存之，世有盟誓，至于今未改。若难而弃之，何以事君？执事之患，不唯一人⑤。若鸠楚竟，敢不听命？"吴人乃退⑥。鑪金初宦于子期氏，实与随人要言⑦。王使见⑧，辞曰："不敢以约为利⑨。"王割子期之心，以与随人盟⑩。

①窜，匿也。【释文】知，音智。女，音汝。衷，音忠。窜，七乱切。匿，女力切。②奖，成也。【释文】施，以豉切。③随公宫也。④子期，昭王兄公子结也。⑤一人，楚王。【释文】辟，匹亦切。难，乃旦切。⑥鸠，安集也。【释文】竟，音境。⑦要言无以楚王与吴，并欲脱子期。【释文】鑪，本又作"鑢"，金名，音虑，氏也。⑧王喜其意，欲引见之，以比王臣，且欲使盟随人。【释文】见，贤遍切，下注"敢见"同。⑨此约谓要言也。此一时之事，非为德举，故辞不敢见，亦不肯为盟主。【释文】约，如字，又於妙切。⑩当心前割取血以盟，示其至心。

初，伍员与申包胥友①。其亡也，谓申包胥曰："我必复楚国②。"申包胥曰："勉之。子能复之，我必能兴之。"及昭王在随，申包胥如秦乞师，曰："吴为封豕、长蛇，以荐食上国，虐始于楚。寡君失守社稷，越在草莽，使下臣告急，曰：'夷德无厌，若邻于君，疆场之患也③。逮吴之未定，君其取分焉④。若楚之遂亡，君之土也。若以君灵抚之，世以事君⑤。'"秦伯使辞焉，曰："寡人闻命矣，子姑就馆，将图而告。"对曰："寡君越在草莽，未获所伏⑥，下臣何敢即安？"立，依于庭墙而哭，日夜不绝声，勺饮不入口七日。秦哀公为之赋《无衣》⑦，九顿首而坐⑧，秦师乃出⑨。

①包胥，楚大夫。【释文】包，必交切。②复，报也。③吴有楚则与秦邻。【释文】草莽，旧作"茅"，亡交切，今本多作"莽"，莫荡切，下同。厌，於盐切。疆，居良切。场，音亦。④与吴共分楚地。【释文】逮，音代。分，扶问切。⑤抚，存恤也。⑥伏，犹处也。⑦《诗·秦风》，取其"王子兴师，修我戈矛，与子同仇"，"与子偕作"，"与子偕行"。【释文】勺，市灼切，又音灼。为，于伪切。仇，音求。⑧《无衣》三章，章三顿首。⑨为明年包胥以秦师至张本。

定公五年

【经】

五年春，王三月辛亥朔，日有食之①。

夏,归粟于蔡②。

於越入吴③。

六月丙申,季孙意如卒。

秋七月壬子,叔孙不敢卒④。

冬,晋士鞅帅师围鲜虞。

①无传。②蔡为楚所围,饥乏,故鲁归之粟。③於,发声也。④无传。

【传】

五年春,王人杀子朝于楚①。

①因楚乱也。终闵马父之言。

夏,归粟于蔡,以周亟①,矜无资。

①亟,急也。【释文】亟,纪力切。

越入吴,吴在楚也。

六月,季平子行东野①,还,未至,丙申,卒于房。阳虎将以玙璠敛②,仲梁怀弗与③,曰:"改步改玉④。"阳虎欲逐之,告公山不狃。不狃曰:"彼为君也,子何怨焉⑤?"既葬,桓子行东野⑥,及费。子洩为费宰,逆劳于郊,桓子敬之。劳仲梁怀,仲梁怀弗敬⑦。子洩怒,谓阳虎:"子行之乎⑧!"

①东野,季氏邑。【释文】行,下孟切,下"桓子行"同。②玙璠,美玉,君所佩。【释文】玙,本又作"与",音余。璠,音烦,又方烦切。敛,力验切。③怀亦季氏家臣。④昭公之出,季孙行君事,佩玙璠祭宗庙。今定公立,复臣位,改君步,则亦当去玙璠。【释文】去,起吕切。⑤不狃,季氏臣,费宰子洩也。为君,不欲使僭。【释文】狃,女九切。为,于伪切。洩,息列切。僭,子念切。⑥桓子,意如子季孙斯。⑦怀时从桓子行,轻慢子泄。【释文】劳,力报切。[从,才用切。]下"从父"、"从王"并同。⑧行,逐怀也。为下阳虎囚桓子起。

申包胥以秦师至,秦子蒲、子虎帅车五百乘以救楚①。子蒲曰:"吾未知吴道②。"使楚人先与吴人战,而自稷会之,大败夫概王于沂③。吴人获薳射于柏举④,其子帅奔徒⑤以从子西,败吴师于军祥⑥。秋七月,子期、子蒲灭唐⑦。九月,夫概王归,自立也,以与王战而败⑧,奔楚,为堂谿氏⑨。

①五百乘,三万七千五百人。【释文】乘,绳证切,注同。②道,犹法术。③稷、沂,皆楚地。【释文】沂,鱼依切。④薳射,楚大夫。【释文】射,食亦切,又食夜切。⑤奔徒,楚

散卒。【释文】卒，子忽切。⑥楚地。⑦从吴伐楚故。⑧自立为吴王，号夫概。⑨传终言之。【释文】谿，苦兮切。

吴师败楚师于雍澨，秦师又败吴师。吴师居麇①，子期将焚之，子西曰："父兄亲暴骨焉，不能收，又焚之，不可②。"子期曰："国亡矣！死者若有知也，可以歆旧祀③？岂惮焚之？"焚之，而又战，吴师败。又战于公壻之谿④，吴师大败，吴子乃归。囚阍舆罢。阍舆罢请先，遂逃归⑤。叶公诸梁之弟后臧从其母于吴，不待而归⑥。叶公终不正视⑦。

①麇，地名。【释文】麇，九伦切。②前年楚人与吴战，多死麇中，言不可并焚。【释文】暴，步卜切。③言焚吴复楚，则祭祀不废。【释文】歆，许金切。④楚地名。⑤舆罢，楚大夫。请先至吴而逃归。言吴唯得楚一大夫，复失之，所以不克。【释文】阍，音因。舆，音余，又作"与"，羊汝物。罢，音皮。复，扶又切。⑥诸梁，司马沈尹戍之子叶公子高也。吴入楚，获后臧之母，楚定，臧弃母而归。【释文】叶，舒涉切。从，如字，又才用切。⑦不义之。

乙亥，阳虎囚季桓子及公父文伯①，而逐仲梁怀。冬十月丁亥，杀公何藐②。己丑，盟桓子于稷门之内③。庚寅，大诅，逐公父歜及秦遄，皆奔齐④。

①文伯，季桓子从父昆弟也。阳虎欲为乱，恐二子不从，故囚之。【释文】父，音甫。②藐，季氏族。【释文】藐，亡角切，又弥小切。③鲁南城门。④歜，即文伯也。秦遄，平子姑婿也。传言季氏之乱。【释文】诅，庄虑切。歜，昌欲切。遄，市专切。

楚子入于郢①。初，鬭辛闻吴人之争宫也，曰："吾闻之，不让则不和，不和不可以远征。吴争于楚，必有乱。有乱则必归，焉能定楚？"王之奔随也，将涉于成臼②，蓝尹亹涉其帑③，不与王舟。及宁，王欲杀之④。子西曰："子常唯思旧怨以败，君何效焉？"王曰："善。使复其所，吾以志前恶⑤。"王赏鬭辛、王孙由于、王孙圉、钟建、鬭巢、申包胥、王孙贾、宋木、鬭怀⑥。子西曰："请舍怀也⑦。"王曰："大德灭小怨，道也⑧。"申包胥曰："吾为君也，非为身也。君既定矣，又何求？且吾尤子旗，其又为诸⑨？"遂逃赏。王将嫁季芈，季芈辞曰："所以为女子，远丈夫也。钟建负我矣。"以妻钟建，以为乐尹⑩。

①吴师已归。②江夏竟陵县西有白水，出聊屈山，西南入汉。【释文】焉，於虔切。臼，其九切。屈，其勿切，又君勿切。③亹，楚大夫。【释文】蓝，力甘切。亹，亡匪切。帑，音奴。④宁，安定也。⑤恶，过也。⑥九子皆从王有大功者。⑦以初谋弑王也。【释文】舍，音捨，又音赦。弑，申志切。⑧终从其兄，免王大难，是大德。【释文】难，乃旦切。⑨子旗，蔓成然也。以有德于平王，求欲无厌，平王杀之，在昭十四年。【释文】为，于伪切。厌，於盐切。⑩司乐大夫。【释文】远，于万切。妻，七细切。

王之在随也，子西为王舆服以保路，国于脾泄①。闻王所在，而后从王。王使由于城麋②,复命,子西问高厚焉,弗知。子西曰:"不能,如辞③。城不知高厚,小大何知?"对曰:"固辞不能,子使余也。人各有能有不能。王遇盗于云中,余受其戈,其所犹在。"袒而视之背,曰:"此余所能也,脾洩之事,余亦弗能也④。"

①脾洩,楚邑也。失王,恐国人溃散,故伪为王车服,立国脾洩,以保安道路人。【释文】脾,婢支切。洩,息列切。②于麋筑城。③言自知不能,当辞勿行。④传言昭王所以复国,有贤臣也。【释文】袒,音但。

晋士鞅围鲜虞,报观虎之役也①。

①三年,鲜虞获晋观虎。

定公六年

【经】

六年春,王正月癸亥,郑游速帅师灭许,以许男斯归①。

二月,公侵郑。

公至自侵郑②。

夏,季孙斯、仲孙何忌如晋。

秋,晋人执宋行人乐祁犁③。

冬,城中城④。

季孙斯、仲孙忌帅师围郓⑤。

①游速,大叔子。②无传。③称行人,言非其罪。【释文】犁,力兮切,又力之切。④无传。公为晋侵郑故,惧而城之。【释文】为,于伪切。⑤无传。何忌不言何,阙文。郓贰于齐,故围之。【释文】郓,音运。

【传】

六年春,郑灭许,因楚败也。

二月,公侵郑,取匡,为晋讨郑之伐胥靡也①。往不假道于卫;及还,阳虎使季、孟自南门入,出自东门②,舍于豚泽。卫侯怒,使弥子瑕追之③。公叔文子老矣④,辇而如公,曰:"尤人而效之,非礼也。昭公之难,君将以文之舒鼎⑤,成之昭兆⑥,定之鞶鉴⑦,苟可以纳之,择用一焉。公子与二三臣之子,诸侯苟忧之,将以为之质⑧。此群臣之所闻也。今将以小忿蒙旧德⑨,无乃不可乎?大姒之子⑩,唯周公、康叔为相睦也。而效小人以弃之,不亦诬乎！天将多阳虎之罪以毙之，君姑待之，若何？"乃止⑪。

①胥靡，周地也。周儋翩因郑人以作乱，郑为之伐胥靡，故晋使鲁讨之。匡，郑地。取匡不书，归之晋。【释文】为，于伪切。儋，丁甘切。翩，音篇。②阳虎将逐三桓，欲使得罪于邻国。③弥子瑕，卫嬖大夫。【释文】豚，杜孙切。嬖，必计切。④文子，公叔发。⑤卫文公之鼎。【释文】难，乃旦切。⑥宝龟。⑦鞶带而以镜为饰也。今西方羌胡犹然，古之遗服。【释文】鞶，又作"盘"，步丹切，又蒲官切。鉴，古暂切。⑧为质，求纳鲁昭公。【释文】质，音致。⑨蒙，覆也。⑩大姒，文王妃。【释文】大，音泰。姒，音似。⑪止不伐鲁师。

夏，季恒子如晋，献郑俘也①。阳虎强使孟懿子往报夫人之币②。晋人兼享之③。孟孙立于房外，谓范献子曰："阳虎若不能居鲁，而息肩于晋，所不以为中军司马者，有如先君④！"献子曰："寡君有官，将使其人⑤，鞅何知焉？"献子谓简子曰："鲁人患阳虎矣，孟孙知其衅，以为必适晋，故强为之请，以取入焉⑥。"

①献此春取匡之俘。【释文】俘，芳夫切。②虎欲困辱三桓，并求媚于晋，故强使正卿报晋夫人之聘。【释文】强，其丈切，下同。③贱鲁，故不复两设礼，明经所以不备书。【释文】复，扶又切。④称先君以征其言，若欲使晋，必厚待之。⑤择得其人。⑥欲令晋人闻虎当逃走，故强设请托之辞，因此言以入晋，令晋素知之。【释文】衅，许靳切。为，于伪切。令，力呈切。

四月己丑，吴大子终累败楚舟师①，获潘子臣、小惟子②及大夫七人。楚国大惕，惧亡。子期又以陵师败于繁扬③。令尹子西喜曰："乃今可为矣④。"于是乎迁郢于鄀，而改纪其政，以定楚国⑤。

①终累，阖庐子，夫差兄。舟师，水战。【释文】累，力追切，又力轨切。夫，音扶。差，初佳切。②二子，楚舟师之帅。【释文】惟，位悲切，本又作"帷"，亦如字。③陵师，陆军。【释文】惕，他历切。④言知惧而后可治。⑤传言楚赖子西以安。【释文】鄀，音若。

周儋翩率王子朝之徒，因郑人将以作乱于周①。郑于是乎伐冯、滑、胥靡、负黍、狐人、阙外②。六月，晋阎没戍周，且城胥靡③。

①儋翩，子朝余党。②郑伐周六邑在鲁伐郑取匡前，于此见者，为戍周起也。阳起县西南有负黍亭。【释文】见，贤遍切，下"见溷"同。为，于伪切，下同。③为下天王出居姑莸起。

秋八月，宋乐祁言于景公曰："诸侯唯我事晋，今使不往，晋其憾矣。"乐祁告其宰陈寅①。陈寅曰："必使子往。"他日，公谓乐祁曰："唯寡人说子之言，子必往。"陈寅曰："子立后而行，吾室亦不亡②，唯君亦以我为知难而行也。"见溷而行③。赵简子逆，而饮之酒于绵上,献杨楯六十于简子④。陈寅曰:"昔吾主范氏,今子主赵氏,又有纳焉。以杨楯贾祸,弗可为也已⑤。然子死晋国,子孙必得志于宋⑥。"范献子言于晋侯曰:"以君命越疆而使,未致使而私饮酒,不敬二君,不可不讨也。"乃执乐祁⑦。

①以与公言告之。【释文】使,所之切。憾,户暗切。②寅知晋政多门,往必有难,故使乐祁立后而行。【释文】说,音悦。难,乃旦切,下同。③溷,乐祁子也。见于君,立以为后。【释文】溷,侯温切,又侯困切。④杨,木名。【释文】楯,食允切,又音允。⑤知范氏必怨,将得祸。【释文】贾,音古。⑥以其为国死。【释文】为,于伪切,下同。⑦献子怒祁比赵氏,经所以称行人。【释文】疆,居良切。使,所吏切。比,毗志切。

阳虎又盟公及三桓于周社,盟国人于亳社,诅于五父之衢①。

①传言三桓微,陪臣专政,为八年阳虎作乱起。【释文】亳,步各切。诅,侧虑切。父,音甫。衢,其俱切。

冬,十二月,天王处于姑莸①,辟儋翩之乱也②。

①姑莸,周地。【释文】莸,音由,又由旧切。②为明年单、刘逆王起。【释文】单,音善。

定公七年

【经】

七年春,王正月。

夏四月。

秋,齐侯、郑伯盟于鹹①。

齐人执卫行人北宫结以侵卫②。

齐侯、卫侯盟于沙③。

大雩④。

齐国夏帅师伐我西鄙⑤。

九月,大雩⑥。

冬十月。

①卫地。【释文】鹹,音咸。②称行人,非使人之罪。【释文】使,所吏切。③结叛晋也。阳平元城县东南有沙亭。【释文】沙,如字,又星和切。④无传。过也。⑤夏,国佐孙。⑥无传。过也。

【传】

七年春二月,周儋翩入于仪栗以叛①。

①仪栗,周邑。

齐人归郓、阳关,阳虎居之以为政①。

①郓、阳关,皆鲁邑,中贰于齐,齐今归之。不书,虎专之。【释文】中,丁仲切。

夏四月,单武公①、刘桓公②败尹氏于穷谷③。

①穆公子。②文公子。③尹氏复党儋翩,共为乱也。【释文】复,扶又切。

秋,齐侯、郑伯盟于鹹,征会于卫①。卫侯欲叛晋②,诸大夫不可。使北宫结如齐,而私于齐侯曰:"执结以侵我③。"齐侯从之,乃盟于琐④。

①征,召也。②属齐、郑也。③欲以齐师惧诸大夫。④琐即沙也。为明年涉佗捘卫侯手起。【释文】琐,素果切。佗,徒河切。捘,子对切。

齐国夏伐我①。阳虎御季桓子,公敛处父御孟懿子②,将宵军齐师。齐师闻之,堕,伏而待之③。处父曰:"虎不图祸,而必死④。"苫夷曰:"虎陷二子于难⑤,不待有司,余必杀女。"虎惧,乃还,不败⑥。

①齐叛晋故。②处父,孟氏家臣,成宰公敛阳。【释文】敛,力检切,又音廉,或音虑点切。③堕毁其军以诱敌而设伏兵。【释文】堕,许规切。④而,女也。【释文】女,音汝,下同。⑤苫夷,季氏家臣。二子:季、孟。【释文】苫,始占切。难,乃旦切。⑥传言陪臣强,能自相制,季、孟不敢有心。

冬十一月戊午,单子、刘子逆王于庆氏①。晋籍秦送王。己巳,王入于王城②,馆于公族党氏③,而后朝于庄宫④。

①庆氏,守姑莸大夫。②己巳,十二月五日,有日无月。③党氏,周大夫。【释文】党,音掌。④庄王庙也。

定公八年

【经】

八年春,王正月,公侵齐①。

公至自侵齐②。

二月,公侵齐③。

三月，公至自侵齐④。

曹伯露卒⑤。

夏，齐国夏帅师伐我西鄙。

公会晋师于瓦⑥。

公至自瓦⑦。

秋七月戊辰，陈侯柳卒⑧。

晋士鞅帅师侵郑，遂侵卫⑨。

葬曹靖公⑩。

九月，葬陈怀公⑪。

季孙斯、仲孙何忌帅师侵卫。

冬，卫侯、郑伯盟于曲濮⑫。

从祀先公⑬。

盗窃宝玉、大弓⑭。

①报前年伐我西鄙。②无传。③未得志故。④无传。⑤无传。四年盟皋鼬。【释文】鼬，由又切。⑥瓦，卫地。将来救鲁，公逆会之。东郡燕县东北有瓦亭。【释文】夏，户雅切，年末注同。瓦，颜寡切。燕，音烟。⑦无传。⑧无传。四年盟皋鼬。【释文】柳，力久切，本或作"抑"。⑨两事，故曰遂。⑩无传。⑪无传。三月而葬，速。⑫无传。结叛晋。曲濮，卫地。【释文】濮，音卜。⑬从，顺也。先公，闵公、僖公也。将正二公之位次，所顺非一。亲尽，故通言先公。⑭盗，谓阳虎也。家臣贱，名氏不见，故曰盗。宝玉，夏后氏之璜。大弓，封父之繁弱。【释文】见，贤遍切。璜，音黄。父，音甫。

【传】

八年春，王正月，公侵齐，门于阳州①，士皆坐列②，曰："颜高之弓六钧③。"皆取而传观之。阳州人出，颜高夺人弱弓，籍丘子鉏击之，与一人俱毙④，偃，且射子鉏，中颊，殪⑤。颜息射人中眉⑥，退曰："我无勇，吾志其目也⑦。"师退，冉猛伪伤足而先⑧。其兄会乃呼曰："猛也殿⑨。"

①攻其门。②言无斗志。③颜高，鲁人。三十斤为钧，六钧，百八十斤。古称重，故以为异强。【释文】钧，音均。称，尺证切。强，其丈切。④子鉏，齐人。毙，仆也。【释文】传，直专切。鉏，仕居切。与一人俱毙，婢世切，颜高与一人俱为子鉏所击而仆。仆，音赴，又蒲北切，孙炎云：前覆曰仆。⑤子鉏死。【释文】且，如字。射，食亦切，下同。中，

丁仲切。颊,古协切。殪,於计切,死也。言颜高虽为子鉏所击偃仆,且射子鉏中颊而死,言其善射也。一读且音子余切,云偃且,人名也。检《世族谱》无此人,一读者非也。⑥颜息,鲁人。⑦以自矜。⑧猛,鲁人。欲先归。【释文】先,悉荐切。⑨会见师退,而猛不在列,乃大呼,诈言猛在后为殿。传言鲁无军政。【释文】呼,火故切。殿,丁电切,注同。

二月己丑,单子伐穀城,刘子伐仪栗①。辛卯,单子伐简城,刘子伐盂,以定王室②。

①讨儋翩之党。穀城在河南县西。【释文】单,音善。儋,丁甘切。翩,音篇。②传终王室之乱。【释文】盂,音于。

赵鞅言于晋侯曰①:"诸侯唯宋事晋,好逆其使,犹惧不至。今又执之,是绝诸侯也。"将归乐祁。士鞅曰:"三年止之,无故而归之,宋必叛晋②。"献子私谓子梁曰③:"寡君惧不得事宋君,是以止之。子姑使溷代子④。"子梁以告陈寅。陈寅曰:"宋将叛晋,是弃溷也,不如待之⑤。"乐祁归,卒于大行⑥。士鞅曰:"宋必叛,不如止其尸以求成焉。"乃止诸州⑦。

①鞅,丁掌切。②执乐祁在六年。【释文】好,呼报切。使,所吏切。③献子,范鞅。子梁,乐祁。④溷,乐祁子。【释文】溷,侯温切,又侯困切。⑤留待,勿以子自代。⑥大行,晋东南山。【释文】大,音泰。行,户郎切,一音衡。⑦州,晋地。为明年宋公使乐大心如晋张本。

公侵齐,攻廪丘之郭①。主人焚冲②,或濡马褐以救之③,遂毁之④。主人出,师奔⑤。阳虎伪不见冉猛者,曰:"猛在此,必败⑥。"猛逐之,顾而无继,伪颠⑦。虎曰:"尽客气也⑧。"

苫越生子,将待事而名之⑨。阳州之役获焉,名之曰阳州⑩。

①郭,郭也。【释文】廪,力甚切。郭,芳夫切。②冲,战车。【释文】冲,昌容切,《说文》作"𧗠",云:陷阵车也。③马褐,马衣。【释文】濡,人于切。褐,户葛切。④毁郭。⑤攻郭人少,故遣后师走往助之。⑥阳州之役猛先归。言若在此,必复败。【释文】复,扶又切。⑦逐廪丘人。⑧言皆客气,非勇。【释文】客,如字。⑨苫越,苫夷。【释文】苫,式占切,注同。⑩欲自比侨如。【释文】侨,其骄切。

夏,齐国夏、高张伐我西鄙①。晋士鞅、赵鞅、荀寅救我②。公会晋师于瓦。范献子执羔,赵简子、中行文子皆执雁。鲁于是始尚羔③。

①报上二侵。②救不书,齐师已去,未入境。【释文】竟,晋境。③献子,士鞅也。简子,赵鞅也。中行文子,荀寅也。礼:卿执羔,大夫执雁。鲁则同之,今始知执羔之尊也。卿不书,礼不敌公,史略之。【释文】行,户郎切。

晋师将盟卫侯于鄟泽①。赵简子曰:"群臣谁敢盟卫君者②?"涉佗、成何曰:"我能盟之③。"卫人请执牛耳④。成何曰:"卫,吾温、原也,焉得视诸侯⑤?"将歃,涉佗捘卫侯之手,及捥⑥，卫侯怒。王孙贾趋进⑦，曰："盟以信礼也⑧。有如卫君，其敢不唯礼是事，而受此盟也⑨？"

①自瓦还，就卫地盟。【释文】郖，音专，又市转切，本亦作"刲"，音同。②前年卫叛晋属齐，简子意欲摧辱之。③二子，晋大夫。【释文】佗，徒何切。④盟礼，尊者莅牛耳，主次盟者。卫侯与晋大夫盟，自以当莅牛耳，故请之。⑤言卫小，可比晋县，不得从诸侯礼。【释文】焉，於虔切。⑥捘，挤也。血至捥。【释文】歃，所洽切。捘，子对切。捥，乌唤切。挤，子计切，又子礼切，《说文》云：排也。⑦贾，卫大夫。⑧信，犹明也。⑨言晋无礼，不欲受其盟。

卫侯欲叛晋，而患诸大夫。王孙贾使次于郊，大夫问故①。公以晋诟语之②，且曰："寡人辱社稷，其改卜嗣，寡人从焉③。"大夫曰："是卫之祸，岂君之过也？"公曰："又有患焉，谓寡人必以而子与大夫之子为质④。"大夫曰："苟有益也，公子则往。群臣之子，敢不皆负羁绁以从？"将行，王孙贾曰："苟卫国有难，工商未尝不为患，使皆行而后可⑤。"公以告大夫，乃皆将行之。行有日⑥，公朝国人，使贾问焉，曰："若卫叛晋，晋五伐我，病何如矣？"皆曰："五伐我，犹可以能战。"贾曰："然则如叛之，病而后质焉，何迟之有？"乃叛晋。晋人请改盟，弗许。

①问不入故。②诟，耻也。【释文】诟，呼豆切。语，鱼据切。③使改卜他公子以嗣先君，我从大夫所立。④为质于晋。【释文】质，音致，下同。⑤欲以激怒国人。【释文】绁，息列切。以，才用切。下注"从弟""下从者"同。难，乃旦切。激，古狄切。⑥有期日。

秋，晋士鞅会成桓公，侵郑，围虫牢，报伊阙也①。遂侵卫②。

①桓公，周卿士。不书，监帅不亲侵也。六年，郑伐周阙外，晋为周报之。【释文】监，古衔切。为，于伪切，下同。②讨叛。

九月，师侵卫，晋故也①。

①鲁为晋讨卫。

季寤①、公鉏极②、公山不狃③皆不得志于季氏，叔孙辄无宠于叔孙氏④，叔仲志不得志于鲁⑤。故五人因阳虎。阳虎欲去三桓，以季寤更季氏⑥，以叔孙辄更叔孙氏⑦，己更孟氏⑧。冬十月，顺祀先公而祈焉⑨。辛卯，禘于僖公⑩。壬辰，将享季氏于蒲圃而杀之，戒都车曰："癸巳至⑪。"成宰公敛处父告孟孙，曰："季氏戒都车，何故？"孟孙曰："吾弗闻。"处父曰："然则乱也，必及于子，先备诸。"与孟孙以壬辰为期⑫。

①季桓子之弟。【释文】寤，五故切。②公弥曾孙，桓子族子。③费宰。【释文】狃，女九切。④辄，叔孙氏之庶子。⑤志，叔孙带之孙。皆为国人所薄。⑥代桓子。【释文】去，起吕切。更，音庚，旧古孟切，下同。⑦代武叔。⑧阳虎自代懿子。⑨将作大事，欲以

顺祀取媚。⑩辛卯，十月二日。不于大庙者，顺祀之义，当退僖公，惧于僖神，故于僖庙行顺祀。【释文】禘，大计切。⑪都邑之兵车也。阳虎欲以壬辰夜杀季孙，明日癸巳，以都车攻二家。【释文】圃，布五切。⑫处父期以兵救孟氏。壬辰，先癸巳一日。【释文】先，悉荐切。

　　阳虎前驱，林楚御桓子，虞人以铍盾夹之，阳越殿①，将如蒲圃。桓子咋谓林楚曰②："而先皆季氏之良也，尔以是继之③。"对曰："臣闻命后④。阳虎为政，鲁国服焉。违之，征死，死无益于主。"桓子曰："何后之有？而能以我适孟氏乎？"对曰："不敢爱死，惧不免主。"桓子曰："往也⑤。"孟氏选圉人之壮者三百人，以为公期筑室于门外⑥。林楚怒马及衢而骋⑦，阳越射之，不中，筑者阖门⑧。有自门前射阳越，杀之。阳虎劫公与武叔⑨，以伐孟氏。公敛处父帅成人，自上东门入⑩，与阳氏战于南门之内，弗胜。又战于棘下⑪，阳氏败。阳虎说甲如公宫，取宝玉、大弓以出，舍于五父之衢，寝而为食。其徒曰："追其将至。"虎曰："鲁人闻余出，喜于征死，何暇追余⑫？"从者曰："嘻！速驾，公敛阳在⑬。"公敛阳请追之，孟孙弗许⑭。阳欲杀桓子⑮，孟孙惧而归之⑯。子言辨舍爵于季氏之庙而出⑰。阳虎入于讙、阳关以叛⑱。

　　①越，阳虎从弟。【释文】铍，普皮切。盾，食允切，又音允。夹，古洽切。殿，丁见切。②咋，暂也。【释文】咋，仕诈切。③欲使林楚免己于难，以继其先人之良。【释文】难，乃旦切。④后，犹晚也。⑤言必往。⑥实欲以备难，不欲使人知，故伪筑室于门外，因得聚众。公期，孟氏支子。【释文】圉，鱼吕切。为，于伪切。⑦骋，驰也。【释文】骋，敕领切。⑧季孙既得入，乃闭门。【释文】射，食亦切，下同。中，丁仲切。阖，户腊切。⑨武叔，叔孙不敢之子州仇也。【释文】劫，居业切。仇，音求。⑩鲁东城之北门。⑪城内地名。⑫征，召也。阳虎召季氏于蒲圃，将杀之，今得脱，必喜，故言喜于召死。【释文】说，本又作"税"，同，他活切。脱，徒活切，或他活切。⑬嘻，惧声。【释文】嘻，许其切。⑭畏阳虎。⑮欲因乱讨季氏，以强孟氏。⑯不敢杀。⑰子言，季寤。辨，犹周徧也。徧告庙饮酒，示无惧。【释文】言辨，上音遍，注"徧"同，下如字。⑱叛不书，略家臣。【释文】讙，音欢。

　　郑驷歂嗣子大叔为政①。

　　①歂，驷乞子子然也。为明年杀邓析张本。【释文】歂，市专切。祈，星历切。

定公九年

【经】

九年春，王正月。

夏四月戊申,郑伯虿卒①。

得宝玉、大弓②。

六月,葬郑献公③。

秋,齐侯、卫侯次于五氏④。

秦伯卒⑤。

冬,葬秦哀公⑥。

①无传。四年盟皋鼬。【释文】虿,敕迈切。②弓、玉,国之分器,得之足以为荣,失之足以为辱,故重而书之。【释文】分,扶问切。③无传。三月而葬,速。④五氏,晋地。不书伐者,讳伐盟主,以次告。⑤无传。不书名,未同盟。⑥无传。

【传】

九年春,宋公使乐大心盟于晋,且逆乐祁之尸。辞,伪有疾。乃使向巢如晋盟,且逆子梁之尸①。子明谓桐门右师出②,曰:"吾犹衰绖,而子击钟,何也③?"右师曰:"丧不在此故也。"既而告人曰:"己衰绖而生子,余何故舍钟④?"子明闻之,怒,言于公曰:"右师将不利戴氏⑤,不肯适晋,将作乱也。不然无疾。"乃逐桐门右师⑥。

①巢,向戌曾孙。【释文】向,舒亮切。②子明,乐祁之子溷也。右师,乐大心,子明族父也。右师往到子明舍,子明逐使出门去。③怨其不逆父丧,因责其无同族之恩。【释文】衰,七雷切。绖,田结切。④己,子明也。【释文】舍,音捨。⑤乐氏,戴公族。⑥逐之在明年,终叔孙昭子之言。

郑驷歂杀邓析,而用其竹刑①。君子谓:"子然于是不忠。苟有可以加于国家者,弃其邪可也②。《静女》之三章,取彤管焉③。《竿旄》'何以告之',取其忠也④。故用其道,不弃其人。《诗》云:'蔽芾甘棠,勿翦勿伐,召伯所茇⑤。'思其人犹爱其树,况用其道而不恤其人乎?子然无以劝能矣⑥。"

①邓析,郑大夫,欲改郑所铸旧制,不受君命而私造刑法,书之于竹简,故言竹刑。②加,犹益也。弃,不责其邪恶也。【释文】邪,似嗟切。③《诗·邶风》也。言《静女》三章之诗,虽说美女,义在彤管。彤管,赤管笔,女史记事规诲之所执。【释文】彤,徒冬切。邶,音佩。说,音悦。④《诗·鄘风》也。录《竿旄》诗者,取其中心愿告人以善道也。言此二诗皆以一善见采,而邓析不以一善存身。【释文】鄘,音容。⑤《诗·召南》也。召伯决讼于蔽芾小棠之下,诗人思之,不伐其树。茇,草舍也。【释文】芾,方味切。召,音邵。茇,畔末切。⑥传言子然嗣大叔为政,郑所以衰弱。

夏，阳虎归宝玉、大弓①。书曰"得"，器用也。凡获器用曰得②，得用焉曰获③。

①无益近用，而衹为名，故归之。【释文】衹，音支。②器用者，谓物之成器可为人用者也。③谓用器物以有获，若麟为田获，俘为战获。【释文】麟，本又作"麐"，吕辛切。俘，芳夫切。

六月，伐阳关①。阳虎使焚莱门②。师惊，犯之而出，奔齐，请师以伐鲁，曰："三加必取之③。"齐侯将许之。鲍文子谏曰："臣尝为隶于施氏矣④，鲁未可取也。上下犹和，众庶犹睦，能事大国⑤，而无天菑，若之何取之？阳虎欲勤齐师也，齐师罢，大臣必多死亡，己于是乎奋其诈谋。夫阳虎有宠于季氏，而将杀季孙，以不利鲁国，而求容焉⑥。亲富不亲仁，君焉用之？君富于季氏，而大于鲁国，兹阳虎所欲倾覆也，鲁免其疾，而君又收之，无乃害乎？"

①讨阳虎也。②阳关邑门。③三加兵于鲁。④施氏，鲁大夫。文子，鲍国也。成十七年，齐人召而立之，至今七十四岁，于是文子盖九十余矣。⑤大国，晋也。⑥求自容。【释文】菑，音灾。罢，音皮。

齐侯执阳虎，将东之。阳虎愿东①，乃囚诸西鄙。尽借邑人之车，锲其轴，麻约而归之②。载葱灵，寝于其中而逃③。追而得之，囚于齐。又以葱灵逃，奔宋，遂奔晋，适赵氏。仲尼曰："赵氏其世有乱乎④！"

①阳虎欲西奔晋，知齐必反己，故诈以东为愿。【释文】焉，於虔切。倾，本又作"顷"，音倾。覆，芳服切。②锲，刻也。欲绝追者。【释文】锲，若结切。轴，音逐。③葱灵，辎车名。【释文】葱，初江切，或音匆。辎，侧其切，《说文》云：衣车也。④受乱人故。

秋，齐侯伐晋夷仪①。敝无存之父将室之，辞，以与其弟②，曰："此役也不死，反，必娶于高、国③。"先登，求自门出，死于霤下④。东郭书让登⑤，犁弥从之，曰："子让而左，我让而右，使登者绝而后下⑥。"书左，弥先下⑦。书与王猛息⑧。猛曰："我先登。"书敛甲，曰："囊者之难，今又难焉⑨。"猛笑曰："吾从子如骖之靳⑩。"

①为卫讨也。【释文】为，于伪切，下同。②无存，齐人也。室之，为取妇。③高氏、国氏，齐贵族也。无存欲必有功还，取卿相之女。【释文】娶，七住切。相，息亮切。④既入城，夷仪人不服，故斗死于门屋霤下也。【释文】霤，力又切。⑤登城非人所乐，故让众使后而己先登。【释文】乐，如字，又五孝切。⑥恐书先下，故又谲以让之。下，入城也。【释文】犁，力兮切。谲，古穴切。⑦书从弥言左行，弥遂自先下，亦让也。⑧战讫，共止息。⑨敛甲起，欲击猛。【释文】囊，乃党切，向也。难，乃旦切。⑩靳，车中马也。猛不敢与书争，言己从书如骖马之随靳也。传言齐师和，所以能克。【释文】骖，七南切，騑马也。靳，居觐切，本或作"如骖之有靳"，非也。争，争斗之争，又如字。

晋车千乘在中牟①。卫侯将如五氏②，卜过之，龟焦③。卫侯曰："可也。卫车当其半，寡人当其半，敌矣④。"乃过中牟。中牟人欲伐之，卫褚师圃亡在中牟，曰："卫虽小，其君在焉，未可胜也。齐师克城而骄，其帅又贱⑤，遇，必败之，不如从齐。"乃伐齐师，败之⑥。齐侯致禚、媚、杏于卫⑦。齐侯赏犁弥，犁弥辞，曰："有先登者，臣从之。賮帻而衣狸製⑧。"公使视东郭书，曰："乃夫子也，吾贶子⑨。"公赏东郭书，辞，曰："彼，宾旅也⑩。"乃赏犁弥。

①救夷仪也。今荥阳有中牟县，回远，疑非也。【释文】乘，绳证切。②齐侯在五氏，将往助之。③卫至五氏，道过中牟，畏晋，故卜。龟焦，兆不成，不可以行事也。④卫侯怒晋甚，不复顾卜，欲以身当五百乘。【释文】复，扶又切。⑤城，谓夷仪也。帅，谓东郭书。【释文】褚，中吕切。帅，所类切，注同。⑥获齐车五百乘，事见哀十五年。【释文】见，贤遍切。⑦三邑皆齐西界，以答谢卫意。【释文】禚，诸若切。媚，武冀切。杏，户猛切。⑧晳，白也。帻，齿上下相值。製，裘也。【释文】晳，星历切。帻，音策，又音责，《说文》作"齘"，音义同。衣，於既切。狸，力之切。製，音制。⑨贶，赐也。【释文】贶，音况。⑩言彼与我若宾主相让。旅，俱进退。

齐师之在夷仪也，齐侯谓夷仪人曰："得敝无存者，以五家免①。"乃得其尸。公三襚之②，与之犀轩与直盖③，而先归之。坐引者，以师哭之④，亲推之三⑤。

①给其五家，令常不共役事。【释文】令，力呈切。共，音恭。②襚，衣也。比殡，三加襚深礼厚之。【释文】襚，音遂。比，必利切。③犀轩，卿车。直盖，高盖。④停丧车以尽哀也。君方为位而哭，故挽丧者不敢立。【释文】挽，音晚。⑤齐侯自推丧车轮三转。【释文】推，如字，又他回切。

定公十年

【经】

十年春，王三月，及齐平①。

夏，公会齐侯于夹谷②。

公至自夹谷③。

晋赵鞅帅师围卫。

齐人来归郓、讙、龟阴田④。

叔孙州仇、仲孙何忌帅师围郈⑤。

秋，叔孙州仇、仲孙何忌帅师围郈。

宋乐大心出奔曹⑥。

宋公子地出奔陈⑦。

冬,齐侯、卫侯、郑游速会于安甫⑧。

叔孙州仇如齐。

宋公之弟辰暨仲佗、石彄出奔陈⑨。

①平前八年再侵齐之怨。②平故。【释文】夹,古洽切,又古协切。二传作"颊"。谷,古木切。③无传。④三邑皆汶阳田也。泰山博县北有龟山,阴田在其北也。会夹谷,孔子相,齐人服义而归鲁田。【释文】郓,音运。讙,火官切。汶,音问。相,息亮切。⑤郈,叔孙氏邑。【释文】郈,音后,《字林》下遘切。⑥传在前年春,书名,罪其称疾不适晋。⑦贪弄马以距君命,书名,罪之也。【释文】弄,鲁贡切。⑧无传。安甫,地阙。⑨暨,与也。宋公宠向魋,不听辰请,辰忿而将大臣出奔,虚请自怨。称弟,示首恶也。仲佗、石彄皆为国卿,不能匡君静难,而为辰所牵帅出奔,称名,亦罪之也。【释文】暨,其器切。佗,徒何切。彄,苦侯切。魋,大回切。难,乃旦切。

【传】

十年春,及齐平。

夏,公会齐侯于祝其,实夹谷①。孔丘相②。犁弥言于齐侯曰:"孔丘知礼而无勇,若使莱人以兵劫鲁侯,必得志焉③。"齐侯从之。孔丘以公退,曰:"士兵之④!两君合好,而裔夷之俘,以兵乱之⑤,非齐君所以命诸侯也。裔不谋夏,夷不乱华,俘不干盟,兵不偪好,于神为不祥⑥,于德为愆义,于人为失礼,君必不然。"齐侯闻之,遽辟之⑦。

①夹谷,即祝其也。②相会仪也。【释文】相,息亮切,注同。③莱人,齐所灭莱夷也。【释文】犁,力兮切。劫,居业切。④以兵击莱人。⑤裔,远也。【释文】好,呼报切,下"偪好",同。裔,以制切。俘,芳夫切,下同。⑥盟将告神,犯之为不善。【释文】夏,户雅切。偪,彼力切。⑦辟去莱兵也。【释文】愆,去连切。遽,其据切。辟,婢亦切,又音避。去,起吕切。

将盟,齐人加于载书曰:"齐师出竟,而不以甲车三百乘从我者,有如此盟①!"孔丘使兹无还揖对②,曰:"而不反我汶阳之田,吾以共命者,亦如之③!"齐侯将享公,孔丘谓梁丘据曰:"齐、鲁之故,吾子何不闻焉④?事既成矣⑤,而又享之,是勤执事也。且牺、象不出门,嘉乐不野合⑥。飨而既具,是弃礼也。若其不具,用秕稗也⑦。用秕稗,君辱,弃礼,名恶,子盍图之?夫享,所以昭德也。不昭,不如其已也。"乃不果享⑧。

①如此盟诅之祸。【释文】竟,音境。乘,绳证切。诅,侧据切。②无还,鲁大夫。【释

文】还,音旋。③须齐归汶阳田,乃当共齐命。于是孔子以公退,贱者终其事。要盟不絜,故略不书。【释文】共,音恭。要,一遥切。④故,旧典。⑤会事成。⑥牺象,酒器,牺尊、象尊也。嘉乐,钟、磬也。【释文】牺,许宜切,又息河切。⑦秕,谷不成者,稗,草之似谷者。言享不具礼,秽薄若秕稗。【释文】秕,音鄙,《字林》音比,又必履切。稗,皮卖切。⑧孔子知齐侯怀诈,故以礼距之。【释文】盍,户腊切。

齐人来归郓、讙、龟阳之田①。

①阳虎九年以此奔齐,经文倒者,次鲁事。

晋赵鞅围卫,报夷仪也①。初,卫侯伐邯郸午于寒氏②,城其西北而守之,宵熸③。及晋围卫,午以徒七十人门于卫西门,杀人于门中,曰:“请报寒氏之役④。”涉佗曰:“夫子则勇矣,然我往,必不敢启门。”亦以徒七十人,且门焉,步左右,皆至而立,如植⑤。日中不启门,乃退。反役,晋人讨卫之叛故,曰:“由涉佗、成何⑥。”于是执涉佗以求成于卫。卫人不许,晋人遂杀涉佗。成何奔燕。君子曰:“此之谓弃礼,必不钧⑦。《诗》曰:‘人而无礼,胡不遄死?’涉佗亦遄矣哉⑧!”

①前年齐为卫伐晋夷仪,故伐卫以为报。【释文】为,于伪切。②邯郸,广平县也。午,晋邯郸大夫。寒氏,即五氏也。前年卫人助齐伐五氏。【释文】邯,音寒。郸,音丹。③午众宵散。【释文】城其西北而守之,一本或作“城其西北隅”。熸,子潜切。④卫开门与午斗。⑤至其门下,步行门左右,然后立待,如立木不动,以示整。【释文】佗,徒何切。植,市力切,一音值。⑥挠卫侯手故。⑦言必见杀,不得与人等。⑧《诗·鄘风》。遄,速也。【释文】遄,市专切。

初,叔孙成子欲立武叔,公若藐固谏曰:“不可①。”成子立之而卒。公南使贼射之,不能杀②。公南为马正,使公若为郈宰。武叔既定,使郈马正侯犯杀公若,弗能。其圉人曰③:“吾以剑过朝,公若必曰:‘谁之剑也?’吾称子以告,必观之。吾伪固,而授之末,则可杀也④。”使如之。公若曰:“尔欲吴王我乎?”遂杀公若。

①藐,叔孙氏之族。【释文】藐,音邈,又亡小切。②公南,叔孙家臣,武叔之党。【释文】射,食亦切,下同。③武叔之圉人。④伪为固陋不知礼者,以剑锋末授之。【释文】锋,芳逢切。⑤见剑向己,逆呵之。鱄诸杀吴王,亦用剑刺之。【释文】向,许亮切,亦作“嚮”。呵,呼多切。刺,七亦切。

侯犯以郈叛①。武叔、懿子围郈,弗克。秋,二子及齐师复围郈,弗克。叔孙谓郈工师驷赤曰②:“郈非唯叔孙氏之忧,社稷之患也。将若之何?”对曰:“臣之业,在《扬水》卒章之四言矣③。”叔孙稽首④。驷赤谓侯犯曰:“居齐、鲁之际,而无事,必不可矣⑤。子盍求事于齐以临民?不然,将叛。”侯犯从之。齐使至,驷赤与郈人为之宣言于郈中曰⑥:“侯犯将以郈易于齐，齐人将迁郈民⑦。"众兇惧⑧。驷赤谓侯犯曰："众言异矣⑨，子不如易于齐。与其死也，犹是郈也。而得纾焉，何必此⑩？齐人欲以此偪晋，必倍与子地⑪。且盍多舍甲于子之门，以备不虞？"侯犯曰："诺。"乃多舍甲焉。

①犯以不能副武叔之命，故叛。叛而以围告庙，故书围。②工师，掌工匠之官。【释文】复，扶又切。③《扬水》，《诗·唐风》，卒章四言曰"我闻有命"。【释文】在《扬水》卒章，本或作"《扬之水》卒章"。④谢其受己命。⑤无所服事。⑥诈为齐使言也。【释文】使，所吏切，注同。为，于伪切，下注"为齐"同。⑦谓易其民人。⑧不欲迁。【释文】兇，音凶，一音凶勇切。⑨不与始同。⑩言以郈民易取齐人，与郈无异，胜于守郈为叛人所杀。【释文】纾，音舒。⑪言非徒得民，又将得齐地。【释文】偪，彼力切。倍，步罪切。

侯犯请易于齐，齐有司观郈，将至，驷赤使周走呼曰："齐师至矣！"郈人大骇，介侯犯之门甲，以围侯犯。驷赤将射之①。侯犯止之，曰："谋免我。"侯犯请行，许之②。驷赤先如宿③，侯犯殿。每出一门，郈人闭之④。及郭门，止之，曰："子以叔孙氏之甲出，有司若诛之⑤，群臣惧死。"驷赤曰："叔孙氏之甲有物，吾未敢以出⑥。"犯谓驷赤曰："子止而与之数⑦。"驷赤止而纳鲁人。侯犯奔齐，齐人乃致郈⑧。

①伪为侯犯射郈人。【释文】呼，火故切。介，音界。②郈人许之。③宿，东平无盐县，故宿国。④闭其后门。【释文】殿，丁见切。⑤诛，责也。⑥物，识也。赤还救侯犯也。【释文】识，申志切，又如字。⑦数甲以相付。【释文】数，色主切。⑧致其名簿也。为下武如齐传。【释文】簿，步古切。

宋公子地嬖蘧富猎①，十一分其室，而以其五与之②。公子地有白马四，公嬖向魋，魋欲之③，公取而朱其尾鬣以与之④。地怒，使其徒扶魋而夺之。魋惧，将走，公闭门而泣之，目尽肿。母弟辰曰："子分室以与猎也，而独卑魋，亦有颇焉。子为君礼⑤，不过出竟，君必止子。"公子地出奔陈，公弗止。辰为之请，弗听。辰曰："是我迂吾兄也⑥。吾以国人出，君谁与处？"冬，母弟辰暨仲佗、石彄出奔陈⑦。

①地，宋景公弟，辰之兄也。【释文】嬖，必计切。蘧，其居切。猎，力辄切。②与富猎也。③向魋，司马桓魋也。④与魋也。【释文】鬣，力辄切，《尔雅》舍人注云：马鬃也。鬃，子工切。⑤礼，辟君也。【释文】扶，敕乙切。肿，章勇切。颇，普多切。⑥迂，欺也。【释文】竟，音境。为，于伪切，注"犹为"同。迂，求往切，又古况切。⑦佗，仲幾子。彄，褚师段子。皆宋卿，众之所望，故言国人。【释文】褚，张吕切。

武叔聘于齐①。齐侯享之，曰："子叔孙！若使郈在君之他竟，寡人何知焉？属与敝邑际，故敢助君忧之②。"对曰："非寡君之望也。所以事君，封疆社稷是以③，敢以家隶勤君之执事？夫不令之臣，天下之所恶也，君岂以为寡君赐④？"

①谢致郧也。经书辰奔在聘后者,从告。②以致郧德叔孙。【释文】属,音烛。③以,犹为也。【释文】疆,居良切。④言义在讨恶,非所以赐寡君。【释文】恶,乌路切,十一年传、注皆同,又如字。

定公十一年

【经】

十有一年春,宋公之弟辰及仲佗、石彄、公子地自陈入于萧以叛①。

夏四月。

秋,宋乐大心自曹入于萧②。

冬,及郑平③。

叔还如郑莅盟④。

①萧,宋邑。称弟,例在前年。②入萧从叛人,叛可知,故不书叛。③平六年侵郑取匡之怨。④还,叔诣曾孙。【释文】还,音旋。还,叔诣曾孙。案《世族谱》,叔还是叔弓曾孙,此云叔诣,误也。

【传】

十一年春,宋公母弟辰暨仲佗、石彄、公子地入于萧以叛。秋,乐大心从之,大为宋患,宠向魋故也①。

①恶宋公宠不义以致国患。

冬,及郑平,始叛晋也①。

①鲁自僖公以来,世服于晋,至今而叛,故曰始。

定公十二年

【经】

十有二年春,薛伯定卒①。

夏,葬薛襄公②。

叔孙州仇帅师堕郈③。

卫公孟彄帅师伐曹④。

季孙斯、仲孙何忌帅师堕费⑤。

秋，大雩⑥。

冬十月癸亥，公会齐侯，盟于黄⑦。

十有一月丙寅朔，日有食之⑧。

公至自黄⑨。

十有二月，公围成。

公至自围成⑩。

①无传。四年，盟皋鼬。②无传。③堕，毁也。患其险固，故毁坏其城。【释文】堕，许规切，下传同。坏，音怪，又户怪切。④彄，孟絷子。【释文】彄，苦侯切。絷，陟立切。⑤【释文】费，音秘。⑥无传。书过。【释文】雩，音于。⑦无传。结叛晋。⑧无传。⑨无传。⑩无传。国内而书至者，成强若列国，兴动大众，故出入皆告庙。

【传】

十二年夏，卫公孟彄伐曹，克郊①。还，滑罗殿②。未出，不退于列③。其御曰："殿而在列，其为无勇乎？"罗曰："与其素厉，宁为无勇④。"

①郊，曹邑。②罗，卫大夫。【释文】滑，于八切。殿，丁见切，下同。③未出曹竟，罗不退在行列之后。【释文】竟，音境。行，户郎切。④素，空也。厉，猛也。言伐小国，当如畏者，以诱致之。

仲由为季氏宰①，将堕三都②。于是叔孙氏堕郈。季氏将堕费，公山不狃、叔孙辄帅费人以袭鲁③。公与三子入于季氏之宫，登武子之台。费人攻之，弗克。入及公侧④。仲尼命申句须、乐颀下，伐之⑤，费人北。国人追之，败诸姑蔑。二子奔齐⑥。遂堕费。将堕成，公敛处父谓孟孙："堕成，齐人必至于北门④。且成，孟氏之保障也，无成，是无孟氏也。子伪不知⑧，我将不堕。"

冬十二月，公围成，弗克。

①仲由，子路。②三都，费、郈、成也。强盛将为国害，故仲由欲毁之。③不狃，费宰也。辄不得志于叔孙氏。④至台下。⑤二子，鲁大夫。仲尼时为司寇。【释文】句，音劬。颀，音祈。⑥二子：不狃、叔孙辄。⑦成在鲁北竟故。⑧伴不知。【释文】障，之尚切，又音章。子伪不知，并如字，一本"伪"作"为"。伴，本亦作"阳"，音同。

定公十三年

【经】

十有三年春,齐侯、卫侯次于垂葭①。

夏,筑蛇渊囿②。

大蒐于比蒲③。

卫公孟彄帅师伐曹④。

秋,晋赵鞅入于晋阳以叛⑤。

冬,晋荀寅、士吉射入于朝歌以叛⑥。

晋赵鞅归于晋⑦。

薛弑其君比⑧。

①二君将使师伐晋,次垂葭以为之援。【释文】葭,首加。②无传。书不时也。【释文】囿,音又。③无传。夏蒐非时。【释文】蒐,所求切。比,音毗。④无传。⑤书叛,恶可知。⑥吉射,士鞅子。【释文】射,食亦切,又食夜切。朝,如字。⑦韩、魏请而复之,故曰归。言韩、魏之强犹列国。⑧无传。称君,君无道。

【传】

十三年春,齐侯、卫侯次于垂葭,实郹氏①。使师伐晋,将济河。诸大夫皆曰:"不可。"郉意兹曰:"可②。锐师伐河内③,传必数日而后及绛④。绛不三月,不能出河,则我既济水矣。"乃伐河内。齐侯皆敛诸大夫之轩,唯郉意兹乘轩⑤。齐侯欲与卫侯乘⑥,与之宴,而驾乘广,载甲焉。使告曰:"晋师至矣。"齐侯曰:"比君之驾也,寡人请摄⑦。"乃介而与之乘,驱之。或告曰:"无晋师。"乃止⑧。

①垂葭改名郹氏,高平钜野县西南有郹亭。【释文】郹,古阒切。②意兹,齐大夫。【释文】郉,彼命切,又音丙。③今河内汲郡。④传告晋。【释文】传,张恋切,又直专切。数,所主切。⑤以其言当。【释文】当,丁浪切。⑥共载。【释文】乘,绳证切,下同。⑦以己车摄代卫车。【释文】广,古旷切。比,必利切。⑧传言齐侯轻,所以不能成。【释文】介,音界。轻,遣攻切。

晋赵鞅谓邯郸午曰:"归我卫贡五百家,吾舍诸晋阳。"午许诺①。归,告其父兄,父兄皆曰:"不可。卫是以为邯郸②,而寘诸晋阳,绝卫之道也。不如侵齐而谋之③。"乃如之,而归之于晋阳④。赵孟怒，召午，而囚诸晋阳⑤。使其从者说剑而入，涉宾不可⑥。乃使告邯郸人曰："吾私有讨于午也，二三子唯所欲立⑦。"遂杀午。赵稷、涉宾以邯郸叛⑧。夏六月，上军司马籍秦围邯郸。午，荀寅之甥也；荀寅，范吉射之姻也⑨，而相与睦，故不与围邯郸，将作乱⑩。董安于闻之⑪，告赵孟，曰："先备诸？"赵孟曰："晋国有命，始祸者死，为后可也。"安于曰："与其害于民，宁我独死⑫，请以我说。"赵孟不可⑬。

①十年，赵鞅围卫，卫人惧，贡五百家，鞅置之邯郸，今欲徙著晋阳。晋阳，赵鞅邑。【释文】著，丁略切。②言卫以五百家在邯郸，常为是故，与邯郸亲。【释文】为，于伪切，又如字。③侵齐则齐当来报，欲因惧齐而徙，则卫与邯郸好不绝。【释文】寘，之豉切。好，呼报切。④欲如是谋而后归卫贡。⑤赵鞅不察其谋，谓午不用命，故囚之。⑥涉宾，午家臣，不肯说剑入，欲谋叛。【释文】从，才用切。说，他活切。⑦午，赵鞅同族，别封邯郸，故使邯郸人更立午宗亲。⑧稷，赵午子。⑨婿父曰姻。荀寅子娶吉射女。⑩作乱，攻赵鞅。【释文】与，音预，又如字。⑪安于，赵氏臣。⑫惧见攻，必伤害民。⑬晋国若讨，可杀我以自解说。

秋七月，范氏、中行氏伐赵氏之宫，赵鞅奔晋阳。晋人围之。范皋夷无宠于范吉射，而欲为乱于范氏①。梁婴父嬖于知文子②，文子欲以为卿。韩简子与中行文子相恶③，魏襄子亦与范昭子相恶④。故五子谋⑤，将逐荀寅而以梁婴父代之，逐范吉射而以范皋夷代之。荀跞言于晋侯曰："君命大臣，始祸者死，载书在河⑥。今三臣始祸，而独逐鞅，刑已不钧矣。请皆逐之。"

①皋夷，范氏侧室子。【释文】行，户郎切。②文子，荀跞。【释文】知，音智。③简子，韩起孙不信也。中行文子，荀寅也。【释文】恶，如字，又乌路切，下同。④襄子，魏舒孙曼多也。昭子，士吉射。【释文】曼，音万。⑤五子：范皋夷、梁婴父、知文子、韩简子、魏襄子。⑥为盟书沈之河。【释文】跞，力狄切。沈，如字，又音鸩。

冬十一月，荀跞、韩不信、魏曼多奉公以伐范氏、中行氏，弗克。二子将伐公，齐高彊曰："三折肱知为良医①。唯伐君为不可，民弗与也，我以伐君在此矣。三家未睦②，可尽克也。克之，君将谁与？若先伐君，是使睦也。"弗听，遂伐公。国人助公，二子败，从而伐之。丁未，荀寅、士吉射奔朝歌。韩、魏以赵氏为请③。十二月辛未，赵鞅入于绛，盟于公宫④。

①高彊，齐子尾之子，昭十年奔鲁，遂适晋。【释文】三，如字，又息暂切。折，之设切。肱，古弘切。②三家：知、韩、魏。③经所以书赵鞅归。④传录晋衰乱。

初，卫公叔文子朝而请享灵公①，退，见史鳅而告之②。史鳅曰："子必祸矣，子富而君贪，罪其及子乎！"文子曰："然。吾不先告子，是吾罪也。君既许我矣，其若之何？"史鳅曰:"无害。子臣,可以免③。富而能臣,必免于难,上下同之④。戌也骄,其亡乎⑤!富而不骄者鲜,吾唯子之见。骄而不亡者,未之有也。戌必与焉⑥。"及文子卒,卫侯始恶于公叔戌,以其富也。公叔戌又将去夫人之党⑦,夫人诉之曰:"戌将为乱⑧。"

①欲令公临其家。【释文】令,力呈切。②史䲡,史鱼。【释文】䲡,音秋。③言能执臣礼。④言尊卑皆然。【释文】难,乃旦切。⑤戌,文子之子。⑥与祸难。【释文】鲜,息浅切。与,音预。⑦灵公夫人南子党,宋朝之徒。【释文】恶,乌路切。去,起吕切。朝,如字。⑧为明年戌来奔传。【释文】诉,音素。

定公十四年

【经】

十有四年春,卫公叔戌来奔。

卫赵阳出奔宋①。

二月辛巳,楚公子结、陈公孙佗人帅师灭顿,以顿子牂归。

夏,卫北宫结来奔②。

五月,於越败吴于檇李③。

吴子光卒④。

公会齐侯、卫侯于牵⑤。

公至自会⑥。

秋,齐侯、宋公会于洮⑦。

天王使石尚来归脤⑧。

卫世子蒯聩出奔宋⑨。

卫公孟彄出奔郑⑩。

宋公之弟辰自萧来奔⑪。

大蒐于比蒲⑫。

邾子来会公⑬。

城莒父及霄⑭。

①阳,赵胜孙,书名者,亲富不亲仁。【释文】胜,於减切。②亦党公叔戌,皆恶之。【释文】佗,吐何切,又徒河切。牂,子郎切。恶,乌路切。③於越,越国也。使罪人诈吴乱陈,故从未陈之例书败也。檇李,吴郡嘉兴县南醉李城。【释文】檇,音醉,依《说文》从

木。陈,直觐切。④未同盟而赴以名。⑤魏郡黎阳县东北有牟城。【释文】黎,力兮切。⑥无传。⑦洮,曹地。【释文】洮,吐刀切。⑧无传。石尚,天子之士。石,氏;尚,名。脤,祭社之肉,盛以脤器,以赐同姓诸侯,亲兄弟之国,与之共福。【释文】脤,市轸切。盛,音成。⑨【释文】蒯,苦怪切。聩,五怪切。⑩弜书名,与蒯聩党,罪之。⑪无传。称宋公之弟,例在十年。⑫【释文】比,音毗。⑬无传。会公于比蒲,来而不用朝礼,故曰会。⑭无传。公叛晋助范氏,故惧而城二邑也。此年无冬,史阙文。【释文】父,音甫。

【传】

十四年春,卫侯逐公叔戍与其党,故赵阳奔宋,戍来奔①。

①终史鱼之言。

梁婴父恶董安于,谓知文子曰:"不杀安于,使终为政于赵氏,赵氏必得晋国。盍以其先发难也,讨于赵氏?"文子使告于赵孟曰:"范、中行氏虽信为乱,安于则发之,是安于与谋乱也。晋国有命,始祸者死。二子既伏其罪矣,敢以告①。"赵孟患之。安于曰:"我死而晋国宁,赵氏定,将焉用生?人谁不死?吾死莫矣。"乃缢而死。赵孟尸诸市,而告于知氏曰:"主命戮罪人,安于既伏其罪矣,敢以告。"知伯从赵孟盟②,而后赵氏定,祀安于于庙③。

①告使讨安于。【释文】盍,户腊切。难,乃旦切。与,音预。②知伯,荀跞。【释文】焉,於虔切。莫,音暮。缢,一四切。③赵氏庙。

顿子牂欲事晋,背楚而绝陈好。二月,楚灭顿①。

①传言小不事大,所以亡。【释文】背,音佩。好,呼报切。

夏,卫北宫结来奔,公叔戍之故也。

吴伐越①,越子勾践御之,陈于檇李②。勾践患吴之整也,使死士再禽焉,不动③。使罪人三行,属剑于颈④,而辞曰:"二君有治⑤,臣奸旗鼓⑥,不敏于君之行前,不敢逃刑,敢归死。"遂自刭也。师属之目,越子因而伐之,大败之。灵姑浮以戈击阖庐⑦,阖庐伤将指,取其一屦⑧。还,卒于陉,去檇李七里⑨。夫差使人立于庭⑩,苟出入,必谓己曰:"夫差,而忘越王之杀而父乎?"则对曰:"唯,不敢忘!"三年,乃报越⑪。

①报五年越入吴。②勾践,越王允常子。【释文】勾,古侯切。陈,直觐切。③使敢死之士往,辄为吴所禽。欲使吴师乱取之,而吴不动。④以剑注颈。【释文】行,户郎切,下同。属,之欲切,又之注切。⑤治军旅。⑥犯军令。⑦姑浮,越大夫。【释文】刭,古顶切,本又作"刿"。阖,户腊切。⑧其足大指见斩,遂失屦,姑浮取之。【释文】将,子匠切。

屦,九具切。⑨释经所以不书灭。【释文】陉,音刑。⑩夫差,阖庐嗣子。【释文】夫,音扶。庭,音廷。⑪后三年。哀元年。【释文】唯,惟鬼切,旧以水切。

晋人围朝歌,公会齐侯、卫侯于脾、上梁之间①,谋救范、中行氏②。析成鲋、小王桃甲率狄师以袭晋③,战于绛中,不克而还,士鲋奔周,小王桃甲入于朝歌。秋,齐侯、宋公会于洮,范氏故也④。

①脾、上梁间,即牵。【释文】脾,婢支切。②齐、鲁叛晋,故助范、中行也。③二子,晋大夫,范、中行氏之党。【释文】析,星历切。鲋,音附。桃,如字,本又作"姚"。④谋救范氏。

卫侯为夫人南子召宋朝①,会于洮。大子蒯聩献盂于齐,过宋野②。野人歌之曰:"既定尔娄猪,盍归吾艾豭③。"大子羞之,谓戏阳速曰:"从我而朝少君④,少君见我,我顾,乃杀之。"速曰:"诺。"乃朝夫人。夫人见大子,大子三顾,速不进。夫人见其色,啼而走,曰:"蒯聩将杀余⑤。"公执其手以登台。大子奔宋,尽逐其党,故公孟彄出奔郑,自郑奔齐。大子告人曰:"戏阳速祸余。"戏阳速告人曰:"大子则祸余。大子无道,使余杀其母。余不许,将戕于余⑥。若杀夫人,将以余说。余是故许而弗为,以纾余死。谚曰:'民保于信。'吾以信义也⑦。"

①南子,宋女也。朝,宋公子,旧通于南子,在宋,呼之。【释文】为,于伪切。②蒯聩,卫灵公大子。盂,邑名也。就会献之,故自卫行而过宋野。【释文】盂,音于。③娄猪,求子猪,以喻南子。艾豭,喻宋朝。艾,老也。【释文】娄,力侯切,《字林》作"𡡅",力付切。猪,张鱼切。盍,户腊切。艾,五盖切,注同,《字林》作"乂",音艾,三毛聚居者。豭,音加,牡豕也。④速,大子家臣。【释文】戏,许宜切。少,诗照切,本亦作"小"。⑤见大子色变,知其欲杀己。⑥戕,残杀也。【释文】戕,在良切。⑦使义可信,不必信言。【释文】纾,音舒。谚,音彦。

冬十二月,晋人败范、中行氏之师于潞,获籍秦、高彊①。又败郑师及范氏之师于百泉②。

①二子,党范氏者。终景王言籍父无后。【释文】潞,音路。父,音甫。②郑助范氏,故并败。

定公十五年

【经】

十有五年春,王正月,邾子来朝。

鼷鼠食郊牛,牛死,改卜牛①。

二月辛丑,楚子灭胡,以胡子豹归。

夏五月辛亥,郊②。

壬申,公薨于高寝③。

郑罕达帅师伐宋。

齐侯、卫侯次于渠蒢④。

邾子来奔丧⑤。

秋七月壬申,姒氏卒⑥。

八月庚辰朔,日有食之⑦。

九月,滕子来会葬⑧。

丁巳,葬我君定公,雨,不克葬。戊午,日下昃,乃克葬。

辛巳,葬定姒⑨。

冬,城漆⑩。

①无传。不言所食处,举死,重也。改卜,礼也。【释文】鼷,音兮。处,昌虑切。②无传。书过。③高寝,宫名。不于路寝,失其所。④不果救,故书次。【释文】蒢,直居切。⑤无传。诸侯奔丧,非礼。⑥定公夫人。⑦无传。⑧无传。诸侯会葬,非礼也。⑨辛巳,十月三日。有日无月。【释文】昃,音侧。⑩邾庶其邑。【释文】漆,音七。

【传】

十五年春,邾隐公来朝①。子贡观焉。邾子执玉高,其容仰。公受玉卑,其容俯②。子贡曰:"以礼观之,二君者,皆有死亡焉。夫礼,死生存亡之体也。将左右周旋,进退俯仰,于是乎取之。朝祀丧戎,于是乎观之。今正月相朝,而皆不度③,心已亡矣。嘉事不体,何以能久④? 高仰,骄也;卑俯,替也。骄近乱,替近疾。君为主,其先亡乎⑤!"

①邾子益。②玉,朝者之赘。【释文】赘,音至。③不合法度。④嘉事,朝礼。⑤为此年公薨、哀七年以邾子益归传。【释文】替,他计切。近,附近之近。

吴之入楚也①,胡子尽俘楚邑之近胡者②。楚既定,胡子豹又不事楚,曰:"存亡有命,事楚何为? 多取费焉。"二月,楚灭胡③。

①在四年。②俘,取也。③传言小不事大,所以亡。【释文】费,芳味切。

夏五月壬申,公薨。仲尼曰:"赐不幸言而中,是使赐多言者也①。"

①以微知著,知之难者。子贡言语之士,今言而中,仲尼惧其易言,故抑之。【释文】

中,丁仲切。微知著,知之难,并如字,又音智。易,以豉切。

　　郑罕达败宋师于老丘[1]。

　　[1]罕达,子蟜之子。老丘,宋地。宋公子地奔郑,郑人为之伐宋,欲取地以处之,事见哀十二年。【释文】蟜,子何切。为,于伪切。见,贤遍切。

　　齐侯、卫侯次于蘧挐,谋救宋也[1]。

　　[1]【释文】蘧,音渠。挐,女居切,又女加切。

　　秋七月壬申,姒氏卒。不称夫人,不赴,且不祔也[1]。

　　[1]赴同、祔姑,夫人之礼,二者皆阙,故不曰夫人。【释文】祔,音附。

　　葬定公。雨,不克襄事,礼也[1]。

　　[1]襄,成也。雨而成事,若汲汲于欲葬。【释文】襄,息羊切。

龙凤盖罐(春秋)

　　葬定姒。不称小君,不成丧也[1]。

　　[1]公未葬而夫人薨,烦于丧礼,不赴、不祔,故不称小君,臣子怠慢也。反哭于寝,故书葬。

　　冬,城漆。书,不时告也[1]。

　　[1]实以秋城,冬乃告庙,鲁知其不时,故缓告,从而书之以示讥。

哀公第十二

　　【释文】哀公名蒋,定公之子,盖夫人定姒所生,敬王二十八年即位。《谥法》:恭仁短折曰哀。

哀公元年

　　【经】

　　元年春,王正月,公即位[1]。

楚子、陈侯、随侯、许男围蔡②。

鼹鼠食郊牛，改卜牛。夏四月辛巳，郊③。

秋，齐侯、卫侯伐晋。

冬，仲孙何忌帅师伐邾④。

①无传。②随世服于楚，不通中国。吴之入楚，昭王奔随，随人免之，卒复楚国，楚人德之，使列于诸侯，故得见经。定六年，郑灭许，此复见者，盖楚封之。【释文】见，贤遍切。复，扶又切。③无传。书过也。不言所食，所食非一处。【释文】处，昌虑切。④无传。

【传】

元年春，楚子围蔡，报柏举也①。里而栽②，广丈，高倍③。夫屯昼夜九日④，如子西之素⑤。蔡人男女以辨⑥，使疆于江、汝之间而还⑦。蔡于是乎请迁于吴⑧。

①在定四年。②栽，设板筑为围垒，周匝去蔡城一里。【释文】栽，才代切，又音再，注同，《说文》云：筑墙长版。垒，力轨切。匝，子合切。③垒厚一丈，高二丈。【释文】广，古旷切。高倍，并如字，高又古报切。厚，古豆切。④夫，犹兵也。垒未成，故令人在垒里屯守蔡。【释文】屯，徒门切，注同。屯，守也。令，力呈切。⑤子西本计，为垒当用九日而成。⑥辨，别也。男女各别，系累而出降。【释文】辨，扶免切，又方免切。别，彼列切。累，力维切。降，户江切。⑦楚欲使蔡徙国在江水之北，汝水之南，求田以自安也。蔡权听命，故楚师还。【释文】疆，居良切。⑧楚既还，蔡人更版楚就吴。为明年蔡迁州来传。

吴王夫差败越于夫椒，报檇李也①。遂入越。越子以甲楯五千，保于会稽②。使大夫种因吴大宰嚭以行成，吴子将许之。伍员曰："不可。臣闻之树德莫如滋，去疾莫如尽。昔有过浇杀斟灌以伐斟鄩③，灭夏后相④。后缗方娠，逃出自窦⑤，归于有仍⑥，生少康焉，为仍牧正⑦。惎浇，能戒之⑧。浇使椒求之⑨，逃奔有虞，为之庖正，以除其害⑩。虞思于是妻之以二姚⑪，而邑诸纶⑫。有田一成，有众一旅⑬，能布其德，而兆其谋⑭，以收夏众，抚其官职⑮。使女艾谍浇⑯，使季杼诱豷⑰，遂灭过、戈，复禹之绩⑱。祀夏配天，不失旧物⑲。今吴不如过，而越大于少康，或将丰之，不亦难乎⑳？勾践能亲而务施，施不失人㉑，亲不弃劳㉒，与我同壤而世为仇雠，于是乎克而弗取，将又存之，违天而长寇仇㉓，后虽悔之，不可食已㉔。姬之衰也，日可俟也㉕。介在蛮夷，而长寇仇，以是求伯，必不行矣。"弗听。退而告人曰："越十年生聚，而十年教训㉖，二十年之外，吴其为沼乎㉗！"三月，越及吴平。吴入越，不书，吴不告庆，越不告败也㉘。

①檇李在定十四年。夫椒，吴郡吴县西南大湖中椒山。【释文】夫，音扶。椒，又作

"㭘"，子消切。槜，音醉。大，音泰。②上会稽山也。会稽在山阴县南。【释文】㭘，食允切，又音允。会，古外切。稽，古兮切。上，时掌切。③浇，寒浞子，封于过者。二斟，夏同姓诸侯。襄四年传曰：浇用师灭斟灌。【释文】鄩，普鄩切。员，音云。去，起吕切，一本又作"去恶"。过，古禾切，国名。浇，五叫切，又五报切。斟，之林切。灌，古乱切。鄩，音寻。浞，仕捉切。夏，户雅切。④夏后相，启孙也。后相失国，依于二斟，复为浇所灭。【释文】相，息亮切。复，扶又切。⑤后缗，相妻。娠，怀身也。【释文】缗，亡巾切。娠，音震，又音身。窦，音豆。⑥后缗，有仍氏女。⑦牧官之长。【释文】少，诗照切。长，丁丈切。⑧恃，毒也。戒，备也。【释文】恃，音忌。⑨椒，浇臣。⑩虞舜后诸侯也。梁国有虞县。庖正，掌膳羞之官。赖此以得除己害。【释文】庖，步交切。⑪思，有虞君也。虞思自以二女妻少康。姚，虞姓。【释文】妻，七计切。姚，羊昭切。⑫纶，虞邑。【释文】纶，音伦。⑬方十里为成，五百人为旅。⑭兆，始。⑮襄四年传曰：靡自有鬲氏收二国之烬，以灭浞而立少康。【释文】鬲，音革。烬，徐刃切，又秦刃切。⑯女艾，少康臣。谍，候也。【释文】女，如字，又音汝。艾，五盖切。谍，音牒。⑰豷，浇弟也。季杼，少康子后杼也。【释文】杼，直吕切。豷，许器切。⑱过，浇国。戈，豷国。【释文】过、戈，并古禾切。绩，一本作"迹"。⑲物，事也。⑳言与越成，是使越丰大，必为吴难。【释文】难，乃旦切。㉑所加惠赐，皆得其人。【释文】施，始豉切。㉒推亲爱之诚，则不遗小劳。㉓犹言天与不取。【释文】长，丁丈切。㉔食，消也。已，止也。㉕姬，吴姓。言可计日而待。【释文】俟，本又作"竢"，音仕。㉖生民聚财，富而后教之。【释文】介，音界。伯，如字，又音霸。聚，才喻切，又如字。㉗谓吴宫室废坏，当为污池。为二十二年越入吴起本。【释文】沼，之兆切。污，音乌。㉘嫌夷狄不与华同，故复发传。【释文】复，扶又切。

夏四月，齐侯、卫侯救邯郸，围五鹿①。

①赵稷以邯郸叛，范、中行氏之党也。五鹿，晋邑。【释文】邯，音寒。郸，音丹。

吴之入楚也①，使召陈怀公。怀公朝国人而问焉，曰："欲与楚者右，欲与吴者左。陈人从田，无田从党②。"逢滑当公而进③，曰："臣闻国之兴也以福，其亡也以祸。今吴未有福，楚未有祸。楚未可弃，吴未可从。而晋，盟主也，若以晋辞吴，若何？"公曰："国胜君亡，非祸而何④？"对曰："国之有是多矣，何必不复？小国犹复，况大国乎？臣闻国之兴也，视民如伤，是其福也⑤。其亡也，以民为土芥，是其祸也⑥。楚虽无德，亦不艾杀其民。吴日敝于兵，暴骨如莽⑦，而未见德焉。天其或者正训楚也⑧，祸之适吴，其何日之有⑨？"陈侯从之。及夫差克越，乃修先君之怨。秋八月，吴侵陈，修旧怨也⑩。

①在定四年。②都邑之人无田者，随党而立，不知所与，故直从所居。田在西者居右，在东者居左。③当公，不左不右。【释文】滑，于八切。④楚为吴所胜。⑤如伤，恐惊

动。⑥芥，草也。【释文】芥，古迈切。⑦草之生于广野莽莽然，故曰草莽。【释文】艾，鱼废切。暴，步卜切。莽，亡党切。⑧使惧而改过。⑨言今至。⑩传言吴不修德而修怨，所以亡。

齐侯、卫侯会于乾侯，救范氏也。师及齐师、卫孔圉、鲜虞人伐晋，取棘蒲①。

①鲁师不书，非公命也。孔圉，孔烝鉏曾孙。鲜虞，狄帅贱，故不书。【释文】圉，鱼吕切。烝，之承切。鉏，仕居切。

吴师在陈，楚大夫皆惧，曰：“阖庐惟能用其民，以败我于柏举。今闻其嗣又甚焉，将若之何？”子西曰：“二三子恤不相睦，无患吴矣。昔阖庐食不二味，居不重席，室不崇坛①，器不彤镂②，宫室不观③，舟车不饰，衣服财用，择不取费④。在国，天有菑疠⑤，亲巡孤寡，而共其乏困。在军，熟食者分，而后敢食⑥。其所尝者，卒乘与焉⑦。勤恤其民而与之劳逸，是以民不罢劳，死知不旷⑧。吾先大夫子常易之，所以败我也⑨。今闻夫差次有台榭陂池焉⑩，宿有妃嫱嫔御焉⑪。一日之行，所欲必成，玩好必从。珍异是聚，观乐是务，视民如仇，而用之日新。夫先自败也已，安能败我⑫？”

①平地作室，不起坛也。【释文】重，直龙切。坛，徒丹切。②彤，丹也。镂，刻也。【释文】彤，徒冬切。镂，鲁豆切。③观，台谢。【释文】观，古乱切。榭，音谢。④选取坚厚，不尚细靡。【释文】费，芳味切。⑤疠，疾疫也。【释文】菑，音灾，本或作“天无菑疠”，非，注同。疫，音役。⑥必须军士皆分熟食，不敢先食。分，犹偏也。【释文】共，音恭。熟食者分，如字，一读以“分”字连下句。偏，音遍。⑦所尝甘珍，非常食。【释文】卒，子忽切。乘，绳证切。与，音预。⑧知身死不见旷弃。【释文】罢，音皮。⑨易，犹反也。⑩积土为高曰台，有木曰榭，过再宿曰次。【释文】陂，彼宜切。⑪妃嫱，贵者；嫔御贱者，皆内宫。【释文】嫱，本又作“廧”，或作“嫱”，在羊切。嫔，毗人切。⑫为二十二年越灭吴起。【释文】好，呼报切。夫先自败也已，夫，音扶，本或作“夫差先自败”者，非。

冬十一月，晋赵鞅伐朝歌①。

①讨范、中行氏。

哀公二年

【经】

二年春，王二月，季孙斯、叔孙州仇、仲孙何忌帅师伐邾，取漷东田及沂西田①。

癸巳，叔孙州仇、仲孙何忌及邾子盟于句绎②。

夏四月丙子，卫侯元卒③。

滕子来朝④。

晋赵鞅帅师纳卫世子蒯聩于戚。

秋八月甲戌，晋赵鞅帅师及郑罕达帅师战于铁，郑师败绩⑤。

冬十月，葬卫灵公⑥。

十有一月，蔡迁于州来⑦。

蔡杀其大夫公子驷⑧。

①邾人以漈，取之易也。【释文】漈，火虢切，又晋郭。沂，鱼依切。易，以豉切。②句绎，邾地。取邑，盟以要之。【释文】句，古侯切。绎，音亦。要，以遥切。③定四年盟皋鼬。④无传。⑤皆陈曰战，大崩曰败绩。铁在戚城南。罕达，子皮孙。【释文】铁，天结切。陈，直觐切。⑥无传。七月而葬，缓。⑦畏楚而请迁，故以自迁为文。⑧怀土而欺大国，故罪而书名。

【传】

二年春，伐邾，将伐绞①。邾人爱其土，故赂以漈、沂之田而受盟。

①绞，邾邑。【释文】绞，古卯切。

初，卫侯游于郊，子南仆①。公曰："余无子，将立女②。"不对。他日，又谓之。对曰："郢不足以辱社稷，君其改图。君夫人在堂，三揖在下③，君命祗辱④。"夏，卫灵公卒。夫人曰："命公子郢为大子，君命也。"对曰："郢异于他子⑤。且君没于吾手，若有之，郢必闻之⑥。且亡人之子辄在⑦。"乃立辄。六月乙酉，晋赵鞅纳卫大子于戚。宵迷，阳虎曰："右河而南，必至焉⑧。"使大子绞⑨，八人衰绖，伪自卫逆者⑩。告于门，哭而入，遂居之。

①子南，灵公子郢也。仆，御也。【释文】郢，以井切。②蒯聩奔，无大子。【释文】女，音汝。③三揖：卿、大夫、士。【释文】揖，一入切。④言立适当以礼，与外内同之。今君私命，事必不从，适为辱。【释文】祗，音支。适，丁历切，下"适孙"同。⑤言用意不同。⑥言当以临没为正。⑦辄，蒯聩之子出公也，灵公適孙。⑧是时河北流过元城界，戚在河外，晋军已渡河，故欲出河右而南。⑨绞者，始发丧之服。【释文】绞，音问。丧，音桑。⑩欲为卫人逆，故衰绖成服。【释文】衰，七雷切。绖，田结切。

秋八月，齐人输范氏粟，郑子姚、子般送之①。士吉射逆之，赵鞅御之，遇于戚。阳虎曰："吾车少，以兵车之斾，与罕、驷兵车先陈②。罕、驷自后随而从之，彼见吾貌，必有惧心③。于是乎会之④，必大败之。"从之。卜战，龟焦⑤。乐丁曰："《诗》曰：'爱始爱谋，爱契我龟⑥.'谋协，以故兆询可也⑦。"简子誓曰："范氏、中行氏，反易天明⑧，斩艾百姓，欲擅晋国而灭其君。寡君恃郑而保焉。今郑为不道，弃君助臣，二三子顺天明，从君命，经德义，除诟耻，在此行也。克敌者，上大夫受县，下大夫受郡⑨，士田十万⑩，庶人、工、商遂⑪，人臣、隶、圉免⑫。志父无罪，君实图之⑬。若其有罪，绞缢以戮⑭，桐棺三寸，不设属辟⑮，素车朴马⑯，无入于兆⑰，下卿之罚也⑱。"甲戌，将战，邮无恤御简子，卫大子为右⑲。登铁上⑳，望见郑师众，大子惧，自投于车下。子良授大子绥而乘之，曰："妇人也㉑。"简子巡列，曰："毕万，匹夫也，七战皆获，有马百乘，死于牖下㉒。群子勉之，死不在寇㉓。"繁羽御赵罗，宋勇为右㉔，罗无勇，麇之㉔。吏诘之，御对曰："痁作而伏㉖。"卫大子祷曰："曾孙蒯聩敢昭告皇祖文王㉗，烈祖康叔㉘，文祖襄公㉙：郑胜乱从㉚，晋午在难㉛，不能治乱，使蒯讨之㉜。蒯聩不敢自佚，备持矛焉㉝。敢告无绝筋，无折骨，无面伤，以集大事，无作三祖羞㉞。大命不敢请，佩玉不敢爱㉟。"郑人击简子中肩，毙于车中㊱，获其蜂旗㊲。大子救之以戈，郑师北，获温大夫赵罗㊳。大子复伐之，郑师大败，获齐粟千车。赵孟喜曰："可矣㊴。"傅傁曰："虽克郑，犹有知在，忧未艾也㊵。"

①子姚，罕达。子般，驷弘。【释文】般，音班。②斾，先驱车也。以先驱车益以兵车以示众。【释文】陈，直觐切。③晋人先陈，郑人随之，不知其虚实，见车多必惧。④会，合战。⑤兆不成。⑥乐丁，晋大夫。《诗·大雅》，言先人事，后卜筮。【释文】契，苦计切，又苦结切。⑦询，谘询也。故兆，始纳卫大子，卜得吉兆，言今既谋同，可不须更卜。【释文】谋协以故兆，绝句。询，思遵切。⑧不事君也。⑨《周书·作雒篇》。千里百县，县有四郡。【释文】艾，鱼废切。擅，市战切。而灭其君，灭或作"戕"，音残。诟，呼豆切，又音苟。雒，音洛。千里百县，县方百里，县有四郡，郡方五十里。⑩十万亩也。⑪得遂进仕。⑫去厮役。【释文】厮役，如字，厮又作"斯"，音同。何休注《公羊》云：艾草为防者曰厮，汲水浆者曰役。苏林注《汉书》云：厮，取薪者。韦昭云：析薪曰厮。⑬志父，赵简子之一名也。言已事济，君当图其赏。【释文】父，音甫。服云：赵鞅入晋阳以畔，后得归，改名志父，《春秋》仍旧，犹书赵鞅。⑭绞，所以缢人物。【释文】缢，一赐切。戮，音六。⑮属辟，棺之重数。王棺四重，君再重，大夫一重。【释文】桐棺三寸，《礼记》云：夫子制子中都，四寸之棺，五寸之椁，以斯知不欲速朽也。郑康成注云：此庶人之制也。案札，上大夫棺八寸，属六寸；下大夫棺六寸，属四寸。无三寸棺制也。棺用难朽之木，桐木易坏，不堪为棺，故以为罚。墨子尚俭，有桐棺三寸。不设属，音烛，注同，次大棺也。辟，步历切，注同，亲身棺也。礼，大夫无辟。重，直龙切，下同。王棺四重，《礼记》云：水兕革棺被之，其厚三寸。杝棺一，梓棺二。杝棺，辟也。梓棺二，属与大棺也。被水牛及兕之革为一重，辟为二重，属为三重，大棺为四重。君再重。君谓侯、伯、子、男，侯、伯已下无革棺，属与

辟为一重,大棺为再重。上公则唯无水革耳。兕革与辟为一重,属为再重,大棺为三重。大夫一重,大夫唯属与大棺为一重。今云不设辟者,时僭耳,非正礼也。⑯以载枢。【释文】朴,普角切。枢,其又切。⑰兆,葬域。⑱为众设赏,自设罚,所以能克敌。【释文】为,于伪切。⑲邮无恤,王良也。【释文】邮,音尤。⑳铁,丘名。㉑言其怯。【释文】怯,去业切。㉒毕万,晋献公卿也。皆获,有功。死于牖下,言得寿终。【释文】乘,绳证切。牖,羊九切。㉓言有命。㉔三子,晋大夫。㉕麋,束缚也。【释文】麋,丘陨切。㉖痁,疟疾也。【释文】诘,起吉切。痁,诗占切。疟,鱼略切。㉗周文王。皇,大也。【释文】祷,丁老切,又丁报切。㉘烈,显也。㉙继业守文,故曰文祖。蒯聩,襄公之孙。㉚胜,郑声公名。释君助臣,为从于乱。㉛午,晋定公名。【释文】难,乃旦切,下注"为难"同。㉜鞅,简子名。㉝戎右持矛。【释文】佚,音逸。矛,亡侯切。㉞集,成也。【释文】筋,居银切。㉟不敢爱,故以祈祷。㊱毙,踣也。【释文】中,丁仲切。毙,婢世切,本亦作"獘"。踣,蒲北切。㊲蜂旗,旗名。【释文】蜂,芳恭切。㊳罗无勇,故郑师虽北,犹获罗。㊴赵孟,简子也。喜大子前怯,今更勇。【释文】复,扶又切。㊵傅傁,简子属也。言知氏将为难。后竟有晋阳之患。【释文】傁,素口切,又作"叟"。知,音智。艾,鱼废切,又五盖切。

初,周人与范氏田,公孙龙税焉①,赵氏得而献之②。吏请杀之,赵孟曰:"为其主也,何罪?"止而与之田③。及铁之战,以徒五百人宵攻郑师,取蜂旗于子姚之幕下,献曰:"请报主德。"

①龙,范氏臣,为范氏收周人所与田之税。【释文】龙,武江切。税,始锐切。为,于伪切,下"为其主"同。②得龙以献简子。③还其所税。

追郑师。姚、般、公孙林殿而射,前列多死①。赵孟曰:"国无小②。"既战,简子曰:"吾伏弢呕血③,鼓音不衰,今日我上也④。"大子曰:"吾救主于车,退敌于下,我,右之上也。"邮良曰:"我两靷将绝,吾能止之⑤,我,御之上也。"驾而乘材,两靷皆绝⑥。

①晋前列。【释文】幕,音莫。姚、般,子姚、子般。殿,丁电切。射,食亦切。②言虽小国,犹有善射者。③弢,弓衣。呕,吐也。【释文】弢,吐刀切。呕,本又作"㖖",乌口切。吐,他路切。④功为上。⑤止,使不绝。【释文】靷,以刃切。⑥材,横木。明细小也。传言简子不让下自伐。

吴洩庸如蔡纳聘,而稍纳师。师毕入,众知之①,蔡侯告大夫,杀公子驷以说②,哭而迁墓③。冬,蔡迁于州来。

①元年,蔡请迁于吴,中悔,故因聘袭之。【释文】洩,息列切,又息引切。中,丁仲切。②杀驷以说吴,言不时迁,驷之为。③将迁,与先君辞,故哭。

哀公三年

【经】

三年春,齐国夏、卫石曼姑帅师围戚①。

夏四月甲午,地震②。

五月辛卯,桓宫、僖宫灾③。

季孙斯、叔孙州仇帅师城启阳④。

宋乐髡帅师伐曹⑤。

秋七月丙子,季孙斯卒。

蔡人放其大夫公孙猎于吴⑥。

冬十月癸卯,秦伯卒⑦。

叔孙州仇、仲孙何忌帅师围邾⑧。

①曼姑为子围父,知其不义,故推齐使为兵首。戚不称卫,非叛人。【释文】曼,音万。为,于伪切。②无传。③天火曰灾。④无传。鲁党范氏,故惧晋,比年四城。启阳,今琅邪开阳县。⑤无传。【释文】髡,苦孙切。⑥无传。公子驷之党。⑦无传。不书名,未同盟。⑧无传。

【传】

三年春,齐、卫围戚,求援于中山①。

①中山,鲜虞。

夏五月辛卯,司铎火①。火逾公宫,桓、僖灾②。救火者皆曰:"顾府③。"南宫敬叔至,命周人出御书,俟于宫④,曰:"庀女而不在,死⑤。"子服景伯至,命宰人出礼书⑥,以待命,命不共,有常刑⑦。校人乘马,巾车脂辖⑧。百官官备,府库慎守,官人肃给⑨。济濡帷幕,郁攸从之⑩,蒙葺公屋⑪。自大庙始,外内以悛⑫,助所不给。有不用命,则有常刑,无赦。公父文伯至,命校人驾乘车⑬。季桓子至,御公立于象魏之外⑭,命救火者伤人则止,财可为也。命藏《象魏》⑮,曰:"旧章不可亡也。"富父槐至,曰:"无备而官办者,犹拾沈也⑯。"于是乎去表之槁⑰,道还公宫⑱。孔子在陈,闻火,曰:"其桓、僖乎⑲!"

①司铎,宫名。【释文】铎,待洛切。②桓公、僖公庙。③言常人爱财。④敬叔,孔子弟子南宫阅。周人,司周书典籍之官。御书,进于君者也。使待命于宫。【释文】阅,音

悦。⑤庀,具也。【释文】庀,匹婢切。女,音汝。⑥景伯,子服何也。宰人,冢宰之属。⑦待求之命。【释文】共,音恭。⑧校人,掌马。巾车,掌车。乘马,使四四相从,为驾之易。【释文】校,户教切。乘,绳证切,下同。辖,户瞎切,本又作"鎋",同。为,于伪切。易,以豉切。⑨国有火灾,恐有变难,故慎为备。【释文】难,乃旦切。⑩郁攸,火气也。濡物于水,出用为济。【释文】济,子细切,又子礼切。帷,位悲切。幕,音莫。攸,音由。⑪以濡物冒覆公屋。【释文】葺,七入切,又子入切。⑫悛,次也。先尊后卑,以次救之。【释文】悛,七全切。⑬乘车,公车。⑭象魏,门阙。⑮《周礼》:正月县教令之法于象魏,使万民观之。故谓其书为《象魏》。【释文】县,音玄。⑯槐,富父终生之后。沈,汁也。言不备而责办,不可得。【释文】父,音甫。槐,音怀。办,办具之办。拾,音十。沈,尺审切,北土呼汁为沈。⑰表,表火道。风所向者,去其槁积。【释文】去,起吕切。槁,古老切。向,许亮切。积,子赐切。⑱开除道,周匝公宫,使火无相连。【释文】还,本又作"环",户关切,又音患,同。⑲言桓、僖亲尽而庙不毁,宜为天所灾。

刘氏、范氏世为婚姻①,苌弘事刘文公②,故周与范氏。赵鞅以为讨③。六月癸卯,周人杀苌弘④。

①刘氏,周卿士。范氏,晋大夫。②为之属大夫。③责周与范氏。④终违天之祸。

秋,季孙有疾,命正常曰:"无死①。南孺子之子,男也,则以告而立之②。女也,则肥也可③。"季孙卒,康子即位。既葬,康子在朝④。南氏生男,正常载以如朝,告曰:"夫子有遗言,命其圉臣曰:'南氏生男,则以告于君与大夫而立之。'今生矣,男也,敢告。"遂奔卫。康子请退⑤。公使共刘视之⑥,则或杀之矣,乃讨之⑦。召正常,正常不反⑧。

①正常,桓子之宠臣,欲付以后事,故敕令勿从己死。【释文】令,力呈切。②南孺子,季桓子之妻。言若生男,告公而立之。【释文】孺,如住切。③肥,康子也。④在公朝也。⑤退,辟位也。⑥共刘,鲁大夫。【释文】共,音恭。⑦讨杀者。⑧畏康子也。传备言季氏家事。

冬十月,晋赵鞅围朝歌,师于其南①。荀寅伐其郛②,使其徒自北门入,己犯师而出③。癸丑,奔邯郸。十一月,赵鞅杀士皋夷,恶范氏也④。

①范、中行所在。②伐其北郭围。【释文】郛,芳夫切。③荀寅使在外救己之徒击赵氏,围之北门,因外内攻得出。④恶范氏而杀其族,言迁怒。【释文】恶,乌路切。

哀公四年

【经】

四年春,王二月庚戌,盗杀蔡侯申①。

蔡公孙辰出奔吴②。

葬秦惠公③。

宋人执小邾子④。

夏,蔡杀其大夫公孙姓、公孙霍⑤。

晋人执戎蛮子赤,归于楚⑥。

城西郛⑦。

六月辛丑,亳社灾⑧。

秋八月甲寅,滕子结卒⑨。

冬十有二月,葬蔡昭公⑩。

葬滕顷公⑪。

①贱者故称盗。不言杀其君,贱盗也。【释文】杀,申志切。蔡侯申,今本皆如此。案,宣十七年,蔡侯申卒,是文侯也。今昭侯是其玄孙,不容与高祖同名,未详何者误也。②弑君贼之党,故书名。③无传。④无传。邾子无道于其民,故称人以执。⑤皆弑君党。【释文】姓,音生,又作"生",或音性。⑥晋耻为楚执诸侯,故称人以告。若蛮子,不道于其民也。赤本属楚,故言归。【释文】耻为,于伪切。⑦无传。鲁西郭,备晋也。⑧无传。天火也。亳社,殷社,诸侯有之,所以戒亡国。【释文】亳,步各切。⑨无传。同盟于皋鼬。⑩无传。乱故,是以缓。⑪无传。

【传】

四年春,蔡昭侯将如吴,诸大夫恐其又迁也,承①。公孙翩逐而射之,入于家人而卒②。以两矢门之。众莫敢进③。文之锴后至④,曰:"如墙而进,多而杀二人⑤。"锴执弓而先,翩射之,中肘。锴遂杀之。故逐公孙辰,而杀公孙姓、公孙盱⑥。

①承,音惩,盖楚言。【释文】惩,直升切。②翩,蔡大夫。【释文】翩,音篇。射,食亦切,下同。③翩以矢自守其门。④锴,蔡大夫。【释文】锴,音楷,又音皆,又客骇切。⑤并行如墙俱进。【释文】并,步顶切。⑥盱,即霍也。【释文】中,丁仲切。肘,竹九切。盱,

况于切。

夏,楚人既克夷虎①,乃谋北方。左司马眅、申公寿馀、叶公诸梁致蔡于负函②,致方城之外于缯关③,曰:"吴将溯斥江入郢④,将奔命焉。"为一昔之期,袭梁及霍⑤。单浮馀围蛮氏,蛮氏溃⑥。蛮子赤奔晋阴地⑦。司马起丰、析与狄戎⑧,以临上雒。左师军于菟和⑨,右师军于仓野⑩,使谓阴地之命大夫士蔑曰⑪:"晋、楚有盟,好恶同之。若将不废,寡君之愿也。不然,将通于少习以听命⑫。"士蔑请诸赵孟。赵孟曰:"晋国未宁,安能恶于楚,必速与之⑬。"士蔑乃致九州之戎⑭。将裂田以与蛮子而城之⑮,且将为之卜⑯。蛮子听卜,遂执之,与其五大夫,以畀楚师于三户⑰。司马致邑立宗焉,以诱其遗民⑱,而尽俘以归。

①夷虎,蛮夷版楚者。②三子,楚大夫也。此蔡之故地人民,楚因以为邑。致之者,会其众也。【释文】眅,普版切。《字林》匹奸切。叶,始涉切。函,音咸。③负函、缯关,皆楚地。【释文】缯,才陵切。④逆流曰溯。【释文】溯,音素。郢,以井切,又以政切。⑤伪辞当备吴,夜结期,明日便袭梁、霍,使不知之。梁,河南梁县西南故城也。梁南有霍阳山,皆蛮子之邑也。⑥浮馀,楚大夫。【释文】单,音善。溃,户内切。⑦阴地,河南山北自上雒以东至陆浑。【释文】浑,户门切。⑧楚司马眅也。析县属南乡郡,析南有丰乡,皆楚邑。发此二邑人及戎狄。【释文】析,星历切。⑨菟和山在上雒东也。【释文】菟,音徒。⑩仓野,在上雒县。⑪命大夫,别县监尹。【释文】监,古衔切。⑫少习,商县武关也。将大开武关道以伐晋。【释文】少,诗照切,又如字。⑬未宁,时有范、中行之难。【释文】难,乃旦切。⑭九州戎,在晋阴地、陆浑者。⑮以诈蛮子。⑯卜城。【释文】为,于伪切。⑰今丹水县北三户亭。【释文】畀,必利切。⑱楚复诈为蛮子作邑,立其宗主。【释文】复,扶又切。

秋七月,齐陈乞、弦施、卫宁跪救范氏①。庚午,围五鹿②。九月,赵鞅围邯郸。冬十一月,邯郸降。荀寅奔鲜虞,赵稷奔临③。十二月,弦施逆之,遂堕临。国夏伐晋,取邢、任、栾、鄗、逆畴、阴人、盂、壶口④。会鲜虞,纳荀寅于柏人⑤。

①陈乞,僖子。弦施,弦多。【释文】跪,其委切。②五鹿,晋地。③临,晋邑。【释文】降,户江切。④八邑,晋地。栾在赵国平棘县西北。鄗即高邑县也。路县东有壶口关。【释文】堕,许规切。邢,音刑。任,音壬。栾力官切。鄗,呼洛切,郭璞《三苍解诂》音膔,《字林》火沃切,韦昭呼告切,阚骃云:读硗确,同。畴,音止。盂,音于。⑤晋邑也。今赵国柏人县也。弦施与鲜虞会也。

【经】

五年春,城毗①。

夏,齐侯伐宋②。

晋赵鞅帅师伐卫。

秋九月癸酉,齐侯杵臼卒③。

冬,叔还如齐。

闰月,葬齐景公④。

①无传。备晋也。【释文】毗,频夷切。②无传。③再同盟也。【释文】杵,昌吕切。臼,求又切。④无传。

【传】

五年春,晋围柏人,荀寅、士吉射奔齐。初,范氏之臣王生恶张柳朔,言诸昭子,使为柏人①。昭子曰:"夫非而仇乎?"对曰:"私仇不及公②,好不废过,恶不去善,义之经也。臣敢违之?"及范氏出③,张柳朔谓其子:"尔从主,勉之。我将止死,王生授我矣④。吾不可以僭之。"遂死于柏人⑤。

①为柏人宰也。昭子,范吉射也。【释文】恶,乌路切,下同。柳,良久切。②公家之事也。【释文】夫,音扶。③出柏人奔齐。【释文】好,呼报切。去,起吕切。④授我死节⑤为吉(则)[射]距晋战死。【释文】僭,子念切,后同。为,于伪切。

夏,赵鞅伐卫,范氏之故也,遂围中牟①。

①卫助范氏故也。

齐燕姬生子,不成而死①,诸子鬻姒之子荼嬖③。诸大夫恐其为大子也,言于公曰:"君之齿长矣,未有大子,若之何?"公曰:"二三子闲于忧虞,则有疾疢。亦姑谋乐,何忧于无君③?"公疾,使国惠子、高昭子立荼④,置群公子于莱⑤。秋,齐景公卒。冬十月,公子嘉、公子驹、公子黔奔卫,公子鉏、公子阳生来奔⑥。莱人歌之曰:"景公死乎不与埋,三军之事乎不与谋。师乎师乎,何党之乎⑦?"

①燕姬,景公夫人。不成,未冠也。【释文】燕,於贤切。冠,古唤切。②诸子,庶公子也。鬻姒,景公妾。荼,安孺子。【释文】鬻,音育。姒,音似。荼,音舒,又音徒,又丈加

切。嬖，必计切。③景公意欲立荼而未发，故以此言塞大夫请。【释文】长，丁丈切。閒，音闲，又音间厕之间，又如字。疢，敕觐切，本或作"疹"，乃结切。乐，音洛。④惠子，国夏。昭子，高张。⑤莱，齐东鄙邑。【释文】置，之豉切。群，或作"诸"。莱，音来。⑥皆景公子在莱者。【释文】黔，巨廉切，又音琴。鉏，仕居切。⑦师，众也。党，所也。之，往也。称谥，盖葬后而为此歌，哀群公子失所。【释文】与，音预。埋，亡皆切。

郑驷秦富而侈，嬖大夫也，而常陈卿之车服于其庭。郑人恶而杀之。子思曰："《诗》曰：'不解于位，民之攸塈①。'不守其位，而能久者鲜矣。《商颂》曰：'不僭不滥，不敢怠皇，命以多福②。'"

①子思，子产子国参也。《诗·大雅》。攸，所也。塈，息也。【释文】侈，昌氏切，又尺氏切。恶，乌路切。解，佳卖切。塈，许器切。②僭，差也。滥，溢也。皇，暇也。言驷秦违《诗·商颂》，故受祸。【释文】鲜，息浅切。滥，力暂切。溢，音逸。

哀公六年

【经】

六年春，城邾瑕①。
晋赵鞅帅师伐鲜虞。
吴伐陈。
夏，齐国夏及高张来奔②。
叔还公吴于柤③。
秋七月庚寅，楚子轸卒④。
齐阳生入于齐⑤。
齐陈乞弑其君荼⑥。
冬，仲孙何忌帅师伐邾⑦。
宋向巢帅师伐曹⑧。

①无传。备晋也。任城亢父县北有邾娄城。【释文】瑕，音遐。任，音壬。亢，苦浪切，又音刚。父，音甫。②二子阿君，废长立少，既受命，又不能全，书名。罪之也。【释文】长，丁丈切。少，诗照切。③无传。【释文】柤，庄加切。④未同盟而赴以名。【释文】轸，之忍切，《史记》作"珍"。⑤为陈乞所逆，故书入。⑥弑荼者朱毛与阳生也，而书陈乞，所用明乞立阳生而荼见弑，则祸由乞始也。楚比劫立，陈乞流涕，子家惮老，皆疑于免

罪，故《春秋》明而书之，以为弑主。【释文】弑，音试，下皆同。⑦无传。⑧无传。

【传】

六年春，晋伐鲜虞，治范氏之乱也①。

①四年，鲜虞纳荀寅于柏人。

吴伐陈，复修旧怨也。楚子曰①："吾先君与陈有盟，不可以不救。"乃救陈，师于城父②。

①元年未得志故也。【释文】复，扶又切。②陈盟在昭十三年。【释文】父，音甫。

齐陈乞伪事高、国者①，每朝必骖乘焉。所从必言诸大夫②，曰："彼皆偃蹇，将弃子之命③。皆曰：'高、国得君④，必偪我，盍去诸？'固将谋子，子早图之。图之，莫如尽灭之。需，事之下也⑤。"及朝，则曰："彼虎狼也，见我在子之侧，杀我无日矣。请就之位⑥。"又谓诸大夫曰："二子者祸矣！恃得君而欲谋二三子，曰：'国之多难，贵宠之由，尽去之而后君定。'既成谋矣，盍及其未作也，先诸？作而后悔，亦无及也。"大夫从之。夏六月戊辰，陈乞、鲍牧⑦及诸大夫，以甲入于公宫。昭子闻之，与惠子乘如公，战于庄，败⑧。国人追之，国夏奔莒，遂及高张、晏圉、弦施来奔⑨。

①高张、国夏受命立荼，陈乞欲害之，故先伪事焉。②言其罪也。【释文】乘，绳证切。③偃蹇，骄敖。【释文】偃，约免切。蹇，纪晚切。敖，五报切。④得君宠也。⑤需，疑也。【释文】偪，音逼。盍，户腊切。去，起吕切，下同。需，音须，一音懦，持疑也。⑥欲与诸大夫谋高、国，故求就之。⑦牧，鲍国孙。【释文】难，乃旦切。牧，州牧之牧。⑧高、国败也。庄，六轨之道。【释文】乘，绳证切。⑨晏圉，婴之子。圉、施不书，非卿。【释文】圉，鱼吕切。

秋七月，楚子在城父，将救陈，卜战不吉，卜退不吉。王曰："然则死也！再败楚师，不如死①。弃盟逃仇，亦不如死。死一也，其死仇乎！"命公子申为王，不可；则命公子结，亦不可；则命公子启②，五辞而后许。将战，王有疾。庚寅，昭王攻大冥，卒于城父。子闾退，曰："君王舍其子而让，群臣敢忘君乎？从君之命，顺也③。立君之子，亦顺也。二顺不可失也。"与子西、子期谋，潜师闭涂，逆越女之子章，立之而后还④。

①前已败于柏举，今若退还，亦是败。②申，子西；结，子期；启，子闾，皆昭王兄。③从命，可立。【释文】舍，音捨。④潜师，密发也。闭涂，不通外使也。越女，昭王妾。章，惠王。

是岁也，有云如众赤鸟，夹日以飞，三日。楚子使问诸周大史。周大史曰："其当王身乎①。若崇之，可移于令尹、司马②。”王曰：“除腹心之疾，而置诸股肱，何益？不穀不有大过，天其夭诸？有罪受罚，又焉移之？”遂弗崇。

①日为人君，妖气守之，故以为当王身。云在楚上，唯楚见之，故祸不及他国。【释文】夹，古洽切。大，音泰。②崇，禳祭。【释文】崇，音咏。禳，如羊切。

初，昭王有疾，卜曰：“河为祟。”王弗祭。大夫请祭诸郊。王曰：“三代命祀，祭不越望①。江、汉、雎、漳，楚之望也③。祸福之至，不是过也。不穀虽不德，河非所获罪也。”遂弗祭。孔子曰：“楚昭王知大道矣！其不失国也，宜哉！《夏书》曰：‘惟彼陶唐，帅彼天常③，有此冀方。今失其行，乱其纪纲，乃灭而亡④。’又曰：‘允出兹在兹。’由己率常，可矣⑤。”

①诸侯望祀竟内山川犀辰。【释文】崇，息遂切。②四水在楚界。【释文】雎，七余切。③逸《书》，言尧循天之常道。【释文】楚昭王知大道矣，本或作“天道”，非。夏，户雅切。此语在《尚书·五子之歌》，《书》无“帅彼天常”一句，下亦微异。④灭亡，渭夏桀也。唐虞及夏同都冀州，不易地而亡，由于不知大道故。【释文】行，如字，又下孟切，《尚书》作“厥道”。乃灭而亡，《尚书》作“乃底灭亡”。⑤又逸《书》，言信出己则福亦在己。

八月，齐邴意兹来奔①。

①高、国党。

陈僖子使召公子阳生①。阳生驾而见南郭且于②，曰：“尝献马于季孙，不入于上乘，故又献此，请与子乘之③。”出莱门而告之故④。阚止知之，先待诸外⑤。公子曰：“事未可知，反，与壬也处⑥。”戒之，遂行⑦。逮夜，至于齐，国人知之⑧。僖子使子士之母养之⑨，与馈者皆入⑩。冬十月丁卯，立之。将盟⑪，鲍子醉而往。其臣差车鲍点曰⑫：“此谁之命也？”陈子曰：“受命于鲍子。”遂诬鲍子曰：“子之命也⑬。”鲍子曰：“女忘君之为孺子牛而折其齿乎？而背之也⑭！”悼公稽首⑮，曰：“吾子奉义而行者也。若我可，不必亡一大夫⑯。若我不可，不必亡一公子⑰。义则进，否则退，敢不唯子是从？废兴无以乱，则所愿也。”鲍子曰：“谁非君之子？”乃受盟⑱。使胡姬以安孺子如赖⑲。去鬻姒⑳，杀王甲，拘江说，囚王豹于句窦之丘㉑。公使朱毛告于陈子㉒，曰：“微子则不及此。然君异于器，不可以二。器二不匮，君二多难，敢布诸大夫。”僖子不对而泣，曰：“君举不信群臣乎㉓？以齐国之困，困又有忧㉔。少君不可以访，是以求长君，庶亦能容群臣乎！不然，夫孺子何罪？”毛复命，公悔之㉕。毛曰：“君大访于陈子，而图其小可也㉖。”使毛迁孺子于骀，不至，杀诸野幕之下，葬诸殳冒淳㉗。

①召在七月，今在八月下，记事之次。②且于，齐公子鉏，在鲁南郭。【释文】且，子余切。③畏在家人闻其言，故欲二人共载，以试马为辞。【释文】上乘，绳证切。④鲁郭门

也。⑤阚止,阳生家臣子我也。待外,欲俱走。【释文】阚,苦暂切。⑥壬,阳生子简公。⑦戒使无泄言。【释文】泄,息列切。⑧故以昏至,不欲令人知之。国人知而不言,言陈氏得众。⑨隐于僖子家内。子士母,僖子妾。⑩陈僖子又令阳生随馈食之人入处公宫。【释文】馈,其位切。⑪盟诸大夫。⑫点,鲍牧臣也。差车,主车之官。【释文】差,所宜切。点,之廉切,又如字。⑬见其醉,故诬之。⑭孺子,荼也。景公尝衔绳为牛,使荼牵之,荼顿地,故折其齿。【释文】女,音汝。折,之舌切,又市列切。背,音佩。⑮悼公,阳生。⑯言己可为君,必不怨鲍子。⑰公子,自谓也。恐鲍子杀己,故要之。⑱言阳生亦君之子,固可立。⑲胡姬,景公妾也。赖,齐邑。安,号也。⑳荼之母。【释文】去,起吕切。㉑三子,景公嬖臣,荼之党也。【释文】拘,音俱。说,音税。句,音钩。㉒朱毛,齐大夫。㉓举,皆也。㉔内有饥荒之困,又有兵革之忧。㉕悔失言。【释文】少,诗照切。长,丁丈切。夫,音扶。孺,或作"㺅",同。㉖大谓国政,小谓杀荼。㉗恐驺人不从,故毛驻于野,张帐而杀之。驺,齐邑。夊冒淳,地名。实以冬杀,经书秋者,史书秋,记始事,遂连其死,通以冬告鲁。【释文】驺,他才切,又徒来切。幕,音莫。夊,音殊。冒,亡报切。淳,音纯。驻,中住切。

哀公七年

【经】

七年春,宋皇瑗帅师侵郑。

晋魏曼多帅师侵卫。

夏,公会吴于鄫①。

秋,公伐邾。

八月己酉,入邾,以邾子益来②。

宋人围曹。

冬,郑驷弘帅师救曹。

①鄫,今琅玡鄫县。【释文】瑗,于眷切。鄫,本又作"缯",才陵切。②他国言归,于鲁言来,内外之辞。

【传】

七年春,宋师侵郑,郑叛晋故也①。

①定八年，郑始叛。

晋师侵卫，卫不服也①。

①五年晋伐卫，至今未服。

夏，公会吴于鄫①。吴来征百牢，子服景伯对曰："先王未之有也。"吴人曰："宋百牢我②，鲁不可以后宋。且鲁牢晋大夫过十③，吴王百牢，不亦可乎？"景伯曰："晋范鞅贪而弃礼，以大国惧敝邑，故敝邑十一牢之。君若以礼命于诸侯，则有数矣④。若亦弃礼，则有淫者矣⑤。周之王也，制礼，上物不过十二⑥，以为天之大数也⑦。今弃周礼，而曰必百牢，亦唯执事。"吴人弗听。景伯曰："吴将亡矣！弃天而背本⑧。不与，必弃疾于我⑨。"乃与之。

①吴欲霸中国。②是时吴过宋，得百牢。【释文】牢，力刀切。过，古禾切。③晋大夫，范鞅也。在昭二十一年。【释文】后，如字，又户豆切。④有常数。⑤淫，过也。⑥上物，天子之牢。【释文】上，如字，又时掌切。⑦天有十二次，故制礼象之。⑧违周为背本。⑨放弃凶疾，来伐击我。

大宰嚭召季康子①，康子使子贡辞。大宰嚭曰："国君道长②，而大夫不出门，此何礼也？"对曰："岂以为礼？畏大国也③。大国不以礼命于诸侯，苟不以礼，岂可量也？寡君既共命焉，其老岂敢弃其国？大伯端委以治周礼，仲雍嗣之，断发文身，嬴以为饰，岂礼也哉？有由然也④。"反自鄫，以吴为无能为也⑤。

①嚭，吴大夫。②盖言君长大于道路。【释文】长，丁丈切。③畏大国，不敢虚国尽行。④大伯，周大王之长子，仲雍，大伯弟也。大伯、仲雍让其弟季历，俱适荆蛮，遂有民众。大伯卒，无子，仲雍嗣立.不能行礼致化，故效吴俗。言其权时制宜，以辟灾害，非以为礼也。端委，礼衣也。【释文】共，音恭。大，音泰。断，丁管切。嬴，本又作"倮"，力果切。效，户孝切。⑤弃礼，知其不能霸也。

季康子欲伐邾，乃飨大夫以谋之。子服景伯曰："小所以事大，信也。大所以保小，仁也。背大国，不信①；伐小国，不仁。民保于城，城保于德，失二德者，危，将焉保②？"孟孙曰："二三子以为何如③？恶贤而逆之④？"对曰："禹合诸侯于涂山，执玉帛者万国⑤。今其存者，无数十焉。唯大不字小，小不事大也⑥。知必危，何故不言⑦？鲁德如邾，而以众加之，可乎⑧？"不乐而出⑨。

①大国，吴也。②二德，信与仁也。【释文】焉，於虔切。③怪诸大夫不言，故指问之。④孟孙贤景伯，欲使大夫不逆其言。恶，犹安也。【释文】恶，音乌。⑤诸大夫对也。诸侯执玉，附庸执帛。涂山，在寿春东北。⑥言诸侯相伐，古来以然。【释文】数，所主切。⑦知伐邾必危，自当言，今不言者，不危故也。大夫以答孟孙所怪，且阿附季孙。⑧孟孙

怨答大夫,今鲁德无以胜邾,但欲恃众可乎? 言不可。⑨季、孟意异,佞直不同,故罢飨。【释文】乐,音岳,又音洛。

秋,伐邾,及范门①,犹闻钟声②。大夫谏,不听,茅成子请告于吴③,不许,曰:"鲁击柝闻于邾④,吴二千里,不三月不至,何及于我? 且国内岂不足⑤?"成子以茅叛⑥。师遂入邾,处其公宫,众师昼掠⑦,邾众保于绎⑧。师宵掠,以邾子益来⑨,献于亳社⑩,囚诸负瑕。负瑕故有绎⑪。邾茅夷鸿以束帛乘韦,自请救于吴⑫,曰:"鲁弱晋而远吴,冯恃其众⑬,而背君之盟,辟君之执事⑭,以陵我小国。邾非敢自爱也,惧君威之不立。君威之不立,小国之忧也。若夏盟于鄫衍⑮,秋而背之,成求而不违⑯,四方诸侯,其何以事君? 且鲁赋八百乘,君之贰也⑰。邾赋六百乘,君之私也⑱。以私奉贰,唯君图之。"吴子从之⑲。

①邾郭门也。②邾不御寇。【释文】御,鱼吕切。③成子,邾大夫茅夷鸿。④言以近。【释文】柝,音托,以两木相击以行夜也。字又作"欜",同。闻,音问,又如字。⑤言足以距鲁。⑥高平西南有茅乡亭。⑦房掠,取财物也。【释文】昼,中救切。掠,音亮。⑧绎,邾山也。在邹县北。【释文】绎,音亦。邹,侧留切。⑨益,邾隐公也。昼夜掠,传言康子无法。⑩以其亡国与殷同。⑪负瑕,鲁邑,高平南平阳县西北有瑕丘城。前者鲁得邾之绎民,使在负瑕,故使相就以辱之。⑫无君命,故言自。【释文】乘,绳证切。⑬冯,依。【释文】冯,皮冰切。⑭辟,陋。【释文】辟,匹亦切。⑮鄫衍,即鄫也。鄫盟不书,吴行夷礼,礼仪不典,非所以结信义,故不录。⑯言鲁成其所求,无违逆也。⑰贰,敌也。鲁以八百乘之赋贡于吴,言其国大。⑱为私属。⑲为明年吴伐我传。

宋人围曹。郑桓子思曰:"宋人有曹,郑之患也。不可以不救①。"冬,郑师救曹,侵宋。初,曹人或梦众君子立于社宫②,而谋亡曹,曹叔振铎请待公孙彊,许之③。旦而求之曹,无之。戒其子曰:"我死,尔闻公孙彊为政,必去之。"及曹伯阳即位,好田弋。曹鄙人公孙彊好弋,获白雁,献之。且言田弋之说,说之。因访政事,大说之。有宠,使为司城以听政。梦者之子乃行。彊言霸说于曹伯,曹伯从之,乃背晋而奸宋。宋人伐之,晋人不救。筑五邑于其郊,曰黍丘、揖丘、大城、钟、邗④。

①桓,谥。②社宫,社也。③振铎,曹始祖。【释文】铎,待洛切。彊,其良切。④为明年入曹传也。梁国下邑县西南有黍丘亭。【释文】好,呼报切。弋,以职切,缴射也。上"说"如字,下"说"音悦,"大说"同。霸说,如字,又始锐切。奸,音干。揖,音集,又于入切。邗,音于。

哀公八年

【经】

八年春，王正月，宋公入曹，以曹伯阳归①。

吴伐我。

夏，齐人取讙及阐②。

归邾子益于邾。

秋，七月。

冬，十有二月癸亥，杞伯过卒③。

齐人归讙及阐④。

①曹人背晋而奸宋，是以致讨。宋公既还，而不忍褚师之诟，怒而反兵，一举灭曹，灭非本志，故以入告。【释文】褚，中吕切。诟，呼豆切。②不书伐，兵未加而鲁与之邑。阐在东平刚县北。【释文】讙，音欢。阐，尺善切。③无传。未同盟而赴以名。【释文】过，古禾切。④不言来，命归之，无旨使也。【释文】使，所吏切。

【传】

八年春，宋公伐曹，将还，褚师子肥殿①。曹人诟之，不行②，师待之。公闻之，怒，命反之，遂灭曹。执曹伯及司城彊以归，杀之③。

①子肥，宋大夫。【释文】殿，丁练切。②诟，辱詈也。不行，殿兵止也。【释文】诟，本又作“詢”，呼豆切。詈，力智切。③终曹人之梦。

吴为邾故，将伐鲁，问于叔孙辄①。叔孙辄对曰：“鲁有名而无情②，伐之，必得志焉。”退而告公山不狃③。公山不狃曰：“非礼也。君子违，不适仇国④。未臣而有伐之，奔命焉，死之可也⑤。所托也则隐⑥。且夫人之行也，不以所恶废乡⑦。今子以小恶而欲覆宗国，不亦难乎⑧？若使子率，子必辞，王将使我。”子张病之⑨。王问于子洩⑩，对曰：“鲁虽无与立⑪，必有与毙⑫。诸侯将救之，未可以得志焉。晋与齐、楚辅之，是四仇也⑬。夫鲁、齐、晋之唇，唇亡齿寒，君所知也。不救何为？”三月，吴伐我，子洩率，故道险，从武城⑭。

①问可伐不。辄，故鲁人。【释文】为，于伪切。②有大国名，无情实。③不狃，亦故鲁人。【释文】狃，女九切。④违，奔亡也。⑤未臣所适之国，若有伐本国者，则可还奔命，死其难。【释文】难，乃旦切。⑥曾所因托，则为之隐恶。【释文】曾，在增切。⑦不以其

私怨恶，废弃其乡党之好。【释文】夫，音扶。行，下孟切，又如字。恶，乌路切，又如字。好，呼报切，下"好焉"同。⑧辄，鲁公族，故谓之宗国。【释文】覆，芳服切。⑨子张，辄也。⑩子洩，不狃。【释文】洩，息列切，又作"泄"。⑪缓时若无能自立。⑫急则人人知惧，皆将同死战。【释文】毖，婢世切。⑬与鲁而四。⑭故由险道，欲使鲁成备。【释文】子洩率，绝句。故道险，绝句。

初，武城人或有因于吴竟田焉①，拘鄫人之沤菅者，曰："何故使吾水滋②？"及吴师至，拘者道之，以伐武城，克之③。王犯尝为之宰，澹台子羽之父好焉。国人惧④，懿子谓景伯："若之何？"对曰："吴师来，斯与之战，何患焉？且召之而至，又何求焉⑤？"吴师克东阳而进，舍于五梧，明日，舍于蚕室⑥。公宾庚、公甲叔子与战于夷，获叔子与析朱鉏⑦。献于王，王曰："此同车，必使能，国未可望也⑧。"明日，舍于庚宗，遂次于泗上。微虎欲宵攻王舍⑨，私属徒七百人，三踊于幕庭⑩，卒三百人，有若与焉⑪，及稷门之内⑫，或谓季孙曰："不足以害吴，而多杀国士，不如已也。"乃止之。吴子闻之，一夕三迁⑬。吴人行成⑭，将盟。景伯曰："楚人围宋，易子而食，析骸而爨⑮，犹无城下之盟。我未及亏，而有城下之盟，是弃国也。吴轻而远，不能久，将归矣。请少待之。"弗从。景伯负载，造于莱门⑯，乃请释子服何于吴，吴人许之。以王子姑曹当之，而后止⑰。吴人盟而还⑱。

①侨田吴界。【释文】竟，音境。侨，其骄切。②鄫人亦侨田吴。滋，浊也。【释文】拘，音俱。沤，乌豆切。菅，古颜切。滋，音玄，本亦作"兹"，子丝切，《字林》云：黑也。③鄫人教吴必可克。【释文】道，音导。④王犯，吴大夫。故尝奔鲁，为武城宰。澹台子羽，武城人，孔子弟子也。其父与王犯相善，国人惧其为内应。【释文】澹，待甘切。应，应对之应。⑤言犯盟伐邾，所以召吴。⑥三邑，鲁地。⑦公宾庚、公甲叔子并析朱鉏为三人，皆同车，传互言之。【释文】析，星历切。⑧同车能俱死，是国能使人，故不可望得。⑨微虎，鲁大夫。【释文】泗，音四。⑩于帐前设格，令士试跃之。【释文】属，音烛。幕，亡博切。格，更百切。令，力呈切。跃，羊灼切。⑪卒，终也。终得三百人任行。有若，孔子弟子，与在三百人中。【释文】与，音预。任，音壬。⑫三百人行至稷门。⑬畏微虎。【释文】三，息暂切。⑭求与鲁成。⑮在宣十五年。【释文】骸，户皆切，本又作"骨"。爨，七乱切。⑯以言不见从，故负载书，将欲出盟。【释文】亏，去危切。轻，遣政切。载，如字，或音戴。造，七报切。莱，音来。⑰释，舍也。鲁人不以盟为了，欲因留景伯为质于吴。既得吴之许，复求吴王之子以交质。吴人不欲留王子，故遂两止。【释文】质，音致。复，扶又切。⑱不书盟，耻吴夷。

齐悼公之来也①，季康子以其妹妻之，即位而逆之，季鲂侯通焉②。女言其情，弗敢与也。齐侯怒，夏五月，齐鲍牧帅师伐我，取讙及阐。

①在五年。②鲂侯,康子叔父。【释文】妻,七计切。鲂,音房。

或谮胡姬于齐侯①,曰:"安孺子之党也。"六月,齐侯杀胡姬④。

①胡姬,景公妾。②传言齐侯无道,所以不终。

齐侯使如吴请师,将以伐我,乃归邾子①。邾子又无道,吴子使大宰子馀讨之②,囚诸楼台,栫之以棘③。使诸大夫奉大子革以为政④。

①齐未得季姬,故请师也。吴前为邾讨鲁,惧二国同心,故归邾子。【释文】为,于伪切。②子馀,大宰嚭。③栫,雍也。【释文】栫,本又作"荐",在芿切。雍,於勇切。④革,邾大子桓公也。为十年邾子来奔传。

秋,及齐平。九月,臧宾如如齐莅盟①,齐闾丘明来莅盟②,且逆季姬以归,璧③。

①宾如,臧会子。②明,闾丘婴之子也。盟不书,讳略之。③季姬,鲂侯所通者。

鲍牧又谓群公子曰:"使女有马千乘乎①?"公子诉之。公谓鲍子:"或谮子,子姑居于潞以察之②。若有之,则分室以行。若无之,则反子之所。"出门,使以三分之一行。半道,使以二乘。及潞,麇之以入,遂杀之③。

①有马千乘,使为君也。鲍牧本不欲立阳生,故讽动群公子。【释文】女,音汝。乘,绳证切。讽,方凤切。②潞,齐邑。【释文】诉,音素。潞,音路。③麇,亦束缚。【释文】麇,丘陨切。

冬十二月,齐人归讙及阐,季姬嬖故也。

哀公九年

【经】

九年春,王二月,葬杞僖公①。
宋皇瑗帅师取郑师于雍丘②。
夏,楚人伐陈。
秋,宋公伐郑。
冬,十月。
①无传。三月而葬,速。②书取,覆而败之。雍丘县属陈留。【释文】雍,於勇切。

【传】

九年春,齐侯使公孟绰辞师于吴①。吴子曰:"昔岁寡人闻命。今又革之,不知所从,将进受命于君②。"

①齐与鲁平,故辞吴师。【释文】绰,昌灼切,本又作"卓",同。②为十年吴伐齐传。

郑武子賸之嬖许瑕求邑,无以与之①。请外取,许之②。故围宋雍丘。宋皇瑗围郑师③,每日迁舍④,垒合,郑师哭。子姚救之,大败⑤。二月甲戌,宋取郑师于雍丘,使有能者无死⑥,以郑张与郑罗归⑦。

①賸,罕达也。瑕,武子之属。【释文】賸,以证切。②瑕请取于他国。③许瑕师。④作垒堑成,辄徙舍合其围。【释文】垒,力轨切。堑,七艳切。⑤子姚,武子賸也。⑥惜其能也。⑦郑之有能者。【释文】郏,古洽切,又音甲。

夏,楚人伐陈,陈即吴故也。

宋公伐郑①。

①报雍丘。

秋,吴城邗,沟通江、淮①。

①于邗江筑城穿沟,东北通射阳湖,西北至(末)[宋]口入淮,通粮道也。今广陵韩江是。【释文】邗,音寒。射,食亦切,又音亦。

晋赵鞅卜救郑,遇水适火①,占诸史赵、史墨、史龟②。史龟曰:"是谓沈阳③,可以兴兵④。利以伐姜,不利子商⑤。伐齐则可,敌宋不吉。"史墨曰:"盈,水名也。子,水位也⑥。名位敌,不可干也⑦。炎帝为火师⑧,姜姓其后也。水胜火,伐姜则可。"史赵曰:"是谓如川之满,不可游也⑨。郑方有罪,不可救也⑩。救郑则不吉,不知其他⑪。"阳虎以《周易》筮之,遇《泰》䷊⑫之《需》䷄⑬,曰:"宋方吉,不可与也⑭。微子启,帝乙之元子也。宋、郑,甥舅也⑮。祉,禄也。若帝乙之元子归妹,而有吉禄,我安得吉焉?"乃止⑯。

①水火之兆。②皆晋史。③火阳,得水故沈。④兵,阴类也,故可以兴兵。⑤姜,齐姓。子商,谓宋。⑥赵鞅姓盈,宋姓子。水盈坎乃行,子姓又得北方水位。⑦二水俱盛,言不可干。⑧神农有火瑞,以火名官。⑨既盈而得水位,故为如川之满,不可冯游。言其波流盛。【释文】游,音由。冯,皮冰切。⑩郑以嬖宠伐人,故以为有罪。⑪救郑则当伐宋,故不吉也。⑫《乾》下《坤》上,《泰》。⑬《乾》下《坎》上,《需》,《泰》六五变。【释文】需,音须。⑭不可与战。《泰》六五曰:帝乙归妹,以祉元吉。帝乙,纣父。五为天子,故称帝乙。阴而得中,有似王者嫁妹,得如其愿,受福禄而大吉。【释文】祉,音耻。⑮宋、郑为昏姻甥舅之国,宋为微子之后。今卜得帝乙之卦,故以为宋吉。⑯吉在彼,则我伐之为不吉。

冬,吴子使来儆师伐齐①。

①前年齐与吴谋伐鲁,齐既与鲁成而止,故吴恨之,反与鲁伐齐。【释文】儆,音景。

哀公十年

【经】

十年春,王二月,邾子益来奔。

公会吴伐齐①。

三月戊戌,齐侯阳生卒②。

夏,宋人伐郑③。

晋赵鞅帅师侵齐。

五月,公至自伐齐④。

葬齐悼公⑤。

卫公孟彄自齐归于卫⑥。

薛伯夷卒⑦。

秋,葬薛惠公⑧。

冬,楚公子结帅师伐陈。

吴救陈⑨。

①书会,从不与谋。【释文】与,音预。②以疾赴,故不书弑。【释文】弑,申志切。③无传。④无传。⑤无传。⑥无传。书归,齐纳之。【释文】彄,苦侯切。⑦无传。赴以名,故书。⑧无传。⑨季子不书,陈人来告不以名。

【传】

十年春,邾隐公来奔。齐甥也,故遂奔齐①。

①终子贡之言。

公会吴子、邾子、郯子伐齐南鄙,师于鄎①。齐人弑悼公,赴于师②。吴子三日哭于军门之外。徐承帅舟师,将自海入齐,齐人败之,吴师乃还③。

①鄎,齐地。邾、郯不书,兵并属吴,不列于诸侯。【释文】郯,音谈。鄎,音息,注同。并,必政切。②以说吴。【释文】弑,申志切。③承,吴大夫。

夏,赵鞅帅师伐齐①,大夫请卜之。赵孟曰:"吾卜于此起兵②,事不再令③,卜不袭吉④,行也。"于是乎取犁及辕⑤,毁高唐之郭,侵及赖而还。

①经书浸,以侵告。②谓往岁卜伐宋不吉,利以伐姜,故今兴兵。③再令,渎也。

④袭，重也。【释文】重，直龙切，又直用切。⑤犁，一名隰，济南有隰阴县。祝阿县西有辕城。【释文】犁，力兮切，又力之切。辕，音袁，又于眷切。隰，音习，本或作"湿"，音同。

秋，吴子使来复儆师①。

①伐齐未得志故。为明年吴伐齐传。【释文】复，扶又切。

冬，楚子期伐陈①。吴延州来季子救陈，谓子期曰："二君不务德②，而力争诸侯，民何罪焉？我请退，以为子名，务德而安民。"乃还③。

①陈即吴故。②二君：吴、楚。③季子，吴王寿梦少子也。寿梦以襄十二年卒，至今七十七岁，寿梦卒，季子已能让国，年当十五六，至今盖九十余。【释文】梦，音蒙。少，诗照切。

哀公十一年

【经】

十有一年春，齐国书帅师伐我。

夏，陈辕颇出奔郑①。

五月，公会吴伐齐。

甲戌，齐国书帅师及吴战于艾陵，齐师败绩，获齐国书②。

秋七月辛酉，滕子虞母卒③。

冬十有一月，葬滕隐公④。

卫世叔齐出奔宋⑤。

①书名，贪也。【释文】颇，破可切，又普河切。②公与伐而不与战。艾陵，齐地。【释文】艾，五盖切。与，音预。③无传。赴以名，故书之。④无传。⑤书名，淫也。

【传】

十一年春，齐为鄎故①，国书、高无丕帅师伐我，及清②。季孙谓其宰冉求曰③："齐师在清，必鲁故也。若之何？"求曰："一子守，二子从公御诸竟。"季孙曰："不能④。"求曰："居封疆之间⑤。"季孙告二子⑥，二子不可。求曰："若不可，则君无出。一子帅师，背城而战。不属者，非鲁人也⑦。鲁之群室，众于齐之兵车⑧。一室敌车，优矣。子何患焉？二子之不欲战也宜，政在季氏⑨。当子之身，齐人伐鲁而不能战，子之耻也，大不列于诸侯矣。"季孙使从于朝⑩，俟于党氏之沟⑪。武叔呼而问战焉⑫，对曰："君子有远虑，小人何知？"懿子强问之，对曰："小人虑材而言，量力而共者也⑬。"武叔曰："是谓我不成丈夫也⑭。"退而蒐乘⑮，孟孺子洩帅右师⑯，颜羽御，邴洩为右⑰。冉求帅左师，管周父御，樊迟为右⑱。季孙曰："须也弱。"有子曰："就用命焉⑲。"季氏之甲七千，冉有以武城人三百为己徒卒⑳。老幼守宫，次于雩门之外㉑。五日，右师从之㉒。公叔务人㉓见保者而泣㉔，曰："事充㉕政重㉖，上不能谋，士不能死，何以治民？吾既言之矣，敢不勉乎㉗！"

①郎在前年。【释文】为，于伪切。②清，齐地，济北卢县东有清亭。【释文】下，普悲切。③冉求，鲁人，孔子弟子。④自度力不能使二子御诸竟。【释文】守，手又切。从，才用切。禦，鱼吕切，亦作"御"。竟，音境。度，待洛切。⑤封疆，竟内近郊之地。【释文】疆，居良切。⑥二子，叔孙、孟孙也。⑦属，臣属也。言不战为不臣。⑧群室，都邑居家。⑨言二子恨季氏专政，故不尽力。【释文】二子之不欲战也宜，绝句。⑩使冉求随己之公朝。⑪党氏沟，朝中地名。【释文】党，音掌。⑫问冉求。⑬言子所问非己材力所及，故不能言。【释文】强，其丈切。共，音恭。⑭知冉求非己不欲战，故不对。【释文】不成丈夫也，本或作"大夫"，非。⑮蒐，阅。【释文】蒐，所求切。乘，绳证切。阅，音悦。⑯孺子，孟懿子之子武伯彘。【释文】孺，而住切。彘，直利切。⑰二子，孟氏臣。【释文】邴，音丙，又彼命切。⑱樊迟，鲁人，孔子弟子樊须。【释文】父，音甫。⑲虽年少，能用命。有子，冉求也。【释文】少，诗照切。⑳步卒，精兵。【释文】卒，子忽切。㉑南城门也。【释文】雩，音于。㉒五日乃从，言不欲战。㉓务人，公为，昭公子。㉔保，守城者。㉕繇役烦。【释文】繇，本亦作"徭"，同，音遥。㉖赋务多。㉗既言人不能死，己不敢不死。

师及齐师战于郊，齐师自稷曲①，师不逾沟。樊迟曰："非不能也，不信子也。请三刻而逾之②。"如之，众从之③。师入齐军④，右师奔，齐人从之⑤，陈瓘、陈庄涉泗⑥。孟之侧后入以为殿⑦，抽矢策其马，曰："马不进也⑧。"林不狃之伍曰："走乎⑨？"不狃曰："谁不如⑩？"曰："然则止乎？"不狃曰："恶贤⑪？"徐步而死⑫。师获甲首八十⑬，齐人不能师⑭。宵，谍曰："齐人遁⑮。"冉有请从之三，季孙弗许。孟孺子语人曰："我不如颜羽，而贤于邴洩⑯。子羽锐敏⑰，我不欲战而能默⑱。洩曰：'驱之⑲。'"公为与其嬖僮汪锜乘，皆死，皆殡⑳。孔子曰："能执干戈以卫社稷，可无殇也㉑。"冉有用矛于齐师，故能入其军。孔子曰："义也㉒。"

①稷曲，郊地名。②与众三刻约信。③如樊迟言，乃逾沟。④冉求之师。⑤逐右师。⑥二陈，齐大夫。【释文】瓘，古唤切。泗，音四。⑦之侧，孟氏族也，(子)[字]反。【释文】殿，丁练切。⑧不欲伐善。【释文】抽，敕留切。策，初革切，本或作"筴"。⑨不狃，鲁士。五人为伍。败而欲走。⑩我不如谁而欲起。【释文】如，如字，又而庶切。⑪言止战恶足为贤，皆无战志。【释文】恶，音乌。⑫徐行而死，言鲁非无壮士，俱季孙不能使。⑬

冉求所得。⑭不能整其师。⑮谍，间也。【释文】谍，音牒。遁，徒困切。间，间厕之间。⑯(三)[二]子与孟孺子同车。【释文】语，鱼据切。⑰子羽，颜羽。锐，精也。敏，疾也。言欲战。⑱心虽不欲，口不言奔。【释文】默，本亦作"嘿"，亡北切。⑲言驱马欲奔。⑳皆，俱也。【释文】嫛，必计切。僮，本亦作"童"，音同。汪，乌黄切。锜，鱼绮切。乘，绳证切。㉑时人疑童子当殇。【释文】殇，音商，八岁至十九岁为殇。㉒言能以义勇。不书战，不皆陈也。不书败，胜负不殊。【释文】矛，亡侯切。陈，直觐切。

夏，陈辕颇出奔郑。初，辕颇为司徒，赋封田以嫁公女①。有余，以为己大器②。国人逐之，故出。道渴，其族辕咺进稻醴、粱糗、腶脯焉③。喜曰："何其给也？"对曰："器成而具④。"曰："何不吾谏？"对曰："惧先行⑤。"

①封内之田悉赋税之。②大器，钟鼎之属。③糗，干饭也。【释文】咺，况阮切。醴，音礼，以稻米为醴酒。糗，起九切，以粱米为之，又昌绍切。腶，丁乱切，字亦作"锻"。加姜桂曰脯也。④具此醴糗。⑤恐言不从，先见逐。

为郊战故，公会吴子伐齐①。五月克博，壬申，至于嬴②。中军从王③，胥门巢将上军，王子姑曹将下军，展如将右军④。齐国书将中军，高无㔻将上军，宗楼将下军。陈僖子谓其弟书："尔死，我必得志⑤。"宗子阳与闾丘明相厉也⑥。桑掩胥御国子⑦，公孙夏曰："二子必死⑧。"将战，公孙夏命其徒歌《虞殡》⑨。陈子行命其徒具含玉⑩。公孙挥命其徒曰："人寻约，吴发短⑪。"东郭书曰："三战必死，于此三矣⑫。"使问弦多以琴⑬，曰："吾不复见子矣⑭。"陈书曰："此行也，吾闻鼓而已，不闻金矣⑮。"

①欲以报也。【释文】为，于伪切。②博、嬴，齐邑也。二县皆属泰山。【释文】嬴，音盈。③吴中军。④三将，吴大夫。⑤书，子占也。欲获死事之功。⑥相对厉至死。子阳，宗楼也。⑦国子，国书。⑧亦劝勉之。【释文】夏，户雅切。⑨《虞殡》，送葬歌曲。示必死。【释文】殡，必刃切。⑩子行，陈逆也。具含玉，亦示必死。【释文】行，如字，含，又户郎切。含，户暗切，本又作"唅"。⑪约，绳也。八尺为寻，吴发短，欲以绳贯其首。【释文】挥，许韦切。⑫三战，夷仪、五氏与今。⑬弦多，齐人也，六年奔鲁。问，遗也。【释文】遗，唯季切。⑭言将死战。⑮鼓以进军，金以退军。不闻金，言将死也。传言吴师强，齐人皆自知将败。

甲戌，战于艾陵，展如败高子①，国子败胥门巢②。王卒助之，大败齐师。获国书、公孙夏、闾丘明、陈书、东郭书，革车八百乘，甲首三千，以献于公③。将战，吴子呼叔孙④，曰："而事何也⑤？"对曰："从司马⑥。"王赐之甲、剑铍，曰："奉尔君事，敬无废命。"叔孙未能对，卫赐进⑦，曰："州仇奉甲从君而拜⑧。"公使大史固归国子之元⑨，寘之新箧，裹之以玄纁⑩，加组带焉。寘书于其上，曰："天若不识不衷，何以使下国⑪？"

①齐上军败。②吴上军亦败。③公以兵从,故以劳公。【释文】卒,子忽切。乘,绳证切。从,才用切,又如字。劳,力报切。④叔孙,武叔州仇。⑤问何职。⑥从吴司马所命。⑦赐,子贡,孔子弟子。【释文】铍,普悲切。⑧拜受之。⑨归于齐也。元,首也。吴以献鲁。⑩裂,荐也。【释文】真,之豉切。筴,若协切。裂,音尉,或作"裂以玄纁"。纁,许云切,本亦作"勋"。⑪言天识不善,故杀国子。【释文】组,音祖。衷,音忠。

吴将伐齐,越子率其众以朝焉,王及列士,皆有馈赂。吴人皆喜,惟子胥惧,曰:"是豢吴也夫①!"谏曰:"越在我,心腹之疾也。壤地同,而有欲于我②。夫其柔服,求济其欲也,不如早从事焉③。得志于齐,犹获石田也,无所用之④。越不为沼,吴其泯

龙凤纹带钩(春秋)

矣,使医除疾,而曰'必遗类焉'者,未之有也。《盘庚》之诰曰:'其有颠越不共,则劓殄无遗育,无俾易种于兹邑⑤。'是商所以兴也。今君易之,将以求大,不亦难乎?"弗听,使于齐,属其子于鲍氏,为王孙氏⑥。反役,王闻之,使赐之属镂以死⑦,将死,曰:"树吾墓槚,槚可材也,吴其亡乎!三年,其始弱矣。盈必毁,天之道也⑧。"

①豢,养也。若人养牺牲,非爱之,将杀之。【释文】馈,其位切,或作"餽"。赂,音路。豢,音患。夫,音扶。②欲得吴。③从事,击之。④石田不可耕。⑤《盘庚》,《商书》也。颠越不共,从横不承命者也。劓,割也。殄,绝也。育,长也。俾,使也。易种,转生种类。【释文】沼,之兆切。泯,亡轸切。盘,步干切。诰,古报切。共,音恭,注同。劓,鱼器切。殄,大典切。俾,必耳切。种,章勇切。从,子容切。长,丁丈切。⑥私使人至齐属其子,改姓为王孙,欲以辟吴祸。【释文】使,所吏切。属,音烛,下同。⑦艾陵役也。属镂,剑名。【释文】镂,力俱切,又力侯切。⑧越人朝之,伐齐胜之,盈之极也。为十三年越伐吴起。【释文】槚,古雅切,木名。

秋,季孙命修守备,曰:"小胜大,祸也。齐至无日矣①。"

①善有备。【释文】守,手又切。

冬,卫大叔疾出奔宋①。初,疾娶于宋子朝②,其娣嬖③。子朝出④,孔文子使疾出其妻而妻之。疾使侍人诱其初妻之娣,寘于犁⑤,而为之一宫,如二妻。文子怒,欲攻之。仲尼止之。遂夺其妻。或淫于外州,外州人夺之轩以献⑥。耻是二者,故出。卫人立遗,使室孔姞⑦。疾臣向魋⑧,纳美珠焉,与之城鉏⑨。宋公求珠,魋不与,由是得罪。及桓氏出⑩,城鉏人攻大叔疾,卫庄公复之⑪。使处巢,死焉。殡于郧,葬于少禘⑫。初,晋悼公子憗亡在卫,使其女仆而田⑬。大叔懿子止而饮之酒⑭,遂聘之,生悼子⑮。悼子即位,故夏戊为

大夫⑯。悼子亡,卫人翦夏戊⑰。孔文子之将攻大叔也,访于仲尼。仲尼曰:"胡簋之事,则尝学之矣⑱。甲兵之事,未之闻也。"退,命驾而行,曰:"鸟则择木,木岂能择鸟⑲?"文子遽止之,曰:"圉岂敢度其私,访卫国之难也⑳。"将止㉑。鲁人以币召之,乃归㉒。

①疾即齐也。②子朝,宋人,仕卫为大夫。【释文】朝,如字。③娣,所娶女之娣。④出奔。⑤犁,卫邑。【释文】妻,七计切。犁,力兮切。⑥外州,卫邑。轩,车也,以献于君。⑦遗,疾之弟。孔姞,孔文子之女,疾之妻。【释文】姞,其乙切,又其吉切。⑧为宋向魋臣。【释文】魋,徒回切。⑨城鉏,宋邑⑩出在十四年。⑪听使还。⑫终言疾之失所也。巢、郧、少禘,皆卫地。【释文】郧,音云。少,诗照切。禘,大计切。⑬仆,御。田,猎。【释文】慭,鱼觐切,一作"整",征领切。⑭懿子,大叔仪之孙。【释文】饮,於鸩切。⑮悼子,大叔疾。【释文】聘,匹政切。⑯夏戊,悼子之甥。【释文】夏,户雅切。戊,音茂。⑰翦,削其爵邑。⑱胡簋,礼器名。夏曰胡,周曰簋。【释文】簋,音轨。⑲以鸟自喻。⑳圉,文子名。度,谋也。【释文】遽,其据切。度,待洛切,下同。难,乃旦切。㉑仲尼止。㉒于是自卫反鲁,乐正,雅颂各得其所。

季孙欲以田赋①,使冉有访诸仲尼。仲尼曰:"丘不识也。"三发②,卒曰③:"子为国老,待子而行,若之何子之不言也?"仲尼不对④,而私于冉有曰:"君子之行也⑤,度于礼,施取其厚,事举其中,敛从其薄,如是则以丘亦足矣⑥。若不度于礼,而贪冒无厌,则虽以田赋,将又不足。且子季孙若欲行而法,则周公之典在。若欲苟而行,又何访焉?"弗听⑦。

①丘赋之法,因其田财,通出马一匹、牛三头。今欲别其田及家财,各为一赋,故言田赋。【释文】别,如字,又彼列切。②三发问。③卒,终也。④不公答。⑤行政事。⑥丘,十六井,出戎马一匹、牛三头,是赋之常法。【释文】施,尸豉切。敛,力艳切。⑦为明年用田赋传。【释文】冒,亡北切,又莫报切。厌,於盐切。

哀公十二年

【经】

十有二年春,用田赋①。

夏五月甲辰,孟子卒②。

公会吴于橐皋③。

秋,公会卫侯、宋皇瑗于郧④。

宋向巢帅师伐郑。

冬十有二月，螽⑤。

①直书之者，以示改法重赋。②鲁人讳娶同姓，谓之孟子，《春秋》不改，所以顺时。【释文】娶，本或作"取"，七喻切，又如字。③橐皋在淮南逡道县东南。【释文】橐，章夜切，一音托。逡，音峻，又七伦切。道，音囚，又音巡。④郧，发阳也，广陵海陵县东南有发繇口。【释文】繇，音遥。⑤周十二月，今十月，是岁置闰，而失不置。虽书十二月，实今之九月，司历误一月。九月之初尚温，故得有螽。【释文】螽，音终。

【传】

十二年春，王正月，用田赋①。

①终前年事。

夏五月，昭夫人孟子卒。昭公娶于吴，故不书姓①。死不赴，故不称夫人②。不反哭，故不言葬小君③。孔子与吊，适季氏。季氏不絻，放绖而拜④。

①讳娶同姓，故谓之孟子，若宋女。②不称夫人，故不言薨。③反哭者，夫人礼也。以同姓故，不成其夫人丧。④孔子始老，故与吊也。絻，丧冠也。孔子以小君礼往吊，季孙不服丧，故去绖，从主节制。【释文】与，音预。絻，音问。绖，大结切。去，起吕切。

公会吴于橐皋。吴子使大宰嚭请寻盟①。公不欲，使子贡对曰："盟所以周信也②，故心以制之③，玉帛以奉之④，言以结之⑤，明神以要之⑥。寡君以为苟有盟焉，弗可改也已。若犹可改，日盟何益？今吾子曰：'必寻盟。'若可寻也，亦可寒也⑦。"乃不寻盟。

①寻郧盟。②周，固。③制其义。④奉贽明神。【释文】贽，音至。⑤结其信。⑥要以祸福。【释文】要，一遥切。⑦寻，重也。寒，歇也。【释文】重，直龙切。歇，许谒切。

吴征会于卫。初，卫人杀吴行人且姚而惧，谋于行人子羽①。子羽曰："吴方无道，无乃辱吾君，不如止也。"子木曰："吴方无道②，国无道，必弃疾于人。吴虽无道，犹足以患卫③。往也，长木之毙，无不摽也。国狗之瘈，无不噬也⑤。而况大国乎？"秋，卫侯会吴于郧。公及卫侯、宋皇瑗盟⑥，而卒辞吴盟。吴人藩卫侯之舍⑦。子服景伯谓子贡曰："夫诸侯之会，事既毕矣，侯伯致礼，地主归饩⑧，以相辞也⑨。今吴不行礼于卫，而藩其君舍以难之⑩，子盍见大宰？"乃请束锦以行⑪。语及卫故⑫，大宰嚭曰："寡君愿事卫君，卫君之来也缓，寡君惧，故将止之⑬。"子贡曰："卫君之来，必谋于其众。其众或欲或否，是以缓来。其欲来者，子之党也。其不欲来者，子之仇也。若执卫君，是堕党而崇仇也⑭。夫堕子者得其志矣！且合诸侯而执卫君，谁敢不惧？堕党崇仇，而惧诸侯，或者难以霸乎！"大宰嚭说，乃舍卫侯。卫侯归，效夷言。子之尚幼⑮，曰："君必不免，其死于夷乎！执焉，而又说其言,从之固矣⑯。"

①子羽,卫大夫。【释文】且,子余切。②子木,卫大夫。③为卫患也。④摽,击。【释文】毙,婢世切。摽,敷箫切,又普交切。⑤瘕,狂也。噬,齧也。【释文】狗,音苟。瘕,吉世切。噬,市制切,齧,五结切,或作"啮"。⑥盟不书,畏吴窃盟。⑦藩,篱。【释文】藩,方元切。篱,力知切。⑧侯伯致礼,以礼宾也。地主,所会主人也。饩,生物。【释文】饩,许气切。⑨各以礼相辞让。⑩难,苦困也。【释文】难,乃旦切。⑪以赂吴。【释文】盍,户腊切。⑫若本不为卫请者。【释文】为,于伪切。⑬止,执。⑭堕,毁也。【释文】堕,许规切,下同。⑮子之,公孙弥牟。【释文】说,音悦,下同。舍,音拾,释也,又音赦。效,户教切。⑯出公辄后卒死于越。

冬十二月,螽。季孙问诸仲尼,仲尼曰:"丘闻之,火伏而后蛰者毕①。今火犹西流,司历过也②。"

①火,心星也。火伏在今十月。【释文】蛰,直立切。②犹西流,言未尽 没,知是九月,历官失一闰,《释例》论之备。

宋郑之间有隙地焉①,曰弥作、顷丘、玉畅、嵒、戈、锡②。子产与宋人为成,曰:"勿有是③。"及宋平、元之族自萧奔 郑④,郑人为之城嵒、戈、锡⑤。九月,宋向巢伐郑,取锡,杀元公之孙,遂围嵒。十二月,郑罕达救嵒。丙申,围宋师⑥。

①隙地,閒田。【释文】隙,去逆切。閒,音闲,一本作"閒地",又如字。②凡六邑。【释文】弥,亡支切,又亡尔切。顷,苦颖切,又音倾。畅,敕亮切,一 本作"王畅"。嵒,五咸切。戈,古禾切。锡,音羊,又星历切。③俱弃之。④在定十五年。⑤城以处平、元之族。【释文】为,于伪切。⑥此事经在 十二月螽上,今倒在下,更具列其月以为别者,丘明本不以为义例,故不皆齐同。【释文】别,如字。又彼列切。

哀公十三年

【经】

十有三年春,郑罕达帅师取宋师于嵒①。

夏,许男成卒②。

公会晋侯及吴子于黄池③。

楚公子申帅师伐陈④。

於越入吴。

秋,公至自会⑤。

晋魏曼多帅师侵卫⑥。

葬许元公⑦。

九月,螽⑧。

冬十有一月,有星孛于东方⑨。

盗杀陈夏区夫⑩。

十有二月,螽⑪。

①书取,覆而败之。②无传。③陈留封丘县南有黄亭,近济水。夫差欲霸中国,尊天子,自去其僭号而称子,以告令诸侯,故吏承而书之。【释文】近,附近之近。去,起吕切。僭,子念切。④无传。⑤无传。⑥无传。⑦无传。⑧无传。书灾。⑨无传。平旦众星皆没,而孛乃见,故不言所在之次。【释文】孛,步内切。见,贤遍切。⑩无传。称盗,非大夫。【释文】夏,户雅切。区,乌侯切。⑪无传。前年季孙虽闻仲尼之言而不正历,失闰至此年,故复十二月螽,实十一月。【释文】复,扶又切。

【传】

十三年春,宋向魋救其师①。郑子滕使徇曰:"得桓魋者有赏。"魋也逃归,遂取宋师于喦,获成讙、郜延②。以六邑为虚③。

①救前年围喦师。②二子,宋大夫。【释文】讙,火官切。郜,古报切,又古毒切。③空虚之,各不有。【释文】虚,如字,或音墟,非。

夏,公会单平公、晋定公、吴夫差于黄池①。

①平公,周卿士也。不书,尊之,不与会。【释文】单,音善。与,音预。

六月丙子,越子伐吴,为二隧①。畴无馀、讴阳自南方②,先及郊。吴大子友、王子地、王孙弥庸、寿于姚自泓上观之③。弥庸见姑蔑之旗④,曰:"吾父之旗也⑤。不可以见仇而弗杀也。"大子曰:"战而不克,将亡国。请待之。"弥庸不可,属徒五千⑥,王子地助之。乙酉,战,弥庸获畴无馀,地获讴阳。越子至,王子地守。丙戌,复战,大败吴师。获大子友、王孙弥庸、寿於姚⑦。丁亥,入吴。吴人告败于王,王恶其闻也⑧,自刭七人于幕下⑨。

①隧,道也。【释文】隧,音遂。②二子,越大夫。【释文】讴,乌侯切。③观越师。泓,水名。【释文】泓,乌宏切。④姑蔑,越地,今东阳大末县。【释文】蔑,亡结切。旗,音其。大,音泰,孟康云:大,音闼。⑤弥庸父为越所获,故姑蔑人得其旌旗。⑥属,会也。【释文】属,音烛。⑦地守,故不获。【释文】守,手又切。复,扶又切。⑧恶诸侯闻之。

【释文】恶，乌路切。⑨以绝口。【释文】到，古顶切。

　　秋七月辛丑，盟，吴、晋争先①。吴人曰："于周室，我为长②。"晋人曰："于姬姓，我为伯③。"赵鞅呼司马寅④曰："日旰矣⑤，大事未成，二臣之罪也⑥。建鼓整列，二臣死之，长幼必可知也。"对曰："请姑视之。"反，曰："肉食者无墨⑦。今吴王有墨，国胜乎⑧？大子死乎？且夷德轻，不忍久，请少待之⑨。"乃先晋人⑩。吴人将以公见晋侯，子服景伯对使者曰："王合诸侯，则伯帅侯牧以见于王⑪。伯合诸侯，则侯帅子男以见于伯⑫。自王以下，朝聘玉帛不同。故敝邑之职贡于吴，有丰于晋，无不及焉，以为伯也。今诸侯会，而君将以寡君见晋君，则晋成为伯矣，敝邑将改职贡。鲁赋于吴八百乘，若为子男，则将半邾以属于吴⑬，而如邾以事晋⑭。且执事以伯召诸侯，而以侯终之，何利之有焉？"吴人乃止。既而悔之⑮，将囚景伯，景伯曰："何也立后于鲁矣⑯。将以二乘与六人从，迟速唯命。"遂囚以还。及户[牖]⑰，谓大宰曰："鲁将以十月上辛，有事于上帝先王，季辛而毕。何世有职焉⑱，自襄以来，未之改也⑲。若不会，祝宗将曰：'吴实然⑳。'且谓鲁不共，而执其贱者七人，何损焉？"大宰嚭言于王曰："无损于鲁，而祗为名㉑，不如归之。"乃归景伯。

　　①争歃血先后。【释文】歃，所洽切，又所甲切。②吴为大伯后，故为长。【释文】长，丁丈切。大，音泰。③为侯伯。④寅，晋大夫。⑤旰，晚矣。【释文】旰，古旦切。⑥大事，盟也。二臣，鞅与寅。⑦墨，气色下。⑧国为敌所胜。⑨少待，无与争。【释文】轻，遣政切。⑩盟不书，诸侯耻之，故不录。⑪伯，王官伯。侯牧，方伯。【释文】上"见"，如字，又贤遍切。使，所吏切。下"见"，贤遍切。⑫伯，诸侯长。⑬半邾，三百乘。【释文】丰，芳中切。乘，绳证切，下同。⑭如邾，六百乘。⑮谓景伯欺之。⑯何，景伯名。⑰户牖，陈留外黄县西北东昏城是。【释文】从，才用切。牖，音由。⑱有职于祭事。⑲鲁襄公。⑳言鲁祝宗将告神云：景伯不会，坐为吴所囚。吴人信鬼，故以是恐之。【释文】坐，才卧切。恐，丘勇切。㉑适为恶名。【释文】共，音恭。祗，音支。

　　吴申叔仪乞粮于公孙有山氏①，曰："佩玉橤兮，余无所系之②。旨酒一盛兮，余与褐之父睨之③。"对曰："梁则无矣，粗则有之。若登首山以呼曰'庚癸乎！'则诺④。"王欲伐宋，杀其丈夫而囚其妇人⑤。大宰嚭曰："可胜也，而弗能居也。"乃归。

　　①申叔仪，吴大夫。公孙有山，鲁大夫，旧相识。②橤然，服饰备也，己独无以系佩。言吴王不恤下。【释文】橤，而捶切，又而水切。③一盛，一器也。睨，视也。褐，寒贱之人。言但得视，不得饮。【释文】盛，音成，又市政切。褐，户葛切。父，如字，又音甫。睨，五计切。④军中不得出粮，故为私隐。庚，西方，主谷。癸，北方，主水。传言吴子不与士共饥渴，所以亡。【释文】粗，七奴切。呼，火故切。⑤以宋不会黄池故。言吴人悖惑。【释文】丈，直两切，本或作"大夫"，误。悖，补内切。

冬,吴及越平①。

①终伍员之言。

哀公十四年

【经】

十有四年春,西狩获麟①。

小邾射以句绎来奔②。

夏四月,齐陈恒执其君,寘于舒州③。

庚戌,叔还卒④。

五月庚申朔,日有食之⑤。陈宗竖出奔楚⑥。

宋向魋入于曹以叛⑦。

莒子狂卒⑧。

六月,宋向魋自曹出奔卫。

宋向巢来奔。

齐人弑其君壬于舒州。

秋,晋赵鞅帅师伐卫⑨。

八月辛丑,仲孙何忌卒。

冬,陈宗竖自楚复入于陈,陈人杀之⑩。

陈辕买出奔楚⑪。

有星孛⑫。

饥⑬。

①麟者,仁兽,圣王之嘉瑞也。时无明王,出而遇获,仲尼伤周道之不兴,感嘉瑞之无应,故因《鲁春秋》而修中兴之教,绝笔于"获麟"之一句,所感而作,固所以为终也。冬猎日狩,盖虞人修常职,故不书狩者。大野在鲁西,故言西狩。得用曰获。【释文】狩,手又切。麟,吕辛切,又力珍切,瑞兽也。解见《诗音》。瑞,常恚切。应,应对之应。中,丁仲切。②射,小邾大夫。句绎,地名。《春秋》止于"获麟",故射不在三叛人之数。自此以下至十六年,皆鲁史记之文,弟子虽存,孔子卒,故并录以续孔子所修之经。【释文】射,音亦。句,古侯切。绎,音亦。③【释文】寘,之豉切。④无传。⑤无传。⑥无传。【释文】竖,上主切。⑦曹,宋邑。【释文】向,舒亮切。魋,徒回切。⑧无传。【释文】狂,其廷切。

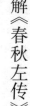

⑨无传。【释文】鞅，於丈切。⑩无传。【释文】复，扶又切。⑪无传。⑫无传。不言所在，史失之。【释文】孛，步内切。⑬无传。

【传】

十四年春，西狩于大野，叔孙氏之车子鉏商获麟①，以为不祥，以赐虞人②。仲尼观之，曰："麟也。"然后取之③。

①大野在高平钜野县东北，大泽是也。车子，微者。鉏商，名。【释文】鉏，仕居切。②时所未尝见，故怪之。虞人，掌山泽之官。③言鲁史所以得书获麟。

小邾射以句绎来奔，曰："使季路要我，吾无盟矣①。"使子路，子路辞。季康子使冉有谓之曰："千乘之国，不信其盟，而信子之言，子何辱焉？"对曰："鲁有事于小邾，不敢问故，死其城下可也。彼不臣而济其言，是义之也，由弗能②。"

①子路信诚，故欲得与相要誓，而不须盟。孔子弟子既续书鲁策以系于经，丘明亦随而传之，终于哀公以卒前事。其异事则皆略而不传，故此经无传者多。【释文】要，於妙切，又一遥切。②济，成也。【释文】乘，绳证切，年内同。

齐简公之在鲁也，阚止有宠焉①。及即位，使为政。陈成子惮之，骤顾诸朝②。诸御鞅言于公曰③："陈、阚不可并也，君其择焉④。"弗听。子我夕⑤，陈逆杀人，逢之⑥，遂执以人⑦。陈氏方睦⑧，使疾，而遗之潘沐，备酒肉焉⑨，馈守囚者，醉而杀之，而逃。子我盟诸陈于陈宗⑩。

①简公，悼公阳生子壬也。阚止，子我也。事在六年。【释文】阚，苦暂切。②成子，陈常。心不安，故数顾之。【释文】惮，大旦切。骤，仕救切。数，所角切。③鞅，齐大夫。④择用一人。⑤夕视事。⑥陈逆，子行，陈氏宗也。子我逢之。⑦执逆至朝。⑧欲谋齐国，故宗族和。⑨使诈病，因内潘沐，并得内酒肉。潘，米汁，可以沐头。【释文】遗，唯季切。潘，芳袁切。沐，音木。汁，之十切。⑩失陈逆，惧其反为患，故盟之。

初，陈豹欲为子我臣①，使公孙言己②，已有丧而止。既，而言之③，曰："有陈豹者，长而上偻④，望视⑤，事君子必得志⑥。欲为子臣，吾惮其为人也⑦，故缓以告。"子我曰："何害？是其在我也。"使为臣。他日，与之言政，说，遂有宠。谓之曰："我尽逐陈氏，而立女，若何？"对曰："我远于陈氏矣⑧。且其违者，不过数人⑨，何尽逐焉？"遂告陈氏。子行曰："彼得君，弗先，必祸子。"子行舍于公宫⑩。夏五月壬申，成子兄弟四乘如公⑪。子我在幄⑫，出，逆之。遂入，闭门⑬。侍人御之⑭，子行杀侍人⑮。公与妇人饮酒于檀台，成子迁诸寝⑯。公执戈，将击之⑰。大史子馀曰："非不利也，将除害也⑱。"

①豹亦陈氏族。②言己,介达之。【释文】介,音界,媒介也,亦因也。③既,终丧也。④肩背偻。【释文】长,如字,又丁丈切。偻,力主切。⑤目望阳。⑥得君子意。⑦恐多诈。⑧言己疏远。【释文】说,音悦。女,音汝。远,如字,又于万切。⑨违,不从也。【释文】数,所主切。⑩子行逃而隐于陈氏,今又隐于公宫。⑪成子之兄弟,昭子庄、简子齿、宣子夷、穆子安、廪丘子意兹、芒子盈、惠子得,凡八人,二人共一乘。【释文】廪,力甚切。芒,音亡。⑫幄,帐也,听政之处。【释文】幄,於角切。处,昌虑切。⑬成子入,反闭门不纳子我。⑭子我侍人。【释文】御,本亦作"御",鱼吕切。⑮素在内,故得杀之。⑯徙公使居正寝。【释文】檀,大丹切。⑰疑其欲作乱。⑱言将为公除害。【释文】大,音泰。为,于伪切,下"逆为",下注"为公"同。

成子出舍于库①,闻公犹怒,将出,曰:"何所无君?"子行抽剑,曰:"需,事之贼也②。谁非陈宗③?所不杀子者,有如陈宗④!"乃止。子我归,属徒,攻闱与大门⑤,皆不胜,乃出。陈氏追之,失道于弇中,适丰丘⑥。丰丘人执之,以告,杀诸郭关⑦。成子将杀大陆子方⑧,陈逆请而免之,以公命取车子道⑨。及形,众知而东之⑩。出雍门⑪,陈豹与之车,弗受,曰:"逆为余请,豹与余车,余有私焉。事子我而有私于其仇,何以见鲁、卫之士⑫?"东郭贾奔卫⑬。庚辰,陈恒执公子舒州。公曰:"吾早从鞅之言,不及此⑭。"

①以公怒故。②言需疑则害事。【释文】需,音须。③言陈氏宗族众多。④言子若欲出,我必杀子,明如陈宗。⑤闱,宫中小门。大门,公门也。【释文】属,之欲切。闱,音韦。⑥弇中,狭路。丰丘,陈氏邑。【释文】弇,於检切,又音淹。狭,音洽。⑦齐关名。⑧子方,子我臣。⑨子方取道中行人车。⑩知其矫命,夺车逐使东。【释文】形,音而。矫,本又作"桥",居表切。⑪齐城门也。【释文】雍,於用切。⑫传言陈氏务施。【释文】施,式氏切。⑬贾即子方。⑭悔不诛陈氏。

宋桓魋之宠害于公①。公使夫人骤请享焉,而将讨之②。未及,魋先谋公,请以鞌易薄③,公曰:"不可。薄,宗邑也④。"乃益鞌七邑,而请享公焉⑤。以日中为期,家备尽往⑥。公知之,告皇野曰:"余长魋也⑦。今将祸余,请即救。"司马子仲曰:"有臣不顺,神之所恶也,而况人乎?敢不承命?不得左师不可⑧,请以君命召之。"左师每食击钟。闻钟声,公曰:"夫子将食。"既食,又奏⑨。公曰:"可矣。"以乘车往,曰:"迹人来告曰⑩:'逢泽有介麇焉⑪。'公曰:'虽魋未来,得左师,吾与之田,若何⑫?'君惮告子⑬。野曰:'尝私焉⑭。'君欲速,故以乘车逆子。"与之乘,至,公告之故,拜,不能起。司马曰:"君与之言⑮。"公曰:"所难子者,上有天,下有先君⑯。"对曰:"魋之不共,宋之祸也。敢不唯命是听?"司马请瑞焉⑰,以命其徒攻桓氏⑱。其父兄故臣曰:"不可⑲。"其新臣曰:"从吾君之命。"遂攻之。子颀聘而告桓司马⑳。司马欲入㉑,子车止之㉒,曰:"不能事君,而又伐国,民不与也,只取死焉。"向魋遂入于曹以叛㉓。

①恃宠骄盈。②夫人，景公母也。数请享饮，欲因请讨之。【释文】数，所角切。③鄷，向魋邑。薄，公邑。欲因易邑，为公享宴而作乱。【释文】鄷，音安。④宗庙所在。⑤伪喜于受赐。⑥甲兵之备。⑦少长育之。皇野，司马子仲。【释文】长，丁丈切。少，诗照切。⑧左师，向魋兄向巢也。【释文】恶，乌路切。⑨奏乐。⑩主迹禽兽也。【释文】迹，子亦切。⑪《地理志》言逢泽在荥阳开封县东北，远，疑非。介，大也。【释文】介，音界。麇，九伦切，獐也，本又作"麏"，亡悲切。⑫皇野称公命。⑬难以游戏烦大臣。【释文】难，乃旦切。⑭尝，试也。⑮使公与要誓。⑯言虽诛魋，要不负言，使祸难及子。⑰瑞，符节，以发兵。⑱桓氏，向魋。⑲司马故臣与桓魋无怨者。⑳子颀，桓魋弟。桓司马，即魋也。【释文】颀，音祈。聘，敕领切。㉑入攻君。㉒车，亦魋弟。㉓八年，宋灭曹以为邑。【释文】祗，音支。

六月，使左师巢伐之，欲质大夫以入焉①。不能，亦入于曹，取质②。魋曰："不可。既不能事君，又得罪于民，将若之何？"乃舍之③。民遂叛之。向魋奔卫。向巢来奔，宋公使止之，曰："寡人与子有言矣，不可以绝向氏之祀。"辞曰："臣之罪大，尽灭桓氏可也。若以先臣之故，而使有后，君之惠也。若臣则不可以入矣。"司马牛致其邑与珪焉，而适齐④。向魋出于卫地，公文氏攻之⑤，求夏后氏之璜焉。与之他玉，而奔齐，陈成子使为次卿。司马牛又致其邑焉，而适吴⑥。吴人恶之，而反。赵简子召之，陈成子亦召之。卒于鲁郭门之外，阬氏葬诸丘舆⑦。

①巢不能克魋，恐公怒，欲得国内大夫为质，还入国。【释文】质，音致，下同。②不能得大夫，故入曹，劫曹人子弟而质之，欲以自固。③舍曹子弟。【释文】舍，音赦，又音捨。④牛，桓魋弟也。珪，守邑符信。⑤公文氏，卫大夫。⑥示不与魋同。【释文】夏，户雅切。璜，音黄。⑦阬氏，鲁人也。泰山南城县西北有舆城。录其卒葬所在，愍贤者失所。【释文】恶，乌路切。阬，苦庚切，或音刚。舆，音余。

甲午，齐陈恒弑其君壬于舒州①。孔丘三日齐，而请伐齐三。公曰："鲁为齐弱久矣，子之伐之，将若之何？"对曰："陈恒弑其君，民之不与者半。以鲁之众，加齐之半，可克也。"公曰："子告季孙。"孔子辞②，退而告人曰："吾以从大夫之后也，故不敢不言③。"

①壬，简公也。②辞不告。【释文】齐，侧皆切，一本又作"斋"。三，如字，又息暂切。③尝为大夫而去，故言后。

初，孟孺子洩将围成于成①，成宰公孙宿不受，曰："孟孙为成之病，不围成焉②。"孺子怒，袭成。从者不得人，乃反。成有司使，孺子鞭之③。秋八月辛丑，孟懿子卒。成人奔丧，弗内。袒免哭于衢，听共，弗许④。惧，不归⑤。

①洩,孟懿子之子孟武伯也。围,畜养也。成,孟氏邑。【释文】洩,息列切。围,鱼吕切。②病,谓民贫困。【释文】为,于伪切。③恨恚,故鞭成有司之使人。【释文】从,才用切。恚,一瑞切。④请听命共使。【释文】内,如字,又音纳。袒,音但。免,音问。衢,其俱切。共,音恭。⑤不敢归成。为明年成叛传。

哀公十五年

【经】

十有五年春,王正月,成叛。

夏五月,齐高无㕰出奔北燕①。

郑伯伐宋②。

秋八月,大雩③。

晋赵鞅帅师伐卫④。

冬,晋侯伐郑⑤。

及齐平⑥。

卫公孟彄出奔齐⑦。

①无传。【释文】㕰,普悲切。②无传。③无传。【释文】雩,音于。④无传。⑤无传。⑥鲁与齐平。⑦无传。【释文】彄,苦侯切。

【传】

十五年春,成叛于齐。武伯伐成,不克,遂城输①。

①以偪成。

夏,楚子西、子期伐吴,及桐汭①。陈侯使公孙贞子吊焉②,及良而卒③,将以尸入④。吴子使大宰嚭劳,且辞曰:“以水潦之不时,无乃廪然陨大夫之尸⑤,以重寡君之忧。寡君敢辞上介。”芋尹盖对曰⑥:“寡君闻楚为不道,荐伐吴国⑦,灭厥民人。寡君使盖备使,吊君之下吏⑧。无禄,使人逢天之戚,大命陨队,绝世于良⑨,废日共积⑩,一日迁次⑪。今君命逆使人曰:‘无以尸造于门。’是我寡君之命委于草莽也。且臣闻之曰:‘事死如生,礼也。’于是乎有朝聘而终,以尸将事之礼⑫,又有朝聘而遭丧之礼⑬。若不以尸将命,是遭丧而还也,无乃不可乎!以礼防民,犹或逾之。今大夫曰‘死而弃之’,是弃礼也,其何以为诸侯主⑭?先民有言曰:‘无秽虐士⑮。’备使奉尸将命,苟我寡君之命达于君所,虽陨于深渊，则天命也，非君与涉人之过也。"吴人内之⑯。

①宣城广德县西南有桐水，出白石山，西北入丹阳湖。【释文】汭，如锐切。②吊为楚所伐。③良，吴地。④聘礼，若宾死未将命，则既敛于棺，造于朝，介将命。【释文】敛，力验切。造，七报切。介，音界。⑤懔然，倾动貌。【释文】劳，力报切，又音老。懔，力甚切。陨，于敏切。⑥盖，陈大夫。贞子，上介。【释文】重，直用切。寡君敢辞上介，绝句。芊，于付切。⑦荐，重也。【释文】荐，在遍切。⑧备，犹副也。【释文】使，所吏切。盖，芊尹盖，辞同。⑨绝世，犹言弃世。⑩废行道之日，以共具殡敛所积聚之用。【释文】共，音恭。积，子赐切，又如字。殡，必刃切。聚，才喻切，又如字。⑪一日便迁次，不敢留君命。⑫朝聘道死，以尸行事。【释文】莽，亡党切。⑬遭所聘之丧。⑭谓主盟也。⑮虐士，死者。⑯传言芊尹盖知礼。【释文】内，如字，又音纳。

秋，齐陈瓘如楚①。过卫，仲由见之②，曰："天或者以陈氏为斧斤，既斫丧公室，而他人有之，不可知也；其使终飨之，亦不可知也③。若善鲁以待时，不亦可乎？何必恶焉④？"子玉曰："然，吾受命矣，子使告我弟⑤。"

①瓘，陈恒之兄子玉也。【释文】瓘，古唤切。②仲由，子路。【释文】过，古禾切。③飨，受也。【释文】斫，陟角切。丧，息浪切，下同。④仲由事孔子，故为鲁言。【释文】为，于伪切，下"为卫""为请"同。⑤弟，成子也。

冬，及齐平。子服景伯如齐，子赣为介，见公孙成①，曰："人皆臣人，而有背人之心，况齐人虽为子役，其有不贰乎②？子，周公之孙也，多飨大利，犹思不义。利不可得，而丧宗国，将焉用之③？"成曰："善哉，吾不早闻命④。"陈成子馆客⑤，曰："寡君使恒告曰：'寡人愿事君如事卫君⑥。'"景伯揖子赣而进之，对曰："寡君之愿也。昔晋人伐卫⑦，齐为卫故，伐晋冠氏，丧车五百⑧，因与卫地，自济以西，禚、媚、杏以南，书社五百⑨。吴人加敝邑以乱⑩，齐因其病，取讙与阐⑪，寡君是以寒心。若得视卫君之事君也，则固所愿也。"成子病之，乃归成⑫。公孙宿以其兵甲入于嬴⑬。

①公孙成，成宰公孙宿也。②言子叛鲁，齐人亦将叛子。【释文】背，音佩。③丧宗国，谓以邑入齐，使鲁有危亡之祸。【释文】焉，於虔切。④传言仲尼之徒，皆忠于鲁国。⑤使景伯、子赣就馆。⑥言卫与齐同好，而鲁未肯。【释文】好，呼报切。⑦在定八年。⑧在定九年。冠氏，阳平馆陶县。【释文】冠，如字，又古唤切。⑨二十五家为一社，籍书而致之。【释文】济，子礼切。禚，诺若切。⑩在八年。⑪亦在八年。⑫病其言也。⑬嬴，齐邑。【释文】嬴，音盈。

卫孔圉取大子蒯聩之姊，生悝①。孔氏之竖浑良夫，长而美，孔文子卒，通于内②。大子在戚，孔姬使之焉③。大子与之言曰："苟使我入获国，服冕乘轩，三死无与④。"与之盟。

为请于伯姬⑤。闰月，良夫与大子入，舍于孔氏之外圃⑥。昏，二人蒙衣而乘⑦，寺人罗御，如孔氏。孔氏之老栾宁问之，称姻妾以告⑧。遂入，适伯姬氏。既食，孔伯姬杖戈而先，大子与五人介，舆猳从之⑨。迫孔悝于厕，强盟之⑩，遂劫以登台。栾宁将饮酒，炙未熟，闻乱，使告季子⑪；召获驾乘车⑫，行爵食炙，奉卫侯辄来奔。季子将入，遇子羔将出⑬，曰："门已闭矣。"季子曰："吾姑至焉⑭。"子羔曰："弗及，不践其难⑮。"季子曰："食焉，不辟其难⑯。"子羔遂出。子路入，及门，公孙敢门焉⑰，曰："无入为也⑱。"季子曰："是公孙也，求利焉而逃其难。由不然，利其禄，必救其患。"有使者出，乃入⑲。曰："大子焉用孔悝？虽杀之，必或继之⑳。"且曰："大子无勇，若燔台半，必舍孔叔。"大子闻之，惧，下。石乞、盂黡敌子路㉑，以戈击之，断缨。子路曰："君子死，冠不免㉒。"结缨而死。孔子闻卫乱，曰："柴也其来，由也死矣。"孔悝立庄公㉓。庄公害故政，欲尽去之㉔。先谓司徒瞒成曰："寡人离病于外久矣，子请亦尝之。"归告褚师比，欲与之伐公，不果㉕。

①孔圉，孔文子也。蒯聩姊，孔伯姬。【释文】圉，鱼吕切。蒯，苦怪切。聩，鱼怪切。悝，苦回切。②通伯姬。【释文】浑，户门切。长，丁丈切，又如字。③使良夫诣大子所。【释文】使，所吏切，又如字。④冕，大夫服。轩，大夫车。三死，死罪三。【释文】与，音预。⑤良夫为大子请。⑥圃，园。【释文】圃，布五切。⑦二人，大子与良夫。蒙衣，为妇人服也。【释文】乘，绳证切，下同。⑧自称昏姻家妾。【释文】栾，力丸切。姻，音因。⑨介，被甲。舆猳豚，欲以盟。【释文】杖，直亮切，又音丈。猳，音加。被，皮寄切。⑩孔氏专政，故劫孔悝，欲令逐辄。【释文】孔悝，本又作"叔悝"。厕，初吏切。强，其丈切。劫，居业切。令，力呈切。⑪季子，子路也，为孔氏邑宰。【释文】炙，章夜切。⑫召获，卫大夫，驾乘车，言不欲战。【释文】召，上照切。⑬子羔，卫大夫高柴，孔子弟子，将出奔。⑭且欲至门。⑮言政不及己，可不须践其难。【释文】难，乃旦切，下皆同。⑯谓食孔氏禄。⑰守门。⑱言辄已出，无为复入。【释文】复，扶又切。⑲因门开而入。【释文】使，所吏切。⑳言己必继孔悝为难攻大子。【释文】焉，於虔切。㉑二子，蒯聩党。敌，当也。【释文】燔，音烦。舍，音捨。又如字。盂，音于。黡，於减切。㉒不使冠在地。㉓庄公，蒯聩也。㉔故政，辄之臣。【释文】去，起吕切。㉕比，褚师声子。为明年瞒成奔起。【释文】瞒，莫干切。褚，中吕切。

哀公十六年

【经】

十有六年春，王正月己卯，卫世子蒯聩自戚入于卫。

卫侯辄来奔①。

二月，卫子还成出奔宋②。

夏四月己丑，孔丘卒③。

①书此春，皆从告。②即瞒成。【释文】还，音旋。③仲尼既告老去位，犹书卒者，鲁之君臣，宗其圣德，殊而异之。鲁襄二十二年生，至今七十三也。四月十八日乙丑，无己丑；己丑，五月十二日，日月必有误。【释文】孔子卒，孔子作《春秋》，终于"获麟"之一句，《公羊》《穀梁》经是也。弟子欲记圣师之卒，故采鲁史记，以续夫子之经，而终于此。丘明因随而作传，终于哀公。从此已下，无复经矣。鲁襄二十二年生，至今七十三也，本或作"鲁襄二十三年生，至今七十二"，则与《史记·孔子世家》异，此本非也。

【传】

十六年春，瞒成、褚师比出奔宋①。

①欲伐庄公，不果而奔。

卫侯使鄢武子告于周①，曰："蒯聩得罪于君父君母，逋窜于晋。晋以王室之故，不弃兄弟，寘诸河上②。天诱其衷，获嗣守封焉。使下臣胈敢告执事。"王使单平公对曰："胈以嘉命来告余一人。往谓叔父，余嘉乃成世，复尔禄次，敬之哉③！方天之休④，弗敬弗休，悔其可追⑤？"

①武子，卫大夫胈也。【释文】鄢，於虔切。胈，许乙切。②河上，戚也。【释文】逋，布吴切。窜，七乱切。寘，之豉切。③继父之世，还居君之禄次。【释文】衷，音忠。单，音善。余嘉乃成世，绝句。④言天方受尔以休。【释文】休，许虬切，美也。⑤传终蒯聩之事。

夏四月己丑，孔丘卒。公诔之曰："旻天不吊，不慭遗一老。俾屏余一人以在位①，茕茕余在疚。呜呼哀哉！尼父，无自律②。"子赣曰："君其不没于鲁乎！夫子之言曰：'礼失则昏，名失则愆。'失志为昏，失所为愆。生不能用，死而诔之，非礼也。称一人，非名也③。君两失之。"

①仁覆闵下，故称旻天。吊，至也。慭，且也。俾，使也。屏，蔽也。【释文】诔，力轨切，《说文》云：谥也。旻，亡巾切。吊，如字，又音的。慭，鱼觐切。俾，必尔切。屏，必领切。②疚，病也。律，法也。言丧尼父，无以自为法。【释文】茕，求营切。疚，久力切。父，音甫。丧，息浪切。③天子称一人，非诸侯之名。【释文】愆，起虔切。

六月，卫侯饮孔悝酒于平阳①，重酬之，大夫皆有纳焉②。醉而送之，夜半而遣之③。

载伯姬于平阳而行④，及西门⑤，使贰车反祏于西圃⑥。子伯季子初为孔氏臣，新登于公⑦，请追之，遇载祏者，杀而乘其车⑧。许公为反祏⑨，遇之，曰："与不仁人争，明无不胜⑩。"必使先射，射三发，皆远许为。许为射之，殪⑪。或以其车从⑫，得祏于橐中。孔悝出奔宋⑬。

①东郡燕县东北有平阳亭。【释文】饮，於鸩切。②纳财贿也。③夜遣者，惭负孔悝，不欲令人见。【释文】令，力呈切。④载其母俱去。⑤平阳门。⑥使副车还取庙主。西圃，孔氏庙所在。祏，藏主石函。【释文】祏，音石。圃，布五切。函，音咸。⑦升为大夫。⑧子伯杀载祏者。⑨孔悝怪载祏者久不来，使公为反逆之。【释文】许公为，如字，人姓名。反，本亦作"返"，音同。⑩不仁人，谓子伯季子也。明无不胜，言必胜。【释文】争，争斗之争。⑪传言子伯不仁，所以死也。【释文】射，食亦切，下同。发，如字，一音废。远，于万切。殪，於计切。⑫从公为。【释文】从，才用切，又如字。⑬【释文】橐，音托。

楚大子建之遇谗也，自城父奔宋①。又辟华氏之乱于郑②，郑人甚善之。又适晋，与晋人谋袭郑，乃求复焉。郑人复之如初。晋人使谍于子木，请行而期焉③。子木暴虐于其私邑，邑人诉之。郑人省之，得晋谍焉，遂杀子木。其子曰胜，在吴。子西欲召之。叶公曰："吾闻胜也诈而乱，无乃害乎④？"子西曰："吾闻胜也信而勇，不为不利，舍诸边竟，使卫藩焉⑤。"叶公曰："周仁之谓信⑥，率义之谓勇⑦。吾闻胜也好复言⑧，而求死士，殆有私乎⑨？复言，非信也。期死，非勇也⑩。子必悔之。"弗从。召之使处吴竟，为白公⑪。请伐郑，子西曰："楚未节也⑫。不然，吾不忘也。"他日，又请，许之，未起师。晋人伐郑，楚救之，与之盟。胜怒，曰："郑人在此，仇不远矣⑬。"胜自厉剑，子期之子平见之，曰："王孙何自厉也？"曰："胜以直闻，不告女，庸为直乎？将以杀尔父。"平以告子西。子西曰："胜如卵，余翼而长之⑭。楚国，第⑮我死，令尹、司马，非胜而谁？"胜闻之，曰："令尹之狂也，得死，乃非我⑯。"子西不悛。胜谓石乞曰⑰："王与二卿士⑱，皆五百人当之，则可矣。"乞曰："不可得也⑲。"曰："市南有熊宜僚者，若得之，可以当五百人矣。"乃从白公而见之，与之言，说。告之故，辞⑳，承之以剑，不动㉑。胜曰："不为利诏，不为威惕，不泄人言以求媚者，去之。"

①在昭十九年。【释文】父，音甫。②在昭二十年。【释文】华，户化切。③请行袭郑之期。子木，即建也。【释文】谍，徒协切。④叶公子高，沈诸梁也。【释文】叶，始陟切。⑤使为藩屏之卫。【释文】竟，音境。藩，方元切。⑥周，亲也。⑦率，行也。⑧言之所许，必欲复行之，不顾道理。【释文】好，呼报切。⑨私谋复仇。⑩期，必也。⑪白，楚邑也，汝阴褒信县西南有白亭。⑫言楚国新复，政令犹未得节制。⑬比子西于郑人。⑭以鸟为喻。【释文】女，音汝。卵，来管切。长，丁丈切。⑮用士之次第。【释文】第，大细切，注同。⑯言我必杀之，若得自死，我乃不复成人。【释文】复，扶又切。⑰石乞，胜之徒。【释

文】悛，七全切。⑱二卿士：子西、子期。⑲五百人不可得。⑳告欲作乱，宜僚辞距之。【释文】熊，音雄。宜僚者，本或作"熊相宜僚"，相，息亮切。说，音悦。㉑拔剑指其喉。【释文】喉，音喉。

　　吴人伐慎，白公败之①。请以战备献②，许之，遂作乱。秋七月，杀子西、子期于朝，而劫惠王。子西以袂掩面而死③。子期曰："昔者吾以力事君，不可以弗终。"抉豫章以杀人而后死④。石乞曰："焚库弑王，不然不济。"白公曰："不可。弑王不祥，焚库无聚，将何以守矣？"乞曰："有楚国而治其民，以敬事神，可以得祥，且有聚矣，何患？"弗从。叶公在蔡⑤，方城之外皆曰："可以入矣。"子高曰："吾闻之，以险侥幸者，其求无餍，偏重必离⑥。"闻其杀齐管修也而后入⑦。

　　①汝阴慎县也。【释文】为，于伪切。诮，敕检切。惕，他历切。泄，息列切，又以制切。②与吴战之所得铠杖兵器，皆备而献之，欲因以为乱。【释文】铠，苦代切。杖，直亮切。③惭于叶公。【释文】劫，居业切。袂，弥世切。④以效其多力。豫章，大木。【释文】抉，乌穴切。⑤蔡迁州来，楚并其地。【释文】聚，才住切。⑥险，犹恶也。所求无餍则不安，譬如物偏重则离败，欲须其毙而讨之。【释文】微，古尧切。餍，於艳切。⑦管修，楚贤大夫，故齐管仲之后。闻其杀贤，知其可讨。

　　白公欲以子闾为王①，子闾不可，遂劫以兵。子闾曰："王孙若安靖楚国，匡正王室，而后庇焉，启之愿也，敢不听从？若将专利以倾王室，不顾楚国，有死不能②。"遂杀之，而以王如高府③，石乞尹门④。圉公阳穴宫，负王以如昭夫人之宫⑤。叶公亦至，及北门，或遇之，曰："君胡不胄？国人望君如望慈父母焉。盗贼之矢若伤君，是绝民望也。若之何不胄？"乃胄而进。又遇一人曰："君胡胄？国人望君如望岁焉⑥，日日以几⑦。若见君面，是得艾也⑧。民知不死，其亦夫有奋心。犹将旌君以徇于国⑨，而又掩面以绝民望，不亦甚乎？"乃免胄而进⑩。遇箴尹固，帅其属将与白公⑪。子高曰："微二子者，楚不国矣⑫。弃德从贼，其可保乎？"乃从叶公。使与国人以攻白公。白公奔山而缢，其徒微之⑬。生拘石乞而问白公之死焉，对曰："余知其死所，而长者使余勿言⑭。"曰："不言将烹。"乞曰："此事克则为卿，不克则烹，固其所也，何害？"乃烹石乞。王孙燕奔頯黄氏⑮。沈诸梁兼二事⑯，国宁⑰，乃使宁为令尹⑱，使宽为司马⑲，而老于叶⑳。

　　①子闾，平王子启，五辞王者。②不能从。【释文】庇，必利切，又音秘。③高府，楚别府。④为门尹。⑤公阳，楚大夫。昭夫人，王母，越女。【释文】圉，鱼吕切。⑥岁，年谷也。【释文】胄，直又切。⑦冀君来。【释文】几，音冀，本或作"冀"。⑧艾，安也。【释文】艾，鱼废切，又五盖切。⑨旌，表也。【释文】夫，方于切，或音扶。奋，方向切。旌，音精。徇，似俊切。⑩言叶公得民心。⑪欲与白公并。【释文】箴，之林切。⑫二子，子西、子期

也。柏举之败，二子功多。⑬微，匿也。【释文】与，羊汝切。一本作"使兴国人"，如字，"兴"谓兴废也。缢，一赐切。微，如字，《尔雅》云：匿，微也。匿，女力切。⑭长者，谓白公也。【释文】拘，音俱。长，丁丈切，注同。⑮燕，胜弟。颍黄，吴地。【释文】烹，普庚切。燕，乌贤切，又乌练切。颍，求龟切。旧，求悲切。⑯二事：令尹、司马。⑰宁，安也。⑱子西之子子国也。⑲子期之子。⑳传终言之。【释文】叶，始涉切。

卫侯占梦，嬖人①求酒于大叔僖子②，不得，与卜人比而告公曰："君有大臣在西南隅，弗去，惧害③。"乃逐大叔遗，遗奔晋。卫侯谓浑良夫曰："吾继先君而不得其器，若之何④?"良夫代执火者而言⑤，曰："疾与亡君，皆君之子也。召之而择材焉可也⑥。若不材，器可得也⑦。"竖告大子⑧。大子使五人舆猳从己，劫公而强盟之⑨，且请杀良夫。公曰："其盟免三死⑩。"曰："请三之后，有罪杀之。"公曰："诺哉!"

①以能占梦见爱。【释文】嬖，必计切。②僖子，大叔遗。【释文】大，音泰。③托占卜梦而言。【释文】比，毗志切。去，起吕切。④国之宝器，辄皆将去。⑤将密谋，屏左右。⑥召辄。⑦辄若不材，可废其身，自得其器。⑧大子疾。⑨盟求必立己。【释文】猳，音加。强，其丈切。⑩盟在十五年。

哀公十七年

【传】

十七年春，卫侯为虎幄于藉圃①，成，求令名者，而与之始食焉。大子请使良夫②。良夫乘衷甸两牡③，紫衣狐裘④，至，袒裘，不释剑而食⑤。大子使牵以退，数之以三罪而杀之⑥。

①于籍田之圃新造幄幕，皆以虎兽为饰。【释文】幄，於角切。幕，武博切。②以良夫应为令名。【释文】成，绝句。求令名者，绝句。应，应对之应。③衷甸，一辕，卿车。【释文】甸，时证切，《说文》作"佃"，云：中也；《春秋》乘中佃，一辕车也。牡，茂后切。④紫衣，君服。⑤食而热，故偏袒，亦不敬。【释文】袒，音但。⑥三罪：紫衣、袒裘、带剑。

三月，越子伐吴。吴子御之笠泽，夹水而陈。越子为左右句卒①，使夜或左或右，鼓噪而进。吴师分以御之。越子以三军潜涉，当吴中军而鼓之，吴师大乱，遂败之②。

①句卒，钩伍相著，别为左右屯。【释文】御，鱼吕切。笠，音立。夹，居洽切。陈，直觐切。句，古侯切。卒，子忽切。著，直略切。②左右句卒为声势以分吴军，而三军精卒并力击其中军，故得胜也。【释文】噪，素报切。并，如字，又必政切。

晋赵鞅使告于卫曰："君之在晋也，志父为主。请君若大子来，以免志父。不然，寡君其曰'志父之为，也①。"卫侯辞以难。大子又使椓之②。夏六月，赵鞅围卫。齐国观、陈瓘救卫③，得晋人之致师者。子玉使服而见之④，曰："国子实执齐柄，而命瓘曰：'无辟晋师。'岂敢废命⑤？子又何辱⑥？"简子曰："我卜伐卫，未卜与齐战。"乃还⑦。

①恐晋君为志父教使不来。②椓，诉父，欲速得其处。【释文】难，乃旦切。椓，中角切。处，昌虑切。③国观，国书之子。【释文】观，工唤切，下"陈瓘"音同。④释囚服，服其本服。⑤欲必敌晋。【释文】柄，彼命切。⑥言不须来致师，自将往战。⑦畏子玉。

楚白公之乱，陈人恃其聚而侵楚①。楚既宁，将取陈麦。楚子问帅于大师子穀与叶公诸梁。子穀曰："右领差车与左史老，皆相令尹、司马以伐陈，其可使也②。"子高曰："率贱，民慢之，惧不用命焉③。"子穀曰："观丁父，鄀俘也，武王以为军率④，是以克州、蓼，服随、唐，大启群蛮。彭仲爽，申俘也，文王以为令尹，实县申、息⑤，朝陈、蔡，封畛于汝⑥。唯其任也，何贱之有？"子高曰："天命不謟⑦。令尹有憾于陈⑧，天若亡之，其必令尹之子是与，君盍舍焉⑨？臣惧右领与左史有二俘之贱，而无其令德也。"王卜之，武城尹吉⑩。使帅师取陈麦。陈人御之，败。遂围陈。秋七月己卯，楚公孙朝帅师灭陈⑪。

①聚，积聚也。【释文】聚，才住切，下注"邑聚"同。积，子赐切。②言此二人皆尝辅相子西、子期伐陈，今复可使。【释文】帅，所类切。相，息亮切，下"而相"同。复，扶又切。③右领、左史，皆楚贱官。【释文】率，所类切，本又作"帅"，下同。④楚武王。【释文】鄀，音若。俘，芳夫切。⑤楚文王灭申、息以为县。【释文】蓼，本又作"鄝"，音了。⑥开封畛北至汝水。【释文】畛，之忍切，一音真。⑦謟，疑也。【释文】謟，本又作"滔"，佗刀切。⑧十五年，子西伐吴，陈使贞子吊吴，以此为恨。【释文】憾，本又作"感"，户暗切。⑨舍右领与左史。【释文】盍，户腊切。舍，音捨，又音赦。⑩武城尹，子西子公孙朝。【释文】朝，如字。⑪终郑裨灶言，五及鹑火，陈卒亡。【释文】鹑，音纯。

王与叶公枚卜子良以为令尹①。沈尹朱曰："吉，过于其志②。"叶公曰："王子而相国，过将何为③？"他日，改卜子国而使为令尹④。

①枚卜，不斥言所卜以令龟。子良，惠王弟。【释文】枚，亡杯切。②志，望也。③过相，将为王也。④子国，宁也。

卫侯梦于北宫，见人登昆吾之观①，被发北面而噪曰："登此昆吾之虚，绵绵生之瓜②。余为浑良夫，叫天无辜③。"公亲筮之，胥弥赦占之④，曰："不害。"与之邑，置之，而逃奔宋⑤。卫侯贞卜⑥，其繇曰："如鱼窥尾⑦，衡流而方羊裔焉⑧。大国灭之，将亡。阖门塞窦，乃自后逾⑨。"

①卫有观在古昆吾氏之虚，今濮阳城中。【释文】观，工唤切，注同。虚，去鱼切，下

同。濮，音卜。②绵绵，瓜初生也。良夫言己有以小成大之功，若瓜之初生，谓使卫侯得国。【释文】被，皮义切。瓜，古华切。③本盟当免三死，而并数一时之事为三罪杀之，故自谓无辜。【释文】并，必政切。数，所主切。④赦，卫筮史。⑤言卫侯无道，卜人不敢以实对，惧难而逃。【释文】难，乃旦切，下“难作”同。⑥正卜梦之吉凶。⑦赪，赤色，鱼劳则尾赤。【释文】騄，直又切。赪，敕呈切。⑧横流方羊，不能自安。涘，水边。言卫侯将若此鱼。【释文】衡，华盲切，又如字。方，蒲郎切。涘，以制切。⑨此皆繇辞。【释文】阖，户腊切。窦，音豆。

冬十月，晋复伐卫①，入其郛。将入城，简子曰："止。叔向有言曰：'怙乱灭国者无后②。'"卫人出庄公而与晋平，晋立襄公之孙般师而还。十一月，卫侯自鄄入，般师出③。

①春伐未得志故。【释文】复，扶又切。②不欲乘人之衰。【释文】向，许丈切。怙，音户。③辟蒯聩也。【释文】般，音班。鄄，音绢。

初，公登城以望，见戎州①。问之，以告。公曰："我姬姓也，何戎之有焉②？"翦之③。公使匠久④。公欲逐石圃⑤，未及而难作。辛巳，石圃因匠氏攻公，公阖门而请，弗许。逾于北方而队，折股⑥。戎州人攻之，大子疾、公子青逾从公⑦，戎州人杀之。公入于戎州己氏⑧。初，公自城上见己氏之妻发美，使髡之，以为吕姜髢⑨。既入焉，而示之璧，曰："活我，吾与女璧。"己氏曰："杀女，璧其焉往？"遂杀之而取其璧。卫人复公孙般师而立之。十二月，齐人伐卫，卫人请平。立公子起⑩，执般师以归，舍诸潞⑪。

①戎州，戎邑。②言姬姓国何故有戎邑。③削坏其邑聚。④久不休息。⑤石圃，卫卿，石恶从子。【释文】从，才用切。⑥终如卜言，乃自后逾。【释文】队，直类切。折，之设切。股，音古。⑦青，疾弟。⑧己氏，戎人姓。【释文】己，音纪，又音祀。⑨吕姜，庄公夫人。髢，髲也。【释文】髡，苦存切。髢，大计切，又庭计切。髲，皮义切。⑩起，灵公子。【释文】女，音汝，下同。焉，於虔切。⑪潞，齐邑。【释文】潞，音路。

公会齐侯，盟于蒙①，孟武伯相。齐侯稽首，公拜。齐人怒，武伯曰："非天子，寡君无所稽首。"武伯问于高柴曰："诸侯盟，谁执牛耳②？"季羔曰："鄫衍之役，吴公子姑曹③；发阳之役，卫石魋④。"武伯曰："然则彄也⑤。"

①齐侯，简公弟平公敖也。蒙在东莞蒙阴县西，故蒙阴城也。【释文】敖，如字，一本作"骜"，五报切，又五刀切。蒙，音官。②执牛耳尸盟者。【释文】相，息亮切。③季羔，高柴也。鄫衍在七年。【释文】衍，以善切。④发阳，郧也。在十二年。石魋，石曼姑之子。【释文】魋，徒回切。郧，音云。⑤彄，武伯名也。鄫衍则大国执，发阳则小国执，据时执者无常，故武伯自以为可执。【释文】彄，直列切。

宋皇瑗之子麇①，有友曰田丙，而夺其兄鄤般邑以与之。鄤般愠而行，告桓司马之臣子仪克②。子仪克适宋，告夫人曰："麇将纳桓氏。"公问诸子仲③。初，子仲将以杞姒之子非我为子④。麇曰："必立伯也⑤，是良材。"子仲怒，弗从。故对曰："右师则老矣，不识麇也⑥。"公执之⑦。皇瑗奔晋，召之⑧。

①瑗，宋右师。【释文】瑗，于眷切。麇，九伦切。②克在下邑，不与雒乱，故在。【释文】鄦，仕咸切。愠，纡问切，怒也。与，音预。③子仲，皇野。④为適子。杞姒，子仲妻。【释文】姒，音似。適，丁历切。⑤伯，非我兄。⑥言右师老，不能为乱，麇则不可知。⑦执麇。⑧召令还。【释文】令，力呈切。

哀公十八年

【传】

十八年春，宋杀皇瑗。公闻其情，复皇氏之族，使皇缓为右师①。

①言宋景公无常也。缓，瑗从子。【释文】缓，户管切。从，才用切。

巴人伐楚，围鄾①。初，右司马子国之卜也，观瞻曰："如志②。"故命之③。及巴师至，将卜帅。王曰："宁如志，何卜焉④？"使帅师而行，请承⑤，王曰："寝尹、工尹，勤先君者也⑥。"三月，楚公孙宁、吴由于、蓝固败巴师于鄾，故封子国于析。君子曰："惠王知志⑦。《夏书》曰：'官占，唯能蔽志，昆命于元龟⑧。'其是之谓乎！志曰：'圣人不烦卜筮。'惠王其有焉⑨！"

①鄾，楚邑。【释文】鄾，音忧。②子国未为令尹时，卜为右司马，得吉兆，如其志。观瞻，楚开卜大夫观从之后。③命以为右司马。④宁，子国也。【释文】帅，所类切。⑤承，佐。⑥柏举之役，寝尹吴由于以背受戈，工尹固执燧象奔吴师，皆为先君勤劳。【释文】燧，音遂。为，于伪切。⑦知用其意。【释文】蓝，于委切。析，星历切。⑧逸《书》也。官占，卜筮之官。蔽，断也。昆，后也。言当先断意，后用龟也。【释文】蔽，必世切。《尚书》"能"作"克"，克亦能也。昆命于元龟，本依《尚书》。断，丁乱切。⑨不疑，故不卜也。

夏，卫石圃逐其君起，起奔齐①。卫侯辄自齐复归，逐石圃，而复石魋与大叔遗②。

①齐所立故。②皆蒯聩所逐。

哀公十九年

【传】

十九年春，越人侵楚，以误吴也[①]。夏，楚公子庆、公孙宽追越师，至冥，不及，乃还[②]。

①误吴，使不为备。②冥，越地。【释文】冥，亡丁切。

秋，楚沈诸梁伐东夷[①]，三夷男女及楚师盟于敖[②]。

①报越。②从越之夷三种。敖，东夷地。【释文】敖，五刀切。种，章勇切。

冬，叔青如京师，敬王崩故也[①]。

①言敬王能终其世。终苌弘言东王必大克。叔青，叔还子。【释文】敬王崩故也，案传，敬王崩在此年，《世本》亦尔。《世族谱》云敬王四十二年崩。敬王子元王十年，《春秋》之传终矣。据此，则敬王崩当在哀公十七年。《史记·周本纪》及《十二诸侯年表》，敬王四十二年崩，子元王仁立。则敬王是鲁哀十八年崩也。《六国年表》起自元王，及《本纪》皆云元王八年崩，子定王介立。定王元年，是鲁哀公之二十七年，与杜预《世族谱》为异。又《世本》云鲁哀公二十年，是定王介崩，子元王赤立。则定王之崩年，是鲁哀公二十七年也。众说不同，未详其正也。

哀公二十年

【传】

二十年春，齐人来征会。夏，会于廪丘。为郑故，谋伐晋[①]。郑人辞诸侯，秋，师还[②]。

①十五年，晋伐郑。【释文】廪，力甚切。为，于伪切，下"为降"同。②终叔向言晋公室卑。

吴公子庆忌骤谏吴子，曰："不改，必亡。"弗听[①]。出居于艾[②]，遂适楚。闻越将伐吴，冬，请归平越，遂归。欲除不忠者以说于越。吴人杀之[③]。

①吴子弗听。②艾，吴邑，豫章有艾县。【释文】艾，五盖切。③言其不量力。【释文】说，如字，又音悦。

十一月，越围吴，赵孟降于丧食[①]。楚隆曰："三年之丧，亲昵之极也。主又降之，无乃有故乎[②]?"赵孟曰："黄池之役，先主与吴王有质[③]，曰：'好恶同之。'今越围吴，嗣子不废旧业而敌之④，非晋之所能及也，吾是以为降。"楚隆曰："若使吴王知之，若何?"赵孟曰"可乎?"隆曰："请尝之⑤。"乃往。先造于越军，曰："吴犯间上国多矣，闻君亲讨焉，诸夏之人莫不欣喜，唯恐君志之不从。请入视之。"许之。告于吴王曰："寡君之老无恤，使陪臣隆敢展谢其不共⑥。黄池之役，君之先臣志父得承齐盟，曰：'好恶同之。'今君在难，无恤不敢惮劳，非晋国之所能及也，使陪臣敢展布之。"王拜稽首曰："寡人不佞，不能事越，以为大夫忧，拜命之辱。"与之一箪珠⑦，使问赵孟⑧，曰："句践将生忧寡人，寡人死之不得矣。"王曰："溺人必笑，吾将有问也⑨。史黯何以得为君子⑩?"对曰："黯也进不见恶⑪，退无谤言⑫。"王曰："宜哉!"

①赵孟，襄子无恤，时有父简子之丧。②楚隆，襄子家臣。【释文】昵，女乙切。③黄池在十三年。先主，简子。质，盟信也。【释文】质，如字。④嗣子，襄子自谓，欲敌越救吴。⑤尝，试也。⑥展，陈也。【释文】造，七报切。间，间厕之间。夏，户雅切。共，音恭。⑦箪，小笥。【释文】难，乃旦切。箪，音丹。笥，丝嗣切。⑧问，遗也。【释文】遗，唯季切。⑨以自喻所问不急，犹溺人不知所为而反笑。【释文】句，古侯切。溺，乃历切。⑩晋史黯云，不及四十年吴当亡。吴王感问此也。【释文】黯，於减切。⑪时行则行。⑫时止则止。【释文】谤，博浪切。

哀公二十一年

【传】

二十一年夏五月，越人始来①。

①越既胜吴，欲霸中国，始遣使适鲁。【释文】使，所吏切。

秋八月，公及齐侯、邾子盟于顾。齐人责稽首①，因歌之曰："鲁人之皋，数年不觉，使我高蹈②。唯其儒书，以为二国忧③。"是行也，公先至于阳穀④。齐闾丘息曰："君辱举玉趾，以在寡君之⑤。群臣将传遽以告寡君，比其复也，君无乃勤。为仆人之未次⑥，请除馆于舟道⑦。"辞曰："敢勤仆人⑧?"

①责十七年齐侯为公稽首，不见答。顾，齐地。【释文】为，于伪切，年末及注同。②皋，缓也。高蹈，犹远行也。言鲁人皋缓，数年不知答齐稽首，故使我高蹈来为此会。【释文】皋，古刀切。数，所主切。觉，音角，又古孝切。蹈，徒报切。③二国，齐、邾也。言鲁据周礼，不肯答稽首，令齐、邾远至。【释文】令，力呈切。④先期至也。【释文】先，悉荐切。⑤息，间丘明之后。⑥次，舍也。【释文】传，中恋切。遽，其据切。比，必利切。

⑦舟道,齐地。⑧不敢勤齐仆为鲁除馆。

哀公二十二年

【传】

二十二年夏四月,邾隐公自齐奔越,曰:"吴为无道,执父立子。"越人归之,大子革奔越①。

①邾隐公八年为吴所囚,十年奔齐。

冬十一月丁卯,越灭吴,请使吴王居甬东①。辞曰:"孤老矣,焉能事君?"乃缢。越人以归②。

①甬东,越地,会稽句章县东海中洲也。【释文】甬,音勇。会,古外切。稽,古兮切。句,九具切,如淳音拘,韦昭亦音拘。洲,音州,水中可居曰洲。②以其尸归。终史墨、子胥之言也。【释文】焉,於虔切。缢,一赐切。

哀公二十三年

【传】

二十三年春,宋景曹卒①。季康子使冉有吊,且送葬,曰:"敝邑有社稷之事,使肥之有职竟焉②,是以不得助执绋,使求从舆人③,曰:'以肥之得备弥甥也④,有不腆先人之产马,使求荐诸夫人之宰⑤,其可以称旌繁乎⑥?'"

①景曹,宋元公夫人,小邾女,季桓子外祖母。②肥,康子名。竟,遽也。【释文】与,音预。③求,冉有名。舆,众也。【释文】绋,音弗。舆,音余。④弥,远也。康子父之舅氏,故称弥甥。⑤荐,进也。【释文】腆,他典切。⑥称,举也。繁,马饰,繁缨也。终乐祁之言,政在季氏。【释文】繁,步干切。

夏六月,晋荀瑶伐齐①。高无丕帅师御之。知伯视齐师,马骇,遂驱之,曰:"齐人知余旗,其谓余畏而反也。"及垒而还。将战,长武子请卜②。知伯曰:"君告于天子,而卜之以守龟于宗祧,吉矣,吾又何卜焉?且齐人取我英丘,君命瑶,非敢耀武也,治英丘也③。以辞伐罪足矣,何必卜?"壬辰,战于犁丘④。齐师败绩,知伯亲禽颜庚⑤。

①荀瑶,荀跞之孙,知伯襄子。【释文】知,音智。②武子,晋大夫。【释文】御,鱼吕

切。垒，力轨切。③治齐取英丘。【释文】守，手又切。桃，他雕切。④犁丘，隰也。【释文】犁，力兮切。隰，音习，本亦作"溼"。⑤颜庚，齐大夫颜涿聚。【释文】涿，丁角切。

秋八月，叔青如越，始使越也。越诸鞅来聘，报叔青也①。

①【释文】使，所吏切。

哀公二十四年

【传】

二十四年夏四月，晋侯将伐齐，使来乞师，曰："昔臧文仲以楚师伐齐，取穀①。宣叔以晋师伐齐，取汶阳②。寡君欲徼福于周公，愿乞灵于臧氏③。"臧石帅师会之，取廪丘④。军吏令缮，将进⑤。莱章曰："君卑政暴⑥，往岁克敌⑦，今又胜都⑧。天奉多矣，又焉能进？是𧫡言也⑨。役将班矣！"晋师乃还，饩臧石牛⑩。大史谢之⑪，曰："以寡君之在行⑫，牢礼不度⑬，敢展谢之⑭。"

①在僖二十六年。②在成二年。【释文】汶，音问。③以臧氏世胜齐，故欲乞其威灵。【释文】徼，古尧切。④石，臧宾如之子。⑤晋军吏也。缮，治战备。【释文】缮，市战切。⑥莱章，齐大夫。【释文】莱，音来。⑦禽颜庚。⑧取廪丘。⑨𧫡，过也。【释文】奉，扶用切。焉，於虔切。𧫡，户快切，谓过谬之言；服云：伪不信言也；《字林》作"𧫡"，云：梦言，意不慧也，音于例切。⑩生曰饩。【释文】饩，许器切。⑪晋大史。【释文】大，音泰。⑫在军行。⑬不如礼度。⑭终臧氏有后于鲁。

邾子又无道，越人执之以归①，而立公子何。何亦无道②。

①终子赣之言。②何，大子革弟。

公子荆之母嬖①，将以为夫人，使宗人衅夏献其礼②。对曰："无之。"公怒曰："女为宗司，立夫人，国之大礼也，何故无之？"对曰："周公及武公娶于薛③，孝、惠娶于商④，自桓以下娶于齐⑤，此礼也则有。若以妾为夫人，则固无其礼也。"公卒立之，而以荆为大子，国人始恶之⑥。

①荆，哀公庶子。【释文】嬖，必计切。②宗人，礼官也。【释文】衅，许靳切。夏，户雅切。③武公，敖也。【释文】女，音汝。娶，七住切。④孝公，称。惠公，弗皇。商，宋也。【释文】孝、惠娶于商，定公名宋，是哀公之父，故衅夏为讳而称商也。称，尺证切，又如字。⑤桓公始娶文姜。⑥恶公。【释文】恶，乌路切。

闰月，公如越，得大子适郢①，将妻公，而多与之地。公孙有山使告于季孙。季孙惧，使因大宰嚭而纳赂焉,乃止②。

①适郢,越王大子。得,相亲说也。【释文】郢,以井切。适郢,越王勾践之大子名。说,音悦。②嚭,故吴臣也。季孙恐公因越讨己,故惧。【释文】妻,七计切。嚭,普美切。赂,音路。

哀公二十五年

【传】

二十五年夏五月庚辰,卫侯出奔宋①。卫侯为灵台于藉圃,与诸大夫饮酒焉。褚师声子袜而登席②。公怒。辞曰:"臣有疾,异于人③。若见之,君将殻之④。是以不敢⑤。"公愈怒。大夫辞之,不可⑥。褚师出,公戟其手⑦,曰:"必断而足。"闻之,褚师与司寇亥乘,曰:"今日幸而后亡⑧。"公之入也,夺南氏邑⑨,而夺司寇亥政。公使侍人纳公文懿子之车于池⑩。

①卫侯辄也。②古者见君解袜。【释文】圃,布五切。褚,张吕切。袜,亡伐切,足衣也。见,贤遍切。③足有创疾。【释文】创,初羊切。④殻,呕吐也。【释文】殻,许角切。又许各切。呕,於口切。吐,他故切。⑤不敢解袜。⑥共辞谢公,公不可解。⑦抵徒手屈肘如戟形。【释文】抵,音纸。肘,竹九切。⑧恐死,以得亡为幸。【释文】断,丁管切。乘,时证切。⑨南氏,子南之子公孙弥牟。⑩懿子,公文要。公有怨,使人投其车于池水中。【释文】要,一遥切。

初,卫人羁夏丁氏①,以其帑赐彭封弥子②。弥子饮公酒,纳夏戊之女,嬖,以为夫人。其弟期,大叔疾之从孙甥也③,少畜于公,以为司徒。夫人宠衰,期得罪。公使三匠久。公使优狡盟拳弥④,而甚近信之。故褚师比⑤、公孙弥牟⑥、公文要⑦、司寇亥⑧、司徒期因三匠与拳弥以作乱,皆执利兵,无者执斤⑨。使拳弥入于公宫⑩,而自大子疾之宫噪以攻公。鄄子士请御之⑪。弥援其手,曰:"子则勇矣,将若君何⑫?不见先君乎?君何所不逞欲⑬?且君尝在外矣,岂必不反?当今不可,众怒难犯,休而易间也。"乃出。将适蒲⑭,弥曰:"晋无信,不可。"将适鄄⑮,弥曰:"齐、晋争我,不可。"将适泠⑯,弥曰:"鲁不足与,请适城鉏⑰以钩越,越有君⑱。"乃适城鉏。弥曰:"卫盗不可知也,请速,自我始。"乃载宝以归⑲。

①在十一年。【释文】夏,户雅切。②彭封弥子,弥子瑕。【释文】帑,音奴。③期,夏戊之子。姊妹之孙为从孙,甥与孙同列。【释文】饮,於鸩切。大,音泰。从,如字,又才用切。④优狡,俳优也。拳弥,卫大夫。使俳优盟之,欲耻辱也。【释文】少,诗照切。优,音

优。狡，古卯切。拳，音权。俳，皮皆切。⑤袜登席者。【释文】近，附近之近。⑥丧邑者。【释文】丧，息浪切。⑦失车者。⑧夺政者。⑨斤，工匠所执。⑩信近之，故得入。⑪郰子士，卫大夫。【释文】噪，素报切。郰，音绢。御，鱼吕切。⑫言不可救。【释文】援，音袁。⑬先君，蒯聩也。乱不速奔，故为戎州所杀，欲令早去。【释文】令，力呈切。⑭蒲，近晋邑。【释文】易，以豉切。间，间厕之间，下注"内间""君间"同。⑮郵，齐、晋界上邑。弥诈不知谋，故公信之。⑯泠，近鲁邑。【释文】泠，力丁切。⑰城鉏，近宋邑。【释文】鉏，仕居切。⑱宋南近越，转相钩牵。【释文】钩，古侯切，本或作"拘"，同。⑲欺卫君，言君以宝自随，将致卫盗，请速行，己为先发，而因载宝归卫也。

公为支离之卒①，因祝史挥以侵卫②。卫人病之。懿子知之③，见子之④，请逐挥。文子曰："无罪。"懿子曰："彼好专利而妄⑤。夫见君之入也，将先道焉⑥。若逐之，必出于南门而适君所⑦。夫越新得诸侯，将必请师焉。"挥在朝，使吏遣诸其室⑧。挥出，信，弗内⑨。五日，乃馆诸外里⑩，遂有宠，使如越请师⑪。

①支离，陈名。【释文】卒，子忽切。陈，直觐切。②挥，卫祝史。【释文】挥，音晖。③知挥为内间。④子之，公孙弥牟文子也。⑤妄，不法。【释文】好，呼报切。⑥若见君有入势，必道助之。【释文】道，音导。⑦虽知其为君间，不审察，私共评之。【释文】评，音平，又音病。⑧难面逐之，先逐其家。【释文】难，乃旦切。⑨再宿为信。【释文】内，如字，又音纳。⑩外里，公所在。⑪请师伐卫，求入。

六月，公至自越①。季康子、孟武伯逆于五梧②。郭重仆③，见二子，曰："恶言多矣，君请尽之④。"公宴于五梧。武伯为祝⑤，恶郭重，曰："何肥也⑥！"季孙曰："请饮彘也⑦。以鲁国之密迩仇雠，臣是以不获从君，克免于大行，又谓重也肥⑧？"公曰："是食言多矣，能无肥乎⑨？"饮酒不乐，公与大夫始有恶⑩。

①前年行，今还。②鲁南鄙也。【释文】梧，音吾。③为公仆。【释文】重，直龙切，又直用切。④二子不臣之言甚多，欲使公尽极以观之。⑤祝，上寿酒。【释文】祝，之力切，又之又切。上，时掌切。寿，音授，又音受。⑥訾毁其貌。【释文】恶，乌路切。訾，音紫。⑦饮，罚也。【释文】饮，於鸩切。⑧言重随君远行劬劳，不宜称肥。【释文】从，才用切，又如字。劬，其屈切。⑨以激三桓之数食言。【释文】激，古历切。数，所角切。⑩为二十七年公孙邾起。【释文】乐，音洛。孙，音逊，本又作"逊"。

哀公二十六年

【传】

二十六年夏五月，叔孙舒帅师会越皋如、后庸、宋乐茷纳卫侯①，文子欲纳之。懿子曰："君愎而虐，少待之，必毒于民②，乃睦于子矣③。"师侵外州，大获④。出御之，大败⑤。掘褚师定子之墓，焚之于平庄之上⑥。文子使王孙齐私于皋如⑦，曰："子将大灭卫乎，抑纳君而已乎？"皋如曰："寡君之命无他，纳卫君而已。"文子致众而问焉，曰："君以蛮夷伐国，国几亡矣，请纳之。"众曰："勿纳。"曰："弥牟亡而有益，请自北门出⑧。"众曰："勿出。"重赂越人，申开守陴而纳公⑨，公不敢入。师还，立悼公⑩，南氏相之。以城鉬与越人。公曰：

龙凤玉璧（春秋）

"期则为此⑪。"令苟有怨于夫人者，报之⑫。司徒期聘于越⑬，公攻而夺之币。期告王⑭，王命取之。期以众取之。公怒，杀期之甥之为大子者⑮，遂卒于越⑯。

①舒，武叔之子文子也。皋如、后庸，越大夫。乐茷，宋司城子潞。卫侯，辄也。【释文】茷，扶废切。②愎，很也。【释文】愎，皮逼切。很，胡恳切。③民睦。④越纳辄之师。⑤卫师败。⑥定子，褚师比之父也。平庄，陵名也。【释文】掘，其勿切，又其月切，本或作"掘"，胡忽切。⑦齐，卫大夫王孙贾之子昭子也。⑧欲以观众心。【释文】几，音祈，又音机。⑨申，重也。开重门而严设守备，欲以恐公，故不敢入。【释文】陴，毗支切。重，直龙切。守，手又切。恐，丘勇切。⑩悼公，蒯聩庶弟公子黜也。【释文】黜，起廉切。⑪司徒期也。【释文】相，息亮切。⑫夫人，期姊也。怒期而不得加戮，故敕宫女令苦困期姊。【释文】令，力呈切。⑬为悼公聘。【释文】为，于伪切。⑭越王也。⑮怨期而及其姊为夫人者，遂复及夫人之子。【释文】复，扶又切。⑯终言之也。终效夷言，死于夷。

宋景公无子，取公孙周之子得与启，畜诸公宫①，未有立焉。于是皇缓为右师，皇非我为大司马，皇怀为司徒②，灵不缓为左师③，乐茷为司城④，乐朱鉬为大司寇⑤。六卿三族降听政⑥，因大尹以达⑦。大尹常不告，而以其欲称君命以令⑧。国人恶之。司城欲去大尹，左师曰："纵之，使盈其罪⑨。重而无基，能无敝乎⑩？"

①周，元公孙子高也。得，昭公也。启，得弟。畜，养也。②皇怀，非我从昆弟。【释文】从，才用切。③不缓，子灵围龟之后。④茷，乐溷之子。【释文】溷，户门切，又户困切。

⑤朱鉏，乐輓之子。【释文】鉏，仕居切。輓，音晚。⑥三族，皇、灵、乐也。降，和同也。⑦大尹，近官有宠者，六卿因之以自通达于君。⑧不告君也。⑨盈，满也。【释文】恶，乌路切，下注"恶其"同。去，起吕切。⑩言势重而无德以为基，必败也。

冬十月，公游于空泽①。辛巳，卒于连中②。大尹兴空泽之士千甲③，奉公自空桐入，如沃宫④。使召六子，曰："闻下有师，君请六子画⑤。"六子至，以甲劫之，曰："君有疾病，请二三子盟。"乃盟于少寝之庭，曰："无为公室不利。"大尹立启，奉丧殡于大宫。三日而后国人知之。司城茷使宣言于国曰："大尹惑蛊其君而专其利，今君无疾而死，死又匿之，是无他矣，大尹之罪也⑥。"得梦启北首而寝于卢门之外⑦，己为乌而集于其上，咮加于南门，尾加于桐门。曰："余梦美，必立⑧。"大尹谋曰："我不在盟⑨，无乃逐我，复盟之乎！"使祝为载书。六子在唐盂⑩，将盟之。祝襄以载书告皇非我⑪，皇非我因子潞⑫、门尹得⑬、左师谋曰："民与我，逐之乎？"皆归授甲，使徇于国曰："大尹惑蛊其君，以陵虐公室。与我者，救君者也。"众曰："与之。"大尹徇曰："戴氏、皇氏将不利公室⑭，与我者，无忧不富。"众曰："无别⑮。"戴氏、皇氏欲伐公⑯。乐得曰："不可。彼以陵公有罪，我伐公，则甚焉。"使国人施于大尹⑰。大尹奉启以奔楚，乃立得。司城为上卿，盟曰："三族共政，无相害也。"

①空泽，宋邑。②连中，馆名。【释文】连，如字，又音辇。③甲士千人。【释文】兴，如字。兴，发也，或作"与"，非。④奉公尸也。梁国虞县东南有地名空桐。沃宫，宋都内宫名。【释文】沃，乌毒切。⑤画，计策。【释文】画，音获。⑥言大尹所弑。【释文】劫，居业切。少，诗照切。大，音泰。蛊，音古。匿，女力切。弑，申志切。⑦卢门，宋东门。北首，死象。在门外，失国也。【释文】首，手又切。⑧桐门，北门。【释文】咮，张又切，鸟口。⑨少寝盟，但以君命盟六卿，大尹不盟。⑩地名。【释文】复，扶又切。盂，音于。⑪襄，祝名。⑫子潞，乐茷。【释文】潞，音路。⑬乐得。⑭戴氏，即乐氏。【释文】徇，似俊切。⑮恶其号令与君无别。【释文】别，彼列切。⑯公，谓启。⑰施罪于大尹。

卫出公自城鉏使以弓问子赣，且曰："吾其入乎？"子赣稽首受弓，对曰："臣不识也。"私于使者曰："昔成公孙于陈①，宁武子、孙庄子为宛濮之盟而君入②；献公孙于齐③，子鲜、子展为夷仪之盟而君入④。今君再在孙矣⑤，内不闻献之亲，外不闻成之卿，则赐不识所由入也。《诗》曰：'无竞惟人，四方其顺之⑥。'若得其人，四方以为主⑦，而国于何有？"

①僖二十八年，卫成公奔楚，遂适陈。【释文】使，所吏切。孙，音逊，本亦作"逊"，除"孙庄子"皆同。②盟在僖二十八年。【释文】宁，乃定切。宛，於阮切。濮，音卜。③在襄十四年。④在襄二十六年。⑤谓十五年孙鲁，今又孙宋。⑥《诗·周颂》，言无强惟得人也。⑦为主，主四方。

哀公二十七年

【传】

二十七年春,越子使后庸来聘,且言邾田,封于骀上①。二月,盟于平阳②,三子皆从③。康子病之④,言及子赣⑤,曰:"若在此,吾不及此夫⑥。"武伯曰:"然。何不召?"曰:"固将召之。"文子曰:"他日请念⑦。"

①欲使鲁还邾田,封竟至骀上。【释文】骀,他来切,又音台。竟,音境。②西平阳。③季康子、叔孙文子、孟武伯皆从后庸盟。【释文】从,如字,或才用切,非也。④耻从蛮夷盟。⑤思子赣。⑥不及与越盟。【释文】夫,音扶。⑦言季孙不能用子赣,临难而思之。【释文】难,乃旦切。

夏四月己亥,季康子卒。公吊焉,降礼①。

①礼不备也,言公之多妄。【释文】妄,亡亮切,本又作"忘",下放此。

晋荀瑶帅师伐郑,次于桐丘。郑驷弘请救于齐①。齐师将兴,陈成子属孤子,三日朝②。设乘车两马,系五邑焉③。召颜涿聚之子晋,曰:"隰之役,而父死焉④。以国之多难,未女恤也。今君命女以是邑也,服车而朝,毋废前劳。"乃救郑。及留舒,违谷七里,谷人不知⑤。及濮,雨,不涉⑥。子思曰:"大国在敝邑之宇下,是以告急。今师不行,恐无及也⑦。"成子衣製,杖戈⑧,立于阪上,马不出者,助之鞭之。知伯闻之,乃还⑨,曰:"我卜伐郑,不卜敌齐。"使谓成子曰:"大夫陈子,陈之自出。陈之不祀,郑之罪也⑩。故寡君使瑶察陈衷焉⑪,谓大夫其恤陈乎?若利本之颠,瑶何有焉⑫?"成子怒曰:"多陵人者皆不在,知伯其能久乎?"中行文子告成子曰⑬:"有自晋师告寅者,将为轻车千乘,以厌齐师之门,则可尽也。"成子曰:"寡君命恒曰:'无及寡,无畏众。'虽过千乘,敢辟之乎?将以子之命告寡君⑭。"文子曰:"吾乃今知所以亡⑮。君子之谋也,始衷终皆举之,而后入焉⑯。今我三不知而入之,不亦难乎⑰?"

①弘,驷歂子。【释文】歂,市专切。②属会死事者之子,使朝三日以礼之。【释文】属,音烛。③乘车两马,大夫服,又加之五邑。【释文】乘,绳证切,下同。④隰役在二十三年。【释文】涿,中角切。隰,音习。⑤言其整也。留舒,齐地。违,去也。【释文】难,乃旦切。女,音汝,下同。毋,音无。⑥濮水,自陈留酸枣县傍河东北经济阴至高平入济。【释文】傍,蒲浪切。济,子礼切。⑦子思,国参。【释文】参,七南切。⑧製,雨衣也。【释文】衣,於既切。製,音制。杖,直亮切,又音丈。⑨畏其得众心。【释文】阪,音反,又扶版

切。⑩十七年,楚独灭陈,非郑之罪。盖知伯诬陈子,故陈子怒,谓其多陵人。⑪衷,善也。【释文】衷,音忠。⑫言陈灭于己无伤。⑬文子,荀寅,此时奔在齐。【释文】行,户郎切。⑭成子疑其有为晋之心。【释文】轻,遣政切。厌,於甲切,又於辄切。为,于伪切,下"为郑"同。⑮自恨己无知。⑯谋一事则当虑此三变,然后入而行之,所谓君子三思。【释文】三,息暂切,又如字。⑰悔其言不可复。

公患三桓之侈也,欲以诸侯去之①。三桓亦患公之妄也,故君臣多间②。公游于陵阪,遇孟武伯于孟氏之衢,曰:"请有问于子,余及死乎③?"对曰:"臣无由知之。"三问,卒辞不对。公欲以越伐鲁,而去三桓。秋八月甲戌,公如公孙有陉氏④,因孙于邾,乃遂如越。国人施公孙有山氏⑤。

①欲求诸侯师以逐三桓。【释文】侈,昌氏切,又尺氏切。去,起吕切,下"而去"同。②间,隙也。③问己可得以寿死不。④有陉氏即有山氏。【释文】衢,其俱切。陉,音刑。⑤以公从其家出故也。终子赣之言,君不没于鲁。【释文】因孙,音逊,下同。

悼之四年,晋荀瑶帅师围郑①。未至,郑驷弘曰:"知伯愎而好胜,早下之,则可行也②。"乃先保南里以待之③。知伯入南里,门于桔柣之门。郑人俘酀魁垒④,赂之以知政⑤,闭其口而死。将门⑥,知伯谓赵孟:"入之。"对曰:"主在此⑦。"知伯曰:"恶而无勇,何以为子⑧?"对曰:"以能忍耻,庶无害赵宗乎!"知伯不悛,赵襄子由是惎知伯⑨,遂丧之。知伯贪而愎,故韩、魏反而丧之⑩。

①悼公,哀公之子宁也。哀公出孙,鲁人立悼公。②行,去也。【释文】好,呼报切。早,一本作"卑"。下,户嫁切。③保,守也。南里在城外。④酀魁垒,晋士。【释文】桔,户结切。柣,大结切。俘,芳夫切。酀,户圭切。魁,苦回切。垒,力轨切。⑤欲使反为郑。⑥攻郑门。⑦主,谓知伯也。言主在此,何不自入。⑧恶,貌丑也。简子废嫡子伯鲁,而立襄子,故知伯言其丑且无勇,何故立以为子。【释文】嫡,丁历切。⑨惎,毒也。【释文】悛,七全切。惎,其冀切。⑩《史记》,晋懿公之四年,鲁悼公之十四年,知伯帅韩、魏围赵襄子于晋阳。韩、魏反与赵氏谋,杀知伯于晋阳之下。在春秋后二十七年。【释文】丧,息浪切。